申长雨 主编

（第2辑）

迈向知识产权强国之路

——知识产权强国建设实施问题研究

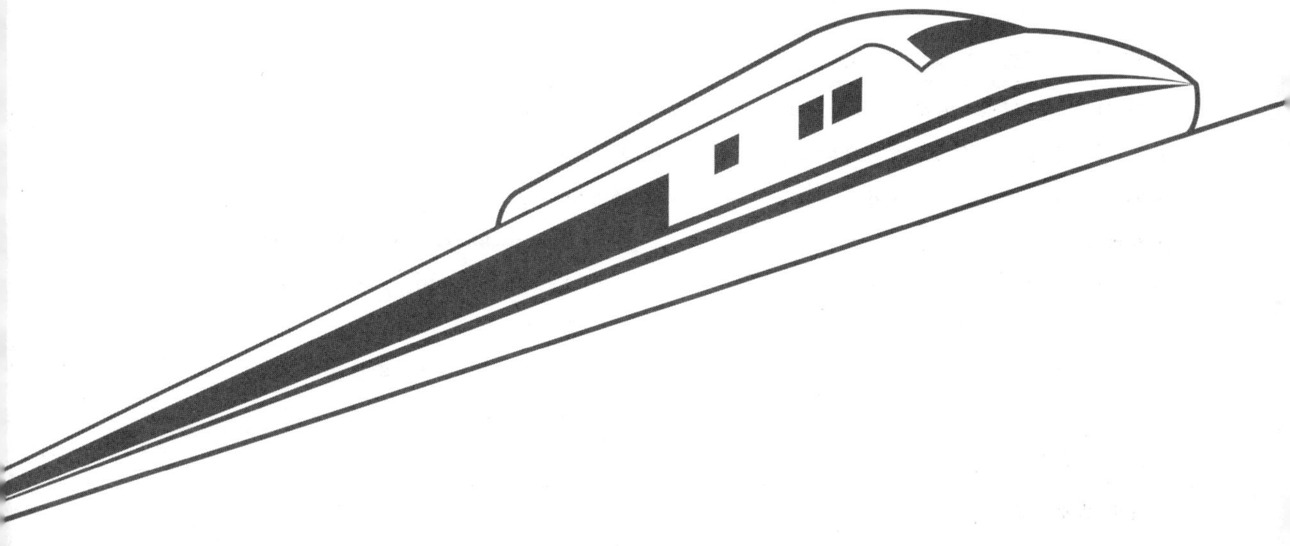

知识产权出版社
全国百佳图书出版单位

图书在版编目（CIP）数据

迈向知识产权强国之路. 第2辑，知识产权强国建设实施问题研究/申长雨主编. —北京：知识产权出版社，2017.6

ISBN 978-7-5130-4907-8

Ⅰ.①迈… Ⅱ.①申… Ⅲ.①知识产权—研究—中国 Ⅳ.①D923.404

中国版本图书馆 CIP 数据核字（2017）第111951号

内容提要

本书从战略思路、战略任务、战略措施三个方面，汇集2015年度和2016年度知识产权强国主题的优秀研究成果，为全面落实《国务院关于新形势下加快知识产权强国建设的若干意见》提供理论支撑指导实践，进一步统一思想认识、开拓工作局面、细化任务措施，凝心聚智、群策群力，切实将知识产权强国建设的设计图转化为施工图。

读者对象：各级政府部门及企事业单位相关工作人员及知识产权领域教学、科研工作者。

责任编辑：李　琳　卢海鹰　王祝兰　　**责任校对：**谷　洋

文字编辑：王玉茂　可　为　王瑞璞　　**责任出版：**刘译文

迈向知识产权强国之路（第2辑）

——知识产权强国建设实施问题研究

申长雨　主编

出版发行：知识产权出版社有限责任公司　　**网　　址：**http://www.ipph.cn

社　　址：北京市海淀区西外太平庄55号　　**邮　　编：**100081

责编电话：010-82000860转8555　　**责编邮箱：**wzl@cnipr.com

发行电话：010-82000860转8101/8102　　**发行传真：**010-82000893/82005070/82000270

印　　刷：三河市国英印务有限公司　　**经　　销：**各大网上书店、新华书店及相关专业书店

开　　本：787mm×1092mm　1/16　　**印　　张：**29.25

版　　次：2017年6月第1版　　**印　　次：**2017年6月第1次印刷

字　　数：540千字　　**定　　价：**99.00元

ISBN 978-7-5130-4907-8

编 委 会

编 辑 部

序 言

一个顺应时代发展的决策，总能引发热烈的反响；一个呼应社会期待的部署，总能凝聚蓬勃的力量。知识产权强国建设，就是这样一个鲜明的写照。近年来，党中央、国务院着眼创新驱动发展战略的实施和深入推进大众创业、万众创新，作出了加快建设知识产权强国的战略部署，这一目标一经确立，便得到了全社会的积极响应，各项工作迅速展开。

党中央、国务院审视全局，对知识产权强国建设作出了重要的顶层设计。习近平总书记主持召开中央全面深化改革领导小组会议，审议通过《知识产权综合管理改革试点总体方案》；国务院印发《关于新形势下加快知识产权强国建设的若干意见》《“十三五”国家知识产权保护和运用规划》《深入实施国家知识产权战略行动计划（2014—2020 年）》等重要文件，将国家知识产权战略实施工作部际联席会议升格为国务院部际联席会议。同时，将“加快建设知识产权强国”相继写入《国家创新驱动发展战略纲要》、国家“十三五”规划纲要、政府工作报告等重要文件，所有这些都为知识产权强国建设作出了科学谋划，描绘了宏伟蓝图。

在一系列重大政策的指引下，各个方面积极行动，加快知识产权强国建设，知识产权创造、运用、保护、管理、国际合作等各项工作齐头并进，扎实开展。启动实施知识产权综合管理改革试点，实行严格的知识产权保护制度，积极构建知识产权大保护工作格局，成立知识产权法院，实施专利质量提升工程，设立“中国品牌日”，深化知识产权权益分配改革，建设知识产权运营平台体系，举办“一带一路”知识产权高级别会议，积极开展知识产权文化建设，等等，加快推动着我们国家由知识产权大国向知识产权强国的转变。

各个地方对建设知识产权强国高度赞同，全力支持，纷纷立足自身实际，按照“点线面结合、局省市联动、国内外统筹”的工作思路，启动实施知识产权强省、强市、强企建设，以点带面支撑知识产权强国建设，初步构建起了分层分类、协调发展、整体推进的知识产权强国建设工作格局。

加快建设知识产权强国，既是国家战略，也是时代课题。近年来，理论界和实务界聚焦知识产权强国建设这一生动实践，积极开展相关研究，及时把实践经验上升为理论总结，并通过理论的创新主动为实践提供有力指导。此次出版的《迈向知识产权强国之路（第2辑）》，正是近两年学术界和实务界关于知识产权强国建设研究的最新成果，从中既能够感受到我国推进知识产权强国建设的新进展、新成就，也能够感受到我们认识的深化、理论的创新和经验的总结，具有重要的参考价值。这本成果的集结出版也得到了中国科学院学部咨询评议项目“加快建设知识产权强国 支撑创新驱动发展”的大力支持，在此特向中国科学院学部工作局表示衷心的感谢。

知识产权强国建设虽然已经取得了一定成效，但总体来讲目前仍处于起步阶段，还有许多重大理论和实践问题需要继续深入研究和探索，真诚希望社会各界一如既往地关心、支持和参与知识产权强国建设，让我们的知识产权强国梦早日变成现实，为全面建成小康社会、实现中华民族伟大复兴的中国梦提供更加有力的支撑。

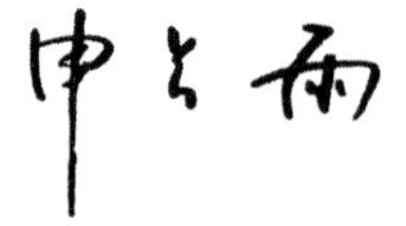

2017年5月

目　　录

第一篇　战略思路篇

第二篇　战略任务篇

第三篇　战略措施篇

第一篇　战略思路篇

知识产权强国战略制定工作思路研究*

引　言

党中央和国务院高度重视知识产权工作，自党的十八大明确提出坚持走中国特色创新道路、实施创新驱动发展战略、将实施知识产权战略作为创新驱动发展战略的重要内容以来，知识产权在国家发展格局中的分量越来越重，知识产权支撑经济社会发展的作用也越来越明显。十八届三中、四中全会提出全面深化改革和全面推进依法治国，明确完善激励创新的知识产权保护制度和促进科技成果转化的体制机制，更加注重知识产权保护，知识产权成为全面推进依法治国的重要内容和经济发展新常态的重要支撑。国务院办公厅发布的《深入实施国家知识产权战略行动计划（2014—2020 年）》明确提出了“建设知识产权强国”的知识产权事业发展新目标。《中共中央 国务院关于深化体制机制改革加快实施创新驱动发展战略的若干意见》（2015 年 3 月 13 日）提出加强知识产权运用和保护，实行严格的知识产权保护制度，探索建立知识产权法院，让知识产权制度成为激励创新的基本保障。《中共中央关于制定国民经济和社会发展第十三个五年规划（建议稿）》在“深入实施创新驱动发展战略”中提出要“加强技术和知识产权交易平台建设”，“深化知识产权领域改革，加强知识产权保护”。2016 年 6 月，习近平主席在主持召开中央财经领导小组第十三次会议时明确指出要“加强知识产权保护，增强人民群众财产安全感”。2016 年 12 月，习近平主席主持召开中央全面深化改革领导小组第三十次会议，审议通过《关于开展知识产权综合管理改革试点总体方案》等重要文件，要求深化知识产权领域改革，依法严格保护知识产权，打通知识产权创造、运用、保

* 本文基于 2015 年知识产权强国研究报告《知识产权强国战略制定工作思路研究》。指导顾问：胡文辉；课题负责人：韩秀成；课题组长：谢小勇；报告统稿人：谢小勇、刘淑华；主要执笔人：刘淑华、刘辉锋、董宏伟、吴刚；其他课题组成员：徐海燕、张鹏、刘斌、陈泽欣、王淇、武伟。

护、管理、服务全链条，构建便民利民的知识产权公共服务体系，探索支撑创新发展的知识产权运行机制，有效发挥知识产权制度激励创新的基本保障作用。李克强总理在会见世界知识产权组织总干事高锐时提出“努力建设知识产权强国”。在2015年12月主持召开的国务院常务会议上，李克强总理进一步明确要“用改革的办法加快建设知识产权强国”。

至此，“建设知识产权强国”已作为国家行动，正式写入《国家创新驱动发展战略纲要》、政府工作报告和《国民经济和社会发展第十三个五年发展规划纲要》，成为中央部署的9个强国建设战略任务之一。《中共中央 国务院关于完善产权保护制度依法保护产权的意见》将“加大知识产权保护力度”作为十大任务之一加以部署。国务院通过了《“十三五”国家知识产权保护和运用规划》，部署了“十三五”时期的一系列重大政策、重大工程和重大项目，谱写了知识产权工作的新篇章。

建设知识产权强国首先应当明确知识产权强国的基本定位，界定知识产权强国的基本内涵、主要表征，分析知识产权强国建设面临的国内外知识产权发展的新形势，明确建设知识产权强国的重要意义。在此基础上，认真谋划知识产权强国的路径，围绕知识产权强国的本质内涵，着眼世界发展的大势，立足我国知识产权事业发展的阶段性特征和长远发展目标，坚持走有中国特色的知识产权强国之路，全面提升知识产权事业发展水平和综合实力，有力地支撑经济发展新常态。

一、知识产权强国界定

“知识产权强国”在不同语境下，既可以理解为实现知识产权强国的战略目标，也可以理解为建设知识产权强国的具体路径。知识产权强国是指具有强大知识产权实力的国家。从动态上来说，知识产权强国是利用知识产权增强国家综合实力的国家。知识产权实力强是知识产权强国的本质内涵，也是知识产权强国区别于经济强国、贸易强国、教育强国等其他概念的本质所在。知识产权实力是经济全球化竞争时代构成一国综合能力的重要要素。知识产权实力包括知识产权拥有量、知识产权价值等硬实力和基于硬实力形成的知识产权文化、制度规则以及在国际上拥有的话语权、影响力等软实力。知识产权硬实力和软实力是知识产权强国国家竞争优势的主要支点，也是知识产权强国全球影响力的核心要素。

知识产权强国的主要特征是对知识产权强国不同属性的描述。知识产权强国的主要特征表现在，知识产权综合能力强、知识产权制度优越、文化环境和市场环境优良、创新和经济绩效高、知识产权国际影响力大。其中，知识产权综合能力强是知识产权强国的本质特征。

二、知识产权强国建设定位

随着《国家知识产权战略纲要》的颁布实施，通过全社会共同努力，我国加快推进创新型国家建设，全社会知识产权的创造、运用、保护和管理水平取得可喜进步，知识产权事业进入高速发展期。总体判断，我国当前处于从知识产权大国向知识产权强国迈进的关键时期。

（一）知识产权强国建设的目标定位

今后一段时期是我国知识产权综合能力建设的关键时期，也是我国知识产权强国建设的重要起步阶段。在此背景下，知识产权强国建设将面临前所未有的重要战略机遇期，同时也将面临更大的挑战。知识产权强国建设需要牢牢把握发展时机，主动适应国家经济科技发展需要，努力开创新局面，为建设创新型国家、加快经济发展方式转变作出更大贡献。

1. 确保知识产权成为转变经济发展方式的重要支撑

总结世界大国崛起经验，依靠知识产权保护激励创新活动，从而引领经济增长转变为主要依靠自主创新能力和科技进步，是这一时期推动经济社会又好又快发展的根本任务。要实现经济发展方式从数量型向质量型转变、从规模扩张型向效益提高型转变、从高成本向低成本转变、从投资和要素驱动型向创新驱动型转变，必须推动知识产权成为增长要素，依靠知识产权制度，推动知识产权强国建设，用市场手段进行创新资源的有效配置，激发创新活力、推动创新成果应用。

2. 确保知识产权成为促进产业结构升级的驱动力量

加快产业结构调整，是经济发展到一定阶段的客观要求，也是实践科学发展观的必然选择。要实现“推进产业结构优化升级”，应以拥有相当规模的知识产权为前提。只有技术创新达到一定的程度，并且其成果受到知识产权制度的有效保护，自主知识产权拥有量达到一定规模，能够引起整个行业生产效率的提高和产品更新、质量改善，相应扩大对其他行业产品的需求时，产业结构的改变才是可能的。因此，必须高度重视科技进步的重要作用，着力推进知识产权强国建设，推动产业结构升级，提高经济效益，节约和合理利用资源，保护生态环境，走可持续发展之路。

3. 确保知识产权成为提升自主创新能力的核心力量

在国际社会知识产权战略实施的实践背景下，在我国社会经济发展对知识产权制度内在需求的作用下，如何构建合理的知识产权制度、推动知识产权强国建设，既保证国外先进知识的流入，又促进我国自主创新能力的健康发展，已然成为我国迫切需要解决的重要难题。我们必须从全局和战略的高度，充分认识建设知识产权强国的重要意义，在科技实践中突出知识产权强国建设导向，采取有效措施充分开发和利用知识资源，着力提高知识产权的创造和运用能力，使得创新成为经济社会发展的内在动力和全社会的普遍行为，从而依靠制度创新和科技创新实现经济社会的协调发展。

4. 确保知识产权成为优化国际贸易结构的战略工具

在知识经济时代，知识产权问题已不仅是个人、企业和行业发展的问题，而是关系到国家经贸和国际关系调整的重大问题，推进知识产权强国建设对于我国对外贸易的发展起着举足轻重的作用。首先，推进知识产权强国建设不仅可以提高我国出口产品的技术含量、增加产品附加值，提高我国出口商品的国际竞争力。其次，我国以知识产权为内容的国际贸易不断发展，有利于优化我国出口商品结构，其主要表现在我国高新技术产品出口规模的不断扩大上。同时，高新技术产业发展的关键就是知识产权，加强知识产权保护是我国高新技术产品贸易竞争力不断提升的有力保障。

（二）知识产权强国建设的阶段划分

继党的十五大报告首次提出“两个一百年”奋斗目标之后，党的十八大报告重申：在中国共产党成立一百周年时（2021 年）全面建成小康社会，在新中国成立一百周年时（2049 年）建成富强、民主、文明、和谐的社会主义现代化国家。而根据我国 2008 年颁布实施的《国家知识产权战略纲要》的安排，到 2020 年，我国将成为知识产权创造、运用、保护和管理水平较高的国家，届时，知识产权事业的发展将为我国知识产权强国建设奠定坚实基础。以此为界点，我们可以把知识产权强国建设分为三个阶段。

1. 基础夯实阶段（2015～2020 年）

这一阶段是我国知识产权强国建设的基础期。作为知识产权强国建设的基础夯实阶段，伴随《国家中长期科学和技术发展规划纲要（2006—2020 年）》《国家知识产权战略纲要》《国家中长期人才发展规划纲要（2010—2020年）》《国家中长期教育改革和发展规划纲要（2010—2020年）》等战略深入的实施，将有力地促进我国进入创新型国家行列，进一步巩固我国作为知识产权大国的地位，同时为我国知识产权强国建设奠定良好的基础。

2. 初步完成阶段（2020～2030年）

如果说2020年我国的目标是要成为创新型国家，到2030年则要成为世界创新强国，这显然离不开知识产权强国的支撑。随着知识产权事业的不断发展，到2020年，我国知识产权强国建设的基础性工作将全面完成。因此，从2020年到2030年这一时期，将成为知识产权强国建设全面推进直至初步建成的关键时期。如果说第一阶段是知识产权强国建设的基础夯实阶段，那么这个阶段就是知识产强国建设攻坚克难、整体推进的阶段，通过这一阶段的努力来实现我国由知识产权大国向知识产权强国的转变。

3. 全面建成阶段（2030～2050年）

我国已经迈入了知识产权强国行列，随着我国经济实力和综合国力的不断增强，国家面临的新问题日益显现，我国知识产权事业也会面临更多的挑战。走一条不同于其他知识产权强国发展的道路，使之真正适应我国国情，为我国的发展战略服务，是我国知识产权事业发展的必然。

三、知识产权强国建设思路

（一）指导思想

以马克思列宁主义、毛泽东思想、邓小平理论、“三个代表”重要思想、科学发展观为指导，深入贯彻习近平总书记系列重要讲话精神，紧紧围绕国家创新驱动发展战略的实施，坚持知识产权法治化、市场化、协同化原则，按照“定纷止争、激励创新、富企强国、引领未来”的指导方针，以严格保护知识产权为关键，以提升知识产权价值为核心，以加强知识产权治理为基础，全面深入实施国家知识产权战略，全面深化知识产权领域改革，有力支撑经济社会发展，把我国建设成为具有中国特色、世界水平的知识产权强国。

（二）建设理念

知识产权强国战略的制定和实施是围绕知识产权进行的全局性、系统性谋划。

知识产权强国战略作为一个系统，是对知识产权体系化功能的完善。知识产权强国围绕知识产权权利运动的主线，对知识产权的创造、运用、保护、管理、发展、服务等各个环节开展的全方位谋划。因此，知识产权强国战略的任务主线是以知识产权保护和运用为重点，以知识产权治理为体制保障，以知识产权支撑经济社会发展和国际化发展为方向，全面提升知识产权综合实力。

1. 严格保护（定纷止争）

知识产权是保护创新主体的创新利益的法律工具。如前所言，知识产权强国建设面临知识产权“发展与规范”的主要矛盾，知识产权保护滞后于创新发展的需求，难以适应新技术、新商业模式发展以及各类市场主体多元利益诉求的需要。因此，加强知识产权保护既是知识产权自身发展的必然要求，也是落实中央关于知识产权工作部署和要求的体现。实施严格的知识产权保护，提高知识产权保护水平有赖于构建和完善知识产权保护体系。知识产权保护体系作为一个整体，不仅包括知识产权保护的法律制度体系和政策体系层面，而且还包括知识产权保护机构体系、知识产权保护对象体系和知识产权保护内容体系（知识产权权利束）以及知识产权保护机制等内容。实施严格的知识产权保护应当结合科学技术和经济社会发展对知识产权产生的保护需求，改革知识产权保护体制和机制中存在的问题，加强知识产权市场监管，充分发挥市场配置创新资源的作用，建立一整套能够清晰界定并保障知识产权运行的法律制度和监管体系，在围绕知识产权的产生、归属、行使和救济这四个方面加强对知识产权权利人利益保护的同时，维护自由公平竞争秩序和广大社会公众的利益，最大限度地激励市场创新的活力。

2. 提升价值（激励创新）

知识产权价值不高作为我国知识产权强国建设面临的突出问题，只有将市场化观念运用到知识产权价值链条的各个环节才能真正发挥知识产权的经济社会效益。一方面，要充分发挥市场机制在知识产权要素配置中的决定性作用，在知识产权价值流转各个环节上塑造有利于其价值实现的市场环境；另一方面，要充分认识到“人”在知识产权价值实现过程中不可替代的作用，通过激励制度的建立、管理与组织上的创新来最大化地发挥其主观能动性。

从知识产权价值的产生来看，知识产权价值根源于知识本身。根据知识创新程度，构建不同类别的知识产权权利体系，鼓励关键技术、核心技术创新。建立科学的知识产权评价体系和利益分配机制，激励高价值知识产权的创新活动，提高企业等市场主体的知识产权创新能力。

从知识产权的价值实现来看，知识产权价值提升关系到知识产权权利人利益，也关系到知识产权的社会经济效益，是激发市场创新活力的直接动力，也是发挥知识产权支撑社会经济科技发展作用的直接体现。因此，应当构建运转流畅的知识产权运营体系，大力发展知识产权服务业，实施专利导航产业发展，培育知识产权密集型产业，促进专利与标准的融合，提升知识产权的经济价值，将知识产权转化为现实的生产力和实实在在的经济效益。

3. 科学治理（富企强国）

我国当前“分散与集中”矛盾突出，知识产权强国背景下的知识产权治理体制改革是国家治理能力的提升和治理体系的法治化的必然要求和重要体现。作为国家治理和社会治理的重要内容的知识产权治理，要建立科学的知识产权治理体系，首先必须建立健全完善的知识产权制度安排和规范体系，让知识技术的生产和创新建立在有效制度运作和规范调节的基础上。

其次，知识产权治理体系必须以知识产权权利人及其利益为核心。知识产权治理体系必须确保知识产权权利人有充分的利益激励机制去进行知识技术创新，建构知识产品最大化利用的相关制度安排和规范系统，从而取得知识产权权利人和体现为技术进步、知识增量以及社会效用最大化的公共利益之间的平衡。

再次，知识产权的治理必须建立在富有效率的体制基础之上，知识产权治理体系的建构必须以提高知识技术创新的效率及其社会经济效益为其宗旨。

最后，知识产权治理体系必须强化管理部门之间的协调，强化知识产权权利人和政府管理部门、实体企业、其他社会组织以及社会公众之间的协调，实现从国家立法机构、中央政府职能部门到地方相应层级上的政府及政府部门彼此之间互相协调、紧密联系。同时，发挥国家、地区、行业协会和企业共同推进的作用，建立制度化、规范化、法治化、以提升效率和强化协调为基本内容的去行政化的知识产权治理体系。

4. 全面发展（引领未来）

为实现“五位一体”的发展目标，在鼓励产生新知识、创造商业价值的同时，更加强调社会价值的创造，以及生态文明、文化多样性等伦理价值的塑造。因此，一方面，从发展的维度上来看，知识产权强国建设的对内发展理念主要表现为加快培育发展知识产权密集型产业，大幅提高知识产权对经济社会发展的支撑能力，充分发挥知识产权支撑经济社会创新发展的重要作用，促进知识产权与社会经济科技的深度融合。对外的发展理念表现为提高重点领域的知识产权全球布局，提高知识产权国际规则制定的话语权，加强海外知识产权利益保护，打造中国的知识产权国际竞争新优势。另一方面，应当通过制度创新建立差别化的知识产权保护制度体系，将遗传资源、传统知识、传统文化等纳入知识产权的保护范围，将社会价值、生态价值、文化价值纳入知识产权保护的目标考量。

（三）建设原则

知识产权强国建设的基本原则是知识产权强国指导思想的具体体现，是贯穿知识产权强国建设始终、用以指导知识产权强国建设实践活动的基本准绳。

1. 坚持知识产权法治原则

贯彻知识产权法治原则既是落实“全面推进依法治国”在知识产权领域的体现，也是深化知识产权领域改革，推动知识产权事业发展的要求。知识产权法治主要通过知识产权法律制度及其实施体现出现来。前者是静态上的，后者包括动态的知识产权执法、司法和守法等各个环节。因此，一方面要积极完善知识产权法律制度，为知识产权强国建设提供法制保障和相关政策支撑，另一方面是依法严格保护知识产权。坚持推进依法行政，深化知识产权行政执法体制改革。进一步推进知识产权司法体制改革，促进知识产权行政执法和司法保护的有效衔接。营造全社会尊重和保护知识产权的文化氛围。

2. 坚持知识产权市场原则

目前我国正处于经济转型期，市场经济制度还很不完善，知识产权市场体制机制不健全。我国知识产权发展中市场自由和政府干预的矛盾突出，一方面，市场体系不健全，创新活力不足，另一方面，政府干预不足，市场监督乏力。深化知识产权领域体制机制改革必然要求转变政府职能，坚持充分发挥市场在知识产权资源配置中的决定性作用。一是强化企业技术创新的主体地位，激发企业活力和创造力；二是以提升知识产权价值为导向，充分发挥市场对科技成果产权化、知识产权产业化、知识产权产业贸易化的主导作用；三是更好发挥政府作用，完善政策引导、市场监管、公共服务职能，营造“公平、公正、公开”的市场竞争环境，建立起一套与我国市场经济体制改革方向相适应的知识产权市场体系。

3. 坚持知识产权协同原则

知识产权协同原则是协同治理的体现。知识产权强国建设必须体现知识产权与经济社会和科技的协同发展。从中央与地方的协同发展来看，中央和地方要形成上下联动、相互促进的局面，有重点、分层次地推动知识产权强国建设。知识产权强国建设必须发挥国家、区域、行业协会和企业共同推进的作用。结合不同区域、不同产业的发展特点，通过知识产权强省、知识产权强县、知识产权强企和培育发展知识产权密集型产业等途径提升知识产权支撑区域、产业和企业发展的重要作用。

从国内与国际协调发展来说，需要有前瞻性，在知识产权的制度设计过程中，要考虑到国际知识产权统一化趋势，既有以世界知识产权组织（WIPO）为代表的世界统一专利的方向，也有《跨太平洋伙伴关系协定》（TPP）谈判过程中和TRIPS - plus 等协定中的区域与多边的知识产权一致化倾向。因此，我国的知识产权强国战略的最终目标应该是，能够提出一套在我国经济社会发展中证明行之有效的，能够推动我国知识创造与知识的价值增值的新制度，并推动其他国家对其进行消化、吸收和应用并最终推动国际知识产权规则向有利于我国的方向发展。

四、知识产权强国建设目标

（一）总体目标

力争在2030年进入知识产权强国行列。围绕知识产权强国战略实施，健全归属清晰、权责明确、保护严格、流转顺畅的现代知识产权体系；建立职责明晰、职能科学、制度完善、统一高效的知识产权行政管理体制；形成规则健全、竞争有序、透明高效、法治保障的知识产权市场监管格局；构建统一开放、公平普惠、完善高效、规范有序的知识产权公共服务体系。使知识产权成为经济转型升级的新引擎，优化资源配置的新动力，创新驱动发展的新支撑。到2050年，我国的知识产权强国地位更加巩固，知识产权综合实力进入世界知识产权强国前列，成为引领世界知识产权发展的知识产权强国。

（二）阶段目标

围绕总体目标，立足国情与现实，通过“三步走”实现知识产权强国的战略目标。

1. 第一阶段：2015～2020年

到2020年，力争实现以下知识产权强国的关键指标：

（1）每万人口发明专利拥有量达到14件；

（2）PCT国际申请量达到5.8万件；

(3) 国内发明专利平均维持年限达到8.0年;

(4) 知识产权密集型产业增加值占GDP的比重达60%;

(5) 著作权登记量达到250万件;

(6) 专有权利使用费和特许费出口收入达到20亿美元;

(7) 知识产权保护力度分值达到5.0。

2. 第二阶段:2020~2030年

到2030年,我国的知识产权强国建设将实现如下目标:

(1) 每万人口发明专利拥有量达到25件;

(2) PCT国际申请量达到12万件;

(3) 国内发明专利平均维持年限达到11.0年;

(4) 知识产权密集型产业增加值占GDP的比重达70%;

(5) 著作权登记量达到500万件;

(6) 专有权利使用费和特许费出口收入达到40亿美元;

(7) 知识产权保护力度分值达到6.0。

3. 第三阶段:2030~2050年

到2050年,进入世界知识产权强国前列,成为世界知识产权强国的引领国家。到新中国成立一百年时,我国的知识产权强国地位更加巩固,综合实力进入世界知识产权强国前列,成为引领世界知识产权发展潮流的国家,掌握世界知识产权格局变化的主导权。

(三)关键指标

(1)"每万人口发明专利拥有量"指标主要用于对经济社会运行结果进行比较、评估和考核,直接反映我国的知识产权发展状况、科技对经济社会发展的支撑性作用,以及国民经济与社会发展的综合状况。该指标是"十二五"国民经济和社会发展规划纲要确定的发展目标,很可能"十三五"期间继续作为规划纲要的发展指标。(指标的数据来源为《中国统计年鉴》和《中国科技统计年鉴》)

表1 知识产权强国建设的7个关键指标

指标	2013年	2020年	2025年	2030年
每万人口发明专利拥有量/件	4	14	20	25
PCT申请量/万件	2.2	5.8	9	12
国内发明专利平均维持年限/年	5.8	8.0	9.5	11.0

续表

指标	2013 年	2020 年	2025 年	2030 年
知识产权密集型产业增加值占 GDP 的比重/%	51	60	65	70
著作权登记量/万件	101	250	380	500
专有权利使用费和特许费出口收入/亿美元	8.9	20	30	40
知识产权保护力度（满分 7.0）	4.0	5.0	5.5	6.0

（2）“PCT 申请量”指标主要用于测度我国对外发明专利的申请水平，能够间接反映作为技术创新主体的企业在国际市场上的竞争潜力。随着我国本国人发明专利各项指标已稳居世界前列，从“十三五”开始，我国将更加注重对外专利申请的规模和质量。该指标预计会进入“十三五”规划的发展目标。（指标的数据来源为 WIPO 数据库）

（3）“国内发明专利平均维持年限”指标主要用于测度我国已获授权的发明专利的质量，即发明专利的整体技术水平。一般维持年限越长，表明发明专利的市场价值越大，市场竞争力就越强。2013 年我国国内发明专利平均维持年限为 5.8 年，较国外来华发明专利平均维持年限（9.2 年）还存在较大差距。（指标的数据来源为国家知识产权局）

（4）“知识产权密集型产业增加值占 GDP 的比重”指标主要用于衡量知识产权密集型产业对经济增长的贡献，能够反映知识产权密集型产业对于转变经济发展方式和调整产业结构所发挥的支撑作用。知识产权密集型产业指知识产权密集度高于国民经济产业平均水平的产业，包括专利密集型产业、商标密集型产业和版权密集型产业。（指标的数据来源为国家统计局和国家知识产权局）

（5）“著作权登记量”指标主要反映著作权创造的规模。著作权登记是著作权制度中的重要内容，在维护著作权人合法权益，保障著作权交易安全，促进著作权有效运用等方面发挥着重要作用。著作权登记包括作品著作权登记、计算机软件著作权登记、著作权质权登记。（指标的数据来源为国家版权局）

（6）“专有权利使用费和特许费出口收入”指标主要测度我国对外知识产权许可的规模与实力，可反映我国知识产权在国际市场上的竞争力。近年来，我国专有权利使用费和特许费出口收入增长缓慢，进出口逆差不断加大。因此，要通过该指标推动国内经济体在知识产权创造方面的原始创新能力，并扩大知识产权产品对外出口规模和水平。（指标的数据来源为国家外汇管理局）

（7）“知识产权保护力度”指标主要反映我国的知识产权保护环境，属于定性测度指标。它是以市场经济下的经济行为主体对市场上知识产权保护力度的主观判断，来反映一个国家（地区）的知识产权保护环境。知识产权保护力度越强，创新主体的创新意愿越强，整个社会的创新规模和水平就会不断提高。（指标的数据来源为世界经济论坛）

五、严格知识产权保护

完善知识产权立法，健全知识产权司法，加强知识产权执法，完善知识产权司法和行政保护的衔接机制，构建“双轮驱动、平衡有利、多元保护、高效可及、开放合作”的中国特色的知识产权制度。推动知识产权制度与经济、科技的紧密融合，实现科技创新、知识产权双轮驱动的中国特色的创新发展模式，推动知识产权制度成为市场化配置创新资源的根本性制度。

（一）第一阶段（2015～2020年）：构建严格保护体系

1. 构建公正严格的知识产权司法体系

组建国家、省、市三级知识产权法院审判体系，在最高人民法院设立国家知识产权高级法院，在省级层面设立知识产权专门法院，在市级层面设立知识产权专门法庭。推进知识产权民事、刑事、行政案件的“三审合一”。探索跨地区知识产权案件异地审理机制，打破对侵权行为的地方保护。完善知识产权诉讼证据制度。建立证据开示制度和举证妨碍制度。完善专家证人证言认定规则，探索赋予律师调查取证权。

2. 建设便捷高效的知识产权行政执法体系

建立完善的知识产权综合行政执法体系，明确执法权限，统一执法标准，完善执法程序，提高执法办案水平与效率。完善知识产权侵权纠纷简易诉讼程序，提高小额诉讼审理效率。建立行政执法决定司法确认制度。探索建立知识产权行政确权执法联合办案工作机制，协同处理知识产权确权纠纷和侵权纠纷。加快建设一批快速响应、快速确权、快速调处的维权援助中心。建立专业市场、展会知识产权行政执法快速程序。加强执法力量建设，严格行政执法人员资格管理，健全执法目标责任制，落实执法激励措施，完善执法装备条件，规范开展行政执法。

3. 建立知识产权纠纷多元解决机制

建立健全知识产权维权援助和举报投诉机制、知识产权仲裁纠纷解决机制、知识产权纠纷快速调解机制和知识产权侵权判定咨询机制，加强知识产权知识产权维权援助中心、知识产权仲裁服务机构、知识产权纠纷调解机构和知识产权侵权判定咨询中心建设，促进知识产权纠纷的多元化解决。

4. 加大对知识产权侵权行为的治理力度

建立健全行政执法部门知识产权侵权损害赔偿数额的行政裁决和调查取证制度，建立行政执法现场勘验程序。提高法定赔偿下限，建立恶意侵权行为惩罚性赔偿制度和恶意侵权败诉方承担律师费和诉讼费制度。将恶意侵权行为情况作为企业信用评价标准，与企业信贷、上市等审批挂钩。

5. 建立优质高效的知识产权审查体系

把握全球审查发展新趋势，提高审查质量和效率，打造世界一流的知识产权审查机构。完善知识产权申请与审查制度，完善专利审查快速通道，建立商标审查绿色通道和软件著作权快速登记通道。建设全球化专利审查协作平台和电子化申请平台。加强专利审查质量管理，完善专利审查标准。加强专利申请质量监测与反馈，强化对低质量专利申请的监控和处理。优化专利审查方式，稳步推进专利审查协作中心建设，提升专利审查能力。优化商标审查体系，建立健全便捷高效的商标审查协作机制，完善商标审查标准，提高商标审查效率和审查质量。提高植物新品种测试能力，优化植物新品种权审查制度。

（二）第二、第三阶段（2020~2050年）：形成长效保护机制

1. 制定知识产权基本法

强化知识产权制度顶层设计，统筹协调知识产权相关法律法规，通过法律形式将知识产权从部门主管事务上升到国家性事务高度，为知识产权强国战略的推行及相关措施的实施提供有力的制度保障。

2. 知识产权保护制度创新

建立全口径、广角度知识产权保护体系，在保护对象与保护规则上进行制度创新。开展商业秘密、传统知识、遗传资源、民间文艺与地理标志等领域的立法工作。提出符合我国国情与发展中国家地位的新型知识产权保护制度，发挥我国在发展中国家中对于非典型知识产权客体的保护制度的创新能力，参与国际主流知识产权客体的保护模式的修订工作，研究授权时限差异化、审查模式差异化等新型规则

的可行性。

3. 构建知识产权保护新机制

知识产权制度通过对不同领域创新成果是否保护以及保护程度的调整，体现国家在一定时期内的产业导向，促进产业的发展。当前主要发达国家均将争夺经济科技制高点作为战略重点，将技术创新投资作为最重要的战略投资，将发展高技术及产业作为带动经济社会发展的战略突破口。全球科技将进入一个前所未有的创新密集时代，新兴产业将成为推动世界经济发展的主导力量。

4. 改进知识产权贸易保护

针对贸易中的知识产权问题，要完善海关知识产权备案监控体系，修订《知识产权海关保护条例》，支持鼓励知识产权人进行海关备案，加强海关进出口知识产权风险监控系统的信息化与制度化建设。研究开展服务贸易中知识产权风险的监控与监管。加入 TRIPS - plus 以及高水平知识产权保护的区域与多边贸易协定协商，按照我国知识产权发展态势和贸易水平，建立符合我国国情的知识产权贸易侵权调查（类似“337 调查”）制度。

六、提升知识产权价值

（一）第一阶段（2015～2020 年）：知识产权价值认识

1. 提升知识产权创造能力

在全球范围内布局和强化知识产权，对企业知识产权海外申请和授权予以资助。通过科学统筹规划，优化专利、商标、著作权等知识产权拥有量、结构和布局，实现专利、商标、著作权等的数量、结构和布局全球领先。万人发明专利拥有量、PCT 申请量大幅增长，发明专利申请量占专利申请量的比率明显提升。有效商标拥有量和马德里国际商标注册量持续增长。计算机软件著作权登记数量、作品著作权登记数量稳步提升。植物新品种授权量、集成电路布图设计登记量、地理标志批准量等进一步提高。

2. 促进知识产权效益提升

完善企业主导、多方参与的知识产权协同运用体系，实现“科技创新成果化、创新成果知识产权化、知识产权成果产业化”的良性发展。强化企业运用知识产权参与市场竞争的能力，推动企业知识产权成果加快实施转化，转化实施率稳步提升，知识产权转让、许可贸易额明显增长，自主品牌企业增加值占地区生产总值比

重逐年加大，自主知识产权产品出口额增长显著，知识产权在促进城市经济转型升级、提质增效中发挥支撑性作用。

3. 强化知识产权运营体系建设

在坚持市场化运作的前提下，发挥中央财政资金引导作用，通过集成政策、整合资源、创新机制，搭建知识产权运营公共服务平台，形成和完善知识产权交易价格发现机制，培育一批知识产权运营机构，搞活、壮大我国知识产权市场，提高我国知识产权转化应用水平。建立起覆盖重点区域、重点产业，定位清晰、领域齐全、能力突出、竞争有序的知识产权运营体系；建成专业性、权威性、影响力突出的全国知识产权运营公共服务平台，若干产业优势明显、产业特色突出的特色试点平台；培育一批具有较强国际化经营能力的知识产权运营机构；知识产权资产流通和利用效率大幅提高。

4. 实施专利导航产业发展

实施专利导航工程，建立运行高效、支撑有力的专利导航产业发展工作机制，加强专利导航产业发展实验区建设、专利协同运用试点单位和专利运营试点企业培育，推进产业专利联盟建设。实施专利导航试点项目，开展专利布局，在关键技术领域形成一批专利组合，积极培育高价值专利，推动专利与标准融合，构建支撑产业发展和提升企业竞争力的专利储备。

5. 促进知识产权与标准融合

在全球范围内布局和强化知识产权，保护具有国家战略性、高价值和具有民族特色的知识产权资源，提升我国产业在全球的核心竞争力。在关键技术领域形成一批专利组合，积极培育高价值专利，推动专利与标准融合，构建支撑产业发展和提升企业竞争力的专利储备。制定重点领域国际标准化战略，进一步强化产业竞争力，掌控行业话语权。致力于成为各类国际标准化机构成员，积极向国际标准化机构各种岗位输送职员，明确政府和民间责任分工，扎实推进，并提供配套财政支持。积极参与国际标准提案，努力将拥有自主知识产权的技术纳入国际标准，予以资助和奖励。支持标准产业联盟建设，组建专利池，引导制定知识产权政策。促进法定标准、论坛标准和事实标准的全面发展，通过“规则制定”参与国际竞争。

（二）第二、第三阶段（2020～2050年）：知识产权价值提升

未来时期，中国要想有效抓住技术追赶的“机会窗口”，从价值链高端融入国际分工体系，提升知识产权价值是有效的路径之一。中国必须开展对知识产权价值提升的前瞻研究，以增强重点产业和关键领域的技术控制能力为目标，并结合中国

经济的全球化战略开展知识产权布局和预警研究，助推中国抓住新一轮科技革命和产业革命的“机会窗口”，推动中国产业占领全球分工体系和价值链高端，有力支撑中国在新一轮全球竞争中综合竞争力的提升。

七、完善知识产权治理

（一）第一阶段（2015～2020年）：体制机制改革

1. 深化知识产权管理体制改革

（1）设立国家知识产权工作领导小组。领导小组组长由国务院总理挂帅，领导小组根据需要下设专门委员会和工作组，由政府部门、行业组织、企业、专家学者、律师等共同组成。[1]

（2）建立综合统一的知识产权管理机构和体系。创新知识产权管理机制，引导建立专利、商标、著作权等集中统一管理的知识产权局，形成权责一致、分工合理、决策科学、执行顺畅、监督有力的知识产权行政管理体系。探索实行国家、省、市、县知识产权局四级垂直管理，形成各部门密切配合、中央和地方紧密互动、政府和企业紧密联系的知识产权管理体系。深化知识产权管理体制改革，建立完善知识产权权力清单和责任清单制度。以组建精干高效的专业性管理机构为目标，结合知识产权行政管理和执法工作需要，根据职责、人员、编制相统一的原则，合理增加相应人员编制，为知识产权工作开展提供强有力的人才和组织保障。

（3）推进企事业单位知识产权管理体制改革。推动企业、高校、科研院所知识产权管理体制改革，设立知识产权总部，促进知识产权统筹管理。建立知识产权管理标准认证制度，深入推进《企业知识产权管理规范》贯标工作。完善企业知识产权资产管理制度，推动企业在并购、股权流转、对外投资等活动中加强知识产权资产管理。做好知识产权优势企业培育工作，加强知识产权优势企业税收政策支持。制定知识产权委托管理服务规范，引导和支持知识产权服务机构为中小微企业提供知识产权委托管理服务。

2. 加强知识产权公共服务

（1）加强知识产权公共服务平台建设。以服务理念为导向，以效率为目标，以

---

[1] 日本知识产权战略总部下设专门调查委员会，包括：知识财产与竞争力强化专门调查委员会，内容产业强化专门调查会，数字、网络时代的知识产权制度专门调查委员会，国际标准化战略特别调查委员会等，成员来自社会各界。

制度建设为保障，以信息化建设为重点手段，充分发挥公共服务对于知识产权资源配置的重要作用。健全知识产权公共服务供给机制，提高公共知识产权资源整体配置效率，实现从管理到服务理念的转变，从政府直接服务向市场化、社会化服务转变。

（2）推动各类知识产权公共服务平台实现基础信息共享。知识产权基础信息资源免费或低成本向社会开放，基本检索工具免费供社会公众使用，提高知识产权信息利用便利度。指导有关行业建设知识产权专业信息库，鼓励社会机构对知识产权信息进行深加工，提供专业化、市场化的知识产权信息服务，满足社会多层次需求。[1]

（3）提供优质知识产权信息服务。加强知识产权公共信息服务平台建设，指导创新主体加强知识产权信息利用。通过政府立项和资金扶持，引导相关知识产权信息服务机构开展面向全球重点行业、重点领域的专利技术态势分析，绘制专利地图，指明技术发展方向，跟踪竞争对手，研判技术潜在风险，提供布局策略建议，为创新主体开展知识产权全球布局提供支持。建立防御性公开数据库，加强与各国知识产权部门联动和信息分享，针对抄袭、抢注我国战略性、高价值和具有民族特色的知识产权资源的行为，建立异议、无效、诉讼救济机制，为中国知识产权全球布局排除障碍。

3. 大力发展知识产权服务业

结合我国知识产权事业发展需求，培育一批优质的国家级知识产权服务品牌机构，重点扶持知识产权代理、法律、信息、商用化、咨询和培训服务机构发展，形成规模优势突出、功能定位清晰、集聚效应明显、辐射带动有力的知识产权服务体系。通过扩大服务规模、完善服务标准、提高服务质量，推动知识产权服务业向高端发展，为知识产权事业提供高水平服务，成为服务中国企业“走出去”的知识产权助推器和服务各国企业的优质知识产权服务商，推动我国知识产权服务机构走向全球。

4. 促进政府与社会各界合作

实现政府主导与企业主体相结合。完善企业创新和知识产权创造的激励机制，以及对知识产权价值收益的分配机制，通过税收优惠和财政补贴的奖励机制充分发

---

[1] 日本特许厅组织专利文献研究人员定期对重要的、前沿的技术进行分析，并公布其领域的“专利地图”；韩国知识产权局为企业多方位提供专利信息，审查员与其领域的企业之间形成一种指导关系，帮助相关领域的企业掌握在先技术的情况。

挥企业创新的主体地位，提升知识产权创造能力和水平。

推动政府与社会组织主体的合作。增强行业协会的知识产权服务意识和能力。对于处于产业升级初期的行业，行业协会应该着重提供知识产权信息服务，促进信息在企业之间的传播，创造更多的合作研发和知识产权流通的机会；而对于知识产权纠纷较多的行业，行业协会应相应加强知识产权调解服务，维护良性的行业秩序；出口导向型的产业更应该注重建立知识产权预警和应诉机制；重视制定行业知识产权战略，指导企业有规划地发展技术和品牌等。

（二）第二、第三阶段（2020～2050年）：治理体系构建

1. 加强事中事后监管

转变政府职能，简政放权，“管”和“放”同等重要，缺一不可。如何做好“放”“管”结合、“放”“管”并举是深入推进政府职能转变的重大挑战。“管”，就是事中事后监管，是当前改革面临的一大短板，比较突出的问题主要有三个方面：一是监管理念不到位。很多政府部门“会批不会管”“对审批很迷恋，对监管很迷茫”。二是监管体制不健全。一方面，多头监管、权责不对应问题严重，监管职责既交叉又缺位，另一方面，监管能力不足，信息不对称现象普遍存在。三是监管方式不科学，监管部门较多采用“静态式”“运动式”的监管方式，平常监管不严，无心顾及问题隐患，问题暴露后才一拥而上。这三个问题，在知识产权市场监管中不同程度地存在，监管体制不健全、监管能力不足的问题更为突出。要适应政府职能转变的新常态要求，必须加强事中事后监管。第一，提升政府监管意识，落实知识产权监管责任，切实将监管责任落实到部门、落实到岗位、落实到人头。第二，完善制度建设，创新监管方式。建立以市场主体知识产权信用体系，通过相关制度约束市场主体的行为，提高侵权违法成本。建立以随机抽查为重点的日常监督检查制度，堵住监管漏洞。第三，鼓励社会监督，强化行业自律。鼓励社会公众，尤其是利益相关方参与社会监督，提升公众的维权意识和自我保护能力。

2. 健全宏观调控体系

科学的宏观调控，有效的政府治理，是发挥社会主义市场经济体制优势的内在要求。适应经济新常态的要求，需要按照内在经济规律，创新宏观调控思路和方式，保持区间调控弹性，切实发挥政府在管宏观、抓大事、议长远、谋全局方面的作用，提高政府治理能力。

3. 优化公共服务体系

强化政府的公共服务职能，提高公共服务总体水平。加大公共投资，增加公共产品有效供给。创新公共服务供给方式，构建多元化、社会化的公共服务供给体系。加强知识产权文化建设，普及知识产权知识，提高全社会知识产权意识。

八、支撑经济社会发展

（一）第一阶段（2015～2020年）：支撑经济社会发展

1. 促进创新驱动发展

（1）积极推动构建以知识产权为基本保障的国家创新体系。不断优化调整各类主体之间的知识产权利益分配机制，调动各方面创新创造积极性，不断提升我国自主创新能力。结合我国优势产业、特色产业和资源特点，深入实施知识产权战略和创新驱动发展战略，积极推动知识产权与经济、科技的紧密融合，优化产业布局，引导产业创新，发挥知识产权对创新驱动发展，促进经济转型升级、提质增效的支撑作用，为实施创新驱动发展战略提供知识产权支撑。

（2）促进大众创新、万众创业。以营造良好创新创业生态环境为目标，以激发创新创业活力为主线，制订知识产权专项扶持计划，加强知识产权资助支持，强化知识产权激励机制，减免知识产权产品税收，完善知识产权审查快速通道，健全知识产权服务支撑，提供知识产权融资渠道，为大众创业、万众创新保驾护航。

2. 开展知识产权评议

针对重大产业规划、政府重大投资活动等开展知识产权评议。推动建立重大经济活动知识产权评议制度，明确评议内容，规范评议程序。引导企业自主开展知识产权评议工作，规避知识产权风险。

3. 发展知识产权密集型产业

（1）部署推动知识产权密集型产业发展。结合我国产业优势和地域特色，制定实施知识产权密集型产业发展规划，将知识产权密集型产业纳入国家中长期产业发展规划。完善促进知识产权密集型产业发展的政策措施，着力培育知识产权密集型产品、企业、集聚区，引导知识产权密集型产业发展壮大。加大知识产权密集型产业就业扶持力度，通过政策引导和产业扶持，促进相关产业增加就业岗位，提高薪资待遇，强化知识产权密集型产业对经济和就业的贡献。开展将知识产权产品纳入

GDP核算体系的试点，分析研究GDP核算方式调整的影响，探索有利于鼓励知识产权密集型产业发展的税收标准和税收政策，推动知识产权密集型产业的商品出口。

（2）培育发展专利密集型产业。以节能环保、新一代信息技术、生物产业、高端装备制造、新能源、新材料、新能源汽车等战略性新兴产业为重点，围绕重点领域、重点产业，建设一批专利密集型产业集聚区，在产业集聚区推行专利集群管理，构筑产业竞争优势，优化产业布局，引导产业创新，促进产业提质增效升级。

（3）培育发展商标密集型产业。以先进制造业和现代服务业为重点，支持自主商标企业实施商标战略，发挥品牌对资源的配置作用，提升驰（著）名商标运用能力和水平，加快形成品牌聚合示范效应，打造产业集群品牌培育基地和产业集群品牌示范基地。支持传统主导产业加大品牌经营力度，通过强化创意设计、商标许可、品牌连锁、跨国兼并等，提高品牌价值和市场占有率。

（4）培育发展版权密集型产业。结合本地版权产业发展特点，加快发展新闻出版、广播影视、文学艺术、文化娱乐、广告设计、工艺美术、计算机软件、信息网络等核心版权产业。促进版权产业与旅游、体育、信息、物流、建筑等产业融合发展。支持各地依托自身文化资源，推进版权产业基地和版权示范园区建设，培育一批拥有高价值版权、具有国际竞争力的版权企业，形成地域特色明显、处于价值链高端环节的版权密集型产业。

（5）培育发展特色知识产权密集型产业。鼓励有条件的地区发展区域特色知识产权密集型产业，构建优势互补的产业协调发展格局。加强地理标志产品经营培育，充分运用地理标志促进特色产业发展，促进农业、农村、农民增产增收，针对地理标志产品聚集区，围绕当地特色产业布局和发展规划，推动地理标志产品保护示范区建设。综合运用知识产权手段，助推非物质文化遗产、特色美食、旅游名胜等产业做大做强。加强植物新品种培育，打造现代种业培育基地，推进植物新品种产业化，支持现代农业发展。加强生物遗传资源保护、开发和利用，推动生物遗传资源获取与惠益分享。加强传统知识、传统工艺、民间文艺的保护、开发和利用，推动地方特色优势资源优势尽快转化为品牌优势、竞争优势。

4. 提升知识产权国际影响力

（1）提高知识产权国际规则制定的话语权。谋求参与知识产权国际规则变革的主动权。加强与世界各国、国际组织合作，积极参与知识产权国际规则谈判，致力于在国际条约的谈判和修订中发挥建设性作用，积极维护我国政治、经济和文化利益，积极把握参与知识产权国际规则重构的各种机遇，努力提升知识产权国际规则制定的话语权和影响力，引领国际规则变化。

（2）强化对外贸易领域的知识产权保护。在国际贸易投资领域全面贯彻落实知识产权战略的方针政策，强化知识产权政策与贸易政策协调，推进知识产权及相关产业的国际化发展，增强知识产权政策的经济属性和外向化程度，强化对外贸易中的知识产权的保护与运用，积极主动参与国际知识产权事务交流对话与合作，积极谋求知识产权国际规则制定中的话语权和主导权，不断拓展知识产权大国外交新格局，加快推进知识产权战略全球化步伐。

（3）构筑全方位知识产权国际合作格局。巩固和发展与主要国家和地区的多双边知识产权交流，加强面向发展中国家和新兴国家的知识产权援助。跟踪和掌握世界知识产权发展趋势。充分发挥政府知识产权外交主渠道作用，形成全球性知识产权专员网络。加强知识产权公共外交工作利用民间渠道加强知识产权公共外交，鼓励我国行业协会、各类智库和社会组织直接参与知识产权国际交流与合作，促进国际社会对我国知识产权现状的了解、认识和认同，拓展知识产权大国外交新格局。

（4）加强企业海外知识产权保护。完善知识产权海外维权及预警机制。组织开展知识产权海外维权的宣传和培训等，系统有效地为“走出去”企业提供知识产权服务与帮助。加快海外知识产权信息平台建设。加强涉外知识产权信息交流和分享，组织召开年度涉外知识产权信息沟通交流会。

（二）第二、第三阶段（2020～2050年）：融入经济社会发展

1. 知识产权与经贸融合

知识产权与经贸的关系表现在两方面：对内，表现为将知识产权作为“工具”，鼓励技术创新、激励投资，以促进生产力的提高，实现经济发展方式的优化；对外，表现为利用知识产权在国际贸易中掌握主动，以维护国家利益。新技术、新知识引发了知识产权扩张的“第二次圈地运动”，于一国而言，知识产权既是授予私人的“经济特权”，更是实现“更大的公共利益”这一策目标的手段。基于此，我国应致力于运用适合本国国情的知识产权制度。推动知识产权制度必须与经贸机制相融合，推进本国工业化、信息化进程。

2. 知识产权与产业融合

知识产权是一国的政策安排和战略选择，应当同一国的国情、产业现状、产业发展定位相适应，正如英国知识产权委员会所述，知识产权“这些特权只是一种目

标实现方式，其本身并非是目标”。对于政府而言，其经济调节最终任务就是采取激励措施进行产业引导。在知识产权越来越成为独立的生产要素的情况下，产业激励机制需要同知识产权制度相融合：利用知识产权改造传统产业，发展新兴战略产业。而政府在制定产业技术政策时，则应该“有为”：着重于制度层面的构建，确保人们的创造才能能够自由发挥，知识的感知、创造和传播为中心的自发秩序能够形成而不会受到行政权力等外力的干预、强制或破坏；也应该有“不为”：避免官员决策代替企业家的决策。有所为有所不为，意味着政府在产业技术发展中的作用要做到有“度”。而“度”意味着必须给政府介入产业技术发展划好界限，只有在界限内的“为”才是可以有的。此外，必须合理利用知识产权，维护本国产业的健康有序发展。

经济新常态下的知识产权改革发展新思路*

当前，我国经济发展进入新常态。随着供给侧结构性改革的逐步深入，创新引领发展的趋势更加明显，知识产权制度激励创新的基本保障作用更加突出。认识新常态，适应新常态，引领新常态，是当前我国经济发展的大逻辑，同样也是今后一个时期我国知识产权事业发展的大逻辑。

一、科学认识经济新常态，迎接知识产权改革发展新挑战新机遇

“新常态”概念的提出，不仅是新形势下我国宏观经济决策和经济转型升级的重要指南，也是实现国家治理现代化、推动政府治理创新的重要举措，对未来宏观经济政策导向有着决定性意义，也势必对我国知识产权事业的改革发展产生深远影响。

（一）科学认识经济新常态

1. 经济新常态的提出

新常态的概念，早在2002年澳大利亚媒体《老生常谈周刊》（*Clich of the Week*）就有提及。2009年初，自美国次贷危机引发国际金融危机以来，新常态一词再次被提及。从起源上讲，新常态是一个西方的概念。❶

2010年之后，“新常态”逐渐进入中国专家学者的文章和演讲之中，并开始从描述世界经济的词汇向描述中国经济的词汇转变。然而，真正让“新常态”家喻户晓、成为流行热词并赋予中国内涵的，是习近平总书记在2014年的几次重要讲话。

---

* 本文基于2016年国家知识产权局软科学研究项目“经济新常态下的知识产权改革发展新思路”。课题负责人：韩秀成；课题组长：谢小勇；报告统稿人：谢小勇、董宏伟；课题组成员：董宏伟、史冉、刘淑华、武伟、王淇、陈泽欣、李昶、梁心新、张鹏、涂克明、周昕、李强、刘鸿斌。

❶ 宋立，郭春丽. 中国经济新常态［M］. 北京：中国言实出版社，2015：1.

习近平总书记系列讲话是新常态正式的登台亮相，使新常态最终从描述世界经济尤其是发达国家危机之后经济状况的舶来概念，发展成为刻画中国经济发展新阶段特征的分析框架。❶

2. 经济新常态的特征

经济发展进入新的阶段，必然出现与过去阶段不同的特征。❷ 2014 年 11 月 9 日，习近平主席在亚太经合组织工商领导人峰会开幕式上分析了中国经济新常态的几个主要特点：一是从高速增长转为中高速增长；二是经济结构不断优化升级，第三产业、消费需求逐步成为主体，城乡区域差距逐步缩小，居民收入占比上升，发展成果惠及更广大民众；三是从要素驱动、投资驱动转向创新驱动。具体表现为：(1) 增长速度由高速向中高速转换；(2) 发展方式从规模速度型粗放增长向质量效率型集约增长转换；(3) 产业结构由中低端水平向中高端水平转换；(4) 增长动力由要素驱动、投资驱动向创新驱动转换；(5) 资源配置由市场起基础性作用向起决定性作用转换；(6) 经济福祉由非均衡型向包容共享型转换。

3. 经济新常态与供给侧结构性改革

一个国家的经济能否持续健康发展，取决于经济政策是否有效。在经济面临下行压力、供需出现错配矛盾的节点时刻，党中央、国务院运筹帷幄，拉开了供给侧结构性改革的大幕。推进供给侧结构性改革，是适应和引领经济发展新常态的重大创新，是适应国际金融危机发生后综合国力竞争新形势的主动选择，是打造经济升级版的必然要求。

（二）经济新常态下面临的新形势

新常态的“新”表现在中国经济发展的新阶段，不仅面临着新的困难与挑战，同时也意味着新的机遇与优势。

1. 经济新常态下迎来的新困难挑战

新常态之所以新，首先是因为遇到新的困难和挑战，主要包括：全球经济格局深刻调整，我国外部需求出现常态萎缩；国际创新驱动竞争更为激烈，我国产业结构转型升级滞后；我国传统人口红利逐渐减少，资源环境约束正在加强；我国面临跨越“中等收入陷阱”的挑战，改革红利有待强力释放。

---

❶ 宋立，郭春丽. 中国经济新常态［M］. 北京：中国言实出版社，2015：1.

❷ 张占斌. 中国经济新常态［M］. 北京：人民出版社，2015：6.

2. 经济新常态下出现的新发展机遇

从国际来看，新常态下，我国经济发展的国际经济环境呈现出“总体趋好、危中有机、风险犹在、复杂多变”的基本特征。具体表现为：第一，国际环境总体上有利于我国发展。纵观目前的国际政治形势，虽然局部战争时有发生，但和平与发展仍是时代主题，维护和平、制约战争是全世界人民的心愿，新的世界大战短期内打不起来，我们有可能争取到较长时间的和平国际环境。第二，我国与欧美发达国家对比关系发生变化。在金融危机和债务危机的巨大冲击下，欧美发达国家经济实力相对下降，复苏也呈现出缓慢趋势，而中国等新兴经济体率先回升并引领世界经济复苏，特别是我国，不仅成为世界经济增长的主要引擎，而且凭借充裕的外汇储备成为稳定国际金融体系的重要力量。第三，我国科技创新孕育新突破。随着经济全球化的发展，我国通过引进、再创新等途径吸收消化发达国家的一些关键技术，并大幅度提高我国的自主创新能力已是大势所趋。在此背景下，我国就有可能发挥后发优势，顺应世界经济科技发展潮流，实施建设创新型国家、人力资源强国、海洋强国等强国战略，加快提升科技创新能力和加强人力资本积累，这为我国创造了进一步超越的机会。第四，新兴经济体影响力提高。随着新兴经济体的崛起，世界政治格局也发生了变化。发达国家现在已经无法主导整个世界经济的发展，在全球经济事务和政策中迫切需要新兴市场与发展中国家参与，这为我国从国际事务的被领导者转变为领导者，从国际规则的被动接受者转变为规则的参与制定者创造了机会。

从国内来看，目前所取得的成绩使我们具备了在新常态下推动经济社会再上新台阶的基础，国内经济社会呈现出的新特征，也为进一步大发展提供了许多有利的因素。第一，我国经济具备更大发展的实力。第二，我国经济发展的物质技术基础更加巩固。经过新中国成立 60 多年，特别是改革开放 30 多年以来的建设和发展，我国经济实力和综合国力大为提升，保障可持续发展的物质技术基础和内生动力不断增强。第三，我国城镇化已经进入到新的发展阶段。城镇化不仅是保持我国经济持续发展的强大支撑，也是我国扩大内需的巨大潜力所在。第四，政治优势的充分发挥为我国经济发展开辟了广阔的道路。决策果断是我国高层决策机制的最大特点，这与我国的政治体制优势有密切联系。当前，全国人民凝聚着道路自信、理论自信和制度自信的无穷力量，这种力量可以攻坚克难、创造奇迹。

3. 经济新常态下建立的新思维理念❶

释放体制红利、创新红利和新的全球化红利，应该是我们认识新常态、适应新常态、引领新常态的必然选择。首先，需要全面把握总供求关系新变化，改革资源配置模式，发挥市场在资源配置中的决定性作用，不断创新宏观调控思路与方式，科学进行宏观调控。其次，必须全面深化供给侧结构性改革，加快消除制约经济增长潜力深度挖掘、增长动力顺利转换和经济结构优化调整的体制机制障碍，释放新的改革红利。再次，实施创新驱动发展战略是我国经济进入新常态背景下的重大战略抉择。要用新思维推进创新驱动发展，着力激发全面、开放与包容的万众创新，突出区域创新体系建设和创新生态营造，认识和适应创新活动的新变化。力促全社会形成认识创新、崇尚创新、投身创新的积极氛围，让大众创业、万众创新成为中国经济的新引擎。又次，为适应经济全球化新趋势、全球政经版图新变动，我国需要推进实现全方位、宽领域、多层次对外开放水平，以企业"走出去"带动资本"走出去"，实现由"商品输出"为主向"资本输出"为主的重大转变，以更主动的姿态在全球范围内配置资源，带动我国全球贸易布局、投资布局、生产布局的重新调整。最后，要坚持以"底线思维"积极应对，全方位保障我国经济安全，既要"有守"，也要"有为"，防止现代化进程被打乱，推动实现全面建成小康社会和中华民族伟大复兴的中国梦。

（三）经济新常态下知识产权改革发展的新挑战新机遇

1. 知识产权改革发展的新需求

当前，我国进入了创新驱动发展、经济转型升级提质增效的新阶段，经济新常态和供给侧结构性改革对我国知识产权改革发展提出了新的需求，建设知识产权强国已经成为我国知识产权改革科学发展的总体方向，具有重大意义。

（1）要素比较优势的转变需要知识产权的强力支撑。从发达国家的经验来看，向高收入迈进的阶段，经济增长需要更多地依靠人力资本质量提升和技术进步。对我国而言，经济持续健康发展依靠的要素优势应由传统低成本优势转向质量提高优势，即创新要真正成为驱动发展新引擎。从现实情况来看，我国要素比较优势的趋势性变化已经具备了一定基础：人力资本积累速度在加快，人力资本质量对经济增长的贡献越来越大，研发投入强度已经接近发达国家水平，技术创新活动更加活

❶ 宋立，郭春丽. 中国经济新常态［M］. 北京：中国言实出版社，2015：10.

跃，技术创新能力逐步加强，国家创新体系基本形成。知识产权作为发展的重要资源和竞争力的核心要素，在实施创新驱动发展战略中，必将发挥其他要素不可替代的作用。

（2）生产组织形式的转变需要知识产权的深度介入。企业兼并重组、生产相对集中不可避免，新兴产业、服务业、小微企业作用更加凸显，通过工业化与信息化的融合发展，生产小型化、智能化、专业化将成为产业组织新特征。这些产业组织方式的变化要求各类企业更加重视知识产权，通过拥有更多的核心专利、培育驰名商标，形成自己的独门绝技，打造小巨人企业，进而加速创新驱动、促进产业转型升级。

（3）投资需求的变化需要知识产权与金融有效融合。经过30余年的快速发展，投资继续高速增长的空间不断缩小，门槛较低、受益于人口红利和全球化红利的行业或领域的投资相对饱和，如传统产业、房地产投资增速已经开始出现下降。而同时一些拥有知识产权的新技术、新产品、新业态、新商业模式的投资机会大量涌现，对创新投融资方式提出了新要求。

（4）消费方式的变化需要知识产权的量质提升。随着我国发展进入新常态，工业化由中期向后期转变和城镇化的均衡推进，消费者个体需求的差异性将得到更多尊重和体现，消费多样性会更加突出。这就要求拥有知识产权的产品和服务脱颖而出，要求产品和服务的提供者不断开发新产品、创造新体验，以满足消费者不断变化和越来越高的需求。发明专利、外观设计、服务商标等知识产权的重要性将会日益体现，知识产权的数量和质量将进一步提升。

（5）出口贸易优势发挥需要知识产权的保驾护航。未来我国需要加紧培育新的比较优势，积极影响国际贸易投资规则重构。在当前以新兴技术为基础的经济全球化背景下，国际贸易与知识产权二者之间的关系日益密切。在激烈的国际市场竞争中，加强知识产权保护对我国对外贸易的发展起着举足轻重的作用，意义重大。

（6）规范市场竞争需要知识产权的严格保护。经济新常态需要继续解放和发展生产力，更多地释放市场经济活力，最重要的就是让市场在资源配置中起决定性作用，提高资源配置效率和效益。知识产权制度的产生来源于市场经济，从诞生的第一天起就和市场竞争紧紧联系在一起，已经成为知识经济时代市场生存的首要法则。知识产权作为一种新型的产权安排机制、创新激励机制和有效的市场机制，支撑着市场环境下创新成果的转移转化。

（7）产业结构的调整需要知识产权服务业的快速发展。经济新常态不仅仅是增长速度意义上的新常态，还包括产业结构意义上的新常态。未来3～5年，我国经济转型重在实现由工业主导走向服务业主导，形成服务业主导的新常态。知识产权服务业技术与知识密集、附加值高，对科技创新、产业发展、对外贸易和文化发展的支撑作用日益显现。

2. 知识产权改革发展的新挑战

经济新常态给我国知识产权改革发展提出了新的要求，但是，目前我国知识产权事业发展和改革创新还不能适应新常态的要求，主要表现在：

一是知识产权行政管理体制和能力不能适应新常态下政府职能转变的新要求。适应经济新常态，需要在更高层次上实现政府职能转变新常态，这对于实现国家治理体系和治理能力现代化具有十分重要的现实意义。但是，我国知识产权行政管理的现状不能适应政府职能转变新常态的要求，包括：知识产权行政管理体系分割分散，知识产权行政管理适应性不足，知识产权行政管理职能转变没有到位，知识产权行政管理方式不够科学，知识产权行政管理理念有待转变，知识产权行政管理资源两极分化。

二是知识产权创造应用能力不能支撑新常态下经济发展方式转变的新路径。注重知识产权的战略布局，重点支撑战略性新兴产业的形成和发展，毫无疑问是知识产权工作融合于经济发展的重要内容之一。但是，现在无论是知识产权创造质量，还是市场主体运用知识产权的能力都不能有效支撑我国产业结构提升、发展模式转型。突出表现在：知识产权创造存在“大而不强、多而不优”的问题；企业主体地位不突出，运用知识产权能力薄弱；有利于知识产权转化应用的环境尚未形成；与产业有关的知识产权制度环境和政策手段有待进一步强化；知识产权服务业发展严重滞后；国际知识产权、科技竞争日益加剧，我国以知识产权促进产业发展和企业竞争力提升的挑战加大。

三是知识产权保护执法水平不能维护新常态下市场经济有序竞争的新环境。新常态下要充分发挥市场的作用，转变政府职能，简政放权，“管”和“放”同等重要，缺一不可。如何做好“放”“管”结合、“放”“管”并举是深入推进政府职能转变的重大挑战。“管”，就是事中事后监管，是当前改革面临的一大短板，也是知识产权保护和市场监管的一大短板。表现为：知识产权法律体系有待进一步完善，知识产权行政执法有待进一步强化，知识产权司法保护尚待进一步完善，知识产权社会调解制度有待建立健全，知识产权市场监管中行业组织、民间机构等社会监管功能有限。

3. 知识产权改革发展的新机遇

从某种意义上说，挑战本身就是一种机遇，知识产权改革发展在经济新常态下同样面临各种新机遇。

（1）市场的“大国经济效应”给知识产权发展改革带来机遇。大国经济效应是大国经济的外部体现，大国经济的特性决定了其具有不同于小国经济的内在规律和外部特征。大国效应包括规模效应、创新效应、空间效应和外部效应四个方面。[1]大国效应塑造了我国经济增长的基本模式，决定了我国经济增长演化的基本过程，预示着我国经济增长的未来趋势。大国经济引致的规模和创新效应，给知识产权事业带来更大的发展空间。大国经济体在研发（R&D）和技术创新方面具有小国经济所不具备的一些特殊优势，一些在小国无法获利的技术在大国却能够获得收益。研究表明，一个国家 GDP 总量与专利申请量是成正比关系的，从每亿美元 GDP 国内外发明专利授权量等一系列知识产权绩效指标来看，[2] 我国和美国、德国和日本还有很大的差距，这种差距，也是我国知识产权发展的潜力所在。

（2）产业的“弯道超越效应”给知识产权发展改革带来机遇。当前，全球新一轮科技革命和产业变革悄然兴起，重大技术跨区域合作与转移增多，为我国运用知识产权促进产业发展和企业竞争力提升提供契机。与前两次工业革命落后于西方发达国家的国情相比，当前我国已具备较强的科技、产业基础和潜在市场规模庞大的优势，有望在新一轮科技革命和产业变革中发挥知识产权促进产业发展和企业竞争力提升作用，实现弯道超越。国际经验表明，知识产权对产业发展和企业竞争力提升作用的发挥与产业发展阶段、产业发展的国际化程度息息相关。一国的产业发展水平越高，产业外向度越高，产业进入国际市场的知识产权壁垒越高，拥有自主知识产权对产业发展的影响作用就越大。产业的持续较快增长，尤其是国际化程度、技术水平的不断提升和企业实力的显著增强，对知识产权发展提出更为紧迫的要求，也为以知识产权运用推动产业发展和企业竞争力提升提供了基础条件。

（3）人力的“第二次人口红利”给知识产权改革发展带来机遇。有专家预计，2013 年传统的人口红利将逐渐消失。也有经济学家分析，通过改革和潜在增长率的改变，或能带来第二次人口红利。第二次人口红利是一种潜在红利，但也是一种稀缺的红利，国家、地区间的争抢不可避免。在新常态下，推动我国经济社会持续发

[1] 吕永刚. 大国经济引致大国效应的生成路径探析［J］. 知识经济，2011（8）：9－10.

[2] 2012 年知识产权强国子课题“知识产权强国标准及评价指标体系研究”（北京科技大学文法学院）。

展的核心是创新，而创新的关键是人才。在新一轮的竞争中如何继续赢取中国的第二次人口红利，知识产权制度发挥重要的作用。知识产权是现代产权制度中最重要的财产类型之一，知识产权制度的基本要求就是依法保障公民和法人就其智力创新成果所享有的知识产权，制止不劳而获和窃取他人劳动成果的不正当竞争行为，从而激发人们的潜能，促进资源的最佳配置和使用，推动经济发展。如何使大学生等未来人才在创业型经济中大显身手，如何激发现有科学技术人员发明创造和转化的积极性，这些都需要在知识产权制度方面进行新的安排，为知识产权改革创新提供了广阔的空间。

（4）经济的“创新驱动发展”给知识产权改革发展带来机遇。当前我国正处在加快转变经济发展方式、全面建成小康社会的关键时期。必须依靠增强创新驱动发展新动力带动产业结构调整，企业也要向研发和营销等高附加值环节延伸，而产生这些高附加值的环节都依赖于知识产权制度的支撑和保障。在当前我国企业步入由要素驱动向创新驱动发展的重要转折期，知识产权无疑起着不可或缺的纽带作用。我国要着力从知识产权工作的政府外部推动向知识产权工作市场配置内部驱动升级，充分发挥知识产权对企业创新驱动发展的保障和引导作用，最终推动我国从经济大国迈向经济强国。可见，知识产权在转变经济发展方式、创新驱动发展中将发挥巨大的作用，迎来前所未有的历史机遇。

（5）开放的“贸易强国建设”给知识产权改革发展带来的机遇。经过改革开放 30 多年的发展，我国对外贸易取得举世瞩目的成就，2013 年跃居世界第一货物贸易大国。当前，我国经济正处于“三期叠加”[1] 阶段，经济发展进入新常态。今后一段时期，外贸发展既面临重要机遇期，出口竞争优势依然存在，也面临严峻挑战，传统竞争优势明显削弱，新的竞争优势尚未形成。必须适应新形势新要求，努力巩固外贸传统优势，加快培育竞争新优势，继续发挥出口对经济发展的重要作用。随着中国在全球经济竞争的战略地位提升，全球性的跨境投资、跨国兼并、跨国技术扩散、跨国互联网贸易趋势日益显现，中国作为发展中大国和知识产权大国受到知识产权国际合作各方的高度重视，均希望借重我方实力推进其合作发展，为

[1] “三期叠加”是以习近平为核心的党中央为适应新常态对经济形势作出的重要判断。具体指增长速度换档期、结构调整阵痛期、前期刺激政策消化期三个阶段。“三期叠加”是对我国当前和今后一段时间经济发展阶段性特征准确而形象的描述，经济增速换档期主要是针对经济发展的总量、数量而言，结构调整阵痛期主要是针对经济发展的质量、效益而言，前期刺激政策消化期则是针对宏观调控的方向、手段而言，三者相结合勾勒出了我国经济社会发展的主要特征和挑战，为我们科学认识新常态、积极适应新常态提供了必要的背景依据。

我国经济在全球范围内谋求更为广阔的发展空间，为我国知识产权发展提供了广阔的国际空间和良好的发展机遇。

二、积极应对经济新常态，把握知识产权改革发展新常态新趋势

（一）经济新常态下的知识产权新常态

1. 知识产权新常态的提出

2014 年 12 月 21 日，吴汉东根据国家版权局版权管理司司长于慈珂提出的知识产权事业发展新常态的概念，在国家智库建设高端论坛上就“知识产权事业发展的新常态”概念进行阐述。2015 年 1 月 15 日，国家知识产权局局长申长雨在全国知识产权局局长会议上指出我国知识产权事业发展出现了新特点，也呈现出“新常态”。同时，社会舆论中，“知识产权运营 2.0 模式”（中国知识产权运营联盟）、“知识产权服务 2.0 时代”（鼎宏知识产权集团）、“知识产权人才培养 2.0 时代”（中国知识产权培训中心）等反映“知识产权 2.0 时代”的从属概念逐渐浮现。2015 年 7 月，华东政法大学知识产权学院黄国群在《当代经济管理》杂志上撰文《知识产权 2.0 时代特点、挑战及应对研究》，在观察与归纳知识产权界典型现象与趋势的基础上，详细论述了知识产权 2.0 时代的概念。“知识产权新常态”“知识产权 2.0 时代”在本质上是一致的，均指出了知识产权在经济新常态下的新发展趋势，只是各自的侧重点有所不同。

2. 我国知识产权新常态的一般特征

（1）知识产权创造由片面追求数量向质、量并重方向转变。一是专利数量增长出现新变化，发明专利由高速增长转变为中高速增长。二是专利质量和布局结构进一步优化，发明专利占比进一步提升。三是从国家到地方日益重视发明专利申请质量。

（2）知识产权运用从单纯实施转化向多元化实现市场价值转变。市场主体着力提升知识产权创造质量和运用效益，知识产权对经济发展的支撑作用进一步凸显，专利运营、专利金融、专利池等运用方式多元发展，亮点纷呈。2009～2013 年，我国专利密集型产业增加值年均增长 11%，有效发明专利实施率稳步提高，产业化率达到 33.8%。2014 年，专利权质押融资金额达 489 亿元，同比增长 92.5%。商标质押 8721 件，融资金额 519 亿元，同比增长 29%。版权实现质押融资 26.25 亿元。

2012 年版权产业增加值逾 3.57 万亿元，占国内生产总值的 6.87%。

（3）知识产权保护从应对外部压力向创新驱动内在需要转变。从我国现代知识产权立法和修改的历史来看，知识产权保护制度的建立和完善是在我国改革开放的内在需要和国际压力的双重作用之下完成的，经历了从被动立法到主动立法的过程。我国知识产权制度建设经历了从本土化到国际化再回到本土化的过程。这不是简单的重复，而是更高层次的上升。有中国特色的知识产权保护制度。即是在满足甚至超越了知识产权国际保护要求的基础之上，更好地把这一制度与中国的现实国情和中国未来的发展需求结合起来，从而实现了由“逼我所用”到“为我所用”的制度跨越。

（4）知识产权行政管理由分散管理向科学管理转变。国家知识产权局着力加强总体布局和顶层设计，知识产权在国家经济社会发展全局中的地位进一步提升。国务院常务会议专题研究知识产权保护和运用问题，作出实施行动计划的重要决策，明确提出了建设知识产权强国的战略目标。国家知识产权局从三个维度加强知识产权宏观管理工作：一是纵向联动加强，加强对与地方知识产权局工作的指导和支持；二是横向协调加强，充分发挥好国家知识产权战略实施工作部际联席会议机制的作用，提升知识产权宏观管理效能；三是知识产权国际事务的统筹协调分工加强。

（二）经济新常态下的知识产权改革发展新趋势

经济新常态将会促进知识产权进一步发展，形成新的趋势，知识产权新趋势也会引领经济新常态向更高的阶段发展。知识产权在新常态下，已经从单纯法律范畴全面延伸到经济、社会、科技、文化等各个方面和各个环节，已经从传统的“+知识产权”到未来的“知识产权+”，知识产权将在各领域占有主导地位。这主要归因于就基本属性而言，知识产权具有三层基本含义：以创造性成果和商业性标识为客体的一种民事权利，国家发展的战略资源和企业竞争的核心要素，促进创新、驱动发展的公共政策工具。

1.“知识产权+”互联网

互联网技术的出现使得信息迅速、便捷、广泛地传播，改变了人们的工作、生活乃至交往的方式。受网络虚拟性、开放性、线上线下交织等因素的影响，互联网领域的知识产权保护也面临着新的挑战，需要加大保护力度，促进互联网领域健康发展。与此同时，也为知识产权发展开辟了新的空间，突出表现在：一是互联网的开放共享模式将对知识产权私权属性产生影响。将来互联网上的知识产权应该有二元化的模式，即一个模式是传统的知识产权保护，另一个模式则是自由的开放共享，由权利人决定接受哪种模式，用户也要适应这两种模式。二是互联网免费和低价模式将对知识产权服务业带来影响。免费和低价模式是“互联网+”和金融资本结合后的商业特征，被称为“羊毛出在猪身上”，这种商业模式正在诸多行业发起变革。三是互联网的经营方式也会对知识产权服务模式产生影响。相对于其他行业，法律服务行业的信息不对称较为明显，知识产权服务业也是如此。互联网具有使信息透明化的功能属性，可以让供需双方直接沟通和交易，由此产生带有互联网思维的服务模式。四是知识产权申请审查工作互联网化。从知识产权申请、文档存储到审批流程管理、审查、出版等一系列业务将在全电子化的庞大信息处理系统中完成，用户通过App就可以及时了解专利申请受理情况、审查进度、审查结果等。五是知识产权管理保护互联网化。知识产权主管部门建设云平台，把业务管理系统迁移到云平台，促进知识产权电子政务集约化建设。未来，通过互联网征集工业品、工艺品外观设计方案，征集商标设计方案，网友联合撰写图书、编写软件等将会流行。

2. “知识产权+”金融

“知识产权+”金融，就是知识产权金融化，是知识产权作为生产要素直接参与到生产、经营活动中并量化为资本及价值增值的过程。知识产权金融化可通过知识产权出资、知识产权引资、质押贷款、融资租赁、证券化、众筹等股权或债权投融资方式实现。

3. “知识产权+”产业

在经济新常态下，最重要的是产业转型升级，这种转型升级需要创新驱动，更需要知识产权强力的支撑。知识产权作为一个产业正在孕育发展，同时，知识产权在农业、传统制造业、战略性新兴产业等方面转型升级将越来越发挥主导作用。

（1）知识产权产业正在孕育壮大。随着知识产权日益被各国竞相推向前所未有的战略高度，围绕知识产权而形成的产业体系日臻丰富与发展，一个整合了技术密集型、知识密集型等相关行业且同时具有单个行业发展所不能产生的高系统性、高带动性效应的全新产业形态——知识产权产业正在加速孕育壮大，将逐渐成为世界各国的经济新增长点。[1]

（2）“知识产权+”农业。鉴于农业知识产权本身的薄弱性，植物新品种、农

---

[1] 张劲文. 知识产权产业的定义与统计分类研究［J］. 科学学研究，2015，33（1）：45-54.

业技术专利、农业地理标志、农产品商标等知识产权的联合布局与应用成为重要的选择。农户、基地、龙头企业等农业主体与农业知识产权紧密结合推进农产品经营，可显著提高综合效益，促进现代化农业发展。

（3）“知识产权＋”制造业。在《中国制造2025》中18次提及知识产权，明确了9项战略任务和重点，强化新一代信息通信技术产业、高档数控机床和机器人等十大领域知识产权运用。制造强国是一个拥有高质量知识产权创造并大规模、高价值应用的强国。知识产权的权威得到进一步增强，知识产权的质量和市场价值进一步提升，企业的核心竞争力将大幅提升。

（4）“知识产权＋”战略新兴产业。战略新兴产业需要知识产权的强力支撑，是典型的知识产权密集型产业。要抢占战略性新兴产业制高点，应对发达国家的“跑马圈地”，首先，要加强产业专利分析，把握产业链中关键领域的核心专利分布，以全球视野明晰产业竞争格局、确定产业发展定位。其次，要开展知识产权布局，形成与产业发展相匹配的专利储备体系。

（5）“知识产权＋”创意产业。创意产业是以知识产权为核心资产的新的产业门类，是最契合知识经济时代的产业形式。从涵盖的具体产业门类来看，创意产业和文化产业、内容产业存在交叉和重复，但是创意产业更加强调人的创造力，更加强调创意对经济的渗透和贡献。未来，以知识产权为核心的创意产业将会飞速发展。

（6）“知识产权＋”服务业。强化知识产权保护是世界各国产业发展特别是具有较高技术含量的新兴产业发展的重要战略，而高技术服务业具有显著的创新性特征，这一特征决定了高技术服务业对知识产权保护具有更高的要求，知识产权对于高技术服务业发展至关重要。[1]

4.“知识产权＋”贸易

在经济全球化、知识经济化和规则国际化趋势日益深入的背景下，知识产权贸易蓬勃发展，体现了一国“智造”水平成为实施创新驱动战略成效的重要标志。首先，在经济全球化、知识经济化和规则国际化趋势日益深入的背景下，知识产权贸易问题越来越受重视。[2] 知识产权贸易将成为国际贸易、世界经济的另一个重要增长点。此外，随着科学技术交流的日益频繁，国际贸易中知识产权侵权现象不断增

[1] 赵弘，赵凯．我国高技术服务业发展中的知识产权战略研究［J］．经济问题探索，2008（2）：23－26．

[2] 顾晓燕，田家林．知识产权贸易对创新驱动战略实施的影响机制［J］．现代经济探讨，2014（10）：23－26．

加，如何在保护知识产权和贸易通关便利化之间取得平衡，既能管得住又能通得快，成为我国海关工作的重大挑战。其次，区域贸易安排中的知识产权保护既是推动当代国际知识产权制度发展的重要力量，也制造新的知识产权矛盾与摩擦。例如，《反假冒贸易协定》（ACTA）和《跨太平洋伙伴关系协定》（TPP）谈判，都在意图打造区域贸易安排和知识产权保护的新典范，并通过秘密谈判方式和对象选择谈判方式对包括中国在内的一些发展中国家或地区进行了隔离。最后，我国许多新兴领域具有相应竞争优势，在国际上加强专利保护实有必要，但在重大前沿领域的知识产权实力还比较薄弱，仍需产生自己的竞争规则，积极参与国际规则的制定，改变由过去规则的执行者向参与制定规则的角色转变。

5. “知识产权＋”人才

人才兴则民族兴，人才强则国家强。知识产权制度的激励机制，可以充分体现智力劳动价值的分配，保护人才的发明创造、艺术创作享有收益权，实现人尽其才、才尽其用、用有所成。一是保障人才的知识产权收益回报。激活创新创造的关键在于使创新人才分享成果收益，而知识产权制度则是促进科技成果转化的核心机制。二是提高各类人才的知识产权素质。知识产权知识和能力，不仅仅是知识产权专业人才应具备的，而且是当今和未来的创新、创作、创业人才不可或缺的素质之一。三是培养宏大的知识产权人才队伍。知识产权人才是发现人才的人才，保护人才的人才，激励人才的人才，是我国经济社会发展急需紧缺的战略性人才，是人才队伍的重要组成部分，在我国人才事业发展中具有不可替代的作用，是一支需要特别培育的骨干力量。四是强化知识产权人才培养开发机制。未来知识产权学科将从单纯的法律学科向法律、管理、理工学科综合教育转变，知识产权人才培养国际化合作力度会不断加大。

6. “知识产权＋”文化

知识产权文化是知识产权制度的积淀和升华，对知识产权制度运行中各种主体的利益冲突具有潜在的协调和平衡功能，对于知识产权制度的运行具有引导和匡扶作用。将来，知识产权文化所发挥的作用将日益凸显，加强知识产权文化建设，提高民众知识产权文化素养，可以为知识产权的有效实施提供广泛而坚实的思想基础。

（三）经济新常态下的知识产权改革发展新定位

在经济新常态的发展环境下，知识产权改革发展必须明确自身定位，才能在新的形势下迎接挑战、抓住机遇，充分发挥知识产权制度作用，为建设创新型国家提供强力支撑。

1. 产业迈向中高端新常态下的知识产权事业发展定位

当前，我国制造业面临发达国家和其他发展中国家“双向挤压”的严峻挑战，必须放眼全球，加紧战略部署，着眼建设制造强国，固本培元，化挑战为机遇，抢占制造业新一轮竞争制高点。

知识产权事业的发展和定位，也可以在我国产业升级转型中找到自身发展的位置。一是在大力发展战略性新兴产业中完善知识产权公共政策和服务。要形成产业的持续竞争力和持续的增长空间，在新一轮全球科技产业结构调整和竞争中抢占发展先机，就必须将技术创新和专利布局作为新兴产业发展的主攻方向，把本土企业拥有自主知识产权作为主要的战略导向和目标。二是在持续推进传统产业的改造升级中大力培育企业创造和运用知识产权的能力。在持续推进传统产业的改造升级中，要充分发挥市场在资源配置中的决定性作用，强化企业主体地位，激发企业活力和创造力。三是在优先发展生产性服务业的利好中大力发展知识产权服务。大力发展服务业，提高服务业发展质量，向价值链中高端延伸，对吸纳就业、刺激消费、减轻资源环境压力都具有非常重要的作用。

2. 政府职能转变新常态下的知识产权行政管理定位

在经济新常态下，政府职能转变的核心仍然是处理好政府和市场的关系，使市场在资源配置中起决定性作用和更好发挥政府作用，实现政府职能转变新常态，这对于实现国家治理体系和治理能力现代化具有十分重要的现实意义。一是不断提高简政放权的含金量，持续深化行政审批制度改革。二是切实加强事中事后监管，转变政府职能，简政放权，“管”和“放”同等重要，缺一不可。如何做好“放”“管”结合、“放”“管”并举是深入推进政府职能转变的重大挑战。三是健全宏观调控体系。科学的宏观调控，有效的政府治理，是发挥社会主义市场经济体制优势的内在要求。适应经济新常态的要求，需要按照内在经济规律，创新宏观调控思路和方式，保持区间调控弹性，切实发挥政府在管宏观、抓大事、议长远、谋全局方面的作用，提高政府治理能力。四是加强和优化公共服务。知识产权的公共服务主要定位在要完善知识产权基础数据公共服务系统，加快推进知识产权基础信息资源开放共享。加强对企业特别是中小微企业的知识产权信息推送服务，及时发布与产业相关的知识产权分析报告。加强知识产权文化建设，普及知识产权知识，提高全社会知识产权意识。

3. 大众创业、万众创新新常态下的知识产权制度创新定位

推进大众创业、万众创新，是发展的动力之源，也是富民之道、公平之计、强国之策。推进大众创业、万众创新，是培育和催生经济社会发展新动力的必然选择。

推进大众创业、万众创新，当前最为紧迫的就是要进一步解放思想，通过供给侧结构性改革、体制机制创新，消除不利于创业创新发展的各种制度束缚和桎梏，让一切有利于创新创业的活力源泉充分涌流。这为知识产权制度创新明确了定位：一是加快推进事业单位知识产权成果使用、处置和收益管理改革试点政策推广。二是研究商业模式等新形态创新成果的知识产权保护办法。积极推进知识产权交易，加快建立全国知识产权运营公共服务平台。完善知识产权快速维权与维权援助机制，缩短确权审查、侵权处理周期。集中查处一批侵犯知识产权的大案要案，加大对反复侵权、恶意侵权等行为的处罚力度，探索实施惩罚性赔偿制度。完善权利人维权机制，合理划分权利人举证责任，完善行政调解等非诉讼纠纷解决途径。三是完善知识产权估值、质押和流转体系，依法合规推动知识产权质押融资、专利许可费收益权证券化、专利保险等服务常态化、规模化发展，支持知识产权金融发展。

4. 区域协调发展新常态下的知识产权统筹职能定位

中国经济是典型的大国经济，区域发展条件差异特征突出，实施促进区域协调发展的国家战略，是实现中国经济转型的重要保障。区域间要实现协同发展，知识产权协作尤为关键。产业转型升级、创新能力提升、市场秩序维护都需要知识产权的区域合作。这些区域内发展差别较大、产业梯度明显、合作潜力巨大，迫切需要在知识产权创造、运用、保护、管理、服务各个环节加强合作，助推区域共同发展，打造中国经济新的增长极。相关各地方知识产权管理机构要在国家知识产权局统筹指导下，从知识产权资源合作向创新发展互动合作转变，从松散型合作向机制化合作转变，形成知识产权区域合作的新常态。❶

5. 中国特色大国外交新常态下的知识产权国际合作定位

知识产权国际合作在当前新的“中国特色大国外交”方略下，主要面临的任务包含四个维度：一是如何最大限度地在维护国家利益的前提下融入现有知识产权保护的国际规范；二是如何将现有知识产权保护国际规则向有利于我国的方向进行改革；三是如何利用以上两个维度树立中国在知识产权保护领域的国际形象，争取国

❶ 潘新胜．新常态下知识产权工作的新思路［N］．中国知识产权报，2015－01－23.

际社会大多数国家的支持，为我国的和平发展创造有利的国际环境；四是如何更好地维护企业海外知识产权利益。为适应国家大政方针调整，我国的知识产权国际合作工作也必须重新定位。首先，工作模式需要由消极被动应对转变为积极主动争取。其次，我国的知识产权国际合作的视野和格局亦需要放宽。最后，当前我国企业在“走出去”过程中面临的知识产权问题也越来越突出，企业自主参与国际竞争和国际贸易相关活动遇到潜在知识产权风险的不确定性增加，这就要求知识产权部门增强对企业赴国外开展知识产权相关活动的维权援助与服务，帮助企业提升知识产权综合能力。

三、主动引领经济新常态，探索知识产权改革发展新思路新举措

提出新常态，重要的不是提出一个新的概念，而是建立一种新的意识与思维。建立新常态下的意识与思维，不仅有助于我们及时把握经济发展新阶段的特征，也有利于克服以往那种当经济发展阶段变化之后，我们的认识和政策不能及时调整，跟在后面被动滞后适应的困境。

（一）经济新常态下知识产权改革发展意义

1. 知识产权改革发展的重要性

当前，我国进入了创新驱动发展、经济转型升级提质增效的新阶段，知识产权作为发展的重要资源和竞争力的核心要素，将发挥更加重要的作用。从世界范围来看，经济和科技强国无一不是知识产权强国，都把知识产权作为实现创新发展和大国崛起的关键。我国经过改革开放 30 多年快速发展，已经成为名副其实的知识产权大国，但大而不强、多而不优的矛盾还比较突出，还不能很好地支撑创新驱动发展、适应经济发展新常态，迫切需要我们深入实施知识产权战略，深化知识产权改革，全面提升知识产权综合实力，努力实现由知识产权大国向知识产权强国转变。

2. 知识产权改革发展的紧迫性

当今世界经济全球化和世界多极化进程加快，国际力量对比正在发生深刻变化，国际竞争日趋激烈。我国已经成为世界第二大经济体和全球经济增长的重要引擎，融入世界经济发展的程度进一步加深。实施新一轮高水平对外开放，推动“一带一路”战略实施，努力构建世界发展新格局，已经成为我国的重大抉择。实施“一带一路”等发展战略，必然引发知识产权国际规则的调整和知识产权竞争的加

剧。高水平引进创新资源和技术产品，推动高铁、核能等高端装备走出去，都需要我们掌握更多知识产权国际规则话语权，努力建设知识产权强国。

3. 知识产权改革发展的必要性

跨越“中等收入陷阱”是经济新常态的历史使命。经过30年的快速发展，我国于2010年跨越世界银行关于中等收入国家分组中中低收入国家和中高收入国家的分界线，然而，要迈入高收入国家行列，将会遇到前所未有的挑战。研究表明，知识产权保护强度与经济增长之间存在“U形”曲线关系，当前我国正处于“U形”曲线的右半边上升阶段。进一步加强知识产权保护，有助于创新要素的产权化，提高创新要素价值，有利于更加高效地配置各类市场资源，推动经济向创新驱动发展转型，从而支撑和保障我国经济在较长时期内实现“保持中高速、迈向中高端”的战略目标。

4. 知识产权改革发展的适应性

纵观西方国家对第一、第二次新技术革命所提出的“挑战”的“应战”，其成果就是建立了适应当时生产力发展要求的现代知识产权制度，激发了人们的创新活力，从而促进了经济的快速发展。即将到来的第三次新技术革命则强调合作共享，其必将与知识产权的排他属性产生冲突，带来崭新生产方式与滞后的知识产权制度之间的摩擦，造就的行为模式可能严重动摇知识产权的理论基础。知识产权制度应当顺应时代潮流，就制度设计理念而言，应在尊重私权的基础上强调合作的价值导向，以实现新技术革命背景下各种利益关系的协调与平衡。

（二）经济新常态下的知识产权改革发展新思路

我国经济新常态为知识产权改革发展带来了新的思考，主动适应并且引领经济发展新常态，就是要面对经济发展新常态的机遇与挑战，积极对知识产权改革发展的思路进行调整。

1. 知识产权改革发展的指导思想与目标

（1）指导思想。以邓小平理论、“三个代表”重要思想、科学发展观为指导，全面贯彻党的十八大和十八届三中、四中、五中、六中全会精神，深入贯彻习近平总书记系列重要讲话精神，以建设知识产权强国为目标，以适应引领经济发展新常态为方向，以支撑创新驱动发展为核心，以保障知识产权制度运行为基础，深化知识产权体制机制改革，转变知识产权行政管理职能，加强宏观调控、公共服务和市场监管，提高知识产权绩效水平，营造知识产权法治、市场和文化环境，全面提升我国知识产权综合国际竞争实力，努力为实现两个一百年奋斗目标和中华民族伟大复兴的中国梦提供更加有力的支撑。

（2）改革发展目标。到2030年，围绕知识产权强国战略实施，健全归属清晰、权责明确、保护严格、流转顺畅的现代知识产权制度；建立职责明晰、职能科学、制度完善、统一高效的知识产权行政管理体制；形成规则健全、竞争有序、透明高效、法治保障的知识产权市场监管格局；构建统一开放、公平普惠、完善高效、规范有序的知识产权公共服务体系。使知识产权成为经济转型升级的新引擎，优化资源配置的新动力，创新驱动发展的新支撑。

2. 知识产权新常态的工作新思路

（1）更加注重顶层设计，实现强国建设的新常态。要加强知识产权改革发展的顶层设计，由追踪型向超前谋划型调整，在知识产权重大理论、重要规则、重点问题上开展分析和研究。要根据世情、国情的新变化，适时提出建设知识产权强国的奋斗目标，探索建设知识产权强国的新路径。要抓住机遇，创新思路，围绕宏观管理，谋划和实施若干重大政策、重大项目、重大工程，打造若干重要平台。

（2）更加注重提质增效，实现创造运用的新常态。按照建设知识产权强国的要求，在巩固知识产权大国的基础上，继续加大研发投入，科学配置创新资源，围绕产业升级和新经济增长点的培育，集合企业、高校、科研院所研发优势资源和专利审查资源，集中研发一批基础和核心技术专利。要统筹指导企业专利申请和品牌培育等工作，努力使中国企业拥有数量多、质量高的知识产权。要更加注重市场作用，在注重发挥市场在配置知识产权、金融资本、产业需求等资源基础上，推动知识产权运用和产业化。

（3）更加注重市场监管，实现执法保护的新常态。坚决打击侵权假冒行为，支撑“一带一路”建设。加强专利行政执法体系建设，通过联合执法、集中执法、委托执法等手段，严厉打击侵权假冒行为。学习社会治安、环境卫生领域标准化建设的经验，探索在企业、商业流通领域开展知识产权保护标准化试点工作。认真研究司法体制改革及成立巡回法院、知识产权法院后，知识产权行政执法、司法保护的有机衔接问题，提高知识产权保护整体水平。

（4）更加注重公共服务，实现共同治理的新常态。要完善知识产权公共服务，努力提升治理能力，充分发挥知识产权制度的经济调节和市场监管功能，营造公平公正、开放透明的法治和市场环境，推动形成各方面共同参与的知识产权治理体系，通过制度创新引领全球知识产权与创新治理方向。完善知识产权标准化工作体系。做好标准体系规划，发布实施科研组织、高校知识产权管理规范，出台专利代理、分析评议等服务标准。

（5）更加注重联动协调，实现宏观管理的新常态。一是要加强纵向联动，二是要加强横向协调，三是要按照分工做好知识产权国际事务的统筹协调。要主动融入国家外交大局，继续加强与世界主要知识产权强国以及国际组织的交流合作，积极参与包括实体专利法、TRIPS - plus 乃至 TPP 等在内的国际谈判。

（三）经济新常态下的知识产权改革发展新举措

1. 立足特色，推进知识产权制度本土化

（1）启动知识产权“法典化”和“基本法”制定工作。考虑将知识产权制度中的私权性规范作为“一般规定”写进未来民法典之中。制定中国的《知识产权基本法》，完善知识产权法律的顶层设计。

（2）加快知识产权法律法规修订完善工作。修订完善知识产权领域法律，推动《专利法》《商标法》《著作权法》以及配套法规修订工作，提高知识产权立法水平，在各层次法律上做到知识产权保护有法可依、有法必依，协调不同知识产权法律保护模式与赔偿水平，为制定统一的知识产权基本法奠定基础。

（3）修订完善知识产权协调的其他法律法规。加快修订《职务发明条例》与国有资产管理法规，明确知识产权的权益归属。修订《反垄断法》《反不正当竞争法》《知识产权海关保护条例》《植物新品种保护条例》等法律法规，加快制定急需的知识产权专门法规。

（4）加强专门领域的研究与立法工作。构建符合我国国情的地理标志保护法律制度和商业秘密保护法律制度，适时完善生物遗传资源、传统知识、民间文艺、数据库保护和国防知识产权等相关法律制度。加强新业态新领域创新成果的知识产权保护，建立健全知识产权保护预警防范机制。

2. 突出重点，推进知识产权治理现代化

（1）着重解决行政管理体系多头分散和治理能力不足的问题。最大程度推动知识产权行政管理职责、管理体制、运行机制、管理能力协调统一，形成权界明晰、分工合理、责权一致、运转高效、法治保障的知识产权行政管理体制。实行国家、省、市、县知识产权局四级垂直管理，形成各部门密切配合、中央和地方紧密互动、政府和企业紧密联系的知识产权管理体系。

（2）放宽知识产权服务业准入限制。推动专利代理执业范围内的专利无效宣告代理业务和律师执业范围内的专利诉讼代理业务相互开放。扩大专利代理领域对外开放程度，取消著作权集体管理组织行业准入限制。

（3）改善知识产权服务领域社会组织管理。要改变政府行政管理一元主体的局面，使社会、公众成为知识产权公共管理的主体，积极发挥其协调沟通作用。一是重点培育知识产权专业技术机构，优先发展市场化的知识产权社会组织，包括行业协会、集体管理组织及知识产权联盟。二是实现知识产权行政管理与社会管理的有机结合和有效协调，强化各类行业协会、商会等的知识产权协调和服务能力，实现二者的相互补充、互相为用。

（4）加强企事业单位知识产权管理。完善会计准则，加强国有企事业单位知识产权资产管理，将知识产权管理费用纳入成本，形成收益的知识产权计入资产。制定并推行高校、科研院所知识产权管理标准。

（5）加强重大经济科技活动知识产权管理。在国家科技规划和产业规划的制定、实施和评估中，建立知识产权规划评议报告制度。在政府重大投资项目的可行性研究中，建立项目知识产权风险评议报告制度。在国家科技重大专项、国家重点研发计划、技术创新引导计划评估和验收中，建立项目知识产权目标评议报告制度。

3. 统筹布局，推进知识产权创造高端化

（1）优化知识产权审查和注册机制。完善发明专利申请“绿色通道”，完善外观设计、实用新型专利和商标快速授权机制。为小微企业提供专利申请快速审批服务。实现知识产权在线登记、电子申请和无纸化审批。加大对于知识产权注册和审查的财政资金和其他资源的投入力度。建立专利审查标准动态调整机制，探索建立适应我国产业和科技发展需要的专利文献分类体系。

（2）提供优质知识产权信息服务。建立防御性公开数据库，加强与各国知识产权部门联动和信息分享，针对抄袭、抢注我国战略性、高价值和具有民族特色的知识产权资源的行为，建立异议、无效、诉讼救济机制，为中国知识产权全球布局排除障碍。

（3）加强知识产权信息开放利用。加快建设互联互通的知识产权信息公共服务平台，实现专利、商标、版权、集成电路布图设计、植物新品种、地理标志等基础信息免费或低成本开放。依法及时公开专利审查过程信息。增加知识产权信息服务网点，完善知识产权信息公共服务网络。

（4）全面加强知识产权宏观质量管理。贯彻“以数量布局、靠质量取胜”的知识产权创造方针，建立起质量发展规划科学、质量激励政策健全、质量考核评价合理、质量监督管理有力、质量服务体系完善、质量文化氛围浓郁的知识产权宏观质量管理体系，为建设创新型国家提供强力支撑。

（5）开展全球范围内的知识产权布局。通过科学统筹规划，优化专利、商标、版权等知识产权拥有量、结构和布局，实现专利、商标、版权等的数量、结构和布局全球领先。发明专利拥有量、PCT 申请量大幅增长。商标拥有量和马德里国际商标注册量持续增长。计算机软件版权登记数量、科技论文数量稳步提升。

4. 深化改革，推进知识产权分配市场化

（1）建立完善职务发明制度。加快修订《职务发明条例》，建立发明报告制度。鼓励企事业单位建立职务发明管理制度，就单位和发明人间的权利与义务作出明确约定。

（2）加快国有企事业单位知识产权处置和收益分配改革。国有企事业单位自主决定采取转让、许可、作价入股等方式开展知识产权转移转化活动，取消科技成果知识产权的使用、处置和收益分配的审批或备案程序。

（3）建立国有企事业单位专利法定许可制度。国有企事业单位专利自授权后 3 年内未实施、许可或转让的，专利发明人可无偿或低价获得实施许可，授权后 5 年内未实施、许可或转让的，可以根据公众请求免费或低价许可他人实施。鼓励国有企事业单位通过无偿或低价许可专利的方式，支持单位职工或大学生创新创业。

（4）加强对知识产权权利行使的监管。完善专利强制许可制度，建立知识产权反垄断和反滥用的集中监管机构，制定相关调查和执法程序制度，依法查处知识产权滥用行为和利用知识产权垄断市场的行为。

5. 优化整合，推进知识产权政策体系化

（1）优化知识产权财政政策。一是明确财政政策的层级划分，发挥中央和地方两个积极性。二是优化财政支出结构，在知识产权科技投入结构调整方面，大力增加财政对知识产权研发环节及应用环节的投入。三是建立财政性资金采购自主创新产品制度，在国家和地方政府投资的重点工程中，国产设备采购比例一般不得低于总价值的 60%。

（2）完善知识产权税收政策。一是改革个人所得税制度，明确个人所得税知识产权的原值和合理费用的方法和标准，实施更加优惠的税率，促进个人关于知识产权的作品和服务的流转。二是建立高层次人才的税收激励政策。三是实行提取技术研发准备金的税收激励政策，以体现鼓励企业自主研发的政策导向，降低投资风险。四是对企业购置先进生产设备实行加速折旧的税收激励政策。五是对创业和成长型科技企业实行“三免三减半”的企业所得税减免激励政策。六是对与技术开发、转让相关的技术咨询和技术服务相关的所得实行税收减免，减免向国外转让技术（技术输出）的企业所得税。七是建立对创业投资的税收激励政策。

（3）创新知识产权金融政策。一是培育多元化知识产权金融服务市场，打造立体化、市场化的知识产权金融政策体系。二是以经济发展区域为划分，普及知识产权交易平台，加强知识产权互通，提高知识产权融资效率，吸引国内外资金，提高市场性金融机构的参与度。三是完善知识产权投融资服务平台，完善知识产权价值评估体系。四是推动银行与企业相结合、信用担保与股权投资相结合，为知识产权融资尤其是中小企业知识产权融资拓展渠道。

（4）制定以知识产权为导向的产业政策。强化产业政策与知识产权政策的全面对接，推动产业结构调整与优化升级。在综合并用各类政策工具促进产业发展的过程中，要确保财税金融、风险投资、公共采购、研发投入与创新、体制机制改革、进出口、定价、反垄断等政策工具向利于促进知识产权的创造、产业化方面倾斜。

（5）加强财政政策与产业、金融政策的协调配合。通过设立知识产权发展基金，将分散的财政资金整体打包，有偿使用，加强财政政策、金融政策和产业政策的结合，通过财政和金融的杠杆作用，实现创新成果资本化、产业化。

6. 效益优先，推进知识产权运用产业化

（1）培育知识产权密集型产业。围绕重点领域、重要产业，建设一批知识产权密集型产业集聚区，在产业集聚区推行知识产权集群管理，构筑产业竞争优势，优化产业布局，引导产业创新，促进产业提质增效升级。

（2）多渠道促进知识产权实现市场价值。建立起覆盖重点区域、重点产业，定位清晰、领域齐全、能力突出、竞争有序的知识产权运营体系。培育一批具有较强国际化经营能力的知识产权运营机构。

（3）发展产业知识产权联盟。在产业关键领域，推动相关高校、科研院所和上下游企业组建产业知识产权联盟，推动建立“产、学、研、金、介、用”深度融合的产业核心知识产权研发体系，积极构建专利组合。

（4）促进大众创新、万众创业。制订知识产权专项扶持计划，加强知识产权资助支持，强化知识产权激励机制，减免知识产权产品税收，完善知识产权审查快速通道，健全知识产权服务支撑，提供知识产权融资渠道，为大众创业、万众创新保驾护航。

7. 加大力度，推进知识产权保护严格化

（1）构建公正严格的知识产权司法体系。组建国家、省、市三级知识产权法院审判体系建设，在最高人民法院设立国家知识产权高级法院，在省级层面设立知识产权专门法院，在市级层面设立知识产权专门法庭。推进知识产权民事、刑事、行政案件的“三审合一”。探索跨地区知识产权案件异地审理机制，打破对侵权行为的地方保护。完善知识产权诉讼证据制度。建立证据开示制度和举证妨碍制度。完善专家证人证言认定规则，探索赋予律师调查取证权。

（2）建设便捷高效的知识产权行政执法体系。建立完善知识产权综合行政执法体系，明确执法权限，统一执法标准，完善执法程序，提高执法办案水平与效率。完善知识产权侵权纠纷简易诉讼程序，提高小额诉讼审理效率。建立行政执法决定司法确认制度。探索建立知识产权行政确权执法联合办案工作机制，协同处理知识产权确权纠纷和侵权纠纷。

（3）完善监管得力的知识产权海关保护体系。完善知识产权海关保护立法，支持自贸区海关结合自身实际需要，探索调整和完善海关知识产权保护范围。创新海关知识产权监管机制，针对自贸区海关监管新的模式，将知识产权海关保护工作的链条前推后移，拓展监管时空，提升监管效能。

（4）加强知识产权保护协作网络建设。建立知识产权司法保护与知识产权行政执法、海关知识产权保护的衔接机制，提高知识产权纠纷解决的质量和效率。建立知识产权执法协作调度中心，加强信息化、数字化、网络化建设，实现数据共享、线索移送、执法协助、联合办案等功能，进一步提高知识产权保护的效能。

（5）建立知识产权纠纷多元解决机制。建立健全知识产权维权援助和举报投诉机制、知识产权仲裁纠纷解决机制、知识产权纠纷快速调解机制和知识产权侵权判定咨询机制，加强知识产权维权援助中心、知识产权仲裁服务机构、知识产权纠纷调解机构和知识产权侵权判定咨询中心建设，促进知识产权纠纷的多元化解决。

（6）加大对知识产权侵权行为的治理力度。建立健全行政执法部门知识产权侵权损害赔偿数额的行政裁决和调查取证制度，建立行政执法现场勘验程序。提高侵权法定赔偿上限，建立恶意侵权行为惩罚性赔偿制度和恶意侵权败诉方承担律师费和诉讼费制度。将恶意侵权行为情况作为企业信用评价标准，与企业信贷、上市等审批挂钩。

8. 科学规划，推进知识产权项目工程化

（1）知识产权支撑创新驱动发展项目。通过知识产权支撑创新驱动发展项目，发挥知识产权对产业升级的引领作用，对发展战略性新兴产业的先导作用，对区域经济发展的带动作用。

（2）知识产权助推企业成长项目。设立与中小企业发展专项资金、科技型中小企业技术创新基金类似的由中央财政预算安排的专项资金，通过无偿资助、贷款贴息和资本金投入等方式，支持中小企业知识产权创造、运用和保护，培育一批具有中国特色的知识产权优势中小企业。

（3）知识产权服务业发展项目。一方面放宽知识产权服务业准入，另一方面加强市场监管，通过加强专利、商标代理从业人员的执业信息披露，强化知识产权服务业的社会监督手段，优化知识产权服务业的行业环境。

（4）知识产权文化建设项目。知识产权文化建设是实施国家知识产权战略的基础性工程，是知识产权事业发展的重要内容，也是知识产权行政管理的主要职能。通过实施知识产权文化建设工程，提高全社会的知识产权意识，营造良好的舆论环境。

9. 多措并举，推进知识产权贸易国际化

（1）完善与知识产权有关的货物贸易政策，大力促进知识产权商品出口。提升知识产权密集型商品出口比重和一般出口商品的知识产权含量，以知识产权战略在外贸领域的实施，推动对外贸易转型升级。支持具有中国特色的自主知识产权商品出口。推动加工贸易从简单代工向自主设计、自主品牌方向升级。

（2）完善与知识产权有关的服务贸易政策。促进具有中国特色的自主知识产权服务出口，支持中医保健、针灸、汉语文化教育、武术、中式餐饮等中国特色服务贸易。依托知识产权密集型服务贸易载体，积极实施“走出去”战略，构建多元化、特色化的“中国服务”。

（3）积极参与知识产权国际贸易规则的制定。积极参与多边贸易谈判中关于知识产权规则的商讨，更加注重我国自由贸易区谈判中的知识产权保护。

10. 以人为本，推进知识产权人才纵深化

（1）建立人才评价与发现机制。建立科学的知识产权职业分类体系，积极推动知识产权专业技术职务任职资格评审、知识产权人才职业能力认证制度以及企事业单位知识产权人才评价制度。建立与知识产权人才评议制度相关的信息平台。

（2）加强知识产权学科专业建设。在管理学和经济学增设知识产权相关专业或方向，加强知识产权方向的专业学位教育，完善校企联合培养知识产权人才模式。加快建设知识产权人才培养基地和知识产权协同创新中心。

（3）推进知识产权人才体系化。逐步形成由专业基础人才、骨干人才、高层次人才和领军人才组成的科学完备、结构合理、相互衔接的知识产权人才体系。

（4）选拔高层次知识产权人才队伍。面向全球选拔紧缺型高层次知识产权人才，包括外语类知识产权人才、掌握发达国家知识产权制度的人才、胜任企业管理的知识产权人才、专家型知识产权人才、国际标准化领域的知识产权人才、投身国际外交事务的知识产权人才等。

（5）保护创新者的人身权利。加大发明人、设计者和创作者人身权利的保护力度。完善专利发明人署名权保护制度。加强署名权等著作人身权的保护，完善影视类作品的署名制度，明确保护作品完整权的侵权认定标准，严格规制歪曲利用他人作品的违法行为。

（6）加强人才激励保障机制建设。建立健全人才激励保障制度，加大对创新人才发现和激励的知识产权权重。设立知识产权政府奖。加大各类国家奖励制度的知识产权评价权重。

知识产权在创新驱动发展中的角色与功能研究*

当前，全球新一轮科技革命和产业变革正在兴起，世界范围内的产业转型调整不断加快，以新技术突破为基础的产业变革蓄势待发。在此背景下，我国积极实施创新驱动发展战略，加快了依靠技术创新推动产业转型升级的步伐。与此同时，美、日、欧等发达国家经济体竭力运用知识产权等手段挤压我国产业创新发展。

为有效应对全球产业变革新格局，促进我国产业转型升级、创新发展，国务院将《"十三五"国家科技创新规划》列入我国"十三五"期间22个国家重点专项规划之一，于2016年7月正式发布，明确提出了实施创新驱动发展战略，并对构建国家创新体系作出了全面部署。2017年3月5日，李克强总理在第十二届全国人民代表大会第五次会议上作《政府工作报告》时，20多次提到创新，体现了政府强烈而清晰的创新驱动发展的政策取向，充分表明了我国政府依靠创新推动新旧动能转换和结构优化升级的坚定决心和坚强意志。

然而，在产业创新发展实践中，往往会因技术创新方向不明、产业升级方向不清、技术产业化对接不畅、缺乏核心技术与专利等深层次问题，使得产业创新发展进程步履蹒跚。究其根本，这些深层次问题在很大程度上源于技术信息的不对等、创新投入的不匹配、专利竞争力的不对称。由于这些问题共同的内核归根结底集中体现为技术，体现为基于技术的创新，体现为技术创新成果的权利载体——专利，因而往往可以基于知识产权竞争情报尤其是专利竞争情报分析获得一定程度的合理解答。因此，在谋求有效破解这些深层次问题的过程中，深刻把握知识产权促进产业技术创新发展的规律及特点，充分发挥知识产权在创新驱动发展中的引领作用，十分重要，也十分必要。基于此，国务院首次将知识产权规划列入国家重点专项规划，并于2016年12月30日正式印发《"十三五"国家知识产权保护和运用规划》，对"十三五"期间保护和运用知识产权以促进产业创新发展的各项工作进行了全面部署。

---

* 本文作者：陈燕、孙全亮、马克、孙玮。作者单位：国家知识产权局知识产权发展研究中心。

一、知识产权促进产业创新发展概述

知识产权尤其是专利，产生于产业技术创新实践，并随着产业技术的发展演进而发展演进；同时，知识产权又作用于产业技术创新发展，对产业技术创新发挥着激励、保护和支持等作用。知识产权对于产业创新发展的这种促进作用，既有其马克思主义理论基础，又有其西方经济学理论基础，还有其情报学理论基础，在当今世界各主要国家的产业创新发展中具有无可替代的战略地位。

（一）知识产权促进产业创新发展的理论基础

1. 马克思在价值规律论述中的知识产权思想

马克思关于价值规律的有关理论认为，资本家为了追求利润最大化，所能采取的最有效的办法就是提高自己的劳动生产力，促使单位时间内生产出的产品的数量增加，以谋取更多的利润，在资本主义社会大生产和产业革命已经完成的条件下，提高劳动生产率就必须要依靠不断地改进生产技术来进行。同时资本家为了在竞争中获得优势，不得不去进行技术革新，[1] 发现新的价值源泉。因此马克思认为技术革新在资本主义条件下具有内生动力，它能提高剩余价值的生产，暂缓生产力同生产关系的矛盾。关于技术革新，马克思认为需要培养创造性劳动，并把它融入到生产中去。

2. 马克思在商品属性和劳动有关论述中的知识产权思想

马克思在《资本论》第三卷中提出了“一般劳动”的概念，他认为：“一般劳动是一切科学工作，一切发现，一切发明。”[2] 这里马克思所说的“一般劳动”，主要是指从事科学工作、技术创造的脑力劳动。马克思在《经济学手稿（1857—1858年）》中对这种“一般劳动”的动态的知识创造过程作了进一步说明，他指出：“随着大工业的发展，现实财富的创造较少地取决于劳动时间和已耗费的劳动量，较多地取决于在劳动时间内所运用的动因的力量，而这种动因取决于一般的科学水

---

[1] 马克思．资本论：第三卷［M］．中共中央马克思恩格斯列宁斯大林著作编译局，译．北京：人民出版社，1975．

[2] 马克思．资本论：第三卷［M］．中共中央马克思恩格斯列宁斯大林著作编译局，译．北京：人民出版社，1975：120．

平和技术进步，或者说取决于科学在生产上的应用。”❶ 显然，马克思认为运用到生产中的技巧和知识越多，所能产出的价值也就越大。❷ 其实质揭示了尽管这些改良技术的方法、科学发明等只是一种无形的抽象物（只有通过劳动才能体现在物化的商品中），但是这些抽象的创造性劳动对于资本主义社会生产力的发展具有巨大的推动作用。人类的这种智力劳动，在当时被称为“抽象物”，现在称为知识产权。

虽然马克思生活在全球知识产权尚处于萌芽时期的19世纪的欧洲，但他的这些思想理论阐述了技术进步与社会发展的关系，揭示了知识产权对社会经济发展的重要促进作用（参见图1）。当今，全球产业技术变革不断加速，知识产权已经成为全球经济发展的重要竞争要素，研究知识产权对产业创新发展的促进作用意义重大。

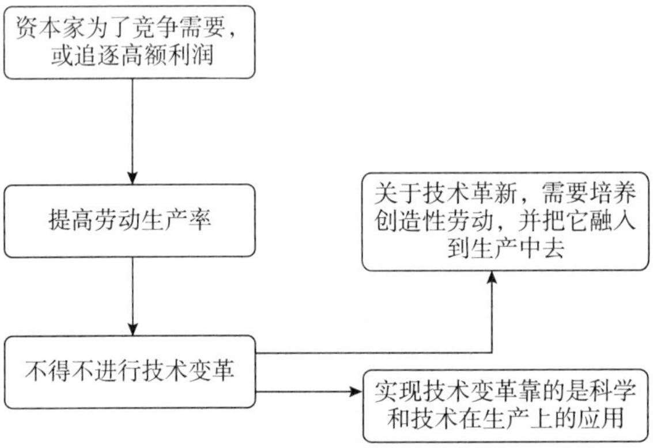

图1　马克思有关知识产权思想的理论脉络

（二）知识产权促进产业创新发展的西方经济学基础

1. 知识产权是激励技术创新的重要手段

技术创新是人们有意识进行研发活动的内生结果。要让人们愿意从事或开展研发活动，就需要提供一定的激励。专利制度通过赋予创新者在一定时间、一定地域的排他性权利，将创新成果产权化，从而保证其至少部分占有创新收益。正如林肯的一句名言所说：“专利制度是给天才之火浇上利益之油。”专利保护以及由此所产生的利益激发和保护了研究开发者的积极性，是激励研发的重要手段。

---

❶ 马克思，恩格斯．马克思恩格斯全集：第46卷（下册）［M］．中共中央马克思恩格斯列宁斯大林著作编译局，译．北京：人民出版社，1980：217.

❷ 中共中央马克思恩格斯列宁斯大林著作编译局．马克思恩格斯选集［M］．北京：人民出版社，1972.

除正向激励技术创新外，专利制度还通过“公开换保护”的方式倒逼创新者将自己的创新成果公之于众，既激发了社会公众利用新技术获得竞争优势的动机，又限制了社会公众的“搭便车”行为，从而实现倒逼社会公众增加对新技术的资源投入的变相激励作用。专利制度要求权利人将专利技术内容以专利文献的形式公开，使得技术成果加快扩散。这种扩散一方面引发公众对新技术的关注，激发了公众利用新技术的动机；另一方面又约束着公众无法对他人创新进行免费搭车，从而倒逼人们不得不为新技术乃至改进技术的产生投入更多资源。从这一意义上看，专利制度的建立成为提升社会公众对创新投入动机和意愿的重要产物。

综上所述，作为激励创新的重要手段，专利通过权利保护换得先进生产技术的实施和规模化应用，可以影响生产函数构成和全要素生产率的大小，这种正向的技术外溢无疑能够帮助创新者提高各个生产要素的使用效率，进而实现整个产业生产率的提升。正如国家知识产权局局长申长雨所说：“知识产权制度也被认为是激励创新的基本保障，保护知识产权就是保护创新，用好知识产权就能激励创新。”在实证研究中专利指标常常被用作技术创新的代理指标，用来衡量一家企业、一个产业乃至一国和一个地区的创新产出。

2. 知识产权是激发市场有序有效竞争的重要工具

近年来，专利从早期对技术创新的一种激励逐渐发展成为激发市场竞争的重要工具，越来越广泛而深刻地嵌入到“投入成本—生产经营—利润产出”的链条中，其作用机制具体表现为以下三个方面。

一是创新资源的优化配置。专利制度通过将科技创新成果内容公开方便了社会公众对新技术内容的了解。这一举措从两方面优化了创新资源的配置。一方面，使得相关领域的后续研究者通过了解到技术方案的详情，减少向产出边际收益较低的重复性技术点的创新资源投入，增加向产出边际收益较高的“破坏性创新”技术点的资源投入，实现技术选择的优化；另一方面，在同一技术点上，可以提高后续研究者的技术研发起点，借鉴前人经验，吸取前人教训，从而更为合理地安排科研经费、人力的投入比例和时间，实现技术创新流程和要素投入的优化。

二是市场竞争优势的传递和强化。知识经济时代，专利作为越来越重要的生产要素，日益成为企业建立和强化市场竞争优势的关键基石。较高的专利资源拥有量和较强的专利运用能力往往能够给相关主体创造更长时间、更大范围的垄断优势，进而具有更强的市场控制力。从这一意义上看，专利拥有量和运用水平可以被视为衡量市场竞争力的重要信号指标，通过这种信号指标可以减少供应商、消费者、政府乃至金融机构对优质企业的筛选和搜寻成本，也使得优质企业相对于普通企业能够更为容易，甚至更为便利地获得外部资源的支持来进一步增强企业的比较优势。这种行为无疑放大了专利技术溢出之外的外部效应，加快了资源向更具比较优势的主体的流动速率，同时也减少了资源配置过程中无谓的外部约束。

三是产业价值分配体系的调整重构。专利制度的一个重要功能就是对创新者之间的利润分配优先级进行排序，这种调整的结果就是产业价值链的重构。在累积创新过程中，先期创新往往具有利润分配的主动权，因为后续创新是“站在先期创新的肩膀上”的结果，其利润实现往往需要向先期创新支付相应的费用。同时，后续创新也是其更后面后续创新的先期创新。此时专利长度和宽度的设计、专利保护强度等就成为确定产业价值分配比例的重要手段。在此基础上，具有专利比较优势的企业也拥有了在产业价值分配体系的优先权，可以通过标准制定、组建联盟等多种方式设定维护其既得或潜在利益的参与准入条件，从而在产业价值分配体系的调整和重构中占据先发优势。

综上所述，通过权责明确和制度设计，在市场化的自我调节作用下，专利权作为纽带可以有序引导技术资源向与之特点更为匹配的主体流动，向边际效益更高的方向流动。与此同时，通过市场化的手段实时发送优势信号，放大外部效用，重构产业价值分配体系，进而激发市场竞争更为有效和有序。

3. 知识产权是弥补市场失灵的重要抓手

著名经济学家斯蒂格利茨认为“政府应当适当发挥在弥补和矫正市场失灵方面的作用”。这一理论同样也适用于产业发展，尤其是产业发展过程中创新的产生、扩散和发展，而知识产权就是政府弥补和矫正市场失灵的重要抓手，这一抓手作用主要体现为以下两个方面。

一是辨识市场失灵并加以干预。在现实情况中，信息不充分和信息不对称所造成的市场失灵比比皆是。通过专利信息的导航功能可以帮助政府管理者更精准地把脉市场的需求和痛点所在。对于前者，专利信息情报为规划决策的制定增加了新的参考维度，减少产业创新方向选择的不确定性，使其政策制定得更为科学和全面。对于后者，在市场效率较低的“公共基础技术领域”或“关键基础技术环节”，专利信息可以为政府寻找和配置资源提供引导，使得要素聚集更为科学，增长极的培育更为高效。

二是畅通公共技术的溢出路径。除支持公共政策和基础科学外，专利的“公共品”特性也为基础科学等公共技术的溢出提供了纽带和契机。作为高校科研成果的重要保护方式，以专利为代表的知识产权承载着保存公共技术、传播公共技术的重要使命，成为一国原始基础创新的重要来源。高校的科技研发成果通过专利向市场公开，吸引有需求的企业纷至沓来，而权责清晰的专利又为技术的转移转化提供了纽带和契机，大大促进了技术与商业、技术与市场的融合，继而以此为基础培育出新产品甚至产业新业态。

综上所述，产业创新发展的实质就是使创新成为产业增长重要动力，即通过提高技术创新在产业增长中的贡献份额，实现产业发展从粗放型增长向集约型增长的转变。这一目标的实现受生产效率高低和技术资源与其他资源匹配程度的制约。在经济全球化趋于深化的背景下，作为全球市场竞争新格局下的战略性资源，专利自身所具有的创新技术溢出效应以及后续所带来的激发市场竞争效应和补位倍增效应使得专利内生于产业创新发展的过程中，并成为其中的重要推动力之一（详见图2）。

（三）知识产权促进产业创新发展的情报学基础

1. 专利信息本身具有独特的情报属性

知识产权之所以能够促进产业创新发展，一个十分重要的原因是其具有作为情报信息重要来源的基础，而这主要是源于知识产权——主要是专利——与生俱来的情报属性。

一方面，从外在表象上看，专利信息除具有共享性、记载性等一般特征外，还因其种类、范围均由专利法所规定，呈现出维护相关人员权利和利益的法律性特征；同时，各国专利法对于专利法律效力的地域和时间限制，使得专利呈现出具有在各国法律主权管辖范围内有效的地域性特征，以及在法定时间内有效的时效性特征。

另一方面，从内容上看，专利信息既有专利保护客体的信息，又有专利权利的信息，因此在内容上具有显著的技术性、法律性和经济性特征。其中，技术性是指专利信息反映了最新科技信息的新发明、新创造、新设计，对研究与发展活动作用巨大；法律性是指专利信息既包含了发明创造的保护范围、地域范围等与权利范围有关的信息，也包含了专利授权与否、法律状态等与权利有效性有关的信息；经济性是指专利信息中既有申请人或权利人名称等直观的微观经济活动信息，也有海量信息中蕴含的诸如国家技术水平动态、行业竞争格局、市场开拓动态等中宏观商业信息。

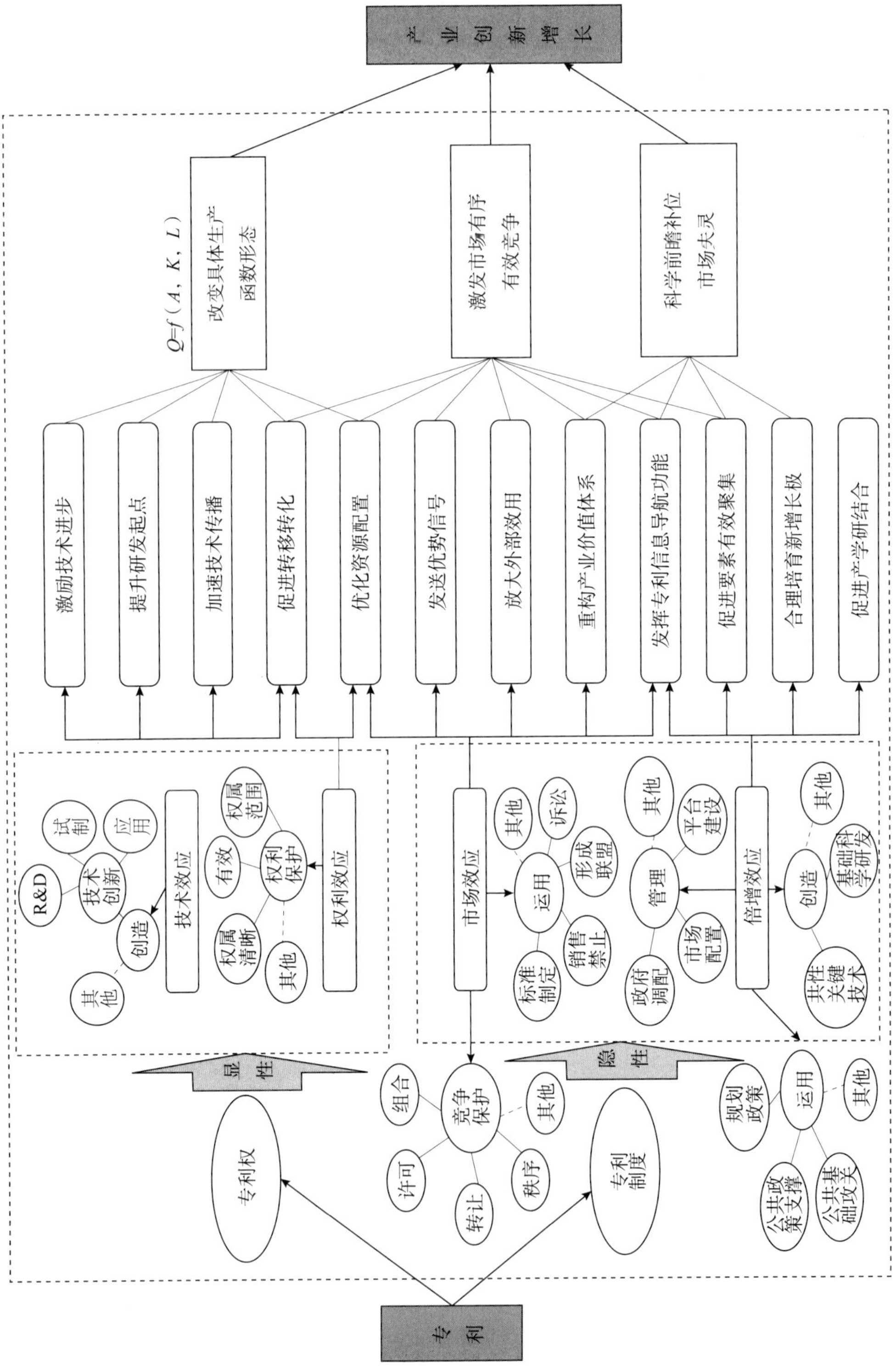

图2 专利促进产业创新增长的过程示意图

2. 专利信息与其他信息结合能够产生增值效应

专利信息用规范的专有格式记录并承载了产业技术创新主体、创新内容、创新成果应用等极其丰富的信息，这些信息既来源于产业技术创新实践，更是市场竞争的重要产物。因此，专利信息天然具有与产业信息、市场信息、企业信息相结合的现实基础。同时，专利信息与产业、市场、企业信息的融合结合还能够产生显著的增值效应。这是因为，一方面，基于专利、产业、市场和企业等信息的结合，可以更快聚焦产业变革中的“痛点”，找出其中对应的核心关键技术和潜在供给主体，有力提升产业规划、公共政策的前瞻性、针对性和科学性；另一方面，以上述多种信息分析结果为依据，结合产品生命周期的轨迹还可以预测未来发展方向，洞悉市场变化先机，进而为制定和实施能“驾驭”未来方向的企业、产业发展战略，企业价值地位提升、产业转型升级和创新驱动的可持续发展提供更为科学的决策支撑。

（四）知识产权在各国产业创新发展中的战略地位

熊彼特认为：“创新是将技术发明应用到经济活动中所引起的生产要素和生产条件的重要组合，即新的生产功能的建立。”[1]

1. 知识产权在发达国家创新发展中的作用

近 30 年来，以专利为突出代表的知识产权作为一种新兴生产要素，在美、日、欧发达国家主导的产业竞争中发挥着重要的战略性作用。

20 世纪 70 年代中期，美国整体国力陷入低潮，如何振衰起弊？1980 年 12 月通过的《拜杜法案》，让美国在 10 年之中重新站回世界领导地位。《拜杜法案》旨在促进美国产、学、研的协作，以专利权来保护和激励美国的科技研发（尤其是基础科技），用科技带动经济复苏，提升国际竞争力。2012 年 3 月、2016 年 10 月美国两次发布《知识产权与美国经济》报告，明确提出“创新是美国经济增长和国家竞争力提升的主要动力，对整个经济发展具有全面的推动作用。知识产权的授予和保护是维持企业自主权、保证市场体系正常运行的关键因素，对促进创新、提升创造力十分重要”。

其后，美、日、欧等又试图运用 TPP 和 TTIP 等新的知识产权游戏规则挤压包括我国在内的新兴国家产业创新发展。来自这些发达国家的跨国公司为谋求在新一

---

[1] SCHUPETER J A. Capitalism socialism and democracy [M]. New York: London George Press, 1943: 90 - 125.

轮产业创新发展中建立核心竞争优势，竞相在世界各主要市场区域加强专利等知识产权布局。虽然目前由于美国退出TPP，这方面的压力有所减轻，但未来走向仍值得关注。

此外，日本很早就提出“知识产权立国”的战略方针，定期制订发布战略推进计划，并每年发布《重要技术领域专利态势报告》，极力引导其国内产业的创新发展。韩国政府为培育和指导国内产业布局和创新发展，积极设立地区知识产权中心、韩国知识产权战略院等多家机构，为企业提供专业化的咨询和服务。

2. 知识产权在我国创新发展中的作用

习近平指出：“从全球范围看，创新驱动是大势所趋。……从国内看，创新驱动是形势所迫。”党的十八大报告也指出：“科技创新是提高社会生产力和综合国力的战略支撑，必须摆在国家发展全局的核心位置。”2014年11月，李克强主持国务院常务会议部署加强知识产权保护；2015年，我国集中出台了若干与经济建设相关的文件，如《国务院关于积极推进“互联网+”行动的指导意见》《国务院关于大力推进大众创业万众创新若干政策措施的意见》《中国制造2025》《中共中央 国务院关于深化体制机制改革加快实施创新驱动发展战略的若干意见》等，都涉及加强知识产权保护、促进创新发展的有关内容；2016年，国务院出台《国务院关于新形势下加快知识产权强国建设的若干意见》《“十三五”国家知识产权保护和运用规划》《知识产权综合管理改革试点总体方案》等文件，均明确提出要提升知识产权保护和运用水平，破解知识产权支撑创新发展瓶颈的制约。

纵观这些政策文件，可以认为，强化创新驱动，增强知识产权竞争优势，已经成为我国政府以及各相关主管部门的共识。就实施创新驱动发展战略而言，可以说，科技创新是核心，而科技创新要依靠知识产权的授权和激励来促进。其中以专利为突出代表的知识产权已经成为一种新兴生产要素，在产业发展规划制定、明确技术创新方向、破解创新难题、突破国外企业的围追堵截中发挥着不可或缺的重要作用。我国创新主体和市场主体正在产业专利竞争中学习成长，正在从产业专利竞争的学习者、模仿者向参与者蜕变，未来亦将化茧成蝶，蜕变成为产业专利竞争和创新发展的主导者、引领者。

二、知识产权在促进产业创新发展中扮演的重要角色及其功能

以专利为突出代表的知识产权信息在产业技术创新发展中发挥着重要作用，这

是因为，专利信息中蕴藏了极其丰富的产业技术创新实践的信息，包括技术、法律、人才、市场等多维度的信息。因此，以专利信息[1]作为纽带、将大数据分析技术作为手段工具，通过对海量专利的聚合分析，能够从中深度挖掘产业、技术、专利、人才、市场的分布状况等信息，并在对这些信息进行深入挖掘和综合分析的基础上，提炼形成能够全面、准确地揭示相关产业领域市场竞争、产业竞争、技术竞争等方面的竞争格局和发展态势的产业技术竞争情报。以此为基础，人们将有可能围绕创新驱动发展战略，以创新为核心，以市场为导向，为企业技术研发、产品设计制造、市场开发和拓展、产业升级转型提供专利视角的解决方案和情报支持。

图 3[2] 展示了创新主体在技术研发、产品设计和制造以及市场开发和管理等创新全过程中，各个环节专利对创新发展的重要作用。

总体而言，知识产权促进产业技术创新发展的主要功能和作用贯穿于产业技术创新发展的全过程，并集中体现在以下四个方面。

（一）创新决策的“辅导员”

在产业技术创新决策过程中，专利竞争情报分析可以发挥决策“辅导员”的作用。无论在产业规划布局设计与创新引导政策制定过程中，还是在国家重大投资项目决策过程中，有效运用专利情报信息，不仅有助于决策部门和决策者在相关创新决策过程中全面准确了解相关产业和领域的技术创新发展和竞争全景，促使产业布局、技术创新布局更加前瞻化；还有助于早期预警、防范、规避、化解产业专利风险，增进产业安全；更有助于优化创新资源的配置，实现有限创新资源使用效率的最大化，从而更加科学合理地作出相关产业技术创新决策。

1. 面向产业创新规划以及政策决策提供研究支撑

在产业创新规划研究制定以及政策决策过程中，专利竞争情报分析的功能作用类似于“决策参谋部”的作用。在产业规划布局和创新政策的制定中融入知识产权决策支撑机制，通过全面分析产业专利技术竞争格局、产业技术路径，绘制详细的技术发展路线图，可以帮助决策者全面把握产业技术创新发展脉络和竞争格局，明于知己知彼、知优知劣、知危知机、知舍知取、知进知退、知轻知重、知远知近，增强产业发展规划决策的科学性、产业技术发展路线选择的合理性、产业创新政策导向的准确性以及产学研结合的针对性。

---

[1] 由于与产业技术创新最为密切相关的知识产权主要体现为专利权，因此，下文主要基于专利促进产业技术创新发展的功能和作用来阐述知识产权促进产业技术创新发展的功能和作用。

[2] 贺化．专利导航产业和区域经济发展实务［M］．北京：知识产权出版社，2013：306.

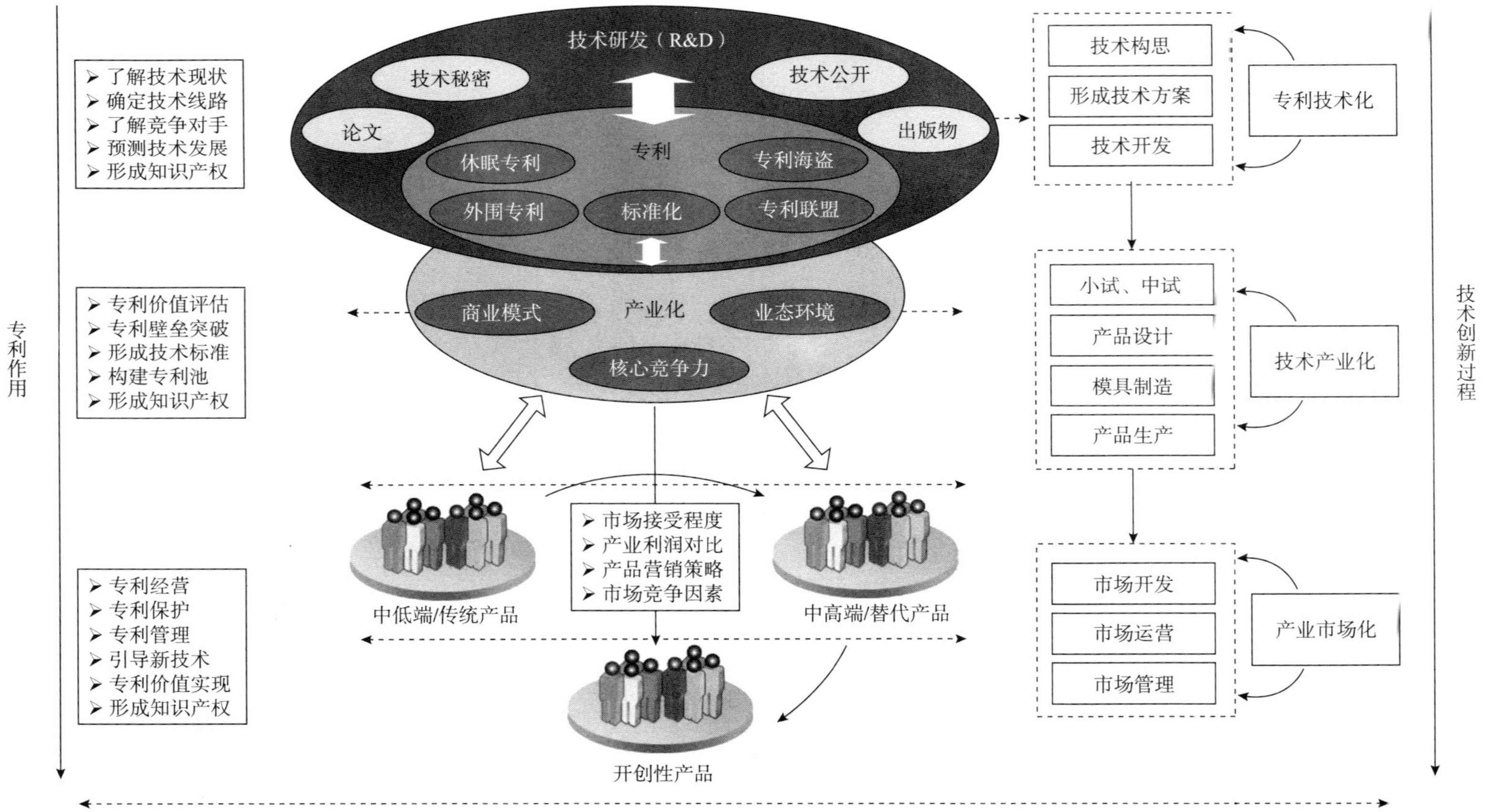

图3　专利信息在创新活动中的功能作用[1]

[1] 本图源自：贺化．专利导航产业和区域经济发展实务［M］．北京：知识产权出版社，2013：306.

如图4所示，美国煤层气产业每一次重大技术的突破，都有在先专利的技术支撑，因此，通过对已有专利信息的分析和挖掘，可以了解未来产业技术热点和发展方向，为产业发展提供有效的决策支撑。可见，在深入进行专利竞争情报分析的基础上，围绕产业布局和产业结构的优化、产业内涵和发展品质的提升，进行前瞻规划、精准布局，可以为相关产业技术的创新发展提供考量全面、视野开阔、着眼未来、聚焦关键的好规划、好政策。

我国杭州高新区数字安防产业汇聚了排名全国前三及全球第一的安防龙头企业，并形成了完整的配套产业链，聚集效应明显。但企业知识产权规划布局滞后于市场增速，导致在向全球扩张的过程中，这些企业在集中遭遇到海外专利纠纷后，不能及时予以有效应对。通过杭州高新区数字安防产业专利导航工程[1]的实施，不仅为数字安防企业海外专利应诉提供了专利分析支撑，而且还首次全面地对数字安防领域当前发展热点及未来发展重点进行了全景分析，在此基础上研究制定了园区数字安防产业创新发展的规划文件草案，为地方园区合理规划资源提供了政策规划的保障，尤其是为企业“走出去”的海外知识产权布局保障提供了量身定制的方案，指明了发展方向。

2. 面向重大经济技术项目提供知识产权评议支持

在国家和地方重大经济技术项目立项及实施中，专利竞争情报分析的功能作用类似于“项目安检仪”的作用。由于国家和地方政府投资支持的重大经济技术项目投资高度集中、创新资源高度集中，因此项目专利风险可能也会高度集中。尤其重要的是，若相关项目因遭遇专利风险等而下马，损失的不仅仅是已经投入项目的投资和创新资源的巨大浪费，而且还有创新发展机遇窗口的丧失。而后者更为关键和致命，可能最终影响到相关项目的成败与否。而通过专利竞争情报分析为相关重大经济技术项目提供知识产权分析评议支持，可以明晰相关项目涉及的知识产权真实状况，掌握不同技术发展路线的发展状况及项目在其中所处的位置，了解相关领域的知识产权竞争格局及走向，发现可能存在的知识产权风险隐患等，并在此基础上为项目立项实施提供知识产权策略建议。因此，在产业重大项目投资决策过程中，通过相应的知识产权评议，有效发挥项目安检仪的作用，可以及早发现、规避、消减产业可能面临的知识产权风险，避免项目立项决策建立在不了解、不掌握该领域知识产权竞争格局的基础上而导致项目失败、遭受巨额经济损失。

---

[1] 该专利导航工程系浙江杭州高新区委托国家知识产权局知识产权发展研究中心完成的“专利导航杭州高新区数字安防产业创新发展”项目。

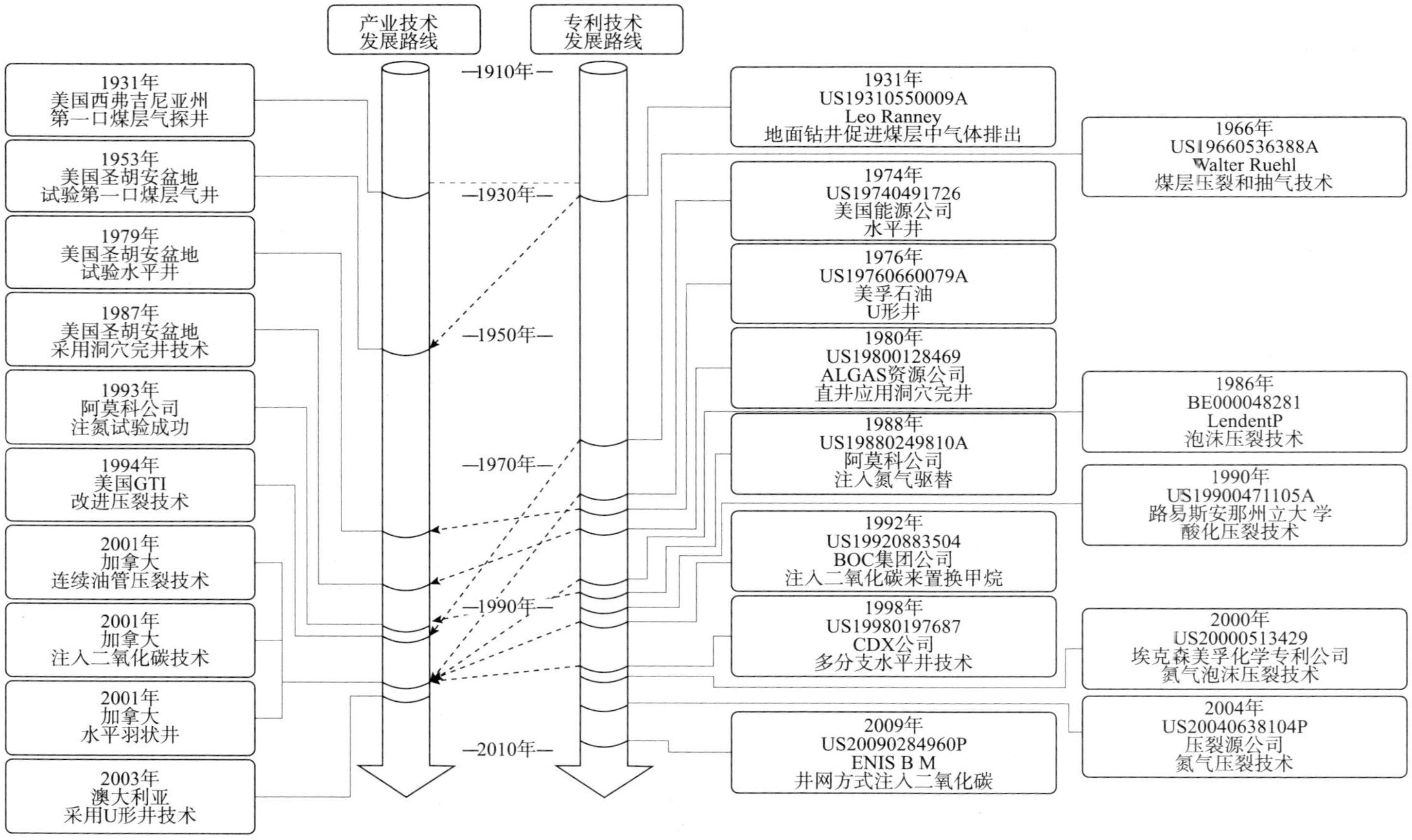

图 4　美国煤层气产业发展路线与专利技术路线发展演进关系脉络图❶

---

❶ 此图源自 2012 年国家知识产权局专利分析和预警项目报告《煤层气勘探开发技术专利分析和预警研究》。

21世纪初，随着IBM微硬盘技术首次在苹果公司第一代iPod产品中得以商用，微硬盘项目的商业价值进入人们的视线。在我国南方某省高科技产业招商引资过程中，关注到这一项目，并决定投入巨资上马该项目。项目主管部门在项目立项阶段对知识产权没有给予关注和重视，缺乏知识产权风险评估和控制，没有对具有知识产权密集型的微硬盘引进项目开展知识产权评议，没有对引进技术的先进性、可替代性及专利风险进行充分评估，就贸然决定拨付巨额资金上马项目。由于该项目上马两年后即遭遇国外企业发起的海外专利诉讼纠纷，且未能有效化解，被美国加利福尼亚州地方法院判定专利侵权，永久禁止在美国从事相关销售行为，最终被迫停产关门，导致该省数十亿元巨额投资付诸东流，损失极为惨重。

3. 面向产业安全提供知识产权反垄断、反滥用支持

由于知识产权已经成为技术和资本高度密集的战略性高新技术产业的关键性竞争要素，因而在关乎国计民生的战略性重点产业的产业安全维护过程中，往往会面临因遭遇国外跨国公司专利垄断或收取不合理的高额专利许可费等滥用知识产权行为而危及相关产业发展安全的情形。对于此类情形，客观上需要政府主管部门发起知识产权反垄断调查或对知识产权滥用行为进行有效规制。在此过程中，可以积极发挥专利竞争情报分析的功能，为政府主管部门发起的知识产权反垄断调查或知识产权滥用规制等提供分析研究支持，发挥产业安全的知识产权“安全防火墙”的作用：一方面，可以通过对产业热点事件的知识产权追踪分析，及时发现国外跨国公司发起的企业并购、技术并购、知识产权并购等并购行为可能导致的对特定行业的知识产权垄断，及早提请政府有关主管部门加以关注并适时发起反垄断调查，或者对政府有关主管部门已经发起的知识产权反垄断调查提供可能构成知识产权垄断的事实依据和分析论证；另一方面，可以对国外跨国公司滥用知识产权的不当行为对我产业安全的危害进行解析，为政府有关主管部门有效规制此类不当行为提供研究支持。

2013年9月2日，微软宣布以54.4亿欧元的交易总价收购传统手机巨头诺基亚旗下的大部分手机业务，其中，16.5亿欧元用于购买诺基亚的专利许可证。微软实施此次交易的一大目的，是获取诺基亚手中握有的巨额专利储备，借此增强其在国际移动智能终端市场的专利竞争优势。由于并购所涉双方均系世界性产业巨头，其并购势将对国际移动智能终端产业竞争格局构成重大影响，并可能构成垄断。对此，政府相关主管部门高度重视，在对该并购交易案进行的审查中，将

并购涉及的专利及可能的产业影响作为一项十分重要的审查内容，在充分了解相关情况的基础上，要求并购发起方微软澄清相关问题并就给予我国企业公平、合理、无歧视的专利许可作出承诺和安排，有效地维护我国移动智能终端产业发展安全。

4. 面向创新资源的优化精准配置提供引导支持

创新决策的一个重要的方面是创新资源的精准配置。尽管近年我国投入科技创新的资源相比过去有了长足的进步，但与发展无止境的科技创新相比，所能调配的创新资源终归有限，需要在众多的资源需求中择要择重而行，促使创新资源配置使用效率最大化。而深入开展专利竞争情报分析，可以帮助创新资源的调配者更加准确地了解我国相关领域产业技术创新面临的形势、机遇以及瓶颈，了解特定产业技术领域中的技术构成体系、发展演进脉络、研发焦点难点等，把握不同创新项目的技术路线、研发起点、创新水平以及发展前景。因此，发挥专利竞争情报在创新资源配置上的“定位导引仪”的功能作用，可以促使和引导有限的创新资源优先配置到关键的技术路线、关键的技术分支、关键的技术环节、关键的技术节点以及具有较高研发创新能力的创新研发团队上，以谋求实现有限创新资源的精准化配置，促使创新资源的使用效益有效倍增。

例如，在富锌涂料技术研发创新上，我国企业整体落后于欧美企业。若要顺利实现“弯道超车”，需要对其技术发展脉络进行全面梳理、比较和研判，以取得较高的创新发展效率（参见图 5）。富锌涂料是一种应用于造船业的重防腐涂料，其技术发展路线主要包括无机富锌涂料和有机富锌涂料两大路线。在无机富锌涂料的技术路线中，水性自固化技术市场看好，但欧美企业在该领域的技术和专利积累均十分密集，我国相关企业将面临技术链受制于人的局面，产业专利风险极大。而在有机富锌涂料领域，可采用先进的新兴纳米技术加以改性，该领域尚属欧美企业布局的空白地带，我国企业将会有较大发展机会。

可见，通过对相关产业技术领域专利竞争格局进行全面梳理和分析权衡，有利于帮助决策者正确研判形势，准确聚焦重点，科学、精准地将有限的研发创新资源配置到专利风险可控、发展前景良好、属于产业关键技术的技术路径和重要节点上。

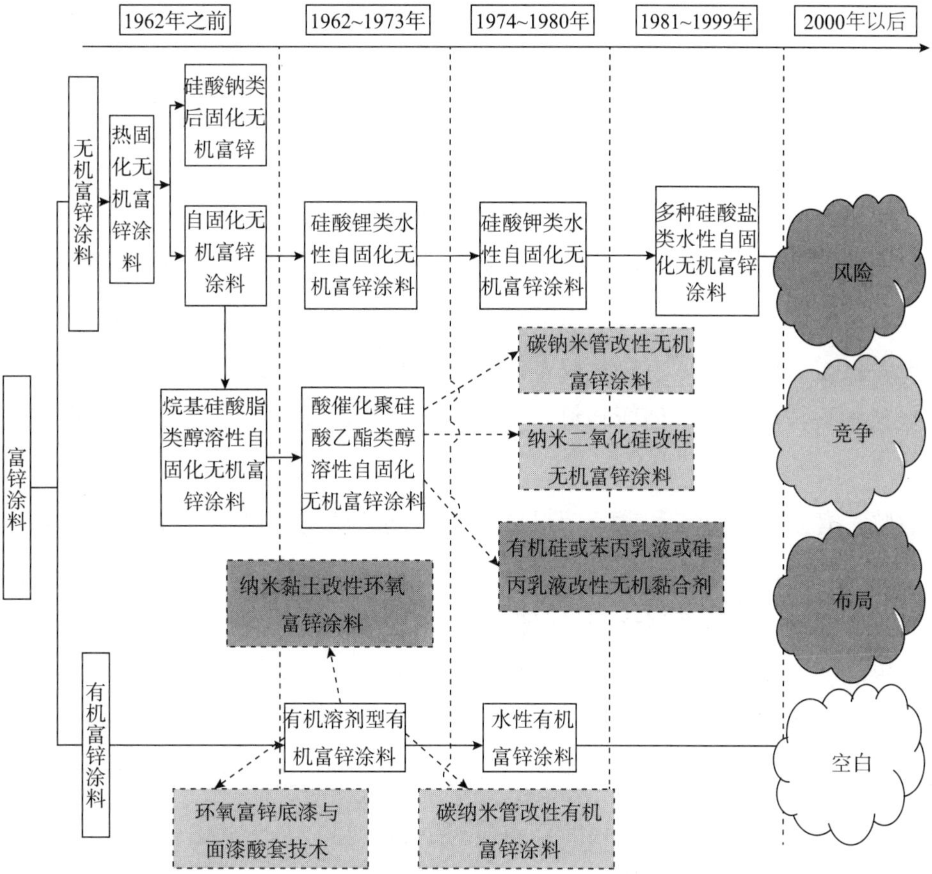

图5 富锌涂料产业技术发展演进路径及布局选择[1]

（二）创新过程的“领航员”

创新实践表明：专利等知识产权在研发方案的立项选择、技术方案完善、技术开发、产业化应用研究等诸多过程中，可以发挥重要的引领作用。在技术研发创新过程中，充分利用知识产权竞争情报，可以帮助创新主体全面准确地把握产业技术发展态势，实现技术研发创新的精准化，确保创新主体能够在前人研发创新的基础上，在更高的技术平台上以更快的速度取得技术研发创新的突破。就此而言，这种依托专利竞争情报对技术研发创新过程的引领，具体体现为对相关产业技术领域全球专利技术动向的监视、对研发创新路径的导航、对研发起点和水平的提升、对跨越式技术发展机遇的把握。知识产权对于产业技术研发创新进程的这种优化和加速的作用，正如同技术研发创新迷途中的“领航员”的作用。

[1] 源自2012年国家知识产权局专利分析和预警项目报告《重防腐涂料专利分析和预警研究》。

1. 动态监视全球技术创新动向

产业技术发展具有其内在的发展演进规律，顺应符合发展演进规律的产业技术发展趋势潮流而进，可能会由于配套产业技术的发育成熟以及应用场景的广阔而取得巨大成功；逆产业技术发展大势而动，可能会由于难以建立健康的产业生态以及缺乏应用场景而黯然退场。同时，随着新技术新应用竞相涌现、技术跨界融合成为技术发展常态，特定技术领域往往出现新老多条相互替代的并行技术路线并存竞争的局面，若不能及时发现并关注可能具有较强生命力和广阔发展前景的新兴技术路线或跨界技术，可能因颠覆性新技术的替代导致既有创新投入的完败。因此，动态监视全球相关领域的技术创新趋势动向，对于成功推进产业技术研发创新而言至关重要。

为此，有必要发挥专利竞争情报分析的“创新动向监视器”的功能作用，针对全球范围内特定产业技术领域的研发创新趋势和动向进行专利监测。就专利监测的重点而言，一是要追踪监视该领域研发创新实力领先的龙头企业和科研机构、主要竞争对手的技术研发创新动向，二是要追踪监视该领域内近年新涌现的新兴技术，三是要追踪监视跨界进入该领域的其他产业技术领域的技术，四是要追踪监视该领域不同技术层次、不同技术分支、不同技术路线，尤其是其中关乎该领域产业技术发展的关键瓶颈或关键发展机遇的技术研发创新趋势。基于此，促使自身技术研发创新的开展在胸有全局的前提下进行。

例如，在光存储技术领域，自 20 世纪 80 年代至 21 世纪初，光存储技术的主流技术发展按照“CD 技术—DVD 技术—Bd 技术”的演进路线发展进化（参见图 6）。但同时，在光存储技术的发展脉络中，仍有区别于主流光存储技术路线的新兴光存储技术正在孕育发展，诸如全息存储、近场光学存储等新兴光存储技术仍处于研发阶段。这些新兴技术是潜在的下一代替代性技术，具有取代主流技术路线的可能。因此，及时追踪 GE、Optware 等龙头企业在全息存储技术上的专利布局新动向，以及日立、索尼等龙头企业在近场光学存储技术上的专利布局新动向，将能够帮助我国创新主体第一时间了解和把握相关竞争对手的研发创新趋势，确保知己知彼，以未雨绸缪抢占新兴技术发展应用的战略性先机，避免一旦新兴技术路线的产业化配套技术发展成熟而颠覆替代主流的产业技术路线，遭遇不可控的新一代产业替代的致命打击。

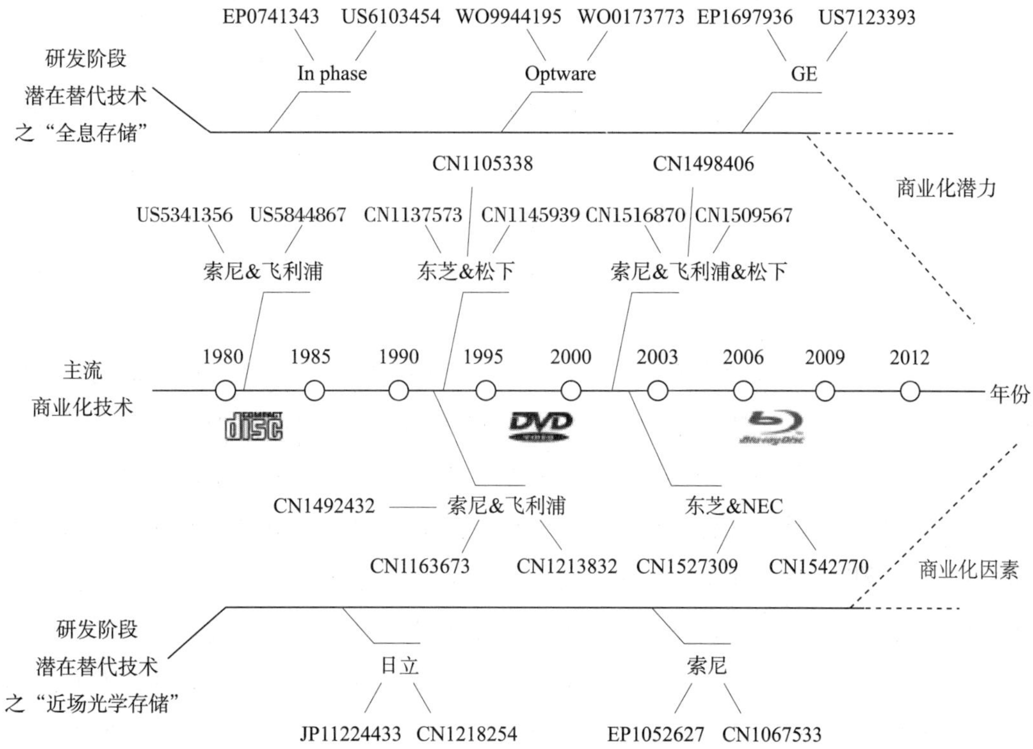

图6　光存储技术领域主流技术及替代技术发展演进路径[1]

2. 导航指引产业技术创新发展路径

就产业技术创新发展的整体状态而言，呈现为一种多层次、多分支、多路线、多阶段、多主体并存的局面，同时，技术研发创新具有"自发""并发"、相互制约又相互促进的特点，整体所呈现的复杂态势更近乎"混沌"。因此，有效发挥专利竞争情报分析的"创新导航仪"的功能作用，在抽丝剥茧、条分缕析厘清相关领域的产业技术创新发展态势和格局的基础上，重点针对产业技术创新发展路径进行专利导航指引，做到知全局、明定位，知目标、明路径，有利于采取综合权衡后的最优路径进行通盘创新部署，可以促使产业技术创新更加有的放矢、更加富有效率。

专利竞争情报分析对创新主体技术研发创新的导航指引作用贯穿技术研发、产品化和市场化的全流程：一是帮助创新主体全面把握技术研发、产品化、市场化过程所面临的专利竞争格局全景，准确定位自身在此格局所处的位置、面临的形势以及达成发展目标需要克服的主要问题；二是通过进一步梳理已有技术路线，研究规

---

[1] 本图源自：贺化．专利导航产业和区域经济发展实务［M］．北京：知识产权出版社，2013：258.

划适合的技术发展路线，精准选择研发合作伙伴、研发团队及人才、研发突破方向和重点等；三是通过跟踪竞争对手技术与专利布局动向，适时调整研发方向，发现、规避、防范和消减技术研发创新路径上可能潜藏的专利风险隐患，确保企业市场运营安全和技术发展的自主权；四是在产品小试、中试、生产等环节中利用技术方案与已有专利申请的对比研究，进行技术挖掘以产生新的技术创新方案，引导和支持核心关键技术的创新突破、新技术成果的产业化和专利竞争优势的培育。

例如，在数据中心制冷节能关键技术研发合作伙伴的选择中，可以依托专利导航分析，对该领域各主要技术分支的主要专利申请人进行全面梳理分析，明晰各技术分支领域领先的创新主体构成，以及各主要创新主体的技术研发覆盖面及其创新优势领域，借此精准制定针对性极强的合作创新规划及谈判策略。如图7所示，通过专利导航分析，逐一明确了数据中心制冷节能领域房间级制冷技术、行级制冷技术、机柜级制冷技术、模块化制冷技术等主要技术分支领域处于技术领先优势地位的技术创新领军企业，并进一步分析明确了各领域最为重要的各项关键技术上最具优势地位的主要企业。这不仅有利于准确把握各项关键技术上需要关注并值得合作的先进企业，而且有利于准确把握相关企业的技术分布及其领先优势所在，能够直接为企业决策层权衡选择战略性创新合作伙伴提供坚实有力、准确可信的研究支撑。

3. 寻找跃迁发展机遇加速研发进程

一般而言，产业技术的发展轨迹，一方面如同逐级提升的阶梯，在较低技术水平上不断积累发展，不断发生“量变”，一旦技术发展越过技术跃迁爆发的临界点，就可能催生“质变”，促使技术发展轨迹在关键性新技术的催化下出现跃迁提升，上升到更高水平的新技术平台发展，不断在“量变—质变—新量变—新质变”的螺旋式循环中持续阶梯式提升；另一方面，又如同一棵由主干不断开枝散叶以至枝繁叶茂的大树，起初主要是“单一化”的基础技术，随着技术演进，配套技术、替代技术不断涌现，技术的构成也不断从主干技术上演化出技术分支，进而成为体系完整、配套成熟、走向多元的生动活泼的“多样化”技术体系“大树”。在这个发展过程中，产业技术“质变点”“分支点”往往是技术后发者赶超技术先行者的战略机遇期和战略机会点。这种实现弯道赶超的战略机遇窗口极其宝贵，往往稍纵即逝，需要技术后发者以极其敏锐的眼光和嗅觉及早发现并牢牢抓住；否则，将可能始终处于受制于技术先行者的不利境地。

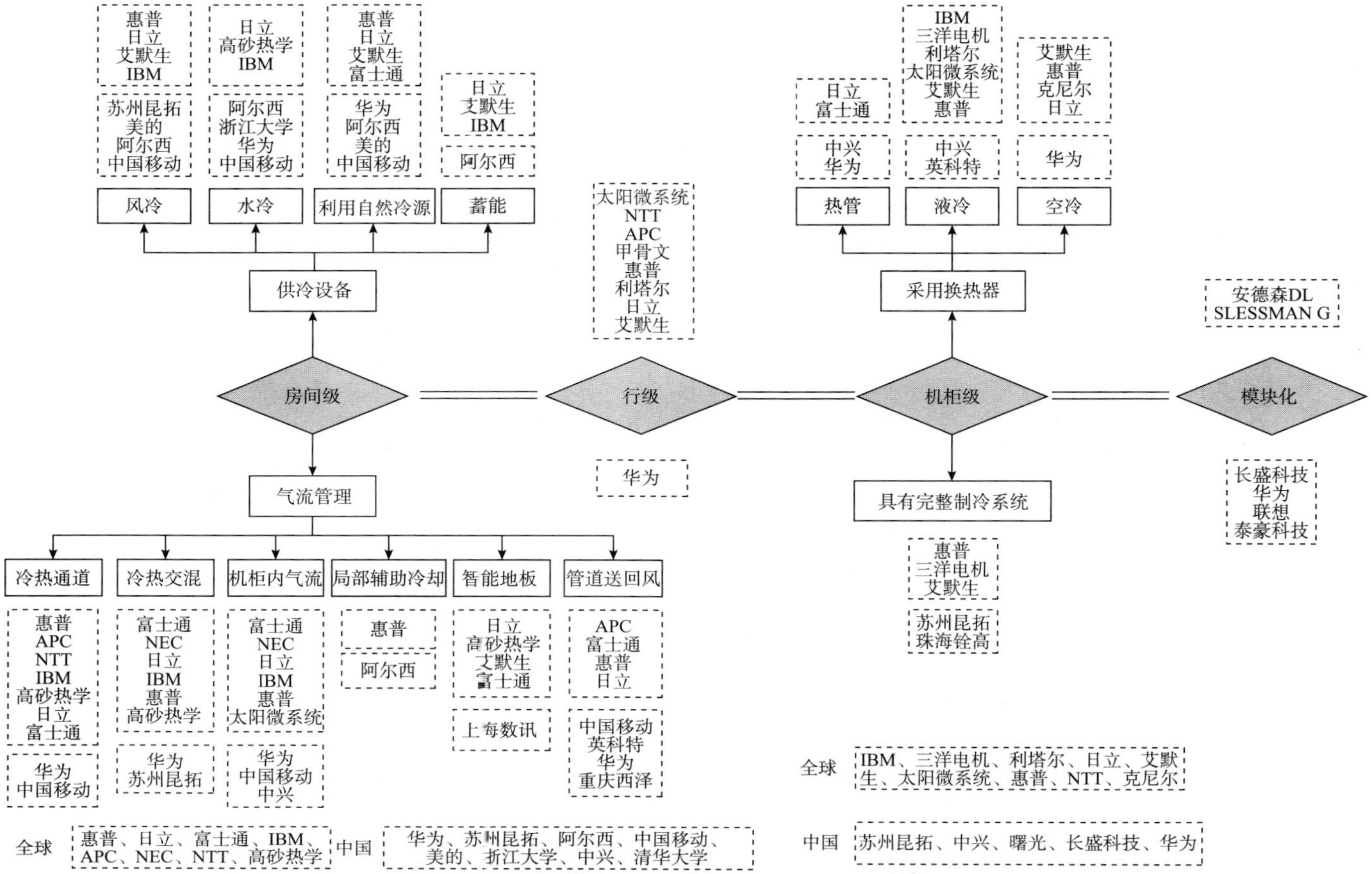

图 7 数据中心制冷节能领域各主要技术分支优势创新主体构成示意图❶

❶ 该图源自 2011 年国家知识产权局专利分析和预警项目研究报告《云计算数据中心制冷及节能技术专利分析和预警研究》。

在产业技术发展过程中，可能对产业技术发展构成重大影响的颠覆性技术“质变点”“分支点”极为稀缺，而主干技术“量变”过程中分支技术、配套技术、辅助技术的“质变点”“分支点”却相对较多。如果技术后发者能够识别并抓住此类渐进性技术进程中不断迸发的“微创新式”技术发展机遇，将能够通过渐进性技术进程中的系列“微质变”技术进步，不断加速技术后发者赶超技术先行者的技术发展进程。

为此，依托专利竞争情报分析，可以充分发挥其“技术创新加速器”和“研发能力提升机”的功能，帮助技术后发者敏锐觉察并重点聚焦技术发展机遇，有效缩短技术研发周期，在更高的研发起点和基础技术平台上加速技术研发创新和技术赶超进程。一是基于特定产业技术领域全球范围内的专利情报信息对全球技术创新发展的脉络和阶段进行全面深入的梳理，厘清各种技术发展路线，以及不同技术路线的技术发展阶段构成；二是全面识别梳理新近涌现的新兴技术、新兴研发热点，及时识别发现技术领军者、产业主导者、跨界融合者在特定技术上所关注的技术研发重点；三是分析研判特定技术路线是否处于渐进发展的平台发展期，是否面临共性技术发展瓶颈，是否存在可能催生重大技术突破和跃迁的新兴技术的战略机会；四是快速过滤现有各种可能的技术研发选择，帮助研发者明晰自身研发攻关的方向和重点，选取相对最优的技术研发路径，通过掌握现有的各类技术解决方案，快速获取技术发明创新启示，有效提升技术研发的起点和基础技术平台。

例如，2012 年国家知识产权局专利分析和预警项目对机动车尾气减排技术领域的研究报告显示，选择性催化还原（SCR）技术是当时全球范围内被广泛看好的前沿技术，国内外各大企业均投入大量研发资源以开发该技术。截至 2012 年，选择性催化还原技术经历了开环控制策略、参数控制策略、智能控制策略和多模块控制策略四个发展阶段。[1] 博世公司在智能控制策略技术上占据优势，而通用环球、本田自动车等企业则在最新一代的模块控制策略技术上处于领先地位（参见图 8）。与国外企业相比，我国该领域主要创新主体在 2009 年完成的选择性催化还原仅涉及早期的开环控制技术和第二阶段的参数控制技术，技术研发滞后同期国外企业近 10 年。

[1] 该案例源自 2012 年国家知识产权局专利分析和预警项目报告《机动车尾气减排技术专利分析和预警研究》。

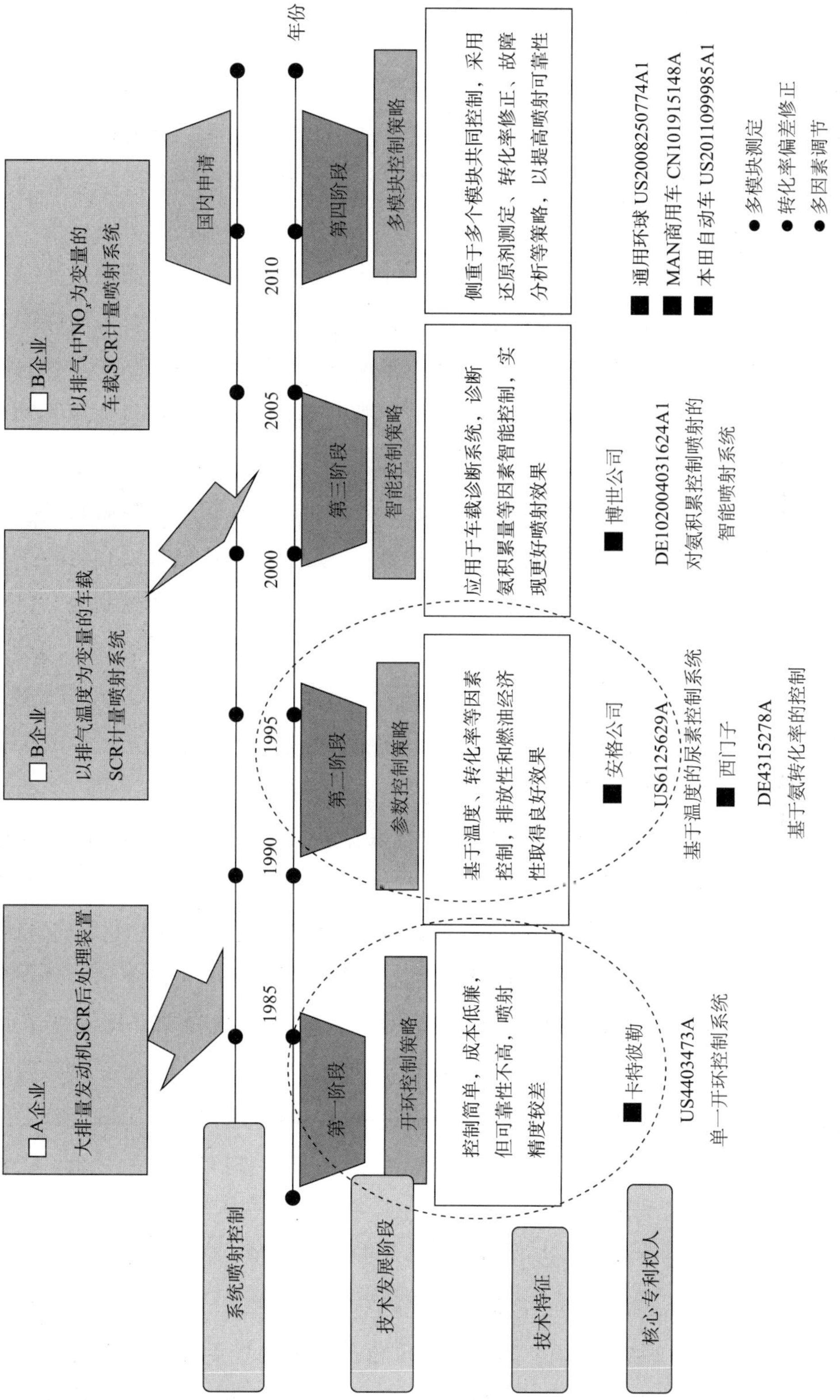

图8 选择性催化还原（SCR）技术领域国内外主要企业优势技术所处技术发展阶段

（三）创新成果的“护航员”

知识产权促进产业技术创新的另一条十分重要的脉络主线是技术研发创新成果的专利挖掘和保护。通过将技术创新成果专利化，获取专利权利，促使创新成果取得国家法律强制力的保护。这一法律权利的获取，意味着国家公共管理权力对技术创新成果的知识产权赋予了在域内通行的法律效力。创新主体若能充分发挥这一法律效力，不仅可以通过加强专利权利要求组合设计和系列专利的组合布局设计，从而强势抗衡侵犯其合法权利的其他竞争对手；而且可以通过围绕产业技术关键环节节点精准部署专利，借此取得通过控制专利进而控制技术链并最终控制产业链的杠杆化效应。上述作用也为产业技术创新者提供了强化和巩固其市场竞争优势的核心竞争力基础。

一般而言，为优化并强化技术研发创新成果的知识产权保护，一是需要引导提炼萃取可专利的发明创造，促使创新成果专利化；二是需要熔炼打造强有力的专利权利组合，促使专利权利组合化；三是需要开放布局以扩展专利产业控制力，促使专利布局杠杆化。

1. 提炼萃取可专利的发明创造

创新成果专利化，是保护技术研发创新成果的重要基础。实现创新成果的专利化，并不是简单地把技术创新成果的整体技术解决方案撰写成专利形式提交一两件专利申请，而是需要紧密结合专利分析，对技术创新成果进行条分缕析的专利挖掘，全面梳理并精准聚焦发明点之所在，围绕其提炼专利法意义上可专利的发明创造。一是运用专利检索分析手段，有效获取已有技术成果信息，了解技术周期与发展态势，找准研发重点；二是对照与该技术创新成果相关的现有专利申请，研判自身技术方案与已有技术相比具有的新颖性和创造性等，及时调整修改与在先专利相近似的技术内容，梳理其中可申请专利的发明点，确定技术与产品定位；三是围绕技术创新成果中可申请专利的发明点，分析梳理是否存在基础发明点外围可延展的相关发明点，并选择适合自身的知识产权保护策略，对涉及自身的核心技术，研判哪些需要专利保护，哪些需要技术秘密或防御性公开等保护形式；四是结合相关专利申请文件中记载的技术解决方案，围绕可申请专利的发明点提炼该发明点基本技术解决方案的必要技术特征构成，以促使未来提交的专利申请具有与其发明贡献相适应的较大的专利权利保护范围，同时，注重梳理相关的较重要的非必要技术特征，围绕该发明点基本技术解决方案设计构建专利权利要求组合，形成较稳固的专利权利要求体系。借此，不仅可提高技术研发创新的研究起点、缩短技术产出时间、减少技术投入风险，而且可促使研发创新成果有效实现专利化。

例如，2006年，我国对外宣布要研究制定数字电视地面标准。由于该标准将隐含我国A大学的一件核心专利，消息发布后，外国S公司在短期内向我国集中提出了大批分案申请，仅在A大学含有导频的多载波系统这件核心专利周围，就部署了百余件外围专利，对A大学专利申请所保护的核心技术发明进行了严密包围。S公司的目的非常明确，就是通过网状专利布局，强力制约A大学的核心专利，全面覆盖我国数字电视地面标准及其可能的实现方式，以寻求其最大的专利保护范围，并借助强大的产业专利控制力对我国数字电视产业发展进程发挥影响。这一窘境出现的原因，归根结底，在于A大学没有就该发明的技术解决方案进行全面、前瞻的专利挖掘，也没有超前考虑该发明产业化应用需要配套的相关技术以及该发明进一步进化可能涉及的新一代相关技术，因而没有厘清基础发明点外围可延展的相关发明点，也就未能紧密结合自身的基础性创新成果制定并实施科学合理的知识产权保护策略，给S公司留出了极为宝贵的战略性布局空间。

2. 引导构建强有力的专利组合

专利权利组合化，是保护技术研发创新成果的关键。在当前国际产业技术竞争中，尤其是电子、通信等专利高度密集的产业，以专利为核心的知识产权已经成为决定市场竞争成败的关键。IBM、INTEL、高通、苹果等各大跨国公司巨头纷纷围绕自身主营业务相关关键技术大量申请专利，建立起保护严密、布局设计精巧、技术控制力强大的庞大专利组合。尽管目前国内企业对专利的重视程度空前提高，专利申请拥有量大幅提升，但与国外跨国公司相比，绝大多数企业的专利缺乏布局，零散杂乱，难以形成体系性的专利布局，因而一旦面临国外跨国公司的专利打压，仍然无力抗衡。

专利分析研究和产业竞争实践均表明：仅就知识产权而言，在很大程度上，专利的竞争力和控制力不仅来自对基本技术解决方案的专利权利要求及其组合的科学设计，而且来自基于基本技术解决方案及其改进技术方案、替代技术方案、配套技术方案、辅助技术方案、应用技术方案等系列技术方案的系列专利及其组合。零散杂乱的专利，即便有一定规模，也难以有效对抗布局严整周密的专利组合。正是由于建立了全方位无死角的专利组合，国外跨国公司巨头才能够在专利技术竞争中居高临下占据压倒性竞争优势并借此拥有决定产业竞争游戏规则的强大话语权。

因此，有必要依托专利分析，结合专利挖掘和二次研发，围绕技术创新成果和所在领域的技术构成体系，设计构建能够形成稳固的专利保护的专利组合。一是围绕以基础发明技术方案为内核的基础核心专利，分析梳理其外围可能的工艺改进、材料改进、结构改进、原理改进等技术改进中可专利的技术发明点，建立基于这些外围技术发明点的外围专利组合，形成“核心专利 + 外围专利组合”的专利组合；二是围绕特定领域的技术结构构成进行专利组合规划，按照底层基础技术、共性支撑技术、应用技术等技术层次，形成“基础专利 + 应用专利”的专利组合；三是围绕特定产业的产业链结构进行专利组合规划，按照产业链上游、中游、下游等环节，形成“上游专利 + 中游专利 + 下游专利”的专利组合；四是着眼未来技术发展，面向前沿基础技术抢点部署用于抢占未来技术发展制高点的前瞻储备性专利组合；五是着眼产业竞争，紧紧追踪竞争对手技术市场动向、研发动向和专利申请动向部署旨在封堵竞争对手重要专利的遏制性专利组合，以有效遏制或消减竞争对手的专利竞争优势；六是针对产品上市场后的反馈诉求，寻找最佳技术解决方案，并聚焦其中的发明创新点建立相配套的专利组合。

例如，利用蓝光 LED 激发黄色荧光粉获得白光的技术是 LED 产业的重大发明，日本某企业在 1996 年申请了一件核心专利，其发明人也因此获得诺贝尔奖。除这件核心专利外，该企业还在全球主要国家或地区布局了 200 多件外围专利，其中，仅在中国围绕上述核心专利就布局了 30 多件专利。这些专利通过对发光元件和荧光粉的波长、荧光粉的光谱、荧光粉的浓度、荧光粉的种类、白光 LED 的制造方法等从不同角度进行限定，构成了较为全面的专利组合（参见图 9）。日本这一企业构建的这组专利组合，对我国相关产业发展格局产生了巨大影响。

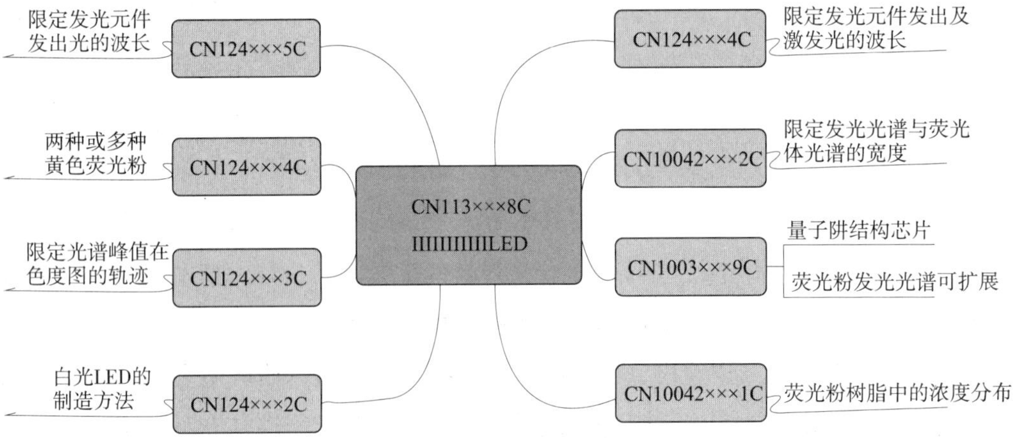

图 9　日本某企业核心专利组合在中国的专利布局组合

总之，专利组合的培育构建，根本目的在于通过在企业所拥有的专利之间建立相互关联、相互支撑、相互补强、相互协同的关系，实现专利的整体化保护和运用；关键在于不仅构建强有力的专利组合，而且构成形成相互支撑、相互补强的专利组合体系。

3. 定向布局扩展专利产业控制力

专利布局杠杆化，是有效扩展技术研发创新成果保护效应，形成对产业和市场的强大专利控制力的重要手段。专利控制力的来源，不仅在于围绕特定技术点建立周密严整的专利组合体系，而且在于对产业链、技术链、产品线和市场地域等方面关键环节的优势专利组合的掌控，更在于通过自身在业内的产业影响力、市场影响力、技术影响力和专利影响力而吸引一批相关企业、科研院所共同进行专利共享共用协作，杠杆式撬动更大规模的专利资源，放大单体企业有限的专利储备对产业和市场的影响力和控制力。在此基础上，构建形成有利于前述企业或企业群体的产业专利生态和产业专利竞争格局。

实现专利布局的杠杆化，首先要确保杠杆支点的稳固。杠杆支点即企业或科研院所所建立的专利组合体系。专利组合体系越周密、越严整、保护范围越大、法律稳定性越强，杠杆支点就越稳固，越可能借此对产业形成强有力的专利控制力。其次，要确保杠杆支点部署在科学的位置。也就是说，专利组合体系的重心越靠近共性关键技术、基础技术和主要市场，其构成的杠杆支点留给竞争对手的阻力臂就越短，未来市场竞争中可能遭遇的专利风险越小，杠杆效应越突出。再次，要确保施加于杠杆的动力具有较高能量等级。专利组合体系越是面向产业链关键产业环节、技术链关键技术环节、产品线关键产品以及关键市场部署，越可能形成较高能量等级的专利控制力。最后，要确保杠杆的动力臂足够长。这主要取决于能够进行协同的相关企业的数量、品质和规模，也取决于能够共享共用的专利数量、品质和规模，可协同的企业和可共享的专利越多，杠杆动力臂越长，杠杆效应越显著。

例如，在高性能处理器芯片技术领域，国外I公司为维护和强化其在该领域的核心竞争优势，围绕其主导的X86架构计算机处理器芯片技术集中大量布局专利，该领域近八成的专利系I公司所申请；尤其在最为核心的芯片指令系统技术上，I公司控制了最为主要的指令系统专利。借此，I公司以压倒性优势建立了业内其他竞争对手难以撼动的强大竞争优势。同时，I公司还极为关注产业技术生态体系的构建，通过专利许可授权，不仅集聚了一大批优秀企业加入其产业技术生态，而且依托其超强的专利实力牢牢占据了其主导构建的X86架构产业技术生态的核心主导者地位，使得其对计算机处理器芯片产业的影响力得以放大、控制力得以提升。

（四）市场竞争的“战斗员”

知识产权对产业技术创新发展的促进，不仅直接体现于对技术研发创新的支持和促进，而且集中体现于对产业市场竞争优势的支撑和促进。创新主体在将知识产权运用于市场竞争的过程中，一是可着眼于相关专利更快更好地实现产业化，促使其所储备的专利能够更加精准高效地转化为产业技术竞争的核心优势；二是可着眼于维护市场运营安全，依托其储备的专利建立对主要竞争对手的战略威慑，确保企业市场行动自由；三是可着眼于市场收益的取得，依托具有市场化潜质的专利来直接进行运营运用，以建立企业新的利润增长点。在以新技术突破为基础的产业变革和产业竞争中，上述一系列作用更加突出。就此而言，知识产权堪称企业参与市场竞争的“战斗员”。

具体而言，知识产权对产业技术竞争优势的支撑和促进主要体现为：防范和规避产业专利风险，提供对抗产业专利纠纷或不利形势的武器，构建未来市场竞争的产业进入壁垒，依托专利运营改善利润收益等。

1. 防范和规避产业的专利风险

在产业市场竞争中建立和增强自身专利竞争优势的前提，在于知己知彼，在于尽早察觉主要竞争对手的专利技术动向，力争对专利风险做到早发现、早规避、早应对。

为此，创新主体在市场开发、管理和运营等产业市场化的过程中，应当强化专利风险意识，通过跟踪研究竞争对手专利技术动向，对本领域相关专利和自己的技术解决方案进行对比研究，尽早发现和识别研判其中可能存在的专利风险；同时，对于可能对自身技术发展安全构成较大威胁的主要风险专利，尽早针对其技术解决方案进行技术规避，对其专利保护范围进行专利规避，力求主动在我、不制于人；另外，对于难以有效规避的主要风险专利，尽早制定应对预案并及早谋划和布局相关应对处置举措，可以考虑提前做好请求宣告专利无效的充分准备、专利交叉布局以求专利交叉许可授权、寻找战略合作伙伴建立专利防御联盟等战略性举措。

例如，美国 I 公司作为全球最大的桌面型 CPU 供应商，与另一跨国公司形成的“联盟”垄断市场几十年。但随着英国 A 公司推出的采用精简指令集的 CPU 芯片在智能设备中的快速普及，I 公司传统优势被快速打破。为了形成对 A 公司的有效牵制，I 公司的知识产权部门及时研究 A 公司上市产品的特点，针对性地修改补充自身专利储备库中的“武器”，使得I公司原本忽视保护的另一架构的技术特征，在经过多次专利分案后，形成了全新的专利布局，逐渐渗透并覆盖A公司的技术特征。借此，I公司在一定程度上实现了限制竞争对手A公司、防范化解产业专利风险的战略目的。

2. 储备市场竞争的专利筹码

创新主体在参与产业市场竞争过程中，难免可能因专利侵权或被侵权而遭遇突如其来的专利纠纷。此类专利纠纷应对处置一旦进退失措，将会对该创新主体的产业技术竞争优势构成较大的直接负面影响；反之，则可能进一步强化其在产业技术生态中的影响力和控制力。

为此，创新主体在市场开发、管理和运营等产业市场化的过程中，可依据自身的知识产权积累，对可能侵犯自主知识产权的行为通过律师函、专利诉讼等手段，遏制专利侵权行为，制约竞争对手，为企业运行和技术创新活动保驾护航，获取更有力的产业竞争优势地位；对于自身遭遇的竞争对手发起的专利打击，可依托自身专利储备，一方面有效支持应诉，另一方面结合产业及专利竞争格局分析，适时选择自身具有显著优势的节点和地域发起专利诉讼反击，对冲专利诉讼风险，必要时，寻求战略合作伙伴以增强抗衡诉讼对手的专利砝码和竞争实力。

例如，美国L公司是全球微麦克风领域最大的生产制造商，较早进行了全球微麦克风技术领域的专利布局，建立了强有力的专利组合。自2006年起，L公司几乎每年均对竞争对手发起专利诉讼（参见图10），有效运用专利筹码制约竞争对手，迫使产业新进入者为了产品市场不得不向L公司缴纳高额的专利使用许可授权费。

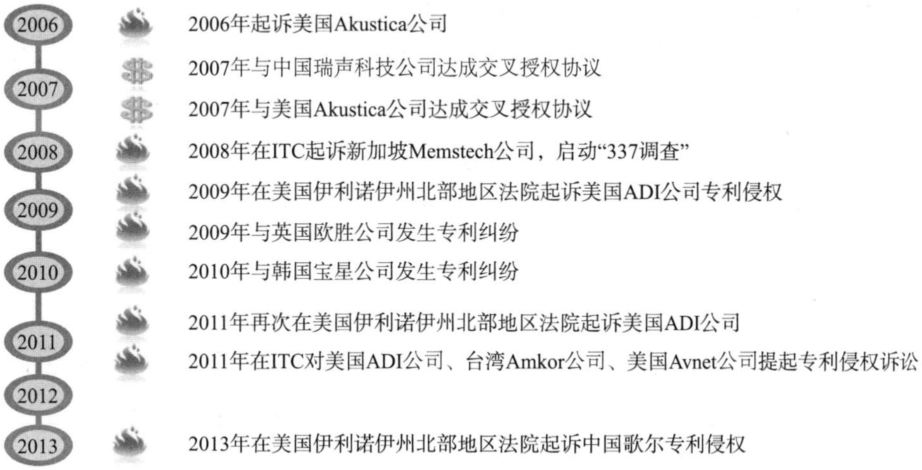

图10　美国L公司微麦克风领域专利诉讼一览图

3. 构建未来产业的专利壁垒

由于专利申请、审查需要一定的时间周期，且相关产品推向市场也需要一定的完善测试周期，因此，一般而言，当前申请的专利所提升的竞争优势，实质上是创新主体未来参与市场竞争所凭借的专利竞争优势。投资专利，乃投资未来；部署专利，实乃部署打造未来产业竞争的专利壁垒和武器。

为构建制胜未来市场竞争的产业专利壁垒，企业及科研院所一是应注重前沿技术的研发和专利部署，尤其是关乎产业下一轮竞争的新一代技术的基础技术和共性关键技术的研发和专利部署，以为抢占产业下一轮发展和竞争的先机和关键必争要点奠定坚实的前沿技术基础和基础专利储备；二是应注重行业技术标准的制定和标准必要专利及外围专利的布局，以在产业竞争游戏规则的制定过程中充分发挥影响力并争取话语权，引导相关标准和规则更加有利于己，在标准相关专利的竞争中立于优势地位；三是应注重产业专利技术生态的营造和构建，促使自身在其中处于较为有利和主动的生态链中高端地位，必要时，通过组织专利联盟或专利池等方式，以集群化的形态强化在产业专利技术生态体系中的优势地位。借此，确保自身在未来的市场竞争中仍然能够较好保持、维护和巩固产业竞争优势。

例如，陕西X公司专注于研发网络基础安全技术，取得了多项重大国内、国际创新成果，成为国内领先的网络安全技术研发企业。该公司目前已拥有近千项国内外发明专利授权及专利申请，其中多项技术方案被国际标准组织（ISO）采纳颁布为国际标准。该公司主导的WAPI是我国在ICT产业链上游基础共性技术领域内的一次重大创新，2003年被我国无线局域网国家标准体系采纳，成为中国WAPI标准。同时该公司也在积极展开知识产权运营实践，通过知识产权许可的方式实现技术转移和产业化推广。这些技术标准的制定以及标准相关专利的申请布局，为X公司建立可持续的产业核心竞争优势奠定了坚实基础。据该公司介绍，其已与全球300余家公司达成实质性合作，所发明的网络安全协议技术已嵌入40亿颗芯片、近万款产品中，分布在网络空间的各个环节，发挥着对网络安全的基础保障作用。

4. 获取专利运营的利润收益

随着全球新一轮科技革命的兴起，知识产权作为“产品或资产（无形）”直接进入市场取得收益的属性越来越展现出来。企业生产经营活动中运用好知识产权这一“无形资产”，不仅可以强化企业的风险管控能力和利益保护能力，还可以为企业增加巨额收益、扩大市场份额。2011年，摩托罗拉向谷歌转让1.5万件专利，获得125亿美元；2012年美国在线公司向微软转让800件专利，获得10亿美元；

2014 年美国专利授权公司向我国联想集团转让 21 项专利组合和涉及 2500 余件美国专利的使用权，共获得 1 亿美元。又如，深圳朗科依托其储备的基础专利，积极运用专利保护策略，针对美国 PNY 公司、日本索尼公司以及中国的一些企业，通过全球专利诉讼、专利海关保护和协商谈判等，获取了大量专利授权许可收入。其 2016 年上半年报显示，该公司在短短半年内就实现专利许可授权收入 986. 06 万元，占其同期净利润将近 50%。

可见，以无形资产运营的思路来审视和运用创新主体创造、储备的优秀专利组合，可以促使创新主体的内设专利部门逐渐由“成本中心”发展成长为新兴“利润增长中心”，成为创新主体重要的利润收益来源，直接推动创新主体实现无形资产由无到有、由小到大的转变，进而改善其有形资产和无形资产的构成结构，维护并巩固其产业竞争优势。

三、知识产权视角下我国产业创新发展面临的主要问题

从知识产权视角来看，我国产业创新发展所面临的知识产权相关问题集中表现为决策支撑不足、意识能力不高、创新链对接不畅、保护运用不足等。

（一）产业创新发展决策缺乏知识产权支撑

近年来类似 DVD、微硬盘等我国产业因忽视知识产权问题而危及产业安全的情况在我国产业发展决策中并不少见。究其原因，在于知识产权在我国传统的产业发展决策过程中严重缺位，以致后期产业发展缺乏知识产权支撑。这种知识产权的缺位，集中表现在三个方面。

1. 产业政策规划决策过程中知识产权缺位

长期以来，在我国产业政策规划决策过程中，知识产权并未成为重要决策因子。换句话说，相关产业政策规划既未把专利竞争情报作为支持规划制定、辅助决策研判的重要竞争情报来源，又未把知识产权竞争优势尤其是专利竞争优势的培育发展作为政策规划的组成内容。虽然近年来，少数产业政策规划中开始引入专利导航和专利预警，并对知识产权保护和专利申请提出初步要求，但与知识产权特别是专利在当代高技术产业国际市场竞争中所扮演的战略性竞争要素的角色和地位相比，显然仍远远不够。

因此，从相关政策的系统化统筹安排来看，产业政策规划决策过程中知识产权

的缺位，将可能导致产业创新政策与产业竞争实践中知识产权的重要地位不相符、不协调，既不利于产业技术创新，也不利于产业安全发展。从长远看，有必要将相关领域技术的专利创造、运用、保护和管理纳入到产业技术创新发展的整体政策部署和任务安排当中去。

2. 重大经济技术项目决策中知识产权缺位

在我国重大经济技术项目决策中，长期以来主要从经济的可行性和技术的可行性视角来考虑项目是否立项，以及项目立项的方向和重点，知识产权很少成为项目决策关注的重点。在项目立项决策中缺少对项目对象的知识产权竞争情报分析，将可能导致以下后果：一是不能从客观、中立的视角全面了解掌握项目对象在相关产业技术发展体系中所处的技术位置及其地位；二是不能全面了解掌握项目对象所涉及的知识产权状况及可能面临的知识产权风险；三是不能全面权衡比较可能的替代性选择，并前瞻性地作出可能具有良好发展前景的项目选择；四是项目所形成的创新成果难以取得优秀的知识产权保护载体，并进而获得充分有效的知识产权保护。前述微硬盘案例也充分说明，知识产权在重大经济技术项目决策的缺位，并不仅仅影响该项目的知识产权工作本身，更重要的是，还对该重大经济技术项目未来运行实施的成败构成重大影响。

以重大科技专项为例，近年来我国陆续开展了10余个国家重大专项，以期在核高基等重大技术领域取得技术突破。在项目实施过程中，每个专项由若干项目承担单位分头负责各自的技术研发，每个专项设定了知识产权数量考核指标，但对专利质量和专利布局结构的考核关注不够，尚未形成促使创新成果专利布局保护系统化、科学化的统一协调机制，以致对于创新成果的专利申请缺乏系统部署和布局设计。这导致相关专项技术创新与知识产权布局的统筹谋划不足，所形成的专利往往以零散的点状申请为主；同时，由于缺乏系统化的专利挖掘，相关专利申请往往缺乏相关外围专利的支撑和加固，因而对产业技术发展的控制力和影响力相对较弱。

3. 前沿技术领域创新部署中知识产权缺位

由于专利信息中蕴含世界上最全、最规范、更新及时的技术研发创新信息，依托这些技术研发创新信息，人们将有可能及早了解和把握全球范围内前沿技术领域的创新发展动态以及具体的技术演进路径和技术解决方案的详细细节，因此，在进行前沿技术领域的创新部署中，有必要充分收集、分析、研判和借鉴这些宝贵前沿技术进展的情报信息。但是，长期以来，在我国前沿科技领域研发创新部署中，对于专利竞争情报的关注、分析和利用存在缺位，不了解、不掌握相关领域知识产权布局状况及由于存在知识产权认识盲区所带来的知识产权风险，以致对相关领域前沿技术的判断较多依赖于业内优秀产业技术专家的判断，导致对科技前沿技术领域的系统性、前瞻性、基础性研究统筹部署不够。其直接影响是重大项目重大决策的针对性不够强，对前沿科技领域的战略性创新的投入和支持不够精准，以致在相关重大项目的产业化发展中难以准确聚焦产业技术发展的关键节点，难以进行精准化的创新资源配置。

（二）创新主体知识产权意识和能力有待提高

我国创新主体知识产权意识和能力的欠缺，主要体现为创新主体管理层、决策层对知识产权的认识尚未上升到战略思考的层次，而一线工作层对知识产权的实际操作运用能力还较低，尚未能够将其与创新主体的技术研发、市场运营有机嵌合。

1. 创新主体决策层的知识产权意识不够

一是绝大多数创新主体管理者对知识产权的认识还不够深刻，并未真正从企业发展战略的高度认识、看待和运用知识产权，因而也就制约了知识产权功能和作用的充分发挥；二是极少有知识产权管理者真正进入创新主体的核心决策层，自然也就难以对相关重大决策发挥其应有的影响；三是创新主体内设的知识产权部门往往从属于法务部门、研发部门等，在该创新主体的内设机构序列中相对边缘化，即便独立设置的，话语权和影响力也相对有限，难以和常规一线部门比肩。

例如，钕铁硼在军事领域和日常生活中有广泛应用。从汽车、智能手机到电脑的存储，钕铁硼一直是不可替代的要素。作为稀土生产和应用大国，中国目前有200余家钕铁硼企业，贡献了约占全球80%的钕铁硼产量。但在这个行业，中国从来没有话语权。造成中国企业被动局面的根本原因，是日本企业早在20世纪80年代初期即开始进行全球专利布局，拥有其核心专利并进行专利权封锁。在1982年，日本住友特殊金属株式会社（以下简称“住友特殊金属”）率先发现钕铁硼，第二年就分别在美国和日本申请了专利。几乎在同期，中国的科研机构也在进行类似研究，并且技术和产品都不比日本落后。但由于当时国内根本没有知识产权的概念和意识，加上到国外申请专利动辄就要十几万甚至几十万美元，所以当时中国没有人重视专利申请，也没有在国际国内申请专利。1998年，住友特殊金属联合美国麦格昆磁公司用6项专利向两家中国企业发起“337调查”，中国企业并未应诉，被各个击破。5家中国企业先后向日本企业购买了专利许可授权。除了昂贵的专利许可授权费用外，中国企业还需要向对方按出口额缴纳一定比例的抽成，导致中国稀土企业发展得越大，日本企业获得的利益就越高。直至2016年，美国专利商标局对我国稀土永磁产业技术创新战略联盟诉日立金属的诉讼，作出日立金属两项专利全部权利要求无效的终审书面裁定，这一由“专利封锁”造成的窘境才得以打破。可以说，中国钕铁硼企业与日本企业专利“恩怨三十载，一把辛酸泪”。

2. 创新主体一线人员知识产权能力亟待提高

总体而言，国内企业、科研院所等创新主体的技术研发、专利管理等一线工作层的知识产权分析、挖掘、布局、管理、运用等能力还不够强，尚不能适应技术密集型产业激烈的国际国内市场竞争实践的需要。

一是对研发创新过程中知识产权的分析应用重视不够，低水平重复研究严重，研发起点不够高，难以适应现代市场竞争的快节奏发展变化。二是专利布局组合意识和能力不强，专利撰写能力不高，以致发明专利比重小，有效发明专利质量低，重要专利积累不足，核心技术、核心零部件严重受制于人，在产业技术链的关键节点上存在技术盲区和专利布局盲区，产业发展面临较大知识产权风险。三是缺乏专利挖掘意识和能力，对研发形成技术创新成果缺乏全面深入的专利挖掘，难以精准聚焦其中专利法意义上的发明点所在，不仅导致专利申请及申请文件撰写相对盲目，专利保护范围往往与实质性发明创造贡献所应得的保护范围存在一定差异，而且导致难以全面发现和识别整体创新成果中的发明创造，以致一些重大科研项目最终形成的专利成果仅仅是以整体性技术解决方案为主的寥寥十数件，难以囊括这些重大科研项目中实际可能获得重要专利的发明创造贡献；此外，国内创新主体在取得一项技术创新成果后，相关专利申请往往停留在创新成果本身，不会更多考虑可能的外围改进、替代技术等，将技术创新成果辐射效应最大化的能力不足。

例如，在青蒿素药物的研发上，我国某科研院所虽然在青蒿素药物的化合物研发上取得了突破，并获得重要的核心专利，但在外围技术和后续改进上重视不足，未能将宝贵的基础研发创新优势巩固并扩大。这就导致在外围技术研发和延伸技术改进上给获得专利许可的外国企业留出了技术赶超和专利布局的战略性空间，进而导致青蒿素药物国际市场被外国企业控制。

（三）产学研创新资源对接不畅

1. 产业界与科研院所之间尚未形成产业技术创新合力

从国内产业技术创新实践来看，产业界与科研院所之间创新关注重点存在较大差异，尚未形成产业技术创新合力。国家知识产权局面向重点领域重大技术开展的上百项专利分析和预警项目研究成果表明，我国企业技术创新多数集中在应用研究方面，其提交的专利申请主要集中在应用领域；而科研院所提交的专利申请往往限于基本的技术解决方案，在相关的产业化配套技术上专利申请较少。二者之间缺乏过渡，呈二元分立状态，因而相互间客观地存在割裂，技术研发创新的产学研协同对接并不通畅。

2. 技术创新链缺乏统筹布局，创新链条资源配置亟待优化

产业链与创新链相脱节的问题早已成为国内产学研各界诟病已久的一大问题，是当前我国产业技术发展方面的一大痛点。在创新链和产业链的配合上，国外跨国公司往往会依据产业特点，在整个产业链的重点技术分支展开创新活动，并周密布局其知识产权，以此对产业后进入者设置知识产权壁垒。而我国产业创新主体的活动常常围绕产业链的局部技术分支开展，缺少对整个产业的重要技术分支的创新储备，导致产业创新成果产业化应用不畅，产业控制力和影响力不强。

例如，在光伏电池技术领域，日、美、欧的光伏技术专利布局以产业链中上游的材料、芯片等技术为重点，并延及下游的关键应用技术；我国的光伏专利则主要集中在产业链下游的发电系统及其应用等方面，在产业链中上游缺乏专利竞争力和影响力（参见图 11）。

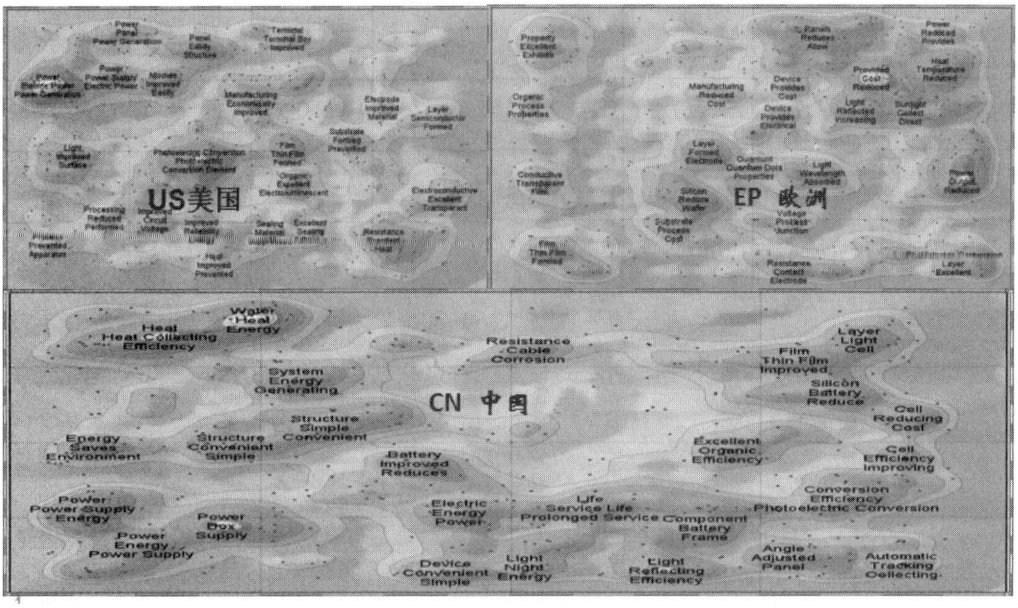

图 11　光伏电池领域美欧中专利分布示意图❶

这种创新链重要环节缺失的局面，使得我国光伏产业在产业生态上存在受制于

❶ 该图源自 2011 年国家知识产权局战略性新兴产业专利分析项目研究报告《新能源产业专利态势分析报告》。

在产业链中上游占据竞争优势的国外创新主体的潜在风险。

3. “政产学研金介用”协同促进产业技术创新的机制尚待健全

实现产学研创新资源的有效对接，需要加强“政产学研金介用”各方之间的相互协调配合。通过加强政府引导，为相关产业的技术创新发展提供有利的政策环境，有利于增进相关各方的参与度和配合度；通过引入金融机构，有利于加速相关技术创新进程，催化技术创新成果并顺利产业化；通过引入服务机构，有利于为产学研协同创新提供优质高效的高端生产性咨询服务；通过引入用户参与，有利于促使产业技术创新更加贴近市场痛点，为创新成果引爆市场奠定坚实基础。

但是，目前我国很多产业尚未建成高效运行的“政产学研金介用”深度融合、协调运行机制，各方主体仍然处于单打独斗的零散局面，相互之间缺乏有效的战略战术协同和资源的统筹共享及优化配置，尤其在对于充分发挥创新主体作用、加强创新资源对接、促进技术优势互补的支持和引导上存在严重缺失，不利于产业整体创新竞争力的提升。

（四）创新成果的知识产权保护与运用不足

影响我国产业创新发展的一个突出问题，就是产业发展过程中技术创新成果的知识产权保护与运用不足。这主要表现为围绕相关技术点的专利申请分散、知识产权保护水平低、海外专利储备少、知识产权实际运用和转化能力弱等。

1. 专利申请缺乏布局组合设计

国内企业技术创新成果通常采用专利保护形式为主，但整体上较为零散，在提交专利申请前往往没有进行统筹布局规划，缺少有效专利组合保护创新成果，而且缺乏与生产规模、技术实力和市场份额相匹配的专利数量储备。而国外申请人不仅专利申请量大、集中度高，而且其专利申请着重覆盖重点技术，同时国外主要申请人相互之间往往通过交叉许可等方式实现专利共享，构建更大的专利壁垒，进一步放大其专利竞争优势。

前述国外S公司针对我国A大学关于数字电视地面标准核心专利的专利布局包围案例，不仅是我国企业和科研院所缺乏专利布局规划意识和专利组合构建能力的集中反映，也是国外跨国公司善于挖掘专利、周密构建外围专利布局组合的出色意识和能力的集中体现。同时也表明，有效利用专利组合布局，将可能帮助技术后发者寻隙而进，抓住技术先行者的专利布局漏洞，实现专利的交叉遏制甚至是专利反制，并进而实现产业和技术发展的反制和超越的战略目的。

2. 知识产权保护水平不高

近年来，虽然我国创新主体知识产权保护意识有所提高，但实践操作能力和水平尚不能适应参与国际国内产业技术竞争的实际需要，仍然有待进一步提高：一是对发明专利的技术创新要求不清，不注重创新成果中可能获得专利的发明点的梳理和挖掘，导致一些关键技术的改进型成果存在专利保护的疏漏和缺失；二是片面追求快速获得专利授权，不重视专利权利保护范围的精心设计，影响其技术创新成果应用价值；三是许多科研人员单纯重视发表论文，同时又缺乏对创新成果的专利保护意识，导致一些宝贵的技术创新成果被白白公开，失去获得专利并进而谋取产业技术上更大成功的战略性机会；四是对专利权的有效维护重视不够，缺乏对专利技术价值的基本评估和判断，在专利权的维护上难以区分优劣，无法进行切中产业技术竞争要害的精准化专利管理，造成一些具有较大价值的优秀专利因维护不当而过早失效。

3. 海外专利布局和储备严重不足

尽管国内部分产业在一些产品技术的研发上已经较为成熟，在国内已经形成一定的技术竞争优势，产品在国内市场风生水起，但海外专利布局缺失、专利储备不足，在技术创新成果推向国际市场时尚未做好护航海外市场的专利武器布局储备。往往很多时候创新成果和产品已经进入国际市场并备受好评，但相关专利布局却裹足不前，以致可能成为在国际市场的竞争丛林中赤手空拳“裸奔”的猎物。

最近几年，我国企业在进入欧美发达国家时，知识产权意识已经相比过去有了较大的提升。但是，一方面，我国企业的海外专利布局还缺乏前瞻性规划，往往在就要决定进入某一海外市场时才考虑海外专利申请布局，难以通过专利申请为企业拓展海外市场提供专利护航；另一方面，我国企业普遍在“一带一路”沿线国家专利申请不多，而美、日、欧发达国家早已在这些国家部署了大量专利，分析表明，和其他国家相比，美、日、欧在该地区拥有十分明显的专利竞争优势，我国企业在进入“一带一路”沿线国家时仍然需要高度重视知识产权风险和海外专利布局储备。[1]

4. 知识产权运用能力不强

由于我国知识产权制度建立时间不长，虽然我国市场主体和创新主体对于知识

---

[1] 该判断源于国家知识产权局知识产权发展研究中心 2015 年完成的课题“一带一路沿线国家知识产权环境及发展状况研究”的相关成果。

产权制度的认识和运用程度近年来快速提升，但与欧美发达国家相比，毕竟关于知识产权制度的运用实践相对较少、经验相对不足，总体上运用知识产权的能力还不强。主要体现为：我国企业利用知识产权提升市场竞争力的能力相对不足；高校、科研院所知识产权管理和转化水平不高；知识产权资产管理、运营、投融资等业务发育有限，运用效益不高；知识产权贸易逆差巨大，且呈逐年扩大之势，其在创新驱动发展中应有的支撑作用尚未充分发挥。

四、知识产权促进产业创新发展的建议

鉴于我国产业创新发展面临上述诸多知识产权相关问题，在我国大力实施创新驱动发展战略、加快知识产权强国建设的大形势大背景下，要构建有利于我国的产业技术发展新生态、新体系，推动实现产业转型升级发展，需要以知识产权促进产业创新发展的作用为基础，坚持问题导向，以有效破解创新发展难题为主线，科学制定创新战略，明确创新方向，聚焦创新重点，强化知识产权的精准供给，在知识产权大保护格局下塑造产业竞争新优势。具体而言，可以考虑从以下几个方面发挥专利等知识产权在产业创新发展中的引领支撑作用。

1. 建立专利导航机制，完善产业创新决策体系

面向专利技术高度密集的新兴重点产业建立专利导航产业创新发展机制，推动专利导航机制有机嵌入产业技术创新决策机制中，促使专利竞争情报能够为产业技术创新决策的科学化、精准化提供视野更加广阔、支撑信息更加全面、分析研判更加准确的研究支撑。尤其在研究制定智能制造等受专利影响较大的专利高度密集、技术高度密集、资本高度密集的新兴产业的产业布局规划以及创新引导政策过程中，相关部门可以通过在规划决策程序中引入专利导航机制，科学引领产业技术创新方向，着力在关键技术领域针对国外专利壁垒有效实现技术突破和规避，增强产业布局规划决策的科学性，产业技术发展路线选择的合理性，产业创新政策导向的准确性。

2. 推行知识产权评议，保障国家重大项目顺利实施

近年来，在我国国家知识产权局的积极推动和引导下，知识产权评议对重大经济技术项目的积极作用已经得到广泛认同，越来越多的政府主管部门、地方政府部门开始尝试配合重大经济技术项目的实施建立知识产权评议制度，并完成了若干知识产权评议项目，有效促进了相关重大经济技术项目的顺利实施和推进。但总体来

看，重大经济技术项目知识产权评议工作还存在覆盖面不够广、缺乏约束力、执行不够规范等问题。因此，为确保我国产业创新发展顺利推进，建议尽快建立健全国家层面重点领域重大投资项目知识产权专项审议，对专利密集型和技术依赖型产业中技术研发活跃、容易遭遇知识产权风险的关键技术领域梳理、排查技术和产业风险，探寻最优技术路线，提高项目风险可控性，保障产业安全发展。

3. 强化知识产权综合运用，提升创新主体核心竞争力

建议着眼于创新主体核心竞争力的提升，强化其知识产权的综合运用能力。一是引导创新主体将知识产权分析和运用引入并贯穿其技术研发、产品化和市场化的全流程，为创新主体科学权衡和选择技术发展路线、制定技术发展策略提供专利竞争情报支撑；二是引导创新主体充分利用专利竞争情报提升技术研发创新起点、加速技术研发进程，有效促进核心关键技术的创新突破和新技术成果的产业化；三是引导创新主体对自身所形成的创新成果进行全面挖掘，着眼于产业技术竞争力和控制力的培育，围绕关键技术及关键技术节点周密部署专利、构建稳固的专利组合；四是引导创新主体围绕竞争对手开展针对性专利布局，提升风险防范能力和竞争能力；五是引导创新主体着力增强在国际产业竞争和规则制定中的话语权，提升对产业发展演进路径和游戏规则演变的影响力和控制力。

4. 设立知识产权重大专项，为重点产业发展保驾护航

在少数专利特别密集、专利对产业发展和安全影响特别突出的战略性新兴产业中，专利已经成为产业竞争决胜的关键所在。因此，建议统筹制定实施知识产权密集型产业促进政策，针对通信、网络及信息安全、云计算、生物医药等未来安全问题较为突出的相关技术领域，设立知识产权重大专项，集中应对和破解知识产权问题及风险。一方面，加强知识产权工作的统筹部署和实施，集中谋划专利布局、有效配置知识产权资源，防患于未然，为我国相关产业实现技术自主可控发展、国际竞争力强提供有力支撑；另一方面，加强对市场主体综合运用专利、商标和版权组合策略的指导，全方位、立体化地保护产品、技术、工业设计等的知识产权，引导市场主体综合运用知识产权，促进知识产权领域军民融合发展，加快药品等领域过期专利技术的有效应用。

5. 强化知识产权协同运营，增强市场竞争能力

为有效破解产学研相脱节、创新资源对接不畅的问题，建议面向专利密集、技术密集、资本密集的重点产业建立“政产学研金介用”协同发展平台，鼓励和引导高校、科研院所、企业、发明人、专利运营机构加强资源整合、优势互补、协同创

新、合作共赢，强化高校、科研院所科技成果的转移转化，显著提升产业技术创新质量和效益；鼓励市场主体依托“政产学研金介用”协同发展平台，围绕关键性竞争领域积极开展专利收储和运营，通过产业专利联盟、专利池等方式高效整合运用专利，以有效防控产业专利风险，增强市场竞争力。

6. 改善知识产权服务体系，提升中高端服务支撑能力

充分发挥知识产权促进产业创新发展的功能作用，高品质、高效率的知识产权服务不可或缺。为此，建议一是要构建便民利民的知识产权公共服务体系，加大知识产权简政放权力度，合理减少审批和管理事项；二是要加强知识产权服务业的管理和引导，加强知识产权服务机构的事中和事后监管，注重知识产权服务业的统筹规划和行业管理，逐步建立健全完善的知识产权交易市场；三是要加强中高端高品质知识产权服务的培育引导，着力整合知识产权公共服务资源，优化知识产权公共服务供给；四是要积极构建体系完备、运转高效的知识产权维权援助网络，为创新主体在创新发展过程中以及在市场竞争中遭遇的知识产权纠纷及时、便捷、友好地提供知识产权维权援助支持。

参考文献

[1] 贺化. 专利与产业发展研究系列报告 [M]. 北京：知识产权出版社，2013.

[2] 沈芳. 试论马克思的知识产权思想 [J]. 科技创业月刊，2004 (11).

[3] 周翼. 从马克思主义视角看知识产权问题 [J]. 马克思主义研究，2007 (11).

[4] 陈燕，黄迎燕，方建国，等. 专利信息采集与分析 [M]. 2 版. 北京：清华大学出版社，2014.

[5] 毛金生，冯小兵，陈燕. 专利分析和预警操作实务 [M]. 北京：清华大学出版社，2009.

知识产权强国建设的创新经济学研究*

一、知识产权制度影响创新和经济增长的经济学分析

（一）建立知识产权制度的理论基础

1. 增长理论视角的创新活动

为更好地理解各国之间创新能力的差异，从 20 世纪 80 年代末期开始，以保罗·罗默等为代表的主流经济学家，便将注意力转向技术进步本身，通过构造知识生产函数等方式，从经济体内部寻找影响技术进步的因素，并逐步形成“新增长理论”（“内生增长理论”）。根据新增长理论，技术创新及知识积累和人力资本是经济增长的发动机，而创新活动本身受到经济体内部各主体相互作用及各种制度安排的影响，研发、教育等方面的公共资助可以提高创新激励，进而影响经济的长期增长。❶

在主流经济学家关注创新能力的同时，以弗里曼等为代表的创新经济学家，则从系统论和演化经济学出发，提出国家创新体系的概念和理论，对影响经济体创新能力的各种因素进行分析。❷ 同新增长理论一样，国家创新体系理论❸也是针对新

---

* 本文基于 2014 年知识产权强国研究报告《知识产权强国建设的创新经济学研究》。指导顾问：李平；课题负责人：王宏伟；主要执笔人：蔡跃洲、朱承亮、王宏伟、张静；其他课题组成员：郑世林、江飞涛、张艳芳、徐杰、杨蕾、张鑫、马茹、梁心新、张鹏、杨国鑫、李牧、刘斌。

❶ Aghion 和 Howitt 明确指出，创新是一个社会过程，创新活动的强度和方向需要以法律、制度、习俗、规制等因素为前提条件。而这些因素恰恰能影响到人们创新的激励和获取租金、学习经验、组织研发等方面的能力。

❷ 新增长理论的最早文献出现在 1986 年（Romer）；而国家创新体系的最早文献出现在 1987 年（Freeman）。因此，主流经济学家和非主流创新经济学家几乎是同时开始关注“国家创新能力”的。

❸ Hart（2009）特别指出，将“创新系统”称为一种方法（Approach）而非一种理论（Theory）是因为，创新体系的知识社群在一些问题和原则上，如创新过程不确定性和复杂性，形成了共识；但是在更为严格的概念界定和研究方法，如假设检验、预测等，并没有完全达成共识。因此，采用“国家创新体系方法”更符合英文原意，但本文中仍使用“理论”一词是为了与第三部分的方法工具区别开来。另外，“国家创新体系”和“国家创新体系理论”是有区别的。为避免歧义，表述“国家创新体系理论/创新体系理论”时将使用“NIS 理论/IS 理论”。

古典增长理论在创新和技术进步方面缺失而逐步发展起来的，也特别强调知识积累和技术创新对经济发展的推动作用，并认同国家创新能力是解释各国经济增长和发展差距的重要因素。[1]

在实践中，欧美国家早已认识到技术创新是支撑长期经济增长的根本动力，并不遗余力加快创新步伐。美国作为自由市场经济的代表，其政府在扶持科技创新方面从来都是不遗余力。欧盟自20世纪90年代开始便反思与美国、日本之间的差距，并主要归于技术创新方面的差距。此后，欧盟国家出台一系列政策措施，着力缩小与美国、日本在创新方面的差距。当前，中国已进入中等收入国家行列，现有的资源要素禀赋已无法支撑原有要素驱动模式；未来中国经济要成功跨越“中等收入陷阱”，实现全面小康，同样有赖于创新驱动。

2. 创新活动的市场失灵特征

创新活动存在明显的市场失灵特征，主要体现在创新知识外溢与创新高风险两个方面。

任何一项创新首先是创新知识的创造和生产。基于创新活动而产生的创新知识会不可避免地出现外溢，即从创新主体向外界传播。此外，在产品创新中，创新知识都将物化为各种创新产品，而创新产品的销售和流通也会带来创新知识的外溢。在纯知识外溢的过程中，创新主体不仅无法获得任何商业回报，而且还会带来大量竞争者，迅速分摊创新活动产生的超额利润和社会收益。任何创新都需要大量的投入，过度的纯知识外溢必然导致创新收益无法弥补创新成本，进而导致创新活动供给的严重不足。

创新的高风险和不确定性也是影响创新供给的重要因素。未来知识和技术的发展、市场、产品需求和技术的潜在用途都难以预料，产品创新、过程创新、市场创新和组织创新也都具有不确定性。对于激进式的技术创新来说，风险更是无处不在。从基础研究开始，到应用研究、技术开发，再到生产制造，每个环节失败的可能性都很大。由于既有技术的存在和新技术在成熟度方面的不足，即使应用研究和技术开发取得成功，在实现商业价值过程中仍然存在诸多风险，包括“市场（接受）风险”“运营管理风险”“政府规制风险”等。

---

[1] Freeman（2002）明确指出，资本积累和劳动力增长并不足以解释不同经济体之间如此巨大的增长差异，在知识积累方面的无形投资比实物资本投资对经济增长的影响更具有决定性意义，而支撑制度变迁的社会能力（Social Capability），或者说创新体系，有利于技术进步。

3. 知识产权制度与创新激励

根据基本的微观经济学理论，“创新知识外溢”“创新过程的高风险”等市场失灵特征必然导致全社会创新供给的不足，进而影响经济增长潜力。为了鼓励创新，政府部门必须采取一定的政策措施和制度安排，知识产权制度产生的最初动机和经济学基础正基于此（见图1）。知识产权制度给予创新者一定的市场垄断地位，根本目的在于增加知识产权所有人在社会回报中所占有的份额，使其收回成本，获取高额利润，进而鼓励人才、资本等要素资源更多地投入到创新中。事实上，真正意义上的第一部现代知识产权法律就是以垄断法命名的。

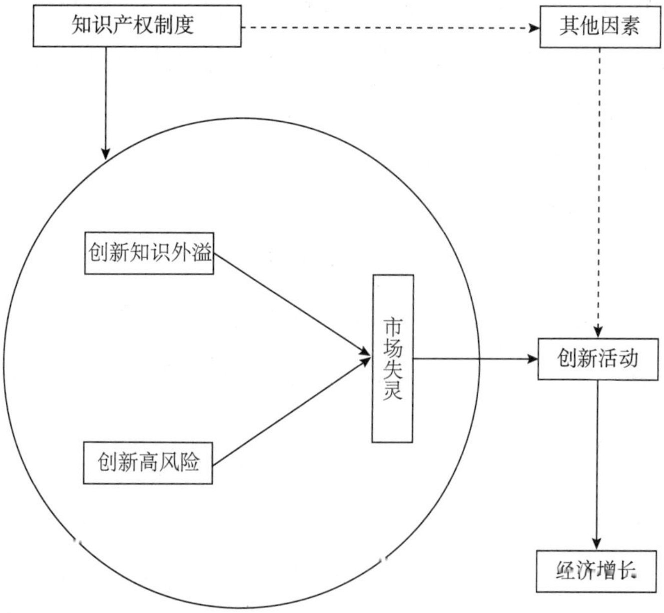

图1　创新活动、经济增长及知识产权制度产生的基本逻辑

（二）知识产权制度与经济增长的关系

国内外关于知识产权与经济增长的关系的研究主要分为两种观点：一种观点认为，专利制度对经济增长具有积极的促进作用，专利保护是创新的源泉。专利保护既通过信息公开提高了整个社会的技术水平，同时又为专利权人获得垄断利益提供了制度保障。另一种观点则认为，专利制度对经济发展的影响不能一概而论，知识产权保护水平必须与经济发展所处阶段和水平相适应，才能真正推动经济增长方式的转变。知识产权保护过强或不足都会阻碍技术创新。

国外对于知识产权（专利）与经济增长的关系的研究较多地从微观经济学角度

进行，侧重于包括知识产权保护强度的测算、知识产权制度影响经济增长的途径、知识产权与技术创新和技术转移的关系等方面，而从宏观角度研究知识产权（专利）制度对国家乃至区域的经济增长机制的文献则较少。国内对知识产权（专利）与经济增长的关系研究较多地集中在法律层面，而从经济层面进行定量分析和实证分析的研究成果相对较少。分析专利总量的经济效益是国内研究的主要方向。

（三）知识产权制度对创新及经济增长的实际影响

知识产权制度出现的理论基础在于以授予垄断权的方式纠正市场失灵，激励私人部门在创新方面投入更多要素资源，进而促进经济增长。照此逻辑和推理，加强知识产权保护对于创新和经济增长必然产生显著的促进和推动作用。然而，国内外相关的实证结果与上述理论预期却存在较大偏差，并不能完全支持“加强知识产权保护有利于创新和经济增长”的论断。

1. 跨国实证结果与理论预期的偏差

Park 和 Ginarte 利用 1960～1990 年的跨国数据，研究知识产权与经济增长之间的关系。结果表明，知识产权制度能够通过刺激研发与物质资本投入和积累而间接影响经济增长，知识产权保护对于要素积累，特别是研发资本有显著的正向影响。世界知识产权组织和联合国大学以 6 个亚洲国家（中国、日本、韩国、印度、马来西亚、越南）为样本，测度了知识产权制度对宏观经济的影响。结果表明，加强知识产权制度能够带来显著的经济增长。不过，也有不少实证研究得出了相反的结果。Lerner 收集整理了 60 个国家在过去 150 年时间里专利政策的变化数据，据以分析专利政策变化对创新的影响。最终结果表明，专利保护对技术的转移和应用（创新活动）很多时候产生的是负面影响。

余长林在拓展水平创新内生增长模型基础上，专门就发展中国家知识产权保护对技术进步和经济增长的影响进行了实证分析。结果表明，知识产权保护与发展中国家的经济增长呈非线性关系，尤其取决于发展中国家与发达国家间的技术差距。通常，技术差距较大时，宽松的知识产权保护政策有利于发展中国家的经济增长；当技术差距较小时，则需要更为严格的知识产权保护政策。该项实证结果对于转型时期中国知识产权保护制度的设计和保护强度的把握具有非常直接的现实意义。

2. 中国知识产权保护与创新及经济增长

国内学者就中国的知识产权保护对创新及经济增长的影响也开展了不少实证分析，大多数实证结果都显示，中国的知识产权保护对技术创新和经济增长发挥了显著的促进作用。当然，也有部分实证研究得出了略有差异的结果。张源媛、兰宜生在测算东部、中部、西部三大区域知识产权保护 G－P 指数基础上，检验了知识产权保护对区域经济增长效率的影响。结果表明，在东部地区通过各种技术溢出效应产生了明显的正向影响，而对西部地区加大知识产权保护带来的技术溢出效应则较弱。而姚玲基于 VAR 和 VEC 模型的实证则发现，中国知识产权保护对经济增长的长期拉动效应较小，而短期的拉动效应更是不太显著。

（四）知识产权制度影响创新及经济增长的传导机制

知识产权制度对宏观创新产出和经济增长的影响需要通过一定的渠道和传导机制，作用于微观主体（企业）的行为决策来实现。在传导机制中，作为传导中介的研发投入、技术传播及扩散、企业融资能力、外商直接投资（FDI）及技术转移等因素如何变化直接决定着知识产权制度的最终效果。本部分主要针对不同的传导中介对可能的传导机制进行梳理。

1. 知识产权保护与研发投入

知识产权制度最初都是在某个国家内部实施的，其基本逻辑就是通过授权垄断，使创新企业能够从其创新活动获得更多的专属性收益，从而激励创新企业进行更多的研发投入。在研发投入产出效率保持基本不变的情形下，创新企业的创新产出也将与研发投入保持同步增长。从比较静态的视角来看，假定其他条件不变，加强知识产权保护将带来创新企业研发投入的增加，进而提高创新产出，最终促进经济增长。然而，“其他条件不变”的假设过于理想化，从微观主体（企业）的研发投入决策，到研发活动的创新产出，每个环节都会受到其他因素影响。不同条件下加强知识产权保护很可能产生截然不同的创新及增长结果。

首先，加强知识产权保护在增加既有创新活动补偿和回报的同时，也可能减少技术创新的机遇，增加后续创新活动的难度，从而影响研发投入的产出效率。其次，在动态中研发投入的创新产出效率又会直接影响到研发投入决策。面对技术创新机遇的减少和可能的创新产出效率下降，企业很有可能选择减少研发投入。最后，知识产权保护过于严格的条件下，既有创新企业的垄断地位被强化，高额的垄断利润很可能降低其进一步创新的动力，历史上也不乏此类事例。1894 年，美国授予爱迪生在电灯领域的专利权范围过于宽泛，导致在此后 11 年内该领域的技术进步几乎停滞。图 2 示出了知识产权保护影响研发及创新产出的传导机制。

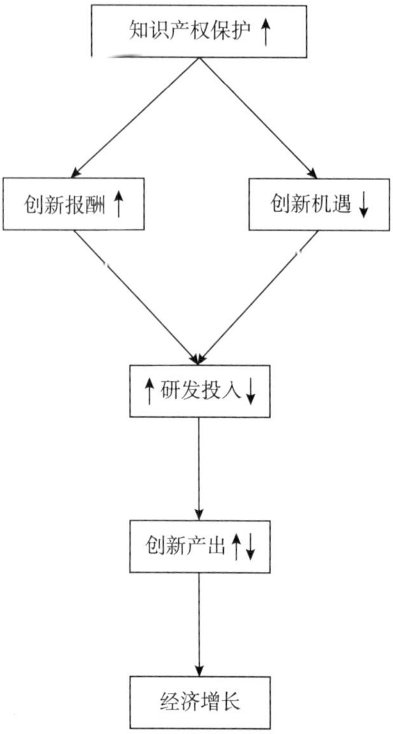

图 2　知识产权保护影响研发及创新产出的传导机制

2. 知识产权制度与 FDI 及跨国技术转移

在开放经济条件下，知识产权制度会通过 FDI 及跨国技术转移，影响技术创新和经济增长。现实中，发达国家有更为先进的技术和更为严格的知识产权保护制度。由于资本和贸易的跨国流动，发展中国家加强知识产权保护将通过 FDI 流入及相伴随的跨国技术转移，对技术创新和经济增长产生影响（见图 3）。

随着发展中国家知识产权保护力度的加大，本土企业模仿成本将上升，而跨国公司在东道国的利润也将增加。这样，跨国公司内部技术转移步伐将随之加快，会有更多 FDI 和高技术从位于发达国家的总部转移到东道国的分支机构。在此过程中，发达国家一般来说都是受益者。但对于发展中国家来说，FDI 和跨国公司内部技术转移加速对其技术创新和经济增长带来的影响则有很大不确定性，与其本土企业的技术吸收能力、再创新能力、人力资源禀赋、市场规模等因素密切相关。

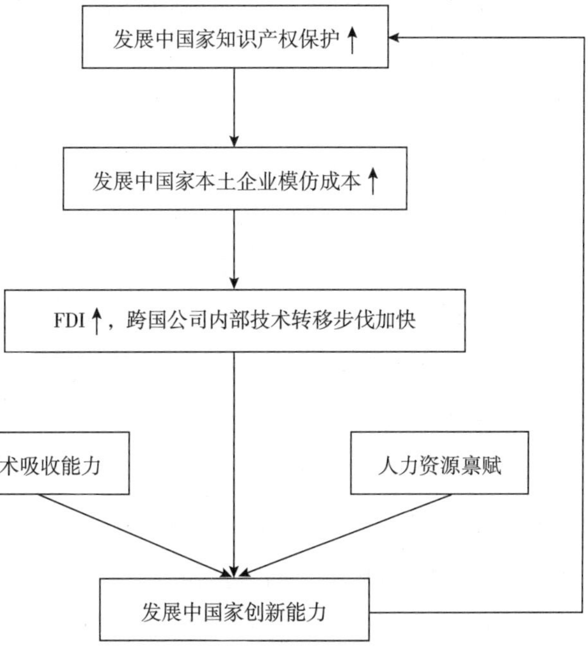

图3 知识产权保护影响FDI及跨国技术转移传导机制

3. 知识产权制度与信息披露及扩散

知识产权制度对创新的推动作用还表现在相关制度框架下，特别是专利制度框架下，所形成的系统性信息公开披露机制。知识产权制度既保障创新活动的回报，同时也有利于促进知识的获取和扩散。公开披露的专利信息，能够实现全球范围内技术信息的互通和共享。全面收集、分析关联领域的专利信息，有助于创新主体更好地把握本领域技术发展动态和方向，从而有效配置创新资源、避免重复投资，在更高的起点上推进创新。

知识产权制度通过信息披露和扩散推动创新和经济增长的作用机制在实证中也得到了验证。Moser分析1851～1915年英美两国博览会的创新产品数据，发现专利信息披露制度（相比各种企业内部的技术诀窍）明显促进了技术信息的传播和扩散。叶静怡等基于中国发明专利数据的计量分析，也支持“专利信息提前公开有利于优质技术传播”的判断。

4. 知识产权制度与企业融资能力

知识产权制度的实施有助于提升企业融资能力，从而缓解创新企业普遍面临的资金约束，有助于企业再创新，进而更好地支持宏观经济增长。

在现实中，知识产权授予对创新主体的生产经营也是一种隐性背书，而且随着知识产权质押融资等业务的广泛开展，获得知识产权的创新主体还能充分利用这项无形资产对外进行融资，缓解企业从事创新活动过程中面临的资金约束。

一方面，创新主体拥有的每一项知识产权都是包含特定价值的无形资产。随着商业银行资产评估手段和风险控制水平的提升，围绕知识产权开展的质押融资业务日益增多，为创新企业、特别是中小型创新企业提供了有力的资金支持。另一方面，从某种意义上说，知识产权包含了现行知识产权制度对创新主体的一种正面肯定和隐形背书。这种来自政府权威机构的肯定和背书，对于创新企业吸引风险投资也有很大的帮助。加强知识产权保护，意味着企业所拥有的知识产权具有更高专属收益权和市场价值，企业融资能力也将随之提升。

5. 影响知识产权制度作用效果的其他因素

知识产权制度对创新和经济增长作用的效果有时还取决于其他一些因素。

一是国家（经济体）的发达程度。通常经济体发达程度越高，知识产权制度产生的正面作用越明显。相对于欠发达经济体，发达经济体无论是创新起点还是创新要素，都具有明显优势。严格的知识产权保护制度，有助于增强激励，使更多创新资源不断投入创新资源当中。

二是知识产权制度实施时间的长短。比如，对发展中国家而言，知识产权制度的建立短期内会抑制对先进国家的模仿创新，但长期中可能就有利于国外技术的传播和本土创新能力的培育。

三是知识产权制度对不同类型创新活动所产生的影响是有所区别的。在渐进式创新特征明显的领域，较为严格的知识产权保护通常会对跟随者或后续缓解的创新活动形成较大阻碍。然而，严格的知识产权保护也可能推动后来者另辟蹊径，从而诱发颠覆性的激进式创新。

（五）知识产权制度实践中与创新和经济增长相关的其他因素

1. 知识产权制度衍生的知识产权服务业

在知识产权制度形成和完善过程中，已经积累了海量的知识产权信息。以此为基础衍生出的知识产权服务业，不仅有助于企业选择创新方向，提高创新资源的配置效率；而且就其本身而言，已经成为现代服务业的重要组成部分，为经济增长提供直接的贡献和支撑。

2. 作为生产性资产的知识产权

在知识产权制度框架下，知识产权已经成为一种生产性资产，成为价值创造和经济增长的重要要素。在联合国最新的国民经济核算体系（SNA－2008）中，研发支出从原来的“中间消耗”变为“固定资本形成”的一部分；而专利权实体也由原来的非生产性资产变为生产性资产，直接计入 GDP 核算。国民经济核算体系的上述变化，也算是对知识产权支撑经济增长作用的一种正式确认。

3. 知识产权主体的垄断权滥用行为

知识产权主体为强化其行业垄断地位，可能滥用垄断权，打压行业内其他企业，从而影响市场竞争、损害经济效率和社会福利。近年来，美国高通公司滥用其标准必要专利❶的行为便是一起典型案例。

4. 专利投机公司

专利投机公司对创新主体创新活动恶意设置障碍，造成大量社会资源的无效耗费。专利投机公司是指那些本身并不生产专利产品或者提供专利服务，而是从其他公司、研究机构或个人发明者手上购买专利的所有权或使用权，然后通过专利诉讼赚取巨额利润的专业公司或团体，也被称为“专利蟑螂”。专利投机公司惯用手法是，以低价向破产的公司购买专利，运用所购买的重要专利来控告合法企业。

（六）完善知识产权制度体系的思路及建议

根据上述内容，就完善中国知识产权制度体系提出以下思路和建议：

1. 遵循成本收益原则，努力平衡各种因素

知识产权制度实践的复杂性决定了严格的知识产权保护并不必然带来更高的创新和增长。一定程度的知识产权保护在短期内会增加微观主体的创新投入，但过度保护也会减少其他微观主体的创新机遇，降低被保护者继续创新的动力，从长期来看可能不利于创新活动的开展。要真正发挥知识产权制度对创新和经济增长的支撑作用，需要平衡好各种相关因素，从专利制度、知识产权服务、知识产权司法等不同角度完善知识产权制度体系；在赋予创新者有限排他性权利的同时，尽可能降低其他微观主体开展创新的成本，减少社会福利损失。

2. 适应中国发展国情，适当加强保护力度

近年来的实践表明，中国加强知识产权保护的步伐与经济发展阶段是相匹配

---

❶ 标准必要专利是包含在国际标准、国家标准和行业标准中，且在实施标准时必须使用的专利；或者说标准化组织在制定某些标准时，部分或全部标准草案由于技术上或者商业上没有其他可替代方案，无可避免要涉及的专利或专利申请。产品的制造商原本可以自由地选择实现特定效果的技术，但标准的制定导致产品制造商必须使用某一特定专利技术。从专利权人的角度看，成为该标准必要专利许可市场的唯一供给方后，就在该许可市场中拥有了市场垄断和支配地位，反垄断法因此有了适用的基础。

的。未来知识产权制度建设应该在配合自主创新能力提升的原则下不断进行适应性调整，特别注重知识产权保护强度与中国自身科技水平及创新能力之间的协调匹配。通过合理的制度安排，为弱势领域争取更多发展空间；与此同时，也要着力保护强势领域已有优势，为国家实施创新驱动发展战略提供相应的制度保障。

3. 弥补制度体系漏洞，着力遏制负面因素

构建完善知识产权制度体系的终极目标是促进创新、支撑增长。因此，在增加激励的同时，要着重从制度设计上避免可能出现的负面因素，并根据知识产权制度实践中存在的问题，及时修正和弥补。

一方面，探索合理的保护尺度，避免市场主体过度依赖市场垄断地位获取超额利润而降低自身创新动力、阻碍后续创新。另一方面，完善知识产权诉讼的相关法律法规，尽量减少知识产权纠纷，特别是专利投机公司恶意诉讼带来的社会资源的无效损耗。

4. 顺应技术发展潮流，完善制度体系框架

未来的知识产权制度体系建设，需顺应知识创造、创新步伐不断加速的现实要求，致力于增强存量知识产权信息的分析利用能力，降低知识产权纠纷带来的社会福利损耗；从专利制度、知识产权诉讼、知识产权服务等方面多管齐下，建立覆盖知识产权全工作链条的法律法规和制度体系，以规范知识产权创造、保护、运营、管理、服务等各个环节的相关活动。

二、知识产权强国的知识产权制度、创新和经济增长轨迹分析

（一）知识产权强国的知识产权制度与经济增长

1. 美国的知识产权制度与经济增长

美国的知识产权保护在世界范围处于领先水平，但是美国的知识产权保护之路并非一路坦途，相反一直呈现螺旋式上升状态。美国在知识产权方面的制度发展脉络可大致归为以下三个阶段：知识产权重保护阶段（20 世纪 30 年代之前）、知识产权弱保护阶段（20 世纪 30 年代至 20 世纪 80 年代）、知识产权全球保护阶段（20 世纪 80 年代至今）。

知识产权战略是美国最为重要的长期发展战略之一。30 多年来，美国实施知识产权战略主要沿着三种轨迹不断伸延：一是根据美国国家利益和美国企业的竞争

需要，对专利法、版权法、商标法等传统知识产权立法不断地修改与完善，扩大保护范围，加强保护力度。二是加强调整知识产权利益关系、在鼓励转化创新方面强化立法。三是在国际贸易中，一方面通过其综合贸易法案的“特殊301条款”对竞争对手予以打压，另一方面又积极推动WTO的《与贸易有关的知识产权协议》(TRIPS)的达成，从而形成了一套有利于美国的新国际贸易规则。

2008年国际金融危机爆发以来，美国进一步加强部署和调整其知识产权保护策略，当前美国知识产权保护有以下新趋势：不断加强版权保护力度，尤其是互联网版权法的保护；对商业方法专利采取严格的标准审查制度；强调政府介入知识产权标准化的制定，推动美国市场规则和标准在国际层面上的实施。美国知识产权战略的特点：条文法与判例法并行，专利制度具有灵活性。专利制度体现公平原则，不断扩大保护范围。专利制度与技术标准相结合，掌握占领国际市场的先机。大力发展专利贸易，阻碍他国进入美国市场。采取“谁投资、谁受益”原则。

在美国经济中，与知识产权有关的产业增长速度超过整个经济的增长速度，知识产权已成为美国生产率增长和各产业增长的一个重要贡献要素。

2. 日本的知识产权制度与经济增长

日本知识产权制度的演化历史也正是日本实现技术赶超的发展史，是日本技术从引进模仿、到二次创新、再到处于领先地位的演进史。日本知识产权制度呈现出由弱到强，再到对内弱化知识产权垄断、对外加强知识产权合作的演化路径：知识产权弱保护阶段（1975年之前），注重知识产权保护、规避侵权阶段（1975~1994年），强化知识产权保护阶段（1995~2005年），加强知识产权合作阶段（2006年至今）。

日本知识产权立国战略的核心是把研究活动和创造活动的成果作为知识产权从战略上保护应用，把产业发展的基础建立在技术、设计、品牌以及音乐、影视节目等信息化产品的知识创造上，以知识产权为基础，推进产品和服务的高附加值化，进而实现日本经济社会的新发展。日本知识产权制度随着创新需求的变化发生适应性演化。从制度变迁过程看，制度调整激励技术创新，创新需求也影响制度演进。这种关系不是在孤立状态下进行的，而是在全球化、网络化前提下，在与他国的互动中展开的。随着日本技术水平的提升，以研发集约型企业为中心，提出有利于技术创新的强知识产权保护制度，随着开放式创新成为主流，开展知识产权合作势在必行。既要保护已有知识产权收益，又需寻求新兴产业关键技术的创新发展，这种思维在日本国内占据支配地位，促使其制度不断演化。

3. 德国的知识产权制度与经济增长

德国企业运用知识产权制度，不断提升和保持其强大的市场竞争能力。进入21世纪，面对知识经济时代的到来，德国政府更加致力于推进知识产权战略工作，形成了较为成熟的政府、企业、员工三位一体的知识产权战略管理和法律保护体系，积极实施了以企业为主体、以专利为重点的知识产权战略，打造了德国奔驰、宝马、西门子、拜耳、巴斯夫等一大批世界顶级的跨国公司。在德国知识产权战略实施过程中，德国企业尤其是大企业成为推进知识产权工作的重要主体。德国已经形成了一套较为成熟的“企业主体、国家支持、员工努力”的知识产权战略管理和法律保护体系。

在立法方面，德国具有完善的知识产权法律体系，包括专利法、外观设计专利法、实用新型专利法、商标法、著作权法以及雇员发明法等。在司法方面，德国知识产权司法制度努力谋求对企业知识产权保护的最大化、高效化和便利化，其专利诉讼制度突出体现了德国知识产权司法制度的高效性。在行政方面，德国政府对德国企业技术创新和知识产权工作的支持首先体现在重视资金投入上。

在德国，企业保护知识产权的组织体系有三种模式：由企业法律部管理、由企业研发部管理，或由上述两部门共同管理。无论哪种模式，德国企业保护知识产权的组织体系都呈现两大共性：其一，日趋集中统一，这有利于德国跨国企业的知识产权战略在世界各地得以统一实施，避免重复研发、重复注册，节约经费；其二，注重发挥法律作用，在德国，中小型公司一般不设专门的知识产权组织机构，但均有律师提供知识产权方面的法律咨询服务。

德国企业将知识产权战略作为企业整体发展战略的重点之一加以实施。德国企业积极推动知识产权工作主要来源于三大动力：一是技术需要。德国企业普遍认为，企业要想在市场竞争中占据优势、获取最大经济效益，首先要在产品技术上取得领先优势，只有不断致力于产品研发和技术创新，才能在市场竞争中立于不败之地。二是市场需要。德国企业十分注重专利技术开发与应用以及产品的升级换代。三是竞争需要。德国企业通过保护自身知识产权，防止发明者把机密泄露给竞争对手，从而被竞争对手模仿。同时，它们也密切关注竞争对手在产品技术上的发展，寻找竞争对手的技术空当。

4. 韩国的知识产权制度与经济增长

韩国是一个依托知识产权由贫穷落后的发展中国家迅速崛起的典型。目前，韩国已不再是一个仅仅依靠技术引进和模仿谋发展的亚洲小国，而是一个在知识产权领域具有举足轻重地位的世界强国。

世界金融危机爆发以来，韩国政府把促进知识产权运用和加强知识产权保护作为工作重点，不断加大服务力度和能力建设，积极参与知识产权国际规则的调整，促进韩国从制造业强国发展为知识产权强国：第一，出台知识产权强国实现战略；第二，颁布知识产权基本法；第三，积极推进知识产权产业化；第四，知识产权保护“内外并举”；第五，实行知识产权“三轨制”审查制度。第六，调整知识产权国际规则。韩国知识产权保护的经验：一是严格的知识产权法律制度保护体系，二是帮助中小企业获得专利技术，三是重视知识产权的产业化。

（二）知识产权强国的创新转型和经济增长轨迹

1. 美国的创新转型和经济增长轨迹

（1）美国创新政策的历史演进

美国创新政策体系的构建是一个不断发展成熟的过程，可以将美国创新政策的变革分为四个阶段。一是奠基时期：美国建国后至二战前。这一时期美国政府对科学活动的支持主要体现在具体技术方面，美国联邦政府也没有制定具有系统指导性的技术创新政策。二是初步形成时期：二战至 20 世纪 60 年代末。这一时期美国的技术创新政策对于美国取得二战胜利乃至后来成为超级大国都具有重要意义。三是调整改革时期：20 世纪 70 年代初至 20 世纪 80 年代末。两次石油危机促使了美国对能源和环境领域增加研究开发支出。四是逐渐完善时期：20 世纪 90 年代初至今。为了提高美国科学技术实力，美国政府根据国际国内形势制定了全新的科学技术创新政策。美国政府制定政策的目的是使技术服务于经济、增加就业岗位、改进生活质量以及服务国防。

（2）美国国家创新体系构成及特征

进入知识经济时代以后，随着政府越来越深入地参与到创新活动中来以及大学成为知识创新的主要基地，美国逐渐形成了以政府、大学（包括科研机构）和产业三方共同参与、协同作战的所谓“政府—大学和研发机构—产业”三线螺旋体创新模式，并在国家创新体系的运行中发挥着主导作用。

美国企业是美国创新的主体和归宿。企业在美国创新过程中承担了重要的部分，企业利用了美国约 3/5 的研发经费并吸取了 3/4 科技工作者，创造了全美 3/4 的研发成果。美国的企业是美国创新的归宿，最终研发成果的产业转化要由企业完成，创新的收益主要由企业来分享。美国各级政府的主要职责是制定各种创新政策，以政策和计划引导企业的技术创新和产业的发展，建设科技基础设施和制度，包括知识产权制度、法律法规和标准等，为国家创新体系打造一个有利于创新的环境。大学在创新体系中的主导作用越来越突出。美国国家创新体系最大的特点是企业作为创新主体的作用能够得到充分发挥，政府仅进行必要的干预。总体来说，美国国家创新体系具有如下特征：有效配置创新资源的市场、高度完善的创新环境、为创新保驾护航的政府。

2. 日本的创新转型和经济增长轨迹

二战后日本走过了从“贸易立国”到“技术立国”，再到“科技创新立国”的独特发展道路。从二战后初期的“吸收型”“模仿型”技术发展路径，逐步实现了“追赶型”，最终建设成为“领先型”的创新型国家。日本经济的迅速恢复和发展，离不开当时的科技进步，离不开技术创新。

（1）日本技术创新政策的历史演进

纵观日本经济和科技发展的历程，日本的技术创新具有自己的鲜明特色。通过日本政府的有力组织和引导，在不同的发展阶段，采取不同的技术创新战略，配合出台不同的激励政策。从早期以技术和设备引进为主，到后来的以消化吸收为主，调整到吸收创新和集成创新上，2000 年前后，开始强调基础研究、自主创新建设创新型国家。日本的技术创新有一个从低到高、从简单到复杂的发展过程，不同时期有不同时期的侧重点，从当时的实际情况出发，选择最适合的发展道路和战略。在日本的技术创新过程中，不论是在二战后，还是进入 21 世纪，日本在有效学习西方先进技术的过程中，始终注重自我知识和技术能力的培养，为后来的自主创新打下了坚实的基础。

（2）日本技术创新模式分析

在技术创新过程中，日本形成了自己特有的创新模式，其演进过程可以总结为“战后初期开始的模仿创新模式”—“20 世纪 50 年代中期开始的引进消化吸收再创新模式”—“20 世纪 70 年代中期开始的集成创新模式”—“20 世纪 80 年代开始的原始创新模式”等基本特征。应该指出的是，不同历史时期日本的技术创新模式并非单一的，实际上在某种程度上可以视为一种混合型，即几种典型的技术创新模式相互衔接、重叠使用。

（3）日本技术创新体制机制分析

日本的技术创新经历了一个从较低层次的单纯技术引进到简单模仿，再从消化吸收创新向较高层次的知识创新、原始创新的发展历程。这种创新模式升级是在日本政府、企业、大学和科研机构、科技中介服务机构及行业组织共同推动下实现的。其中，政府在技术创新过程中一直发挥着重要作用，在制定规划、出台政策、加大投入、实施科技计划等方面积极主动，根据不同时期不同情况积极调整政策措施，优化促进技术创新的政策环境。企业是技术创新的主体，企业根据市场需求，确定企业发展方面和目标，推进技术创新，分享创新收益。大企业基本上都有自己的研发机构，侧重于应用研究，在技术改造和产业化方面发挥自己的优势；而中小企业，由于自身实力不强，很难建立和形成自己的研发机构，所以积极与大学和科研院所展开合作，把其作为自己的技术依托。大学和科研机构则是技术创新的重要支撑，是重要的创新源。科技中介服务机构及行业组织对于搭建创新平台，提高创新服务等方面起到了不可替代的作用，具有日本特色的主银行金融体系，为企业的技术创新和生产发展提供了强大的融资保障。技术创新的这几个方面的协调与密切合作成为日本的技术创新的特色，在共同推进日本的技术创新上起到了巨大作用。总之，日本官产学研中介机构之间分工合作、相互促进，充分发挥了政府的推动作用、企业的主体作用、大学和科研机构的支撑作用、科技中介服务机构及行业组织的桥梁与服务作用，共同推进了日本技术创新的顺利发展。

（4）日本技术创新对经济增长的贡献

日本在二战后初期，以模仿创新为主，通过倾斜生产战略，从美国和欧洲大量引进先进技术。之后，又投入大量资金对引进的技术进行消化吸收再创新，正是战后对技术的大量投入帮助日本创造了经济发展的奇迹。在积累了一定的科技成果，形成一定的技术能力后，日本开始逐步确立自主创新的国家体系，减少对美国和欧洲的技术依赖，并取得了令人瞩目的成绩。无论是大量引进国外先进技术，还是自主创新等一系列行动，都极大地推动了日本的经济发展和科技进步，相应地，日本的科技进步贡献率一直保持在较高的水平上。

3. 德国的创新转型和经济增长轨迹

（1）德国创新系统的构成及其典型特征❶

从创新系统的构成来看，德国大体上可以分为四个层次：政策决策与管理层、咨询与协调层、科学协会和研究执行层以及私营部门和工业协会层。政治决策与管理层负责制定、执行与教育、技术和创新相关的政策及实施细则，并负责创新外部环境的建设。咨询与协调层主要负责为德国联邦和州政府提供与科学政策相关的建

❶ 梁洪力，王海燕. 关于德国创新系统的若干思考［J］. 科学学与科学技术管理，2013（6）.

议，并向总理提供咨询。科学协会和研究执行层一方面从事科学研究，另一方面又负责制定并执行相关的研究政策及资金分配。私营部门和工业协会层围绕特定的研究课题开展一些辅助性活动，为其成员提供各种与研究和创新相关的服务。

德国创新系统的典型特征可以概括为以下几点：无所不在的专业化中介服务机构；健康的企业创新生态系统；定位清晰的公共科研体系；独具特色的双重教育体系。德国教育体系最典型的特征是其结构的双重性：高等院校与职业技术学校并重；全方位的科技投入体系。

（2）德国创新驱动发展的路径分析

为促进德国的创新活动，德国联邦政府致力于通过制定战略规划和政策法规，建立和完善创新体系。

一是战略与规划层面：将创新置于国家发展的核心位置。德国联邦政府高度重视战略规划对科技创新的引领作用。为保障战略规划的有效实施，20 世纪 80 年代以来，德国联邦政府先后出台一系列法规以不断强化战略规划的宏观引领作用。

二是政策与机制设置层面：深化政府科研体制和科研机构改革。德国强大的创新能力与其分工明确、统筹互补、高效运作的多层次科研系统密不可分。德国科研系统的各组成部分各司其职，共同推动德国科研体制和科研机构的改革。

三是行动举措层面：有针对性地解决创新驱动发展中的问题。政府加强对技术创新的投入力度，促进区域创新的均衡发展。注重加强创新驱动载体的建设，积极推进与新兴发展中国家的国际合作，新兴产业领域的创新等。

（3）德国创新驱动发展的主要特征

德国很早就注重创新能力的建设，以政府为主导推行了一系列战略规划，并辅以有针对性的政策举措，成为世界上创新领先国家之一。德国创新驱动发展的主要特征可以概括如下：①注重创新战略的连续性和创新政策的系统性。德国在创新战略制定和政策设计方面，特别注重不同背景下战略决策的连续性及政策制度的系统性。②形成对内整合、对外聚合的良性互动机制。德国创新政策的制定注重发挥多元主体的作用，将政府、企业界、科技界以及其他社会力量全部纳入创新网络，通过紧密合作和信息共享实现创新知识的产品转化。③突出企业的创新主体地位。德国在实现研发投入占国内生产总值 3% 目标的进程中，企业是最重要的主体，承担着德国近 2/3 的研发支出。④强调区域、产业的均衡协调发展。作为德国区域发展战略的重要原则，“实行均衡发展”被写入德国宪法，且先后制定并出台《促进经

济稳定与增长法》等一系列法律法规。❶

4. 韩国的创新转型和经济增长轨迹❷

韩国的科技创新战略具有鲜明的特点，尤其是其以国家意志为先导、以科技立法为保障、以企业创新为主体、以市场需求为导向、以产业应用为目的的科技创新模式对于当前我国建设创新型国家具有非常重要的参考价值。

（1）韩国科技创新政策的历史演进

韩国科技创新政策的历史演进经历了以下几个阶段。20 世纪 60 年代之前：以农业和手工业为主的传统科技创新；20 世纪 60 年代：确立以科技创新推动经济社会振兴发展的基本思路；20 世纪 70 年代：继续完善以政府为主导的国家科技创新体制架构；20 世纪 80 年代：实施第一次科技立国战略，增强本国自主创新能力；20 世纪 90 年代：强化核心领域的技术创新与突破，提升科技国际竞争力；21 世纪初：提出第二次科技立国战略，推动科技创新体系全球化转型。

（2）韩国科技创新政策的主要特点

在过去几十年的发展过程中，韩国始终坚持将科技创新作为支撑国家经济社会发展的核心动力，并且根据本国科技发展的不同历史阶段，适时调整国家科技发展的战略目标，不断增强本国企业的自主创新能力，成功地树立了一种后进国家赶超发达国家的科技创新战略典范。韩国科技创新政策的主要特点如下：①构建完善的宏观科技管理体系，充分发挥政府的主导作用；韩国是政府主导型科技创新发展的典型。为了确保科技创新发展符合国家的整体战略目标，韩国建立起了一套由国家科学技术委员会、科技部、国家科学技术咨询会议和科学技术部长会议等机构组成的非常完整的国家宏观科技管理体系，以确保中央政府能够从全局角度协调各有关部门的创新政策和计划，形成全国一盘棋的科技政策和创新计划推进体系。②积极推动产学研合作，强化企业在科技创新中的主体地位。韩国科技创新的另一个显著特点是“研发以致用”，韩国实行的是从研发到科研成果转化全过程的一揽子科技发展支持体制。③从跟踪模仿到自主创新，适时进行国家科技发展战略调整。在对外开放的过程中，韩国实行“资本与技术相分离”的引进政策，并且根据本国的科技创新能力的发展变化不断对技术引进政策进行调整。④选择重点领域进行战略突

❶ 陈强，霍丹．德国创新驱动发展的路径及特征分析［J］．德国研究，2013（4）．

❷ 李安方．建设创新型国家的韩国经验与中国借鉴［J］．世界经济研究，2006（10）．

破，重视基础研究的支撑作用。韩国在推进本国技术创新能力时，并不是齐头并进的，而是选择若干个对本国经济社会发展和科技进步具有重要战略支撑作用的科技领域进行重点投入，支持该领域的企业进行重点科技攻关，尽可能地在局部领域形成科技创新突破，进而带动相关产业技术的发展和国家整体科技实力提升。⑤构建全球网络型研发体系，不断推进科技创新全球化。韩国政府采取措施吸引世界著名跨国企业来韩国设立研发中心，同时积极鼓励本国企业到海外设研发机构，参与全球具有战略意义的国际合作项目，希望通过这些国际合作获得关键性技术，保证韩国在科技创新全球化大潮中占据有利地位。[1]

（三）经验总结与政策建议

1. 知识产权强国的经验总结

（1）技术创新是经济增长之源

新经济增长理论认为，技术创新是一国经济增长的决定因素和内生演化动力。只要技术创新成果持续不断并大量投入市场，就有可能使经济进入新一轮的上升通道，从而有助于避免经济衰退，减轻经济波动幅度。综观美国经济发展史可以发现，当经济运行到即将衰退的临界点时，技术创新就会刺激公众对新产品的消费和企业对新技术的投资，从而拉动经济增长。

（2）知识产权制度是创新激励之基

知识产权制度作为一种制度安排，能有效地激励技术创新，从而促进经济增长。从美国、日本、德国和韩国的历史经验可知，创新驱动经济增长需要充分的创新激励，而知识产权制度是创新激励的基础，通过动态调整知识产权制度设计，促进有助于激励引进模仿抑或是自主创新的创新战略的实施，服务于国家整体经济发展战略。

（3）重视知识产权产业化和商业化，将技术优势转化为市场竞争优势是知识产权制度发挥创新激励作用的重要体现

拥有核心技术并不意味着具有市场竞争优势。只有借助有效的知识产权制度实施才能最终形成市场竞争优势。知识产权制度是形成市场竞争优势的关键，这也是一些经济和科技大国往往是知识产权强国的原因所在。知识产权制度重在激励技术创新，而大部分创新技术将物化为知识产权，一方面通过知识产权的许可使用、转

---

[1] 李安方．建设创新型国家的韩国经验与中国借鉴［J］．世界经济研究，2006（10）．

让等方式获得收入，另一方面通过将知识产权成果商业化，形成高附加值、差异化产品，在产品市场获得高额垄断收益。

(4) 知识产权政策要根据国内经济技术发展需要和创新需求进行适时调整

国内经济技术发展需要和创新需求是知识产权政策调整的首要依据，知识产权政策要服务于本国经济技术发展需要和创新需求。知识产权制度的特征指标在于保护力度的强弱：强化知识产权保护可以促进技术研发，激励创新，但同时由于赋予知识产权权利人垄断地位，从而降低社会总福利水平。因此，知识产权保护力度并非越强越好，特别是随着现代科技的高度复杂化，创新呈现渐进型和互补性特点，对前期知识产权的过度保护可能妨碍后续技术创新，因而需要不断调整，以适应创新需求变化。

(5) 全球化背景下知识产权政策调整受外界压力和国际竞争的冲击

在开放经济环境下，一国知识产权政策的调整变化还受到外界压力和国际竞争的冲击。也就是说，知识产权政策调整不是在孤立状态下进行的，而是在全球化和网络化前提下，在与他国的互动竞争中展开的。

(6) 知识产权制度要“内外并举”，除构建国内知识产权体系之外，对外要积极构建国际知识产权体系，加强国际知识产权合作与交流

随着世界各国之间经济联系更加紧密，竞争也更为激烈。为了维持本国经济技术优势或保护本土企业利益、提升国际竞争力，知识产权强国均采取“内外并举”的知识产权战略。一方面，综合国内外因素适时优化调整本国知识产权制度体系；另一方面，积极构建国际知识产权制度体系，加强国际知识产权合作与交流，试图维系或提升知识产权国际主导权。

2. 对我国知识产权强国建设的启示

新技术的迅速普及、全球化、网络化的加快发展使开放式创新成为主流，而开放式创新又为传统知识产权制度带来新的挑战。那么，如何构建适合我国国情的知识产权制度、提高创新效率成为亟须解决的问题。总结美国、日本、德国、韩国等知识产权强国的历史经验，为我国知识产权强国建设提供了重要启示。

(1) 构建完善知识产权制度是实施创新驱动发展战略的有力保障

知识产权制度是激励创新的重要机制，同时又随着创新需求的变化而发生适应性演化。日本的经验表明，在技术引进时期，日本曾经在知识产权问题上受制于欧美，而后借助有效的知识产权制度，不仅成功规避了知识产权侵权，还进一步形成了日本特色的核心技术，迈入了技术先进国的行列；在拥有先进技术后，日本知识

产权制度的功能开始转为保护创新技术不被模仿，防止知识产权流失；随着开放式创新成为主流，日本又瞄准了国际知识产权合作。可见，在从技术引进和模仿创新到自主创新演化的过程中，知识产权制度如何更好地激励创新、提高创新能力，这是我国在实施创新驱动发展战略、构建创新型国家过程中面临的重大课题。知识产权强国的经验表明，知识产权制度是创新激励之基，知识产权制度作为一种制度安排，能有效地激励技术创新，从而促进经济增长。

（2）适应经济技术发展和创新需求，积极构建创新促进型和技术匹配型的知识产权制度

知识产权制度的选择应当结合创新的发展特征，在激励创新与降低 X－非效率之间寻找平衡。后发国家知识产权保护的制度安排体现了创新战略在鼓励自主创新和引进模仿两难中的权衡。强有力的知识产权保护制度鼓励以自主创新为主的技术进步，而较弱的知识产权保护制度则偏向于促进对国外技术的模仿。我国当前实施的偏弱的知识产权保护制度，技术进步以模仿国外技术为主，自主创新对技术进步的影响不显著，较弱的知识产权保护制度促进了中国以模仿为主的技术进步。但是，当前我国知识产权环境已悄然发生变化，随着我国技术水平不断提高，模仿国外技术对我国技术进步的促进效应不断下降，自主创新对技术进步的作用不断提高，我国技术进步方式正处于从引进模仿为主转变到自主创新为主的关键时期。因此，为适应经济技术发展和创新需求，我国应当积极构建创新促进型和技术匹配型的知识产权制度。

（3）在国内要鼓励高质量知识产权创造，在国外要实施国际标准化战略，加强国际知识产权合作与交流

当前，提高知识产权质量是我国实施知识产权强国战略亟须解决的重要课题。一直以来，我国企业较为重视开展国际化战略，致力于推动商品和服务“走出去”，但是在“标准”走出去方面功力不足。知识产权强国的历史经验表明，为了提高国际竞争力，日本、韩国等国正积极构建国际知识产权体系，加强国际知识产权合作与交流。为此，为了提高国际竞争力，我国需要在遵守高标准的国际准则与较低的社会成本之间寻找均衡点，需要不断调整符合国际惯例和国际公约的知识产权保护体系，实施国际标准化战略，积极参与国际知识产权规则调整，加强国际知识产权合作与交流，不断调整并寻找最符合我国利益需要的知识产权政策。我国要在前沿技术领域与世界水平保持同步，企业要在产品市场上处于全球领先地位，必须实施

国际标准化战略，参与制定国际标准。一方面可以督促行业协会依照国际标准建立国家标准、规范企业生产、帮助企业赢得世界市场，另一方面可以突破发达国家的技术标准壁垒。

（4）重视知识产权产业化和商业化，打通科技到产业的通道，将科技优势转化为市场竞争优势

当前我国科技转化率低，没有打通科技到产业的通道，也就是说没能将科技优势转化为市场竞争优势，服务于经济增长。知识产权强国的历史经验表明，只有借助有效的知识产权制度实施才能最终将科技优势转化为市场竞争优势，知识产权制度是形成市场竞争优势的关键。因此，我国在构建知识产权强国政策体系和建设知识产权强国过程中，要重视知识产权产业化和商业化工作，保护只是手段，产业化和商业化才是目的。要将知识产权潜在生产力转化为现实生产力，提高科技转化率，实现技术创新，促进经济增长。

三、中国知识产权制度与经济增长关系研究

知识产权制度是鼓励技术创新和科技研发的重要制度因素。专利权作为一类典型的知识产权，为企业垄断性地生产某种产品提供了权利保证。科研单位或企业投入研发经费和科研人才，进行科技研发获得技术专利，并在一定时期内排他性地生产新产品或提供技术服务，获得相关经济收益，在宏观上就实现了国民经济的增长。因此，在创新投入到经济产出的完整过程中，创新者拥有的技术专利是创新投入的中间产出，是联结科技研发和技术市场的桥梁，对提高我国创新投入—产出效率有重要作用。

以往对知识产权制度与经济增长关系的研究集中在以下几个方面：①知识产权制度对经济增长方式的影响，由全要素生产率反映经济增长方式，实证检验技术专利数量[❶]和专利保护程度[❷]等对经济增长方式的影响；②专利数量与经济增长相关

---

❶　赵彦云，刘思明．中国专利对经济增长方式影响的实证研究：1988—2008 年［J］．数量经济技术经济研究，2011（4）：34－48．

❷　阳立高，贺正楚，柒江艺，等．发展中国家知识产权保护、人力资本与经济增长［J］．中国软科学，2013（11）：123－138．

关系研究，包括因果关系检验和回归分析[1]、协整关系研究和将专利数量纳入生产函数研究专利对经济增长的贡献[2]；③知识产权与技术创新关系的研究，包括创新水平[3]和创新效率[4]两个方面。以上研究都肯定了知识产权制度对经济增长的作用，认为知识产权制度并不直接作用于经济增长，而是通过鼓励创新促进经济产出的增加。

（一）我国的创新投入与产出现状

为充分发挥科技进步和创新对加快转变经济发展方式和支撑经济增长的重要作用，近年来，我国不断增加科技创新资本和人力的投入。1997～2012年，我国研发经费支出以年均16.06%的速度增长。2012年，研发经费支出总额达6708亿元，比1997年增加6倍左右。同一时期，研发人员全时当量年均增长率达到2.08%，并于2012年达到324.7万人年。

与创新投入相应，我国整体科技创新能力加速提升。我国专利申请授权量由1997年的4.57万件增长到2012年的116.32万件，年均增加26.02%。其中，发明专利占28%，年均增长30.67%。同期，国外主要检索工具收录我国科技论文数增加10倍以上，世界位次由第十名上升到第二名。专利等科技成果转化带来了巨大的经济收益：2012年，我国规模以上工业企业的新产品销售收入达到11.05万亿元，是1997年的30倍。技术交易额达到6437亿元，是1997年技术交易额的18倍以上。

虽然全国整体创新投入与产出高速增加，但各省情况差异较大，有比较明显的两极分化现象。

首先，我国的创新资源的投入呈现比较明显的地域特点。2012年，研发经费支出和研发活动人员最多的五个省份分别为江苏、广东、北京、山东和浙江，均为东部经济、科技较发达的省份，而创新投入最少的五个省份为西藏、青海、海南、宁

---

[1] 鞠树成. 中国专利产出与经济增长关系的实证研究 [J]. 科学管理研究，2005，23（10）：100－103.

[2] 张英. 专利与经济增长：基于中国省际面板的实证研究 [D]. 济南：山东大学，2013.

[3] 彭福扬，彭民安，李丽纯. 知识产权保护、技术创新与经济增长方式转变：基于我国区域面板数据的实证研究 [J]. 科技进步与对策，2012，29（24）：56－61；包海波，徐竹青. 专利与技术创新、经济增长的互动关系：浙江专利战略的微观机制研究 [J]. 中共浙江省党校学报，2005，21（5）：76－81.

[4] 顾群，翟淑萍. 高技术产业知识产权保护、金融发展与创新效率：基于省级面板数据的研究 [J]. 软科学，2013，27（7）：42－46；杨晨，张涛. 基于价值的企业知识产权创新研究 [J]. 科学管理研究，2007，25（1）：53－56；申小刚. 企业技术创新效率和知识产权保护关系研究 [J]. Scientific Research，2010：4572－4575.

夏、新疆，经济发展略滞后于其他省份。其中，江苏的研发经费支出达 1287.86 亿元，是全国创新资金投入最多的省份。西藏的研发经费支出仅为 1.78 亿元，是江苏支出经费的 1/723。

其次，各省份拥有的专利申请授权量两极分化严重。2012 年，江苏拥有 269944 件授权专利，占当年全国专利总授权量的 21.51%，而专利授权量最少的西藏仅有 133 件，仅为全国总量的 0.01%。

上述创新投入、产出各方面的指标统计描述，都反映出目前我国省际创新水平极值间差距过大，仅有少数省份位于全国各省平均水平线以上。这说明我国创新投入、产出总量的高速增长并不意味着全国范围内创新水平的提高，有可能仅归结为少数省份较高的创新活力。

（二）知识产权保护效应的定量分析

主要定量分析知识产权保护对企业竞争力、企业研发投入、国外技术引进、国内技术转移、FDI、技术创新和经济增长等变量的影响。其中企业竞争力变量采用世界 500 强中国大陆企业上榜家数指标表示，企业研发投入变量采用研发内部支出中企业资金额指标表示，国外技术引进变量采用大中型工业企业国外技术引进经费指标表示，国内技术转移变量采用大中型工业企业购买国内技术转移经费指标表示，技术创新变量采用大中型工业企业新产品产值指标表示，FDI 变量采用实际使用外资额指标表示，经济增长变量采用人均 GDP 指标表示（见表 1）。

需要说明的是，国外技术引进、国内技术转移和新产品产值指标采用的是大中型工业企业统计口径，而 2011 年开始国家统计局统计的是规模以上工业企业口径，为了统计口径的一致性，这三个指标数据年份只延伸到了 2010 年。

表 1　知识产权保护定量分析相关数据

年份	知识产权保护强度	企业竞争力/家	企业研发投入/亿元	技术引进/亿元	技术转移/亿元	FDI/亿美元	技术创新/亿元	经济增长/元
2000	2.00	10	—	245.42	26.44	407.15	7997.37	7857.68
2001	2.26	12	—	285.87	36.33	468.78	9154.02	8621.71
2002	2.34	11	—	372.50	42.89	527.43	11241.37	9398.05
2003	2.45	11	925.40	405.41	54.38	535.05	14687.14	10541.97
2004	2.59	15	1291.30	367.95	69.92	606.30	20562.57	12335.58

续表

年份	知识产权保护强度	企业竞争力/家	企业研发投入/亿元	技术引进/亿元	技术转移/亿元	FDI/亿美元	技术创新/亿元	经济增长/元
2005	2.74	16	1642.50	296.77	83.39	603.25	25382.33	14185.36
2006	2.87	19	2073.70	320.43	87.43	630.21	32261.96	16499.70
2007	2.86	22	2611.00	452.45	129.59	747.68	42763.77	20169.46
2008	2.89	25	3311.50	440.43	166.17	923.95	52394.27	23707.71
2009	3.18	34	4162.72	394.61	174.72	900.33	58709.30	25607.53
2010	3.23	46	5063.14	386.32	221.41	1057.35	73606.28	30015.05
2011	3.26	61	6420.64	—	—	1160.11	—	35197.79
2012	3.31	73	7625.02	—	—	1117.16	—	38420.38

从知识产权保护强度与相关变量的关系分析，知识产权保护强度与企业竞争力和经济增长之间存在“U形”曲线关系，并且当前正处于“U形”曲线的右半边上升阶段。这意味着，加强知识产权保护有助于企业竞争力提升和经济增长。知识产权保护强度与企业研发投入、国内技术转移、FDI和技术创新之间呈现线性增长关系。这意味着，加强知识产权保护有助于激发企业研发投入热情，有助于国内技术转移和技术扩散，有助于FDI引进和技术创新能力提升。此外，知识产权保护程度与国外技术引进之间的关系不明显。

从知识产权保护强度与相关变量之间的相关系数来看，无论是Pearson相关系数还是Spearman相关系数，知识产权保护强度与企业竞争力、企业研发投入、国内技术转移、FDI、技术创新和经济增长之间都具有显著的正向相关关系，且均在1%的水平下显著（见表2）。此外，还发现知识产权保护强度与国外技术引进之间的相关系数虽为正，但是在统计上不显著。

表2　知识产权保护强度与相关变量的相关系数表

变量	知识产权保护强度	
	Pearson 相关系数	Spearman 相关系数
企业竞争力	0.839*	0.977*
企业研发投入	1.000*	1.000*
国外技术引进	0.582	0.564
国内技术转移	0.922*	0.991*

续表

变量	知识产权保护强度	
	Pearson 相关系数	Spearman 相关系数
FDI	0.933*	0.978*
技术创新	0.932*	0.991*
经济增长	0.930*	0.995*

注：* 表示在 1% 的水平下显著。

总体而言，我国知识产权保护工作取得了显著成效，进一步加强知识产权保护工作，建设知识产权强国有助于提升企业竞争力、激发企业研发投入、促进技术转移和技术扩散、吸引 FDI 投资，有助于更好地实施创新驱动发展战略，实现经济增长和经济发展方式转变。

（三）知识产权在创新投入和经济产出间的转换效率

知识产权并不能直接影响经济增长，而是通过技术创新间接作用于经济。保护知识产权在这个过程中起到了保障创新者权益、激励创新活动和提高创新效率的作用。首先创新者利用创新投入，进行科技研发获得受法律保护的技术专利，然后凭借该技术专利在一定期限内独占市场，排他地将技术成果转化为经济收益。收益的一部分用于弥补之前创新投入的成本，另一部分投入新一轮的创新，从而进入鼓励创新的良性循环。因此，受到法律保护的知识产权，特别是技术专利，将创新促进经济增长的过程划分为科技研发获得专利和专利成果转化获得经济收益的两个阶段，并在两个阶段中起到联结和转化的作用。

1. 模型描述

目前测算生产效率的方法主要分为两大类：参数方法和非参数方法。参数方法以随机前沿分析为代表，沿袭了传统的生产函数估计思想。首先根据需要确定或构造具体的生产函数形式，然后采用适当的方法估计位于生产前沿上函数的参数，进而完成效率测算工作。[1] 由于参数方法的函数形式需要事先假定，其合理性和有效性均需要检验，以数据包络分析（DEA）方法为代表的非参数估计方法摒弃了具体

[1] AIGNER D J, CHU S F. On estimating the industry production function [J]. American Economic Review, 1968, 58 (4): 826－839; GREENE W H. Maximum likelihood estimation of stochastic frontier production model [J]. Journal of Econometrics, 1982, 18 (2): 285－289.

的函数形式，而是通过所观测大量实际生产点数据，基于一定的生产有效性标准找出位于生产前沿包络面上的相对有效点。❶ 随着理论与方法研究的逐步深入，效率测算的参数方法和非参数方法在我国创新效率实证领域得到了广泛的应用。❷ 一些学者在单一创新环节研究的基础上，将创新过程分解为二到三个阶段，分别测算效率。

借鉴已有的研究成果，本部分以技术专利的取得为节点，将创新投入到经济产出的过程划分为科研创新和成果转化两个阶段，采用两阶段的数据包络分析方法，测算全国各省份的科技创新效率和成果转化效率，比较各省份两阶段的转化效率差距。

DEA 模型是基于一系列实际的生产投入—产出数据，在效率测量值（投入/产出比）必须小于或等于 1 的约束条件下，用线性规划方法求解使得生产者效率最大化的投入、产出权重，具体形式如下：

$$\max_{u,\nu}(u' \cdot q_i / \nu' \cdot x_i) \tag{1}$$

$$s.t\begin{cases}\nu' \cdot x_i = 1 \\ u' \cdot q_j - \nu' \cdot x_j \leqslant 0,\ j=1,\ 2,\ \cdots,\ j \\ u,\ \nu \geqslant 0\end{cases} \tag{2}$$

其中，列向量 x_i 和 q_i 分别表示生产的投入与产出，u 和 ν 分别表示产出和投入的权属向量，在线性规划中施加约束条件 $\nu' \cdot x_i = 1$ 是为了获得唯一的可行解。本文利用线性规划的对偶性，采用如下等价包络模型求解第 i 个省份的创新效率值：$\min_{Q\lambda}\theta$

$$s.t.\left\{\begin{array}{l} -q_i + Q\lambda \geqslant 0 \\ \theta x_i - X\lambda \geqslant 0 \\ \lambda \geqslant 0 \end{array}\right\} \tag{3}$$

---

❶ CHARNES A, COOPER W W, RHODES E. Measuring the efficiency of decision making units [J]. European Journal of Operational Research, 1978 (2): 427 – 444.

❷ 高琦，苏涛永. 基于 SFA 的高校知识产权转化效率测度 [J]. Scientific Research, 2012: 3704 – 3707; 张明喜，郭戎. 从科技成果转化率到转化效率：指标体系设计与实证分析 [J]. 软科学, 2013, 27 (12): 85 – 89; 陈伟，康鑫，冯志军. 区域高技术产业知识产权运营效率研究：基于 DEA 和 TOPSIS 模型的实证分析 [J]. 科学学与科学技术管理, 2011, 32 (11): 125 – 130; 顾群，翟淑萍. 高技术产业知识产权保护、金融发展与创新效率：基于省级面板数据的研究 [J]. 软科学, 2013, 27 (7): 42 – 46.

其中，Q 和 X 分别表示所有 I 个省份的产出矩阵和投入矩阵。θ 为标量，是第 i 个省份创新的效率值，满足 $\theta \leq 1$ 的条件，反映该省份的投入-产出效率与其他观测省份之间的相对水平。如果某个体测算的效率为 1，并不说明该个体的全部投入都转化为了产出，而是说明该省份位于所有观测个体的前沿面上，创新效率相对较高。测算的效率值越高，说明个体的转化效率相对越高。

进一步，模型在规模收益可变假设下，将各阶段的转化效率分解为规模效率和纯技术效率。规模收益可变假设在规模收益不变 DEA 模型的基础上提出，放松了个体在最优规模下运营的前提，认为创新效率的提高来自规模优化和纯技术进步两个途径。[1]

2. 阶段划分

在科技创新的价值链中，技术专利将创新投入到经济产出的过程划分为科技研发获得专利和专利成果转化获得经济收益两个阶段（见图 4）。第一阶段为科技研发阶段，科研机构、高等学校和工业企业为科技创新投入人力和财力，进行科技研发，得到以技术专利为代表的科技成果，即第一阶段的产出。第二阶段为科技成果的转化阶段，各类结构拥有的专利技术等科技成果作为转化阶段的投入要素，经过孵化和市场化过程转化为经济收益。具体的转化形式可以包括利用专利技术生产新产品获得更大的市场份额，通过专利技术转让获取经济收益和进行相关技术咨询获得服务费用等。

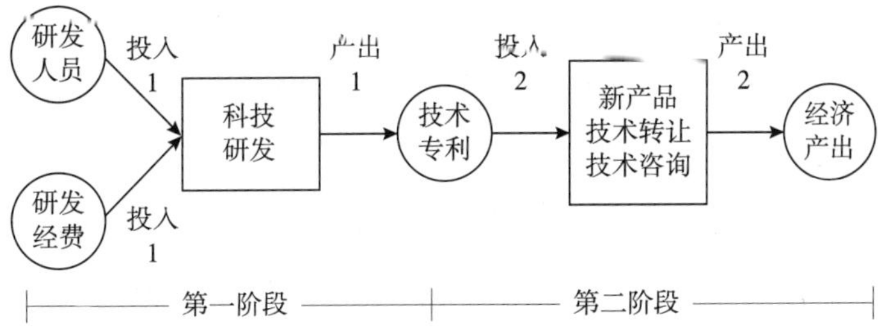

图 4　创新投入转化为经济产出的两个阶段

创新投入转化为经济产出的两个阶段有不同的投入和产出内涵，效率的表现形式也不同。第一阶段的效率是各省份组织技术创新从研发人员和经费投入到技术专利的研发效率，反映了地区利用资源进行创新的能力；第二阶段的效率指各省份技

[1] FARE R, GROSSKOPF S, LOGAN J. The relative efficiency of illinois electric utilities [J]. Resource & Energy, 1983, 5 (4): 349 - 367.

术专利和其他科研成果从“实验室”走向市场获得经济收益的效率，反映各省份专利成果实现社会经济价值的能力。本文构建了各省份“科技研发–成果转化”效率矩阵，并根据效率水平在两个维度的高低，将效率矩阵划分为四个区域，以四种效率组合命名，代表各省份创新投入—经济产出两阶段过程中的效率状态（见图5）。

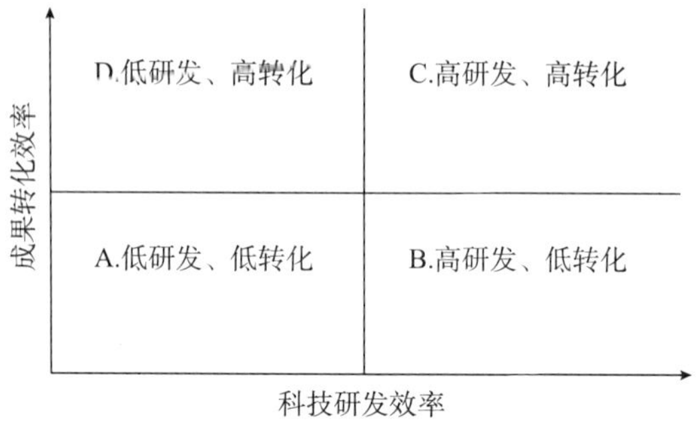

图5　科技研发–成果转化效率矩阵

3. 指标选择与数据来源

科技研发阶段，研发资源是其主要投入，在创新过程中起着关键作用。一般地，投入的研发资源包括两个方面，即财力投入和人力投入。本文选取“研发经费支出”反映创新的财力投入，该经费是为满足规模以上工业企业、高等学校和科研机构，在基础研究、应用研究和试验发展过程中的劳务报酬、原材料补给和设备、厂房等固定资产购置需要而产生的支出。选取“研发活动人员全时当量”反映创新的人力投入，与科技从业人员指标不同，研发人员全时当量反映了研发人员参与科研工作的实际人力工作量，刨去了可能出现的行政工作量，更能反映实际投入水平。

科技研发阶段的主要产出，是技术专利和发表论文数为代表的各类研发成果。其中，技术专利是衡量一国或地区技术创新活动产出的重要工具。技术专利数较多，反映该地区获得的创新成果越多，技术创新阶段的产出也越多。本文选择各省份“专利申请授权量”，作为衡量该省份拥有的有效技术专利数的指标。另外，为了反映科技创新中的基础研究成果，这里还选取了“国外主要检索工具收录我国科技论文数”指标作为科技创新的另一项产出。

成果转化阶段的投入是上一阶段的产出，体现了科技创新过程的连续性。经过孵化和市场化，技术成果转化为能够直接获得经济收益的新产品和服务。这里选择一系列新产品和服务的销售收入作为成果转化阶段的产出。我们选择“技术交易额”反映专利拥有者转让技术专利获得的收益，选择规模以上工业企业的“新产品销售收入”反映工业企业利用技术专利生产新产品获得的经济收入（见表3）。

表3 科技研发阶段和成果转化阶段创新效率测算指标体系

科技研发阶段投入	科技研发阶段产出/技术成果转化阶段投入	技术成果转化阶段产出
研发经费支出	专利申请授权量	技术交易额
研发活动人员全时当量	国外主要检索工具收录我国科技论文数	规模以上工业企业新产品销售收入

以上指标涉及的数据均来自《中国科技统计年鉴》和《中国统计年鉴》中的各省份相关数据表。由于西藏的部分数据缺失，本次仅测算除西藏和港澳台以外的全国其他30个省份在1997年、2001年、2006年、2011年和2012年的两阶段效率水平。

4. 测算结果与分析

（1）全国各省份的创新两阶段转化效率

运用DEAP2.1软件包，测算了各省份科技研发效率和成果转化效率。根据两阶段效率绘制的散点图落在图6所示的矩阵图中。根据图5的描述，坐标横轴和纵轴效率值为0.5的网格线将坐标划分为4个区域，分别代表科技研发效率和成果转化效率高低的不同组合。

矩阵左下区域为低研发、低转化区域，2012年，仅有河南和新疆两省份的研发效率和转化效率均未达到0.5，落在该区域中；矩阵右下方区域为高研发、低转化区域，落在该区域的黑龙江、安徽、四川、贵州和云南虽然科技研发效率高于0.5，但成果转化效率较低，尤其是黑龙江研发效率为1位于全国生产前沿，但成果转化效率仅为0.146，落在该区域的右侧边界上；矩阵左上方区域为低研发、高转化区域，共有9个省份落在该区域中，这些省份的转化效率较高，内蒙古、广东、青海和宁夏达到或接近了全国生产前沿水平，但研发效率均不足0.5。除上述省份外，全国一半的省份落在右上方的高研发、高转化区域，说明2012年全国有一半省份的创新投入能比较有效地转化为技术专利等成果，技术成果也能比较有效地市场化获得经济收益。值得注意的是，虽然这些省份的两阶段效率超过了0.5，但大多集中在0.6~0.7的水平，仅有北京和吉林两省份的研发和转化效率均达到或接近1，与其他省份相比更为有效地实现了创新投入到经济产出的转化。

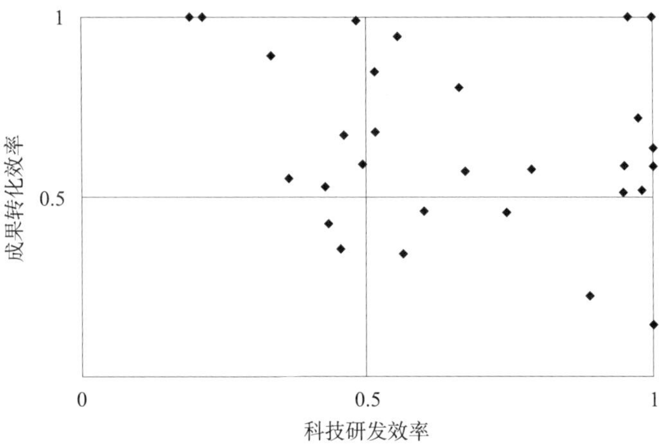

图 6　2012 年我国各省份科技研发－成果转化效率矩阵

如图 7 所示，1997 年、2001 年、2006 年和 2011 年各省份的创新两阶段效率结果显示，我国的科技创新经历了由“重研发、轻转化”到“研发、转化并重”的演进。

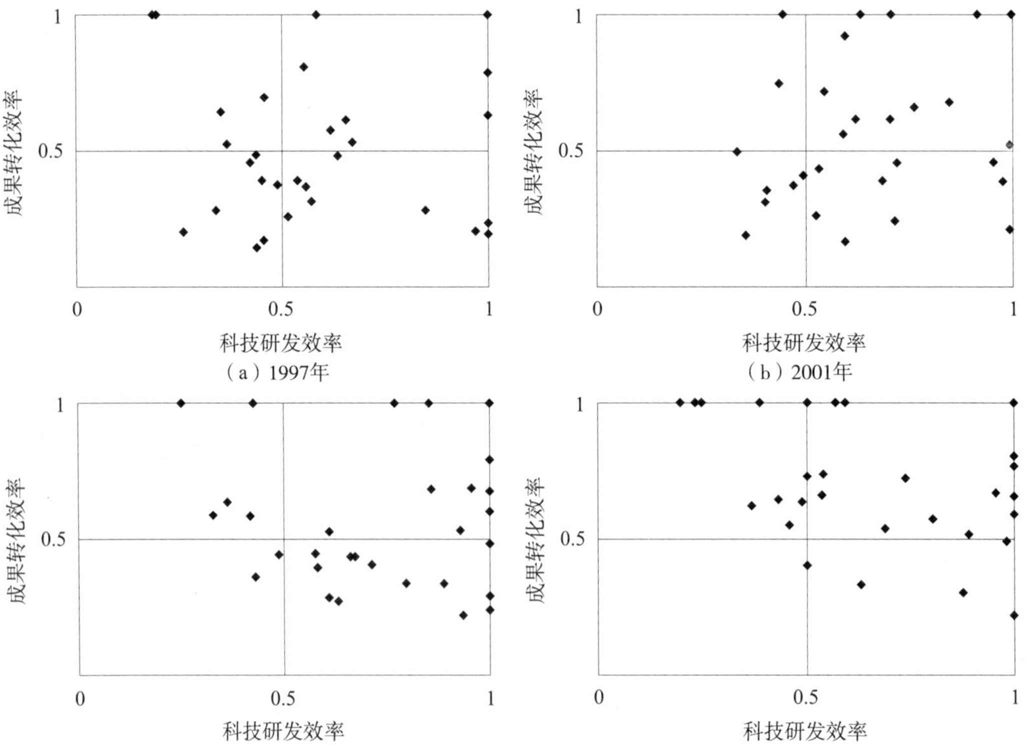

图 7　1997 年、2001 年、2006 年和 2011 年我国各省份科技研发－成果转化效率矩阵

1997 年大部分省份的效率点聚集在矩阵的中心位置，分布的中心偏下，说明大部分省份的科技研发效率和转化效率集中在 0.5 左右，且成果转化效率更低。

随着时间推移，各省份散点向矩阵的右侧移动。由图 7 可以看出，1997 年有 17 个省份落在右半矩阵，2001 年增加到 20 个，2006 年达到 23 个，2011 年为 22 个。说明 1997 年以来，我国大部分省份的科技研发能力都在提高，这与以往研究的结论相符。20 世纪 90 年代末以来，我国各省份创新资源投入力度不断加大，特别是 2006 年出台《国家中长期科学和技术发展规划纲要（2006—2020 年）》总体部署后，国家创新体系建设成为新时期科技体制改革的目标，技术创新、知识创新、国防科技创新、区域创新、科技中介服务等相互促进、充满活力。2008 年国务院颁布了《国家知识产权战略纲要》，以完善确认技术成果归属的产权制度为重点，调动了市场主体和全社会的创新热情。这些都促使全国各省份高效利用创新资源进行科技创新，积极申请技术专利以期在未来市场竞争中占据优势。

与科技研发效率提高的进程相比，技术成果的转化效率提高相对滞后。由图 7 可以看出，各省份散点分布的重心几乎没有向上移动。1997 年成果转化效率高于 0.5 的省份有 13 个，2001 年为 16 个，2006 年为 15 个，直到 2011 年才开始有 25 个省份进入效率矩阵的上半区域，说明我国各省份都经历了科技研发优先而成果转化相对落后的阶段。出现这一问题的原因主要归结为两个方面：一是科研体制因素，我国高等院校和科研院所的科研活动仍以传统模式为主，即通过申请、立项和拨款后进行研究，容易过度追求技术领域前沿而忽视成果应用，这使得科研成果与企业和市场的需求之间的距离较大，难以真正实现转化。二是资本因素，科技成果的转化具有高收益、高风险的特点，需要大量资金支持科技成果从孵化到进入市场再到实现产业化的过程。虽然转化成功后投资者会获得高额回报，但一旦失败，之前的投资将全部损失，普通银行一般不愿向这类高风险项目贷款。在我国风险资本市场未发展完善的时期，科技成果的转化难以获得大量资金支持，不少技术专利止步于实验室，无法进入市场，造成了科研成果的浪费。随着我国近几年科技体制改革的不断深入和金融体系的日渐完善，这一现象逐渐得到改善，各省份科技成果转化效率均有所提高。尤其是内蒙古和广东，其成果转化效率由 1997 年的 0.39 和 0.19 逐步提高到 2011 年和 2012 年的 1，站在全国成果转化前沿面。

各省份科技研发效率和成果转化效率差距较大。一方面，这种差距体现在不同省份在同一创新阶段的效率水平上。如图 8 所示，自 1997 年以来，北京的科技研发效率和成果转化效率均一直为 1，其研发和成果转化均位于全国的前沿水平；吉林和浙江的科技研发效率一直为1，位于全国研发阶段前沿位置；天津的科技成果转化效率一直为1，位于全国科技成果转化前沿位置。而青海和宁夏的科技研发效率一直在0.2左右，几乎没有提高，辽宁、黑龙江和新疆的科技成果转化效率也几乎一直低于0.5。同一创新阶段中，不同省份间较大的效率差距，反映了我国目前的创新过程仍存在比较明显的地域差异。高校和研究机构较多、科技人才聚集的地区科研水平明显高于其他省份，技术交易市场和高技术产业较发达的地区成果转化水平也较高。可以认为，创新资源的地区性集聚是造成我国目前创新效率地区差异显著的原因，而成果交易市场的发达与否又进一步扩大了这种差距。

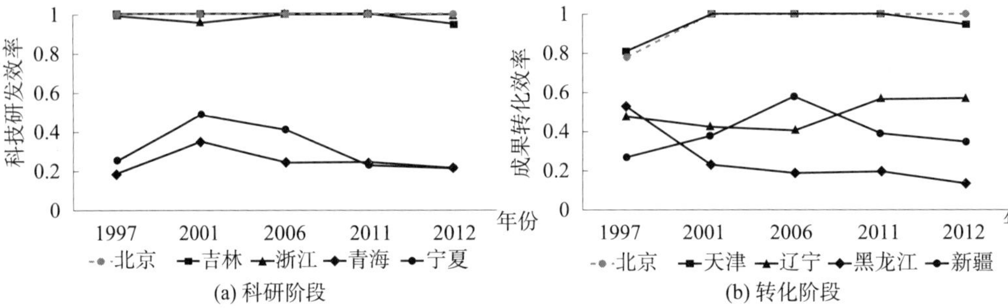

图8　1997年、2001年、2006年、2011年、2012年不同省份在同一创新阶段的效率差距

另一方面，这种效率差距体现在同一省份的不同创新阶段。如图9所示，①两阶段效率差距随时间推移逐渐扩大。例如，内蒙古和宁夏在1997年的科技研发效率和成果转化效率差距不大，均在0.5以下的较低水平，随着时间的推移，两省份成果转化效率逐渐提高而科技研发效率不变甚至降低，到2012年，成果转化效率达到1而科技研发效率仅不到0.2，两阶段效率差达到0.8以上。黑龙江在1997年两阶段效率差距不到0.1，之后该省份科技研发效率逐渐提高而成果转化效率逐渐降低，到2012年，科技研发效率达到1而成果转化效率不足0.15，两阶段效率差距扩大到0.85（图9（a））。②两阶段效率差距随时间推移有所减小。浙江科技研发效率一直较高，而成果转化效率由1997年的0.23逐渐提高到2012年的0.63，两阶段的效率差距减少为0.4。广东1997年的科技研发效率较高而成果转化效率较低，两者差距达0.8以上，之后该省份科技研发效率逐渐降低到0.48，而成果转化效率提高到1，两者之间的差距缩小到0.5。重庆1997年的科技研发效率较低而转化效率较高，两阶段效率差达0.82，之后重庆逐渐注重科技研发创新能力的提高，到2012年科技研发效率达到1而成果转化效率下降到0.52，两者差异缩小到0.48（图9（b））。随着时间的推移，无论两阶段的效率差距是扩大还是缩小，都反映出所研究省份的创新发展的不均衡。科技研发效率较高而成果转化效率低下，意味着技术专利等成果无法转化为经济收益，是创新成果的浪费，创新投入向经济产出的转化效率会被较弱的成果转化能力而拉低。成果转化效率较高而科技研发效率低下，意味着创新活力和动力的不足，创新整体过程的效率会因为无法高效获得技术专利等成果而逐渐降低。

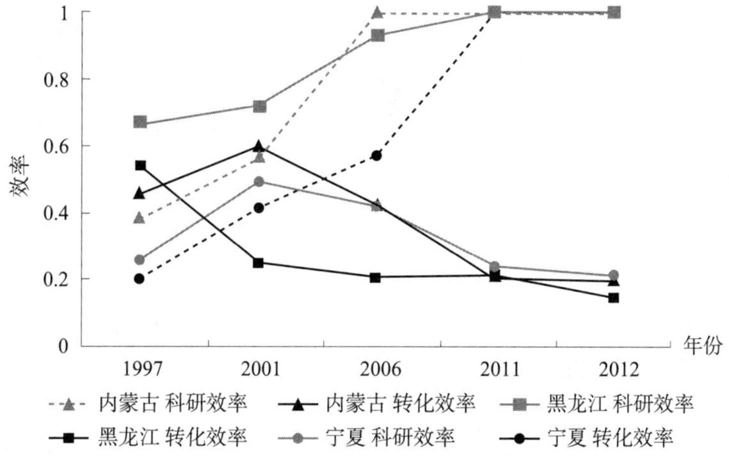

（a）

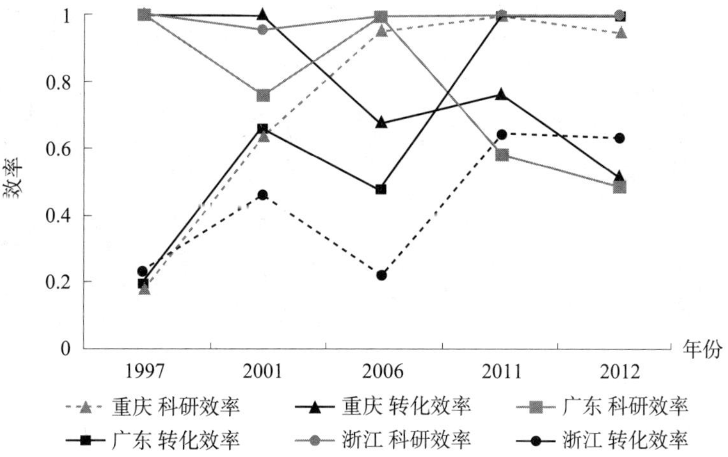

（b）

图 9　1997 年、2001 年、2006 年、2011 年、2012 年同一省份在不同阶段效率的差距

根据以上分析，在创新的两个阶段我国各省份间效率差异较大，在同一省份的不同创新阶段效率差异也较大，具体的原因需要对各省份、各创新阶段效率进行进一步的分解和分析。

（2）各省份科技研发阶段的效率分解

进一步将科技研发阶段的效率分解为纯技术效率和规模效率，[1] 研究科技研发阶段各省份的效率差异性应归因于研发的纯技术因素还是规模因素。

如图 10 所示，2012 年，北京、吉林、上海、江苏、浙江等 9 个省市的科研阶段效率接近或达到 1。在效率较低的省份中，仅有海南、青海和宁夏的规模效率低于纯技术效率且不足 0.5，其他大部分省份的规模效率都超过 0.8。说明只有个别省份是因为现有科研规模与最优规模差距较大影响了创新阶段获取技术专利等成果的效率，而大部分省份的研发效率较低归因于纯技术因素。提高科研能力，是大部分省份在既定创新投入水平下提高效率获得更多技术成果的关键。另外，知识产权制度中的缺陷也是导致科研效率较低的纯技术因素。以我国专利的时效性为例，在我国现行法律中，从专利申请到批复一般至少需要一年左右的时间，而申报发明专利的时间则可能长达四五年。高技术产品的生命周期短、更新速度快，市场机会稍纵即逝，企业往往一边申请专利一边组织生产甚至投入市场，由于没有专利的保护，企业的创新产品很容易被仿造。

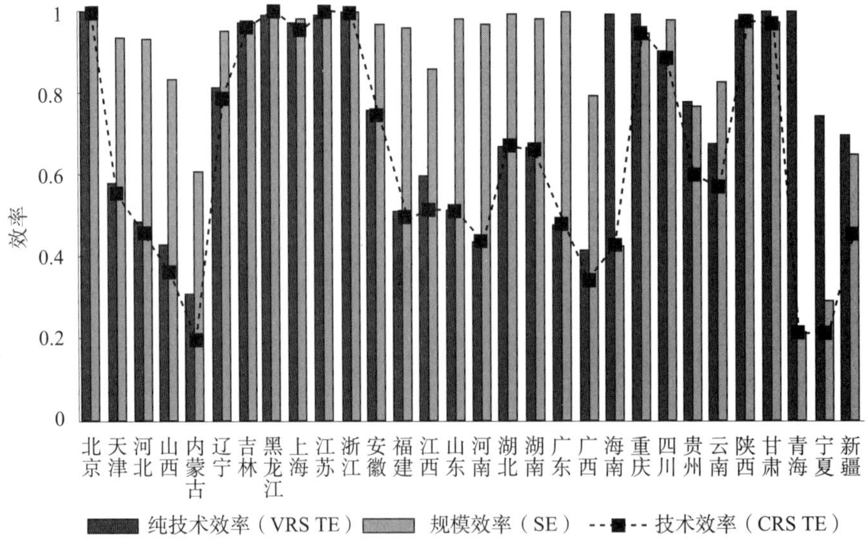

图 10　2012 年各省份科研阶段的效率分解

1997 年以来各省份研发效率较低的主导因素一直都是研发的纯技术水平。如图 11 所示，除个别省份外，各省份的研发规模效率一直较高，且不断接近最优规模，研发效率被纯技术效率水平拉低。

[1] COELLI T J, RAO D S P, O'DONNELL C J, et al. An introduction to efficiency and productivity analysis [M]. 2nd ed. New York: Springer Science + Business Media, Inc, 2005: 173 - 175.

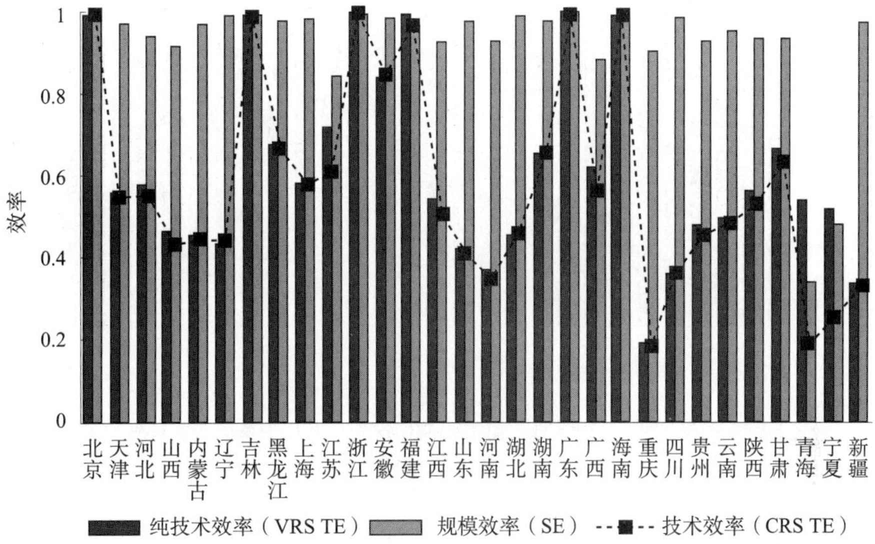

(a) 1997年

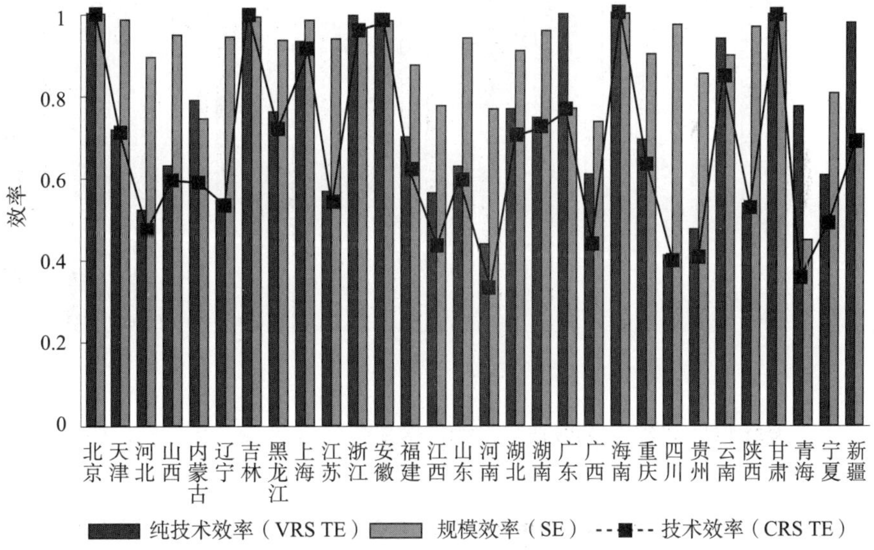

(b) 2001年

图11　1997 年、2001 年、2006 年、2011 年各省份研发阶段的效率分解

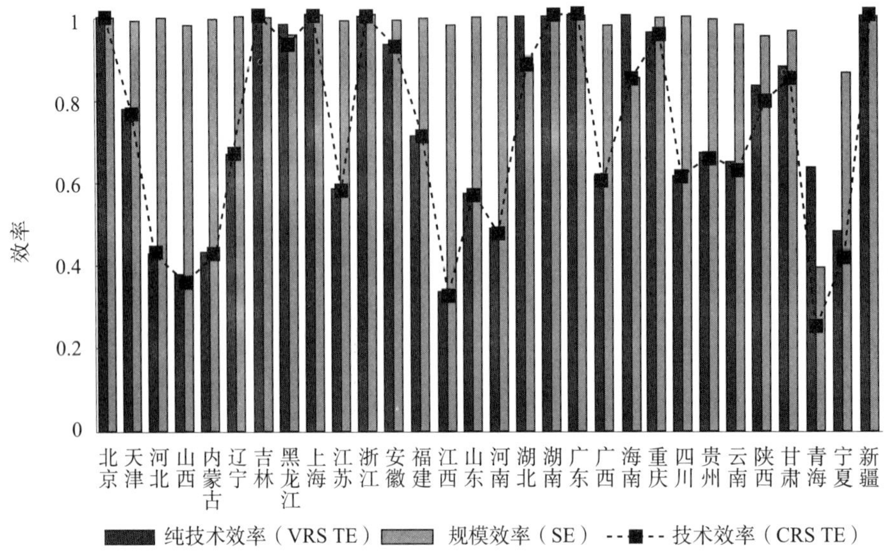

（c）2006年

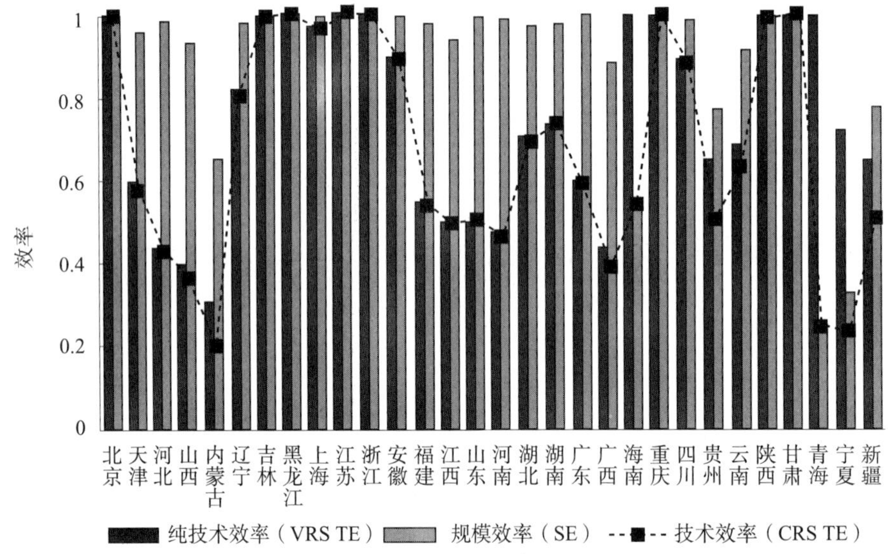

（d）2011年

图11　1997年、2001年、2006年、2011年各省份研发阶段的效率分解（续）

（3）各省份成果转化阶段的效率分解

与科研阶段类似，各省份成果转化效率差距的主要原因也是纯技术因素。如图12所示，2012年，北京、内蒙古、吉林、青海和宁夏五省份的成果转化效率为1。在成果转化效率较低的省份中，大部分省份的规模效率远高于纯技术效率。以黑龙江为例，其成果转化的规模效率为0.996，接近最优规模水平，而纯技术效率只有

0.147，大幅拉低了技术成果转化为经济收益的效率。这说明，突破技术成果转化的体制机制障碍，为技术专利等成果转化提供良好的市场环境和资金支持，提高高校和科研机构的成果孵化能力是这些省份提高成果转化效率的必要条件。值得注意的是，2012 年上海和江苏的科技成果转化效率较低并不归因于纯技术效率，而是实际转化规模离最优规模差距较大，且二者均处于规模报酬递减阶段。对于上海和江苏等创新氛围浓厚、科技和经济水平发达的省份来说，科技成果转化为市场能够接受的经济产出并不受技术水平的约束，比较发达的风险资本市场和强有力的政府资金支持也为技术成果孵化提供了较好的外部环境。其成果转化效率仅为全国平均水平，而无法达到转化前沿的主要原因是科技成果转化的规模过大，超过最优规模，进入了规模报酬递减的阶段，有相当一部分成果转化的投入无法获得应有的经济收益，导致了转化效率的降低。

因此，在全国范围内提高技术专利等创新成果转化能力，需要考虑地区的异质性。对于由纯技术效率引起的成果转化效率较低，应着力于提高转化技术、优化成果转化的管理和组织环境；对于由规模引起的成果转化效率降低，应从缩小或扩大成果转化规模着手，提高规模报酬，从而达到较高的成果转化水平。

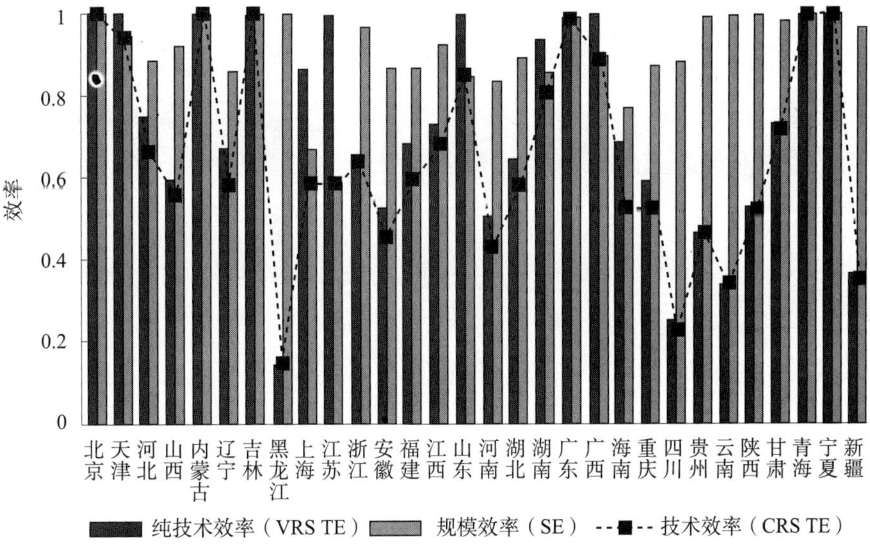

图 12　2012 年各省份技术成果转化效率分解

随时间的推移，规模因素对各省份创新成果转化效率差异的影响逐渐减弱，纯技术因素成为主导因素。如图 13 所示，1997 年，很多省份因为规模效率较低而拉低了成果转化效率。江苏、辽宁、山东、广东、宁夏等省份的成果转化纯技术效率较高，甚至达到1，而规模效率低于0.5，最终导致综合转化效率较低。在这些规模效率较低的省份中，只有宁夏是因为成果转化规模较小，仍处于规模报酬递增阶段，需要继续扩大规模从而接近最优转化规模；其他省份的转化规模均超过最优规模，进入了规模报酬递减阶段。这说明20世纪90年代就存在科技成果转化规模过大，导致成果转化效率低下的问题，而且在经济较发达、创新较活跃的地区尤其突出。由于创新成果难以得到转化，创新者的研发动力减弱，转化阶段的成果投入自然减少，再加上管理部门的调节，很多省份的转化规模逐渐缩小到最优规模，规模效率随之提高，受这规模因素影响的省份越来越少。2011年和2012年，只有江苏和上海的成果转化效率受规模因素影响较大。与规模因素不同，纯技术因素多年来一直是很多省份成果转化效率低下的主要原因。以黑龙江、四川、陕西和新疆等省份为例，自2001年开始，其规模效率一直较高甚至接近全国前沿水平，但因为纯技术效率一直徘徊在0.2左右，导致成果转化阶段的总和效率一直低于0.5。这从一个侧面说明，变革阻碍创新成果转化的体制和机制、解决成果孵化需要的资金问题等纯技术因素比调整成果转化规模要艰难得多，要付出更多的努力和时间。

（4）结论和政策建议

经过以上分阶段、分类型和分时期的效率测度可以发现，近几年我国各省份创新投入向经济产出转化的效率差异较大。各省份在同一创新阶段较大的效率差距，反映出创新资源和科研成果在地区分布上的集聚性和不平衡性，特定省份在不同创新阶段的效率差距，反映了各省份科研创新过程的不均衡。为分析科技研发阶段和成果转化阶段创新效率存在差距的原因，本部分分别分解了科技研发阶段和成果转化阶段的创新效率，发现纯技术因素和规模因素都曾经或正在影响当地创新投入转化为经济产出的效率提高。相比而言，纯技术因素是目前创新科技研发阶段和成果转化阶段效率不高的主导原因。在科技研发阶段，纯技术因素反映了科技研发过程中的组织管理水平和技术研发水平；在技术成果转化阶段，纯技术因素除了包括成果孵化过程中的技术水平外，还包括支持成果市场化的体制机制因素和外部资金支持因素。这些因素应该是未来提高创新效率的改革抓手和重点领域。值得注意的是，在一些经济较发达、科技创新活力较高的省份存在创新规模过大、规模报酬下降的问题。在全国创新资源既定的前提下，资源配置的地区集聚和流动性差也是目前省际创新效率两极分化的重要原因。基于以上分析，我们提出以下政策建议。

第一，发挥科技创新强省对其他省份的辐射带动作用。北京、上海、江苏是全国高校和科研机构较多的省份，其科技创新能力和经济发展水平也较高。应充分发挥这些省份的创新溢出作用，通过加强省际的产学研合作，形成知识和技术良好沟通的渠道，带动其他省份提高科技创新能力，从而提高科研创新阶段的效率。

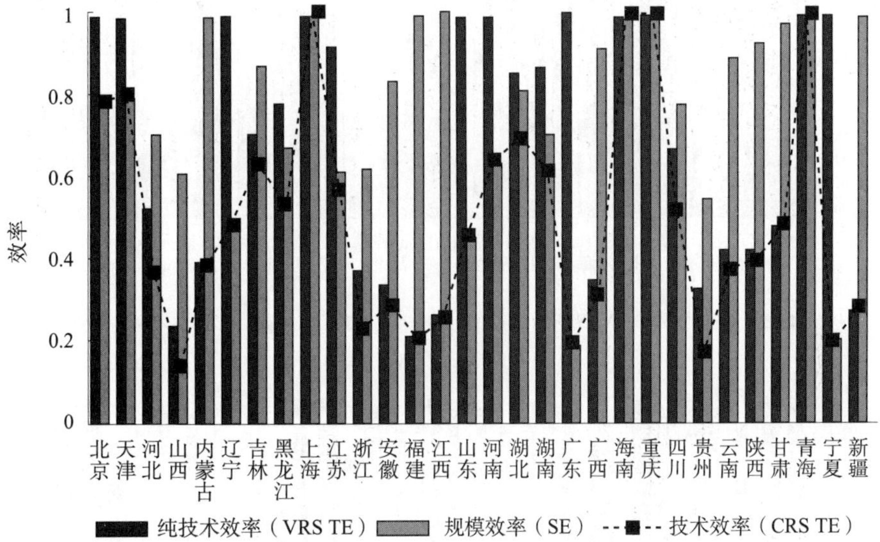

(a) 1997年

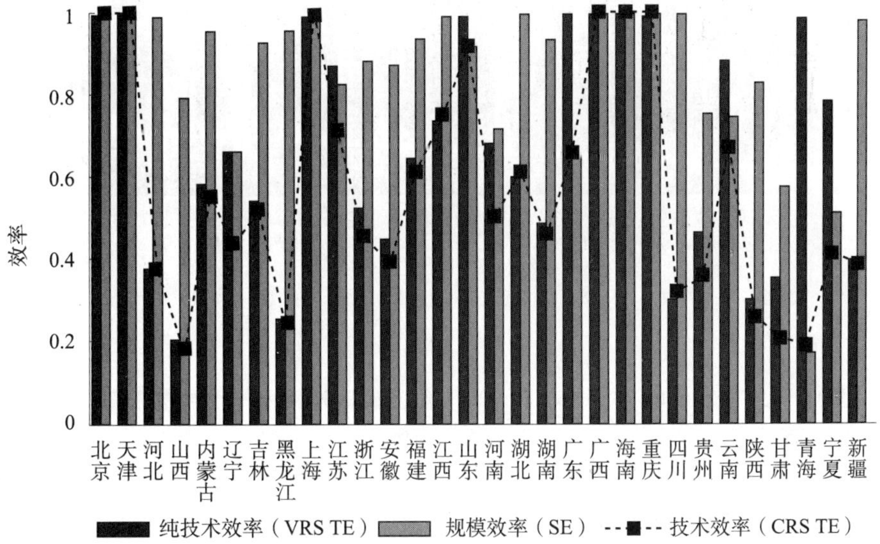

(b) 2001年

图 13　1997 年、2001 年、2006 年、2011 年各省份技术成果转化效率分解

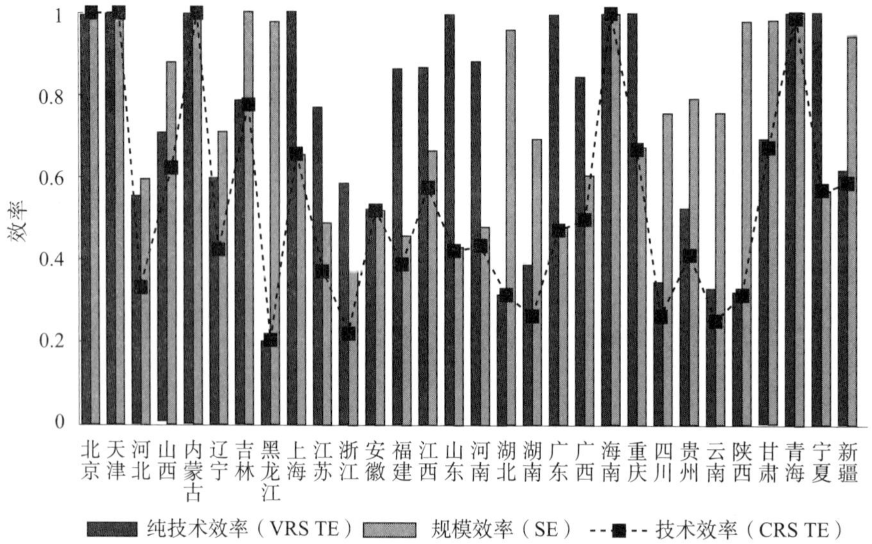

（c）2006年

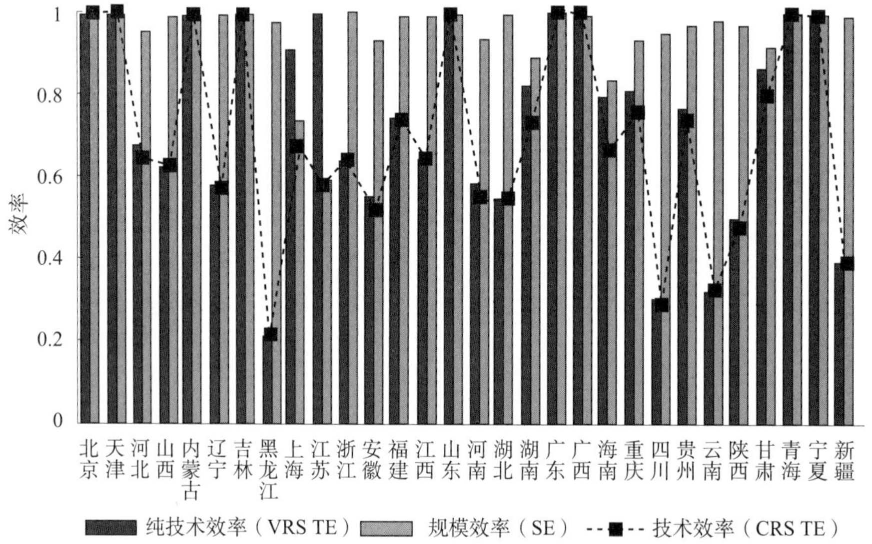

（d）2011年

图13　1997年、2001年、2006年、2011年各省份技术成果转化效率分解（续）

第二，提高知识产权保护的执行力度，减少省际知识产权保护差异。知识产权保护的执行力度在各省间的差异，使创新资源和成果固化在创新活力较高和经济发展较好的区域。过多的创新资源和成果即便无法获得应有的经济收益，也不愿流向知识产权保护不完善的地区，这加剧了我国省际间创新资源和专利成果两极分化的问题。刺激创新资源和成果的流动，一方面可以带动创新活力较低的地区提高纯技术效率，另一方面可以缩小创新活力较高地区的创新规模，使其逼近最优规模，提高创新的规模效率。

第三，通过提高专利审批时效性等方式，激励企业创新和把握市场机会，破除目前不利于技术专利转化的体制机制因素。

第四，充分发挥知识产权相关服务业的作用。对于因技术水平不高而导致创新科技研发阶段和成果转化阶段效率较低的省份，应充分发挥知识产权相关服务业的作用，包括帮助企业明确创新方向、引导企业获取相关技术专利以及促进企业的专利成果孵化过程等。

知识产权外交基本问题研究*

一、对我国开展知识产权外交的基本认识

（一）知识产权外交的内涵

知识产权外交发端于两个国家之间签订知识产权双边保护协定，约定保护对方的知识产权。“知识产权外交”在国际上尚无公认定义。国内外知识产权制度领域的研究成果中，这一概念也鲜被提及。知识产权外交与知识产权保护的国际化相伴而生。本文将知识产权外交定义为：一国在国际关系中，以国家为主体，以政府相关部门（如国家知识产权局）为代理者，就知识产权相关议题参与国际组织和会议、与其他国家谈判、签订双多边条约与协定，参与争端解决等。

知识产权外交的内容包括知识产权的国际化和国际知识产权政治。二者分别从不同维度阐释了知识产权外交的发展与现状。知识产权的国际化是指，知识产权从国内法保护发展至国际合作共同保护的发展历程。国际知识产权政治是指，主要知识产权大国间为了维护自身权益和国际秩序而进行的相互博弈与妥协、平衡的过程。二者均催生大量的外交诉求及行动。

（二）中国开展知识产权外交的必要性

1. 中国自身知识产权事业发展到新阶段

2008 年 6 月 5 日，《国家知识产权战略纲要》颁布实施。这份纲要是中国面对国内外新形势作出的一项重大战略部署，也是建设创新型国家的必要举措。实施 7

---

* 本文基于2014 年国家知识产权局软科学研究报告《知识产权外交基本问题研究》。课题负责人：董漫远、吴凯；课题组成员：陈须隆、苏晓晖、朱中博、李晓玉、冯宪萍、孙宏霞。

年来，中国的知识产权事业取得了极大发展，知识产权软实力日渐增强。

2. 知识产权保护的国际化趋势发展

伴随经济全球化进程，知识产权保护地域的局限变得日益模糊，各国出于现实需求，开始逐渐接受知识产权在一定程度上的国际统一保护。美国、日本、欧洲等知识产权发达的西方国家和地区，借助自己在政治、经济和文化上的强势地位，不断将其法律理念和伦理价值纳入国际法律规范中，并将之向全世界推广，由此形成了以西方法律理念为价值基础的知识产权国际保护的法律体系，构成了当今知识产权国际化发展的基本趋势。

3. 国际知识产权新发展对中国的影响

在经济全球化背景下，中国也迅速融入国际社会，国际知识产权的发展变化对国内知识产权及经济发展的影响变得迅速而直接。中国经济发展进入新常态后，实施创新驱动及产业结构升级使得知识产权必然常态化发展，并带来一系列立法、司法、行政等知识产权保护、运用和管理等新问题。对这些问题的解决，要有本土化考虑，更要有国际化视野。

（三）中国知识产权外交的目标

1. 加强重点产业知识产权海外布局和风险防控

加强重点产业知识产权海外布局规划，拓展海外知识产权布局渠道，完善海外知识产权风险预警体系，提升海外知识产权风险防控能力，加强海外知识产权维权援助。

2. 提升知识产权对外合作水平

积极参与联合国框架下的发展议程，推动知识产权国际规则向普惠包容、平衡有效的方向发展。加强与世界知识产权组织、世界贸易组织及相关国际组织的合作交流。加大对发展中国家知识产权援助力度，支持和援助发展中国家知识产权能力建设。推动国内服务机构、产业联盟等加强与国外相关组织的合作交流，拓宽知识产权公共外交渠道。

（四）知识产权外交在中国外交中的地位

（1）大国外交的重要内容。美国视“知识产权”为与中国关系中的重要挑战。在知识产权领域，美国要求中国遵守由其主导的“规则”，并试图以此为抓手牵制中国发展进程。知识产权合作日益成为中欧合作的重要组成部分。日本加强与中国在知识产权问题上的战略性竞争，不时以知识产权保护不力为由，要求中国政府对相关制度及措施进行系统性的改革与完善。

（2）知识产权外交成为经济外交的重要组成部分，在中国经济外交中将占据更大比重。

（3）知识产权外交应适应中国国际地位和身份变化，以积极的态度参与国际贸易体系是能够实现合作共赢的，在技术创新领域尤为如此。因此，中国在知识产权外交方面的思路要相应而变。

二、世界知识产权外交发展的特点

知识产权制度自诞生以来，其跨国利用与保护的相关制度一直是各方博弈的重点，知识产权外交也随之诞生和发展。在现今知识产权日益成为国家发展的战略性资源和综合国力竞争的核心要素下，从多维视角，尤其是国际关系与外交的角度分析国际知识产权制度与体系发展，回顾与梳理知识产权外交的演进，改变知识产权国际制度建设中的西方中心主义倾向，构建更加具有国际正义的知识产权制度，就显得更为必要。

知识产权外交是一个动态的发展过程，经历了从双边到多边、全球化进而区域化的演进过程，可划分为四个历史时期或发展阶段：诞生期、快速发展期、成熟期、多元化期。世界知识产权外交具有以下特点。

（一）由美国等西方国家所主导

知识产权外交的始作俑者是美国等西方国家。西方主要工业国家凭借先进的工业发展水平，自一开始便占据知识产权外交的主动，通过塑造知识产权国际保护规则以期维护自身利益。

掌控知识产权外交活动平台的话语权。知识产权外交的平台间不断融合与转换，最主要的推动力便是美国等西方发达国家。后 TRIPS 时代，发达国家以缔结区域自贸协定的方式推动 TRIPS – Plus 标准的订立，始终牢牢掌握着知识产权外交活动的平台及平台话语权。

不断拓展知识产权外交的疆界。经济全球化和科技革命的不断发展，使知识产权外交的工作领域已经涵盖了计算机软件、集成电路、植物新品种、商业秘密、生物技术等在内的多元对象，特别是计算机和网络技术、生物技术的进步和发展对知识产权的保护提出了新的课题。而这一过程始终由走在产业前沿的美国等西方国家所推动，发展中国家话语权极为有限。

（二）发达国家体现“实用主义”和“双边主义”的外交导向

美国对知识产权的国际保护始终持实用主义态度，实现知识产权国际保护与国内保护相一致，追求自身知识产权利益的最大保护。美国与欧盟善于采取软硬兼施的两手策略。

（三）外交层面由双边、多边、全球化继而转向区域化

知识产权外交活动的最起始状态是源于知识产权跨国传播的需要，最早的知识产权外交实践多表现为一国以单边形式赋予外国发明人或版权拥有者以相应保护，或者是以双边方式相互给予对方的知识产权对等保护。这一实践形式在全球化发展的初期还足以应对，随着科技革命的发展及经济全球化的快速推进，单纯以双边甚至单边方式保护知识产权显得捉襟见肘。法律地方性与经济跨国性之间的矛盾是推动知识产权外交走向多边化的主要动力。

（四）发展中国家话语权有限，协作力量不足，但局面在改善

发展中国家由于经济、科技水平发展相对落后，且彼此协作不够，在知识产权外交中始终处于被动地位。发达国家则凭借经济强权，主导着知识产权外交。TRIPS 时代的中后期，发展中国家逐渐意识到，以知识产权规则的妥协换取发达市场初级产品市场准入并不能高枕无忧。TRIPS 并不是知识产权国际保护制度的终结，而只是发达国家推行高水平知识产权保护的开始。发展中国家在这一过程中承受了更大的压力，逐渐积极起来，主动表达维护自身权益的意愿。发展中国家一方面与发达国家在双边谈判中权衡利弊、争取平等对话地位；另一方面努力在发展中国家间形成利益共同体，加强与非政府组织的互动，形成有利的国际舆论环境，改变过往发展中国家单打独斗、势单力薄的局面。

（五）非国家行为主体是推进知识产权外交的重要外部力量

跨国公司有力地推动了知识产权的国际化进程。跨国公司通过知识产权所赋予的垄断权，在全球分割和垄断国际市场。非政府组织对国际知识产权法制发挥着举足轻重的影响。随着经济全球化引发一系列全球性问题，以非政府组织为代表的超

越国家界限的市民社会组织已经成为国际法上不可漠视的存在。非政府组织关注知识产权国际标准对全球普世价值，诸如健康权、生存权、教育权等的影响，并在促进全球关注发展中国家和最不发达国家的利益方面起到了关键作用。

三、中国知识产权外交发展的脉络和特点

中国古代就有一些朴素的知识产权保护行为，但这些均是官方的垄断保护或行政保护，且是个别、局部、非自觉的保护，而非制度性的保护，不存在近代意义上的中国知识产权“外交”问题。在总体上，中国在知识产权方面，处于内生优势与外交主动兼具的态势，但未将此潜力在对外关系中转化成政策工具。

近代中国知识产权外交的出现与西方列强的版权保护要求紧密相关。1902～1903年，英国、美国、日本等国在与清政府的商约谈判中，要求中国采取制定法律等措施，对其商标权、版权和专利权进行保护，使中国历史上第一次面对知识产权保护的外来压力。

（一）晚清：中国知识产权外交发轫时期

随着西方资本主义势力打开中国大门，中国在东亚主导的朝贡体系被打破，中国被迫融入西方主导的以主权国家为核心的近代国际秩序，中国历史上无意以知识产权为“外交”以及“闭关锁国”的时代宣告结束，知识产权国际保护日益制度化及中外知识产权纠纷日益增多。伴随着中外商业纠纷日益频繁，西方列强要求中国接受西方知识产权保护观念，并遵守相关国际规则，此次中外商约谈判开启了中国知识产权外交的大门。清政府也意识到了知识产权外交的重要性，并开始出现在知识产权保护的多边舞台上，但在知识产权外交上处于被动反应的态势。

（二）民国：中国知识产权外交缓慢展开时期

在北洋军阀和南京国民政府时期，由于中国与世界的联系更加密切，且中国民族工业有了一定发展，中外商标、版权、专利权案件有增无减，中国知识产权外交继续展开。但由于在此期间发生了两次世界大战，且中国也动荡不安，总体上看，民国时期是中国知识产权制度继续缓慢发展时期。在此历史时期，中国在知识产权外交上虽然仍然处于被动反应的态势，但也通过自主制定和完善国内立法，改变着自身在知识产权外交中的不利地位，而且取得了若干外交胜利。

（三）新中国：中国知识产权外交从无到有时期

新中国知识产权外交经历了一个曲折停滞、从无到有的过程。1949～1978年，在改革开放前的近30年时间里，中国知识产权外交几乎陷入中断、停滞状态。改革开放后，随着中国经济快速发展和融入国际社会，中国知识产权外交进入蓬勃发展时期。特别是进入21世纪以来，随着中国崛起为知识产权大国，并向知识产权强国迈进，中国知识产权外交正迎来一个前所未有的重大繁荣期。

改革开放以来至加入WTO前：主动调整、融入世界的知识产权外交时期。这时期中国知识产权外交主要有三个特点。首先，中国主要是知识产权国际规则的接受者、学习者、践行者；其次，是知识产权国际规则调整的应对者、跟从者甚至响应者；最后，则是知识产权国际合作与援助的接受者、输入国。

进入21世纪以来，特别是随着中国加入WTO，中国改革开放不断深入推进，经济持续高速增长，知识产权外交日益展现出中国特色大国外交的特点。中国领导人也意识到，当今世界的竞争，最根本的是知识产权的竞争。因此，中国不仅要成为知识产权大国，更要成为知识产权强国，中国知识产权制度建设和外交迈入了战略主动的新阶段。这种带有中国特色的知识产权大国外交主要表现为“三个转变”[73]，一是由知识产权国际规则的被动接受者、践行者，转变为国际规则制定的负责任、建设性的积极参与者。二是由被动应对知识产权国际规则调整，转变为积极推动知识产权国际规则调整沿着正确方向发展。三是由知识产权国际合作与援助的接受者、输入国，转变为国际合作与援助的授予方、输出者。

四、中国特色知识产权大国外交的理论建构与实践推进

（一）理论建构

1. 提高对知识产权外交的战略认识

我国知识产权战略是统筹国内国际两大局、协调内政与外交的大战略，旨在把我国建成知识产权强国。成为知识产权强国，也是中国梦的重要内容和有机组成部分。要建设知识产权强国，除了首先练好“内功”外，还要积极开展中国特色知识产权大国外交。从这个意义上讲，与时俱进地开展好知识产权外交，对把我国建设成为知识产权强国具有重要战略意义。务必更加深刻地认识到，我国知识产权战略

包含着知识产权外交战略，并在新形势下对其提出了更高要求。

2. 重视知识产权与外交外事的融合发展

知识产权与外交外事工作愈发密不可分。除了继续重视知识产权与经济发展的融合，还应更加重视知识产权与外交外事的融合，并在此基础上深化和提高对知识产权外交外事工作的认识。

统筹国内国际两个大局，是从党和国家事业全局出发提出的重大战略思想，也是对做好新形势下知识产权外交外事工作的总体要求。有关人员要总结和深化对知识产权内政外交互动规律的认识，提高依法处理知识产权涉外事务的能力，增强驾驭复杂局面、应对突发事件的本领。既要在参与和处理知识产权国际事务时考虑国内工作需要，又要在开展知识产权国内工作时把其可能对知识产权外交产生的影响考虑进去，实现知识产权内政与外交、国内与国际两个大局的有机统一。

3. 明确知识产权外交在中国特色大国外交中的地位与作用

中国已是名副其实的知识产权外交大国，中国的知识产权外交也必然是带有中国特色的知识产权大国外交，并成为中国特色大国外交的有机组成部分。因而，中国的知识产权外交也要体现中国特色、中国风格、中国气派，要对世界知识产权事业发展发出中国声音、提供中国方案、贡献中国智慧，要以更加积极进取的精神成为国际知识产权体系发展完善的推动者、改革者、建设者、引领者。

随着中国建设知识产权强国方略的实施，中国特色知识产权大国外交将大有作为，愈发成为经济外交、科技外交、区域经济一体化、“一带一路”建设、全球伙伴关系网络建设、全球治理的亮点，并在大国外交、周边外交、发展中国家外交和多边外交中彰显其重要作用，进一步展示其在中国特色大国外交中的地位和作用。

4. 认识和把握中国知识产权外交发展的重要战略机遇期

“十三五”时期，我国知识产权事业与知识产权外交处于大有作为的重要战略机遇期。正是在这一重要战略机遇期，我国知识产权外交得到很大加强与提升，进入战略主动新阶段，成功实现具有历史意义的“三个转变”，升级为中国特色知识产权大国外交，可以更好地维护中国知识产权利益，更具有国际话语权和影响力。

“十三五”时期，我国知识产权外交大有可为，应乘势而为，因势利导，塑造对中国更加有利的知识产权国际格局与秩序，为建设知识产权强国作出更大贡献，为建设创新型国家和全面建成小康社会提供更加有力的国际支撑。

5. 把握好知识产权外交的大国定位与中国特色

对于中国特色知识产权大国外交，我们可以通过知识产权外交的专门属性、大国定位和中国特色三个方面深化理解。

开展知识产权外交要遵循普遍规律和共同路径。知识产权外交具有很强的专门属性，精通知识产权问题是开展知识产权外交的基础和前提，国内知识产权事业发展是开展知识产权外交的根本和依托。对知识产权的利益诉求、权力诉求、合作诉求、规制诉求、公正诉求等具有普遍性。

同时，各国开展知识产权外交都有自身特色。知识产权大国强国易于在国际上享有优势地位，掌握更大的外交话语权，设法塑造对自己有利的知识产权国际体系。

作为世界上最大的发展中国家、第二大经济体、第一货物贸易大国、国际竞争力和创新能力不断提升的新兴大国，中国已成为名副其实的知识产权大国，并正在不断迈向知识产权强国。这就意味着中国对知识产权外交的投入会增大，能力建设会增强，国际公共产品的供给会增多，国际话语权也会提升。

在积极开展知识产权大国外交的过程中，“中国特色”必将日益彰显。除了党的领导和社会主义制度的内在属性外，知识产权大国外交的中国特色还表现为：在国际地位与作用上，更能发挥发展中国家代言人角色和南北沟通的桥梁作用；在理念上，主张平等公正和共商共建共享，倡导合作共赢与伙伴关系，鼓励创新；在实践上，配合国家总体外交战略，积极开展全方位的知识产权外交，加强对发展中国家的支持与援助，努力配合“一带一路”建设，积极参与、推动知识产权国际规则制定和完善。

6. 努力建设中国特色知识产权大国外交的理论体系

党的十八大后，中国提出并强化了“中国特色大国外交”理念，核心内容是中国要在国际上更好地发挥负责任大国作用，并体现中国特色。2014 年，中央外事工作会议正式确立了中国特色大国外交理念的指导地位。随后，中国特色大国外交理论体系建设不断取得进展。以实现中国梦、促进合作共赢、推动建设人类命运共同体为核心的中国特色大国外交，最能概括十八大以来以习近平为总书记的党中央的外交理论与实践创新，其中就有知识产权外交的一席之地，并可将其称为“中国特色知识产权大国外交”。

随着我国加快知识产权强国建设和中国特色大国外交理论与实践的不断发展，“中国特色知识产权大国外交”的命题日益重要，其理论体系建设也提上日程。这一理论体系应涵盖知识产权外交的指导思想、基本原则、主要目标、先进理念、立体格局、伙伴关系、体制机制、队伍建设等方面。

（1）指导思想：全面贯彻党的十八大和十八届二中、三中、四中、五中全会精神，按照“四个全面”战略布局、五大发展理念和党中央、国务院关于建设知识产权强国和开展中国特色大国外交的决策部署，积极主动地开展知识产权外交，体现中国特色、中国风格、中国气派，充分发挥负责任大国作用，贡献中国智慧与力量，为加快知识产权强国建设创造有利的外部环境与条件，为实施创新驱动发展战略提供有力的外部支撑，为中国特色大国外交增添更多光彩，注入更强动力。

（2）基本原则：一是坚持战略引领，按照创新驱动发展战略和“一带一路”等战略部署，加强并完善知识产权外交布局，落实《国务院关于新形势下加快知识产权强国建设的若干意见》的外交方略；二是坚持合作共赢，以合作为指针，以共商共建共享、融合、对接、结伴为方法和路径，以利益、责任和命运共同体为价值取向，促进全方位知识产权外交合作，加强伙伴关系网络建设，提升知识产权对外合作水平；三是坚持统筹协调，统筹国际国内两个大局、两个市场、两种资源，在党中央和国务院的统一领导下，形成知识产权外交外事“全国一盘棋”，实现内外协调联动，积极配合国家总体外交；四是坚持改革创新，顺应多极化、全球化、信息化、多样化的时代潮流，在加快自身知识产权外交强国建设步伐的同时，积极推动知识产权国际规制改革与完善，拓展知识产权合作新疆域，引领“互联网+知识产权”、绿色知识产权、蓝色知识产权等国际合作，加强与新兴和发展中国家的知识产权创新合作，适时打造新的合作平台，推出新的合作项目。

（3）主要目标：加强和完善知识产权外交战略布局，打造立体外交大格局；构筑知识产权全球伙伴关系网络；成为世界知识产权外交的新中心；提供更多知识产权国际公共产品；提升知识产权外交国际话语权和规则制定权；理顺体制机制，打造具有中国特色的知识产权外交外事大格局。经过不懈努力，从理念到行动，成为名副其实的知识产权外交大国，并具有鲜明的中国特色。

（4）先进理念：坚持既要对知识产权进行严格保护，又要维护公共利益，倡导在知识产权领域的合作共赢、共商共建共享，可提出消弭知识产权南北鸿沟，进行知识产权扶贫，推动知识产权全球治理现代化，携手打造知识产权命运共同体等主张。

（5）立体格局：从布局看，它与总体外交工作相吻合，也涵盖大国、周边、发展中国家、多边、公共外交和海外利益保护六大方向；从领域看，它囊括政治、经济、社会、教育、科技、生态等领域；从疆域看，它既适于陆海空传统疆域，又适于网络、太空、深海、极地等新疆域；从层面看，它贯穿双边、小多边、次区域、区域、跨区域、全球各层面；从行为主体看，它将官社商、产学研各方纳入其中，各尽其职，尤其要进一步发挥我国跨国公司和非政府国际组织的作用。

（6）伙伴关系：积极开展中国特色知识产权大国外交，必然催生中国在全球范围的知识产权伙伴关系网络，承担好推进知识产权国际保护、加强重点产业知识产权海外布局和风险防控、提升知识产权对外合作水平的外交使命。

（7）体制机制：在由国务院领导同志担任召集人的国家知识产权战略实施工作部际联席会议制度完善过程中，要加强部际协调、上下联动，建立健全知识产权外交外事领导与管理机制，形成强大合力。

（8）队伍建设：在加强知识产权专业人才队伍建设中，要重视培养政治立场坚定、专业知识过硬、外交能力突出、外事纪律严明的复合型人才，探索新的教培模式。

需要指出的是，中国特色知识产权大国外交理论是一个不断发展的开放的理论体系。自党的十八大以来，它不断被注入新的动因与活力，加快了转型与升级步伐，实现了飞跃性发展。中国特色大国外交及知识产权外交的思想和实践为其创新发展提供动力源泉，世界各国和国际社会的知识产权外交新思想新实践也将助其发展完善。

（二）实践推进

1. 落实好知识产权强国战略的外交外事要求

一是在加强知识产权保护方面，积极开展与相关国际组织和境外执法部门的联合执法，加强知识产权司法保护对外合作，推动我国成为知识产权国际纠纷的重要解决地，构建更有国际竞争力的开放创新环境；加强刑事执法国际合作，加强与有关国际组织和国家间打击知识产权犯罪行为的司法协助，加大案情通报和情报信息交换力度。

二是在促进知识产权创造运用方面，支持企业运用知识产权进行海外股权投资；积极参与国际标准制定，推动有知识产权的创新技术转化为标准；支持研究机构和社会组织制定品牌评价国际标准，建立品牌价值评价体系；支持企业建立品牌管理体系，鼓励企业收购海外知名品牌；保护和传承中华老字号，大力推动中医药、中华传统餐饮、工艺美术等企业“走出去”。

三是全面落实《国务院关于新形势下加快知识产权强国建设的若干意见》中关于“加强重点产业知识产权海外布局和风险防控”的五项要求。

四是全面落实《国务院关于新形势下加快知识产权强国建设的若干意见》中关于“提升知识产权对外合作水平”的四项要求。

2. 加强和完善知识产权外交布局，做好全方位知识产权外交

一是深化知识产权大国外交，通过双边、多边渠道做好与发达国家的交流与合作。重点推进中、美、欧、日、韩“五局合作”，必要时推动扩员，纳入新的合作方。

二是加强与周边国家的知识产权外交，通过双边、多边、次区域及区域合作等渠道推进与各国的交流与合作。重点加强中日韩、中澳新、中俄蒙、中国－东盟等合作，并在自贸区升级、区域全面经济伙伴关系协定（RCEP）谈判中提升对知识产权的保护。同时，及时弥补周边合作薄弱之处，拓展合作新对象，开辟合作新领域。

三是全面推进与发展中国家的知识产权外交，通过巩固传统友好关系、发展新兴合作机制等方式深化知识产权交流与合作。重点做深、做实金砖国家知识产权合作机制，加强与非洲、拉美、阿拉伯国家的知识产权外交工作。加大对发展中国家知识产权援助力度；支持和援助发展中国家知识产权能力建设，鼓励向部分最不发达国家优惠许可其发展急需的专利技术；加强面向发展中国家的知识产权学历教育和短期培训。

四是大力开展知识产权多边外交，积极促进知识产权全球治理。加强与世界知识产权组织、世界贸易组织及相关国际组织的交流与合作；推动相关国际组织在我国设立知识产权仲裁和调解分中心；积极参与联合国框架下的发展议程，推动《TRIPS 与公共健康多哈宣言》落实和《视听表演北京条约》生效，参与《专利合作条约》《保护广播组织条约》《生物多样性公约》等规则修订的国际谈判，推进加入《工业品外观设计国际注册海牙协定》和《马拉喀什条约》进程，推动知识产权国际规则向普惠包容、平衡有效的方向发展。

五是着力搞好“一带一路”知识产权外交，配合好国家对外开放与合作大战略。全面加强“一带一路”外交布局，对中国外交具有重大战略意义。应主动开展知识产权外交，深化与“一带一路”沿线国家和地区，尤其是战略支点国家的合作关系，探索建立“一带一路”沿线国家和地区知识产权合作机制。这应该是加强和完善知识产权外交布局的着力方向，值得增加投入。在此方面，我们已迈出积极的探索步伐，开了好头，应继续进行，并注意全线推进与重点打造相结合。

六是积极开展知识产权公共外交，拓展参与渠道。知识产权公共外交是指政府主导、社会各界普遍参与，借助传播和交流等手段，向国外公众介绍本国知识产权

国情和政策理念，向国内公众介绍本国知识产权外交方针政策和相关举措，拓展其参与渠道，旨在获取国内外公众对本国知识产权国情、政策理念、外交方针政策和相关举措的理解、认同和支持，以争取民心民意民力，树立国家和政府的良好形象，营造有利的舆论环境，维护和促进国家知识产权利益和根本利益。当前和今后一段时间，我国开展知识产权外交的目标和任务就是，拓展公共外交渠道，让更多的社会力量参与其中，主要包括：拓宽企业参与国际和区域性知识产权规则制修订途径；推动国内服务机构、产业联盟等加强与国外相关组织的合作交流；建立具有国际水平的知识产权智库，建立博鳌亚洲论坛知识产权研讨交流机制，积极开展具有国际影响力的知识产权研讨交流活动。

七是积极开展知识产权主场外交，将北京等地打造成国际一流的知识产权外交主场或中心地。党的十八大以来，中国越来越重视开展主场外交。北京 APEC 峰会、杭州 G20 峰会都取得了巨大成功。2014 年 10 月，WIPO 中国办事处在北京成立。今后应继续推动知识产权国际与地区组织在中国设立分中心，吸引新机构落地中国。可积极考虑将“一带一路”知识产权合作机构或论坛设在北京。宜定期举办知识产权高级别论坛或会议。中非论坛、中阿论坛、中拉论坛、上合组织等都可酌情设立知识产权分论坛。

3. 打造知识产权国际合作新亮点

一是在“一带一路”合作上不断打造合作亮点，创建合作机制，开启合作项目，尤其要重视与知识产权大国和战略支点国家的合作，积极考虑在经济走廊建设中纳入知识产权合作项目。

二是在创新驱动发展上打造合作亮点，新科技新材料的研发上加强国际合作，在创新伙伴关系建设上纳入知识产权领域的合作，打造更多中外创新城、知识城。

三是在“互联网 + 知识产权”上加强国家合作，发挥引领作用，凸显中国互联网大国与知识产权大国的优势。

四是在新领域新疆域开发利用上加强知识产权合作，这包括发展绿色经济、蓝色经济，开发太空、极地与深海等。

五是将知识产权合作作为构建新型大国关系的重要内容，打造合作新亮点。

六是加大对发展中国家的知识产权援助，打造示范性合作项目。可结合联合国 2030 发展议程的推进，创设知识产权扶贫项目。

七是顺应“南升北降”趋势和知识产权外交多元化时代的到来，因势利导，不失时机地创办具有国际和地区影响力的知识产权外交论坛。

4. 加强对知识产权外交外事工作的领导与管理

我国现行外事管理体制为“统一领导、归口管理、分级负责、协调配合”。知识产权外事管理亦不例外。

（1）统一领导。“外交大权在中央、外事工作授权有限”是我国外事管理工作的根本原则，各地区各部门须认真贯彻执行中央的对外方针政策和外事管理规章制度，在中央授权范围内开展知识产权外事工作。

（2）归口管理。分为业务归口管理和系统归口管理。业务归口管理是指全国需要统筹安排和综合平衡的涉外事项，按业务内容和性质，分别由各有关涉外部门实行业务归口管理。系统归口管理是指各省、自治区、直辖市等根据各自的职责和授权，管理本地区、本部门、本系统及其负责归口管理单位的涉外事项。

（3）分级负责。改革开放以来，党中央和国务院先后就外事管理工作下发了一系列文件，对各级外事管理权限作出了明确规定。各级须在中央授权范围内分级履行相应外事管理权责，全面贯彻执行对外方针政策，自觉服从、服务于对外工作总体部署，执行有关决策和指示。

省、自治区、直辖市外事办公室是本地区执行国家对外政策和处理重要外事工作的综合归口管理部门。各地区需要统筹协调的重要外事事项，由省、自治区、直辖市外事办公室协助党委和政府综合归口管理。

（4）协调配合。各单位在对外交往中要坚持地方服从中央、局部服从整体、小局服从大局、当前利益服从长远利益，相互配合，形成合力，共同维护国家整体利益。通过加强协调配合，推动构建中央与地方协调统一、官方与民间紧密配合、政治与经济彼此互促、外交外事与国家改革发展稳定大局相得益彰的“大外事”新格局。

在新形势下，加强知识产权外交外事工作的领导与管理大有必要。党对知识产权外事工作的集中统一领导需进一步加强，基层外事机构设置应进一步完善；各地区各部门要加强知识产权外事管理制度建设，提高制度的执行力；要加强统筹协调能力建设，全面提升知识产权外事部门协助党委、政府统筹协调与综合归口管理知识产权涉外事务的地位和能力，努力构建知识产权“大外事”新格局。要着力抓好以下四个方面建设：

一是要加强知识产权外事管理体制机制建设。对外工作应在中央的统一领导下，不断建立健全知识产权外事管理体制机制，调动各方面的积极性和主动性，充分发挥政府外交的主渠道作用，加强政党、人大、政协、地方、企业、民间团体对外交往工作，有力推动知识产权领域的交流合作。

二是要加强知识产权统筹协调的能力建设。一方面充分挖掘和发挥各地区、各部门、各领域资源和优势，更好地服务国家总体外交；另一方面积极调动知识产权外交外事资源优势，为各地区、各部门、各领域知识产权对外交流与合作牵线搭桥，服务国家经济社会发展。

三是要加强知识产权外事管理制度建设。根据新形势、新要求，不断完善知识产权外事管理规章制度，力争做到凡事有章可循、有规可依。各地区、各部门根据中央统一政策，不断完善本地区、本部门的实施规则，增强制度的针对性和可操作性与制度执行力。

四是要加强知识产权外交外事队伍建设。政策执行得怎么样，根本还是靠人。知识产权外交外事队伍处在国家知识产权对外交往的最前线，知识产权外交外事人员素质的高低，直接影响着我们应对知识产权国际局势、处理知识产权国际事务的能力和水平。打造一支合格的高素质知识产权外交外事队伍，是贯彻知识产权涉外政策的根本保证。当前国际形势的复杂变化对各项工作提出更高要求，知识产权外交外事部门应继续以马克思列宁主义、毛泽东思想、邓小平理论、“三个代表”重要思想、科学发展观、习近平系列重要讲话精神为指导，按照革命化、年轻化、知识化、专业化方针和德才兼备、以德为先的原则建设一支高素质的外交外事干部队伍，为贯彻执行党的外交方针政策、有效开展知识产权外交提供坚强有力的人才支撑。

（三）具体建议

（1）继续深入研究。要跟上“中国特色大国外交”的发展步伐，认真对待“中国特色知识产权大国外交”这一时代命题，丰富其内涵，推进其实践，建构其理论体系。既要及时总结实践经验，又要进行理论探讨。可根据需要，进行立项研究。

（2）把握战略重点。要把“创新驱动发展”和“一带一路”建设作为知识产权外交的两大战略高地和着力方向，力争有所作为，有所建树。研究并出台“一带一路”知识产权国别指南（包括风险评估）。

（3）增加主动性。要密切关注美国引领的知识产权外交区域化强保护动向，加强知识产权外交斗争，在利益之争、权力之争、议题之争、规则之争、机制之争上加强运筹，下好先手棋，利用好新自贸协定谈判，推动新兴大国与区域合作机制框架下的知识产权合作，推动知识产权国际体制“去西方中心主义”。

（4）他山之石可以攻玉。加强对其他国家知识产权外交经验的研究与借鉴，就美国、欧盟、英国、日本、东盟、印度、巴西、俄罗斯、南非等的知识产权外交进行系统梳理和深入研究。

（5）完善自我能力。对我国企业参与知识产权外交情况进行调查研究，有针对性地提出改进意见和建议，提升其参与知识产权外交的能力和影响。

（6）发挥非政府组织作用。支持我国知识产权非政府组织积极关注和参加与知识产权国际化相关的全球问题。

（7）发挥智库作用。就知识产权国际体系变革进行跨国联合研究。可鼓励和资助我国智库与外国智库进行合作研究。

（8）将知识产权外交同我国外交外事工作结合起来，有选择地在我使领馆设立知识产权专员，加大知识产权公共外交力度，增进国际社会对我国知识产权保护与制度建设所取得的积极成果的了解。

参考文献

[1] 李宗辉. 历史视野下的知识产权制度［M］. 北京：知识产权出版社，2015.

[2] 陈礼永. 新形势下我国知识产权制度的优化［J］. 枣庄学院学报，2016（3）.

[3] 陈友骏. 日本知识产权新政及其动因［EB/OL］.（2016-02-14）. 新华网.

[4] 董涛. 中国知识产权政策十年反思［J］. 知识产权，2014（3）.

[5] 赵晓兰. 从古代萌芽到近代成熟：我国版权保护制度的历史演变［J］. 中国出版，2012（11）.

[6] 凌金铸. 近代中国著作权制度移植和失败探源［J］. 甘肃社会科学，2005（2）.

[7] 张宁. 首次中美知识产权交涉论述［J］. 知识产权，1999（1）.

[8] 蔡晓荣，王国平. 晚清时期的涉外商标侵权纠纷［J］. 学术研究，2005（8）.

[9] 冯秋季. 近代中国版权制度产生的社会原因分析［J］. 郑州航空工业管理学院学报（社会科学版），2004（2）.

[10] 刘保刚. 近代以来中外关于保护知识产权的谈判［J］. 史学月刊，2002（9）.

[11] 彭洋. 中国近代商标立法研究［D］. 郑州：郑州大学，2013.

[12] 徐海燕. 中国近现代专利制度研究［M］. 北京：知识产权出版社，2010.

[13] 李俊，崔艳新. 新一轮国际知识产权规则重构背景下的中国选择［J］. 知识产权，2015（12）.

[14] 王坤. 走向伯尔尼：中国著作权国际保护制度的历史演进［D］. 北京：中国政法大学，2009.

[15] 陶文钊. 1946年《中美商约》：战后美国对华政策中经济因素个案研究［J］. 近代史研究，1993（2）.

[16] 左旭初. 中国商标法律史（近现代部分）［M］. 北京：知识产权出版社，2005.

[17] 陈福初 . 1944 年民国政府《专利法》研究 [J]. 福建论坛（人文社会科学版），2012（9）.
[18] 马晓莉 . 近代中国著作权立法的困境与抉择 [M]. 武汉：华中科技大学出版社，2011.
[19] 蔡明 .《中美航海通商条约》签订后的社会舆论和反应 [D]. 长沙：湖南师范大学，2013.
[20] 任东来 . 试论 1946 年《中美友好航海通商条约》[J]. 中共党史研究，1989（4）.
[21] 王铁崖 . 中外旧约章汇编 [M]. 上海：生活·读书·新知三联书店，1962.
[22] 杨华权 . 中国著作权观念的历史解读 [M]. 北京：北京大学出版社，2016.
[23] 武衡 . 建立专利制度 [M] //田力普 . 历史的抉择 伟大的实践：国家知识产权局成立 30 周年纪念文集 . 北京：知识产权出版社，2010.
[24] 中村元哉 . 围绕近现代东亚外文书籍问题的国际关系：以中国为中心 [J]. 当代日本中国研究，2014（1）.
[25] 吕国良 . 国际合作与强局建设 [M] //田力普 . 历史的抉择 伟大的实践：国家知识产权局成立 30 周年纪念文集 . 北京：知识产权出版社，2010.
[26] 让世界听到更多的中国知识产权好声音 [N]. 中国知识产权报，2015 - 06 - 03（1）.
[27] 邱曼丽 . WTO 与中国知识产权保护 [J]. 北京交通管理干部学院学报，2005（4）.
[28] 吴毅 . 中美知识产权谈判及对我国的影响 [J]. 国际经贸研究，1996（1）.
[29] 杨国华 . 中美知识产权谈判的影响及启示 [J]. 国际经济合作，1998（7）.
[30] 凌金铸 . 中美知识产权关系的发生、发展与影响 [J]. 当代中国史研究，2007（5）.
[31] 程文浩 . 中美知识产权谈判的回顾和评析 [J]. 国际政治研究，1996（1）.
[32] 纪文华，吴力 . 中美知识产权合作掀开新的一页 [N]. 国际商报，2011 - 12 - 01.
[33] 董鹏，张程昱 . 析中美知识产权争端 [J]. 南方论丛，2013（3）.
[34] 2015 年中国知识产权发展状况新闻发布会 [EB/OL].（2016 - 04 - 19）. http：//www. sipo. gov. cn/twzb/2015zscqfzzkfbh/.

第二篇　战略任务篇

知识产权强国建设重大工程和重大政策研究*

建设知识产权强国，是我国《国家知识产权战略纲要》实施的升级版，是我国知识产权事业发展的必然选择，也是我国转变经济发展方式、实施创新驱动发展战略、实现中华民族伟大复兴中国梦的必然要求。

一、知识产权强国建设面临的形势与问题

（一）国内外形势对知识产权强国建设提出新需求

从国际层面看，在知识产权国际格局的大分化大调整阶段，发达国家纷纷用知识产权制度抢占经济、科技的制高点，我国应该立足于知识产权国情，积极推动知识产权本土化与国际化结合，在健全中国特色知识产权制度的过程中，充分考虑我国创新主体和市场主体的需求，参与到国际知识产权规则制定的过程中，有力地推动全球的创新发展，造福全人类。

从国内层面看，经济发展“新常态”要求知识产权与经济、科技深度融合，利用知识产权推动经济发展方式的转变和产业结构的转型升级，为此，应当大力发展知识产权密集型产业，运用专利导航产业发展，重塑知识产权投融资体制机制，以此助力知识产权的创造、运用、保护和管理，提升知识产权对经济发展的贡献度。

从产业层面看，面对当今科技经济发展的总体态势，世界各主要发达国家都把科技创新作为国家战略，把科技投资作为战略性导向。必须紧紧抓住我国推进科技创新的重要历史机遇，把握“中国制造 2025”时代浪潮，发挥知识产权对“互联

---

* 本文基于 2015 年知识产权强国研究报告《知识产权强国建设重大工程和重大政策研究》。指导顾问：龚亚麟、韩秀成；课题负责人：陈燕；课题组长：谢小勇、孙全亮；报告统稿人：谢小勇、孙全亮；主要执笔人：王淇、武伟、陈泽欣；其他课题组成员：刘淑华、范文、孙玮、刘庆琳、徐慧、康德地、杨国鑫、黄贤涛、史冉。

网+”新模式的保障作用，在深远的产业变革中加强创新和知识产权运用，抢占新生产方式、新产业形态的制高点。

从企业层面看，“走出去”战略进入加快实施的关键阶段，要加快走出去步伐，就必须增强企业知识产权国际化经营能力，因此、建设知识产权强国、创新驱动新一轮经济发展的国内外宏观形势要求培育一批具备知识产权综合实力的大中小优势企业，掌握一批核心领域知识产权，推动市场主体开展知识产权协同运用，形成国际竞争力。

（二）知识产权强国建设面临的重大问题

知识产权体制机制制约创新活力。目前我国的知识产权体制机制还存在两方面的问题：一方面，我国有多个部门负责知识产权的行政管理，多头管理，职能分散，缺乏综合知识产权管理机构；另一方面，服务市场主体的机制不健全。知识产权强国战略作为推动企业、地区乃至国家发展的重要战略，不仅需要市场的良性运行，更需要政府（及社会）的充分参与。知识产权强国的建设需要充分调动各方的积极性和主动性，全国形成“一盘棋”，共同推进知识产权各项工作，提升我国知识产权综合实力。

知识产权促进经济发展作用不明显。创新是经济发展的源泉，理论上知识产权制度可以保护创新、激励创新，从而促进经济发展，然而实证研究证明，我国知识产权对经济发展的促进作用表现并不明显。国家知识产权局年度专利调查显示，我国掌握专利的企业、高校和科研单位对专利的使用效率比较低，高校年度有效专利实施率在30%左右，大量创新科技成果没有被运用实施转化为现实生产力。[1]

知识产权保护水平落后于市场需求。当前我国知识产权保护制度初步形成，初步建立起中国特色知识产权保护体系。但由于我国知识产权法律制度起步较晚，人们的知识产权意识较为薄弱，知识产权保护制度及其实施正处在成长过程中，我国知识产权保护的实际效果和社会的期待存在较大差距，知识产权保护社会满意度总体评价还不高。专利维权存在“时间长、举证难、成本高、赔偿低”“赢了官司、丢了市场”以及判决执行不到位等状况，挫伤了企业开展技术创新和利用专利制度维护自身合法权益的积极性。

创新创业主体知识产权能力不强。企业是市场创新的主体。随着国家知识产权

---

[1] 数据来源：国家知识产权局2013年《中国专利调查报告》。

战略的实施，我国知识产权总体实力快速提升，但总体知识产权创新能力不高，表现为：企业运用知识产权能力、科技成果转化能力与发达国家相比还有很大差距，缺乏核心技术，行业内部不均衡现象日益突出，企业之间的知识产权实力差距很大。另外，我国知识产权公共服务和市场化服务基础非常薄弱，不能满足建设知识产权强国的总体要求。

知识产权国际合作影响力和话语权不足。与发达国家相比，我国目前尚未形成体系化的知识产权国际战略，缺乏统一高效的知识产权外交政策体系和工作机制，在国际知识产权领域缺乏足够的影响力和话语权，应对常显被动。以美国针对企业知识产权侵权发起的“337 调查”为例，截至 2012 年，我国已经有 11 年成为遭受该调查最多的国家，我国企业败诉率超过 60%。国际合作进一步拓展，但知识产权国际战略不明确，难以把握国际竞争主动权。[1]

知识产权保障不充分。知识产权强国建设需要培育尊重知识、崇尚创新和诚信守法的知识文化，有效推进社会主义核心价值观。大众创业、万众创新，关键在人才。伴随着创新驱动事业发展，创新体系建设步伐加快，对知识产权人才工作提出了更高要求，也对知识产权人才建设提出了新的课题。新形势下，必须创新人才培养模式，适应创新主体需求，让知识产权人才为创新提供支撑、为创新驱动发展保驾护航。

二、知识产权强国建设总体思路与具体路径

（一）总体思路

建设知识产权强国应当坚持点线面结合，局省市联动，国内外统筹，以深入实施国家知识产权战略为根本途径，以完善中国特色知识产权制度为根本保障，努力推动知识产权强国建设不断取得新进展，实现新突破。

1. 指导思想

建设知识产权强国要全面贯彻党中央、国务院精神，高举中国特色社会主义伟大旗帜，以马克思列宁主义、毛泽东思想、邓小平理论、“三个代表”重要思想和

---

[1] 《国家知识产权战略纲要》实施五年评估组.《国家知识产权战略纲要》实施五年评估报告［M］. 北京：知识产权出版社，2014：109.

科学发展观为指导，充分认识知识产权是发展的重要资源和竞争力的核心要素这一科学判断，围绕知识产权强国的中国特色和世界水平两个基本特征，以强化知识产权能力为基础、提高知识产权绩效为重心、营造知识产权环境为保障的三个建设环节，构建具有中国特色的现代知识产权运行体系，全面提升我国知识产权综合国际竞争实力，切实将知识产权工作融入国家发展大局之中，为经济和社会的转型与发展服务，为实现两个一百年奋斗目标和中华民族伟大复兴的中国梦提供更加有力的支撑。

知识产权强国只有遵循“认识一个判断、围绕两个特征、强化三个环节”的指导思想来进行建设，我们才能抓住机遇，破解矛盾，进一步实现知识产权全面协调可持续发展，加快由知识产权大国向知识产权强国的新跨越。

2. 基本原则

解决知识产权强国建设中面临的重大问题，当以问题和目标为导向，以《国家知识产权战略纲要》的战略部署为逻辑起点，在发展的基础上延续知识产权的重大部署；同时以《国务院关于新形势下加快知识产权强国建设的若干意见》的重点任务为创新突破点，按照《国家知识产权战略纲要》、创新驱动发展战略、“一带一路”和“走出去”战略部署，根据经济发展新常态、“互联网+”以及“大众创业、万众创新”等新形势和未来趋势，坚持“点线面结合、局省市联动、国内外统筹”，前瞻谋划，形成重大项目、工程和政策相结合的体系。

（二）具体路径

首先，要建设世界一流的知识产权强国，就要拿出具体的建设时间表。结合相关战略安排、知识产权事业的发展现状以及面临的机遇与挑战综合考虑，知识产权强国建设的总体目标是，力争在2030年进入知识产权强国行列，到2050年，我国的知识产权强国地位更加巩固，知识产权综合实力进入世界知识产权强国前列，成为引领世界知识产权发展的知识产权强国。

其次，知识产权强国战略目标的实现需要具体工作的分工与落实以及相关重大政策的支撑和引导。以重大政策、重大项目和重大工程（即“三个重大”）为抓手，以问题和目标为导向，前瞻谋划、着眼发展、区分层次、系统推进，是解决知识产权强国建设中重大问题的具体路径。

最后，从知识产权强国的建设路径来看，重大项目、重大工程目前的状况与知识产权强国的建设目标存在不同的距离，在知识产权强国建设的不同阶段也呈现出不同的需求。为此，本文涉及的重大项目和重大工程在设置时，有些工程和项目一直贯穿于知识产权强国建设的全过程，有些项目和工程则只是存在于特定阶段。即便一直贯穿于全过程的项目与工程，在不同的阶段也会呈现出不同的特点和需求。这与其所处的知识产权强国建设阶段需求、工程自身的复杂程度与发展情况紧密相关。

（三）重大政策、重大项目和重大工程

1. 重大政策

国家发展和改革委员会（以下简称“国家发改委”）办公厅《关于报送拟请纳入“十三五”规划的重大项目、重大工程和重大政策的通知》中指出，重大政策要着眼于对解决突出矛盾、营造公平环境、激发社会活力有力有效的重要领域，着力解决工业化、信息化、城镇化和农业现代化四化同步过程中面临的重点难点问题，按照统筹推进经济、文化、社会、生态文明等领域建设的要求研究提出。

根据国家发改委对重大政策的规定，本文中知识产权强国建设的重大政策是指，为支撑和保障知识产权强国重大项目和重大工程的顺利实施，主要针对知识产权事业发展深层次矛盾和突出问题推出的重大政策举措。重大政策既要为经济社会发展、创新型国家建设营造公平公正的知识产权良好环境，又要充分利用知识产权激励人民群众创新、创造、创业的热情和才智充分迸发。知识产权重大政策主要聚焦在解决政府与市场关系，建立完善负面清单、权力清单，约束政府干涉微观经济活动的机会，重点完善公共服务体系，加强社会管理和市场监管，科学配置公共资源，努力实现更有效率、更加协调、更可持续的发展。

2. 重大项目

国家发改委办公厅《关于报送拟请纳入“十三五”规划的重大项目、重大工程和重大政策的通知》中明确规定，重大项目要着眼于对推动经济建设、加强生态环保、保障改善民生作用显著的重要领域，从经济社会各方面综合考虑研究提出。

根据国家发改委对重大项目的规定，本文中知识产权强国建设的重大项目是指，为深入实施知识产权战略，推进知识产权强国建设，建设创新型国家和小康社会，需要解决的制度、机制、人才、服务等重要工作。重大项目是从知识产权促进经济、科技、贸易的发展以及外交和国家安全角度，立足国情，知识产权强国建设的长远发展需要解决的关键问题，包括知识产权强国建设的制度、文化、环境、外交、人才等重要问题，不仅涉及经济建设领域，也涉及社会发展领域。

3. 重大工程

国家发改委办公厅《关于报送拟请纳入“十三五”规划的重大项目、重大工程和重大政策的通知》中指出，重大工程要着眼于对经济发展和结构调整全局带动性强的重要领域，认真评估已有重大工程进展情况，按照发展阶段需要、回应人民期待、考虑财力能力的要求研究提出。

根据国家发改委对重大工程的规定，本文中知识产权强国建设的重大工程是指，结合国民经济发展规划、相关产业、区域发展规划，针对重点领域的知识产权保护、知识产权人才、知识产权文化等知识产权发展迫切需要解决的主要问题，包括《专利法》的修改与完善、知识产权法院审判体系建设、知识产权海关执法协作平台的构建等。重大工程立足知识产权事业本身发展需要，着力解决当前突出的主要矛盾和瓶颈制约，聚焦解决实际问题，任务明确，路径清晰。

4. 重大政策、重大项目和重大工程的关系

重大政策对解决突出矛盾、增进公平效率针对性强，为补短板、增后劲、促均衡、上水平提供有力支撑。重大项目立足国情，把握关键，紧扣国计民生，着眼发展需要，顺应改革需求，紧跟知识产权发展前沿，着眼于更长远的战略需求。重大工程对知识产权发展和体制机制调整全局带动型强的重大工程。“三个重大”是实施国家知识产权战略、推进知识产权强国建设、建设创新型国家和小康社会的有力支撑。三者都是在结合现实国情和未来国家经济发展需求的基础上而产生，共同服务于国家发展战略，具有预见性、针对性和时效性。

三、知识产权重大政策

建设知识产权强国，应当加强顶层谋划、立足当前、面向未来，围绕我国加快实施创新驱动发展战略、建设知识产权强国的重大战略任务，结合制约强国建设的六大问题，制定符合我国国情、指引发展方向的知识产权重大政策（参见表1）。

表1　知识产权重大政策体系表

重大政策		政策点
1	深化体制机制改革	① 深化体制机制改革
		② 推进知识产权治理现代化
2	促进知识产权创造	③ 制定激发全社会创新创业活力的政策
		④ 制定鼓励创建自主品牌的政策

续表

重大政策		政策点
2	促进知识产权创造	⑤ 鼓励支持中小科技型企业创造申请专利
		⑥ 推进重点地区和产业的知识产权专项规划和政策部署
		⑦ 知名品牌培育
		⑧ 激发文化领域知识产权创造活力
		⑨ 促进植物新品种的创造与品牌建设
		⑩ 建立完善国防相关知识产权创造政策
3	提升知识产权价值	⑪ 大幅提高知识产权运用能力
		⑫ 通过市场培育政策大力促进知识产权成果产业化
		⑬ 支撑产业国际化发展
4	严格知识产权保护	⑭ 知识产权立法完善
		⑮ 知识产权司法改革
		⑯ 知识产权执法强化
		⑰ 推进知识产权纠纷多元化解决
		⑱ 制定创新创业成果的知识产权专项保护政策
		⑲ 出台加强知识产权反垄断法执法的政策
		⑳ 制定健全知识产权保护预警防范的政策
5	发展知识产权服务业	㉑ 引导知识产权服务业助推国家功能区发展战略实施
		㉒ 完善知识产权服务业统计监测与发布机制
		㉓ 加强知识产权服务业行业组织建设和监管自律
		㉔ 建立健全知识产权服务标准体系建设
6	拓展知识产权国际合作	㉕ 推动构建更加公平合理的国际知识产权规则
		㉖ 制定国际合作总体方略
		㉗ 制定知识产权国际合作的具体策略
7	加强知识产权支撑	㉘ 加快知识产权人才队伍建设
		㉙ 大力建设知识产权文化
		㉚ 出台相关财税金融政策

（一）深化体制机制改革

1. 深化重点领域改革

（1）完善科技领域知识产权管理体制机制。以提高知识产权创造的针对性和有效性为目标，细化产业目标明确的国家科技计划项目知识产权创造管理，改革科技专项计划立项和管理，改革国家科技计划支持方式，建立以市场为导向、企业为主体、产学研结合的科研机制。完善科研人员、科研机构和高校评价标准，制定以质量为主线的创新评价政策。

（2）完善产业领域知识产权管理体制机制。建立高效、协调的自主知识产权成果产业化管理，对重大战略性技术的产业化，充分发挥国家整合和动员科技资源的优势，明确突出国家目标，组织以企业为主体，产学研有机结合联合攻关，创造重大自主知识产权，实现产业化。改善知识产权服务业及社会组织管理，加快建设知识产权服务业集聚区，探索开展知识产权服务行业协会组织“一业多会”试点。推动建立更为完善的中小创新型企业创新创业抚育网络，鼓励科研成果向中小企业转让，探索建立审查员、专利代理人和企业知识产权工作人员岗位相互认证的政策，促进职业共同体岗位流动。

（3）完善对外贸易领域知识产权管理体制机制。加强对外贸易领域知识产权管理与促进，完善对外贸易领域知识产权争端解决机制，充分发挥驻外机构的功能和作用，研究在国外使馆设立知识产权专员，专职负责知识产权相关事宜。

2. 深化关键环节改革

（1）完善知识产权管理体制。完善国家知识产权战略实施工作部际联席会议制度，根据京津冀、长江经济带和“一带一路”等国家重大发展战略部署，选择有条件的区域开展知识产权管理体制、保护体制、运营体制和服务业发展体制等各类改革试点，探索知识产权强省（区、市）和知识产权强国建设的模式与路径。在试点经验成熟的基础之上，按照政府职能转变、建立服务型政府的要求，推行知识产权“三合一”体制改革。完善知识产权申请、审查和登记制度，完善会计制度中有关知识产权科目的规定，加强知识产权资产评估登记工作，进一步落实国家财政投入形成的知识产权的运用管理政策。

（2）拓展知识产权公共服务。加快推进知识产权基础信息资源开放共享，知识产权基础信息资源免费或低成本向社会开放，基本检索工具免费供社会公众使用。加强对企业特别是中小微企业的知识产权信息推送服务，加强知识产权文化建设，普及知识产权知识，提高全社会知识产权意识。放开知识产权信息商业化运营，鼓励社会机构对知识产权信息进行深加工。

（3）建立重大经济活动知识产权评议制度。研究制定知识产权评议政策，完善知识产权评议工作指南，规范评议范围和程序。梳理不同类型活动的知识产权评议需求、内容和方法，形成具有操作性的指引。围绕国家重大产业规划、高技术领域重大投资项目等开展知识产权评议。推动各级政府部门和企事业单位通过知识产权分析评议提高决策效率和市场活动效益。引导服务机构建立科学的分析评议业务流程、质量控制、保密、服务产品定价等规章制度。

（4）建立以知识产权为重要内容的创新驱动发展评价制度。完善发展评价体系，将知识产权指标纳入国民经济和社会发展规划，发布年度知识产权发展状况报告。在对党政领导班子和领导干部进行综合考核评价时，注重鼓励发明创造、保护知识产权、加强转化运用、营造良好环境等方面的情况和成效。探索建立经营业绩、知识产权和创新并重的国有企业考评模式。按照国家有关规定设置知识产权奖励项目，加大各类国家奖励制度的知识产权评价权重。

（5）推行知识产权标准化管理规范。制定企业知识产权管理规范，完善资源管理、运行控制和合同管理等制度规范建设。重点发展一批企业知识产权管理标准化认证机构，促进企业、高校和科研机构开展管理标准化活动。制定科研项目知识产权全过程管理规范，建立贯穿立项、执行、验收、后评估、转移转化等环节的知识产权管理标准。制定知识产权中介服务标准，推广标准化的服务规范。支持知识产权管理系统和工具开发，为中小企业和小微企业提供管理服务。

3. 推进知识产权治理现代化

（1）完善高效协同的知识产权公共事务协调机制。在国务院层面成立“国家知识产权战略委员会”或“国家知识产权工作领导小组”，完善科技、产业、商业和贸易一体化的知识产权事务协调机制。完善科技领域知识产权支撑机制，做好科技规划，重视基础科学研究，促进“知识产权公共池”的形成。促进多元化主体参与投入，完善产学研合作机制，完善知识产权利益分享机制。完善知识产权支持产业经济发展的支撑机制。完善知识产权促进贸易机制，完善 WTO 框架下中国知识产权政策指南。

（2）加强知识产权公共服务体系建设。政府着力完善知识产权法律法规和制度政策，积极参与、制定知识产权国际规则，严格知识产权保护，促进知识产权运用。坚持市场的决定性作用，政府的职能从事前审批转向事中、事后监管，提供公共服务，保障价格信号机制的高效运行，通过简政放权和转变职能激发企业自主创新的动力。政府搭建使用便捷、内容完善、数据权威可靠、获取方式公平开放、民间应用创新模式活跃的便捷化知识产权公共服务体系，以知识公开、共享为创新驱动发展战略提供信息基础。

（3）引导治理主体良性互动。推动市场主体强化知识产权意识，增加与体系内其他主体，特别是政府机构和社会组织的互动，借助内力和外力的共同作用来促进自身知识产权创造、运用和转化能力水平的现代化。促进非政府社会组织发挥自身优势，建立行业协会与知识产权行政管理部门的沟通机制，以“政府—专门的知识产权协会＋行业协会—企业（＋个人）”为基本结构，建立多元化、分层次的社会组织服务知识产权的体系，形成“按需设立和服务”的格局。

（二）促进知识产权创造

1. 制定激发全社会创新创业活力的政策

出台知识产权支持发展“众创空间”的政策，总结推广创客空间、创业咖啡、创新工场等新型孵化模式，发挥知识产权优势企业、创业投资机构、社会组织等社会力量的主力军作用，构建一批低成本、便利化、全要素、开放式的众创空间。出台为大学生创业提供知识产权支持的相关政策，鼓励高校开发开设知识产权课程、创新创业教育课程，整合发展国家和省级高校毕业生就业创业基金，建立健全大学生创业指导服务专门机构，以创业带动就业。

2. 制定鼓励创建自主品牌的政策

鼓励具有自主知识产权的知识创新、技术创新和模式创新，积极创建知名品牌，增强独特文化特质，以品牌引领消费，带动生产制造，推动形成具有中国特色的品牌价值评价体系。

3. 鼓励支持中小科技型企业创造申请专利

目前，我国国家层面并没有扶持中小企业申请和维持国内专利的优惠政策，主要集中在地方层面。建议国家知识产权局出台专利申请和维持资助的指导意见，引导各个地区更多地资助战略性新兴产业、中小企业申请和维持专利。在国家层面制定减免中小企业专利规费的政策，特别是要向经济落后地区的中小企业倾斜。

4. 推进重点地区和产业的知识产权专项规划和政策部署

在制定有关产业发展的重大战略、规划和政策过程中，要进一步加强高技术产业主管部门、企业与知识产权管理部门各项工作的衔接配套。知识产权管理部门应根据国家确定的重点战略领域，及时修定有关知识产权申请授权、管理和侵权保护方面的法规政策。围绕近中远期重点和优先发展领域，加快制定若干知识产权规划、部署和专项政策。

5. 知名品牌培育

重点鼓励企业做好品牌战略谋划，争创中国驰名商标，提升产品质量和企业形象，引导和扶持拥有中国驰名商标、著名品牌和产品地理标志的企业做大做强。完善产品地理标志保护制度，支持建立产品地理标志产品示范基地，加快地方特色资源和产品的开发利用，规范产品市场流通秩序。推进知名品牌国际化，鼓励和资助企业在国外注册商标，提高产品附加值和市场竞争力。

6. 激发文化领域知识产权创造活力

将知识产权数量和质量作为政府资助项目的重要参考指标，引导和扶持文化企事业单位创造文化精品、核心专利和知名商标。开展优秀版权作品评选工作，设立文化科技发展专项资金，扶持文化领域前沿技术、关键技术的研究攻关。建立并不断完善文化品牌评估体系，定期认定和发布文化企业品牌、文化产品品牌、文化地域品牌和文化人才品牌排行榜。加大对博物馆、图书馆、美术馆、档案馆和文化馆藏品衍生产品的开发力度，注重对衍生品知名商标的培育，提升衍生品的知识产权市场价值。

7. 促进植物新品种的创造与品牌建设

加快植物新品种培育，围绕生物育种前沿技术，培育一批高抗、优质、速生新品种，重点布局发展优势特色农林。支持建立具有自主植物新品种权的生产示范基地，加快建设植物新品种保护测试机构和保藏机构，探索建立公益性植物新品种政府补贴制度。促进农林业知识产权创造，建立以企业为主体、市场为导向、产学研紧密结合的农林技术协同创新体系，强化基础性、前沿性技术和共性技术研究平台建设，推动农林业具有核心专利技术的农林产品纳入政府优先采购计划，推广专利标准化应用。培育一批优势种业企业，引导国内研发资源在粮食作物、林木栽培等关键领域强化原始创新，在园艺等高效农林业领域提高创新层次。

8. 建立完善国防相关知识产权创造政策

制定知识产权军民双向转化政策体系，出台国防知识产权转民用评估的规范和促进知识产权军民双向转化实施的知识产权政策，建立民用领域知识产权在国防领域运用信息发布与筛选评估机制，营造有利于促进军民协同创新、民参军、军转军、军转民的知识产权政策环境。改革国防知识产权权属政策，确立关于国防知识产权权利归属与利益分配的基本原则，并在相关法规规章中明确投入方和产生方之间的权利义务关系。

（三）提升知识产权价值

1. 大幅提高知识产权运用能力

促进专利导航产业技术发展，建立健全国家知识产权局与产业规划、计划管理部门工作协同机制，共同制定和发布针对特定领域的产业技术专利创造指南，引导全社会专利布局方向，服务规划计划决策。引导企业制定专利发展战略，特别是要引导行业龙头企业制定专利发展战略，发挥它们在产业转型升级中的示范和带动作用，引导它们向行业内的上下游企业许可基础性专利，带动产业技术水平整体提升。推动技术转移机构认证，切实赋予其专利申请、维护和转移转化的职权。建立国家技术转移报告制度，财政资助、非涉密科研项目完成后，要求承担单位在项目完成后的5年内，向社会公开专利许可情况。

2. 通过市场培育政策大力促进知识产权成果产业化

加大对知识产权产品的支持力度，引导中央及地方各级政府采购目录制订、招投标等工作向具有知识产权的产品倾斜，组织实施信息惠民、绿色环保、生命健康、智能制造、材料换代等重大成果应用示范工程，引导消费模式转变。促进高校和科研机构的知识产权产业化，鼓励研究型大学、国家科研机构知识产权产业化主要采取转让、许可等方式实现，依法对研究开发此项成果的职务知识产权成果完成人和为成果转化作出贡献的其他人员给予奖励。大力支持产学研合作研究和战略联盟，加大国家财政对于知识转移和技术流动的支持，加强对以龙头企业为主体承担国家重点工程中的产学研合作研究项目的支持，鼓励高校、科研机构与企业共建工程中心、博士后流动站。

3. 支撑产业国际化发展

加强重点产业知识产权海外布局规划，编制发布相关国家和地区专利申请实务指引，绘制服务我国产业发展的相关国家和地区专利导航图，推动我国产业深度融入全球产业链、价值链和创新链。拓展海外知识产权布局渠道，在产业园区和重点企业探索设立知识产权布局设计中心，分类制定知识产权跨国许可与转让指南，编制发布知识产权许可合同范本。完善海外知识产权管理与服务等标准体系，完善海外知识产权信息服务平台，支持行业协会、专业机构跟踪发布重点产业知识产权信息和竞争动态。提升海外知识产权风险防控能力，研究完善技术进出口管理相关制度，完善财政资助科技计划项目形成的知识产权对外转让和独占许可管理制度。推动企业建立知识产权分析评议机制，开展知识产权风险评估。加强海外知识产权维权援助，制定实施应对海外产业重大知识产权纠纷的政策，研究我国驻国际组织、主要国家和地区外交机构中涉知识产权事务的人力配备。提升品牌和标准国际影响力，支持企业、科研机构、行业协会和标准化组织等积极参与国际标准制定，鼓励企业在国际贸易中使用自主品牌，提高自主商标产品出口比例，鼓励企业收购海外知名品牌。推动知识产权服务国际化发展，鼓励国际知名知识产权服务机构在我国设立分支机构或开展合作，推动知识产权服务机构提升国际化水平，鼓励企业、科研机构等在国外独资或合资成立知识产权运营公司，鼓励线上线下知识产权服务融合发展。支持自主知识产权产品“走出去”，利用对外援助、带资承包等多种方式，支持自主知识产权产品出口，扶持一批拥有自主知识产权和知名品牌的优势出口企业通过上市、兼并、联合、重组、跨国并购等方式，提高规模效益。

（四）严格进行知识产权保护

1. 知识产权立法完善

制定知识产权基本法，加强知识产权相关立法的协调性，完善知识产权法律的顶层设计，弥补分散法立法模式的缺漏。推动《专利法》《商标法》《著作权法》及配套法规修订工作，完善职务发明制度，健全知识产权审查和注册机制。加强新业态新领域创新成果的知识产权保护，加大对知识产权犯罪的打击力度，建立健全知识产权保护预警防范机制。研究修订《反垄断法》《反不正当竞争法》《知识产权海关保护条例》《植物新品种保护条例》等法律法规。建立专门的地理标志保护制度，适时做好遗传资源、传统知识、民间文艺等方面的立法工作。研究制定商业秘密保护法律制度，明确商业秘密和侵权行为界定，研究制定相应保护措施，维护市场经济中公平竞争的经济秩序。

2. 知识产权司法改革

组建国家、省、市三级知识产权法院审判体系，设立知识产权高级法院，在省级层面设立知识产权专门法院，在市级层面设立知识产权专门法庭。推进知识产权民事、刑事、行政案件的“三审合一”。探索跨地区知识产权案件异地审理机制，打破对侵权行为的地方保护。建立证据开示制度和举证妨碍制度，完善专家证人证言认定规则，探索赋予律师调查取证权。加大对于知识产权侵权行为的惩治力度，提高知识产权侵权法定赔偿上限。严厉打击知识产权犯罪，重点打击链条式、产业化知识产权犯罪网络。加强知识产权司法保护的对外合作，推动我国成为知识产权国际纠纷的重要解决地。

3. 知识产权执法强化

完善中国特色的知识产权执法保护体系，促进知识产权执法和司法保护程序的有机衔接。建立完善的知识产权综合行政执法体系，明确执法权限，统一执法标准，完善执法程序，提高执法办案水平与效率。建立行政执法决定的司法确认制度。探索建立知识产权行政确权执法联合办案工作机制，建立专业市场、展会知识产权行政执法快速程序。加强执法力量建设，严格行政执法人员资格管理，健全执法目标责任制。进一步推进侵犯知识产权行政处罚案件的信息公开。完善涉外知识产权执法机制，开展与相关国际组织和境外执法部门的联合执法。

4. 推进知识产权纠纷多元化解决

加大知识产权仲裁，探索在经济比较发达或者各省会城市设立专业化的知识产权仲裁庭，严格限制知识产权仲裁庭仲裁员门槛。探索以公证的方式保管知识产权证据及相关证明材料，加强对证明知识产权在先使用、侵权等行为的保全证据公证工作。开展知识产权纠纷诉讼与调解对接工作，完善知识产权纠纷行业调解机制。

5. 制定创新创业成果的知识产权专项保护政策

针对“互联网 +”“大数据”等知识产权保护新需求，创新知识产权保护新模式。制定众创、众包、众扶、众筹的知识产权保护政策。加强全网络知识产权执法维权工作，严厉打击各种网络侵权盗版假冒行为，在重要电子商务平台设立网络监管站。探索建立专利侵权纠纷投诉处理新机制并协同开展专利行政执法专项行动，构建电子商务等领域专利行政执法工作的长效机制。

6. 出台加强知识产权反垄断法执法的政策

在制定知识产权反垄断法的基础上加强执法，面对跨国公司利用知识产权垄断市场，采取符合市场经济规则的措施来保护消费者和国内企业的利益，利用知识产权反垄断法来制约滥用知识产权的垄断行为。

7. 制定健全知识产权保护预警防范的政策

将故意侵犯知识产权行为情况纳入企业和个人信用记录。推动完善商业秘密保护法律法规，加强人才交流和技术合作中的商业秘密保护。建立收集假冒产品来源地相关信息的工作机制，发布年度中国海关知识产权保护状况报告。发挥行业组织在知识产权保护中的积极作用。加强在线创意、研发成果的知识产权保护，提升预警防范能力。

（五）发展知识产权服务业

1. 引导知识产权服务业助推国家功能区发展战略实施

配合国家“一带一路”、京津冀协同发展、长江经济带、自贸区等战略实施，开展知识产权品牌服务牵手区域发展行动，带动优质知识产权服务资源对接国家重大战略实施，建立帮扶机制，提升战略实施相关区域的知识产权服务能力。

2. 完善知识产权服务业统计监测与发布机制

完善知识产权服务业统计制度，与工商、版权、农业、林业、质检等部门建立信息交流合作机制。利用工商登记、税收记录、组织机构代码数据，建立科学、统一、全面的知识产权服务机构名录库。提高知识产权服务业统计调查的覆盖范围，与有关部门联合编制知识产权服务业统计报告，发布知识产权服务业发展年度报告。

3. 加强知识产权服务业行业组织建设和监管自律

建立知识产权服务业全国性行业组织，发挥行业自律、行业服务、反映诉求、标准制定和规范行为等方面的作用。在地方层面，成立区域性知识产权服务业联盟或行业协会，开展知识产权服务行业“一业多会”试点。发挥商标协会规范商标代理机构行为的作用，加强商标代理职业道德培训。加强对著作权集体管理组织、版权行业协会、版权中介机构的管理与服务，规范市场行为。规范和引导地理标志知识产权服务秩序。

4. 建立健全知识产权服务标准体系

成立全国知识产权服务标准化技术组织，加快制定知识产权服务通用基础标准、公共服务标准，结合行业需求，优先制定专利代理服务规范、专利检索分析规范、专利分析评议规范、专利运营服务规范等。在国家级高新技术开发区、知识产权服务业集聚区、知识产权示范城市或园区中建设知识产权服务标准化试点示范区，加强知识产权服务标准的宣传贯彻和推广应用，培育发展知识产权服务团体标准。

（六）拓展知识产权国际合作

1. 推动构建更加公平合理的国际知识产权规则

制定全方位知识产权国际合作政策，积极谋划建立以“保护权利”和“促进发展”为核心的全球知识产权治理新秩序，以知识产权国际规则为重点深化多边合作。积极参与联合国框架下的发展议程，推动《TRIPS 与公共健康多哈宣言》落实和《视听表演北京条约》生效，参与《专利合作条约》《世界知识产权组织保护广播组织条约》《生物多样性公约》等规则修订的国际谈判，推进加入《工业品外观设计国际注册海牙协定》和《关于为盲人、视障者和其他印刷品阅读障碍者获得已出版作品提供便利的马拉喀什条约》进程。

2. 制定国际合作总体方略

制定知识产权全球合作的工作规划，加强双边知识产权规则的制定与合作，形成国际规则的变革共识，与重点国家取得合作的突破，扩大规则制定的范围，先易后难，形成事实上的国际规则，构成网络框架，成为国际惯例，从而成为国际条约。制定区域国际合作的工作规划，通过知识产权援助、公共产品的国际合作等多种方式，加强与包括"一带一路"相关国家在内的发展中国家和新兴国家的知识产权合作。建立国际合作实施保障机制，明确各级政府和有关部门在知识产权国际交流合作中的工作职责，完善知识产权涉外信息沟通交流机制，加大对地方知识产权涉外工作的指导协调。

3. 制定知识产权国际合作的具体策略

推进知识产权价值观外交，建立"包容、普惠、平衡"的知识产权价值观体系，不断完善中国特色知识产权制度，增强中国知识产权制度吸引力。成立更高级别的工作机制，统筹协调对外谈判工作，逐步建立起跨部门、跨国界的高效完善的谈判机制，形成政府、行业协会、企业、智库等对外谈判的磋商、咨询和应对机制。加强知识产权对外合作机制建设，加强与世界知识产权组织、世界贸易组织及相关国际组织的合作交流，积极推动区域全面经济伙伴关系和亚太经济合作组织框架下的知识产权合作，推动相关国际组织在我国设立知识产权仲裁和调解分中心。拓宽知识产权公共外交渠道，利用国际会议、国际活动、国际学习交流、领导人出访等多种场合和机会，向世界展示一个不断克服困难、千方百计增强知识产权保护力度的中国形象。充分发挥行业协会、公共智库等社会组织第二轨道知识产权外交的独特作用。加大对发展中国家知识产权援助力度，鼓励向部分最不发达国家优惠许可其发展急需的专利技术，加强面向发展中国家的知识产权学历教育和短期培训。

（七）加强知识产权支撑

1. 加快知识产权人才队伍建设

加强人才激励保障机制建设，形成政府、用人单位和社会力量共同推进的良好局面，充分尊重人才诉求，体现人才价值。建立人才评价与发现机制，建立科学的知识产权职业分类体系，完善知识产权从业人员专业技能评价体系以及企事业单位知识产权人才评价制度，为知识产权服务从业人员建立职业发展通道，增加行业吸引力。完善知识产权人才培训相关标准研究，将知识产权专业服务人才的培养从过去的以在职培训为主，适当拓展向前延伸到高校；搭建知识产权服务培训平台，实现远程异地培训、交流和考核；建立知识产权高端人才实践基地，促进人才成长。推动知识产权国家智库建设，由其围绕知识产权强国建设等战略性、全局性和关键性问题，深入开展调查研究，积极提出高水平的咨询意见和建议。培养一批知识产权价值分析师，促进我国知识产权评估业的长足发展。

2. 大力建设知识产权文化

知识产权宣传普及文化建设，建立新闻媒体支撑、社会公众广泛参与的知识产权宣传工作体系，推动知识产权宣传普及，建立若干知识产权文化培育试点，将知识产权内容更多地纳入普法、全民科学素养提升等工作中。推动知识产权进学校、进社区、进企业、进军营，提高全社会知识产权意识，使尊重知识、崇尚创新、诚信守法理念深入人心，为加快建设知识产权强国营造良好氛围。

3. 出台相关财税金融政策

在加大资金投入方面，充分整合现有政策资源和资金渠道，设立知识密集型产业发展专项资金，着重支持重点领域专利池建设、实施知识产权专项行动计划、知识产权成果产业化和应用示范工程等。在税收优惠政策方面，在全面落实现行各项促进知识产权创造和成果转化等税收扶持政策的基础上，针对知识产权创造及应用过程的特点，研究完善引导知识产权成果发明和产业化的税收支持政策。制定完善金融扶持政策，拓宽企业知识产权融资渠道和信用担保渠道，构建多方共同参与的专利保险服务创新机制，推进专利权经济价值分析运用，支持银行和金融机构控制质押贷款风险。完善专利产业化的财政资助政策，建议国家层面成立专利产业化专项资金，对获得中国专利金奖、中国专利优秀奖的专利产业化，给予财政重点支持，采取补贴银行的方式，通过贷款贴息，撬动银行资金开展知识产权质押贷款，大幅度地扩大专利产业化资助面。引导地方将专利申请资助资金转向支持专利产业化，增大地方政府的扶持面。加大对知识产权服务业的政策和财税支持，简化审核程序，知识产权服务合同按照“四技”合同对待，把知识产权服务业纳入新兴产业重大工程包高技术服务业培育工程重点实施领域，支持符合条件的知识产权服务机构在境内外特别是境内创业板、新三板上市。

四、知识产权重大项目和重大工程

表 2 列出了重大项目与重大工程的对应关系。

表 2　重大项目与重大工程对应表

重大项目	序号	重大工程
知识产权融合经济发展	1	知识产权密集型产业培育工程
	2	专利导航产业发展工程
	3	知识产权区域创新能力提升工程
	4	知识产权运营工程
	5	知识产权强贸工程
	6	知识产权强企工程
知识产权创造提质增效	1	专利审查提质增效工程
	2	商标审查与注册提质增效工程
知识产权保护环境优化	1	知识产权综合执法机制优化工程
	2	知识产权维权援助工程
	3	知识产权市场监管平台建设工程
知识产权服务水平提升	1	知识产权公共服务拓展工程
	2	知识产权服务业培育工程
知识产权国际合作推进	1	知识产权国际规则引领工程
	2	知识产权护航工程
	3	“一带一路”知识产权推进工程
知识产权人才文化支撑	1	知识产权人才培养工程
	2	知识产权文化建设工程

（一）知识产权融合经济发展

1. 立项缘由

知识产权前连创新后连市场，是科技成果向现实生产力转化的桥梁和纽带，服务于产业发展并引领产业变革。我国大部分企业知识产权投入少、规模大、利润低，依靠低成本优势竞争、走粗放式发展道路等问题突出。为充分发挥知识产权对创新驱动发展战略的促进作用，要设置知识产权促进产业经济发展项目，通过加强知识产权的运用加快产业结构调整，提升企业竞争力，促进科技成果转化为现实生产力。推动科技和经济的结合，加快国家创新体系的建设，着力构建以企业为主体、市场为导向、产学研相结合的技术创新体系，加强技术集成和商业模式创新，加强知识产权保护，是实现我国经济平稳发展和可持续发展的重要保障。[1]

2. 项目目标

促进知识产权运用，大力推动知识产权全面融入企业、产业和经济贸易发展中，切实发挥知识产权对企业、产业和区域创新能力的提升作用。大力发展知识产权密集型产业，实施专利导航产业发展，促进知识产权与区域经济深度融合，形成一批知识产权强省强市。健全知识产权运营体系，强化知识产权与外贸发展战略的结合，推动科技兴贸战略向知识产权强贸战略深化升级。

3. 项目内容、时间节点及阶段目标

（1）项目内容

推进企业知识产权标准贯标工作，制定高校和科研机构知识产权管理标准。健全强企示范企业涉外事务协调机制，形成一批具有极强的知识产权控制力和国际影响力的知识产权优势企业。

培育知识产权密集型产业，完成中国知识产权密集型产业的认定标准制定，探索制定知识产权密集型和依赖型产业的产业规划。

探索在制定区域规划和产业规划的过程中引入专利导航，继续开展重点领域的专利导航分析工程，建立专利导航分析常态化机制，以对应领域的产业集聚区为依托，指导项目立项和专利布局工作。

建立重大经济活动知识产权评议制度，研究制定知识产权评议政策，完善知识产权评议工作指南，规范评议范围和程序。

建立以知识产权为重要内容的创新驱动发展评价制度，将知识产权产品逐步纳入国民经济核算，将知识产权指标纳入国民经济和社会发展规划。发布年度知识产权发展状况报告。在对党政领导班子和领导干部进行综合考核评价时，注重鼓励发明创造、保护知识产权、加强转化运用等方面的情况和成效。按照国家有关规定设置知识产权奖励项目，加大各类国家奖励制度的知识产权评价权重。

（2）时间节点与阶段目标

到2020年，研究并出台强企建设政策性文件，强企培育工作体系初步形成。构建知识产权密集型产业高效高质增长的政策体系，确立专利导航的执行规范和操作标准。分类推进知识产权强省（区、市）试点建设，知识产权运营平台有效运

[1] 胡锦涛．坚定不移沿着中国特色社会主义道路前进 为全面建成小康社会而奋斗：在中国共产党第十八次全国代表大会上的报告［R］．北京：人民出版社，2012.

转。推动加工贸易企业提升出口商品的知识产权含量，知识产权国际贸易额占出口额比重有所提高。

到2030年，知识产权密集型产业对经济增长的贡献度基本达到中等发达国家水平。推广专利导航和分析预警成果运用试点单位，构建知识密集型和知识产权密集型服务业集聚发展区。不断强化知识产权强省（区、市）的引领带动作用，建成一批知识产权强省（区、市）。促进知识产权运营效益的提升，发展知识产权证券化，逐步开发知识产权保险品种，培育和规范知识产权运营保险市场。建立知识产权商品出口示范基地。

到2050年，我国知识产权密集型产业发展水平已达到或接近领先发达国家标准。知识产权密集型产业贡献GDP增加值超过60%，创造就业岗位超过75%。专利导航工作已经全面融入我国的产业规划和区域规划。以企业为代表的创新主体利用专利信息的能力达到世界先进水平。我国区域创新能力显著提升，形成若干知识产权与区域经济深度融合、引领示范作用强的知识产权领先省市。知识产权运营平台和产学研知识产权协同运营机制完善，知识产权资产流通和利用效率大幅提高。形成以知识产权创造为核心、以现代高端服务业载体为基础的服务业知识产权高地，知识密集型和知识产权密集型服务业集聚发展区稳步发展。

4. 重大工程

（1）专题一：知识产权密集型产业培育工程

工程目标：培育知识产权密集型产业。

工程内容：探索制定知识产权密集型产业目录，开展我国知识产权密集型和依赖型产业的调查统计工作，研究我国知识产权密集型和依赖型产业的发展阶段。编制促进知识产权密集型和依赖型产业发展的产业专项规划，开展知识产权密集型和依赖型产业培育工作。加大对知识产权密集型产品的支持力度，支持知识产权密集型和依赖型产业的商业模式创新。建立专利密集型产业的专利应急和预警机制。

保障条件：加强财政资金的支持力度，设立知识产权密集型产业培育专项资金，支持知识产权密集型产品推广、密集型企业培育、密集型产业公共服务平台和产业发展试验区建设。

（2）专题二：专利导航产业发展工程

工程目标：设置专利导航产业发展工程，发挥专利制度对产业创新资源的配置力，围绕高端装备制造业等先进制造业和生产性服务业超前部署、布局核心专利，充分利用专利信息资源对产业研发的引导力，推动重点领域关键技术和核心装备的研发突破和适应性专利布局。

工程内容：引入专利导航产业发展工作机制，建立政府引导工作机制和市场化运作工作机制，实施定期考核与评估。瞄准重点领域开展导航分析工程，围绕专利导航确定的产业创新重点方向，引导企业进行专利布局。通过专利导航强化专利信息利用和专利布局，将专利信息利用融入技术研发全过程。专利导航服务区域产业布局与发展，结合相关国家战略和地区功能定位，形成调整优化重大生产力布局方案和产业转移指导目录，推进区域产业转移承接示范区的建设。

保障条件：加大宣传力度，向相关政府部门、企事业单位，特别是国家知识产权试点示范园区、知识产权服务机构等做好宣传工作。建立国家知识产权局统筹协调、引导规范，省级知识产权局推广带动、具体实施联动工作机制。开展地方专利导航集聚区人才建设工作。逐步扩大专利导航产业发展基金。

（3）专题三：知识产权区域创新能力提升工程

工程目标：以地方经济发展和创新能力为基础，按照“四个全面”战略布局，着力提升区域创新驱动发展能力，形成若干知识产权与区域经济深度融合、引领示范作用强的知识产权领先省市，推动形成与国家重大区域发展战略相匹配、与地方发展实际相适应的知识产权强省（区、市）建设战略格局。

工程内容：开展地方知识产权资源与地方其他资源协调性的基础理论研究和统计调查，提出区域政策优化调整和资源配置的分类指导方案。推动知识产权强省（区、市）建设工程，鼓励有条件的省份先行推进知识产权强省建设，大胆探索实践知识产权强省（区、市）建设路径和举措。开展“一带一路”、京津冀协同发展、长江经济带建设等具有国家战略意义的重要功能区知识产权资源分布格局的调查统计。推进区域产业转移承接示范区的建设，建设国家产业转移信息服务平台。构建知识产权驱动型创新生态体系，打破创新“孤岛效应”，产生创新链式反应，形成创新循环系统。从技术创新系统、知识创新系统、创新扩散系统和创新支撑环境 4 个子系统维度，构建区域自主创新评价指标体系。提升区域知识产权国际竞争力，培育形成特色优势，建立有效应对国际知识产权风险的维权援助机制。

保障条件：加强财政资金的支持力度，成立知识产权促进区域协同发展领导小组，建立国家地方协调联动的战略实施平台，由国务院领导同志担任组长，成员由国务院相关部门和单位负责同志担任。

（4）专题四：知识产权运营工程

工程目标：建立健全知识产权运营平台，建立产学研知识产权协同运营机制，通过知识产权的收储、许可、转让、诉讼、证券化等方式的运营，实现科技向现实生产力的转化，实现创新投入的经济收益，充分发挥知识产权对企业效益的提升作用，知识产权资产流通和利用效率大幅提高。

工程内容：构建知识产权运营机制，培育市场化的知识产权运营机构。培育一批具有较强国际化经营能力的知识产权运营机构，搞活、壮大我国知识产权市场，提高我国知识产权转化应用水平。支持知识产权优势企业建立以企业为主导、知识产权运营服务机构以及高校、科研机构、企业、银行、投资公司等多方参与的企业知识产权运营联盟。充分发挥市场对资源配置功能，推动知识产权资产的流通和运用，建立起覆盖重点区域、重点产业，定位清晰、领域齐全、能力突出、竞争有序的知识产权运营体系，促进知识产权交易市场的合理布局和功能多元化。提升知识产权运用效益，拓宽融资渠道。建成专业性、权威性、影响力突出的全国知识产权运营公共服务平台，若干产业优势明显、产业特色突出的特色试点平台。

保障条件：本工程前5年为国家引导型工程，每年需要财政投入资金专门用于运营服务体系平台建设和维护、建立知识产权集成创新信息管理平台等。

（5）专题五：知识产权强贸工程

工程目标：全面评估《国家知识产权战略纲要》在对外贸易领域的实施成效，推动科技兴贸战略向知识产权强贸战略深化升级，从“中国制造”走向“中国智造”，提升中国产品在全球消费者中的美誉度，有效防控国际货物贸易中的知识产权风险，提高知识产权密集型商品和服务出口比重，鼓励对外知识产权许可，发展具有中国民族特色的服务贸易。

工程内容：大力发展知识产权贸易，从战略高度认识知识产权贸易对于促进经济贸易发展的重要作用，培育本土知识产权国际经营管理公司。大力促进知识产权商品出口，研究制定知识产权商品出口重大专项支持计划，支持具有中国特色的自主知识产权商品出口，把知识产权发展指标纳入加工贸易企业准入与考核指标，研究建立知识产权商品出口示范基地。积极鼓励知识产权密集型服务出口，研究制定服务外包领域的知识产权指南，加强知识产权密集型服务贸易载体建设。建立和完善与外贸有关的知识产权公共服务平台。完善知识产权贸易统计体系，定期编制并发布中国知识产权密集型商品进出口发展报告或中国知识产权贸易发展报告。主动参与国际经贸规则制定，妥善依法解决贸易投资争端。提升出口产品质量，塑造国际名牌。

保障条件：本工程前5年为政府投入型工程，每年需要财政投入资金专门用于加大出口自主品牌培育、知识产权密集型商品出口示范基地建设。

（6）专题六：知识产权强企工程

工程目标：充分发挥知识产权对企业效益提升作用，培育一批知识产权数量和质量较高、知识产权保护和运用能力较强、知识产权运营水平较高、具有较强国际竞争力和行业影响力的企业，影响和带动一大批企业运用知识产权有效提升市场竞争优势。

工程内容：出台强企建设政策文件，形成培育工作体系。培育知识产权示范企业，支持企业国际发展。培育知识产权优势企业，支撑产业发展。贯彻和提升企业知识产权管理规范，提升基础综合管理能力。指导高校和科研机构贯彻知识产权管理规范，提升知识产权管理水平。建设企业公共服务平台，优化创新创业环境。加强信息利用，提高企业综合运用水平。制定企业人才成长计划，支撑强企建设目标。加强与发达国家、新兴市场国家的经济技术合作与交流，鼓励中外联合进行新技术研发，支持国内企业通过自建、合资、合作等方式设立海外研发中心，鼓励跨国公司和境外科研机构在中国设立研发机构，鼓励企业引进先进技术，促进消化吸收再创新。

保障条件：加大知识产权专业人才的培训力度，培养知识产权、市场、法律、技术等综合型人才；设立知识产权优势企业培育基金，对大中企业进行知识产权优势培育，设立小微企业创新创业园启动资金，对小微企业开展知识产权培育工作。

（二）知识产权创造提质增效

1. 立项缘由

知识产权（专利和商标）审查是知识产权强国建设的重要环节和支撑力量，是实施创新驱动发展战略的基础工作。提高审查质量是提升知识产权质量的关键环节，保证知识产权权利的稳定性是加强保护、促进运用、实现价值的基础，高效率审查、优化审查周期结构是满足用户和社会多样化需求的保障。有效发挥知识产权审查向前促进科技创新水平提升、向后促进知识产权市场价值实现的双向传导作用，必须在高水平创造和高质量申请基础上，实现高效率审查和高规格授予。

2. 项目目标

在专利审查方面，提升专利审查便利化水平，完善知识产权审查协作机制，建立重点优势产业专利申请的集中审查制度，合理扩大专利确权程序依职权审查范围，拓展“专利审查高速路”国际合作网络，加快建设世界一流专利审查机构。在商标注册方面，提升行政效率，积极预防商标注册泡沫化，促使商标注册审查流程和商标结构更加优化，涌现一批具国际影响力的商标品牌，实现中国向“商标强国”转变的目标。在著作权登记方面，建立计算机软件著作权快速登记通道。进一步完善植物新品种、地理标志、遗传资源、传统知识、民间文艺、国防知识产权的审查和注册方式与流程。

3. 项目内容、项目节点及阶段目标

（1）项目内容

优化知识产权审查注册方式与流程，进一步完善专利和商标的审查协作机制，实现知识产权在线登记、电子申请和无纸化审批，建立集中审查、快速审查制度，适应创新主体的个性化需求，提供灵活而具有弹性的审查解决方案。

实施知识产权审查质量提升计划。健全完善新型商标的审查标准，建立重大、疑难案件审查会商制度，积极探索口头审理和巡回审理机制，推进商标评审公开化。确保专利审查标准执行一致，合理降低专利驳回决定撤销比率，合理降低在没有依据新证据的前提下发明专利无效宣告比率，合理降低专利行政诉讼撤销行政决定比率。建立软件著作权快速登记通道。提高植物新品种测试能力，完善植物新品种权审查制度。

实施知识产权审查标准动态调整政策。形成审查指南修订常态化机制，及时根据我国产业发展状况和不同产业需求，立足领域特点和需求动态调整专利审查标准。

加强知识产权审查国际交流合作。积极参与商标审查国际合作，全面增强国际专利审查业务能力建设，巩固和发展与主要国家和地区的双多边审查交流，提高专利审查国际业务承接能力，建设专利审查高速路，在国际合作中发挥业务引领作用。

扩大知识产权审查资源基础公共服务。建设商标代理机构信用档案和管理信息平台，完善适合我国检索方式和检索习惯的智能化商标检索系统。实施专利申请质量提升项目，建立专利申请质量监测和反馈机制，突出区域专利评价工作的专利申请质量导向。加大对小微企业帮扶和人员培训，对小微企业亟需获得审查结果的核心专利申请予以优先审查。收集和发布企业主要贸易目的地、对外投资目的地等外国专利制度相关信息，加强对“专利审查高速路”等国际合作项目的推广和培训。

提升知识产权审查智能化水平。启动商标审查与审理自动化系统升级，优化和升级专利审批系统、检索系统和电子申请系统。依托互联网与大数据应用，全面提升智能化水平，实现稳定运行状态下的系统优化与协同，推进审查的精细化管理，完成下一代审查系统顶层设计，推动审查质量与效率的提升。

建立知识产权审查登记的绿色通道。将知识产权密集型产业门类纳入专利申请优先审查范畴，在现有专利申请优先审查方式之外建立超快专利申请审查方式和延迟专利申请审查方式，逐步建立超快审查、加快审查、正常审查和延迟审查相结合的多轨专利审查方式。

（2）项目节点及阶段目标

到2020年，全面提升商标审查能力，推动我国向“中国创造”和“中国品牌”转变，建设商标品牌强国。专利审查综合实力在国际专利审查格局中拥有显著优势，与世界一流知识产权审查机构建立长效合作机制，初步具有引领国际专利审查未来发展方向的影响力。

到2030年，知识产权审查注册方式与流程全面优化，主要知识产权的审查登记全面实现电子化、无纸化申请，完善知识产权审查协作机制布局，专利审查和商标注册登记质量评价体系确立。知识产权审查与经济社会发展的结合进一步紧密，利用知识产权资源的社会公共服务初具规模。与世界各知识产权审查注册机构的交流合作进一步加深，跻身世界一流知识产权审查机构。

到2050年，审查效率、审查质量全面处于世界前列，在专利审查等领域形成较强的国际影响力，能够影响和引领世界知识产权审查工作的变革。中国特色知识产权审查、登记、确权制度成为国际知识产权界广泛接受并认可的知识产权政策体系。

4. 重大工程

（1）专题一：专利审查提质增效工程

工程目标：遵循“数量布局，质量取胜”的基本理念，坚持审查质量和效率并重，依法行政、诚信审查、激励创新，推动专利审查与经济、科技的紧密融合，发挥对创新驱动发展，促进经济转型升级、提质增效的支撑作用。

工程内容：持续提升审查质量，完善质量评价指标和评价标准，以用户需求和客户满意度作为衡量和改进标准，完善外部质量反馈机制。优化审查周期结构，继续推行全流程分段精细化审查周期管理理念，保障产业发展重点领域、重点申请的周期缩短，完善优先审查管理制度。提升审查智能化水平，加强电子申请端的人机交互功能，构建专利审查质量管理的信息化体系，提升系统全流程数据的标准化和安全性。拓展审查服务深度和广度，继续开展专利分析预警和专利导航项目，推行重要申请的集中审查模式，完善系列申请的关联审查模式。深化审查业务国际合作，制定审查业务国际合作规划。创新型中小微企业专利能力促进，加强对专利信息利用、申请文件撰写、审查实务和海外申请等内容的培训和指导。为重点产业提供专利审查支撑，实施重点产业专利信息监控计划。

保障条件：确保专利审查核心业务的财力、物力，建立专利审查提质增效工程实施经费专项预算和拨付制度。

（2）专题二：商标审查与注册提质增效工程

工程目标：提升商标注册审查管理水平，实现商标注册申请量持续增长和向“商标强国”转变的目标。为品牌经济发展创造良好环境，实现我国企业在国际上排名进一步提升的目标。以信息化建设促商标管理和服务能力提高，实现商标战略对社会经济发展支撑作用显著提升的目标。

工程内容：建立适应经济社会发展的审查体制机制，完善新型商标的审查标准，优化商标注册审查流程和商标结构。加强信息化建设，推进商标注册便利化，对具有自主创新、自主知识产权的高新技术企业申请注册商标以及注册商标争议的案件，符合提前审查和审理条件的，设立快速处理绿色通道。建立商标综合服务系统和商标异地协同审查系统，逐步实现对已受理商标注册申请信息和已注册商标信息向各省（区）市商标主管机关的全面开放。建立完善商标品牌基础信息管理与服务，实现与企业信用信息公示系统的对接，全面掌握商标品牌工作动态，科学制定和调整商标制度和政策。

保障条件：建立商标审查提质增效工程实施经费专项预算和拨付制度。

（三）知识产权保护环境优化

1. 立项缘由

加强知识产权保护，不仅是营造创新发展良好环境，实现创新发展的关键，也是关系到国家前途和民族未来的必然选择，有利于持续激发全社会的创新欲望，有利于不断增强创新活动的有效性。因此，建设知识产权强国，必须从我国自身发展阶段出发加快完善有利于促进创新的知识产权保护机制，努力实现创新投入与创新回报的良性循环，为建设创新型国家进而实现强国梦提供坚实基础。

2. 项目目标

构建严格的知识产权保护体系，进一步完善知识产权立法，健全知识产权司法，加强知识产权行政执法，优化知识产权司法和行政保护的衔接机制。提高知识产权纠纷解决的效率，建立知识产权纠纷多元解决机制，强化重点领域的知识产权保护，开展知识产权维权援助。

3. 项目内容、项目节点及阶段目标

（1）项目内容

积极推进知识产权保护体系建设。构建公正严格的知识产权司法保护，继续优化知识产权司法保护与行政执法保护并行运作的保护模式，积极推进跨地区跨部门协调、合作的知识产权执法保护，完善知识产权综合行政执法，建立知识产权纠纷解决多元机制。

实施知识产权维权援助工程。对中小微企业举报投诉迅速响应、有效维权、及时援助。加强知识产权保护网络化体系建设，建立国内知识产权维权援助体系和知识产权监管平台，建立行业协会和产业联盟应对知识产权海外维权的工作体系和维权援助机制。

强化重点领域的知识产权保护。严厉打击网络侵权假冒，推动建立互联网市场主体信用评价体系，加大新出厂计算机操作系统软件正版化监督检查。加大对新兴业态、新兴商业模式的保护，加强商业秘密保护。

加强进出口贸易知识产权境内保护。落实对外贸易法中知识产权保护相关规定，研究针对进出口贸易建立知识产权境内保护制度，试点建立侵犯知识产权进出口商品的快速裁决机制。创新并适时推广知识产权海关保护模式。

加强版权保护。加强对国家版权贸易基地、交易中心的指导和管理，推动版权资产管理制度建设，充分发挥版权示范基地提升城市和单位自主创新能力、促进版权产业发展的示范、引导和带动作用。

进一步提高和加快著作权保护水平，平衡、协调权利人和使用者的关系，鼓励合法、方便地使用作品，确保创作、保护和使用作品的良性循环。可通过赠送或允许使用已到保护期的作品，扩大公共机构免费公开作品的范围和方式。

建立著作权标准信息数据库，建立健全著作权统计数据的收集和分析系统、著作权许可证管理系统、著作权认证系统、网络著作权登记系统等，有效实施著作权的综合管理。[1]

---

[1] 积极推进版权保护机制优化与创新［EB/OL］. http：//www.cipnews.com.cn/showArticle.asp? Articleid=29730.

加强地理标志品牌保护。围绕当地特色产业布局和发展规划，有重点、分行业、分类别地推动地理标志产品保护示范区建设。加强地理标志保护执法，严厉打击地理标志假冒侵权行为。加强地理标志产品的进出口保护监管与实效，推动地理标志产品进出口贸易健康发展。

加强动植物新品种保护。加强行政执法能力建设，健全国家、省、市、县四级动植物新品种保护执法体系，将动植物新品种保护执法纳入行政综合执法范畴，提高执法队伍素质和执法水平。

加强国防知识产权保护。初步建立一支专门的国防知识产权行政执法队伍，国防知识产权滥用行为得到规制。明确国防知识产权纠纷司法审理法院，建立国防知识产权案件协查机制，对国防知识产权侵权案件依法审理和查处。

加强传统知识、遗传资源和民间文艺的知识产权保护。设立传统知识的保护和发展基金，明确民间文艺的保护范围，建立对民间文艺作品使用的许可和收费制度。重点抢救和保护民族民间文化。建立遗传资源的知情同意、惠益分享和信息披露制度。建设资料数据库，加强对遗传资源开发与创新的知识产权保护，维护我国对遗传资源的主权权利。

（2）项目节点及阶段目标

到 2020 年，构建严格保护体系，全国知识产权维权援助中心达到 100 家以上，全国知识产权快速维权援助中心达到 10 家以上，快速维权援助机制运转有效，响应时间明显缩短。知识产权监管平台一期建设工程建成，专利、商标和版权三类专门监管子平台初步上线运行并有效运转。

到 2030 年，形成长效保护机制，知识产权维权援助中心高效运转。知识产权监管平台建设工程建成并有效运转，及时监控市场动态，预防重大群体性事件发生，维护公平竞争的市场秩序。

4. 重大工程

（1）专题一：知识产权综合执法机制优化工程

工程目标：提高知识产权行政执法的效率和效果，以“协作”促“执行”，更多地利用知识产权综合执法模式来替代以往各部门单独的行政执法。推进知识产权司法保护体制改革，在北京、上海、广州三地以外地区推广建立更多的知识产权法院，推动知识产权法院获取刑事审判职能，采用“三审合一”模式来审理知识产权案件，对于普通法院的知识产权法庭，要统一审判标准，为知识产权司法保护创造良好的环境。

工程内容：在国家层面实现行政执法权在国务院知识产权行政部门的有效配置，并在各地方开展试点。建立知识产权综合行政执法委员会（综合行政执法机构），实行执法权的集中化配置。深化改革知识产权司法体制，形成具有中国特色的知识产权审判模式。总结北京、上海、广州设立知识产权法院的试点运行经验教训，进一步在更广范围内加强知识产权专门法院的建设，最终目标是实现知识产权案件的专属管辖权，打破地域限制和地方保护，加强知识产权保护。

保障条件：建立健全知识产权执法经费保障机制，在国家有关部门的规定中增加“专利行政执法人员”配发统一制式服装人员范围，改良执法装备，建立与企业、法院直接沟通渠道和预警机制。

（2）专题二：知识产权维权援助工程

工程目标：建立知识产权维权援助体系，建设一批快速响应、快速确权、快速调处的维权援助中心，为中小微企业维权提供免费的知识产权智力援助，对困难的权利人提供一定的经济支持，加大中西部地区知识产权维权援助建设力度，加大专业市场知识产权保护工作。

工程内容：加快建设知识产权维权援助中心，对企业维权援助需求给予及时响应和救助，发挥行业协会在解决知识产权纠纷和争端中的作用。设立知识产权快速维权援助中心，完善地方知识产权局委托执法方式，推广与当地法院建立证据互认、纠纷调解前置等协作机制，推广专利纠纷快速调解。建立知识产权维权援助平台，建立知识产权维权援助典型案例数据库。加大中西部地区知识产权维权援助机构建设力度。开展专业市场知识产权保护专项工作，试点开展专业市场知识产权纠纷调解工作和知识产权保护监督员工作。

保障条件：知识产权维权援助中心主要为中小微企业被侵权提供维权援助工作，属于公益性工作，应当由政府出资解决人财物等需求，每年应针对每家维权援助中心投入合理费用。

（3）专题三：知识产权市场监管平台建设工程

工程目标：建立涵盖所有类型的统一、综合知识产权监管平台，对外直接对接重要电子商务网站和重要内容提供网络，直接受理举报投诉。设立版权监管子平台，加强版权监管主动性；设立海关监管子平台，加强海关监管及时性。

工程内容：整合已有的知识产权监管类、举报投诉类平台，建立涵盖知识产权所有类型的统一、综合知识产权监管平台。针对版权监管特有的主动监管的特点，设立版权监管子平台，针对当前互联网盗版侵权泛滥的情况，加强主动监管。针对知识产权海关监管的及时性的特点，设立海关监管子平台，对涉及海关监管子平台的举报投诉及时响应，及时处理。针对反垄断监管的特殊性，设立反垄断监管子平台，对群体性集中投诉企业，及时开展反垄断调查。

保障条件：知识产权监管平台是多部门、综合性平台，需建立部门联动机制，由专人负责；监管平台一期工程建设需要3年时间，从国家层面到地方层面继续摸底整合，谋划平台整体建设思路，建立专利、商标、版权数据库，专利、商标、版权子平台上线运行，每年需要投入相对固定经费。

（四）知识产权服务水平提升

1. 立项缘由

知识产权服务业已经成为经济发展的重要推动力量。知识产权服务业既是第三产业的重要构成，直接贡献GDP，是调结构、发展第三产业的题中之意，也是促进第一、第二产业转型升级，促进创新发展、提质增效的重要推动力量。知识产权服务业直接带动就业的作用也很明显，对知识产权事业发展而言，知识产权服务业更是发挥了重要的基础支撑作用。知识产权服务贯穿于知识产权制度运行的各个环节，无论是知识产权的创造、运用、保护还是管理，都离不开知识产权服务的支撑和保障。[1]

2. 项目目标

培育有效支撑我国新常态经济转型和国际化发展下的知识产权服务业，完善知识产权服务业管理体系，优化服务结构，提升服务能力，引进和培养知识产权服务业人才，做大做强知识产权服务业，推动知识产权与产业、科技和经济的深度融合。

3. 项目内容、时间节点及阶段目标

（1）项目内容

加快培育知识产权服务业，制定我国知识产权服务业发展规划。加快出台有利于知识产权服务业集聚发展的政策措施，扎实推进各项工作，促进知识产权服务与产业融合发展。

加快国家知识产权服务业集聚发展试验区试点示范。加快苏州高新区、北京中

---

[1] 贺化．适应发展新常态，做大做强知识产权服务业：在第五届中国知识产权研讨会上的讲话[J]．专利代理，2015（3）．

关村、上海漕河泾、河南郑州市和深圳福田区等5个国家知识产权服务业集聚发展试验区试点示范，在此基础上，向全国深入推行针对知识产权服务业实施的各类税收优惠、资金补贴、品牌宣传等扶持办法。

加强知识产权服务协会、服务企业与知识产权密集型企业之间的对接。发挥地方政府行业主管部门、行业协会搭建平台、对接联系的作用，加强知识产权服务业与各类企业有效衔接。通过事业单位改革、中介协会机构改制等办法加快促进非营利为主的知识产权服务协会类型的机构、与独立民营知识产权服务企业以及大企业的知识产权事务部门之间互动对接。

引导知识产权服务业向专业化、特色化、规模化、国际化方向发展。针对装备、医药、能源、信息、文化创意等不同类型知识产权密集型产业的特征和发展规律，鼓励中小型知识产权服务企业向细分专业服务领域延伸，引导有条件、有实力的知识产权服务企业做大做强。推动知识产权服务机构提升国际化水平，通过海外并购、联合经营、业务合作、设立分支机构等方式开拓国际市场。鼓励线上线下知识产权服务融合发展，提高服务水平。

推动知识产权服务机构“走出去”。着力培育一些具有国际化视野和国际知识产权运作能力的知识产权服务机构，加大涉外高端知识产权律师人才培育力度，培育知识产权国际经营管理公司。鼓励民间资本成立知识产权并购交易基金，支持相关企业广泛开展知识产权的跨国交易。

以知识产权提升传统服务业发展水平。综合运用知识产权手段促进传统服务业提高附加值，全面提升软件、信息技术服务、文化事业、教育、科技服务等知识产权密集型服务业的核心竞争力。

强化知识产权公共服务，完善知识产权运营服务体系。运用互联网思维全面审视创新未来发展趋势，通过交易集聚、市场统一、信息公开、规则透明、流程规范的知识产权运营公共服务平台，提供信息共享、互联互通和运营管理等线上线下服务。

建设功能强大的知识产权公共服务平台。增强专利数据的完整性、准确性和时效性，实现专利基础数据信息、商标基础数据信息等各类知识产权基础信息的全面开放。加强面向企业的专利信息推送服务。

建设知识产权综合管理和保护信息平台。实现知识产权公共信息服务、知识产权综合保护、知识产权综合管理和知识产权产品监管等功能的综合集成，实现知识产权信息跨部门、跨区域的协同互动和资源共享。

改善知识产权服务业及社会组织发展环境，提高行业协会和服务机构服务水平。积极做好从业人员的培训工作，不断加强职业道德与纪律规范的约束，完善专利和商标代理从业人员执业信息披露制度，加强相关信息动态公开。

积极构建公正有效的知识产权交易秩序。逐步实行统一的知识产权标准体系，强化知识产权交易平台建设，活跃交易市场，提升交易功能，服务实体经济。

（2）时间节点及阶段目标

到 2020 年，培育一批知识产权高端服务机构。加快国家知识产权服务业集聚发展试验区试点示范园区建设。以知识产权提升传统服务业发展水平。建设知识产权运营公共服务平台，构建高效便捷的知识产权运营服务体系。建设知识产权基础数据开放平台。

到 2030 年，各类各层次的知识产权服务机构已初步满足创新主体的服务需求，形成一批国际领先的知识产权服务品牌机构。知识产权服务业集聚发展取得成效。建设完成功能强大的知识产权公共服务平台。知识产权综合管理和保护信息平台建成并投入运行。

到 2050 年，建成国际一流的信息化支撑体系。知识产权服务业全面实现市场化，知识产权公共数据服务极大便利，与市场化知识产权服务无缝衔接，一批市场化服务机构的服务能力达到或超过领先发达国家水平。

4. 重大工程

（1）专题一：知识产权公共服务拓展工程

工程目标：建立公民需求表达机制，确定知识产权公共服务的消费边界，监督和评估公共服务的生产、提供过程和服务效果，构建全国知识产权信息共享网络平台（司法信息、执法信息、交易信息）。

工程内容：加强知识产权公共服务系统建设，建立健全纵横结合、全面覆盖的知识产权公共服务网络，扩大知识产权信息服务网点，增加知识产权信息公共服务产品供给。加强知识产权基础信息公共平台建设，推动在大数据基础上各类知识产权服务平台的信息互联共享。提供知识产权信息服务，进行数据的深加工，提升专利审查系统的应用性和检索的快捷性。建设专题数据库，包括战略性新兴产业，未来发展急需的重大、关键产业相关技术数据库。优化业务系统和服务系统，依托一站式平台，建立知识产权信息共享和发布机制。

保障条件：加大财政在知识产权公共基础设施、公共服务提供等方面的投入，根据实际工作需要增加人员编制，在重点科研项目和基础建设项目中予以更多资金支持，调整优化财政支出结构。逐步形成由专业基础人才、骨干人才、高层次人才和高层次引领人才组成的科学完备、结构合理、相互衔接的知识产权人才体系，将知识产权专业服务人才的培养从过去的以在职培训为主，适当拓展向前延伸到高校。

（2）专题二：知识产权服务业培育工程

工程目标：统筹利用知识产权服务业行政资源，推动知识产权服务业大力发展，加强知识产权服务业宏观引导能力建设，优化知识产权服务业发展环境，重点培育有效支撑我国新常态经济转型和国际化发展下的知识产权高端服务业。

工程内容：开展知识产权服务促进产业发展行动，支持服务平台集成、优化配置各类知识产权资源，鼓励行业协会、产业联盟和专业机构发布重点产业知识产权信息、竞争动态和年度发展态势报告。实施知识产权服务品牌机构培育计划，打造一批全国知识产权服务品牌机构，形成行业标杆，发挥示范效应。深入推进知识产权服务业集聚区建设，推进知识产权服务机构与企事业单位形成知识产权运用联盟。实施知识产权服务促进协同创新计划，建立从研发创意、形成知识产权、技术转移到产业化的协同创新机制。培育知识产权服务新业态，引导国内知识产权服务业积极探索“互联网＋”商业环境中知识产权服务的新模式。改善知识产权服务社会组织管理，开展知识产权服务行业协会组织“一业多会”试点。

保障条件：建立知识产权公共信息服务平台，实施财税激励政策，鼓励知识产权高端服务机构培育，培养和引进知识产权服务高端人才。

（五）知识产权国际合作推进

1. 立项缘由

国际化背景下的知识产权强国建设，对中国参与全球创新治理体系，特别是知识产权治理体系也提出了更高的要求。我国知识产权强国建设应当高度重视知识产权国际合作，从战略的角度去认识我国所处的国际环境以及在国际知识产权规则变革中的地位和作用，明确我国国际合作战略，探索中国特色知识产权国际合作的新思路和新体制，在国际规则制定中发出更多中国声音，注入更多中国元素，推动国际知识产权规则朝着普惠、包容方向发展，维护和拓展我国发展利益。

2. 项目目标

本项目立足中国、面向世界、服务发展，为实现我国积极参与并应对经济全球化进程提供战略保障。努力推动于我有利、开放包容、平衡有效的国际知识产权秩序的形成，维护国家安全，保护我国产业和企业的海外权益，促进我国国际竞争力和影响力的提高。[1]

3. 项目内容、时间节点及阶段目标

（1）项目内容

推动建立知识产权全球治理新结构。坚持发展中国家的地位与立场，同时树立大国信心，团结和联合发展中国家，积极主动提出立场和主张，提倡“包容、互惠、平衡”的知识产权理念，推动建立以“保护权利”和“促进发展”为核心的知识产权全球治理新结构。

制定知识产权国际战略。有效应对知识产权对外谈判和涉外事务，更好地维护我国国际利益。制定差别化的知识产权国际化战略，构建发展中国家知识产权沟通协调机制。

坚持知识产权多元发展。支持发展中国家知识产权多元发展，坚持地域性和最低保护标准是知识产权国际规则的基础，每个国家和地区应当允许通过有利于其特殊情况和社会约束的方式适应国际条约的义务，允许不同的发展中国家采取不同的知识产权发展路径。

提高知识产权国际规则制定的话语权。积极参与知识产权国际规则谈判，致力于在国际条约的谈判和修订中发挥建设性作用，积极维护我国政治、经济和文化利益，强化对外贸易中的知识产权的保护与运用，积极把握参与知识产权国际规则重构的各种机遇。充分发挥知识产权与贸易部门联席会议机制的作用，积极参与知识产权国际规则的制定，提升我国应对知识产权国际纠纷的话语权与主导权。

创新知识产权国际合作新模式。深化对外贸易、对外投资与对外知识产权布局得到有效互动，带动我国产品、技术、标准与服务的出口。支持有能力的知识产权运营公司在国外开展知识产权运营，引导企业在境外注册商标，鼓励企业以进口、境外并购、国际招标、招才引智等方式引进先进技术与知识产权。支持企业、科研机构和行业组织积极参与国际标准制定，大力推行我国标准国际化。

加强知识产权公共外交。加强驻外使领馆知识产权工作力度，在主要国家、国际组织派驻知识产权外交专员，充分发挥政府知识产权外交主渠道作用，使知识产权对外交流与国际经贸投资的国际布局相匹配。充分发挥行业协

---

[1] 参见国家知识产权局重大课题研究报告《后 TRIPS 时代全球知识产权格局变革与未来走向》。

会、公共智库等社会组织独特作用，利用民间渠道加强知识产权公共外交。设立驻欧、美、日等主要国家和地区知识产权研究机构，跟踪把握知识产权变革新动向，及时制定应对策略。

加强企业海外知识产权保护。强化涉外知识产权实务统筹协调，完善海外知识产权信息交流机制。继续完善和推进以政府为主导，企业、行业中介组织、研究机构和驻外经商机构共同参加的海外知识产权保护服务网络，健全海外维权和争端保护机制，提高企业的知识产权保护意识和海外维权能力。完善知识产权海外维权及预警机制。加快培育以知识产权为核心内涵的国际竞争新优势，强化对重点行业出口的知识产权分类指导，支持出口企业提升产品自主知识产权含量，推动其向产业链和价值链高端迈进。

（2）时间节点及阶段目标

到2020年，知识产权事业发展的国际认同度大幅提升，在特定区域的知识产权事务影响力显著，与“一带一路”沿线国家的知识产权多双边交流更加完善。健全基本适应企业“走出去”所需的协调机制，企业应对知识产权海外风险的能力提升。

到2030年，我国在参与国际知识产权规则制定中的话语权和影响力明显增强，企业应对知识产权海外风险能力显著增强，知识产权国际竞争力显著增强。

到2050年，国际知识产权规则朝着普惠、包容方向发展，维护和拓展我国发展利益。

4. 重大工程

（1）专题一：知识产权国际规则引领工程

工程目标：随着知识产权国际规则趋势的不断变化，我国应适时调整知识产权规则方面的策略，增强规则制定、推行的主动性，在国际知识产权规则的制定与完善过程中，积极谋求参与国际知识产权话语权，推动国际知识产权向普惠包容和平衡有效的方向发展。

工程内容：加强知识产权对外合作机制建设，谋求参与知识产权国际规则变革的主动权。强化对外贸易领域的知识产权保护，在国际贸易投资领域全面贯彻落实知识产权战略的方针政策。巩固和发展与主要国家和地区的多双边知识产权交流，加强面向发展中国家和新兴国家的知识产权援助，促进知识产权国际规则朝着普惠包容、平衡有效的方向发展。建立知识产权发展同盟，推动知识产权国际谈判以民主和平衡方式进行。拓宽知识产权公共外交渠道，推动国内服务机构、产业联盟等加强与国外相关组织的合作交流。

保障条件：加强知识产权领域的对外交流合作，建立和完善知识产权对外信息沟通交流机制，加强国际知识产权人才培养，完善涉外知识产权工作体制。

（2）专题二：知识产权护航工程

工程目标：加强海外知识产权保护和执法信息收集，完善海外知识产权维权援助体系，应对知识产权重大及突发事件，引导我国企业和行业的海外专利布局和运营能力，有效应对知识产权争端，维护我国作为发展中国家的正当权益。

工程内容：加强海外知识产权维权援助，发布海外和涉外知识产权服务和维权援助机构名录，制定实施应对海外产业重大知识产权纠纷的政策。提升海外知识产权风险防控能力，加强境外投资项目知识产权风险防范指导，发布涉外知识产权预警、重点国家和地区知识产权环境状况报告。鼓励企业组建海外维权联盟，吸收技术、法律、实务专家加入联盟，在“走出去”的过程中抱团应对知识产权难题。建立知识产权国际信息服务平台，发布国外知识产权信息通讯与环境报告，建立外事谈判机构与我国企业和行业的信息分享机制。派遣知识产权专员。

保障条件：政府在政策中给予企业面对知识产权海外诉讼的资金和法律援助，帮助企业降低应对海外司法程序的难度和风险，对重点产业进行针对性的培育，给予指导和政策优惠，建立和完善人才培养激励机制和引进制度，扩大金融领域开放，建立科技创新、“走出去”、服务贸易等专项促进基金和担保基金。

（3）专题三：“一带一路”知识产权推进工程

工程目标：努力建设“一带一路”区域知识产权一体化制度，推动区域知识产权一体化规则与国际知识产权规则相融合，实现区域内各国在知识产权保护上的互利共赢。

工程内容：加强“一带一路”区域知识产权规则建设，加强知识产权边境保护、信息沟通、冲突解决与政策交流的合作。促进“一带一路”区域知识产权保护，协调好彼此间的知识产权政策，避免投资和贸易摩擦。增强对“一带一路”周边国家的知识产权援助，通过技术支持、政策宣传、知识产权学历教育和短期培训等方式支持和援助“一带一路”国家知识产权能力的提升。

保障条件：整合现有资金渠道，加大中央财政对“一带一路”知识产权相关重大项目的支持力度，建立“一带一路”知识产权信息平台，构建“一带一路”知识产权信息的网络化信息平台，实现对各国、各行业知识产权动态的实时披露和追踪。

（六）知识产权人才文化支撑

1. 立项缘由

我国知识产权文化环境整体上仍不能适应努力建设知识产权强国、为建设创新型国家提供有力支撑的需要，大中小学校教育中知识产权内容亟待纳入，市场主体勇于创造、敢于创新的文化氛围不够浓厚，社会公众保护知识产权的自觉意识不足，维护知识产权制度的行为规范尚未普遍形成，知识产权人才知识结构相对单一，人才培养方式需进一步拓宽。构建“大宣传”格局、推动知识产权文化繁荣，继续完善人才培养体系、健全人才评价和发现机制，提升我国知识产权“软实力”，是知识产权环境建设和支撑工作的重点和长远目标。

2. 项目目标

知识产权人才资源总量持续稳定增加，人才队伍结构和布局全面优化，人才能力素质全面提升，人才发展环境全面优化与完善，人才使用效能极大幅度提高，培养和引进知识产权专利分析等四类专业化、复合型人才。繁荣知识产权理论研究和文化出版市场，培育全民“尊重知识、崇尚创新、诚信守法”的核心价值观，建设全社会尊重法律、尊重权利、平等竞争、有效运用的知识产权文化。

3. 项目内容、时间节点及阶段目标

（1）项目内容

强化知识产权人才队伍建设，完善人才评价与激励机制。建立科学的知识产权职业分类体系，积极推动知识产权专业技术职务任职资格评审，专利管理师、专利信息分析师职业能力认证制度以及企事业单位知识产权人才评价制度。

完善知识产权人才队伍体系。突出培养和造就一支知识产权领军人才队伍，加快企业知识产权管理、知识产权运营、专利信息分析和知识产权国际化等方面的急需紧缺人才培养。

制定实施知识产权人才重大政策。加强知识产权学科建设，加大知识产权专业研究生培养力度，建立人才引进和使用过程中知识产权评议和鉴定机制。建立全国统一的知识产权管理职业水平评价制度，将知识产权审查登记及相关人员纳入专业技术类公务员管理。建立政府部门、国有企业、高校和科研机构间人才“旋转门”，实施人才到基层服务和锻炼的政策机制。

推进知识产权人才重大工程项目。依托国家自主创新区、自由贸易试验区、京津冀协同发展区等区域，建立知识产权人才发展试验区，统筹协调和整合知识产权专家库等各方知识产权咨询、研究等力量，建设形成多层次、多样化的知识产权智库体系。构建政府部门、高校和社会培训多元教育培训组织体系。

培育与繁荣知识产权文化，繁荣知识产权文化学术理论研究。通过开设课题研究、举办征文活动、开展文化调研及专题研讨、举办主题沙龙等活动，鼓励、支持教育界、学术界广泛参与研究知识产权文化建设的新情况和新问题，推出优秀知识产权研究成果和普及读物。

拓宽知识产权文化教育培训渠道。推动将知识产权内容纳入中小学教育课程体系，鼓励高校开设知识产权课程以及有条件的高校、科研机构开展知识产权学历教育和继续教育，引导各类学校开展创新大赛、漫画及视频大赛及征文活动等竞赛活动，推动将知识产权知识纳入各级党校、行政学院培训内容。

加大知识产权文化宣传普及力度。加大对地方支持力度，推动“全国知识产权宣传周活动”进市、进县，鼓励支持广播、电视、报纸、杂志、网络等各类媒体开设固定栏目，倡导各级政府建立微博、微信、客户端等自媒体平台，及时充分宣传报道知识产权新闻，引导社会舆论。通过开展有奖征稿、征文比赛等活动激发公众创作热情，制作适合新媒体传播的系列知识产权普及读物。

加强知识产权文化国际合作交流。进一步拓宽对外宣传渠道，加强与有关国际组织、外国有关政府部门、专业机构、民间机构以及媒体的交流与合作，积极借鉴国外知识产权文化普及推广经验，宣传我国知识产权事业进展，释疑解惑，加深相互理解。

（2）时间节点及阶段目标

到 2020 年，知识产权理论研究和文化出版市场繁荣，大中小学生基本具备知识产权和创新意识，创新主体投身创新创造的内在动力显著增强，公平竞争、诚信经营、创新发展的市场环境基本形成，人才队伍结构和布局进一步优化，知识产权人才知识、技能和专业水平进一步提升，知识产权意识深入人心，“尊重知识、崇尚创新、诚信守法”的知识产权文化核心观念成为公民普遍认同的时代精神重要内容。

到 2030 年，在全国范围布局一批知识产权文化培育示范推广基地，推动知识产权内容深度纳入知识产权普法、全民科学素养提升等工作中。大中小学生具备较强的知识产权和创新意识。以知识产权高层次人才为引领，人才队伍结构和布局全面优化，知识产权人才培养开发、评价发现、选拔使用、流动配置和激励保障机制运转良好。公平竞争、诚信经营、创新发展成为参与市场竞争、社会创新的基本法则。知识产权文化核心观念得以丰富和发展并成为全社会共识。

到2050年，“尊重知识、崇尚创新、诚信守法”的知识产权核心价值观衍生出全新的内涵，与社会道德和价值理念全面融合，成为构成社会基准道德和价值理念的重要基石之一。知识产权人才极大丰富，知识产权逐渐成为社会公众知识结构的基本构成要素和各领域专业人才的基本素质。各领域人才素质达到或超过领先发达国家水平，人才对知识产权的支撑作用全面显现。

4. 重大工程

（1）专题一：知识产权人才培养工程

工程目标：建立人才评价与激励机制，建立科学的知识产权职业分类体系，完善知识产权人才培训相关标准研究，鼓励各类知识产权专业人才合理流动，形成知识产权人才优化配置的良好局面，培养一批高精尖的知识产权人才与实战型的人才。

工程内容：建立知识产权人才评价、发现与激励机制，完善知识产权从业人员专业技能评价体系以及企事业单位知识产权人才评价制度，完善各类考核、认定、评价政策。研究、制定并实施知识产权人才培养规划，创新知识产权人才培养模式。推动知识产权智库建设，建立知识产权国际化人才储备库和利用知识产权人才的信息平台。加大各类人才的培养和引进，面向重点地区重点企业制定实施企业知识产权专利分析人才培养计划。完善知识产权职业水平评价制度，稳定和壮大知识专业人才队伍。

保障条件：建立人才引进与使用中的知识产权评议和鉴定机制，有效地控制人才流动法律风险，激励创新型人才发展，探索建立全国统一的知识产权管理职业能力水平评价制度，大力促进知识产权人才队伍的发展，壮大我国急需紧缺的专业技术人才力量。

（2）专题二：知识产权文化建设工程

工程目标：建立新闻媒体支撑、社会公众广泛参与的知识产权宣传工作体系，培育知识产权意识，提高知识产权认知度，培育全民“尊重知识、崇尚创新、诚信守法”的核心价值观。

工程内容：培育知识产权沙龙，搭建知识产权高端论坛，组建知识产权高端交流活动，辐射业界。培育文化品牌，引导和扶持文化企事业单位创造拥有自主知识产权的文化精品。加强培育优势品牌产业，加快推进制造业和战略性新兴产业品牌建设。

保障条件：加强组织协调，加大知识产权执法人力投入，重点突出文化领域知识产权执法，设立文化领域知识产权专项经费，对开展知识产权工作成果突出的单位和地区给予补贴和奖励，各级文化行政管理部门要定期评估知识产权工作实施情况，对各项任务落实情况组织开展监督检查。

知识产权强国建设战略任务研究之一*

一、中国知识产权强国建设现状与发展需求分析

（一）中国知识产权强国建设现状与发展需求分析

中国政府2006年公布了《国家中长期科学和技术发展纲要（2006—2020年)》，提出了构建创新型国家的宏伟蓝图。要建设创新型国家就必须建立和发展以市场为导向、法治为手段的知识产权体系，构建起以创新作为知识创造价值、知识作为产权参与价值分配、产权作为资本实现价值增值的创新经济运行模式，在这当中，知识产权的保护和科技成果转化能力显得尤为重要。本部分将从知识产权价值链视角出发，研究我国知识产权强国建设战略任务。

1. 中国科技进步与发展背景

党中央把国家创新能力发展提到了前所未有的高度，投入大量资源到科技研发与创新中，并向高校、企业等创新主体提供了很多资金支持和财税方面的扶持政策，并取得了显著的成效，使我国的创新规模和发展速度在短时间内有了大幅提高，强有力地保证了我国知识产权强国建设。

一是国家综合创新能力快速上升。美国彭博新闻社对2015年世界最具创新力的前50个国家和地区进行的排名结果显示，我国创新指数排名第22位。二是科技创新能力大幅提高。2004年至2014年9月，我国共发表国际论文136.98万篇，排在世界第二位，比2013年统计时增加了19.8%，位次保持不变，论文共被引用

---

* 本文基于2015年知识产权强国研究报告《知识产权强国建设战略任务研究之一》。指导顾问：薛澜、宋建华；课题负责人：梁正；主要执笔人：梁正、罗猷韬、邓兴华；其他课题组成员：罗猷韬、邓兴华、毛昊、张永华、李牧、刘淑华。

1037.01 万次，排在世界第四位。❶ 三是企业创新能力逐步提高，出现了一批如华为、中兴等具有一定国际影响力的企业。据国家知识产权局统计，2015 年我国企业获得发明专利授权 15.9 万件，占国内发明专利授权量的 60.5%，比 2014 年提高 4.1 个百分点。❷ 四是我国企业知识产权意识显著增强。2013 年我国有 41009 家企业进行了软件著作权登记，约占著作权人总量的 74.01%，约为自然人的 3 倍，约为事业单位著作权人的 24 倍；企业登记软件合计 134815 件，约占我国登记总量的 82.03%，是自然人的 15 倍，是事业单位著作权人的 7 倍。五是科技进步对经济的贡献率持续增加。1979 年科技进步贡献率为 29%，2012 年科技进步贡献率达到了 47.9%，科技进步对经济增长的贡献率将近达到一半。1978 ~ 2012 年科技进步贡献率为 37.6%。

表 1　1979 ~ 2012 年中国科技进步贡献率❸

年份	科技进步贡献率/%	年份	科技进步贡献率/%
1979	28.5	1996	29.0
1980	21.4	1997	29.9
1981	-2.7	1998	33.2
1982	36.6	1999	39.4
1983	50.4	2000	44.6
1984	54.7	2001	39.7
1985	46.9	2002	41.8
1986	22.9	2003	40.2
1987	37.8	2004	36.9
1988	37.5	2005	44.4
1989	-13.2	2006	47.6
1990	-211.8	2007	52.4
1991	50.0	2008	43.1
1992	60.9	2009	43.2
1993	52.5	2010	44.3
1994	45.8	2011	46.7
1995	34.9	2012	47.9

❶ 中国科学院. 2015 科学发展报告［M］. 北京：科学出版社，2015.

❷ 韩霁. 2015 年我国受理发明专利申请首次超过 100 万件［N/OL］.（2016-01-15）. http://www.ce.cn/xwzxiqhsz/gdxw/201601/151t20160115_8291352.sthml.

❸ 数据来自 2014 年知识产权强国研究报告《知识产权强国建设的创新经济学研究》。

2. 中国知识产权发展现状及存在问题

（1）中国知识产权发展现状

在我国创新驱动发展的时代背景下，我国的知识产权发展势头强劲，规模迅速扩张。从知识产权价值创造、价值分配与保护和价值增值的角度来看，一是我国知识产权的价值创造能力持续增强，知识产权规模快速扩张。二是初步建立起了一套完整的现代知识产权法律和行政体系，对知识产权在市场经济中的价值实现及保护起到了积极的作用。知识产权司法保护体系不断完善，司法审判的影响力不断扩大，正逐步发挥法院司法审判在知识产权保护中的主渠道作用。企业更多的依靠行政手段解决专利侵权纠纷。三是知识产权交易与运营日趋活跃，价值增值能力有所提升。我国知识产权贸易迅速增长。[1] 知识产权中介服务快速发展，对知识产权价值增值起到催化剂作用。尝试建立知识产权信贷服务体系等。

（2）我国知识产权发展中存在的问题

一是知识产权创造能力，特别是价值创造能力仍有待提高。发明专利寿命短，与国外差距明显；发明专利比重低，有效发明专利质量不高；缺少标准必要专利。在重要、关键领域缺少核心知识产权。二是知识产权价值实现存在障碍，知识产权保护、政策与支撑体系亟待完善。知识产权政策与法律法规仍不完善；知识产权行政职能划分不清，多头管理；知识产权政策与支撑体系有待完善。三是知识产权价值增值能力不足，知识产权交易与资本运营体系建设滞后。知识产权许可、运营收入低，贸易竞争力不足；知识产权中介服务体系不完善，知识产权服务业不发达；激励机制不完善，科技成果转化存在制度性障碍；知识产权资本化程度低下，知识产权资本运营体系发展滞后。四是知识产权国际化发展程度不够，国际话语权和影响力不足。

3. 中国与世界知识产权强国间的差距

目前，我国多项知识产权申请与授权数量均居世界第一位，知识产权国际布局已经初具规模，我国数百种出口产品居世界第一位，部分具有自主品牌、核心技术的自主知识产权产品和相关企业初步具备了与发达国家跨国公司同台竞技的水平，那么我们与世界知识产权强国间的差距究竟在哪里？国家知识产权局知识产权发展研究中心课题组基于 2012 年的数据对我国与世界知识产权强国进行了综合评价。2012 年，中国在知识产权强国指数测算的 40 个国家中排名第十位。从价值链的视角来

---

[1] 来自 WTO 服务贸易统计。

看，我国知识产权在价值创造、价值实现、价值增值方面与世界强国的差距十分明显。

（1）知识产权价值创造能力众多指标排名较高，发展势头良好。多项指标世界排名靠前，甚至稳居世界第一，但这仅仅在规模上得以体现，而知识产权的创造质量从该指标体系中并没有得到充分反映。

（2）对知识产权价值实现的保护不力。多项指标世界排名30位左右。对知识产权的保护力度不够，大众的维权意识不足，没有建立起与知识产权强国相匹配的法治环境、市场环境和文化环境，致使知识产权不能对创新劳动所得进行有效分配。

（3）知识产权的价值增值能力不足。“知识产权许可出口收入占服务贸易出口比重”与“知识产权许可贸易差额”均排在世界30位以后，说明我国知识产权产品附加值低，在国际贸易中处于劣势。

（二）中国知识产权强国建设的情景分析

1. 2015~2030年的中国：发展情景与方向

未来20年将是中国从经济大国迈向经济强国的关键阶段，也是中国大有作为的重要战略机遇期。把握历史机遇，认清发展形势是建设知识产权强国的基础，有鉴于此，本部分利用外推和情景设计方法对我国2030年的发展情况进行预测。

（1）2030年我国社会经济发展情况预测

2012年12月12日，美国国家情报委员会在《全球趋势2030：变换的世界》中指出，到2030年，按照汇率法估算中国的GDP总量将达到66.4万亿美元，按照世界银行的购买力平价现价法测算，中国GDP总量将是美国的2.2倍，中国有望成为真正意义上的世界现代经济强国，实现从“中国工厂”到“中国市场”的转变，中国将成为世界最大的消费市场，形成世界最大的现代产业体系，建成世界最大规模的城市化群，以及世界最大、最现代的基础设施体系。

（2）2030年我国科技发展情况预测

到2030年，中国科技实力占世界比重将达到30%，相当于美国和欧盟的总和；中国科学论文发表量世界第一，占世界总量的25%，超过美国，占欧盟27个成员国的24%；专利申请量世界第一，占世界总量的35.0%，接近美国、欧盟和日本科技体的总和；中国科技研发资金投入占GDP总量的2.5%~3.0%，相对于美国等科技强国该项指标较低；中国成为高技术产品出口第一大国，占世界总量比重达30%。

（3）2030年我国人力资源发展情况预测

2020年之后，中国进入人口红利效应逐渐减少期，同时，中国进入老龄化和少子化时期，成为21世纪中国面临的重大挑战之一。在人口红利效应逐步减少的同时，由于教育、人才和科技领域的迅速发展，将会为中国带来新的附加值更高的红利形式，即人力资本红利。人力资本红利实质上是高质量的人口红利，其边际效率要显著高于人口红利。中国人力资本红利的形成来源于教育红利、就业人口比率提高、转移就业红利。未来中国将形成具有中国特色、世界最大规模的人才队伍，既包括能够从事尖端科学研究、最大规模的科研人员队伍，也包括掌握实用技术、具有较强技术应用能力的实用人才队伍和技术工人队伍。

（4）2030年我国高等教育发展情况预测

在全球一体化和知识经济浪潮的背景下，中国高等教育担负着培养高素质创新人才、引领科技创新与经济发展、成为全球合作与交流桥梁的重任。未来20年，中国将有效应对教育改革和发展的挑战，到2030年中国将率先实现中国特色社会主义教育现代化，构建世界上最大的全民学习、终身学习、灵活学习的学习型社会，建成世界人力资源强国。同时，主要教育发展指标达到或接近发达国家水平，实现教育现代化，满足世界上最大规模教育人口日益增长的教育需求。

2. 2015～2030年的世界：发展趋势与方向

过去30年内，全球大环境毫无疑问促进了中国经济的高速发展。2014～2030年，全球经济发展将处于黄金增长期，产业结构持续调整升级，国际贸易实现更大范围的自由化与更为深化的一体化。尽管国际环境的不确定性、不稳定性进一步增加，但中国面临对外开放的外部环境和有利条件没有根本转变，经济、科技、政治、安全等国际环境处于建国以来最好的时期。

对于世界而言，全球黄金增长期是重要的发展机遇期；对于中国而言，全球黄金增长期更是重要的战略机遇期，为中国提供了难得的国际发展环境，是中国充分利用国际和平环境和国际资源，实现自身发展的机会窗口。

（1）全球经济发展情况预测：2015～2030年

① 经济增长速度

1990～2030年，全球经济正处于第三次黄金增长期，全球经济有望保持3.0%～3.5%的年均增长速度。到2030年，金砖四国，中国、印度、俄罗斯、巴西的GDP占世界比重将有可能达到60.1%。全球最大的五个经济体将是中国、印度、美国、欧盟和巴西。从经济增长来源上看，科技创新带动的全要素生产率增长以及教育发展带动的人力资本存量增长是支撑全球经济黄金增长期的重要因素。

② 2030 年全球产业结构变化预测

全球产业格局将在未来 20 年中出现明显的调整，农业在全球产业结构中的比重将持续下降，工业特别是制造业所占比重也将呈明显下降态势，服务业所占比重将显著提高。随着发展中国家产业结构的调整和升级，更多的劳动力将从农业部门转移到工业和服务业部门，全球就业结构将以服务业和工业为主体，农业就业比重大幅下降。知识服务业比重迅速提高，意味着经济体系对知识要素，如知识、科技、教育、信息等的依赖程度迅速增加，并成为经济增长的主要动力和创造就业的主要来源，也是全球向知识经济、知识社会转型的动力。

③ 2030 年世界贸易与投资预测

全球国际贸易总量将继续保持高速增长，国际市场与国内市场的一体化程度不断提高。到 2030 年，全球出口额有望突破 55 万亿美元，届时占全球 GDP 比重将达到 53.4%，保守估计，这一阶段的全球出口年均增长率在 6.4% 左右。新兴国家在国际贸易体系中的角色日益凸显。从国际范围看，贸易自由化仍是主流，但贸易自由化与贸易保护主义的矛盾仍将长期存在，国际贸易争端难以避免，大国之间既相互倚重，又相互角力。

（2）2030 年全球科技与创新发展情况预测

① 2030 年全球科技产出与人力资源预测

未来 20 年，将迎来新的科技革命和更加激烈的创新竞争。国际科技论文产出和专利产出保持较快增长速度。预计 2020 年，全球每年发表的国际科技论文数将达 167 万篇，申请国际专利 147 万件；到 2030 年，这两个指标分别达 231 万篇和 197 万件。全球科技人力资源存量将大幅上升，高素质科技人员成为推动科技创新的重要力量。全球全时从事研发的科学家和工程师数在 2030 年有可能达到 1500 万人，大约比 2010 年的水平翻一番。新的科技生力军和科技创新群体越来越多地出现在发展中国家。

表 2　世界和主要国家/地区全时科研人员数量（1995～2030 年，部分）　单位：万人

国家/地区	1995 年	2000 年	2005 年	2007 年	2020 年	2030 年
中国	55	69	111	142	300	450
美国	99	126	136	143	180	220
欧盟	106	109	129	145	180	230
日本	99	105	101	105	120	150
俄罗斯	56	51	47	47	60	80
世界	538	688	823	721	1000	1500

② 2030 年全球研发投入情况预测

全球科技研发投入大幅上升。依据欧盟 2020 年目标以及中国的中长期科技发展规划中提出的科技研发支出占 GDP 的比重目标保守估计，到 2030 年全球科技研发投入将接近 3.6 万亿美元，占全球 GDP 的比重达到 3%。美国、欧盟、中国和日本四大科技创新经济体在全球科技研发投入中的比重不断上升，预计在 2020 年和 2030 年将分别占世界总量的 85% 和 93%。

表 3 世界研发投入和占世界 GDP 比重（1990～2030 年，部分）

年份	研发投入/亿美元	占 GDP 比重/%
1990	5545	1.5
2000	10310	2.2
2009	11601	1.8
2020	17842	2.0
2030	35968	3.0

（3）2030 年全球科技成果交易与转化，产品贸易情况预测

2030 年科技市场将空前活跃，科技成果交易与转化、高技术产品生产与贸易将成为推动全球经济稳健增长，保证经济社会可持续发展的主要动力。全球高技术产品占制成品出口的比重将由 2008 年的 17.3% 上升为 2020 年的 24%，2030 年将达到 30%。2030 年，中国在高技术产品出口领域的优势进一步扩大，成为世界第一，其后依次为：美国、欧盟和日本。印度在高技术服务贸易方面有望异军突起，其雄厚的信息技术产业及其派生出的配套服务业体系将在科技创新格局中占有一席之地。

3. 中国知识产权强国建设的需求分析

当前知识产权强国建设目标是清晰的，任务是明确的，我们不能让它停留在概念上，也不能满足于早期收获，还要继续向前走。我们要坚持从战略高度和长远角度出发，以积水成渊、积土成山的精神，不断推进中国知识产权强国建设。

（1）优化知识产权制度和法治环境

知识产权强国能力强和绩效优的根本在于环境佳，与此形成对照的是我国的知识产权环境还存在一些不尽如人意的问题。建设知识产权强国，与科技体制改革一样，需要从法治、市场和文化三方面三管齐下，破除思想障碍和制度藩篱，处理好政府和市场的关系，加大对知识产权的保护力度，打击窃取商业秘密、侵犯知识产权、搞坑蒙拐骗、假冒伪劣等行为的力度。同时还需要从市、县、区域以及企业层

面上进一步突破，为企业和产业提供专业的知识产权服务，为大学和公共研究机构知识产权产业化提供专家顾问团队，发掘有潜力的知识产权并力促市场化，加强科研院所和高等院校创新条件建设，让各类人才的创新智慧竞相迸发。根据中国区域发展特征，利用知识产权制度促进区域发展，缩小区域差异，整体提升知识产权环境。

（2）提高高质量知识产权价值创造与价值实现能力

从主要发达国家的发展路径来看，知识产权强国均将争夺经济科技制高点作为战略重点，将知识产权作为最重要的战略资源，将发展高技术及产业作为带动经济社会发展的战略突破口。这预示着全球科技将进入一个前所未有的创新密集时代，重大发现和发明将改变人类社会生产方式和生活方式，新兴产业将成为推动世界经济发展的主导力量。

从国内的经济和社会需求来看，加强知识产权价值创造和增值能力，着眼于全国知识产权整体水平的提升，以服务于经济社会发展为根本宗旨、以推进经济发展方式转变和产业结构调整为主线，紧密结合我国国情，保持与国际知识产权制度变革同步，坚持“以制度促能力，以能力带发展”，通过优化知识产权制度，充分发挥市场配置资源的决定性作用，引导和支持市场主体、政府机关、中介组织、社会公众的创新能力，营造“大众创新，万众创业”的新气象。

（3）提升知识产权国际竞争力和影响力。

从知识产权强国的建设经验来看，美国、日本、欧洲等主要国家和地区的知识产权制度有效地降低技术创新主体的研发成本，促进科技成果的交易，最大限度地减少技术创新系统各要素之间的摩擦，推进科技成果的传播与利用，对于科技、产业、经济与社会发展贡献巨大。就目前的创新水平来看，我国在知识产权人均拥有量、含金量、企业知识产权运用能力等方面较美国、日本等发达国家还有较大差距，尤其在核心技术的知识产权拥有量以及知识产权形成的竞争力方面差距很大，知识产权对于国民经济、国际贸易、科技创新的显示度还不高。中国对外贸易的扩张，绝大部分来自国际贸易的比较优势，混战于价格战中，而非来自国家的竞争优势。因此，我国知识产权实力提升的关键不仅在于持续加强知识产权能力建设，更为重要的是全面提升知识产权的国际竞争能力。

（4）打破地区与行业界限，统筹规划知识产权体系建设

当今创新活动不再局限于传统的专业领域，而是向其他领域渗透。随着物联网、大数据等技术的异军突起，行业之间以及企业专业领域之间的传统界线正变得越来越模糊。我国的科技创新与专利技术主要集中在计算机、通信和装备制造等传

统行业和领域，亟待向新兴领域扩张，知识产权制度应通过对不同地区和领域创新成果是否保护以及保护程度的调整，体现国家在一定时期内的产业导向，促进产业的发展。

建设知识产权强国，应当立足于国家知识产权战略以及知识产权战略实施平台的作用，进一步将知识产权全面融入经济社会发展之中，提高知识产权的显示度和贡献度。将知识产权制度与国家的科技政策、产业政策、文化政策、教育政策、外贸政策相互配合，为促进国家和社会发展目标作出贡献；维护国家利益和国家安全，实现战略发展和协调化发展；适应技术创新的发展要求，实现现代化发展；必须面向世界、面向未来，体现国际化发展，加强我国知识产权国际影响力。

二、知识产权强国建设的总体思路

（一）知识产权强国建设的指导思想

1. 激励创新

知识产权强国的建设，应当以激励创新为导向，以知识的生产为核心，但这种知识应当是“经济上有用的”（无论是现实或潜在），也应当是高质量、新颖、具备创造性的。

2. 保护产权

知识产权强国的建设，就是要在充分考虑科学技术和经济社会发展背景的基础上，建立一整套能够清晰界定并保障知识产权运行的法律制度和监管体系，并在相对稳定的基础上对其进行动态调整。

3. 实现价值

知识产权强国的建设，必须落脚到知识产权的价值实现这一根本目标上来。一方面，要充分发挥市场机制在知识产权要素配置中的决定性作用，在知识产权价值流转各个环节上塑造有利于其价值实现的市场环境；另一方面，要充分认识到“人”在知识产权价值实现过程中不可替代的作用，通过激励制度的建立、管理与组织上的创新来最大化地发挥其主观能动性。

4. 支撑发展

知识产权强国的建设，必须要在知识产权基本制度的建设上有所创新、有所建树，并在知识产权国际规则的提出与制定中发挥重要影响，以支撑全面发展目标的实现。

（二）知识产权强国建设的基本原则

1. 市场化

坚持市场化原则并不意味着放弃政府作用，而是要处理好政府与市场、政府与社会的关系。在知识产权发展上，政府职能应当定位在公共服务提供、市场体系建设、竞争秩序维护、战略方向引导之上，避免过多地干预社会经济主体的微观行为，更多地发挥标杆企业、社会组织（行业协会）在知识产权最佳实践方面的引领与示范作用。

2. 法治化

法治化体现在知识产权工作的各个方面、价值流转的各个环节。从发明人和权利人角度来看，应当体现权利法定、依法激励、依法管理的原则；从专利行政和司法部门的角度来看，应当体现依法保护、依法服务、依法监管的原则；从专利使用者、运营者的角度来看，应当体现依法获取、依法使用、依法获益的原则。从而真正将知识产权创造、运用、保护、管理与服务纳入法治化的轨道上来，将知识产权强国建设与法治中国建设紧密结合起来。

3. 国际化

作为知识产权强国，我国不仅应该在全球知识产权的创造、运用和价值实现上占据重要地位，同样应该在知识产权治理规则和制度体系建设上有所作为，结合自身竞争优势（市场、人才、特殊资源）、顺应知识产权未来发展方向与潮流，就知识产权治理主体、客体、手段、方式等，前瞻性、创新性地提出解决方案并为国际社会所接受。

4. 协同化

我国现行知识产权治理体系特别是行政管理与保护体系，存在明显的“碎片化”现象，各部门之间缺乏统筹协调，地方之间存在分割和隔离，管理体系、执法标准不相统一，给知识产权等创新要素的流动造成了障碍。知识产权强国建设，需要我们建立起“统筹协调、协同共治”的现代知识产权治理体系，提升治理能力、提高统筹层级，最大限度地发挥知识产权对经济社会全面发展的支撑作用。

5. 差异化

我国地域辽阔，区域差异大，经济社会发展水平悬殊。在政策制定、实施与评估方面，要充分考虑到区域之间的差异性，将知识产权对地区经济社会发展的支撑作用作为出发点和落脚点，在保证基本公共服务、司法尺度、监管标准大体一致的前提下，充分发挥地方在知识产权发展上的创造性与灵活性，避免用单一的、形式化的指标去衡量。

（三）知识产权强国建设的战略任务

知识产权强国建设战略任务实施应主要从三个方面入手：一是从知识产权的基础工作入手，围绕“提质增效、严格保护、激励创造”通过对知识产权价值链各主要环节的建设，抓好知识产权基础体系建设，为知识产权强国建设夯实基础，为创新驱动发展战略实施提供保障。二是要顺应全球化趋势、积极融入世界知识产权体系，与发达国家开展更加开放的互利合作，主动获取全球知识产权话语权。配合“一带一路”等国家发展战略，推动知识产权国际化发展，在全球范围内配置知识产权资源，制定知识产权规则、获取知识产权收益。三是要配合京津冀一体化、全面创新改革试验区、自由贸易区等地区发展战略实施与行政管理体制、司法管理体制改革进程，推动知识产权治理体系现代化建设，为知识产权强国战略实施提供保障。

1. 着力知识产权价值链各主要环节，以提高知识产权质量为核心提升国家创新能力，以严格保护知识产权为手段激励创新，最终实现知识产权价值的最大化

（1）提高知识产权审查标准，建设优质高效的审查体系

提高知识产权的行政审批标准和效率，在一定规模前提下，淘汰劣质知识产权，让更多优质的创新成果进入知识产权体系。同时提高行政审批效率，降低发明创造等创新活动转变为知识产权的难度，打造有利于优质知识产权产生的制度环境。

（2）提供全面、翔实的知识产权信息，搭建便捷、完善的服务体系

提升知识产权公共服务特别是信息服务的能力，降低分析和运用知识产权的成本，营造“公开、透明、平等”的信息服务的制度环境，为知识产权的申请和利用提供全面而翔实的信息，确保知识产权申请和审查的质量。

（3）严格保护，构筑坚实可信的保护体系

改革和完善知识产权法律体系，加强知识产权审判和执法能力建设，建立以司法保护为核心，行政保护为支撑，仲裁、调解、海关监管与不正当竞争调查等国内外多元协调保护模式为补充的现代知识产权保护体系，营造真正有利于知识产权价值实现和保护的制度环境。

（4）协调市场与政府关系，打造公平有力的监管体系

总结现有监管体系经验与教训，理清知识产权规制中政府、市场与社会之间的

关系，确立市场在知识产权资源配置中的决定性作用。同时更好发挥政府的监管作用，加强对知识产权滥用等不正当竞争行为，以及对知识产权在涉及环境、安全、健康等公共利益领域中应用的监管。

（5）综合运用多种市场手段，营造开放活跃的交易体系

搞活知识产权市场，从中介代理服务、知识产权贸易、知识产权信息化服务与交易平台等方面入手，着力打造有利于知识产权交易、流转的制度与政策体系，实现知识产权作为生产要素的优化配置与价值增值。

（6）以实现知识产权价值最大化为目的，构建完备有序的运营体系

以资本市场为基础，从知识产权金融服务、质押服务、保险服务、创投服务等方面入手，探析建立适应我国知识产权与创新驱动发展所需的知识产权资本运营体系，完善与知识产权投融资和资本运营相关的制度环境。

2. 抓住全球创新治理体系调整契机，积极融入世界知识产权体系，配合“一带一路”等国家发展战略，推动知识产权国际化发展

要成为真正意义上的知识产权强国，就必须在继续推动高水平对外开放、吸引全球优质创新要素与知识产权的同时，大力推动我国创新主体和知识产权“走出去”，在国际上获得更大的影响力和话语权，在创新与知识产权治理方面提出中国的“解决方案”，进而通过知识产权和其他创新资源的全球配置获得最大化收益，最终成为国际规则的制定者，巩固和提高国际竞争力。

（1）与发达国家开展更加开放的互利合作，主动获取全球知识产权话语权

为更好地服务中国企业“走出去”，利用全球市场和全球资源，我们需要继续加强与世界主要知识产权强国以及国际组织的合作，积极参与包括实体专利法、TRIPS - plus 乃至 TPP 协定等在内的国际谈判，使中国观点、中国方案、中国力量能够在国际知识产权规则体系构建中得到真正体现。

一是在专利、商标、版权等领域积极开展国际合作，推行审查结果、审查标准的国际互认，探索建立统一的国际知识产权审查平台。二是努力与国际知识产权组织合作建立国际知识产权的信息共享平台。探索建立统一的国际知识产权信息共享平台，方便国内外用户的信息检索。三是大幅提升监管体系的国际化程度，积极参与到国际知识产权、技术标准和反垄断等规则制定中去，加强监管部门之间的国际合作。四是注重与国际中介服务市场接轨，开放知识产权中介服务市场，吸引国外中介机构走进来，打造国际化的知识产权交易与服务体系。五是进一步开放资本市场，积极探寻国际化知识产权融资、抵押、保险等业务，建设具有国际竞争力的知

识产权资本运营体系，实现知识产权价值的最大化。

（2）在“一带一路”战略的指导下，向知识产权薄弱国家输出我国的知识产权成果、能力和规则

一是借鉴日本的经验，结合对外援助与国际产能合作、重大项目建设，向广大发展中国家、新兴市场国家，特别是“一带一路”周边国家和地区输出我国具有优势的知识产权成果，包括审查能力与审查标准，为它们提供知识产权管理技能的培训，甚至帮助它们建设知识产权体系，由点及面地逐步获得知识产权的国际话语权。二是借鉴欧盟的经验，结合区域自由贸易协定谈判、自由贸易区建设等契机，联合“一带一路”周边国家和地区，在一定区域范围内建立具有一定规模的知识产权、标准化和反垄断等国际合作组织，在国际知识产权领域取得一席之地，为成为具有国际规则制定权的知识产权强国打下基础，有力支撑“一带一路”战略的实施。

3. 统筹知识产权治理体系现代化建设，为知识产权强国建设战略实施提供保障

知识产权的多维属性与双重特征，决定了在知识产权治理体系的构建上应当遵循“统筹协调、协同共治”的原则。而我国在地区、产业发展上的差异性，也对构造“多元一体”的知识产权治理体系提出了客观要求。统筹全局的同时，应当注意到地区和行业间的差异性，综合运用法治、经济、行政手段，建设现代知识产权治理体系，为知识产权强国战略的实施提供保障。

（1）要建立统一的知识产权审查、服务、保护、监管体系和相关标准，确保全国范围内知识产权基本公共服务与保护体系的“统一、透明、公平、公正”，使得权利人不因地区差异、信息差异、能力差异而受到歧视性待遇。

（2）结合京津冀一体化、全面创新改革试验区、自由贸易试验区等地区发展战略实施，配合行政管理与司法体制改革，在上述地区推行知识产权统一管理，行政与司法机关跨区设置，民事诉讼、刑事诉讼、行政诉讼“三合一”审判等重大改革措施，在取得成熟经验后适时推广。

（3）在交易体系和运营体系建设中充分发挥市场作用，引导资源向优势地区、优势领域聚集，如：针对上海等金融系统发达的地区或北京等中介服务和技术发达的地区或海南等旅游大省等建立灵活多样的交易体系和运营体系，实现知识产权体系的多元化和柔性化。

（4）针对“市场失灵”领域，通过倾斜性政策，对欠发达、不发达地区和创新活跃的中小企业予以扶持和帮助，加速国家知识产权体系的一体化建设进程。

（四）知识产权强国建设的实施路径

如图1所示，知识产权强国建设战略的落实实施，应当以国家发展战略（创新驱动发展战略）、国际发展战略（“一带一路”战略）、地区协调发展战略（京津冀一体化战略、全面创新改革试验区、自由贸易试验区等）为指引，以知识产权治理体系和治理能力现代化建设为依托，围绕知识产权价值链各主要环节，以问题为导向，着重解决知识产权的质量与效率问题，通过严格保护激励创造，最终实现知识产权的价值最大化，推动知识产权审查与服务、保护与监管、交易与运营等“六个体系”的基础建设，通过体系建设来带动战略实施，从而最终实现知识产权强国建设的战略目标。

图1　知识产权强国建设战略实施“金字塔”

其中，作为基础的“六个体系”是知识产权价值链条中的关键环节，它们的建设直接关系到知识产权价值创造、实现与增值能否顺利实现。具体而言，审查体系和公共服务体系确保高质量的知识创造成为知识产权参与价值的分配，同时降低知识产权领域的信息获取成本，便利知识的传播与有效利用；保护体系和监管体系通过权利界定与行为规制使得知识产权各利益相关主体“各安其位、各得其所”，为知识产权价值创造提供有效激励、为价值实现提供有力保障；交易体系和资本运营体系充分利用市场机制，有效配置知识产权要素与资源，从而实现其价值最大化。

从实施路径与推进手段上来看，审查体系和公共服务体系有明显公共产品特征，它们的建设应以政府为主，同时充分利用社会力量和市场机制；保护体系和监管体系涉及法律事务和司法纠纷，主要依靠司法与行政执法体系建设；交易体系和资本运营体系服务于知识产权要素市场化配置全过程，应当充分发挥市场机制的作用。

（五）知识产权强国建设的发展目标

1. 战略目标

从知识产权强国内涵认识角度出发，知识产权强国建设应当致力于实现以下四个战略目标：一是创造更多的、高质量的知识；二是创造更多的、高质量的知识产权；三是通过知识产权的有效运用、知识资本的合理配置实现其价值最大化；四是通过制度创新建立具有国际竞争力和全球影响力的知识产权规则与制度。

2. 阶段性目标

基于对我国知识产权强国建设现状基础与未来发展情景的分析，结合知识产权强国建设国际经验比较与未来发展方向判断，我们提出如下阶段性目标：

——到 2020 年，保持知识产权数量优势的同时在质量上有较大提升，知识产权价值创造、价值实现与价值增值能力显著增强，知识要素、知识资本对经济增长的贡献率显著提高，知识产权国际化程度与国际竞争力明显提升；知识产权治理体系与治理能力现代化建设取得阶段性成效，知识产权审查服务水平进入国际先进行列，知识产权保护监管水平进入国际前列，知识产权交易运营水平有较大提高，知识产权强国建设取得重要进展，为创新型国家与全面小康社会建设目标提供有力支撑。

——到 2025 年，知识产权、知识资本成为推动经济增长的关键要素，初步建立起以知识要素配置为核心的经济体系，人力资本、知识产权在收入分配中的比重显著提高，在以知识产权、知识资本为核心的全球价值链条与分配体系中占据重要地位；现代化的知识产权治理体系初步建成，治理能力显著提升，在全球知识产权与创新治理中发挥重要作用，知识产权审查服务水平国际领先，知识产权保护监管水平进入国际先进行列，知识产权交易运营水平进入国际前列，跻身世界知识产权强国行列。

——到 2030 年，知识产权、知识资本成为推动经济增长的决定性要素，经济运行与企业组织形态实现向知识驱动的转变，智力资本、知识资本成为收入分配中的决定性因素，知识产权与知识资本成为我国的核心竞争力，知识密集型产业成为主导产业；知识产权治理体系和治理能力现代化建设基本完成，通过制度创新引领全球知识产权与创新治理方向，知识产权基础体系建设全面达到国际领先水平，成为世界一流知识产权强国。

三、知识产权强国建设的战略举措

基于知识产权强国全价值链分析的战略框架，结合知识产权强国建设的战略任务，我们建议出台以下战略举措，围绕知识产权基础体系建设这一核心，推动知识产权强国建设战略的落实实施，并通过知识产权强国战略的实施推动我国实现创新驱动的经济社会转型升级。

（一）知识产权审查体系建设方面

目标是建设优质高效、贯通顺畅、统一协调并具备承担国际统一审查服务能力的高水准知识产权审查体系。以“一带一路”协同审查一体化体系建设支持开放战略，以高水平的审查服务支撑创新驱动发展战略。

1. 完善审查制度，增加审查范围

完善知识产权申请与审查制度，研究开展实用新型实审工作，完善专利审查快速通道，建立商标审查绿色通道和软件著作权快速登记通道。研究建立传统文化、民间文艺等新型知识产权客体的审查与认证制度，开展新型知识产权客体，包括基因、商业方法、新型软件等系列知识产权前沿的可授权与可审查性研究。完善专利审查快速通道，对小微企业亟须获得授权的核心专利申请予以优先审查，改进商标审查和软件著作权登记的便利程度。

2. 加强审查队伍建设，推动审查服务国际化，推广审查外包服务

建立“一带一路”或亚太知识产权组织、推动区域一体化进程。推动审查业务标准化、国际化，参与介入亚洲专利审查标准一体化和国际专利一体化的规则制订，争取承担更多外部审查工作，协助发展中国家建设专利审查授权制度，向发达国家推广互审互信，授权自主的审查外包服务。增加审查员在职培训与交流，提高审查员业务水平。针对当前国际专利统一化和专利审查技术化的趋势，推动我国审查员“走出去”，包括帮助“一带一路”发展中国家建设专利审查及授权体制，参

与全球审查高速公路建设，参与发达国家和地区主导的世界专利与欧洲专利审查进程，参与日韩审查员国际交流，推动亚州审查标准一体化。

3. 提高审查工作信息化程度

利用大数据与网络信息技术建设审查平台，完善智能审查系统。运用包括机器翻译、文献数据库、信息交流工具、信息采集统计工具等技术手段完善翻译、检索与沟通功能，提高工作效率。继续出台完善多语种、多国认可的专利审查程序与文件格式，协助其他国家建设与我国审查系统互联互通、信息共享便利的审查系统与审查制度，开放与世界主要专利局审查过程中信息交流的接口，建立审查信息、资料共享平台，结合现实审查需求建设云审查平台，开发能够适应国内外审查需求的智能化审查辅助系统，建立完善的自动翻译平台，利用先进信息技术最大限度地增加审查能力。

4. 推动审查标准走出去

协助“一带一路”周边及发展中国家建设完善专利审查体制，建设我国为主导的“一带一路”知识产权组织实体。积极开展审查工作国际交流，提高审查标准国际认可程度，推动我国审查规范“走出去”。通过审查流程协作、审查信息共享、审查结果共认等手段，借助审查高速公路与直通车等途径，增加对 PCT 专利与美国、日本、欧洲等专利审查结果的使用与认可，推动各国专利局了解我国审查流程与标准，增加对我国审查结果的认可与直接使用，最终推动五大专利局间审查结果阶段性、部分性互认互信。同时借鉴日韩经验，派出审查员与知识产权管理人员进行国际交流合作，推动发展中国家，特别是知识产权制度较落后的国家，按照我国的知识产权管理规范建设与我国知识产权规则接近且符合该国特色的知识产权制度，推动我国审查规范与知识产权制度的国际化水平。

5. 加强审查领域国际合作，协助发展中国家审查能力建设，参与发达国家审查规则建设交流与合作

缔结双边与多边审查互认互信协定，推动审查员多边任职交流，推动各国知识产权机构信息共享，信息系统互联互通，公文格式协调对应。积极应对欧洲专利一体化趋势与世界专利进程，推进亚洲专利一体化。推动我国参与国际审查程序与标准领域的规则制订过程。政府要主动参与相关双边与多边知识产权谈判，就专利、商标等的审查流程、审查资料与审查结果共享和审查人员的交流任职主动与相关国家缔结协定，增加我国审查结果的适用范围。推动各国知识产权机构信息共享，从信息系统与公文格式对应对接推进到审查流程、资料、结果完全共享透明，增加审

查的公开透明度与结果的可信度，改进相关审查结果的稳定性，最终实现审查结果在一定条件下的互信互认，实现有效的国际协作与对接。

（二）知识产权公共服务体系方面

目标是搭建使用便捷、内容完善、数据权威可靠、获取方式公平开放、应用模式创新活跃的便捷化知识产权公共服务体系，以知识公开、共享为创新驱动发展战略提供信息基础。

1. 统一立法、明确知识产权各利益相关方的基本权利义务，研究应对新型知识产权使用模式下的利益关系

研究制定知识产权基本法，明确知识产权主体、客体、程序，以及政府、市场和第三方机构的权利与义务，明确知识产权主体的权利和义务。明确知识产权管理主体的权力清单，增加知识产权参与者的自主性，激发知识产权新模式与新业态的出现与探索实践，对知识产权开放使用与标准化专利许可等新型使用模式中的权利人利益分配和争议等问题进行研究。

2. 进一步提升基础信息公共服务能力，建立完善面向国内外的数据公开平台

提供完善的知识产权基础信息服务，整合国际知识产权数据互换，提高基础信息数据质量。提供基础信息的学术研究使用接口，推广知识产权基础数据平台多语种化、国际化，推动知识产权核心信息多语种自动翻译。推动专利、商标、版权、植物新品种、地理标志、民间文艺、遗传资源及相关传统知识等各类知识产权基础信息公共服务平台互联互通，逐步实现基础信息共享。知识产权基础信息资源免费或低成本向社会开放，基本检索工具免费供社会公众使用，提高知识产权信息利用便利度和知识产权信息用户参与度。继续完善与各国专利局以及世界知识产权组织的数据互换共享工作，同时确定知识产权基础数据的公共产品性质与基础数据检索、查询、获取的公共服务性质。在数据开放过程中，保证社会公众能够免费、高速地使用基本信息检索获取功能。

3. 开放知识产权信息商业化加工利用

放开知识产权信息增值服务市场，鼓励社会机构和市场主体对知识产权信息进行深加工，提供专业化、市场化的知识产权信息服务，满足社会多层次需求。鼓励知识产权战略咨询服务行业建设，引导国内外管理、战略、技术等咨询服务机构开展知识产权战略咨询服务。减少政府干预，开放市场准入，创新商业模式，鼓励基于知识产权信息价值挖掘的市场竞争，通过市场主体的主动性与创造性开创知识产

权信息运用的新模式与新局面。具体来说，首先要开放知识产权数据的商业获取，公开知识产权数据的商业获取价格、分成模式与申请条件，允许科研机构，内资企业或者外资机构以公开透明的方式获得数据并明确使用条件和价格。并允许其自行加工并按市场价格提供基于知识产权信息获取、分析和运营的增值服务。

4. 建立完善国内外知识产权信息采集加工基础制度

完善知识产权基础信息采集系统，建设专利引文数据库、版权登记与交易备案数据库、商标注册转让数据库等，建立国外知识产权冲突、失效、抢注数据库。为知识产权主体与商业机构的战略研究与应对提供坚实丰富的数据基础。通过国际合作、数据交换和深度加工建立我国海外知识产权监控与统计系统。考察不同国家的知识产权基础数据库资源，明确数据库字段与类型，增加我国知识产权基础信息采集维度，丰富知识产权数据类型。在已有数据基础上完善专利引文数据、版权登记与交易备案数据库，商标、地理标志、生物品种、传统文化等多类型知识产权基础信息的采集，并适时开放公共使用与商业化加工准入。同时结合我国企业经营实际，利用国外专利数据库开放接口，建立失效专利数据库、知识产权抢注数据库，开展专利技术预警系统研究与建设工作，开放第三方商业化运营，最大限度地完善知识产权数据体系，提升知识产权公共服务能力。

5. 提高知识产权基础数据利用的便利程度

提高知识产权基础数据利用的信息化程度，提供多模式、宽口径、高通量信息抽取与使用手段，开放网络查询与使用权限，提供数据批量使用申请与数据接口，明确数据保密层级与使用规范，公开各类数据申请使用资格与申请流程，开放数据接口。建立知识产权基础信息服务中心，提供涵盖多种类型、模式、格式与原始数据采集格式的基础数据，提供多样化的数据内容，以及高更新频率、高传输速率的数据使用平台。在这一数据服务平台基础上，制定公开、透明的数据使用标准与开放准入制度，明确国内外机构、高等院校与科研院所和企业的差异化数据使用权限，明确数据使用过程中的保密责任与使用范围，开放并不断优化数据使用申请流程。

6. 健全知识产权产业统计制度并纳入国民经济核算体系

逐步建立知识产权密集型产业统计制度，完善知识产权服务业统计制度，明确统计范围，统一指标口径。建立知识产权产出核算制度，明确知识产权的生产与知识产权的经营可以纳入国民经济核算体系，对于完善我国服务业统计以及国民经济核算体系有重要价值。在这一领域，首先要详细核实知识产权的生产投入，从生产制度上修订相关会计准则，明确知识产权生产投入的要素类别和贡献程度。其次要注重从经营绩效和组织管理角度判断知识产权在企业经营活动中的重要性，培育一批有公信力、能够合理评估知识产权价值的机构。通过知识产权价值评估与运营成交估计知识产权的产出价值与耗费资源，并结合相关法律明确知识产权价值归属和国民经济核算科目。

7. 提升知识产权宣传与基础救济服务，探索对中小企业的专项支持手段

完善知识产权救济与宣传体系建设，协助相关企业开展知识产权教育、维权、管理、运营等工作。鼓励支持中小企业进行知识产权能力建设，开展知识产权维权、知识产权防御等，为中小企业知识产权救济过程提供专业咨询、人才培训等具体支持。知识产权救济与宣传也是知识产权公共服务的重要组成部分，在这一方面要重点关注中小企业的知识产权管理与运营工作，增加中小企业知识产权意识，避免其无意中侵犯他人知识产权并给企业造成巨大损失。另一方面也要注重知识产权救济，对于一些研发经营有困难或者缺乏创新资源的企业，要通过公共服务体系的支持及市场化的引导（如提供创新券等补助手段），提升其知识产权管理水平与研发创新能力。

（三）知识产权保护体系建设方面

目标是构筑基础坚实、立法完善、救济有效、执行顺畅，以司法保护为核心、行政保护为支撑，仲裁、调解、海关监管与不正当竞争调查等国内外多元协调保护模式为补充，有效保护知识产权主体权益的高水平知识产权保护体系。

1. 紧密跟踪国际知识产权动态，适度扩展知识产权保护客体

当前国际知识产权发展迅速，实践前沿上正在探索以基因片段、商业方法、遗传资源等内容定义的知识产权客体是否应当纳入知识产权体系。我国作为知识产权大国，对新型知识产权客体要有紧密的跟踪了解和调查研究，并从全球性、前瞻性布局的角度出发，在保护范围上适度扩展、在宽口径保护的基础上适度调整保护水平，在保证我国知识产权保护体系完备灵活的同时提高对海外权利人的吸引力，保护水平应当既保证权利人得到合理回报，又确保相关知识服务于我国经济社会发展。

2. 提高对侵权行为的惩罚力度，落实惩罚性赔偿的惩戒作用

在知识产权保护领域，要落实第四次专利法修订所引入的惩罚性赔偿的法律理念，提高对侵权赔偿的惩罚力度，切实让侵权人付出应有代价。要组织各级知识产

权法院学习研讨惩罚性赔偿的意义和实际作用，了解各试点中院的相关情况，提高侵权赔偿金额，通过出台指导性判例确定赔偿倍数原则。

3. 提高诉讼效率，完善司法队伍与能力建设

组建各级知识产权专门法院，实现民事诉讼、行政诉讼、刑事诉讼合一办理。建立专业化、专职化知识产权法官队伍。继续推动知识产权法院专门化与知识产权法官职业化建设进程，推动知识产权民事诉讼、行政诉讼、刑事诉讼一体化，完善专利复审与无效诉讼程序之间的衔接，给予满足特定条件的知识产权法院法官终身编制，提高其职业性与专业性，通过提高权利人诉讼能力与完善诉讼体系提高诉讼效率，提升保护水平。

4. 发挥行政保护的积极作用，推动行政保护向专业化、技术化、协作化转变

推动仲裁、调解等方式在知识产权纠纷处理中的合理应用。针对假冒知识产权等多发性、群发性的侵权行为进行整治，通过知识产权强国建设不断减少低层次知识产权侵权案件发生规模与数量，并转移至司法程序进行保护，增加保护的专业性与对抗性。而在行政保护领域，要充分发挥知识产权行政管理机构的专业性与技术性，转向识别判断知识产权效能、领域，协助司法与监管机关判定知识产权侵权与垄断行为。

5. 加强立法，推动《专利法》《商标法》《著作权法》以及配套法律修订

在依法治国的框架下通过修订知识产权基本法律，提高知识产权立法水平，在各层次上做到知识产权保护有法可依、有法必依，协调不同知识产权法律保护模式与赔偿水平，为制定统一的知识产权基本法奠定基础。

6. 修订完善知识产权相关的其他法律法规

修订《职务发明条例》与国有资产管理法规，进一步去除国有企事业单位科技成果转化的隐性阻碍。知识产权的分配功能在于明确知识产权的权益归属，增加知识产权创造者的物质收入以增强其创新激励。国有企事业单位是我国研发活动的重要力量，从国际比较来看，公共科研机构的研发成果转化也是日本、韩国等国发展的成功经验。新修订的《促进科技成果转化法》明确规定公立大学、公共科研机构的研发成果归单位支配，发明人及其团队可以按照上限70%的比例获得转让收入，但由于其国有属性，其科技成果转化和知识产权转移涉及国有资产转移的相关法律，因此需要修订国有资产管理相关法律，明确科技成果转化不涉及国有资产保值增值，厘清知识产权保护和转化中的外部障碍，保证知识产权权利人的合法权益。

7. 加强研究与立法工作，建立全口径、广覆盖知识产权保护体系，在保护对象与保护规则上进行制度创新

研究开展商业秘密、传统知识、遗传资源、民间文艺与地理标志等领域的立法工作。提出符合我国国情与发展中国家地位的新型知识产权保护制度，发挥我国作为发展中国家在探索非典型知识产权客体保护制度方面的引领示范作用，参与国际主流知识产权客体保护模式的修订工作，研究授权时限差异化、审查模式差异化等新型规则的可行性。借鉴先进国家和包括印度、巴西等在内的新兴国家的经验，提出既具有创新性和前瞻性、又符合我国国情与发展阶段的立法框架与草案，紧密跟踪国际知识产权发展前沿，建设完善涵盖各类知识产权特别是新型知识产权的全口径、广覆盖保护体系。在这一过程中应大胆进行制度创新，在非典型知识产权客体领域通过先行立法提出中国规则、发出中国声音，并在传统知识产权客体领域参与国际规则制修订，研究新型保护模式和条款的可行性。

8. 改进知识产权贸易保护，建立类337调查体系

针对贸易中的知识产权问题，应进一步完善海关知识产权备案监控体系，修订《知识产权海关保护条例》，支持鼓励知识产权人进行海关备案，加强海关进出口知识产权风险监控系统的信息化、制度化建设。研究开展服务贸易中知识产权风险的监控与监管。加入TRIPS - plus以及高水平知识产权保护的区域与多边贸易协定谈判，按照我国知识产权发展态势和贸易水平，建立符合我国国情的知识产权贸易侵权调查（类337调查）制度。

9. 推进我国知识产权司法水平国际化

有效提高知识产权立法、司法与保护水平，使我国成为国际知识产权纠纷重要仲裁地与选择法院所在地。我国要在提高知识产权立法、司法、执法水平与能力建设的基础上，推动我国知识产权保护规范国际化，特别是要推动国际贸易中将我国作为主要的知识产权仲裁地与法院选择所在地，将我国的知识产权成功判例作为国际知识产权诉讼争端的援引判例，提升我国在国际知识产权治理规则体系制定中的话语权，最终影响未来国际知识产权保护体系的发展方向。

（四）知识产权监管体系建设方面

目标是打造机制公平、证据科学、措施有力、协同高效，具备宽广知识产权发展视野和良性知识产权发展环境营造能力的知识产权监管体系。

1. 跟踪国际知识产权监管动向，限制权利滥用

建立区域化、国际化的知识产权监管协同机制。紧密跟踪各国的（非实施实体）NPE 等知识产权人的发展动向和各国司法机构、知识产权管理机构以及相关政府部门政策走向与处理结果。在保证新型知识产权运营业态发展空间的前提下，监管其不正当竞争行为和知识产权滥用可能性。进一步加强“一带一路”框架下和世界知识产权组织框架下的知识产权监管协调工作。通过国际合作识别判断合理的知识产权运营模式与知识产权权利滥用差别。加强对知识产权滥用行为的国际监管与制裁协作。加强与新型知识产权运营业态从业者的沟通交流，通过制度规范赋予其应有的发展空间。

2. 修订反垄断相关法律，参照国内外经验明确界定知识产权滥用行为，对知识产权运营业推行“负面清单”管理模式

通过《反垄断法》和《反不正当竞争法》的修订，明确界定知识产权滥用行为的定义，并将其纳入各知识产权部门法与知识产权基本法制修订当中。保持各项法律间对知识产权滥用行为定义的一致性，均衡知识产权法律体系的保护程度，并对知识产权过度保护的可能性未雨绸缪。要研究吸收国内知识产权监管成功经验与发达国家监管先进经验，形成既符合我国国情又与国际经验相协调的知识产权滥用判别标准。在实践中进一步完善对知识产权滥用行为的监管与处置。对于知识产权业态创新较活跃的领域，适当把握监管强度和力度，利用“负面清单”管理模式赋予知识产权主体合理创新空间。

3. 学习交流国际知识产权监管经验与实践

紧密跟踪其他国家特别是发达国家知识产权反不正当竞争立案与执法情况，加强国际交流与合作，学习相关经验并推广我国的反垄断和反知识产权滥用理念，为未来制度输出奠定基础。当前知识产权领域的新现象，新客体与新的运营模式不断涌现，知识产权滥用的新模式也层出不穷，我国政府和相关部门应紧密跟踪国内外动态，同时推广我国在高通等案件中的诉讼经验与认证依据，通过与国际同行交流学习提高知识产权监管水平。

4. 平衡知识产权各方诉讼风险，合理分担诉讼成本

对知识产权诉讼过程中各方权利义务风险进行深入分析，均衡诉讼双方的举证责任，提高知识产权滥诉行为的成本。这方面应学习美国的经验，在 NPE 大量出现之后及时出台《美国创新法案》（AIA）和专利权诉讼程序，通过对专利案件诉讼程序的微调实现对部分 NPE 滥诉行为的有效限制，但又保留了一定空间允许有

竞争力的 NPE 通过对专利权的合理运营和创新模式获取收益。我国当前知识产权案件诉讼程序主要遵从《民事诉讼法》相关规定，未来可以考虑在知识产权法这一新现象层出，变化较大的领域调整与优化相关诉讼程序，以实现知识产权诉讼过程中各方利益的平衡。

5. 统一知识产权监管体制，培养专门人才

建立专门的应对知识产权滥用等不正当竞争行为的监管机构，改变现有的多头管理体制，培养组建专门的知识产权领域反垄断人才队伍。我国当前应对不正当竞争和反垄断行为有多个主管部门，包括国家发展和改革委员会、商务部、国家工商行政管理总局等，而涉及知识产权滥用的不正当竞争行为有一定的专业性，需要熟悉知识产权和不正当竞争的复合型人才。随着未来市场竞争中知识产权重要性的进一步上升，为了应对新形态、多样化的知识产权运营机构和各种新的知识产权滥用模式，需要组建新的对知识产权滥用行为进行监管的专门机构，并建立专业化团队进行跟踪分析、监测和应对。

6. 针对专利公开等知识产权运用新形式研究制定相关制度规范和监管模式，开展相应立法工作，明确知识产权新模式下的利益分配机制中契约自由的边界

针对标准必要专利与专利公开等知识产权运用新形式可能导致的不正当竞争行为进行严密跟踪与深入分析，研究制订相关制度规范，探索有效监管模式。

当前知识产权领域的另一个新现象就是企业对专利权的主动公开和免费许可，一定程度上与知识产权基本规则有所冲突，这就需要相关机构明确知识产权衍生运用模式的具体管理措施，对其发展变化进行持续跟踪，监控并及时出台相关措施。在这种新的开放、共享模式下，知识创造、产权界定和价值增值过程都会出现新的情况，如开放专利的知识产权人可能要求后续衍生的技术也要逆向许可或者是在一定范围内的共享，其开放行为既扩大了技术的流动和知识的扩散，有利于后续的知识创造，也在一定程度上给后续技术发现的产权确立以及其他技术竞争者的知识产权运营造成了一定的限制。甚至在未来还有可能导致知识产权公开或者低价许可等知识产权“倾销”行为的出现。作为政府监管部门，需要明确标准必要专利、专利开放承诺的有效性及其自定规则的合理性，结合反垄断调查和相关制度规范、监管措施实现技术分享与市场竞争之间的均衡。

7. 推动行政保护机制向市场监管机制转变

推动知识产权行政保护部门向市场监管职能转变，推动知识产权行政部门协助介入知识产权滥用与不正当竞争行为调查，推动行政保护职能转型升级。应当看

到，在我国知识产权保护水平不断发展的过程中，原先需要借助行政执法力量查处的知识产权假冒等低层次侵权案件发生频次会逐步减少，并更多地通过司法途径解决。与之相应，知识产权行政执法部门的职能应逐步从以侵权查处为主向市场监管为主转变，并主要对知识产权滥用等不正当竞争行为进行调查。在相关调查中，知识产权行政部门主要运用知识产权专门知识对相关调查主体是否构成知识产权滥用进行判断与识别，再会同其他部门确认损害后果与处罚力度，从而利用行政执法快速灵活的优势，实现对知识产权滥用等不正当竞争案件的及时介入与查处，推动行政保护职能转型升级。

（五）知识产权交易服务体系建设方面

目标是营造市场统一、竞争有序、交易活跃、开放参与、流转自由的国际化知识产权交易服务体系。

1. 加快发展知识产权中介服务机构，推动“一带一路”开放框架下的知识产权交易与技术转让

发展知识产权中介服务机构，推动市场中介将知识产权转让到最需要知识产权的企业或者主体手中。鼓励和加强我国对“一带一路”沿线国家和地区与其他发展中国家的技术输出，加强技术输出与产能输出的协同性。知识产权中介服务机构在知识产权市场上具备信息优势，通过构建围绕知识产权中介机构的交易体系，推动非实施专利和科研机构专利的市场化与交易，将知识产权转移到能够实施和运营的主体手中。对知识产权中介服务机构要给予信息服务等领域的扶持，鼓励它们运用知识产权公共信息挖掘交易机会，并通过减免专利交易备案费用，便利专利交易流程推动知识产权交易中介发展。

2. 建设竞争性和一体化的知识产权交易所，加强知识产权评估建设

推进国内外区域一体化的知识产权交易所的建设，允许各地建设竞争性的专业知识产权交易机构，培育和发展若干家有国际竞争力的知识产权交易机构。鼓励发展针对版权、商标等细分知识产权领域的交易机构，建立知识产权评估体系。知识产权一体化交易所建设要从两个方面着手，一方面要重视版权的登记、公示和交易；另一方面要在建立交易所的过程中开发知识产权评估体系，科学合理且具备公信力的知识产权评估体系是知识产权交易的基础。政府可以通过建立知识产权主体信用档案，提供知识产权历史交易记录、知识产权基础与复合信息等方式，便利评估机构建模测算知识产权价值，并开放知识产权评估的市场准入，允许多个评估机

构公示评估价格，从而为交易双方掌握知识产权交易价值区间，乃至达成交易提供有力支持。

3. 开放知识产权交易中介服务的市场准入，鼓励中介业态创新

一方面，开放知识产权交易中介服务的市场准入，能够吸引国内外新型交易服务中介，利用国外交易服务中介的先进经验与信息优势，推动更多的知识产权交易实现；另一方面，开放市场准入也能够激励更多的新型服务业态出现，通过市场竞争激发更多的组织、业态与制度创新。

4. 继续推行对企业知识产权转让与许可所得利润进行税收减免，加强对中小企业知识产权运营税费减免力度

我国当前对专利转让和许可的直接利润推行所得税免征或减免政策，这一政策与欧洲国家对于专利运营的直接收入进行税率优惠的政策有一定的相似之处。这一政策应该要继续推行，并在适当时候进行政策效果评估。

5. 鼓励完善知识产权交易新模式和相关制度，建立区域化、国际化的统一知识产权交易平台，鼓励我国企业向“一带一路”国家和地区合理输出知识产权

鼓励知识产权拍卖、知识产权期货、知识产权虚拟交割等新型交易形态。知识产权交易除了直接交割之外，还可能随着知识产权作为能动性资本和无形资本的运作而被资本化，从而可能出现知识产权的拍卖、期化与虚拟交割等知识产权资本衍生品。而这种知识产权衍生品的交易也会是知识产权交易的重要组成部分，更是知识产权交易体系的重要发展，对这些潜在的交易模式进行预判和跟踪会非常重要。

6. 鼓励企业进行防御性的知识产权采购

在现代知识产权交易过程中，企业等主体除了为运用、实施、运营而采购知识产权外，还有一个非常重要的功能就是通过采购来实现和对方的交叉许可，Google对摩托罗拉手机业务的收购就是一例。因此，我们应鼓励知识产权组合较弱、知识产权竞争能力较低的企业共同采购一定的专利组合，通过与对方的技术形成一定的交叉来保障自身正常经营，同时形成知识产权资产。

（六）知识产权资本运营体系建设方面

目标是构建体系完备、功能健全、监管有序、创新活跃、知识产权主体能动性有效发挥的现代化知识产权资本运营体系。

1. 加强立法工作，提升企业知识产权资本运营能力

修改《公司法》等法律规章和配套法律体系，放开知识产权入股限制，允许知

识劳动者依照知识与资本对等的原则以知识产权设置股权结构。同时，在充分发挥市场机制与专业化、第三方评估机构作用的基础上，研究制定严格的知识产权评估规范和相关办法，保证企业知识产权出资的真实性，加强对知识产权出资过程中市场风险的监管。

2. 推动知识产权资产在全球范围内的全金融功能实现

重视知识产权作为资产的融资、保险、信托、租赁等金融功能实现，真正发挥知识产权作为知识资本的作用与价值创造力。在保证金融风险总体可控的背景下，进一步开放市场准入，允许国际金融机构对我国知识产权人提供知识资产金融服务。

支持银行、证券、保险、信托等机构广泛参与知识产权金融服务，鼓励商业银行开发知识产权融资服务产品。完善知识产权投融资服务平台，引导企业拓展知识产权质押融资范围，引导和鼓励地方人民政府建立小微企业信贷风险补偿基金，对知识产权质押贷款提供重点支持。

3. 建设完善与知识资本运营相适应的金融市场，明确知识产权所有者在金融市场中的资产主体地位并允许其开展相应业务

在知识资产运营过程中，需要明确知识资产主体在金融市场中的主体资格，并通过建立完善金融市场对其提供支持。具体来看，首先，进一步营造全社会对知识产权资产的价值认可，开放以知识产权为资产主体的企业在一级、二级市场的直接融资与间接融资渠道，鼓励引导以知识产权资产为主要资产的企业通过创业板、"新三板"等平台融资发measured。其次，研究营造适合新型创新主体的融资模式与融资环境，通过制度创新推动风险资本等金融资本与创新主体有效结合，推动知识产权资产主体运用知识产权创新创业，打造知识产权资产风险运营回报体系。最后，加强金融市场与资本市场的风险监管，营造规范有序的资金融通与知识产权流转环境。

4. 加强知识产权运营服务业的培育与开放，推动知识产权运营服务业走出去

开放知识产权运营服务业市场准入，修订《外商投资产业指导目录（2015 年修订）》，开放知识产权中介服务业对外资企业的准入，鼓励培育知识产权运营新业态、新型知识产权运营企业如"高智发明"公司等在华规范发展。以高智发明公司为代表的新型知识产权运营企业，通过将其拥有的有效专利或专利技术进行策划、分析、收购、集成，形成面向产业的专利组合，并通过转让、许可、投资、诉讼等模式实现专利的经济价值，一定程度上代表了知识产权运营服务业未来的发展方

向。我国一方面要培育国内的新型知识产权运营企业，以便在未来的高端知识产权运营服务业竞争上获得先机，另一方面也应认可国外知识产权运营企业的先进理念、竞争优势和对知识产权行业发展的积极作用。因此，应在一定程度上开放这一行业的市场准入，通过鼓励中外合资企业发展，限制外方独资比例，推动新型知识产权运营企业的商业模式、经营理念、优秀人才在我国传播与扩散。

5. 为企业知识产权运营业务或活动提供税收优惠

研究制定企业知识产权运营税收优惠政策，将知识产权中介服务企业和知识产权运营企业纳入高新技术企业管理，评定后享受相关税收优惠。一方面，知识产权中介服务企业和知识产权运营企业处于知识产权服务业的高端，有独特的商业模式和竞争优势；另一方面，我国的知识产权运营和服务企业还比较弱小，亟待培育扶持。在这一背景下，可以考虑扩展高新技术企业认定范围，将与高新技术行业有密切联系、并对推动高新技术企业发展有重要作用的知识产权运营服务业也纳入高新技术企业认定范围，享受相关税收优惠，从而推动我国知识产权运营服务业健康快速发展。

6. 对企业收购有运营业绩的知识产权予以一定的税收减免，鼓励企业并购知识产权运营能力强的跨国公司

由于知识产权作为资本可以运营，在我国企业对外兼并与收购过程中应特别注重对被收购企业知识产权的获取，特别是要注意对于被收购企业有运营实绩的知识产权的获取。在这方面，可以探索对企业收购中有运营实绩的知识产权购买支出视同研发支出，予以税前加计扣除，鼓励我国企业通过多种渠道获取高质量、高水平的知识产权，并将其与企业自主研发获取的知识产权进行科学组合、优化配置，以从中获取最大限度的收益。

7. 使用 Patent Box 等支持政策鼓励企业通过知识产权运营获取收益

英国和爱尔兰实行的 Patent Box 政策允许企业直接从专利权中获利的部分享受一定的税收减免，其政策要点在于明确专利权的直接获利。而这在实质上就是鼓励企业的知识产权运营行为，要求企业尽可能多地直接从知识产权运营中获得利润收入。建议我国研究、制定并出台相关政策。在实施这一政策的过程中，需要企业增加会计报表科目，直接汇报具体从专利中获得的直接收益与间接收益，并提供相应的底单。通过这一政策，可以了解企业的专利运营情况，掌握企业的知识产权创造和运用能力，更能鼓励企业通过知识产权运营最大化其知识产权价值。

知识产权强国建设战略任务研究之二*

一、创新发展愿景及其对知识产权强国建设需求

（一）世界发展格局判断

1. 世界2030年经济发展趋势

未来一段时期，全球科学技术将保持快速发展态势，学科交叉与不同领域的跨界融合加快，创新要素在全球范围内优化配置，一大批新的科学技术突破正在孕育。新一轮以信息技术为特征的产业革命正在酝酿出现，不断推动形成新的生产生活方式、产业与产品形态、商业模式与服务模式，新经济增长点正在出现。这一形势下，世界经济发展呈现新的趋势，经济总量将有较快增长，如图1所示。

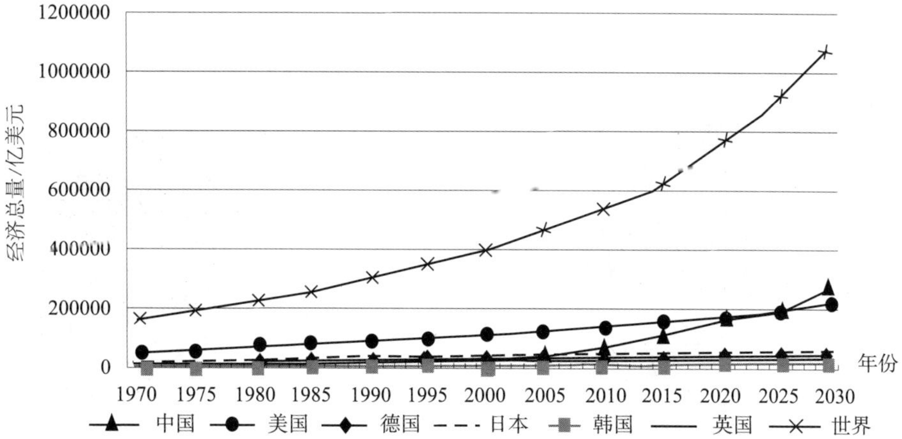

图1　世界经济发展前景展望❶

---

* 本文基于2015年知识产权强国研究报告《知识产权强国建设战略任务研究之二》。指导顾问：穆荣平、吴凯；课题负责人：宋河发；主要执笔人：宋河发、曲婉、李振兴、吴博；其他课题组成员：孙宏霞、武伟、李牧。此报告部分内容发表于2017年5月出版的《面向创新驱动发展与知识产权强国建设的知识产权政策》和2016年第8期的《中国科学院院刊》并有增删。

❶ 本文数据均按照2005年美元不变价计算，下同。

2. 世界 2030 年科技创新发展趋势

金融危机后，世界主要国家普遍意识到科技和创新投入在经济复苏和打造新一轮经济增长过程中的关键作用，世界创新活动版图正在形成。一方面，美国、日本、欧洲等发达国家和地区经济复苏乏力，希望通过加大新兴领域的科技投入和强化创新能力建设等，扩大实体经济比重，强化高技术产业前瞻布局和未来发展能力；另一方面，新兴国家逐步发展成为引领全球经济发展的新动力，致力于加大研发投入、加快推动产业转型、实施创新战略等政策措施，迎头赶上、重塑世界创新的经济地理版图（如图 2 所示）。

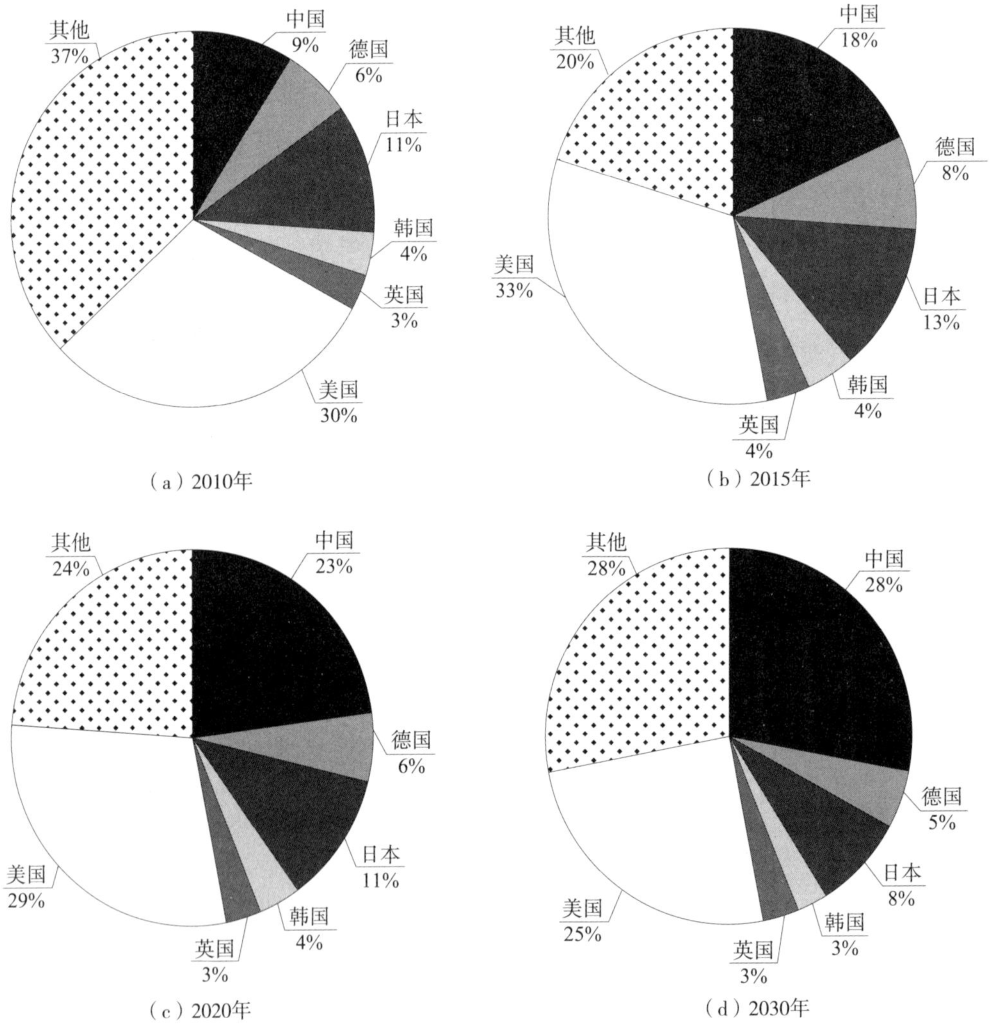

图 2　世界研发投入前景展望

（二）中国科技创新发展情景设定

中国科技创新发展情景的构建需要遵循四个原则，即推动科技创新成为经济社会发展的关键驱动力，将低碳绿色作为经济社会发展的基本条件，跨越中等收入陷阱成为经济发展的现实要求，实现创新驱动经济与社会发展的协同治理。在此基础上，对 2030 年中国创新发展情景如下：

1. 中国经济总量将超过美国，成为世界第一经济大国

参考经济合作与发展组织（OECD）、美国和欧盟对中国经济未来走势的预计，可以推断，未来中国经济增长将逐步放缓。历史经验显示，日本、韩国、新加坡等国家处于与中国目前同一历史阶段时，利用各种比较优势和后发优势，经济发展维持了 20 年左右的中高速增长，增长率在 8% ~9% 之间。因此，可以预计，到 2020 年中国经济将维持 7. 5% 的增长水平，2020 ~ 2030 年间中国经济的增长速度将维持 6% 左右的增长水平。2020 年，中国 GDP 总量将超过 15 万亿美元；2025 年左右，中国 GDP 总量将与美国基本持平，达到 18 万亿美元左右；2030 年前后，中国 GDP 总量超过 27 万亿美元，将超过美国成为世界第一经济大国。

2. 中国研发投入总量将超过美国，但研发投入强度仍有差距

在外部环境复杂多变和内部增长瓶颈倒逼之下，中国经济发展动力已经悄然发生转变；同时，中国政府高度强调科技创新的重要作用，相继出台一系列政策，营造“大众创业、万众创新”（以下简称“双创”）的政策环境和制度环境。考虑到未来一段时间中国大力实施创新驱动发展战略的现实国情，中国研发经费投入仍将维持较快增速，研发经费投入强度将不断提高。据测算，到 2020 年，中国研发经费投入强度将达到 2. 5% 的水平，实现创新型国家建设目标，研发经费投入总量将超过 3700 亿美元；2025 年，中国研发经费投入强度将维持在 2. 5% 的水平，研发经费投入总量将超过 5000 亿美元；2030 年，中国研发经费投入强度仍维持在 2. 5% 的水平，虽然低于美国研发经费投入强度 2. 8% 的水平，但研发经费投入总量将超过 6700 亿美元，超过美国成为世界研发经费投入总量最大的国家。

（三）知识产权强国建设需求分析

2030 年，中国创新发展愿景对知识产权强国建设的需求主要包括知识产权体制机制改革、创造运用能力建设、数量和质量导向、基础条件建设和发展环境建设几个方面。

1. 全面深化改革和推进依法治国要求改革知识产权体制机制

党的十八大提出实施创新驱动发展战略，并特别强调要实施知识产权战略。党的十八届三中全会作出了全面深化改革的战略部署，明确要求“加强知识产权运用和保护”。党的十八届四中全会着重解决推进依法治国问题，强调要“完善激励创新的产权制度、知识产权保护制度和促进科技成果转化的体制机制”。《中共中央国务院关于深化体制机制改革加快实施创新驱动发展战略的若干意见》着重提出“实行严格的知识产权保护制度”，为我国知识产权体制机制改革指明了方向。推进知识产权强国建设，是全面深化改革和推进依法治国的重大举措，必须改革和完善知识产权创造运用的政府管理体制、法律制度和机制，构建知识产权创造运用的政策体系。

2. 深入实施创新驱动发展战略要求加强知识产权创造运用能力建设

虽然我国已成为知识产权大国，但我国经济社会发展急需的知识产权并不足。尤其是产业关键核心知识产权还很缺乏，总体知识产权质量还不高，企事业单位运用知识产权提升竞争力的能力不强，知识产权转化为现实生产力的能力较低，专利转化率总体不高。建设知识产权强国是实现创新驱动发展的必由之路，必须着力解决知识产权质量不高、数量不足、核心知识产权缺乏等问题，必须着力解决知识产权转化为现实生产力和提高竞争力的问题，必须强化知识产权创造运用能力建设。

3. 经济发展新常态要求从重视知识产权数量转变为数量和质量并重

当前和今后相当长一段时期内，世界经济将保持缓慢增长态势。为刺激经济发展，各国会继续普遍使用通货膨胀手段，世界经济滞涨的态势将持续较长时间。在世界经济疲软的大环境下，我国出口对经济增长的贡献将持续降低，通过积极的货币政策进行大规模投资的可能性虽然存在，但并不会有较大幅度的增长，疲软的消费很难在较短时间内有大幅提升。我国经济进入中低速增长甚至低速增长的新常态将会是一个较长的过程。因此，研发经费投入增速也将进入新常态。在此情况下，中国必须更加注重经济增长的质量，产业结构优化升级的压力会不断增大。建设知识产权强国，必须创造满足经济社会发展需要足够数量的知识产权，必须改变过于粗放的管理方式，着力掌握一大批高质量核心知识产权和知识产权组合。

4. 新科技革命和产业革命要求必须加强知识产权基础条件建设

以智能机器人、量子通信、基因计算机等为代表的信息通信技术已取得显著进展，大数据和互联网的快速发展将显著改变生产和生活方式，以基因工程、干细胞等生命科学为代表的科学技术已呈群体突破态势。2030 年前后，世界有可能迎来以生命科学和智能制造为代表的新科技革命及其产业革命。新科技革命及其产业革命将带来经济范式和世界经济版图的重大调整，将对中国经济发展带来重大的历史性机遇。新科技革命的产生依赖于科技创新基础条件的建设，产业革命的产生则有赖于知识产权基础设施条件的发展。建设知识产权强国，抓住新科技革命及其产业革命的历史机遇，必须加强知识产权信息、代理、法律、咨询、培训、商用化服务业和知识产权园区等基础条件的建设。

5. 激励双创要求建立良好的知识产权发展环境

推动形成双创的良好局面，要求未来一段时期，必须充分重视制度环境的营造。完善的知识产权管理体制，各具特色和优势互补的知识产权司法保护和行政执法两条途径是保障双创的必要条件。建立知识产权质量、效益和价值识别体系，完善知识产权价值发现的方法和机制，是促进双创的重要条件。拓宽知识产权质押融资渠道，大力发展创投和风投是促进双创发展的客观要求。还要充分发挥行政管理的作用，通过发布区域知识产权保护水平监测指数和将知识产权保护列为地方国民经济和社会发展考核指标，积极引导全社会“尊重知识、崇尚创新、诚信守法”的知识产权文化建设，以推动双创环境的不断改善优化。

（四）知识产权强国建设重要性

建设知识产权强国是深入实施创新驱动发展战略的必然选择，是实现世界科技创新强国目标的必由之路，具有极为重要的理论和现实意义。

1. 知识产权强国建设是实现技术跨越，占据价值链高端的根本途径

一方面，近年来，我国创新能力有了显著提升，但我国创新能力指数在全球的排名仍然较落后，与我国第二大经济体的地位不相符合。虽然已成为世界第一知识产权大国，但我国有效技术和知识产权供给不足，企业创新水平还不高。我国产业自主创新能力仍然较低，规模以上工业企业 2014 年研发强度仅有 0.8%，有专利的比例仅为 7.7%。知识产权对产业发展还没有起到有效支撑作用。我国虽然已成为世界第一知识产权大国，但只有很少的专利能够达到国际技术标准并对产业产生影响力和控制力。

另一方面，我国在全球分工体系中仍处于价值链的低端。高技术产业两头在外的发展模式很难获取主要的价值，高技术产业利税率一直较低。统计数据显示，我国高新技术产业利税率不仅较低，而且还呈下降趋势。沿海某省 2013 年高新技术

企业利税率为8.3%，仅略高于同期中国制造业7.6%的平均水平，航空航天、电子与信息和地球空间海洋工程领域的利税率仅有0.8%、5.6%和6.5%。

占据价值链的高端，最关键的是将现有的科技成果和知识产权转化为现实生产力。但是，我国科技成果和知识产权转化为生产力的能力还很弱。科技成果及其知识产权不能转化为生产力就很难获取创新的价值，也就不可能占据价值链的高端。

我国要实现技术追赶和技术跨越，占据价值链的高端，必须加强知识产权创造运用，努力掌握产业核心技术和知识产权，运用知识产权形成价值链的控制力，除此之外别无他法。建设知识产权强国，最关键的是要强化产业的知识产权创造和运用能力。

2. 知识产权强国建设是优化升级产业结构，实现创新驱动发展的必然选择

发展高技术产业和战略性新兴产业是我国优化和升级产业结构的主要政策手段。但我国高技术产业超过50%的专利申请、授权和有效发明专利来自国外。如果再考虑三资企业，我国内资高技术企业专利数量则更少，我国高技术产业呈技术空心化趋势。我国产业发展低端化的主要原因在于自主创新能力弱。高技术产业长期依赖技术引进与仪器设备进口，高技术产业产品主要面向发达国家市场，其中，“三资企业”占了进出口总额的80%左右。战略性新兴产业基本上也沿用了高技术产业发展的传统发展模式，即使不考虑国内三资企业，2013年全国战略新兴产业（企业总体）发明专利申请量和授权量也只占在华发明申请量与授权量的44.2%和33.74%。❶

知识密集型产业比重是衡量产业结构是否高级的重要指标。2010~2014年，我国专利密集型产业增加值合计为26.7万亿元，占GDP的比重为11.0%，但与美欧相比差距较大。美国2010年知识产权密集型产业创造经济附加值5.06万亿美元，占当年美国GDP总量的34.8%。❷ 欧盟2013年知识密集型产业创造的产值约4.7万亿欧元，对欧盟内生产总值的贡献率达39%，占总就业的35%。❸

❶ 国家知识产权局规划发展司. 战略性新兴产业发明专利统计分析总报告［R/OL］. http：//www. sipo. gov. cn/tjxx/yjcg/201504/P020150422347216350682. pdf.

❷ Economics Statistics Administration and US States Patent and Trademark Office. Intellectual Property and The US Economy：industries in Focus［R/OL］. http：//www. esa. doc. gov/Reports/intellectual - property - and - us - economy - industries - focus.

❸ Office for Harmonization in the Internal Market. IPR - intensive industries：contribution to economic performance and employment in the European Union［R/OL］. http：//www. hamisitasellen. hu/wp - content/uploads/2013/10/kiemelt - diagrammok - tanulmanybol. pdf.

当前，我国产业发展结构低端化，关键是产业知识产权密集度低，知识产权对经济发展和就业的贡献还不高。在此形势下，如何实现从要素驱动、投资驱动为主向以创新驱动为主的转变，对知识产权强国建设提出了新的要求。创新驱动发展的核心是高水平、大规模知识产权的创造及其有效运用，知识产权驱动已成为创新驱动的主要动力。实现创新驱动发展必须实现知识产权驱动发展，必须加快知识产权强国建设。

3. 知识产权强国建设是营造良好制度环境，有效激励大众创业、万众创新的根本保障

2015 年 3 月 11 日印发的《国务院办公厅关于发展众创空间推进大众创新创业的指导意见》(国办发〔2015〕9 号)，提出“以营造良好创新创业生态环境为目标，以激发全社会创新创业活力为主线，以构建众创空间等创业服务平台为载体，有效整合资源，集成落实政策，完善服务模式，培育创新文化，加快形成双创的生动局面”。双创已成为当前和今后我国实施创新驱动发展战略的重大举措。

但是，我国还没有形成有效推动知识产权创造运用的公平、开放、透明的市场，中小企业知识产权创造和运用中的市场失灵还普遍存在。还没有形成严格的知识产权保护制度，创新积极性还没有充分激发。知识产权转化运用的模式落后，各种法规政策缺陷与冲突并存，转化运用收益分配制度还存在很多不足。

创新创业最关键的是要有创新创业的技术和模式，而技术主要是创造类的知识产权。高质量的具有市场价值和无风险的知识产权是创新创业成功的基本前提，这就需要创造高质量和有价值的知识产权，尤其是核心知识产权。同时，促进创新创业的顺利开展，必须加强知识产权保护。缺乏知识产权保护，就会造成低水平重复和简单模仿，侵害创新者的权益，最终导致创新创业失败。知识产权强国建设不仅是创新创业源头知识产权供给的制度保障，也是创新创业顺利实施形成快速发展良好局面的制度保障。推动形成双创的良好局面，必须加快知识产权强国建设。

4. 知识产权强国建设是引领中国跨越“中等收入陷阱”，实现伟大复兴中国梦的根本要求

“中等收入陷阱”指在经济发展初期，低收入国家在某一段时间内通过较快的经济增长进入中等收入国家行列，而在进入中等收入区间以后，失去经济增长动力，被锁定在中等收入区间的现象。世界上最早陷入“中等收入陷阱”的国家主要集中在拉美地区。从 19 世纪 70 年代开始，拉美国家先后进入工业化起步阶段，20 世纪 50 年代开始起飞，在经过连续 20 年保持年均 6% ~7% 的增长速度之后，于 20

世纪60年代末和70年代初陆续达到中等收入水平，从此出现经济增长乏力，并在其后数十年内年基本维持1%～2%的低速增长。

在不同经济发展阶段，经济增长的动力机制是不同的，能否在中等收入阶段转换增长动力机制，是一个国家能否避开“中等收入陷阱”的关键。纵观日本、韩国跨越“中等收入陷阱”危机的成功经验，关键在于三个方面。一是产业结构不断高级化。制造业比重稳步上升，达到峰值后制造业内部结构趋于优化，逐渐从劳动密集型和轻工业产品转变为资本密集型和技术密集型产品。二是经济发展由投资需求转向消费需求。进入中等收入阶段，人均国民收入大幅度提高，失业率保持较低水平，社会阶层之间收入差距大大缩小，推动发展模式由投资需求主导转向消费需求主导。三是创新与生产效率的提升。由“要素驱动”增长模式向“效率驱动”和“创新驱动”模式升级，防止了资本边际收益递减导致的经济放缓。

创新驱动发展阶段是跨越“中等收入陷阱”，实现伟大复兴中国梦不可逾越的阶段。建设知识产权强国是支撑进入创新驱动发展阶段的途径。通过知识产权强国建设，完善知识产权制度，加强知识产权保护和运用，建立价值为导向的收益分配机制，使创新者得到合理回报。通过应用体现创新价值，通过转化创造财富，从而完善消费结构，推动内需升级，不断形成经济发展的新动力。通过知识产权强国建设和创新驱动发展，不断为经济社会发展提供原动力，推动经济生产效率的提升，避免由要素驱动导致红利逐渐消失、生产效率下降等可能带来的“中等收入陷阱”危机。

二、知识产权强国建设形势判断与核心问题分析

（一）中国知识产权发展宏观形势判断

在当前我国实施创新驱动发展战略、建设创新型国家的大趋势下，知识产权在激励和保障创新方面起到的作用将更为突出，以下将从我国知识产权的发展阶段、发展趋势、发展战略、发展环境和发展模式五个方面对我国知识产权发展的宏观形势进行分析。

1. 知识产权发展阶段从注重数量转向提升质量

随着我国经济持续快速的发展和科技创新活动的日益活跃，企业、大学和科研院所的创造能力显著提高，国内专利受理量实现了快速增长，我国已经成为公认的

知识产权大国。但是我国在发明专利的授权比例上与国外有较大差距。此外，我国的专利总体仍然存在专利质量较低、品牌附加值不高等问题。统计数据显示，2013年我国国内居民发明专利5年维持率仅为59%，而国外在华则高达97%。我国发明专利寿命仅为6年多一点，拥有的有效期在10年以上的专利远低于发达国家。有效专利维持年限短，一定程度上表明中国跨国公司缺乏核心知识产权。我国作为发展中国家，自主创新能力水平和发达国家还有较大的差距。在中国进入创新驱动发展的关键时期，知识产权也需要逐渐从“量的累积”转向“质的转变”。为深入实施创新驱动发展战略、建设知识产权强国，国家知识产权局实施了专利质量提升工程等一系列政策措施，我国知识产权发展进入从重规模扩张到重质量提升的历史阶段。

2. 知识产权发展重点从外围改进转向核心关键

经过改革开放30多年的发展，我国技术研发和创新能力在通信、航空航天、国防、半导体、石油等领域有突出表现，逐渐形成一定的技术积累和知识产权优势，知识产权的重点也开始从产业领域的外围技术向关键核心技术发展。但从总体上看，我国跨国公司在知识产权数量和质量方面，还不能满足企业发展需要，特别是在核心技术的知识产权拥有上，包括优秀中国跨国公司在内的我国企业普遍较为缺乏。与此同时，虽然我国近年以知识产权为核心的创新能力有所增强，但与发达国家相比还有较大差距。当前我国把创新驱动发展战略作为国家战略，更加依靠科技创新来培育和形成新的增长点。这就要求必须将科技创新的重点落实到高水平核心知识产权创造和有效运用上，让创新成果通过知识产权形成新的产业并且促进现有产业的升级，从而促进经济社会的健康和快速发展。

3. 知识产权发展战略从被动防御转向主动进取

到目前为止，我国企业知识产权战略仍主要以被动性防御为主，企业还较缺乏基于长远发展和竞争优势构建知识产权战略布局与主动进取的意识和能力。尽管越来越多的中国企业进行海外拓展，一些跨国公司的知识产权拥有量快速增长，但我国企业知识产权布局能力总体上仍然较弱，国外知识产权申请量少，在美国、日本、欧洲主要市场获得授权的知识产权数量就更少，我国企业在生产经营中受到发达国家企业知识产权侵权时多数处于被动状态。当今世界，全球化背景下的科技创新和科学技术的交叉融合、技术对经济社会发展的全方位渗透要求我国企业必须制定主动和进取型的知识产权战略。一方面，要通过开放式创新，更好地利用全球创新资源，并在全球部署知识产权，形成知识产权优势。另一方面，要紧紧抓住新科技革命和新技术对传统产业的渗透，通过知识产权提升科技创新的水平和效率，占据产业链和价值链的高端。

4. 知识产权发展环境从分散管理转向协同治理

从政治环境来看，我国把创新驱动发展战略作为国家战略，全社会形成了科技创新是国家发展战略核心的普遍共识。创新驱动发展的核心是知识产权的高水平、大规模创造和知识产权的有效运用。创新驱动发展战略和知识产权强国建设为知识产权发展环境完善提供了有效的政治保障。从法制环境来看，我国知识产权法律法规对创新的激励和保护还不够，知识产权法律部门之间、知识产权法与科技法之间还存在不一致、不协调甚至冲突等问题。知识产权管理分散化，知识产权管理与技术和产业发展管理结合不紧密，知识产权司法与行政保护体系还不完善。知识产权强国建设需要完善有效激励创新的知识产权法律制度，建立统一的知识产权管理体制，完善司法保护主导制度规则、行政执法保护有机衔接的保护体系。从经济环境来看，我国仍存在研发投入强度不高、科技创新资源布局不合理、关键核心技术及其知识产权缺乏、科技成果转化和知识产权运用率低等突出问题。我国需要充分发挥市场的决定性作用，深入改革过度竞争与面向需求不够的科技创新资源布局方式，改革主要依靠中介机构和成果完成人的科技成果转化体制机制，形成协调的创新驱动发展治理模式。从文化环境来看，知识产权文化是知识产权事业发展的核心资源和内在驱动力，在深层次上影响和制约着知识产权强国建设和创新驱动发展战略的实施。知识产权文化长期缺失，导致公众对知识产权缺乏认同感，知识产权文化发展缓慢也导致创新文化发展不快。因此，必须破除一切制约知识产权文化发展的不良因素和制度障碍，建立全社会参与和长期导向的知识产权文化发展战略。

5. 知识产权发展模式从国内为主转向全球视野

科技进步和经济全球化所表现出来的对政治和法律的诉求，就是要把作为经济要素的知识产权的保护升华至法律和制度规范，形成国际公认的国际话语权和竞争优势。以美国为首的西方发达国家，凭靠其在政治、经济、科技和文化上的优势地位，不断地将其法律理念和伦理价值纳入到国际法律规范中，并将之向全世界推广，由此而形成了以西方法律思想为基本价值的知识产权国际保护制度。由于建立现代知识产权制度较晚，我国参与国际知识产权规则制定很不够，只能被动接受发达国家制定和主导的知识产权国际规则。目前，我国已经意识到知识产权国际化的重要性，不断加强知识产权全球布局，主动参与知识产权国际事务和国际知识产权规则制定，加强与国际组织和世界各国的知识产权交流合作，努力提高我国知识产权国际话语权和影响力。

（二）知识产权强国建设问题分析

建设知识产权强国，必须深刻把握影响和制约知识产权发展的长远性和突出性问题，必须制定有效的政策措施解决这些问题。当前和未来一段时间，我国知识产权强国建设主要面临以下问题。

1. 关键核心知识产权不足是影响知识产权强国建设的核心问题

我国虽然已成为知识产权大国，但有效、核心知识产权不足。我国2014年所有工业企业研究开发投入强度仅为0.7%，国内发明专利拥有量70.9万件，而美国和日本分别为128.5万件和160.5万件，国内每万人口发明专利拥有量仅有4.88件（不含港澳台）。发明专利平均寿命仅有6.1年，而国外来华却达9.1年。[1] 我国2014年PCT国际阶段发明专利申请量占国内直接居民发明专利申请量比例只有3.6%，排在全球前30位国家的倒数第二位。[2]

企业自主知识产权作为企业核心竞争力，其表现不仅知识产权数量的多少，更重要的是其是否能够为企业在国际竞争中争得一席之地。当前，我国在数字通信、家电和半导体领域均有不错的表现，专利申请量已居世界前列。但总体来看，生物医药、医疗器械、材料技术、纳米技术、能源技术等先进的高技术领域的原创性技术开发和专利申请仍以发达国家的跨国公司为主。在我国规模以上工业企业中，2012年当年申请专利的企业仅占12.2%，拥有有效专利企业仅占17.1%。[3] 全国2013年近37万家规模以上工业企业中有PCT国际申请的企业仅为0.3%。我国在许多高技术领域的对外依存度仍然较高，没有形成可以支撑经济结构调整和产业转型升级的技术体系，缺少拥有自主知识产权的核心技术。

我国产业核心技术和核心知识产权受制于人，高技术产品进出口长期逆差，2014年和2015年知识产权使用费逆差均超过200亿美元，[4] 2013年仅芯片进口一项就高达2313亿美元。大型飞机和舰船发动机、高性能纤维、智能机器人等没有取

---

[1] 国家知识产权局规划发展司．中国有效专利年度报告2014［R］．http：//www.sipo.gov.cn/tjxx/yjcg/201512/P020151231619398115416.pdf.

[2] WIPO. Patent cooperation treaty yearly review：the international patent system［R/OL］．http：//www.wipo.int/edocs/pubdocs/en/wipo_pub_901_2015.pdf.

[3] 国家知识产权局规划发展司，专利检索咨询中心．2012年我国规模以上工业企业专利活动与经济效益状况报告［R/OL］．http：//max.book118.com/html/2017/0322/96333930.shtm.

[4] 中国国际服务贸易数据．参见 http：//www.safe.gov.cn/wps/portal/.

得重大突破，通用 CPU、通用操作系统、高端数控机床等仍严重依赖进口。关键技术领域自主知识产权的缺乏使得我国在全球经济格局中经常处于被动地位，技术创新空间受到挤压，缺乏在世界范围内的产业主导权。

我国知识产权对产业发展还没有起到有效支撑作用。我国虽然已成为世界第一知识产权大国，但只有很少的专利能够进入国际技术标准并对产业产生影响力和控制力。

2. 知识产权转化率不高是影响知识产权强国建设的突出问题

当前，我国已成为世界知识产权大国，但知识产权转化率长期较低。专利等知识产权转移转化率长期较低。根据 2016 年中国技术市场统计数据，2015 年全国知识产权类技术转让许可 12575 项，收益 2556.53 亿元，平均每项 2004 万元，其中专利转让许可 4002 项，平均每件收益 535.45 万元。[1] 但据科技统计年鉴的统计，全国 2013 年 3 万项重大成果产出专利 42908 项，其中转让和许可专利 1095 件，转让许可 2.55%，取得收益 4.24 亿元，平均每件 38.72 万元。[2] 另据国家知识产权局 2015 年的专利数据调查，全国 2014 年有效专利中各类申请人和权利人自行实施和销售产品的比例为 42.9%，其中高校、科研机构分别只有 1.7% 和 20.6%，各类申请人和权利人有效专利转让率只有 5.5%，许可率只有 9.9%。[3] 而国外大多数高校、科研机构有效专利的许可和入股比例在 50% 以上。如美国斯坦福大学截至 2011 年累计发明披露 8900 项，签订了 3000 件许可合同；德国马克斯·普朗克科学促进学会 2012 年发明申请 126 项，签订许可协议 108 件；德国弗劳恩霍夫应用研究促进协会 2011 年总有效专利权和申请达到 6130 件，其中 2860 项专利许可企业应用。[4]

影响和制约知识产权转化的主要问题表现在知识产权和科技成果创造没有面向有效需求，没有解决信息和风险不对称问题，缺乏对创业阶段的政策支持，缺乏有效的转化组织机构和人才团队，缺乏有效的知识产权集中管理和许可机制。[5] 根本

---

[1] 科学技术部创新发展司，中国技术市场管理促进中心. 2016 全国技术市场统计年度报告[R/OL]. [2017-04-25]. http://www.ctp.gov.cn/jssc/tjnb/201607/a834313b5b194b6e9566909913cc9600/files/4da7658a252b413ab557c4f6556953e9.pdf.

[2] 国家统计局，科学技术部. 中国科技统计年鉴：2014 [M]. 北京：中国统计出版社，2014.

[3] 国家知识产权局发展规划司. 2015 年中国专利调查数据报告 [R/OL]. http://www.sipo.gov.cn/tjxx/yjcg/201607/P020160701584633098492.pdf.

[4] 宋河发. 科研机构知识产权管理 [M]. 北京：知识产权出版社，2015.

[5] 宋河发，李振兴. 影响制约科技成果转化和知识产权运用的问题分析与对策研究 [J]. 中国科学院院刊，2014，29 (5)：548-557.

原因在于市场作用没有充分发挥出来，各类创新机构功能定位不清，创新资源配置低效，创新动力导向偏离，知识产权运用和科技成果转化的思维僵化，对中介模式过度推崇。

3. 知识产权保护不力是制约知识产权强国建设的根本问题

知识产权是创新的产物，也是创新的保障。知识产权保护不力会严重降低创新收益的预期，从而降低创新的投入和先进技术的引进。我国虽然建立了与世界一致的知识产权法律制度，在北京、上海、广州试点建设了知识产权法院，但由于没有建立知识产权高级法院，我国并没有解决知识产权侵权审判标准不统一问题，也没有解决循环诉讼问题。我国还缺乏高素质的适应创新驱动发展需要的法官队伍，行政执法缺乏法定处罚手段，而且与司法衔接得不够。我国专利侵权赔偿采用“填平原则”，由于提供证据困难，普遍采用法定赔偿，这导致实际赔偿额过低。据华中科技大学的一项统计，2008～2010 年我国专利侵权赔偿额平均只有 8.36 万元，远远低于专利平均许可价格 245 万元的水平。即使达到北京知识产权法院公布的 2014 年和 2015 年专利侵权赔偿额提高 45 万元和 120 万元标准，这个标准与美国动辄赔偿 500 万美元相比仍然不高。

4. 低效率知识产权体制机制是影响知识产权强国建设的瓶颈问题

我国目前已经形成了包括专利、版权、商标、商业秘密、植物新品种、集成电路布图设计在内的法律体系。但是由于我国知识产权制度建立较晚，各项法律法规和相关制度还有待完善。这主要表现为知识产权立法分散、在新兴领域存在立法空白等。

在行政管理体制上，我国是一个知识产权组织体系和职能分散的国家，国家知识产权局并不行使全部知识产权尤其是工业产权的审查和行政管理职能。知识产权审查和管理政出多门、协调成本高、资源利用率低、效率不高。我国还是一个知识产权职能与产业、技术、贸易职能分开设置的国家，知识产权尤其是专利、商标等工业产权审查与行政管理职能既没有与科学技术管理职能结合，也没有与贸易管理职能结合，更没有与产业管理职能结合。地方政府知识产权部门大多隶属于科技行政管理部门，其主要职能是行政执法，但与其他市场监管部门结合不紧密，而且省市级知识产权部门编制性质、行政级别五花八门。我国知识产权行政管理职能与相关部门职能设置还存在一定的交叉重复，产业化管理职能、基地建设职能、企业支持职能严重重复，造成资源重复投入，也造成政府对创新市场和市场过多、过度干预，影响知识产权创造运用的效果。

法律体系和制度的不足一方面使得知识产权法律在保护创新者利益时力不从心；另一方面也导致国际上对我国知识产权保护产生不满和怀疑，容易引起知识产权纷争，极大地影响了国际交流与合作。

5. 缺乏知识产权基础条件体系是影响知识产权强国建设的基本问题

当前，我国知识产权基础条件体系还不完善。许多高校和企业尚未建立专门的知识产权管理机构。信息检索分析机构水平低，科技中介机构大多数不成功，知识产权运营机构缺乏有效模式，产业化基地缺乏内容，更缺乏专利熟化、二次开发和有效组合的机构。由于知识产权管理处于条块分割和分散状态，缺乏有效集成和共享，知识产权信息服务、工程化开发服务、代理服务、运营服务和投融资服务体系运行存在较大难度和不便，利用效率较低。

相比发达国家，我国还没有形成在市场上有较大规模和较高信誉的知识产权服务机构，市场上充斥着大量小规模的知识产权中介机构，在市场竞争中囿于规模和人员的专业水平，无法提供高层次的知识产权服务，只能在低层次相互竞争杀价生存，对整个行业发展非常不利。

6. 知识产权国际竞争力相对较弱是影响知识产权强国建设的重要问题

在科技经济全球化背景下，发达国家将知识产权作为核心资源，利用知识产权维护其竞争优势地位，还纷纷加大高技术产业领域的研究开发与技术储备，并利用知识产权优势和对自己有利的国际贸易规则，力图占领下一轮产业竞争制高点。在这一形势下，美国、欧洲、日本等发达国家和地区力图主导新一轮知识产权国际规则的竞争愈演愈烈，在知识产权战略与政策制定中表现出更加突出的主导型特征，旗帜鲜明地为本国和地区企业征战国际市场服务。发展中国家也日益利用知识产权参与国际竞争、保护自身优势。例如，印度不遗余力地建立和推广知识产权防御性公开数据库等，努力捍卫在传统文化知识方面的知识产权利益。

与世界主要国家和地区相比，目前我国知识产权国际化程度还相对较低，尚未形成较为系统完善的知识产权国际化战略，缺乏统一高效的知识产权外交政策体系和工作机制。知识产权国际影响力和话语权不强，对国际规则制定的影响力小，对企业的维权援助力度还较小，知识产权国际布局能力较弱，争端解决机制不健全。以美国“337 调查”为例，我国企业 2013 年遭遇“337 调查”案件数量高达 17 起，连续 12 年居世界第一。涉案领域既有农用运输车、电动车等传统制造业，又有闪存产品、药品、大规模集成电路等高科技产业。美国“337 调查”动辄上亿美元的赔偿金额，让国内企业面临高额的赔偿压力，部分企业被逼到了生死边缘。

三、知识产权强国建设总体思路

（一）创新创业过程与知识产权强国建设

1. 创新创业活动过程分析

明晰的创新创业概念，是深入理解和制定知识产权强国建设战略任务的基础。创新链式模型强调创新各个环节的反馈机制以及研究开发活动和知识基础与企业创新活动的互动，认为企业的技术创新过程始于潜在的市场需求，企业根据潜在市场需求开展投资以及生产性分析设计，并开展细节设计与测试、再设计与生产、分销和市场活动等，从而完成企业主要的技术创新活动链。企业的技术创新过程充满了反馈，后一阶段的信息会及时反馈到前一阶段，修正企业创新活动，确保企业技术创新的成功。[1] 创业生态系统模型则将政府政策与规程、经济社会条件、创业和商业技能、金融支持和非金融支持等区域要素嵌入创业活动全过程。[2]

根据创新活动过程模型和创业活动过程模型，创新创业活动首先源于新的技术机会或新的市场机会，激发创业者创建新企业或创新者开发新产品/新服务，从而进入创新创业活动的研究开发阶段。其次，基于研究开发成果，企业进入原型生产和批量制造阶段，并通过商业化进入市场。

2. 基于创新创业过程的知识产权强国建设战略任务框架

知识产权强国建设战略任务设计，必须面向创新创业的重大需求，结合不同主体在不同阶段的需求特征。既符合中国创新驱动发展的实际要求、体现中国特色，又能够有效支撑国际综合竞争力构建、体现世界水平中国特色的知识产权强国建设要求。

结合创业创新过程，知识产权强国建设的战略任务应该覆盖知识产权创造、运用、保护和管理等各环节。从新市场/技术机会的识别到研究开发阶段，知识产权活动主要涉及知识产权战略性前瞻布局和核心知识产权创造等；在原型生产和大规模制造阶段，知识产权活动主要涉及专利、集成电路布图设计、软件著作权、动植

---

[1] KLINE S J, ROSENBER N. An Overview of Innovation [M] // Landau R, Rosenberg N. The positive sum strategy: harnessing technology for economic growth. Washington DC.: National Academy Press, 1986: 275 - 305.

[2] GNYAWALI D R, DAN F. Environment for entrepreneurship development: key dimensions and research implications [J]. Entrepreneurship Theory & Practice, 1994, 18: 43 - 62.

物新品种等的运用，重点强调知识产权与经济的结合；在商业化阶段，知识产权活动主要涉及对不同类型知识产权的保护，以激发创新创业活力。而知识产权管理活动则贯穿创业创新活动的全过程，涉及科技创新的知识产权管理、分析预警、知识产权审查和知识产权审议等。

从外部环境来看，知识产权强国建设战略任务还涉及知识产权制度与文化环境建设，以及知识产权基础条件建设等。其中，知识产权制度与文化环境建设主要包括知识产权法律体系、政策体系和文化环境建设，还涉及知识产权的开放合作；知识产权基础条件建设主要包括知识产权人才队伍建设、知识产权服务体系建设以及知识产权基地园区建设等。

（二）知识产权强国建设总体思路

我国应当制定面向2030年的新国家知识产权战略纲要及其配套政策，战略目标应当是建设成为中国特色和引领世界的知识产权强国。新战略应根据党的十八大和十八届三中、四中、五中全会关于创新驱动发展、体制机制改革和依法治国的要求，把知识产权创造运用能力建设作为知识产权强国建设的主线，着力提高知识产权创造和运用能力，大幅提升知识产权管理效率，增强知识产权保护能力。把体制机制改革、法律和政策体系建设作为知识产权强国建设的突破口，建立知识产权基本法律制度，构建完善的配套知识产权政策体系，推动知识产权制度与发展目标的深度融合。把知识产权基础设施条件、人才队伍建设和知识产权文化建设作为知识产权强国建设的基本保障，推动建立高水平的知识产权基础设施平台和服务网络，增强知识产权基础能力，打造以协调有机统一的行政体系为核心的公共管理服务体系，实施重大人才工程计划，全面推进知识产权人才队伍建设。把提升知识产权国际影响力和话语权作为知识产权强国建设的重要目标，推动知识产权国际布局与开放合作水平，创新知识产权国际合作模式，提升知识产权国际综合竞争力，培育以知识产权为核心内涵的国际竞争新优势。把培育企业主体地位和发展知识产权产业作为知识产权强国建设的重要抓手，以知识产权为核心改造企业支持政策和产业发展政策，从根本上提升知识产权创造运用的主体地位，培育知识产权产业。把知识产权支撑经济社会创新发展作为知识产权强国建设的核心基点，提高重点领域的知识产权全球布局，加快培育发展知识产权密集型产业，大幅提高知识产权对经济社会发展的支撑能力。

四、知识产权强国建设战略任务

结合上述重大需求和问题分析，根据知识产权强国建设的总体思路，我国建设知识产权强国应主要包括以下九大任务。

（一）深化体制机制改革，提升知识产权治理能力

一是深化行政管理体制改革。应将专利、商标、版权等知识产权产权审查和行政管理职能合一，促进知识产权产权审查与产业、技术、贸易管理职能结合，增加知识产权管理部门知识产权商业化、知识产权教育培训等职能。推动地方建立专利、商标、版权“三合一”知识产权行政管理部门。二是完善知识产权法律制度。改革完善知识产权信息公开制度、实施运用制度、中小企业优惠制度、强制许可制度、优先审查制度、损害赔偿制度等知识产权基本制度，完善专利创造性与实用性审查基准，规定政府和高校、科研机构以及国有企业知识产权商业化的职责。制定科技创新基本法和知识产权基本法，从法律体系建设出发完善科技创新与知识产权法律制度。三是构建知识产权政策体系。制定和完善面向需求的知识产权研发创造政策、高质量创造政策和组合创造政策，落实和完善知识产权费用加计扣除政策，实行无形资产加速摊销政策和自主研发无形资产按市场价值摊销政策。建立以自主知识产权产品认定为基础的普惠型企业增值税和高新技术企业所得税优惠政策。制定单位和个人知识产权转让、许可和入股的增值税和所得税优惠政策。制定促进知识产权运用的保险和担保政策。构建符合国际规则的、促进知识产权运用的政府采购政策。改革完善知识产权收费政策和费用减缓政策。

（二）强化知识产权战略布局，提升知识产权创造能力

一是深入实施科研项目知识产权全过程管理。制定《重大科技项目知识产权全过程管理办法》，建立科技计划项目知识产权全过程管理专项资金，开展培训和试点示范，并建立考核机制。二是提升产业知识产权战略布局能力。深入实施“专利导航工程”，完善专利战略布局方法，推进产业技术标准中知识产权战略布局，强化知识产权国外战略布局。引导和支持开展技术预见和预研活动，引导企业开展共性和关键核心技术知识产权战略布局和储备。三是深入实施重大经济活动知识产权分析评议制度。完善知识产权分析评议方法，针对重要产业规划、重大投资活动开

展知识产权分析评议，推动重大经济项目制定并实施知识产权战略。四是提高知识产权创造质量。引导优化地方政府将资助和奖励政策重点转向高水平、可转化和可形成组合的知识产权。改革完善知识产权考核政策，技术研发类科技计划等要增加专利质量和效益指标并提高权重。改革高新技术企业、创新型企业认定等各类认定政策，建立申请人和审查员必须将检索报告写入专利文件并公开制度。制定专利审查质量手册或指南，完善专利审查质量管理体系，适时发布专利审查质量指数。

（三）构建知识产权运营体系，提升知识产权运用能力

一是发展新型知识产权运营机构。将全国知识产权运营公共服务平台建设成为具有专利集中、财政性专利标示展示、财政性专利交易、引导地方与社会知识产权运营机构发展功能的基础性、公共性、服务性平台。推动理工类高校和科研机构建立具有知识产权管理、技术转移和投资功能的内部知识产权与技术转移管理机构。推动全国专利展示交易中心、知识产权交易所等发展为具有第三方支付等功能的知识产权交易机构。培育发展以专利池、专利组合为主营业务的知识产权运营机构。推动知识产权投资公司的建立和发展。支持知识产权交易机构建立网上实时评估系统和竞价系统，推动以知识产权为核心的股权、债券交易。支持证券交易所发展知识产权证券化。二是加大知识产权运用引导。在知识产权股权基金基础上建立“知识产权运用引导资金”，扩大财政资金投入规模，通过财政投入、财政补贴、政府采购、股权投资等方式，支持各类新型知识产权运营机构建设发展。建立国家知识产权主权基金，支持专利集中、国外诉讼应对和联合许可。三是建立知识产权运用新机制。制定重大科技计划和产学研合作项目知识产权非独占、非可撤销、非可再转让和不用付费的许可规则，促进科技成果转化。制定面向投资的知识产权价值评估方法，完善知识产权拍卖流程。建立国防知识产权定期解密评估制度和激励制度，推进军工知识产权和技术向民用领域转移。四是发展知识产权运用投融资。改革知识产权质押贷款制度，支持开展社会化知识产权质押借款和投贷评联动、投贷保联动等新业务。通过税收优惠政策引导社会创投和风投机构投资知识产权商业化，引导保险担保机构支持创投和风投企业投资知识产权商业化。

（四）培育知识产权密集型产业，发展知识产权经济

一是建立知识产权经济国民经济统计核算体系。完善专利国际分类与国民经济行业分类代码对照体系，建立知识产权产品、知识产权企业认定制度，规范知识产

权产品和企业认定政策与税收优惠政策。建立知识产权产业和知识产权经济统计制度，制定知识产权经济发展政策。二是发展知识产权密集型产业。建立知识产权密集型产业目录，制定知识产权密集型产业优先发展的准入政策、产业投资政策和税收优惠政策。三是发展知识产权密集型产业集聚区。选择有条件地区建立知识产权密集型产业集聚区并进行改革试验。支持知识产权密集型产品推广、密集型企业培育、密集型产业公共服务平台和密集型产业发展试验区建设。四是推动知识产权与产业融合。强化高端制造业知识产权储备，构建一批重要专利池和专利组合。加强植物新品种、地理标志、农产品商标、农业专利技术与农业发展的紧密结合。发展"互联网＋"产业商业模式，掌握"互联网＋"产业知识产权。五是培育优势品牌产业。加快推进制造业和战略性新兴产业品牌建设，依托品牌提升附加值和软实力。支持企业提升品牌经营能力，形成品牌聚合效应。加快品牌开发和建设，增强商标密集型产业竞争力。

（五）打造知识产权强势企业，培育企业主体地位

一是培育知识产权强势企业。实施"知识产权强企培育工程"，在知识产权试点示范企业基础上培育形成一批知识产权强势企业。建立省级和国家级知识产权强企申报认定制度，建立强企知识产权能力建设专项。二是推动企业知识产权管理标准化。指导《企业知识产权管理规范》落实，培育一批知识产权管理规范化企业。研究制定《企业知识产权高级管理指引》，提高企业实际知识产权管理水平。三是引导知识产权和创新要素向企业集聚。推动各类政府创新资源向企业倾斜，各类可形成核心专利和专利组合及技术标准的应用类、开发类科技创新计划和项目应主要由企业牵头实施。完善有利于企业知识产权引进和转移转化的财税政策和会计制度。四是构建企业"互联网＋知识产权"发展新模式。强化"互联网＋知识产权"关键共性技术开发，建立"互联网＋知识产权"标准体系。引导企业依托"互联网＋"布局知识产权，建立知识产权联盟。

（六）严格知识产权保护，营造创新驱动发展良好环境

一是加强知识产权司法保护。建立司法保护主导制度与规则的知识产权保护体系。完善区域中级知识产权法院或者知识产权法庭体系建设。建立知识产权高级法院，统一知识产权侵权审判标准。全面推行知识产权行政、民事、刑事案件"三审合一"。建立跨区域知识产权案件异地审理机制。建立商业秘密保护法律制度。建

立专利故意侵权惩罚性赔偿制度。二是加强知识产权行政执法。建立专利、商标、版权统一的综合行政执法体系。加强执法条件建设，严格行政执法人员资格管理。完善执法维权绩效考核评价制度、举报投诉奖励与维权援助制度、执法管理监督制度等。建立地方知识产权保护水平监测体系并发布年度报告。强化行政执法与司法衔接，健全知识产权维权援助体系，将侵权行为信息与社会信用挂钩。三是发展知识产权文化。完善知识产权宣传工作体系，广泛开展知识产权宣传教育，引导和支持各类媒体普及知识产权知识，宣传典型案例。在九年制义务教育阶段推广普及知识产权教育计划，将知识产权内容纳入素质教育课程体系，在重点高等院校开设知识产权相关课程。建设和完善一批知识产权科普设施场馆和知识产权示范基地，将知识产权相关内容纳入全民科学素质行动计划。打造若干国际知识产权论坛品牌，搭建一批自主知识产权展览展示平台。组织和支持企事业单位广泛开展知识产权培训。

（七）完善知识产权基础设施体系，提升知识产权基础能力

一是完善知识产权信息服务体系。完善国家知识产权基础信息数据库和分析系统。在国民经济重点领域建立知识产权预警体系。引导高水平知识产权检索分析服务机构发展。二是建设知识产权工程化开发体系。依托产业联盟推进知识产权孵化机构建设，开展知识产权规避设计和权利强化设计等。依托国家和地方工程实验室、工程（技术）研究中心等培育一批知识产权二次开发机构，提高知识产权产品熟化度。依托知识产权联盟发展知识产权集中和工程化开发机构，开展知识产权储备、集中和产品设计。三是完善知识产权代理服务体系。推进知识产权代理标准化体系建设，培育一批标准化示范机构和示范区。引导代理机构规范化、品牌化、国际化发展。完善全国专利代理人资格考试制度，严格专利代理人报考资格，解决专利代理人执业限制问题。强化知识产权代理监测和监督管理。四是建设知识产权运营体系。以全国知识产权运营公共服务平台为基础，构建高校、科研机构内部知识产权与技术转移机构、企业知识产权管理机构、专利池运营机构、知识产权投资机构、知识产权保险担保机构等在内的多层次知识产权运营体系。引导全国和区域性知识产权运营机构建立新机制，探索新模式，建立高水平运营人才队伍。推动现有中介机构转型升级。五是建设知识产权投融资体系。引导主要投资知识产权的创投和风投企业发展。引导更多商业银行开展知识产权质押贷款业务。支持建设一批知识产权运用保险和担保机构。发展一批知识产权股权期权投资、质押贷款借款、保险担保的高水平服务机构。六是建设知识产权园区体系。依托国家创新发展试验

区、自主创新示范（试验区）和知识产权强省建设一批专利导航、知识产权强企、专利密集型产业、高端知识产权服务业、知识产权体制机制改革、知识产权政策先行先试等类型知识产权园区，探索知识产权支撑创新驱动发展新模式、新路径。

（八）构建知识产权人才体系，造就宏大知识产权人才队伍

一是构建知识产权高层次人才体系。制定中长期知识产权人才发展规划，建设包括知识产权领导人才、审查人才、行政管理人才、研究人才、管理人才和运营人才的人才体系。实施知识产权人才能力提升工程，编制各类人才知识和能力培训课程体系，有序开展教育培训。大力引进各类国际化人才，推动将知识产权运营高端人才纳入“百人计划”和“千人计划”。二是创新知识产权人才培养模式。支持各类高校开设以理工科为基础的知识产权学位学历教育，开设实务型课程。建设知识产权人才实践基地，支持通过“干中学”“用中学”“互动中学”等方式培养各类知识产权人才。三是建立知识产权人才评价发现机制。建立知识产权职业分类体系，建立各类人才能力素质标准和考核评价制度，引导知识产权人才测评机构发展。四是完善知识产权人才激励机制。制定发布兼顾单位、职务发明人和转化机构利益的知识产权收益分配指南。引导市场主体建立同时遵循劳动合同与兼顾各方利益的职务发明人收益分配政策。研究制定科技成果完成人知识产权实施权相关政策。改革知识产权入股的企业和个人所得税政策。

（九）打造新型知识产权网络，增强知识产权国际化能力

一是积极参与国际贸易知识产权规则制定。牵头研究制定“一带一路”知识产权规则。推动建立自贸区商品转运规则和知识产权案件处理机制。二是培育知识产权为核心国际贸易新优势。强化服务和指导，支持出口企业提升产品的知识产权含量，提升制造业和劳动密集型产品出口自主知识产权覆盖面。三是创新知识产权国际合作模式。恢复和优化向国外申请专利资助政策，支持市场主体获取国外知识产权。鼓励企业通过兼并收购掌握先进技术与知识产权，鼓励通过投资带动产品、技术和服务出口。四是进一步提高外资知识产权含量。促进引资与引智相结合，鼓励跨国公司在华设立研发中心。实行准入前国民待遇加负面清单管理模式，积极引导外资投向战略性新兴产业、高技术产业和现代农业等领域。五是加快完善知识产权海外维权机制。建立驻外使馆知识产权专员制度，建立主要国际展会知识产权维权服务机构，构建海外知识产权保护服务网络。加大培训力度，提高企业知识产权保护意识和海外维权能力。

知识产权强国指标体系构建*

一、绪论

当前，世界范围内技术革命和产业变革不断加快，创新已经成为国家经济增长和核心竞争力提升的主要动力。而知识产权作为一种新兴生产要素已经渗透到全球产业竞争的方方面面，对激励创新发挥着越来越重要的战略性作用。美国、日本、欧洲等发达经济体力推跨太平洋伙伴关系协定（TPP）和跨大西洋贸易与投资伙伴协定（TTIP）等高标准自由贸易协定，又进一步运用知识产权等手段挤压我国企业创新发展。因此，建设知识产权强国，增强知识产权对我国经济和产业发展的积极作用和基础保障作用势在必行、时不我待。在知识产权强国建设中，构建一套知识产权实力评价指标体系，用知识产权实力衡量和评估国家综合国力，对我国在创新发展中发挥知识产权引领作用的意义重大。

就本质而言，知识产权强国应当具有强大的知识产权综合实力、突出的知识产权绩效、先进的知识产权制度和优良的知识产权环境等特征。强大的知识产权综合实力包括强大的创造能力、运用能力、保护能力和管理能力；突出的知识产权绩效表现为对经济社会的贡献度高和在国际上影响力大两方面；先进的知识产权制度包括完备的制度体系、良好的制度适应性、灵活的制度变革机制；优良的发展环境包括优良的文化环境、规范的法治环境、公平的市场环境。

本文从知识产权强国的内涵出发，尝试构建一套用以反映知识产权强国特征的评价指标体系；采集了 2008 ~2014 年 WIPO、联合国贸易和发展会议（UNCTAD）、经济合作与发展组织（OECD）、汤森路透、世界银行等国际组织或机构的官方数

---

* 本文基于：陈燕，陈泽欣，谢小勇．知识产权强国指标体系构建与分析［J］．中国科学院院刊，2016(9)：979－988.

据，运用定标比超分析，对全球 40 个经济总量和知识产权产出较大国家的强国总指数以及知识产权能力、绩效、环境等重点指数得分进行计算；并对我国知识产权综合发展状况进行了国际比较分析。同时，利用趋势外推法预测了未来 15 年强国总指数的发展趋势，为我国知识产权强国建设提供有力的数据支撑。

二、知识产权强国特征描述指标体系构建❶

（一）指标体系构建原则

在遵循一般指标体系构建中应当遵循的科学性、完备性、单义性、可计算性以及相对稳定性与绝对动态性相结合等原则的同时，本文构建知识产权强国指标体系主要遵循体现综合实力、世界水平和中国特色三个基本原则。体现综合实力反映了知识产权强国的本质对特征描述指标体系构建提出的基本要求。体现世界水平是由于知识产权强国概念的相对性，其特征描述指标必然要充分反映知识产权国际竞争和用于国际比较。体现中国特色则要求特征描述指标体系可以有效反映特定历史条件下在特定优势产业中知识产权实力的发展变化情况，并充分体现我国知识产权强国建设的中国特色。

（二）指标筛选

在筛选知识产权强国的特征描述评价指标时，应当遴选其中具有较强敏感性和代表性并且便于度量的主要要素指标。本研究在初步遴选两百余个特征指标的基础上，通过不断开展评估实施和吸纳专家意见等形式进一步筛选评价指标，力图完善表征知识产权强国特征和评价体系，支撑我国未来知识产权强国建设和发展。

（三）指标体系构建

本研究形成的知识产权强国特征描述评价指标体系包含知识产权能力、知识产权绩效、知识产权环境 3 个一级指标，知识产权的创造、运用、保护、管理（服务）、创新贡献度、国际影响力，以及制度环境、市场环境、文化环境为 9 个二级

❶ 本文相关内容来源于国家知识产权局知识产权发展研究中心承担的 2014 年度知识产权强国研究报告《知识产权强国基本特征与实现路径研究》。课题负责人：韩秀成；课题组长：谢小勇；报告统稿人：陈燕、谢小勇；主要执笔人：王淇、陈泽欣、刘淑华、武伟。

指标，以及33个三级指标的知识产权强国评价指标体系（参见表1）。

表1　知识产权强国特征描述评价指标体系

一级指标	二级指标	序号	三级指标
知识产权能力	创造	1	发明专利申请量
		2	每万人发明专利拥有量
		3	PCT 申请量
		4	三方专利总量占世界比重
		5	万名研究人员的科技论文数
		6	学术部门百万研发经费的科学论文引证数
	管理（服务）	7	单位审查员专利审查效率
		8	专利规费吸引度
	保护	9	知识产权保护力度
		10	专利发明授权量
	运用	11	知识产权许可出口收入占服务贸易出口比重
		12	知识产权许可贸易差额
		13	版权密集型产品贸易差额
		14	企业与大学研究与发展协作程度
知识产权绩效	创新贡献度	15	知识密集型产业增加值占 GDP 比重
		16	有效发明专利数量
		17	亿美元经济产出发明专利申请量
		18	万名研究人员发明专利授权量
		19	万名研发人员 PCT 国际申请量
	国际影响力	20	知识产权许可费收入占全球比重
		21	PCT 申请进入国家阶段量占世界比重
		22	PCT 申请量 500 强申请人占比
		23	最佳全球品牌 100 强企业占比
		24	版权密集型产品出口占全球比重
知识产权环境	制度环境	25	立法透明度
		26	执法有效性
		27	反垄断政策效果
	市场环境	28	商业环境
		29	信息化发展水平

续表

一级指标	二级指标	序号	三级指标
知识产权环境	市场环境	30	研究与发展经费投入强度
		31	研发人力投入强度
	文化环境	32	研究与培训专业服务状况
		33	知识产权意识

三、知识产权强国指数计算与分析

（一）评价方法

1. 数据的选择

在指标的国际可比性方面，用于构建评价指标体系的均为国际通用的指标，指标内涵定义和数据统计口径与国际规范保持一致。在数据来源的权威性方面，研究的基本数据均来源于国际组织机构和国家官方统计调查。通过官方渠道定期收集，确保基本数据的准确性、权威性、持续性与及时性。33 个三级指标中包括 25 个定量指标和 8 个定性指标。25 个定量指标的源数据，均取自 WIPO、UNCTAD、OECD、汤森路透、世界银行等权威机构的数据库或年度报告；8 个定性指标全部采用包括世界银行、世界经济论坛、世界正义工程等公开、权威世界性组织的问卷统计分析和国家创新指数报告。

在评价对象的代表性方面，确定了世界上 40 个科技资源投入和知识产权产出较大的国家（参见表 2）。样本国家包括 34 个 OECD 成员国家，并增加了金砖五国和新加坡。经测算，这些国家的研发投入总量之和占全球的 98% 以上，国内生产总值占全球的 88% 以上，发明专利申请总量占全球 89% 以上，在进行知识产权强国的国际比较时，具有较高的代表性。

表 2　知识产权强国评价指标体系测算样本国家

序号	国家	序号	国家	序号	国家	序号	国家
1	阿根廷	3	奥地利	5	巴西	7	中国
2	澳大利亚	4	比利时	6	加拿大	8	捷克

续表

序号	国家	序号	国家	序号	国家	序号	国家
9	丹麦	17	爱尔兰	25	新西兰	33	斯洛文尼亚
10	芬兰	18	以色列	26	挪威	34	南非
11	法国	19	意大利	27	波兰	35	西班牙
12	德国	20	日本	28	葡萄牙	36	瑞典
13	希腊	21	韩国	29	罗马尼亚	37	瑞士
14	匈牙利	22	卢森堡	30	俄罗斯	38	土耳其
15	冰岛	23	墨西哥	31	新加坡	39	英国
16	印度	24	荷兰	32	斯洛伐克	40	美国

2. 综合评价值的确定

本指标体系的计算采用标杆分析法（Benchmarking），将同年度对应指标中最大值设置为评价的标杆，随着标杆值的不断变动，及时反映我国知识产权强国指数与世界最先进水平的差距。为解决不同指标间计量单位的差异和指标数值的数量级、相对数形式的差别，从而解决指标的可综合性的问题。本研究对 33 个三级指标原始值分别进行无量纲归一化处理。

二级指标采用直线型无量纲化方法，即

$$y_{ij} = \frac{x_{ij} - \min x_{ij}}{\max x_{ij} - \min x_{ij}} \tag{1}$$

式（1）中，i 表示国家序号，j 表示指标序号，x_{ij} 表示 i 国家 j 指标的原始数据，y_{ij} 表示无量纲化后的数据。

采用等权重计算出二级指标得分 $\overline{Y}_{ik}$

$$Y_{ik} = \sum_{j=1}^{n} \beta_j y_{ij} \tag{2}$$

$$\overline{Y}_{ik} = 100 \times \frac{Y_{ij}}{\max(Y_{ik}, i = 1 \sim 40)} \tag{3}$$

式（2）、式（3）中，i 表示国家序号，j 表示二级指标下对应的三级指标的数量，k 表示二级指标序号，β_j 表示第 j 项三级指标的权重，Y_{ik} 表示加权合成后的指标数值，$\overline{Y}_{ik}$ 表示归一化后的指数得分。

采用等权重计算出一级指标得分 $\overline{Z}_{ij}$

$$Z_{ij} = \sum_{k=1}^{n} \alpha_k Y_{ik} \tag{4}$$

$$\overline{Z}_{ij} = 100 \times \frac{Z_{ij}}{\max(Z_{ij}, i = 1 \sim 40)} \tag{5}$$

式（4）、式（5）中，i 表示国家序号，j 表示一级指标序号，k 表示一级指标下对应的二级指标序号，α_k 表示第 k 项二级指标的权重，Z_{ij}表示加权合成后的指标数值，$\overline{Z}_{ij}$表示归一化后的指数得分。

采用等权重计算出知识产权强国指数 $\overline{Z}_i$，并据此对 40 个国家排序，

$$Z_i = \sum_{j=1}^{3} \omega_j Z_{ij} \tag{6}$$

$$\overline{Z}_i = 100 \times \frac{Z_i}{\max(Z_i, i = 1 \sim 40)} \tag{7}$$

式（6）、式（7）中，i 表示国家序号，j 表示一级指标序号，ω_j 表示第 j 项一级指标的权重，Z_i 表示加权合成后的指标数值，$\overline{Z}_i$ 表示归一化后的指数得分。

（二）指数分析

由于各国际组织的统计数据相对滞后，本文计算所采用的数据截至 2014 年。

1. 总指数得分与排名分析

从主要国家得分分布上看，2008 ~2014 年，世界强国总指数得分呈现三级梯队分布：第一梯队为美国和日本，其总指数得分在 93.44 ~100，遥遥领先其他样本国家；第二梯队包含韩国和德国等国家，其总指数得分较高，在 61.08 ~74.23 范围内小幅波动；其他国家为第三梯队，与第一、第二梯队的得分差距较大（参见表 3）。2014 年，我国知识产权强国总指数得分 55.38 分，排名 40 个样本国家的第八位（参见图 1）。

表 3　2008 ~2014 年主要国家知识产权强国总指数得分变化情况　　单位：分

2014 年排名	国家	2008 年	2009 年	2010 年	2011 年	2012 年	2013 年	2014 年
1	美国	100.00	100.00	100.00	100.00	99.68	100.00	100.00
2	日本	96.22	98.83	97.35	99.10	100.00	98.54	93.44
3	韩国	68.15	68.28	69.13	74.23	72.93	71.69	69.89
4	德国	62.63	64.48	62.59	63.17	62.69	61.93	61.08
5	荷兰	55.49	56.88	57.79	58.64	58.07	57.85	58.26
6	英国	54.31	57.01	58.48	59.15	55.98	57.78	57.66
7	芬兰	54.93	55.84	56.35	57.41	57.42	56.86	56.29

续表

2014 年排名	国家	2008 年	2009 年	2010 年	2011 年	2012 年	2013 年	2014 年
8	中国	38.80	44.18	48.60	52.95	51.89	53.45	55.38
9	瑞典	57.75	59.77	59.45	57.67	56.65	54.19	54.66
10	新加坡	47.84	47.06	47.71	51.69	51.18	52.95	53.85

从全球范围来看，主要国家排名位次保持基本稳定，美国、日本、韩国、德国一直稳定处于排名的前四位。其他主要国家包括荷兰、英国、芬兰、瑞典、新加坡等排名变化幅度不高。主要国家得分呈现相对稳定且小幅下调的趋势，主要国家在 7 年间得分小于 10 分，部分国家的得分波动甚至低于 5 分。自 2013 年起，部分主要国家的得分出现小幅下调的趋势，与标杆国家的知识产权实力差距开始拉大。

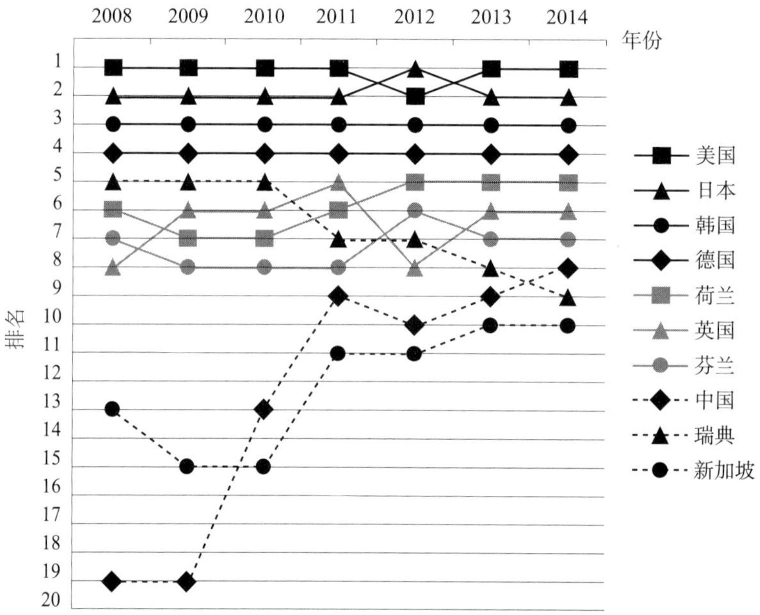

图 1　2008 ~2014 年主要国家知识产权强国总指数排名变化情况

综合近年的排名趋势，我国知识产权强国指数排名快速提升，由 2008 年的第 19 位跃升至 2014 年的第八位，并于 2014 年成功超越瑞典。从得分的提高情况来看，我国知识产权强国总指数得分从 2008 年的 38.80 分提高至 2014 年的 55.38 分，并保持稳定增长。在主要国家得分趋于动态稳定甚至小幅下调的背景下，我国与标杆国家的差异缩小幅度相对较快，知识产权实力与标杆国家的差距在不断拉近。同时，我们同样注意到，尽管我国知识产权强国总指数的得分和排名都有不同程度的提升，但近年来提升速度放缓，与标杆国家得分仍然存在较大差距，我国知识产权强国建设任重道远。

研究同时发现，我国知识产权强国指数中 3 个一级指标的得分和排名极不均衡。以 2014 年为例，我国知识产权强国总指数下的 3 个一级指标知识产权能力、知识产权绩效、知识产权环境指标分别处于世界第三位、第三位和第 30 位，与 2013 年基本持平。但从得分上看，我国在 3 个一级指标分别得分 64.94 分、53.20 分、42.32 分，指标得分标准差较 2013 年由 8.62 分提升至 9.23 分，知识产权能力、知识产权绩效两指标与知识产权环境指标之间的差异有缓慢拉大的趋势。考虑到改善知识产权环境的长期性和艰巨性，预计今后一段时间，我国知识产权强国一级指标得分的这种不均衡性将会长期存在。

通过综合比较各国知识产权强国总指数的构成情况，分别考虑知识产权能力、知识产权绩效、知识产权环境 3 个一级指标对强国总指数的贡献程度。美国和日本 3 个一级指标对得分的贡献程度较为接近，呈现结构均衡、平衡发展的特征；以韩国、德国、芬兰等代表的大多数国家知识产权环境对得分的贡献程度最高，知识产权绩效的得分贡献程度则较低。2014 年，我国成为唯一的知识产权能力得分贡献占比最大，同时知识产权环境得分贡献占比最小的国家。这种现象一方面体现了我国知识产权领域能力的快速提升，另一方面也预示着我国知识产权发展模式亟待调整和转型，知识产权环境仍需改善（参见图 2）。

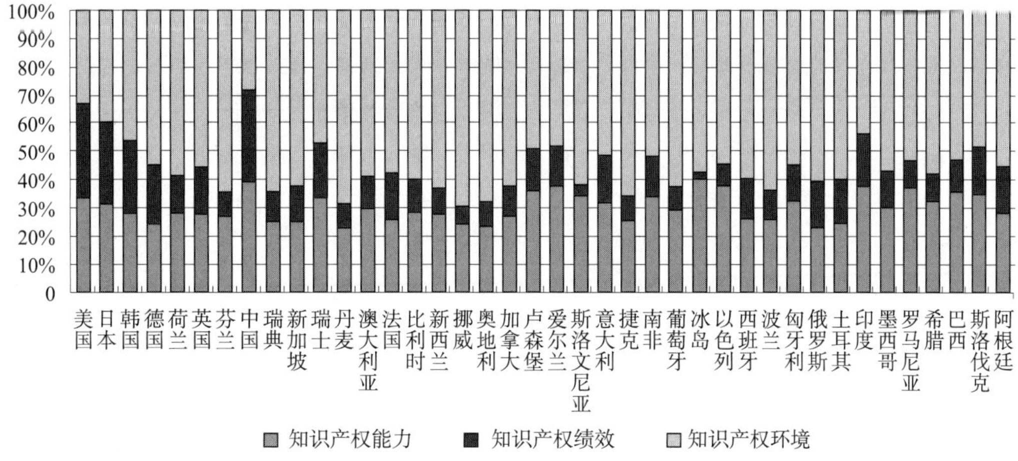

图 2　2014 年各国知识产权强国总指数一级指标对得分的贡献程度

2. 重点指标得分与排名分析

（1）知识产权能力指标

从知识产权能力指标的得分和排名情况看，如图 3 所示，2008～2014 年，全球范围内主要国家知识产权能力指标的排名与强国总指标呈现相同的变化趋势。美国和日本作为第一梯队国家排名一直保持稳定，其他排名前十位的国家排名在一个相对稳定的范围内上下波动，未见明显变化。从得分变化的情况来看，美国和日本的得分远远领先于其他国家，其他主要国家之间的得分差距也开始逐渐拉大。自 2013 年以来，美国和日本在知识产权能力方面的差距开始不断拉大，包括日本、瑞士、芬兰、德国等国家在内的主要国家知识产权能力得分开始呈现缓慢下降趋势。

伴随着我国创造和管理能力的快速提升，在创造指标和管理指标的得分提升助力下，我国知识产权能力在 2008～2014 年的时间内国际排名快速提升，从第十位跃升至第三位。自 2012 年我国知识产权能力进入世界前三位之后，至 2014 年，我国排位保持相对稳定，近年与美国、日本得分差距的缩小幅度呈放缓趋势。我国知识产权能力的世界排名进入平台期。从我国知识产权能力指标的得分变化情况来看，我国是知识产权能力指标得分排名前十位国家中唯一保持持续增长的国家。在其他各国知识产权能力指标得分出现负增长的情况下，我国最近 3 年依然保持了相对稳定的得分增长，与标杆国家的差距稳步缩小。

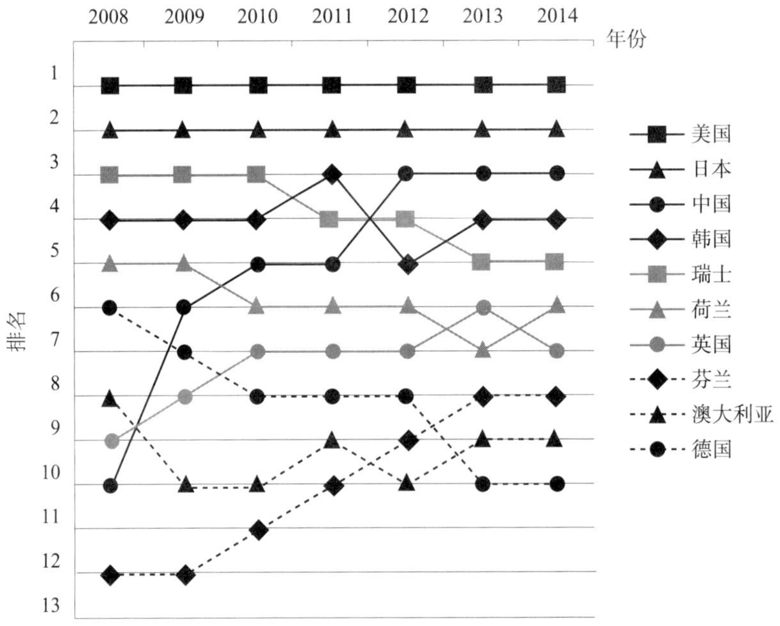

图 3　2008～2014 年主要国家知识产权能力指标排名变化情况

2014 年，我国的知识产权能力指标得分达到 64.94 分，较 2013 年提升 2.28 分，排名较 2013 年未有变化，紧随美国、日本之后，保持在样本国家的第三位。从得分上看，我国与美国、日本的得分差距进一步缩小，缩小幅度分别达到 2.28 分和 6.95 分，差距缩小速度快于 2013 年。同时，与排位于之后的韩国、瑞士、荷兰、英国等国家的差距进一步拉大，分差分别扩大 1.65 分、4.96 分、3.76 分和 5.63 分。数据表明我国知识产权能力方面的世界排名在实质上得到进一步稳固（参见表 4）。

表 4 2008～2014 年主要国家知识产权能力指标得分变化情况 单位：分

2014 年排名	国家	2008 年	2009 年	2010 年	2011 年	2012 年	2013 年	2014 年
1	美国	100.00	100.00	100.00	100.00	100.00	100.00	100.00
2	日本	96.49	97.62	95.57	95.18	95.94	91.47	86.80
3	中国	45.53	51.44	54.76	60.64	63.11	62.66	64.94
4	韩国	56.95	58.97	58.20	62.13	59.75	57.13	57.76
5	瑞士	58.69	61.69	62.50	61.74	59.80	56.34	53.66
6	荷兰	50.49	52.81	54.17	55.72	54.04	50.49	49.01
7	英国	46.51	49.93	51.71	53.13	51.20	51.67	48.32
8	芬兰	42.82	44.68	45.40	46.87	48.02	47.43	45.37
9	澳大利亚	47.12	48.62	48.08	47.89	47.96	47.32	44.15
10	德国	48.83	51.29	49.57	48.67	48.94	45.43	44.07

从各国知识产权创造、管理、保护、运用对知识产权能力指标的贡献程度看，多数样本国家创造和管理指标对知识产权能力指标得分的贡献不高。我国的知识产权能力指标发展开始呈现均衡发展的态势，创造、管理、保护、运用对知识产权能力得分的贡献程度相对均衡。从知识产权能力指标下 4 个二级指标的得分来看，2014 年，我国创造、管理、保护、运用四个方面的得分分别为 63.65 分、64.65 分、62.77 分、56.52 分，较 2013 年度均有不同程度的提升。随着中国对知识产权保护的重视程度不断提升，保护指标比 2013 年提高 8.96 分，增幅最大，达 16.65%；受到全球经济形势影响，知识产权许可贸易增速进一步放缓，运用指标比 2013 年提高 1.20 分，增幅最小，仅提高 2.18%。

（2）知识产权绩效指标

从知识产权绩效指标的得分和排名情况来看，2008～2014 年，与知识产权能力指标类似，全球范围内主要国家知识产权绩效指标的排名与强国总指标呈现的变化趋势十分接近。从排名变化情况看，除新加坡以外，排名前十位的国家排名变化相对较小，只在有限的范围内波动。美国、日本、中国、韩国、德国在7年间一直位列绩效指标的前五位，体现了这些国家在知识产权绩效方面的相对优势（参见图4）。从得分变化情况来看，美国和日本仍然保持其巨大的相对优势，而日本与美国的知识产权绩效指标得分差距要远远大于强国总指标和知识产权能力指标。从另一个侧面反映出美国在知识产权绩效方面优势明显。主要国家知识产权绩效得分保持相对稳定，稳中有升。此外，知识产权绩效指标排名靠前的国家间得分的差异最为明显。从绝对差距来看，排名第十位的新加坡得分为20.03分，仅达到标杆国家的1/5。其尽管在7年间绩效指标排名飙升8位，但其绝对得分仅提高9.17分。这也说明了目前知识产权绩效的全球分布极不平衡，美国作为知识产权超级大国，其知识产权对经济的贡献度和知识产权国际影响力均远远领先于其他国家。

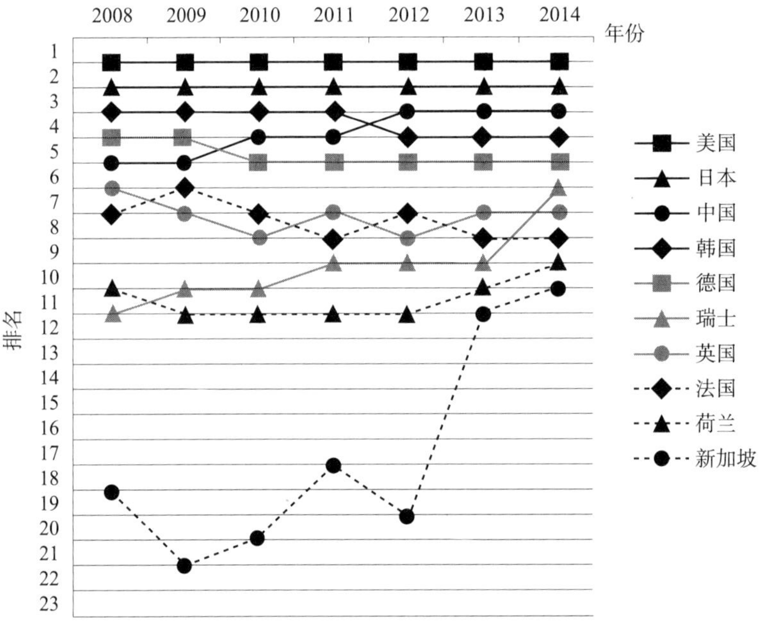

图4　2008～2014年主要国家知识产权绩效指标排名变化情况

随着我国知识产权效益和国际影响力的稳步提升，我国在知识产权绩效指标方面发展势头良好。如表5所示，在2008～2014年的时间内，我国知识产权绩效指标得分从29.87分提升至53.20分，国际排名始终稳定在第三到第五位。当前，我国与美国、日本的知识产权绩效仍存在较大差距，与韩国呈现得分交替上升的胶着状况，参照我国与美国、日本、韩国差距缩小的趋势看，在较长的一段时间内我国的绩效指标排名将在这一名次区间徘徊。

表 5　2008 ~2014 年主要国家知识产权绩效指标得分变化情况　　单位：分

2014 年排名	国家	2008 年	2009 年	2010 年	2011 年	2012 年	2013 年	2014 年
1	美国	100. 00	100. 00	100. 00	100. 00	100. 00	100. 00	100. 00
2	日本	79. 19	83. 58	82. 46	85. 59	88. 39	87. 88	80. 68
3	中国	29. 87	33. 43	37. 60	44. 91	46. 41	49. 24	53. 20
4	韩国	48. 14	43. 37	42. 53	45. 65	46. 40	47. 22	52. 63
5	德国	36. 48	37. 60	35. 84	35. 93	35. 97	36. 83	37. 12
6	瑞士	16. 64	18. 30	16. 88	17. 21	17. 74	22. 50	30. 77
7	英国	25. 26	25. 95	24. 55	24. 70	23. 59	27. 39	28. 01
8	法国	24. 40	26. 94	24. 64	24. 60	24. 52	27. 25	24. 33
9	荷兰	16. 76	17. 79	16. 25	16. 00	15. 70	18. 95	22. 59
10	新加坡	10. 86	9. 82	10. 03	11. 24	10. 39	18. 10	20. 03

2014 年，我国的知识产权绩效指标得分达到 53. 20 分，较 2013 年提升 3. 96 分，排名未有变化，紧随美国、日本之后，保持在样本国家的第三位。从得分上看，我国与美国、日本的得分差距得以快速缩小，缩小幅度分别达到 3. 96 分和 11. 16 分，差距缩小速度快于 2013 年；与排位之后的德国、英国、法国等国家差距进一步扩大，分差分别扩大 3. 67 分、3. 34 分和 6. 88 分。快速缩小的知识产权绩效指标得分差距，一方面说明主要国家受到全球经济放缓影响，知识产权绩效水平出现不同程度的下滑；另一方面说明我国知识产权对经济发展的贡献以及在国际舞台上的影响力处在稳步提升过程当中。随着排名第四位的韩国创新贡献度指标快速提升，其在绩效指标上与我国的分差再次缩小 1. 45 分，仅领先 0. 57 分，仍呈现胶着状态。

从 2014 年各国知识产权绩效指标得分的二级指标贡献结构来看，除美国外，其他世界主要国家均呈现对内创新贡献度的得分贡献高于对外国际影响力的特点。美国国际影响力得分贡献程度达到 0. 873，是创新贡献度 0. 471 的近 2 倍，体现了其知识产权极强的外延性。我国的国际影响力和创新贡献度对知识产权绩效指标的贡献程度分别为 0. 309 和 0. 407，比例约为 3∶4，国际影响力亟待提升。从下设二级指标的排名看，2014 年，我国创新贡献度和国际影响力排名保持稳定，分别维持在第四位和第三位。从下设二级指标的得分看，2014 年，随着我国有效发明专利数量和万名研究人员发明专利授权量的快速提升，我国创新贡献度指标得分较 2013 年提高 14.07 分，增幅达 28.94%；受到国际贸易大环境影响，我国知识产权许可费收入占全球比重出现增速下滑，最佳全球品牌 100 强企业占比呈现逆增长，国际影响力得分与 2013 年相比降低 0.17 分，同比下降 0.48%，基本保持稳定。

（3）知识产权环境指标

从知识产权环境指标的得分和排名变化情况看，2008～2014 年，全球主要国家知识产权环境指标的得分较为接近，得分变化幅度较小，排名靠前的主要国家因得分接近而呈现位次频繁交替的现象（参见图 5）。

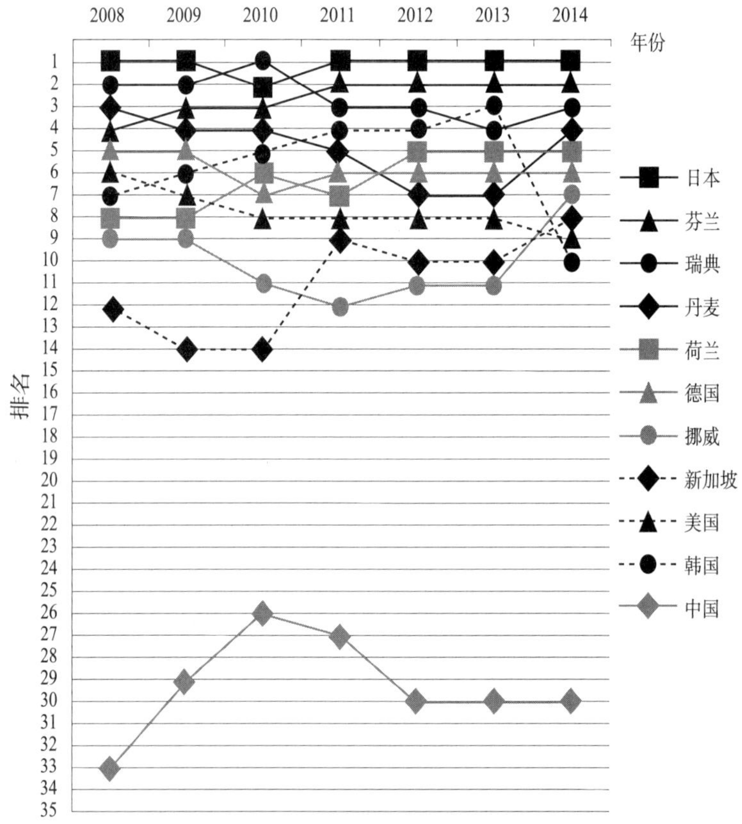

图 5　2008～2014 年主要国家知识产权环境指标排名变化情况

2008～2014 年，我国知识产权环境指标的世界排名一直处于相对较低的排位，从得分变化趋势看，2012～2014 年，我国尽管排位一直处于第 30 位，得分从 40.34 分、41.83 分提升至 42.32 分（参见表 6），呈现稳步提升趋势。但由于我国知识产权环境指标得分与领先国家的分差太大，因而位次提升不明显。

表6 2008~2014年主要国家知识产权环境指标得分变化情况 单位：分

2014年排名	国家	2008年	2009年	2010年	2011年	2012年	2013年	2014年
1	日本	100.00	100.00	97.69	100.00	100.00	100.00	100.00
2	芬兰	96.03	95.88	96.29	98.60	98.11	97.32	98.20
3	瑞典	98.00	99.92	100.00	98.48	96.58	91.68	94.28
4	丹麦	96.70	95.54	95.74	92.54	88.04	87.25	93.87
5	荷兰	86.23	85.70	87.17	88.79	89.10	90.27	91.78
6	德国	89.39	89.70	86.94	89.28	88.17	89.28	90.74
7	挪威	80.60	82.62	80.20	82.61	83.51	85.12	90.45
8	新加坡	77.89	76.39	76.70	85.93	85.22	85.21	90.24
9	美国	89.29	87.25	86.16	86.19	86.16	85.86	88.39
10	韩国	86.98	88.14	90.70	97.95	96.44	95.48	88.15
30	中国	36.53	41.49	45.83	46.06	40.34	41.83	42.32

从2014年各国产权制度环境、市场环境、文化环境指标对知识产权环境指标得分的贡献程度可以看出，在我国知识产权环境指标中贡献度最高的依然是制度环境指标，市场环境和文化环境对得分的贡献明显不足。从得分角度看，2014年，我国市场环境指标和文化环境指标得分比2013年提高0.57分和1.73分，同比增长仅1.76%和6.54%。仅勉强接近样本国家得分的平均增速，市场环境和文化环境的改善不明显，没有实现位次的提升。

数据显示，我国知识产权环境与发达国家相比存在较大差距。同时，大幅改善我国知识产权环境是我国知识产权强国建设的重点任务之一，未来我国知识产权强国建设中应着力优化知识产权文化环境，完善制度环境，规范市场环境，为知识产权强国建设保驾护航。

3. 总指标得分预测

综合2008~2014年度知识产权强国指标的变化情况，本文拟采用历年排名前十位的总指标得分均值估算当年知识产权强国的基准分数，并采用趋势外推法推算未来几年的强国基准分数。同时，采用2011~2014年放缓增长速度后我国的知识产权强国总指标年均增长速率估算我国强国总指标的得分情况。根据估算对比，知识产权强国总指标估算结果如表7所示。在我国知识产权强国指标保持现有年均增长速度的前提下，我国预计于2030年前后达到知识产权强国的基准线。但考虑到调整知识产权指标结构能力、绩效指标得分提升进入平台期，环境指标提升具有长期性等客观情况，如不能采取有效措施，强国目标将难以顺利实现。

表 7　知识产权强国评价指标预测

年份	强国基准得分	中国强国指标得分
2008	65.41	38.80
2009	66.81	44.18
2010	66.74	48.60
2011	67.49	52.95
2012	66.75	51.89
2013	66.53	53.45
2014	66.05	55.38
2015	66.16	56.22
2020	66.7	60.59
2025	67.24	65.30
2030	67.79	70.38

注：2015～2030 年数据为预测值。

四、结论与有关建议

结合知识产权强国总指标评价结论，本文围绕我国未来知识产权强国建设提出措施建议。

一是不断提升知识产权综合能力。知识产权强国的竞争归根到底是知识产权综合实力的竞争，建设知识产权强国要解决的核心问题就是提升我国的知识产权综合实力。美国和日本的例子已经说明，要成为世界顶级的知识产权强国，必须具有更高的知识产权综合能力。目前，我国已经具备了一定的知识产权数量基础，知识产权的创造、运用、保护、管理等能力已经有了长足的进步，但是反映在指标评价中，我国的 4 个知识产权能力二级指标的得分均分布于 50～60 分，与标杆国家仍有较大差距。在知识产权强国建设的大前提下，必须找准差距、重点突破，提升知识产权创造的质量，不断严格知识产权保护，强化知识产权运用，完善知识产权管理。强大的知识产权实力是参与国际竞争，提升产业、企业核心竞争力，扩大国际影响力重要保障。

二是着力提升知识产权绩效。知识产权实力的强弱是通过突出的知识产权绩效来显现的。这就要求一方面要重视知识产权与经济社会发展的融合，通过将知识产权指标纳入国民经济核算体系、测算知识产权密集型产业对GDP的贡献率等措施使知识产权创造的经济价值和社会价值充分显现；另一方面要着力提升我国的知识产权国际影响力，扩大我国知识产权产业化活动的国际化程度，不断提升知识产权国际许可贸易额和知识产权密集型产品出口额，积极参与知识产权全球治理，稳妥参与多种形式的知识产权国际协调。

三是改善知识产权环境。优良的知识产权环境是培育知识产权实力和实现知识产权绩效的基础保障。当前我国在改善知识产权相关的市场环境、制度环境、文化环境方面已经作出了许多努力，然而从指标得分方面可以看出，我国的各项知识产权环境与世界主要国家还存在较大差距，知识产权环境已成为未来一段时间我国知识产权发展的重要短板。这与我国知识产权制度和市场经济起步较晚的客观现实不无关系，也表明知识产权环境的改善需要经历一个相当长的过程。完善知识产权环境，不断提升法律制修订的科学性和开放性，严格司法和执法；不断改善知识产权相关的基础公共服务和市场定制化服务，保障创新主体更好地获取知识产权相关资源；做好知识产权相关的普及宣传工作，真正使“尊重知识、崇尚创新、诚信守法”知识产权文化得到最广泛的社会认同。

四是下大力气促进我国知识产权发展方式的转型和结构优化。我国目前3个一级指标对得分的贡献极不平均，知识产权能力占比过高，知识产权环境占比过低。这一方面体现了我国知识产权目前发展阶段的特点，另一方面反映出长期以来我国知识产权事业发展较为注重行政手段推动，而市场手段相对不足。为维持知识产权综合实力的持续稳定增长以及强国目标的顺利实现，必须遵循知识产权发展的客观规律，逐步扭转我国知识产权事业发展中存在的行政、市场手段不协调的问题，充分发挥市场配置资源的主导性作用，从市场和创新主体的自身需求出发培育知识产权发展的新动能。

五是提升我国在知识产权领域的国际影响力。通过对筛选出的评价指标得分情况分析可以看出，我国在立法透明度、商业环境、信息化发展水平、研究与培训专业服务状况等定性指标方面的得分普遍偏低。考虑到这些定性指标均由第三方国际机构的调查得出，一方面可以反映出我国现实水平与国际社会期望的差距，另一方面也反映出我国在知识产权领域取得的重大成效缺乏足够的国际认同。要扭转这一局面，必须在持续提升知识产权实力的同时，加大相关成果的宣传力度，扩大知识产权政务公开程度，更加主动地在国际舞台上阐明我国在知识产权保护等问题上的立场和举措，加强对外交流，拓宽公共外交渠道，积极参与知识产权国际规则的制定，形成良性互动，提升我国知识产权工作已有成效的认可度。

参考文献

[1] 韩秀成，谢小勇，刘淑华．凝心聚智，描绘知识产权强国建设蓝图［N］．中国知识产权报，2015－12－23（04）．

[2] 知识产权强国研究课题组，韩秀成，陈燕，谢小勇，刘淑华．对知识产权强国建设的理论思考［J］．知识产权，2015（12）：3－9．

“十三五”知识产权国际合作发展思路研究*

知识产权国际合作是指国际行为主体之间基于相互利益的基本一致或部分一致，而在知识产权领域进行的政策协调行为。知识产权国际合作不仅拓宽政治、经贸等国际合作领域，实现人才交流和资源、信息、科研、技术及设备的共享，也促进技术贸易发展，为技术引进和创新提供良好的国际环境，推动知识产权国际规则的变革沿着健康方向发展。同时，有助于提高参与知识产权国际事务的能力，提升知识产权的国际话语权，从而维护在国际社会中的国家利益。知识产权国际合作作为我国对外交流的重要手段之一，一直遵循“中国特色大国外交”方针，服从于国家整体对外交流战略，服务于国内经济与社会建设，积极建立、拓展和深化与世界各国和地区在知识产权领域的全方位、多层次和多形式合作，取得了积极成效。后金融危机时代，随着产业结构的新一轮大调整，我国知识产权国际合作面临的国内外形势更加严峻、复杂，这些形势变化都对“十三五”期间的知识产权国际合作提出了新要求、新任务，这就迫切需要对知识产权国际合作进行整体谋划，以提升知识产权国际影响力，服务于创新型国家建设。

一、“十三五”知识产权国际合作面临形势和需求

（一）知识产权国际合作形势演变

“十二五”期间，知识产权国际合作的国际国内形势发生了一定的变化，这些形势变化都对“十三五”期间的知识产权国际合作提出了新的要求。

从国内角度来看，形势变化主要体现在两个方面。一方面是国家外交方略的调

---

* 本文基于国家知识产权局“十三五”规划课题研究报告《国家知识产权国际合作“十三五”总体思路研究》整理。指导顾问：吴凯、刘剑；课题负责人：韩秀成；课题组长：谢小勇；报告统稿人：谢小勇、王淇、刘淑华；主要执笔人：刘淑华、王淇、陈泽欣、武伟、冯宪萍、康德地、孙宏霞、张颖慧。

整，“中国特色大国外交”的提出与强化、建设“一带一路”倡议的提出、经济“新常态”下的国家战略部署、“走出去”战略的推进实施、自贸区设立对知识产权提出了新的要求；另一方面是国内经济社会发展的需求，包括经济增长方式转变、建设创新型国家，发展知识密集型和依赖型产业、调整贸易结构等。

国际形势也面临着一些新的变化。一方面，随着发展中国家知识产权工作的不断推进，过去由少数发达国家推动并建立的知识产权国际格局正在悄然发生变化；另一方面，在知识产权国际格局的变化过程中，知识产权国际规则、知识产权国际纠纷也都发生了不同程度的变化。世界主要国家为适应这些变化，也都相继调整知识产权国际合作工作形式。

（二）“十三五”知识产权国际合作需求分析

中共中央、国务院在2015年发布的《中共中央 国务院关于深化体制机制改革加快实施创新驱动发展战略的若干意见》明确要求，“让知识产权制度成为激励创新的基本保障”。在新一轮科技和产业革命来临之际，知识产权成为关系国家核心竞争能力培育和国民经济长远发展的关键。随着知识产权国际竞争加剧，各国普遍认识到，保护知识产权已经从保护知识创造者的权利，发展成为企业、产业乃至国家促进科技创新和提高竞争力的有力手段。世界各国无不从本国经济、科技和社会发展的实际需求出发，加强知识产权国际合作，营造有利于经济社会发展的知识产权国际环境，促进知识产权更好地融入本国经济社会发展中，推动了科技、经济和社会发展变得更快、质量更高，保证国家综合实力的增强。

我国开展知识产权国际合作的内在需求根植于知识产权全面融入经济发展的土壤中，主要体现在促进发展、推动技术创新、加强保护和提高知识产权实力等方面。从对外角度看，开展知识产权国际合作的国际需求包括应对国际格局变化、国际规则变革，维护国际贸易开展，突破国外技术壁垒等方面的需求；从对内角度看，主要包括我国自身知识产权能力提升、保护创新成果、统筹协调国内知识产权事务和支持国内企业海外拓展的需求。

开展知识产权国际合作的根本目的在于有效满足我国知识产权事业发展需求，继续为我国发展争取外部资源，维护和延长我国知识产权事业战略机遇期，为我国知识产权创造、运用、保护和管理目标的实现提供强有力支撑。知识产权国际格局变化、知识产权国际规则变革和知识产权纠纷上升等趋势对我国知识产权国际合作提出新的要求。在“中国特色大国外交”战略方针的指引下，如何在国际上树立我国作为负责任的知识产权大国形象成为摆在当前的重要问题。

二、“十三五”知识产权国际合作适应性与定位分析

（一）“十三五”知识产权国际合作交流适应性分析

1. 认识理念方面

长期以来，我国在知识产权国际合作理念方面更多地采取“韬光养晦”“和谐发展”的策略方针，处于消极被动的地位。在参与多边知识产权国际规则谈判中，由我国主动提出的议案数量很少，远低于发达国家。在提案的影响广度上，由巴西、阿根廷等一些较为活跃的发展中国家提出的发展议程现已成为世界知识产权组织的重要任务之一，并成立了专门的工作委员会，我国还缺乏此类能够对国际知识产权事务的战略性政策施加影响的议案。在双边自贸区的知识产权谈判中，我国虽有参与其中的知识产权章节谈判，但知识产权内容尚未成为我国的核心要价，我国获利多为遗传资源、传统知识和民间文艺、地理标志等内容，专利相关问题鲜有体现。另外，在世界知识产权组织的中国职员高级职位人数偏少，对世界知识产权组织中高层政策决策的影响力还较弱。

随着我国整体外交方略转变，贯彻“中国特色大国外交”的思维，实现建设知识产权强国的战略目标，迫切需要我国在开展知识产权国际合作时，进一步转变思想观念，有效服务国家整体战略调整。从认识理念上，改变现有的被动应对局面，以更加积极主动的姿态参与国际知识产权规则的制定，体现我国的知识产权利益，做好企业海外知识产权的战略布局。

2. 政策方针方面

近期以来，美、英、欧、日、韩等发达国家和地区在知识产权相关政策制定中表现出更加突出的外向型特征，旗帜鲜明地为本国企业征战国际市场服务。我国在制定《国家知识产权战略纲要》时，着眼于国内知识产权的创造、保护、管理与运用，而对于国外知识产权的拓展，则原则性地规定了“扩大知识产权对外交流合作”这一战略措施，在顶层设计上并没有全面、系统的知识产权国际保护战略相关内容。我国企业对知识产权国际化问题敏感度不高，缺乏意识和能力，不仅在创新密集领域缺乏知识产权国际战略和布局，对我国具有传统优势的领域进展也较为滞后，在“走出去”过程中往往处于“被动挨打”地位。随着目前形势的发展要求，

有必要适时调整知识产权国际合作的政策方针，制定专门的知识产权国际合作发展战略，以有利于我国企业利用知识产权这一竞争工具开拓国际市场，有利于维护我国产业的国际发展空间。

3. 体制机制方面

我国知识产权国际合作在统筹协调能力上较为薄弱，很大程度上源于知识产权国际合作的管理体制的制度弊端。在我国，由于历史原因，知识产权中的专利、商标、版权由三个不同的单位分管。同时，国家知识产权局与商务部在涉外知识产权谈判方面还存在一定职能交叉，其他国家立法和司法机关及其有关部门在其职能相关范围内也开展相关知识产权国际合作的活动。当前知识产权国际合作管理模式，不仅在资源和信息上较为分散，而且在处理复杂的综合性知识产权国际合作问题上，执行效力不强、难于形成合力。

伴随着知识产权事务的多方渗透，国际规则谈判场所趋向多元，技术问题的政治化也已成为多边舞台上一个不容否认的现实。这一新形势发展使国内知识产权相关部门间简单的一般性协调和汇总，已不足以满足知识产权国际合作工作的新要求。在专业性技术问题之外，在涉及国际组织的行政事务和战略发展等问题时，更多地需要国家知识产权局加强统筹协调职能，对于知识产权国际合作领域的重大问题和最新发展动态开展跟踪研究，提出我国知识产权国际合作的总体策略，为处理知识产权国际事务提供有价值的决策建议，提高参与知识产权国际事务的能力。

4. 工作方法方面

面对知识产权国际合作形势的复杂性和多变性，我国知识产权国际合作的工作方法比较简单，缺乏执行力。尽管围绕知识产权国际合作出台了相应的政策措施，但这些措施往往流于纸面文件，既无具体的推进措施加以实施，也无相应执行监督管理机制。由于缺少长远的发展思路、路线方针和整体布局，在应对重大紧迫的知识产权国际事务问题时，往往缺乏相应的风险预警和迅速应对的反应机制。随着我国知识产权国际影响力的增强，发达国家利用各种知识产权国际合作平台对我国的打压势头明显，涉及我国负面知识产权舆论增多。目前，我国在处理知识产权国际事务分歧和应对知识产权国际负面舆论的方法上缺乏针对性，必须进一步加强对我国知识产权政策开展正面宣传，并组织在国内外有影响的智库和专家学者就对华知识产权问题进行客观评述，营造知识产权国际合作的良好舆论环境。

5. 人才队伍建设方面

知识产权国际合作迫切需要知识产权国际化人才的支撑，但当前在我国知识产权人才队伍中，审查人才结构、素质和能力不能完全符合专利审查工作和服务工作的需要。大部分代理人从业时间短、专业化水平不高，缺乏涉外案件处理经验，难以对我国企业走出去遇到的问题提供有效的帮助。知识产权国际合作迫切需要培养一批精通国际知识产权法律法规、熟悉国际规则、擅长处理国际事务的知识产权国际化人才，促进知识产权事业的发展，为提升我国的知识产权国际影响力提供强有力的支撑。

从国家层面来说，需要通过发挥知识产权对外宣传人才的作用，在对外宣传中表明我国尊重和保护知识产权的立场和决心，宣传我国知识产权保护方面取得的重大成就和相关举措，做好我国有关知识产权政策的解释说明工作，避免不必要的误解。同时，正确引导国际舆论导向，创新知识产权国际公关方式，增加对我国友善评论。加强与发展中国家和友好非政府组织的沟通，争取其理解和支持。对涉及我国的负面知识产权言论迅速作出回应，阐明我国立场，化解分歧、消除误解，以维护我国的良好知识产权国际形象，实现共同发展和互利共赢。

（二）“十三五”知识产权国际合作交流工作定位

1. 提高参与知识产权国际事务的主动性

由于发展时间差距的客观劣势难于弥补，制度建设的被动局面会使我国在知识产权国际合作乃至国际贸易、国际科技合作等方面处于弱势地位。为适应国家大政方针调整，我国的知识产权国际合作工作也面临新的挑战。强化知识产权国际合作的主动性，将成为我国在“十三五”期间发展知识经济、参与全球化竞争中的工作重点定位。一方面，总体上我国是当前多边经贸规则体系的受益者，应在总体上肯定并支持当前的这套多边规则体系及其当前衍生出来的各种新形式。另一方面，中国已经站在全球治理舞台的聚光灯下，当不了“躲在蚂蚁背后的大象”，各国对中国参与规则重构的期待越来越高。为此，中国应改变过去消极被动应对甚至“搭便车”的心态，要建设性地参与国际公共规则的制定。在“中国特色大国外交”框架下的中国知识产权国际合作必须增强工作的主动性，提升知识产权工作的使命感与认同度，在国际知识产权舞台发挥与我国目前的知识产权实力相适应的积极推动作用，增强工作的主动性，为我国营造良好的国外环境开展有力工作。

2. 提升知识产权国际合作工作的系统性

目前，我国知识产权国际合作的政策措施十分分散，缺乏系统性。从效力层级上来说，缺乏一个纲领性、专门的知识产权国际合作政策性文件。各个知识产权国际合作事务部门往往从自身部门利益出发制定相应的知识产权国际合作指导性规范，这些规范之间可能存在相互交叉，也可能存在一定漏洞。知识产权国际合作政策措施缺乏系统性，导致知识产权国际合作相关事务开展缺乏工作规范，并缺少执行力度。

从海外知识产权利益的国际保护上来说，我国尚缺乏在国家层面建立综合管理海外知识产权处理体系和相应的运行机制。因此，有必要加强知识产权国际合作的对外战略规划和内外统筹，建立运转高效的知识产权国际合作体系，进一步完善知识产权国际合作管理机制。

3. 增强知识产权国际合作工作的协调性

知识产权国际合作的协调性不仅体现在知识产权国际合作的对内统筹协调上，也体现在知识产权国际合作与我国经济社会的协调发展上。加强知识产权国际合作的统筹协调一方面有赖于建立统一高效务实、运行畅通的知识产权行政管理体制，另一方面也有赖于完善知识产权统筹协调机制。加强知识产权国际合作的统筹协调不仅应当加强中央各部门知识产权国际合作的统筹协调，还应当加强中央和地方知识产权国际合作的统筹协调，加强与国内部委的会前协商，提供专家意见，健全知识产权国际合作工作的宏观协调机制，形成政府、企业、行业协会、高校和社会各方面力量共同参与管理的“一盘棋”的良好格局。

从知识产权国际合作与我国经济社会的协调发展来看，在知识产权国际规则制定中，要倡导我国“包容、普惠、平衡”的知识产权价值观，使新的知识产权国际规则既能体现促进创新和技术进步的时代要求，也要兼顾各方利益，注重“发展”“公共利益”等议题，推动知识产权国际规则朝着有利于我国经济社会发展利益的方向变革。

4. 加强知识产权国际合作工作的时效性

知识产权国际合作不仅应当关注各国和地区知识产权国际规则变革的发展动态，而且由于知识产权国际冲突日益政治化的趋势较为明显，需要对知识产权国际合作中的重点领域、重大问题、热点问题等进行跟踪研究。对于敏感的知识产权问题迅速回应，提高知识产权国际纠纷的应对能力，提升知识产权国际合作工作的科学性和主动性。

长期以来，由于我国有关企业、行业知识产权保护水平不高、经验不足，在处理系列重大知识产权国际纠纷中缺乏及时应对，出现了许多失误，有的甚至涉及我国知识产权保护方面的形象与声誉，因此，要及时关注和认真研究当前知识产权国际合作中出现的突发问题。对知识产权国际合作的新情况、新动向和新问题要积极跟踪，认真调查研究，适时地提出相应的对策措施。及时掌握主要出口国家和地区知识产权事务发展动态，在使领馆（代表处）派驻知识产权联络官，承担政府赋予的知识产权预警与应急职责以及提供及时的咨询服务，以最大限度地保护我们国家的利益。

三、“十三五”知识产权国际合作工作整体思路

（一）指导思想

“十三五”期间，知识产权国际合作工作的指导思想是：以邓小平理论和“三个代表”重要思想为指导，以科学发展观统领全局，以支撑开放型经济新体制为目标，以知识产权强国建设为方向，深入贯彻党的十八大和十八届三中、四中全会精神，全面实施国家知识产权战略，积极推动建立以“保护权利”和“促进发展”为核心的全球知识产权治理新结构，积极配合“一带一路”国家战略推进，以知识产权国际规则为重点深化多边合作，以审查合作为重点深化双边合作，为知识产权强国建设营造良好的国际环境。

（二）发展思路

1. 以服务经济社会发展为根本目的

知识产权是促进科技创新和提高竞争力的有力手段，是国家核心竞争能力培育和国民经济长远发展的关键。知识产权国际合作要服务于国家经济社会发展，从经济、科技和社会发展的实际需求出发，创造有利于经济社会发展的知识产权国际环境，促进知识产权更好地融入本国经济社会发展中，推动知识产权密集型产业发展、创新型国家建设，实现创新型国家建设、经济发展方式转变。

2. 以遵循国家总体外交方略为原则

为支撑新时期的“中国特色大国外交”的国家外交方略，知识产权的国际交流与合作就必须与我国的整体外交方略保持一致。知识产权国际合作应体现合作共赢的“中国特色大国外交”主张，妥善处理知识产权纷争，发挥在国际知识产权事务处理中的组织协调职能，提升我国在知识产权国际组织、多边合作、双边合作等方面的国际影响力，树立中国在国际知识产权事务中的大国形象。

3. 以支撑知识产权强国建设为主要任务

知识产权国际合作应当服务于知识产权强国建设的国际战略，推进知识产权及相关产业的国际化发展，增强知识产权政策的经济属性和外向化程度，强化对外贸易中的知识产权保护与运用，积极主动参与国际知识产权事务交流对话与合作，积极谋求知识产权国际规则制定中的话语权和主导权。通过扩大审查领域的知识产权国际合作，提升国家知识产权局在国际专利事务的参与程度和影响力，提高制度机制的运行效率及其创新能力，壮大知识产权国际化人才队伍，使知识产权国际合作服务于2020年全面建成世界知识产权强局的总体部署。

4. 以提升知识产权国际影响力为关键

在提升国际影响力过程中，既要注重加大知识产权的创造与运用，大幅提升中国专利、商标、版权等知识产权质量与国际布局，增强知识产权硬实力，又要进一步完善我国知识产权制度，优化知识产权保护环境，加大国际对话、交流与合作，积极宣传中国的知识产权价值观，深度参与知识产权国际规则制定，不断提升知识产权软实力。今后一个时期，应当运用和利用我国知识产权综合实力，加强知识产权输出、知识产权理念文化输出和知识产权规则制度的输出，实现与我国知识产权强国建设进程相适应的知识产权国际影响力的大幅度提升。

5. 以强化国际交流合作综合实力为动力

目前，知识产权国际合作在配合国家总体外交、营造知识产权事业发展良好国际环境、服务经济社会发展中的作用愈发凸显，强化国际交流合作综合实力成为知识产权事业发展和国家综合竞争力提升的重要保障和动力。要逐步提升国际知识产权制度协调与国际规则制定的能力，引导知识产权国际进程向符合我国利益方向发展，巩固发展国际合作布局，增强区域知识产权事务话语权，加强海外知识产权保护和纠纷处理能力，完善知识产权交流合作管理机制，提升涉外知识产权统筹协调能力。

6. 以顺应知识产权发展变革方向为宗旨

国际知识产权的变革正在进入活跃期和多元化的推进阶段，知识产权国际合作应当顺势而为、抓住机遇。知识产权国际合作应当在“多极化”共存演进的国际格局变革中运用知识产权保障自身权益，在世界知识产权组织影响力减弱、区域性知识产权国际合作的蓬勃发展的变化中树立主导地位，在知识产权国际规则变革趋于复杂化和多元化中积极反映我国相关产业、企业对新技术发展和知识产权规则提出的新诉求，积极参与并引导知识产权国际规则制定，进一步提升我国的国际地位和影响力。

（三）基本原则

1. 立足国情，放眼世界

立足发展中大国的基本国情，科学判断我国知识产权发展阶段和面临挑战，树立世界眼光和国际观，积极统筹国内国际两个大局，密切关注、积极参与和推动国际知识产权制度的平衡发展。

2. 服务大局，顺势而为

积极配合国家总体发展战略和创新型国家建设，始终坚持国家外交方针和外交方略，顺应知识产权发展趋势，助力知识产权强国建设和知识产权强局建设，在知识产权国际合作工作中贯彻落实国家知识产权战略和各项总体发展战略的政策措施。

3. 亲诚惠容，互利共赢

坚持亲仁、诚信、惠友和包容的国际合作理念，妥善平衡合作与竞争的关系，做到原则坚定性和策略灵活性的有机统一。既要坚决维护我国核心利益，又要始终着眼全局和长远，加强总体战略运筹，积极主动引导合作方向，致力于互利共赢和共同发展。

4. 拓展深化，统筹兼顾

积极探索创新合作机制，拓展深化参与国际知识产权事务的广度与深度，兼顾指导与协调的关系，加强资源整合、实现优势互补、形成强大合力，完善大外事格局构建。

（四）目标设定

1. 中长期目标

根据我国外交工作和知识产权工作的总体部署，到2030年，我国在参与国际知识产权规则制定中的话语权和主导权明显增强，能够提出符合世界知识产权规则发展方向和我国利益的知识产权议案；在中美、中欧及周边国家和地区等知识产权多边舞台扮演更加积极主动的角色，能够独立或联合相关国家提出相关知识产权议题并主导谈判进程；在经贸领域与知识产权领域的谈判能力和议价空间明显增强。

2. “十三五”阶段目标

国际认同度大幅提升。知识产权制度进一步完善，建立中国特色知识产权文化，在全社会形成一种“尊重知识产权为荣，仿冒盗用专利、商标为耻”的价值观。政府组织和行业协会等社会组织与国外的知识产权制度文化交流与合作更加深入，知识产权事业发展的国际认同度大幅提升。

国际话语权显著增强。作为最大的发展中国家和世界第二大经济体，中国是现行国际知识产权制度体系的参与者、建设者和改革者。在知识产权的国际制度建设方面，中国发挥积极建设性作用，当好发达国家与发展中国家的协调员，在知识产权国际组织中积极发挥沟通协调作用，在国际规则的制定、国际协定的签署与推动等知识产权事务中行使更大的话语权。

区域协调性更加融洽。面向特定区域内国家的知识产权国际合作更加深入，与东盟、非洲、拉美和“一带一路”、上海合作组织等我国重要国际贸易市场的知识产权双边交流和沟通机制更加完善，我国在特定区域的知识产权事务主导力显著，充分发挥了知识产权国际合作增强我国在特定区域主导力的作用，健全基本适应企业“走出去”所需的协调机制。

国际化人才队伍壮大。知识产权人才是实施国家知识产权战略、开展知识产权国际合作的重要支撑。通过实施知识产权重点人才培养工程、建立系统的知识产权教育培训体系、提升企业知识产权人才水平、向国际组织派遣工作人员等方式，培育一批具有国际视野、拥有国际水平、能够处理国际事务、为企业“走出去”提供支持的知识产权国际化人才，并为国际组织输送更多的知识产权人才。

3. 主要定性定量指标

大力推进知识产权区域合作，全面完成与亚太经合组织、上海合作组织及“一带一路”等区域国家签署知识产权合作备忘录，完成与重要贸易国签署知识产权协定草案。

积极参与双边、多边、区域知识产权国际谈判与国际制定，加大知识产权国际规则和条约的研究力度，主动提案数量及被采用数量比“十二五”期间翻一番。

提升知识产权海外援助能力，联合有关部门在驻美国、日本、韩国、欧盟和马来西亚领馆机构中设置知识产权联络/特派员，建立数个海外知识产权服务站，与当地政府知识产权部门和企业行会合作，建立知识产权维权服务机制，为我国企业涉外知识产权纠纷、海外维权、境外参展提供有力协助。

以组织开展国外知识产权法律法规和程序规则的培训次数、全国知识产权专业人才队伍中国际化人才提升比例、国家知识产权局国际型审查人才培养对象扩容人数、向国际知识产权组织机构输送人才数量这些定量指标衡量“十三五”期间形成的多层次国际合作人才体系。

（五）发展路径

1. *在发展理念上，要从被动跟随型向主动引领型转变*

知识产权制度非中国土生土长的制度，而是西方的“舶来品”。知识产权国际合作历经被动的跟随、模仿阶段后，要进入调整性适用和参与阶段，为向自主、超越型转变奠定基础。自加入世界贸易组织、融入国际知识产权制度体系后，中国应发出自己的声音，完成从知识产权的“消费者”向世界知识产权的“生产者”转型。通过组织产业界参与复边和双边框架下，尤其是五边和三边的知识产权业务合作，建立以产业诉求为导向的国际合作新模式，实现从被动参与向主动引领的转变。

2. *在发展定位上，要从自身能力建设向提升国际竞争力转变*

通过开展国际交流与合作，可以吸取国际经验，完善相关制度、完善体制机制、提升审查审批能力、培养人才队伍，对知识产权自身能力建设起到重要的推动作用。但提高知识产权自身能力的最终目的就是提高竞争力，所以知识产权国际合作更重要和根本地是要提升我国企业的知识产权国际竞争力。

3. *在发展重点上，要从强调国际接轨向强化中国特色转变*

国际交流与合作的发展重点应逐步转向为构建“双轮驱动、平衡高效、多元保护、灵活可及”的具有中国特色的知识产权制度体系提供支撑，使中国特色知识产权制度与国际知识产权制度的发展相互融合，为世界知识产权的发展提供来自中国的知识增量，从而更好地服务于知识产权强国建设，服务于国家经济社会的发展。

4. *在发展方式上，要从多头分散向统筹协调转变*

知识产权国际合作的发展，需要整合各种外交资源，在国内国际大局、双边多边关系及地区与领域外交互动上建立配套的统筹协调机制，实现从多头分散应对向集中统筹协调转变。知识产权国际合作应该突出知识产权专业领域外交的特点，由国家领导人牵头，国家知识产权局协调，建立包括外交部、商务部、国家工商行政管理总局、国家版权局、海关总署等成员的部级协调机制，在知识产权外交战略的框架下统筹协调具体工作，以更好地调动和整合资源。除此之外，还需建立由国家知识产权局牵头，由地方政府、企业、民间团体组成的专门协调机制，充分发挥地方政府、企业和民间组织的作用和积极性，实现政府、企业、社会组织统筹合作的知识产权国际合作方式。

四、“十三五”知识产权国际合作重点任务、主要举措

（一）重点任务

“十三五”期间，知识产权国际合作的重点任务是着力提升知识产权的硬实力、软实力和巧实力。持续提高我国的知识产权国际竞争力，大力促进国际社会对我国知识产权制度的认同，充分运用国际规则解决知识产权争端和纠纷，为我国产业和企业“走出去”提供便利，为维护我国的海外权益保驾护航。

1. 持续增强知识产权国际竞争力

强化知识产权综合实力。“十三五”期间，发挥国内知识产权制度的作用，提升知识产权综合实力，对于知识产权国际合作至关重要。通过开展国际交流与合作，充分学习和了解国外知识产权制度建设方面的最新进展，吸收国际知识产权强国在知识产权体制机制建设方面的有益经验，借鉴国外在知识产权审查审批方面的先进做法，拓宽国内审查审批数据资源。通过互派审查员等方式，加强学习，提升国内的知识产权审查、审批能力，有效加强我国国内的知识产权人才队伍建设，为培养知识产权国际化人才提供有力的制度保障。

提升企业知识产权竞争力。“十三五”期间，通过开展知识产权国际合作，更重要和根本地是要提升我国企业的知识产权国际竞争力。当前，我国企业的知识产权意识仍有待提升，知识产权创造运用能力参差不齐，多数企业知识产权创造和运用能力偏弱，企业知识产权水平难以支撑其实施“走出去”战略。这就要求我国必须通过知识产权国际合作从企业知识产权意识和管理能力两个方面，为企业营造环境，倒逼企业提升其知识产权国际竞争力。

2. 大幅提升知识产权国际认同度

完善知识产权制度与文化建设，夯实国际认可的根基。完善知识产权制度建设，开展全方位宣传工作。发挥政府机构推动、引导的功能，加强有组织和宣传知识产权文化建设职责的国家机构间的跨部门联合行动，促进官方与非官方组织的联动配合。建立中国特色知识产权文化，在全社会形成一种“尊重知识产权”的价值观，将诚信的理念扩展至尊重他人知识产权上来，营造浓厚的创新氛围，鼓励创新、尊重创新，培育公民的权利意识和契约意识。发挥行业协会、中介组织、各种智库以及其他社会组织的国际对话作用，提升我国知识产权国际文化传播的影

响力。

加强海外宣传力度，彰显中国在知识产权领域所作的努力和取得的成绩。近年来，美国针对我国知识产权的批评论调的产生主要是由于其自身对我国知识产权保护努力的过度低估和对我国知识产权保护制度现实效果的过高期待导致的。以美国为代表的西方对中国知识产权问题的无端指责，在一定程度上是对我国知识产权工作的不了解、误解或者故意歪曲所导致的，因此，在“十三五”期间，我国应该在西方主流媒体上加大我国知识产权工作细节的宣传，将我们的决心、取得的成绩以及就全球共同关心问题的努力向世界进行展示，利用好国际会议、国际活动、国际学习交流、领导人出访等多种场合和机会，树立尊重、保护和运用知识产权的中国形象。

加强与发达国家的知识产权保护制度和文化建设合作，学习借鉴发达国家的成功经验。相对美国、日本等发达国家而言，我国在短短三十年间建成了有中国特色的法律体系和知识产权制度。但是在制度运行和文化建设中势必面临更多的挑战，需要广为借鉴西方发达国家的成功经验，通过召开组织国际研讨会、开展政府间合作等方式，多多吸收西方先进国家的经验，要敢于将中国的现实困难讲出来。这不仅有利于问题的解决，还能在一定程度上减轻我国在知识产权问题上面临的国际压力。

加强与广大发展中国家伙伴的“南南合作”，为发展中国家群体争取更加公平的发展机会。中国作为最大的发展中国家，应该承担起团结更广大的发展中国家伙伴，在联合国、世界贸易组织等国际框架下争取更公平、合理的发展机会的职责。一方面，要联合广大发展中国家一起动用反垄断法等法律武器，根据发达国家和地区的不同诉求，利用美、日、欧之间的差异，合纵连横，打击西方跨国公司滥用专利权的违法行为；另一方面，在国际双边、多边经贸合作框架下尽快推进针对发展中国家和地区的知识产权保护谅解制度的建立，通过谈判的方式，请求发达国家和地区给予知识产权保护治理援助，延长相关法律等制度和文化的建设期限，抵制因悬而未决的知识产权争端而对发展中国家采取单方面强硬的贸易制裁等。

3. 谋求国际规则话语权与主导权

制定知识产权国际化发展战略。将知识产权国际化纳入国家战略，明确战略目标，设计有效的战略举措。制定差别化的知识产权国际化战略，构建发展中国家知识产权沟通的协调机制。知识产权国际规则重构涉及国家长远利益与当前利益、总体利益与局部利益的取舍，必须部门联动、形成合力，成立更高级别的工作机制，统筹协调对外谈判工作，逐步建立起一套跨部门、跨国界的高效完善的谈判机制，解决目前一直困扰国内知识产权规则制定中的“先修订法律，还是先签订国际条约”的难题。充分发挥知识产权部门与贸易部门联席会议机制的作用，成立涉外知识产权事务协调工作组，定期开展部级会商，加强各部门间的信息沟通，发挥各自专长，形成联动，应对知识产权对外谈判与涉外事务。

建立知识产权发展同盟，推动知识产权国际谈判以民主和平衡方式进行。通过建立知识产权发展同盟，选择关注发展目标的多边场合，使未来知识产权国际制度在特定产业利益和公共利益中间取得平衡，是发展中国家在知识产权谈判中应予以特别考虑的路径。发展中国家只有结成发展联盟，协调彼此立场，强化集体谈判地位，才能拥有与发达国家相抗衡的谈判力量，在相关场合影响谈判结果，促进知识产权国际体制的有效和民主决策。为获得相对平衡的谈判力量，我国应充分利用世界贸易组织和世界知识产权组织等多边谈判场所。在发展中国家拥有广泛利益的公共健康、传统知识、遗传资源等重要议题上寻求共识，推动国际规则朝着对我国有利的方向发展。

强化与知识产权相关的多边、复边以及区域协定的研究。要进一步加强对包括TRIPS在内的知识产权多边协定灵活性条文的研究，充分利用其中对我国有利的一些规定，以谋取整体利益的最大化。目前我国对外签署的自由贸易区协定和双边投资协定中与知识产权相关的条款都相对简单。但从未来的发展趋势看，协定中相关知识产权条款都将向更严苛的标准看齐，政府相关部门应根据不同谈判对象，制定与知识产权相关的贸易协定与投资协定的谈判预案，在谈判小组中增加知识产权领域的专家。同时应加强对《跨太平洋伙伴关系协定》（TPP）、《跨大西洋贸易与投资伙伴协定》（TTIP）、《区域全面经济伙伴关系协定》（RCEP）等区域经济协定以及双边投资协定的研究，为我国参与这些区域经济协定及开展双边投资协定谈判做好充足准备。

研究知识产权国际谈判案例，提升谈判技巧。纵观TRIPS的缔约历史就可以清晰地看到各种谈判技巧如何影响最终谈判结果。单边措施的使用、各种联盟的建立等谈判技巧的应用使谈判的进程瞬息万变。因此，应充分研究已有的谈判案例，利用谈判议程的设置设法对抗大国的单边措施，或利用发达国家选民群体之间的分歧，使发达国家难以建立有效的谈判议题和牢固联盟。在谈判力量分配不均的情况下，审时度势地适当运用谈判技巧，在一定程度上限制甚至改变不公平的谈判结果。

（二）主要措施

1. 深度参与国际区域规则制定

“十三五”期间，从总体举措上看，我国应当在多边、双边、区域多渠道全面参与知识产权国际谈判与国际制定，突破知识产权国际规则制定中的重点环节，进一步加深我国在知识产权国际和区域合作相关规则中的参与程度。应积极主动提出知识产权国际合作倡议，针对今后可能开展的更高水平知识产权规则的谈判，提前就相关条款开展知识产权保护水平压力测试，做好政策储备，在此基础上动态调整我国谈判底线。整合国内的各种外交资源，突出知识产权专业领域国际合作的特点，从国内国际大局、双边多边关系及地区与领域外交互动上建立配套的统筹协调机制。构建系统的知识产权国际事务协调组织体系，充分调动地方政府、企业和民间组织的作用和积极性。充分发挥政府知识产权外交（对外交流合作）主渠道的作用，加大知识产权外交资源投入力度。建立政府、行业协会、企业、智库等对外谈判的磋商、咨询和应对机制。设立知识产权专员，在国际多边、区域贸易协定谈判中，设立知识产权谈判专员。建设国家知识产权智库，整合知识产权领域研究资源，建立专业队伍，加强知识产权研究国际交流，重点研究涉及知识产权长远发展的战略性、全局性和关键性问题。向政府、社会和企业提供高水平的决策咨询建议，提高知识产权决策科学化水平和对国家宏观战略决策的影响力，打造我国知识产权学术研究和政策研究的高地。

2. 推动周边区域加深交流合作

区域合作，是我们的战略基础之所在。随着建设“一带一路”构想的实施，我国的知识产权合作中有两个重点：一是加强中俄及上海合作组织间的知识产权国际合作，二是继续推进中国与东盟国家的知识产权外交。上海合作组织在知识产权领域签署了《上海合作组织成员国海关关于加强知识产权保护合作的备忘录》等文件，今后的知识产权合作潜力巨大。“十三五”期间，面向特定区域开展知识产权国际合作，有助于增强我国在特定区域的知识产权事务主导力。通过深化交流、加强合作，强化与这些区域内国家的伙伴关系，尤其在党和国家提出建设“一带一路”的重要倡议的阶段下，知识产权国际合作在增强我国在特定区域主导力的作用就显得尤为重要和突出。

在区域贸易协定谈判和双边投资协定谈判中，应坚持“争取主导，兼顾各方”的原则，积极探索建立区域贸易协定和双边投资协定谈判中有关知识产权协议的新体例与新模式。在区域知识产权规则的制定方面，设置对我国有利的议题与条款，不断积累与发达国家成员在签署自由贸易协定时关于知识产权规则制定的经验，为日后与其他发达国家签署类似条款争取更大的战略主动。积极推动中美双边投资协定（BIT）和中欧 BIT 谈判进程，在对我国不利的条款方面，要划定红线，坚决不予让步，维护企业重大利益关切和国家产业安全。

3. 拓展多边合作交流渠道

多边知识产权是实施我国知识产权交流与合作的重要内容，多边合作较之国际组织其合作的内容更具有代表性和针对性，充分发挥世界五大知识产权局（IP5）、外观设计五局（ID5）、商标领域五局（TM5）、“金砖四国”（BRICS）、维斯格拉德集团等多边框架的作用，有助于我国有针对性地面向特定目标国家提升知识产权事务的影响力，加强沟通，增进了解。

“十三五”期间，在世界未来的专利审查中，将会出现强局先行、大局控制的局面。其他国家的中小型专利局，逐渐演变成区域性的知识产权服务机构。通过这种方式，实现创新成果共享。同时，广大发展中国家与我国的经济结构和发展水平类似，国际立场接近，在对生物技术转让与传统知识产权的重视上与我国有很多互补性，且在发展实用新型、外观设计专利制度等方面与我国有共同的诉求。我们应该通过知识产权外交加强这种共同诉求，使其成为我们的战略合作伙伴，从而在国际多边合作中维护发展中国家的共同利益。我们一方面要加强与这些国家的双边关系以及在中非合作论坛、金砖国家合作机制等多边领域的关系，并寻求在国际知识产权多边谈判中建立合作机制，以形成合力，维护共同利益。另一方面，也应增加中国对发展中国家的知识产权援助，通过技术合作、政策培训、人员交流、知识产权宣传等方式加强对这些国家的帮助，提高中国的国际形象，塑造在知识产权领域“南南合作”的典范。

4. 增强双边合作参与力度

“十三五”期间，在与贸易有关的知识产权多边或诸边谈判中，应坚持“开放谈判，构建联盟”的原则，反对发达国家单方面制定与知识产权有关的高标准规则，联合发展中成员，构建产业与成员方的支持联盟。密切跟踪我国缺席的 TPP、TTIP、政府采购协定（GPA）、《反假冒贸易协定》（ACTA）等重大谈判进程，作为其“影子成员”，为今后应对做足准备。加大我国参与的 RCEP、《国际服务贸易协定》（TISA）、《信息技术协定》（ITA）扩围等谈判力度。在上述区域经济合作机制安排中，争取把握与知识产权有关的区域协定规则的主导权，制定对我国有利的条款，谋求知识产权国际交流对话的主要参与者和规则制定的引领者，促进知识产权输出、知识产权制度和文化的输出。

5. 谋划国际合作战略战术

“十三五”期间，开展知识产权国际合作，应当配合国家“走出去”的大政方针，大力发展知识产权贸易和投资合作，制定知识产权密集型商品出口重大专项支持计划，出台知识产权推动产业和企业“走出去”的重大政策，运用知识产权的自身优势，服务于对外贸易、对外投资合作、国际谈判与交流合作等各项工作。

探索研究我国知识产权密集型和依赖型产业的认定标准，形成我国知识产权密集型和依赖型产业的产业目录，开展我国知识产权密集型和依赖型产业的调查统计工作，分析其对国民生产总值、工业总产值和就业人数的贡献情况。知识产权管理部门应根据国家确定的重点战略领域，及时修订有关知识产权申请授权、管理和侵权保护方面的法规政策，灵活运用与知识产权有关的反垄断政策。围绕近中远期重点和优先发展领域，加快制定促进知识产权密集型产业发展的知识产权规划和专项政策。借助现有高技术产业扶持政策推动知识产权密集型和依赖型产业的发展，进一步发挥技术创新政策在弥补技术风险高、前期投入大、前期技术积累弱等方面的作用。在强化企业技术能力建设、促进产学研合作方面，要以知识产权产业化为考评标准，鼓励产学研建立以知识产权为纽带的合作联盟机制。

运用知识产权调整贸易结构，鼓励自主知识产权商品和服务出口，研究制定“促进自主知识产权商品和服务出口意见”等政策文件。针对高铁、大飞机等重大装备和成套设备的出口项目，应预先进行知识产权评议。运用知识产权调整贸易方式，对加工贸易的审批要增强知识产权保护基本规范等门槛要求，对加工贸易企业创立自主品牌、自主设计、自主专利等给予专门支持。研究制定外包服务领域的知识产权指南。运用知识产权建立贸易平台，加强进出口商品市场及跨境电子商务平台的知识产权保护与监管。研究知识产权商品出口示范平台建设，把国家级经济开发区、高新技术产业园区、对外贸易转型升级示范区、海关特殊监管区域等对外贸易集聚区建设为知识产权商品出口示范基地。运用知识产权甄选贸易国别，针对美国、欧盟等发达国家和地区，要加大知识产权引进力度，对于发达国家和新兴市场国家，则应重点鼓励我国知识产权的输出。鼓励企业通过海外并购、设立海外研发中心等途径获取国外企业的专利、品牌等，协助企业处理知识产权国际纠纷。

6. 培育企业海外拓展能力

“十三五”期间，伴随着更大规模、更高质量的企业国际化运作，知识产权国际合作的重心应当落脚于引导、协助和支撑企业的“走出去”。

引导企业进行海外专利布局，形成一批基础和核心专利，实现专利全球布局。鼓励知识产权领域的对外投资合作，鼓励企业利用知识产权入股参与国际投资合作。支持企业通过海外投资并购等途径获取海外高质量的知识产权资产。对中国重大项目的“走出去”投资，应预先进行相关知识产权评议。开展知识产权成果应用示范工作，充分利用政府采购引领示范作用，引导中央及地方各级政府采购目录制订、招投标向具有知识产权密集型和依赖型商品倾斜。要着眼长远、立足当前，在若干重点产业领域下决心培育扶持一批有优势、有条件、有潜力的龙头企业和知名品牌。引导企业强化品牌保护意识，支持企业围绕核心品牌布局专利、商标等知识产权，对优秀企业家创新、创业、守业等加大奖励和舆论宣传。建立农产品品牌质量标准和检验检疫体系，加快农产品地理标志登记工作，积极打造农业品牌。

着力培育一些具有国际化视角和国际知识产权运作能力的知识产权服务机构。认真办理海外并购、海外知识产权保护、海外投资等方面法律事务，依法妥善处理涉及我国企业的贸易摩擦和贸易争端。培育涉外高端业务律师人才力度，鼓励和支持有条件的律师事务所到境外设立分所。培育本土知识产权国际经营管理公司。研究制定利用国家外汇储备成立国际知识产权交易基金，鼓励民间资本成立知识产权并购交易基金，支持相关企业广泛开展知识产权的跨国交易。

7. 提升国际交流合作实力

加强知识产权国际合作，在通过国际谈判完善产业和企业“走出去”的海外贸易、投资和知识产权环境之外，遵循对等原则，提升国内知识产权能力建设，优化国内的商业和知识产权环境，也是题中之意。“十三五”期间，工作重点就是提升审查和保护的能力。

促进专利审查质量提升，以质量为专利审查工作的生命线，发挥专利审查对专利创造的向前传导作用和对专利保护运用的向后传导作用。强化审查政策的调控作用，适时调整审查标准，坚持依法审查，加强审查业务指导体系和审查质量保障体系建设。合理降低专利驳回决定撤销比率，合理降低在没有依据新证据的前提下发明专利无效宣告比率，合理降低专利行政诉讼撤销行政决定比率。

加强知识产权司法保护，扩大举证责任倒置的适用范围，增加关于举证责任倒置的原则性规定和关于“推定法则”的规定。完善诉前禁令制度，缩短诉讼周期，调整合理费用的范围和标准，加大侵权赔偿力度，坚持全面赔偿原则，简化司法救济程序，以降低维权成本。加强知识产权行政执法，提高知识产权行政执法能力。

设立统一的知识产权行政执法主体，实现知识产权行政执法的统一化和规范化。完善我国知识产权行政程序制度并建立知识产权行政决定的司法审查制度。设立统一的专门反垄断执法机构，加强知识产权反垄断行政执法。协调司法保护与行政保护的关系，完善衔接程序和衔接机制保障体系，积极探索行政执法和司法衔接体制改革新途径。拓展知识产权纠纷解决渠道，充分发挥调解制度在保护知识产权中的作用。在保证民间调解灵活性和自治性的同时，强化民间调解与行政程序、司法程序的衔接，增强民间调解协议的法律效力。完善知识产权仲裁制度，扩大可仲裁事项的范围，设立专门的解决知识产权纠纷的仲裁机构。

8. 加大国际组织交流合作

我国应加强与东道国政府和国际知识产权组织的合作，在全球知识产权体系的重塑过程中，坚持“多边为主，利益均衡”的原则，强调知识产权保护的全球利益，坚持通过全球多边渠道推进知识产权保护，为我国企业“走出去”营造良好的外部知识产权环境。

在知识产权相关的各国际组织的框架下，充分有效地开展知识产权国际合作有助于提升我国在知识产权国际组织中的地位，我们应该继续支持世界知识产权组织在加强知识产权保护和维护国际平衡方面的努力，联合发展中国家，强调中国“普惠、包容”的理念，反对国际知识产权单边推进的趋势，强调“权利与义务的平衡统一，尊重国际多样性”，要求发达国家承担更多责任，国际规则制定要考虑到不同文化、不同经济发展水平国家的实际需要。在世界贸易组织的知识产权合作中，我们要善于利用合理的国际规则，用管用的政策支持有战略性意义的创新。我们还应当密切关注小多边合作的进展，并探索加强诸如亚洲太平洋经济合作组织（APEC）、上海合作组织、金砖国家合作机制等中国参与的多边合作中知识产权外交的发展。充分发挥我国在世界贸易组织和世界知识产权组织中的作用，争取更多的话语权，在各类国际知识产权协调活动中争取更多的主动权；要加大对正在谈判的多边知识产权国际条约的研究力度，使任何一个国际条约的通过对我有利、为我所用；深化自主创新战略，鼓励有条件的企业积极参与世界知识产权主流的竞争，参与主流标准的制定，力争在世界知识产权多边体系中，参与利益的分享，促进国家发展，保障国家安全。

9. 构建海外援助服务机制

保护和拓展中国的海外知识产权利益，既是中国增强自身经济实力和提高国际影响力的必要途径，又是提高相关国家对中国依赖程度特别是经济依赖程度的必要途径。为此，需要我们深入研究中国企业在“走出去”过程中遇到的知识产权问题。针对需求提供良好服务，研究细化支持企业国际化发展的知识产权海外服务措施，联合有关部门探索建立海外展会知识产权服务站，继续发布国外知识产权环境报告，同所在国的大使馆和企业行会合作，建立知识产权维权服务机制。在政府层面，学习发达国家经验，在驻外使领馆机构中设置知识产权联络/特派员，承担与当地政府知识产权部门联系工作，及时获得信息，为国内部门在当地开展知识产权活动提供咨询服务，为我国企业涉外知识产权纠纷、海外维权、境外参展提供有力协助。

同时，还应建立知识产权的国际信息服务机制。在信息化时代，信息服务是经济发展的重要推进器，因此国际信息服务机制的建立也成为知识产权外交协调机制的重要内容。由于中国企业刚刚步入“走出去”的时代，对国外知识产权的法律法规、程序规则了解不多，因此需要政府通过建立国际信息服务机制对其行为加以引导和支持，以更好地实现中国企业的国际化发展。由于国际知识产权申请、维权的语言主要为英语、法语、日语等外语，也要求我们像日本、韩国那样建立配套的语言支持机制，通过发布国外知识产权信息通讯与环境报告，开展企业出国参展知识产权培训，研究细化支持企业国际化发展的知识产权海外服务措施。另外，从专利申请更快、更经济、更好的角度出发，也要求我们通过知识产权外交，进一步开展“专利审查高速路”合作，拓展海外申请便利渠道，支持地方深入开展知识产权国际合作，鼓励企业和其他市场主体参与国际事务。

五、“十三五”知识产权国际合作工作保障措施

知识产权国际合作是一个国家知识产权实力的体现，加强知识产权国际合作是适应经济发展全球化要求和国家“走出去”战略需要的必然选择。开展知识产权国际合作是提升我国知识产权领域的国际影响力和话语权、国内知识产权实力、提升企业知识产权竞争力的重要途径。为保障知识产权国际合作工作的顺利开展还需要相关的保障措施。

（一）统筹协调，密切配合

知识产权国际合作是国家知识产权战略实施的重要内容和组成部分。充分利用现行知识产权战略协作机制，将外事合作纳入国家知识产权战略协调机制，明确外

事合作是国家知识产权战略协调机制中的重要内容，统一协调和执行外事合作有关的重要事项。

充分发挥国家知识产权局统筹国际知识产权事务职能。知识产权行政管理是我国知识产权体系的基础，是政府调节经济、市场监管、社会管理和公共服务的工具。目前，世界上绝大多数国家和地区的知识产权行政管理采取集中管理模式，中国的“多头管理”“政出多门”的知识产权管理体制越来越无法适应国内经济社会发展、国际交流与合作的客观需求。我国应充分吸收和借鉴国际知识产权强国在知识产权体制机制建设方面的有益经验，立足于未来，从系统性、整体性和协调性出发，建立统一、协调、高效的知识产权国际合作体制。进一步明确各级政府和有关部门在知识产权国际合作中的工作职责，建立国务院统一领导、外交部牵头、有关部委分工负责、多方共同参与的知识产权国际合作体制，共同推动知识产权国际合作工作的顺利开展。同时，还需强化涉外知识产权事务统筹协调，完善知识产权涉外信息沟通交流机制，加大对地方知识产权涉外工作的指导协调，鼓励和引导企业和其他市场主体“走出去”需要国家局与地方局及企业之间形成上下联动、统筹发展、信息共享的良好局面，进一步促进全国知识产权外事工作“一盘棋”格局的构建。

（二）优化配置，整合资源

加强知识产权国际合作人才培养。知识产权国际合作，归根结底是人与人的交流与合作，知识产权国际合作人才的培养是努力建设知识产权强国、制定知识产权国际化发展战略的必然要求。完善国际组织之间人员交流机制，深化与世界知识产权组织等知识产权相关国际组织的交流合作，通过国际业务交流与培训、向国际组织派遣工作人员等方式，加强我国国内的知识产权人才队伍建设，培养一批具有国际视野、拥有国际水平的知识产权国际合作人才。

建立稳定的促进知识产权国际合作工作全面发展的财政投入保障机制。进一步加大对知识产权国际合作的经费投入力度，逐年增加知识产权国际合作经费比例，确保知识产权国际合作的经费增长幅度与我国知识产权总量增长幅度保持一致。健全知识产权国际合作政策支持的长效机制，提供必要的政策支持，出台切实可行的措施，保障知识产权国际合作工作的连续性和稳定性。

（三）加大宣传，营造环境

良好的知识产权舆论环境是开展知识产权国际合作工作的重要保障。目前，国际舆论中的有关中国侵权盗版等侵犯知识产权的宣传报道已经严重影响了我国的国际形象。为此，在对外宣传方面，坚持围绕中心、服务大局的原则，加强媒体、官方及学术界的宣传力度，利用国际会议、国际活动和国际学习交流以及领导出访等各种场合和机会，向世界宣传和报道中国在知识产权领域所作的不懈努力和取得的巨大成就，积极引导国际社会客观、公正、历史地看待中国知识产权事业的发展，提升中国知识产权事业发展的国际认可度和国际影响力，营造有利于我国的知识产权国际合作的舆论氛围。

（四）加强研究，深谋远虑

研究国外在知识产权制度建设和国际规则方面的最新进展，利用国际组织、双边、多边合作体系，学习和借鉴知识产权国际合作的工作思路和工作方法。加强对涉外知识产权工事务中全局性和战略性的政策研究，根据国际知识产权制度和国际规则的发展态势，适时调整知识产权国际合作政策。

（五）规范管理，真抓实干

加强规范管理，健全制度，落实责任，完善监督和评估。在知识产权国际合作工作过程中，严格执行国际交流与合作的有关规定；加强对实施过程的动态监测和跟踪分析，及时发现和解决实施过程中存在的问题，并评估实施效果。根据国际交流合作的目的，对国际交流合作的效果进行绩效评估。设置定量绩效指标，将实际情况与预期目标进行对比，判断国际交流合作的成效。这种绩效评估既包括对国际交流合作效果的评估，也包括对组织绩效的评估。宏观层面是知识产权国际合作的绩效评估，微观层面是对国家知识产权局专利局、国家工商行政管理总局商标局等机构在国际交流合作中发挥的作用进行评估。

（六）分步实施，扎实推进

充分认识知识产权国际合作的重大意义，围绕知识产权国际合作的目标，以增强知识产权国际竞争力、提升我国知识产权国际认可度、谋求国际规则话语权和主导权的三大重点任务为抓手，结合我国知识产权国际合作的现状和需求，有侧重地确定不同时期的工作目标、工作方向和重点，科学制定实施方案，采取切实有效措施，积极推动知识产权国际合作工作有序开展。

第三篇　战略措施篇

知识产权综合管理改革与治理体系现代化*

知识产权综合管理是政府治理体系的重要变革。在现代国家里，治理体系包含了与治理活动有关的一整套制度安排、组织形态和治理体制、机制所构成的制度系统。在知识产权治理活动中，政府治理较之市场治理、社会治理具有更为重要的地位和作用。从分散管理向综合管理转变，由简单管控向科学治理转变，即构建一种与创新驱动发展要求相匹配，与强化政府公共服务职能相一致，与国际运行规则相接轨的知识产权集中管理体制，是建构知识产权制度文明的必然选择，是推进国家治理现代化的重大举措。

一、和谐善治：知识产权治理现代化的目标追求

国家治理体系的现代化，是人类政治文明发展的必然选择。关于知识产权事务的国家治理方式，其现代化改造的一个重要目标是“和谐善治”。达到“善治”目标的国家治理，是一种达成和服务于某种良好目标模式的现代化国家建构过程和方式。追求“善治”被视为世界各国政府的共同目标，即政府希望有更多的行政效率，更低的行政成本，更好的公共服务，更多的公民支持。“善治”与“和谐”相联系而存在，即现代化国家的治理应是“和谐善治”。“和谐”作为法的终极价值，表现了一种配合适当、协调有序的理想状态，而在治理语境下也是一种科学有效的目标系统。

实现知识产权事务的“和谐善治”，其中一个重要路径是实现国家知识产权综合管理。作出此种选择，主要是基于以下两点考虑：一是超大型崛起的本土国情。作为有世界影响力的发展中大国，超大型的人口规模、经济规模以及相应的知识产

---

* 作者：吴汉东，中南财经政法大学文澜资深教授，中南财经政法大学知识产权研究中心主任。本文根据作者在中共中央党校《学习时报》发表的专题文章，以及接受《人民日报》《光明日报》《中国知识产权报》访谈记录整理而成。

权事业规模所形成的中国崛起是史无前例的。超大型社会本身不仅蕴藏着巨大的发展力量，更会产生超大型社会治理所带来的困难。2016 年，我国发明专利申请已占据全球申请总量的 35%，连续 6 年居世界首位；注册商标申请量、有效注册商标量、累计注册商标量已连续 15 年稳居世界第一；版权产业对经济发展的贡献率达到 7.2%，超过世界平均水平。面对如此庞大的知识产权事务，其行政管理和法律治理，须体现“效率、稳定、公正、严谨”的现代化要求。二是知识产权管理的客观规律。知识产权是在知识形态资源之上所设置的私人产权，但更是服务于公共政策目标的制度工具。作为公共政策组成部分的知识产权制度，与经济、科技、文化、贸易、教育等公共事务有着广泛的联系。基于各项知识产权的特别属性，以及与国家某一公共事务的关联性，将某一知识产权事务置于某一部门管理，是国家治理方式的一种选择，但未必是科学而明智的制度选择。基于知识、技术、信息资源而产生的知识产权，在现代化社会中已经形成一个有机而统一的法律体系。在世界范围内，相关国际组织和国家管理部门，都是将知识产权事务作为一个整体看待并建立起统一集中或相对集中的体制。

国家治理体系包括知识产权治理体系的现代化，是一个现代化制度体系的成长和成熟的过程。对于近代中国而言，知识产权包括其法律规范和治理方式都是移植而成的“舶来品”。在当下中国，我们正致力于知识产权强国建设，理所当然需要建立相应的现代化治理体系。这是基于中国发展战略要求和知识产权自身规律而作出的制度安排。我们必须形成共识：知识产权强国之基本蕴意，不仅在于有着先进的发展实力，而且也要求具备先进的治理能力。可以认为，实行知识产权集中管理体制，是一场历史跨越的社会变革，也是一个治理能力的现代化提升。

二、世界大势：知识产权集中管理的基本样态

知识产权是知识经济时代的主要制度基础。知识产权治理体系的形成，经历了制度文明成长的长期孕育。可以认为，坚持自身的制度创新与促进社会的知识创新，是知识产权治理的历史过程和时代使命。

对知识产权事务实行集中统一的行政管理体制，是现代政府治理的基本选择。大体而言，主要有两种模式：一是“三合一”模式，即集专利、商标和著作权为一体的集中统一管理模式；二是“二合一”模式，即专利和商标为一体，著作权另行分设的相对集中的管理模式。在世界知识产权组织 188 个成员国中，有 181 个国家

实行综合管理体制，其中采“三合一”模式的国家近40%，采“二合一”模式的国家占55%，而实行分散管理模式的国家仅有埃及、希腊、沙特、朝鲜、中国等个别国家。在知识产权大国中，英国、加拿大、俄罗斯等实行集中统一管理；美国、法国、日本、韩国等实行相对集中管理。例如，美国专利商标局负责专利和商标的审批注册，提供知识产权政策制定和执法保护等方面建议，参与著作权立法的相关活动，统筹知识产权国际谈判等；日本特许厅负责专利、商标事务、法律政策制定以及国际合作协调等；英国知识产权局负责专利、商标和著作权的管理事务；俄罗斯联邦知识产权局负责专利、商标（包括地理标志）、集成电路布图设计的审批和注册以及著作权事务。上述情形表明：采取集中管理模式是绝大多数国家基于各类知识产权相同属性，科学配置治理结构，保障本国创新发展的普遍选择。

知识产权集中管理体制的成因，受到早期知识产权二元类分的历史影响，更有着现代知识产权一体化的战略需求。在知识产权法律产生之初，因应国家授权和促进工商业发展之需要，基于工业产权与文学产权类分的权利样态，从而形成专利、商标“二合一”的管理模式。自20世纪以来，知识产权已经成为涵盖专利、商标、著作权、地理标志、商业秘密、植物新品种、半导体芯片等各类无形财产的法律体系。英国知识产权局由世界上最早的专利注册机关（1852年）演化为国家知识产权局（2007年），反映了权利类型化走向一体化、权利管理分散转而统一集中的历史进程。还有一些国家，基于发展战略和国际合作的需要，在“二合一”管理模式之外，又设立了国家知识产权战略本部（日本）、知识产权委员会（韩国）、首席创新与知识产权协调员（美国）等机构，意在构建一个知识产权与科技、文化、经济、贸易、外交相关的统一运行机制。

三、中国问题：分离式中央管理格局与多样化地方管理体系

当前，我国中央层面知识产权管理涉及国家知识产权局、国家工商行政管理总局、国家版权局、农业部、国家林业局、国防知识产权局等十多家部门和单位，存在“各管一摊，分立并行，职能交叉”的情况。国家知识产权局负责专利、集成电路布图设计的管理和审批；国家工商行政管理总局商标局负责商标（包括地理标志）的注册和管理；国家版权局负责著作权相关管理；农业部负责草本的植物新品种及农产品地理标志相关管理；国家林业局负责木本的植物新品种相关管理；国家质量监督检验检疫总局负责地理标志产品相关管理。除此之外，海关总署、文化

部、科学技术部、商务部等分别承担与其业务相关的知识产权管理工作。

由于中央层面分立式的管理格局，地方知识产权管理机构在机构性质、行政级别、职能配置、隶属关系等方面“五花八门”，有的是行政单位，有的是事业单位；有的是正厅级，有的是副厅级，甚至是处级；有的是独立机构，有的是地方科技厅（局）内设机构等。地方专利、商标、著作权等管理部门各自都有执法队伍，著作权执法由文化大队执行，专利有单独执法队伍，商标执法由工商行政管理机构负责，“分兵把守”情况突出。

当下中国承载着许多非现代化的历史负担，缺乏治理体系理性化的积累和治理方式科学化的传承。在知识产权领域，中央管理格局的分立与地方管理体系的多样，即是我们面临的中国问题；其主要表现及其结果是：（1）分头管理对知识产权治理绩效的制约。目前知识产权管理部门繁多，诸多可以由部门内部协调的事项变为部门之间协调，可以由一个部门与多部门进行协调的事项变为多部门与多部门之间协调。例如地理标志工作，国家工商行政管理总局、国家质量监督检验检疫总局和农业部均在进行管理，并分别就地理标志商标、地理标志产品和农产品地理标志进行审批认定，职能上交叉重叠，认定和审批结果又互不相认，相关工作开展还需要几个部门协调推动。既增加了部门间的协调成本，又在重复交叉管理中浪费了大量行政资源。（2）“政出多门”对知识产权集成运用的限制。由于“多头分散”的管理现状，各部门出台的扶持和监管政策存在目标不尽统一、内容不相衔接、实施不够协调等问题，导致了知识产权集成运用效果不能充分显现，知识产权价值实现成为社会难题。对于新出现的知识产权问题，由于涉及部门多，存在协调困难、进展缓慢和管理空白的状况。（3）分散服务对企业知识产权成本的负担。分散的知识产权公共服务与企业对知识产权一体化服务的需求严重脱节。企业不得不将一件事分成多件事来办，往返于多个政府部门，但问题还未必能够得到解决，生产经营成本大为增加。（4）“多头对外”对知识产权国际事务的影响。处理知识产权国际事务，需要统一的涉外方略和集中的实施部门。由于管理分散，其他国家和国际组织在与我国进行知识产权交流合作时，不得不面对多个知识产权管理部门，而我国在开展对外交流合作时，也需要多个部门参与，容易造成发声不一的情况。针对上述问题，我们需要以科学合理、协调高效为目标，进行政府治理结构的权利配置，即推进知识产权综合管理改革。

四、综合管理改革：制度设计与试点样本

知识产权综合管理改革，意味从以往的“九龙治水”的分散管理，走向“三合一”或“二合一”的集中管理体制，鲜明地表现了“政府再造”的有效性目标和国家治理的现代化特征。

实现知识产权的综合管理，是治理体系变革的重要制度设计。2015 年 12 月，《国务院关于新形势下加快知识产权强国建设的若干意见》提出“有条件的地方开展知识产权综合管理改革试点”。2016 年 12 月，习近平总书记主持中央全面深化改革领导小组，审议通过了关于开展知识产权综合管理改革试点总体方案。由此可见，综合管理改革，是党中央、国务院对深化知识产权领域改革的重大决策部署。同时，知识产权管理“三合一”或“二合一”，也是各地改进分散管理模式的试点样本。在全国范围内，江苏省苏州市于 2008 年推行专利和著作权综合管理模式，上海市浦东新区自 2015 年以来首创专利、商标和著作权的集中管理机构，此外，深圳、长沙以及各自贸区也开展了试点改革。上述地区和地方都积累了相当经验并取得明显成效，为将来知识产权的深化改革、全面改革提供了有益的范本。可以认为，知识产权综合管理，是战略目标要求、改革制度设计与“自下而上”试点共同作用的结果。

深化知识产权领域的体制改革，是加快推动知识产权强国建设，实施创新驱动发展战略和供给侧结构性改革的迫切需要。从现代国家治理的角度来看，管理体制改革是作为治理主体的政府对其治理体制的重构和治理能力的再造，从而实现依法行使国家管理职能、有效提供公共服务的目标。就其改革的主要任务和内容而言，有以下三个方面：（1）建立综合型的知识产权管理体制。按照精简、统一、效能的原则，组建统一的知识产权行政管理部门，负责专利、商标、著作权等知识产权行政管理职责，统筹协调涉外知识产权事宜。在综合管理体制下，新的管理部门应以提高授权审查质量、推动知识产权运用、营造知识产权环境为工作重点，逐渐实现从“管理”向“治理”的转变。（2）构建统一性的知识产权执法体系。在以司法为主导的知识产权保护体系下，推进专利、商标、著作权等知识产权综合行政执法，统筹行政执法与司法保护衔接，集中处理专利、商标、著作权以及多种知识产权交叉的纠纷案件。加强知识产权行政执法能力建设，明确各级执法部门的工作职责和工作重点。（3）提供一体化的知识产权公共服务。在知识产权综合管理体制

下，界定政府知识产权公共服务的职责，整合知识产权公共服务资源，优化知识产权公共服务供给，实现知识产权信息等各类服务的便利化、集约化、高效化。在改善政府治理的同时，还要引导市场治理，加强统筹规划和创业管理。此外，应该扶持社会治理，发挥社会组织、企业和公民作用，完善知识产权维权援助机制。

参考文献

[1] 吴汉东. 国家治理现代化的三个维度：共治、善治和法治 [J]. 法制与社会发展，2014 (5).
[2] 吴汉东. 国家治理能力现代化与法治化问题研究 [J]. 法学评论，2015 (5).
[3] 易继明. 国家治理现代化进程中的知识产权体制改革 [J]. 法商研究，2017 (1).
[4] 吕若溢. 中国（上海）自贸区知识产权行政管理体制述评 [J]. 中国法律，2015 (2).
[5] 宋世明，张鹏，葛富斌. 中国知识产权体制演进与改革方向研究 [J]. 中国行政管理，2016 (9).
[6] 王淇. 知识产权集中管理改革的法制方向研究 [J]. 科技促进发展，2016 (3).

知识产权领域体制机制改革研究之一*

协同治理的核心要点之一是治理主体的多元化，国家治理同样涉及多元治理主体。知识产权协同治理体系是国家治理体系在知识产权领域的具体实现，是规范知识产权公共权力运行和维护知识产权公共秩序的一系列制度和程序，包括知识产权政府治理、知识产权市场治理和知识产权社会治理三个次级体系。

一、中国知识产权管理体制历史演进与问题定位

《中华人民共和国国民经济与社会发展第十三个五年规划纲要》提出“创新、协调、绿色、开放、共享”五大发展理念，把创新摆在国家发展全局的核心位置，要求“形成创新活力竞相迸发、创新成果高效转化、创新价值充分体现的体制机制”。知识产权管理体制，是知识产权管理体系与运行机制的总称。职权划分是其核心，管理机关是其载体，运行机制是其保障。当前，我国知识产权体制存在职能配置碎片化、协调机制碎片化、执法体系碎片化、涉外应对碎片化等“形散且神散”的问题，难以充分发挥知识产权制度激励创新的基本保障作用。知识产权体制机制改革已经刻不容缓，已经成为党中央、国务院“深化知识产权领域改革”这一要求的核心内容。

（一）知识产权管理体制的历史演进

纵观我国知识产权管理体制的发展，大体经历了四个历史阶段。

（1）初步探索阶段（1949～1978年）。这一阶段我国对建立知识产权制度有所考虑。1950年，我国颁布了知识产权法律法规和政策文件，包括《保障发明权与

---

* 本文基于2015年知识产权强国研究报告《知识产权领域体制机制改革研究之一》。指导顾问：王岚涛；课题负责人：宋世明；主要执笔人：宋世明、张鹏、葛富斌；其他课题组成员：孙彩红、赵子建、张利、赵勇、邵源渊、陈泽欣。

专利权暂行条例》《发明审查委员会规程》《商标注册暂行条例》《关于改进和发展出版工作的决议》等。然而，随着公有制计划经济体制改造的完成，知识产权制度失去适宜生存的土壤，《保障发明权与专利权暂行条例》无疾而终，商标权异化为企业产品质量的管控工具，著作权的概念得以保留但与市场经济下的保护理念存在本质差异。

（2）基本建立阶段（1978～1998 年）。这一阶段完整的知识产权概念尚未形成，知识产权管理体制是典型的部门行政体制。改革开放以来，党中央、国务院将知识产权制度筹建工作分别交付给国家科学技术委员会、国家工商行政管理总局和文化部。1978 年国家工商行政管理总局商标局成立，1979 年恢复统一商标注册制度，1983 年 3 月 1 日开始实施《商标法》。[1] 1978 年 7 月，国家科学技术委员会开始筹建专利局。[2] 1980 年 1 月，中国专利局经国务院批准正式成立，其是由国家科学技术委员会代管的、副部级规格的国务院直属局，1982 年转为国家经济委员会代管的局级部门。1984 年《专利法》要求在全国设立专利管理机关，自此初步形成了覆盖从中央到地方的专利管理体系。1985 年 7 月，国务院批复同意在文化部设立国家版权局，与国家出版局一个机构两块牌子。1987 年，国务院撤销文化部所属国家出版局，设立直属国务院的新闻出版署，与国家版权局一个机构两块牌子。1994 年，中国专利局再次改为国务院直属事业单位。

（3）调整改进阶段（1998～2008 年）。1998 年 3 月 29 日，国务院将中国专利局更名为国家知识产权局，并作为国务院直属机构，列入政府行政序列，主管专利工作和统筹协调涉外知识产权事宜。专利局成为国家知识产权局直属事业单位，受国家知识产权局委托承担原中国专利局依法受理审批专利申请、审理、复审、撤销以及其他国家知识产权局委托的行政管理职能。2001 年，新闻出版署（国家版权局）升格为正部级的新闻出版总署（国家版权局）。

（4）协调协作阶段（2008 年至今）。这一阶段的管理体制完善主要围绕国家知识产权战略实施工作进行。2008 年 6 月 5 日，国务院颁布实施《国家知识产权战略纲要》。2008 年，建立了国家知识产权战略实施工作部际联席会议制度作为部门间议事协调机构，由国家知识产权局负责人担任召集人。2016 年 3 月，升格为国务院知识产权战略实施工作部际联席会议，由国务院分管知识产权工作的领导同志担任

---

[1] 商标注册与管理工作的恢复和整顿［J］. 中华商标，2003（4）：15－18.

[2] 张海志，崔静思，刘阳子，等. 创业维艰：国家知识产权局（中国专利局）创建史话［M］. 北京：知识产权出版社，2016：6.

召集人。同时，还存在全国打击侵犯知识产权和制售假冒伪劣商品工作领导小组、推进企业使用正版软件工作部际联席会议等协调机制。

（二）知识产权管理体制的演进规律

纵观我国知识产权管理体制的演进历程，我们发现：经济发展基点转换，是我国知识管理产权体制演进的源动力；行政体制转型，是我国知识产权管理体制演进的牵引力；知识产权国际规则的刚性，是我国知识产权管理体制演进的外在推动力。

1. 从被动应对到主动求变

知识产权是现代市场经济健康发展和现代创新体系有效运行的必要条件，是国际经贸体制的“标配”，是国家创新发展的“刚需”。经济发展基点转换，导致中国知识产权发展驱动力的转换。

首先，改革开放以后创新驱动发展战略实施以前，建立完善知识产权制度的第一推动力是对外开放的需求。从知识产权制度的最初建立来看，满足对外开放的需求、适应引进国外技术的需要，是当时建立知识产权制度的重要考虑。恰恰因为这一点，1980 年 1 月 14 日，国务院在国家科学技术委员会《关于我国建立专利制度的请示报告》（国发〔1980〕10 号）上指出“专利工作是涉外工作”。从知识产权制度的完善来看，历次知识产权制度的完善都与对外开放的背景紧密相关。1992 年《专利法》修改和 1993 年《商标法》修改的重要历史背景在于，1991 年美国将我国列入“特别 301 条款”重点国家名单以及 1992 年 2 月《中美知识产权谅解备忘录》签署。2000 年《专利法》修改、2001 年《著作权法》修改、《商标法》修改的重要历史背景在于，我国加入世界贸易组织，需要知识产权制度符合世界贸易组织《与贸易有关的知识产权协议》等国际贸易规则的要求。2008 年《专利法》修改、2010 年《著作权法》修改和 2013 年《商标法》修改则既是我国自身发展的内在要求，也在很大程度上来源于开放型经济发展的需要。

其次，只有进入创新驱动成为经济发展基点的窗口期之后，知识产权才真正成为创新发展的“刚需”。改革开放后 2010 年以前，相对于投资、出口、消费，创新驱动对促进我国经济增长的贡献并不占主导地位。2011 年，中国经济增长速度跌破 10%。2012 年，党的十八大提出实施创新驱动发展战略。2013 年 12 月 10 日，中央经济工作会议提出中国经济发展进入新常态。2015 年，《中共中央 国务院关于深化体制机制改革加快实施创新驱动发展战略的若干意见》进一步提出，让知识产权制度成为激励创新的基本保障。上述一切标志着长期以来支撑中国经济高速增长的传统因素的边际收益快速递减，创新驱动必须成为经济发展新基点。也只有在这种背景下，知识产权才成为创新发展的“刚需”。从基本原理来看，知识产权制度，是促进创新资源持续涌现的调节器，是创新成果向现实生产力转化的桥梁。一方面，创新驱动发展的起点在于创新，而需要采取政府和市场两种手段才能激励创新。政府通过设立科技重大专项、重大科技项目等方式激励创新，运用市场手段激励创新则需要通过赋予创新成果产权的方式加以实现。要让市场在创新资源配置中起决定性作用，需要在政府和市场对创新的“双轮驱动”中让市场成为“主动轮”。基于此，知识产权制度成为促进创新资源持续涌现的调节器。另一方面，知识产权制度蕴含着三个运行机制，决定了知识产权制度是创新成果向现实生产力转化的桥梁。知识产权制度的产权机制通过赋予创新创造者产权的方式，使其对创新成果享有使用权、收益权和处分权。知识产权制度的市场机制是将知识产权这一现代产权进行合法流转，通过许可、转让等方式获得收益，实现创新投入与创新回报的良性循环。知识产权制度的激励机制是通过依法保护创新创造者的合法权益激发人们的创新热情。可以说，通过这三种机制，搭建创新和市场之间的桥梁与纽带，实现科技强到产业强、经济强。从国际经验来看，达沃斯世界经济论坛《全球竞争力报告》将世界主要经济体分为资源驱动型、资源驱动型向效率驱动型的过渡、效率驱动型、效率驱动型向创新驱动型的过渡、创新驱动型等五种类别。经过考察得知，所有创新驱动型国家无一例外全部是知识产权综合实力较强的国家，所有创新驱动型国家无一例外全部是知识产权密集型产业占据产业结构主体地位、知识产权贸易成为贸易结构核心的国家。可见，继续改革知识产权体制，持续完善知识产权制度，已经成为实现国家创新发展的主动选择。

最后，知识产权增值成为国家知识产权战略与创新驱动发展战略对接的契合点，知识产权贸易是国家知识产权战略与新一轮高水平对外开放的契合点，二者共同构成知识产权强国建设和经济强国建设、贸易强国建设的连接点。从知识产权价值角度来看，知识产权权利的生命周期应该包括三个环节，分别是权利确认、权利分配和权利增值。权利确认包括申请、审批、授权等，权利分配包括交易、维持、保护等，这两个环节是制度手段，是为制度目标服务的；而权利增值，也就是知识产权产业化和贸易化，这一环节是制度目标，是国家知识产权战略与创新驱动发展战略对接的契合点。从知识产权贸易角度来看，我国实行新一轮高水平对外开放，实施“一带一路”战略，更加需要促进国际国内创新要素有序自由流动、创新资源高效配置、创新市场深入融合。这就需要发展知识产权贸易，以促进各类知识产权的国际化流动作为重要制度目标，实现国家知识产权战略与新一轮高水平对外开放的契合。由此，知识产权增值，是主动优化知识产权管理体制的战略着力点。

2. 从部门行政到跨部门协作

知识产权管理体制是我国行政管理体制的重要组成部分，其发展演进体现了我国行政管理体制从部门行政迈向公共行政的基本发展趋势[1]。公共行政必然要求尊重创新成果的客观规律，不断满足我国创新主体的发展需要。

首先，“各自为战”既沿袭了我国部门行政的一般特征，又是碎片化知识产权管理体制的必然结果。一方面，知识产权体制作为中国行政管理体制下部门行政管理体制，必然带有部门行政的一般特征。改革开放之后我国的行政体制延续了计划经济体制基础上形成的“部门行政”体制。“部门行政”是与计划经济体制相适应的行政体制。部门是政府配置资源的杠杆，是联系政府与社会的中介，是落实计划经济的依靠力量。而公共行政则是以与市场经济相适应、以市场在资源配置中起决定性作用为物质基础，满足社会公共需求。部门行政的一个基本做法是，在横向上把行政权力分配给各个职能部门，在部门职责范围内，决策与执行高度合一，自我封闭。在计划经济体制下，行政决策中枢拥有计划资源配置的绝对权力，因此相对容易实现跨部门协调。部门行政体制在市场经济体制的大环境下，如何实现跨部门协调是最大难题。另一方面，我国长期以来对知识产权工作缺乏统筹考虑与顶层设计。知识产权管理没有形成一个统一体系，知识产权管理职能分散在多个部门，且各部门习惯于各自为战，习惯于规则制定与规则执行高度合一，习惯于按照自己的发展思路规划知识产权相关工作。

其次，创新成果立体保护的客观规律是从部门行政迈向跨部门协作的客观基础。从创新成果保护的客观规律看，创新创造成果需要知识产权立体保护。知识产权的保护客体虽然具有创造性成果、经营性标记、经营性资信等多种表现形式，但是本质上都是知识产品，都具有非物质性、创新性、公开性等特征。[2] 不同类别知识产权之间存在内在联系，需要统一考虑。从企业需求来看，培育世界名牌，不仅需要商标，还要有核心专利作支撑，还要有版权文化作底蕴。创新，不仅需要通过发明、实用新型专利来保护技术方案，还要通过商业秘密保护技术诀窍，还要通过

---

[1] 宋世明．试论从“部门行政”向“公共行政”的转型［J］．上海社会科学院学术季刊，2002（4）：68－76.

[2] 吴汉东．知识产权总论［M］．3 版．北京：中国人民大学出版社，2013：43－44.

版权保护形式、通过外观设计专利和商标保护产品形象。从高校和科研院所的需求来看，通过技术创新产生了专利，在产学研相结合的科技成果转化过程中，需要通过商标和外观设计专利吸引消费者关注。从国家需求来看，我国加快实现从“中国制造”向“中国创造”的转变，必须不断提升以专利为核心的科技竞争力、以商标为依托的品牌竞争力、以版权产品为载体的文化软实力。

最后，客观评估我国实施知识产权跨部门协调努力的实际效果。2012 年的推进使用正版软件工作部际联席会议制度、2013 年的全国打击侵犯知识产权和制售假冒伪劣商品工作领导小组、2016 年的国务院知识产权战略实施工作部际联席会议制度，都是我国注重知识产权管理跨部门协调的努力，都有相应的效果。但这些协调机制实际效果究竟如何，应作出科学评估。如果评估结果表明，现存协调机制难以有效支撑知识产权强国建设，下一步必然有两个选择：一是实现有限度的大部门制，二是建立强有力的国务院知识产权综合协调机制。毕竟我们不可能把涉及知识产权的多个部门整合成一个大部门。

3. 从学习借鉴到参与引导

知识产权制度积累的巨大差异、知识国际性和知识产权国际规则的刚性分别是我国学习借鉴国际规则的自身原因、内在原因和外在原因。

首先，知识产权制度积累的巨大差异是我国建立知识产权制度之初必须学习借鉴国外经验的自身原因。知识产权制度发端于现代市场经济，我国长期欠缺市场经济土壤，当然缺乏知识产权制度的历史积累。制度建立之初，外部是西方国家经历了二三百年实践并不断完善的成熟制度，内部是近乎白纸的知识产权法律法规、实践经验乃至人才储备。在如此巨大的反差之下，要在相对较短的时间内建立一个能够对外开展经贸合作的知识产权对话平台，学习并追随西方国家知识产权制度便成了唯一的可选项。改革开放初期，我国知识产权制度的创立带有很深的学习西方国家的烙印。1979 年邓小平同志指示：“专利法我们不懂就要向人家国外学习嘛。”1979 年 6 月，国务院派出由国家科学技术委员会副主任武衡同志率领的考察团，访问了世界知识产权组织（WIPO），并到欧美 13 个国家考察专利制度，为建立中国专利制度提供了重要的外部参考。[1] 1987 年，国家工商行政管理局赴 WIPO、瑞士、西德、英国考察商品国际分类后，正式采用商标注册国际分类检索系统。《著作权

[1] 张海志，崔静思，刘阳子，等. 创业维艰：国家知识产权局（中国专利局）创建史话［M］. 北京：知识产权出版社，2016：11.

法》的制定也参照了若干国际惯例。《专利法》《商标法》和《著作权法》成为我国最早与国际接轨且接轨较好的法律法规。

其次，知识国际性和知识产权国际规则的刚性分别是我国学习借鉴国际规则的内在原因和外在原因。一方面，知识具有国际性，这就决定了知识产权法律既是一国的法律，又是世界经济秩序的一部分。不同经济水平的国家对知识产权保护水平存在差异，同一个国家在不同的发展阶段对知识产权保护水平也不一样。在知识产权发展史上，发达国家都有一个从“选择保护”到“全部保护”、从“弱保护”到“强保护”的发展历程。我们必须立足本国国情进行知识产权立法。同时，必须看到知识产权多边规则已经将知识的国际性制度化，已经成为国际经贸往来必须遵循的规则。另一方面，知识产权国际规则的变革经历了巴黎联盟和伯尔尼联盟时期（知识产权国际保护制度的形成）、WIPO 时期（知识产权国际保护制度的发展）、世界贸易组织时期（知识产权国际保护制度的强化），知识产权制度日趋一体化与国际化。由此产生的结果是世界贸易组织作为知识产权国际立法机构的优先地位、《与贸易有关的知识产权协议》作为知识产权国际立法文件的核心地位以及西方发达国家作为知识产权国际保护参与主体的主导地位。[1]

最后，参与引导国际知识产权规则逐步成为我国开放型经济发展的客观需要。从国际环境来看，目前已经进入知识产权全球治理新结构初步形成的时期，知识产权国际合作日益深化，知识产权国际竞争日益激烈。知识产权已经成为世界贸易组织、经济合作与发展组织、G8 等各种国际论坛的讨论热点，也已经成为区域或者双边经济伙伴关系、自由贸易协定以及发达国家与发展中国家之间的讨论重点。知识产权执法方面、审查方面等国际合作广泛开展。从国内发展来看，随着对外经贸的发展，我国知识产权贸易和以知识产权密集型商品为对象的货物贸易发展迅速，我国企业“走出去”步伐大大加快，参与引导国际知识产权规则已经成为我国开放型经济发展的客观需要。例如，2012 年 6 月，我国承办了 WIPO 的保护音像表演外交会议，并成功缔结了《视听表演北京条约》，这是在欧洲之外缔结的第一个WIPO的国际条约。

简言之，与其他政治制度和社会制度相比，知识产权的规则与制度具有更强的国际化和标准化“刚性”，在各国之间具有更大通约性。我国下一步知识产权管理体制改革，应针对性地借鉴一些知识产权强国管理体制的主要经验，集中为一点就

[1] 吴汉东，郭寿康．知识产权制度国际化问题研究［M］．北京：北京大学出版社，2010：231.

是，“形可以相对散，神一定要聚”。具体言之，对2020年前的中国来说，在结构上解决“过于散”的问题，相对统一过于分散的知识产权管理职能是非常必要的；更为迫切的是，建立高层次综合协调机制，强化知识产权执法，做到“神聚”。[1]

（三）当前知识产权管理体制问题定位

“形散且神散”是当前我国知识产权管理体制问题所在，集中体现在以下三个方面。

1. 职能配置碎片化

我国知识产权管理职能配置碎片化的特点比较典型。国家知识产权局负责组织协调全国保护知识产权工作，推动知识产权保护工作体系建设；统筹协调涉外知识产权事宜，拟订知识产权涉外工作的政策；主管全国专利工作。国家工商行政管理总局内设商标局和商标评审委员会，负责商标注册和管理工作，依法保护商标专用权和查处商标侵权行为，处理商标争议事宜；国家新闻出版广电总局（国家版权局）负责著作权管理和公共服务；农业部和国家林业局负责植物新品种的管理和审批；农业部、国家工商行政管理总局、国家质量监督检验检疫总局（以下简称“国家质检总局”）负责地理标志的审批和管理；海关总署、商务部、文化部等部门分别承担与其业务相关的知识产权管理工作。

过度碎片化的知识产权管理，割裂了知识产权之间的内在联系，降低了行政效能。一方面，这一体制难以充分发挥知识产权制度的总体功能，弱化了对创新的有效保护，难以有效提高知识产权保护的执行力，难以有效培育知识产权创造运用能力，难以有效助推知识产权密集型产业和知识产权贸易的发展。这也构成了我国知识产权密集型产业和知识产权贸易与发达国家存在较大差距的关键原因。据统计，我国知识产权密集型产业增加值占GDP的比重不到30%，与欧盟高达39%和美国达到34%的比重存在较大差距。[2] 2003～2014年，我国知识产权贸易逆差从34.4

[1] 孙彩红，宋世明．国外知识产权管理体制的基本特征与经验借鉴［J］．知识产权，2016（4）：114－120.

[2] 我国数据参见：姜南，单晓光，漆苏．知识产权密集型产业对中国经济的贡献研究［J］．科学学研究，2014，32（8）：1157－1165．美国数据参见：U. S. Economic and Statistics Administration，U. S. Patent and Trademark Office. Intellectual property and the U. S. economy：industries in focus［EB/OL］．［2015－05－15］．http：//www. uspto. gov/ip/．欧盟数据参见：European Patent Office，Office for Harmonization in the Internal Market. Intellectual property rights intensive industries：contribution to economic performance and employment in Europe［EB/OL］．［2016－05－15］．https：//euipo. europa. eu/ohimportal/en/.

亿美元增长到219.7亿美元，已成为服务贸易逆差的主要来源。比较而言，2012年，美国、欧盟、日本知识产权贸易出口额则达到2528.31亿美元，占全球出口额的87.3%。[1] 另一方面，这一体制增加了企业创新成本，难以满足我国企业的需要。对企业而言，各类知识产权同为竞争手段，高度关联。随着我国企业运用知识产权参与市场竞争的需求日益强烈，对综合性知识产权服务要求越来越高，目前企业和公众遇到知识产权问题找不到统一的行政部门给予指导和帮助，获取知识产权信息需要寻找不同的平台和入口，迫使企业将一件事分为多件来办，社会成本大大增加。

2. 协调机制碎片化

当前三种协调机制同时存在：2012年建立、由15个成员单位组成的"推进使用正版软件工作部际联席会议"协调机制，办公室设在新闻出版总署（国家版权局）；2013年建立、由30个成员单位组成的"全国打击侵犯知识产权和制售假冒伪劣商品工作领导小组"协调机制，办公室设在国家工商行政管理总局；2016年成立、由31个成员单位组成的"国务院知识产权战略实施工作部际联席会议"协调机制，办公室设在国家知识产权局。成员单位大部分重复交叉，办公室分设在三个部门，现有三种协调机制统筹力不足，决策支撑不够，协调效率低下。实际工作中这种协调机制自身也需要协调，难以有效支撑知识产权强国建设的需要。

3. 执法体系和涉外应对碎片化

知识产权保护行政执法体系是按照"条条"建立起来的分散体系，呈现碎片化的特点。工商行政管理部门、版权管理部门和知识产权管理部门各自建有执法队伍，"分兵把守"，各管一摊，队伍很多。但是执法手段欠缺，执法装备不足，各自的执法队伍力量都很薄弱。这种分散还增加了执法衔接的成本，执法水平难以提高，执法空白难以避免，维权成本居高不下，导致知识产权保护实效与社会期待仍有较大差距。尤其是随着新技术新业态的发展，侵权行为的隐蔽性和复杂性进一步凸显，知识产权"侵权易、维权难"的现状打击了企业和发明者的创新热情。在近3年全国知识产权保护社会满意度调查中，社会最为关注且最不满意的也是侵权严重、赔偿不足等问题。同时，由于知识产权保护方面的合力不足，科技创新、技术产业化、技术贸易、投融资等活动中的知识产权风险不断加大，往往造成重大损失。从投资数十亿元的贵州微硬盘项目到引进海外人才造成巨额知识产权索赔，很多经济科技和贸易项目由于未能规避知识产权风险而失败。

---

[1] 数据来源于WIPO数据库"专有权利使用费和特许费进出口收入"项目数据，参见WIPO网站。

为统一国际知识产权合作交流，在 1998 年 3 月（原中国专利局更名为国家知识产权局）之后，涉外知识产权相关事宜由国家知识产权局统筹协调，但是对内方面知识产权职责分工高度分散的情况并没有得以解决。国家知识产权局除管理专利和集成电路布图设计外，其余商标、版权、地理标志、植物新品种等知识产权工作仍然分散在其他多个部委管理。多部门分别负责世界贸易组织、WIPO、世界海关组织、世界卫生组织、生物多样性公约等领域的国际知识产权事务，与经贸有关的知识产权谈判长期游离于其他领域和国际组织知识产权谈判之外。多头对外，缺乏对外政策统筹机制，政策统筹协调不力，很容易使发达国家钻空子。例如，每年 WIPO 成员国大会我国都会派出人数较多的庞大代表团，由各个知识产权管理部门派出的代表组成，难以形成引导和应对知识产权国际规则演变的有效合力。同时，这也导致我国对企业“走出去”过程中的知识产权公共服务不足。截至 2015 年，我国连续 14 年因为知识产权侵权成为遭受美国“337 调查”最多、涉案金额最高的国家。

二、协同治理理论对国家知识产权治理体系现代化的指导作用

协同治理理论起源于协同学和治理理论，是治理理论研究的重要分支之一，协同治理理论对我国的知识产权治理体系现代化具有重要的指导作用。本文认为，为最大限度地统筹政府系统的公共资源以及全社会一切积极因素以解决公共问题，政府应在制度上作出相应的设计和安排，以更好地发挥社会组织、公民以及市场主体在公共事务管理与公共服务供给中的作用，通过协商、协调、协作、协同等方式，为社会提供有效公共产品和公共服务。多元主体的良性互动是协作治理的核心。[1]

具体而言，协同治理对知识产权管理发展为知识产权治理的指导意义如下。

（一）加强知识产权各环节的协同治理

为加快实施国家创新驱动发展战略，在 2015 年出台的《国务院关于新形势下加快知识产权强国建设的若干意见》中，提出知识产权体制进一步深化改革的基本目标是，“基本形成权界清晰、分工合理、责权一致、运转高效、法治保障的知识产权体制机制，知识产权创造、运用、保护、管理和服务能力大幅提升，创新创业环

[1] 宋世明．美国行政改革研究［M］．修订本．北京：国家行政学院出版社，2016：271.

境进一步优化，逐步形成产业参与国际竞争的知识产权新优势，基本实现知识产权治理体系和治理能力现代化”。为了实现这个基本目标，需要在知识产权的创造、运用、保护、管理和服务等一系列环节中，运用协同治理理论的指导，实现在不同环节中都能够有不同主体或者多方主体达到协同治理，实现每个环节上的协同共治，针对当前没有达到协同共治的领域和问题进一步深化改革知识产权管理的体制机制。

（二）加强三方治理主体自身建设

治理主体自身建设是治理成功的前提条件，治理主体自身完善发育的程度决定了治理的效果。在政府主体建设方面，要按照协同治理理论重新梳理和界定现有知识产权行政管理部门的机构设置、管理职能和职责权限，运用大部门体制组建覆盖多种知识产权类别的政府机构，提升知识产权行政机构特别是国家知识产权局的行政层级，提高其知识产权行政管理的综合协调能力。在市场主体建设方面，要提高市场主体的知识产权意识，通过鼓励增加研发投入等手段加强企业技术创新力度，通过企业“贯标”等手段提高市场主体的知识产权运用能力。在社会主体建设方面，要增加承担知识产权治理事务的专业社会主体的类型和数量，探索知识产权基金会和知识产权民办非企业单位在知识产权治理中的作用，鼓励非专业的社会主体例如行业协会主动提供符合行业特点和需求的知识产权服务。加强这些中介组织或行业协会的自身建设，包括人力、财务的内部治理，以提升其在知识产权相关事务中的治理能力。

（三）加强治理主体之间的协同

治理主体之间的协同既包括同类治理主体之间的协同，也包括不同类治理主体之间的协同。同类治理主体之间的协同主要包括同一政府层级的不同部门以及上下级政府（例如国家知识产权局和商务部、国家知识产权局与广东省政府）之间的协同。不同类治理主体之间的协同主要包括政府主体与市场主体之间的协同、政府主体与社会主体之间的协同以及市场主体与社会主体之间的协同等。加强治理主体之间协同的主要措施包括：完善国家知识产权战略实施联席会议制度，适时建立国家知识产权发展和改革委员会（知改委），由国家知识产权局、国家工商行政管理总局、国家版权局、国家质检总局、农业部、国家林业局、商务部等主要的知识产权行政管理部门组成，负责国家知识产权重大政策、重大任务、重大项目的协同决策和执行。通过政府购买服务，以授权或委托等方式扩大市场主体和社会主体承担知识产权管理事务的范围，调整部分原由知识产权政府主体承担的职能由知识产权社会主体或者市场主体承担。

（四）综合运用三种治理权威

实现知识产权的协同治理，除了要让政府、市场、社会等多元主体参与治理之外，还要综合运用多种治理权威。政府治理权威是重要的和有效的治理权威，在过去知识产权管理中发挥了重要作用，在将来也必将发挥主导作用，可以采用行政规定、行政确认、行政许可、行政处罚、行政合同、行政指导等多种治理权威。市场治理权威和社会治理权威以往并没有得到应有的重视，因此在将来要实现的多元主体协同治理知识产权的实践过程中，要注重发挥这两种治理权威的作用。在市场治理权威方面，以知识产权价值为核心，促进知识产权价值的确认、价值的分配和价值的增值；在社会治理权威方面，充分发挥各类社会组织和公民个体在知识产权治理中的互补性作用和支撑性作用。根据不同的治理领域和治理问题，综合运用一种、两种或者三种治理权威进行知识产权治理，关键是要发挥“知识产权驱动创新，创新驱动发展”的双驱动作用。

三、国家知识产权治理体系现代化的总体框架

（一）国家知识产权治理体系现代化的基本构成元素

治理体系中的三个主体是政府、社会和市场，对于我国的国家知识产权治理体系来讲也是如此。政府这个基本元素在我国现阶段知识产权体系中仍然发挥主导作用，承担知识产权管理的职能，包括相关中央国家机关、议事协调机构和地方各级知识产权管理机构，以及政府机构授权的各类组织。市场，主要指的是企业。各类企业是知识产权治理体系中知识产权创造、运用和转化等环节的主体，是知识产权最直接和最重要的影响和被影响对象，是知识产权活动的发起者和受益者。社会，主要包括知识产权中介机构、高校和科研院所、从事知识产权服务的其他非政府组织。在市场经济制度下，社会组织是知识产权体系中政府和市场主体之间关键的润滑剂和纽带环节，各类社会组织提供的代理、咨询、评估、策划、战略布局等知识产权深度服务是维持整个体系正常运转的必要保证。同时，社会组织也有可能成为知识产权的创造主体，但通常不能独立完成运用和转化环节，能够独立实现知识产

权运用和转化工作的“社会组织”应当被视为市场主体。

国家知识产权治理体系要实现现代化，政府、市场和社会三个构成元素都要首先实现现代化，同时还要实现三者之间互动关联关系的现代化。总体来说，这些构成元素及其关联关系的现代化可以通过体制和机制两个层面的现代化来实现。

1. 体制的现代化

所谓体制的现代化，也就是国家知识产权治理体系基本构成元素的现代化。具体而言，就是要在知识产权治理体系中完成建设现代化的政府机构、现代化的市场主体以及现代化的社会组织，这三个环节的现代化缺一不可。

知识产权强国和现代化治理体系建设过程中所遇到的共性问题和公共需求要由政府来统筹解决，今后政府应继续着眼于成效来加大知识产权保护力度，推动引导我国知识产权治理体系中的市场主体和社会组织共同践行国家知识产权战略，并持续投入提供知识产权公共产品以满足不断变化的公共需求。市场的主体是各类企业，未来要向创新型企业发展，则需要强化知识产权意识，进一步提升自身的知识产权能力水平，增加与体系内其他主体，特别是政府机构和社会组织的互动，借助内力和外力的共同作用来促进自身知识产权创造、运用和转化能力水平的现代化。我国的知识产权社会组织为数不少，相对而言，从事知识产权代理工作的中介机构和社会组织发展比较成熟，而有能力提供预警分析、战略布局等深度知识产权服务的社会组织不但数量较少，而且能力水平也普遍有所欠缺。今后非政府组织应更加主动地致力于提高自身能力水平，配合政府主体的政策引导以及市场主体的意识水平提升，朝着更加专业化、精英化和国际化的方向加速发展。

2. 机制的现代化

在前文分析我国当前知识产权制度运行机制时，我们把这种运行机制划分为四个层面来解剖，它们分别是决策机制、协调机制、部门间协作机制和执行机制。知识产权运行机制的现代化意味着在这四个层面均要满足现代化的要求。

（1）决策机制的现代化

我国目前知识产权决策机制有两个特点：一是各部门分散决策，二是部分由最高层决策。为解决分散决策所带来的问题，国家建立了多个较高级别的跨部委议事协调机制。然而，再高规格的议事协调机制也只是一种协调机制，并不能解决决策机制方面的问题，小问题靠议事协调机制，比较重大的问题只能是要么搁置，要么提交最高层决策。现实情况决定了提交最高层决策的问题只能是少数，因此建立统一的、高级别的决策机制便十分必要。从西方主要知识产权强国的经验来看，通常决策层级别也比较高，知识产权涵盖范围广，涉及的国民经济部门多，高层级决策有助于综合考虑各方面情况，是符合决策机制现代化要求的。

（2）协调机制的现代化

在我国现行的知识产权管理机制方面，同时并存有多个跨部门议事协调机制，且各地方政府也参照该模式建立了相应的地方层级议事协调机制。这种协调机制虽然在一定程度上满足了跨部门协调方面的迫切需求，但一方面议事协调机制力度有限，很多问题讨论不容易解决困难，另一方面还导致了多个议事协调机制之间仍需要进一步协调的新问题。因此，有必要建立直接设在国务院的综合协调机制，撤销现有的多个跨部门议事协调机制，或者将它们纳入其中，从整体上统筹协调各个方面的知识产权工作，以此作为实施创新驱动发展战略和建设知识产权强国战略的支撑。

（3）部门间协作机制的现代化

目前我国知识产权领域的部门间协作主要依赖于日常来往公函。这样的协作方式效率低下，通行于任何两个部门之间，不能体现出知识产权相关部门之间协作的特殊性，可以说没有特别有效的部门间协作机制。在决策机制和协调机制相对比较齐备的情况下，有必要考虑在高级别决策机制和议事协调机制成员单位之间设立更加高效快捷的协作机制，特别是在常见的知识产权保护和行政执法活动中要考虑设立相对固定的协作机制，确保在少数若干个知识产权管理部门之间协作的情况下更加便捷地完成既定目标。此外，要充分利用大数据、“互联网＋”等新技术手段，建设统一的知识产权公共服务平台，面向社会公众提供完备的基础性知识产权信息服务，实现信息化的知识产权管理多部门协作。

（4）执行机制的现代化

总的来说，多年来跨部门决策、协调和协作机制运行不畅，执行机制相对而言反而发展得较为完善。无论是知识产权各层级管理部门之间比较明确的分工和业务指导关系，还是司法保护方面常见的联合执法以及知识产权法院的设立，都是比较符合我国当前经济社会发展水平的。今后应当继续深化知识产权执行机制方面的改革，按照现有思路进一步完善执行机制。行政执法方面，着眼于提高执法效率和效果，同时以“协作”促“执行”，更多地利用知识产权综合执法模式来替代以往各部门单独的行政执法，通过部门间协作机制来协调海关、公安等部门配合综合执法活动。司法保护方面，在北京、上海、广州三地以外推广建设更多的知识产权法院，推动知识产权法院获取刑事审判职能，采用“三审合一”模式来审理知识产权案件。对于普通法院的知识产权法庭，要统一审判标准，为知识产权司法保护创造良好的环境。

（二）知识产权管理部门的职能定位

在现代化知识产权治理体系的建设过程中，知识产权管理部门无疑是一个发挥主导作用的主体，通过其自上而下的设计来构建和影响整个体系的形成、完善以及顺畅运转。因此，明确知识产权管理部门所应当承担的具体职能并对其进行准确定位至关重要，关系到整个体系建设的成败。

1. 知识产权管理部门职能

知识产权管理部门所应当履行的职能主要包括以下几个方面：

（1）知识产权的审批和管理

知识产权的审批和管理是知识产权管理部门最基础的职能。只有进一步提高审批和管理效率，才能适应随着经济社会发展不断高涨的知识产权获取需求，在保障知识产权审批数量的同时还要保证审批质量，为知识产权的运用、转化和保护等工作奠定良好的基础。

（2）知识产权战略和规划的制定与执行

建设知识产权强国战略是我国创新驱动发展战略的一个重要支撑，为达成这一历史目标，知识产权战略和规划的制定与执行必然成为知识产权管理部门的重要职能。只有通过其顶层设计和推动引导，才能够带动市场主体和社会主体，共同建设和维持现代化知识产权治理体系的运转，从而达成既定目标。

（3）知识产权法律法规的修订建议和政策的制定

知识产权法律法规是知识产权制度的法理依据。完善的法律法规能够对知识产权制度的完善产生良好的促进作用，反之则可能会阻滞知识产权治理体系的形成和发展。知识产权管理部门是知识产权法律法规最重要的践行者，其工作职责涵盖了知识产权制度最广泛的领域范围，因此其有责任对于法律法规的修订给出合理的建议，并制定相关政策来补充和细化法律法规。

（4）知识产权文化建设

现代化知识产权治理体系的建设不但有赖于政府主体知识产权能力和意识的提高，同时也有赖于市场主体、社会主体乃至经济生活中普通社会公众的能力和意识的提高。知识产权管理部门应当长期积极致力于知识产权文化的政策环境的构建、知识产权文化相关行业环境的培养、知识产权文化意识环境的营造、知识产权文化人才环境的塑造，以及知识产权文化信息环境的建构。[1] 提升整个国家社会公众对于知

---

[1] 吴汉东. 当代中国知识产权文化的构建 [J]. 华中师范大学学报（人文社会科学版），2009，48（2）：104－108.

识产权的认识水平，这与知识产权治理体系中三类主体能力的现代化是相辅相成的。

（5）知识产权行政保护、维权、诉讼

知识产权的行政保护、维权和诉讼是司法保护的有益补充。相对来说，行政保护、维权和诉讼的程序更加简便，对于相当多的案例能够更加快捷地维护知识产权合法权益，解决知识产权争端，从而大大减少司法保护的资源成本，分流司法保护压力，更高效、更经济地维护知识产权制度的正常运转。

（6）知识产权转化、运用和促进

知识产权权利的确认和分配都不是目的，真正的目的在于将知识产权成果转化为市场经济下的产品，发挥知识经济应有的作用，增强作为市场主体的企业的创造力和核心竞争力，进而服务于创新驱动发展战略的实施。对知识产权成果的转化和运用能够更直接地服务于国民经济发展和创新驱动发展的大局，同时也能更加有效地促进知识产权本身的发展和壮大。这个环节是联系知识产权制度与国民经济大局的纽带。

（7）知识产权涉外工作统筹协调

根据知识产权管理部门的“三定方案”，其职能包括拟订知识产权涉外工作的政策，研究国外知识产权发展动态，统筹协调涉外知识产权事宜，按分工开展对外知识产权谈判，开展专利工作的国际联络、合作与交流活动等。

2. 知识产权管理部门定位

知识产权管理部门应从以下几种角色来明确自身定位。

（1）知识产权管理决策制定者

如前所述，知识产权管理决策机制仍然存在各部门分散决策和部分最高层决策两个特点。对于知识产权管理部门来说，应当在自身职责权限范围之内进行统一决策，尽量避免分散决策缺乏统筹考虑，以及部分最高层决策的决策困难等弊端，使得自身真正成为管理决策的制定者，有效履行决策制定的职能。

（2）知识产权经济活动监管者

知识产权制度对于一个国家经济活动的影响，归根结底在于知识产权能够在一定程度上影响市场主体之间经济利益的分配。因此，经济利益如何更加合理地分配必然是市场主体最为直接关注的焦点。这就要求知识产权管理部门要对于知识产权经济活动进行有效监管，如此才能确保维持知识产权制度的正常运转，并随时准备从对经济活动的监管中获得反馈，经过必要的分析决策后用于完善现行制度，更好地保障知识产权制度服务于国民经济发展的大局。

（3）知识产权管理统筹规划者

现代化的知识产权治理体系着眼于政府主体、市场主体和社会主体三者之间的良性互动，以及这种良性互动所带来的协同发展。知识产权管理部门应当从中不断获得影响和启发，并形成决策来规划和完善知识产权管理的顶层设计。这是将协同治理理论应用于知识产权管理的初衷，也是知识产权管理部门的重要职责。

（4）知识产权基础公共服务提供者

知识产权管理部门在知识产权治理体系中覆盖和涉及的领域最为广阔，因此能够从中获取到最为全面和权威的信息。一方面，面向社会提供基础信息服务是知识产权管理部门的天然职责，只有这样才能确保社会公众有能力获得开展知识产权相关工作所需的必要信息。另一方面，知识产权管理部门面向社会公众提供基础公共信息服务也有利于倒逼社会组织主体提升自身能力水平，避免低水平服务大行其道，能够为市场主体提供更加高水平、更加具有深度、更加个性化和差异化的服务，从而更好地发挥桥梁和纽带的作用。

（5）知识产权观念普及者

知识产权管理部门由国家授权来行使知识产权相关工作的管理职能，天然带有对于知识产权工作的权威性，因而更加有能力扮演好相关知识观念普及者的角色。从完善体制机制以及治理体系的角度讲，知识产权观念向全民的普及也是实现知识产权治理体系现代化所必不可少的一个重要环节。只有社会公众的知识产权观念普遍得到提升，知识产权治理体系才有可能更加高效地运转和自我完善，从而实现其现代化。

（6）知识产权涉外工作统筹者

一方面，随着知识经济的发展和经济全球化趋势越来越明显，知识产权领域的国际交流和合作需求与日俱增。另一方面，除法律界外，知识产权还涵盖了国民经济中几乎所有实体经济涉及的领域，因而更加需要知识产权管理部门承担好涉外工作统筹者的角色，研究国外相关动态，积极参与国际规则的制定，促进国内外交流协作，保护好本国企业走出国门。这些工作对于创新驱动发展战略乃至国民经济发展的大局都是十分重要的。

（三）知识产权管理部门的架构设计

在这一部分中，笔者将给出一个国家知识产权管理部门的架构设计建议。该设计建议借鉴目前一些大型企业“条块化”结构的模式，既有企业中常见的事业部形式的业务“块”，又有负责某一方面工作的“条”，“条”与“块”形成横纵交错的网状结构，可以较好地完成治理职能。

1. “块”状管理及职能

新设立国家知识产权总局，下设专利局、商标局和版权局三个直属单位（“三合一”模式），其来源与所履行的职能如下。

（1）专利局

专利局的前身是国家知识产权局专利局，主管专利（包括发明专利、实用新型专利、外观设计专利）和集成电路布图设计等知识产权管理工作。

（2）商标局

商标局的前身是国家工商行政管理总局商标局，主管商标注册与管理工作。

（3）版权局

版权局的前身是国家新闻出版广电总局（国家版权局）版权管理司，主管版权和著作权管理工作。

2. “条”状管理及职能

新设立的国家知识产权总局除了下设传统职能司级单位，如办公厅、机关党委、财务司、人事司、国际合作司（港澳台办公室）、信息化司、纪检监察司等以外，另设如下业务职能司。

（1）规划发展司

负责组织拟订全国知识产权事业发展的规划、政策和目标并组织实施，协调推动知识产权事业发展；研究拟订知识产权领域重大改革措施，指导、协调推进有关体制机制改革工作。

（2）条法司

负责拟订和修改知识产权国际条约及知识产权对外谈判的方案，拟订知识产权法律法规的建议和草案，组织拟订知识产权确权及侵权谈判标准，拟订知识产权代理中介服务体系发展的政策。

（3）授权管理司

负责知识产权授权及授权后知识产权存续期间的管理工作，拟订和实施知识产权授权和管理工作的政策和措施，拟订规范知识产权交易的政策，指导和规范知识产权无形资产评估工作。

（4）保护协调司

负责组织协调全国保护知识产权的有关工作；承担知识产权执法协作机制的相

关工作，承办行政执法有关工作；承担实施国家知识产权战略纲要的有关工作。

（5）创新服务司

负责规划和指导知识产权转化、运用等有关工作，负责知识产权转化和运用相关政策、规章的制订，负责建设、管理和维护知识产权公共服务平台；负责实施国家创新驱动发展战略中与知识产权相关的工作。

通过以上五个职能司的设立，将知识产权事业的规划发展、知识产权法律法规制定以及知识产权的确权、分配和增值工作分别管理，既兼顾了知识产权事业本身，又考虑了通过建设知识产权公共服务平台等手段与创新驱动发展的大局相结合，再加上专利、商标和版权分别由不同的直属局专门管理，能够比较全面且有针对性地从整体上统筹和管理知识产权工作。

四、中国特色现代化知识产权治理体系实现方案

为了彻底解决上述问题，应遵循知识产权管理体制的演进规律，从基础、机制、体系三个方面多措并举，着眼于近期、中期、远期三个阶段分步推进体制改革（具体改革方案参见图1）。

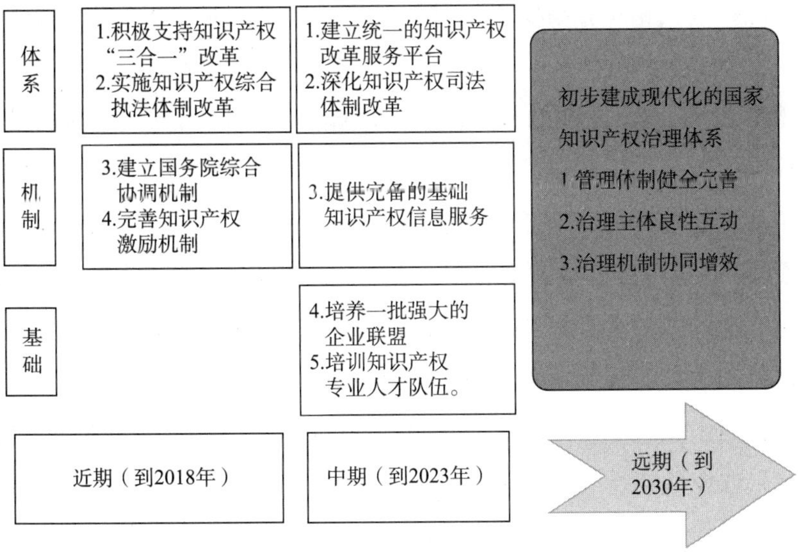

图1　中国特色现代化知识产权分步推进体制改革方案

（一）近期改革着力点

1. 体系层面

首先，实现从分散管理向部分集中转变。按照2015年3月《中共中央 国务院关于深化体制机制改革加快实施创新驱动发展战略的若干意见》和2015年12月《国务院关于新形势下加快知识产权强国建设的若干意见》的要求，授权地方开展知识产权改革试验，在有条件的地方开展知识产权综合管理改革试点。按照中央全面深化改革精神和鼓励基层探索的要求，鼓励各地区按照“综合管理”和“逐步实现从分散多头管理向部分集中管理转变”的总体要求，倡导基层先行先试，探索符合自身实际的综合管理改革路径。在国内自贸区、自主创新示范区和产业园区率先实施知识产权统一管理试点，在有条件的地方建设知识产权保护和运用综合改革实验区。

基于以下两点考虑，笔者建议按照“三合一”模式来相对集中知识产权管理权限，实现相对有机统一的综合管理。

一是，基于国际经验的考虑。“三合一”将主要知识产权品种一体保护，能够打造从信息加工、产品生产到商品销售全环节的知识产权一体化保护，提升知识产权保护实效。“二合一”将工业产权一体保护，专利权和商标权非常类似，管理手段和管理方法一致，相对容易操作，但是不利于打通工业3.0（电子信息时代）乃至工业4.0下全链条的创新成果保护。知识产权强国政府的知识产权管理体制共性特点是“形散而神不散”，即知识产权管理职能由多个政府部门分别行使，但一级政府却能够有效履行知识产权管理职能，有效助推创新驱动。“形散”即知识产权管理职能相对分散的格局，与知识产权管理所涉及的对象与客体的发散特性直接相关。“形散”不是无限分散、过度分散。世界主要国家针对关联密切的知识产权普遍建立相对有机统一的管理机构。英国、俄罗斯、加拿大、新加坡、荷兰等70多个国家实行专利权、商标权和版权统一管理的“三合一”模式。美国、日本、德国、法国、韩国、意大利等110个国家采用专利与商标统一管理的“二合一”模式。目前，采取专利权、商标权和版权等知识产权分别由不同行政机构管理的管理模式的国家仅有我国、朝鲜、埃及、希腊和沙特等国家。传统意义上，专利权和商标权统称为工业产权，工业产权和版权统称为知识产权。选择“二合一”的110多个国家主要沿袭传统工业时代（工业1.0和工业2.0时代）的特点——机械化和电力化基础上的大规模生产、大规模销售，因此，主要保护生产环节的专利权和主要保护销售环节的商标权由一个部门统一负责。选择“三合一”的70多个国家多数是在电子信息时代（工业3.0时代）的背景下改革形成的。这一时代应用电子信息技术改造制造生产过程，体现了生产、销售与信息的结合，然而信息绝大多数情况下（尤其是计算机软件为载体的信息）必须采用版权加以保护（事实上目前我们版权保护的主要对象不是文学艺术作品而是计算机软件作品），因此，“三合一”更符合工业3.0乃至工业4.0的现实发展需要。当然，“三合一”中的版权与意识形态管控有一定关系，将版权纳入知识产权管理部门对出版管理有一定影响。

二是，基于现实可行性考虑。从历史上看，国家知识产权局管理专利权、集成电路布图设计专有权等两类知识产权，是管理知识产权品种最多的部门；从现实上看，根据国家规定，国家知识产权局负责组织协调全国保护知识产权工作、推动知识产权保护工作体系建设，负责拟订知识产权涉外工作的政策、研究国外知识产权发展动态、统筹协调涉外知识产权事宜，而国家工商行政管理总局商标局、国家版权局仅负责商标权、版权管理事务；从国际看，WIPO的对口协调由国家知识产权局开展，世界五大知识产权局的合作机制由国家知识产权局主要承担。因此，将商标管理职能、版权管理职能与国家知识产权局现有职能有机整合，组建相对有机统一的国家知识产权管理部门比较可行。“三合一”之后的机构属于副部级国务院直属机构，其主要负责知识产权的战略实施、审查注册、行政保护、国际合作、宣传培训等职能，实现对知识产权的立体保护；在国务院知识产权战略实施工作部际联席会议这一统筹协调机制下与相关部委共同推动知识产权强国建设。

其次，从各自执法向综合执法转变。加快解决知识产权执法体系碎片化的问题，积极推进知识产权综合行政执法改革，实现各类知识产权相对集中执法，提高执法效能。建立跨区域执法协作机制，加大行政执法力度。建设一批知识产权快速维权中心，加快构建知识产权快速确权与保护机制，为企业提供便捷、高效、低成本的维权渠道。提高知识产权执法队伍的专业性和技术性，提高知识产权行政执法与授权登记标准要求的内在一致程度，确保知识产权授权标准与侵权判定标准一致。

2. *机制层面*

首先，实现从部门并行协调向国务院综合协调转变。主要发达国家为统筹实施知识产权重大战略与政策，普遍建立较高层级的知识产权统筹协调机制。日本设立了首相负责的知识产权战略本部，韩国建立了直属总统的知识产权委员会，美国成立了直接向总统负责的知识产权协调员办公室。目前，我国已经成立了由国务院领导同志担任召集人的国务院知识产权战略实施工作部际联席会议。建议进一步整合现有协调机制，统一国务院综合协调机制。借助加快推进国家创新驱动发展战略的重要契机，借鉴发达国家知识产权管理协调机制的经验，在总结我国已有协调机制经验教训的基础上，建议整合现有的协调机制，升级改革为“国家知识产权强国战略协调推进委员会”，其职责包括：开展国家知识产权强国战略顶层设计，统筹推进国家知识产权战略实施和知识产权强国建设工作，决策重大涉外知识产权事宜，指导、督促、检查有关政策措施的落实，协调解决国家知识产权战略实施和知识产权强国建设中的重大问题。[1]

以国务院综合协调机制为杠杆，加强知识产权国际战略的研究与制定，建立知识产权国际战略推进机制，协同推进涉外知识产权事务。充分利用各种多边、双边和区域协调平台参与规则制定，构建和完善知识产权海外维权援助体系，服务我国企业“走出去”。把握知识产权国际规则变革主动权，促进规则朝着“平衡有效、互惠包容”的方向发展。扩大知识产权贸易规模，提高服务贸易和货物贸易中的知识产权含金量。

其次，进一步完善知识产权激励机制，实现知识产权增值。完善职务发明制度以优化发明人与企业之间的权益关系，完善专利披露与许可制度以优化国家和企业之间的权益关系，从而建立科学合理的权益分配机制，让创新者获得应有的收益。

（二）中期改革着力点

1. *体系层面*

首先，建成统一的知识产权公共服务平台。学习借鉴不动产统一登记和管理的做法，建设统一的知识产权公共服务平台。统一的知识产权公共服务平台核心功能定位在于：权利确认（知识产权的申请、审批、授权等）、权利分配（知识产权的交易、维护、转化等）、权利增值（知识产权的数据管理、加工、查询、分析、预警、决策支持）。应当纳入统一的知识产权公共服务平台的数据资源包括：专利、商标、版权、植物新品种、地理标志、集成电路布局设计、民间文艺、传统知识、遗传资源等各类知识产权信息及周边数据信息资源。由此，全面提高知识产权服务的整体水平，实现各类知识产权“一站式”受理、登记和查询，使得知识产权信息入口和出口率先实现统一规范化，便利企业使用知识产权信息，提高行政效率。

其次，进一步深化知识产权司法改革。总结北京、上海、广州设立知识产权法院试点的经验教训，进一步在更广范围内加强专门知识产权法院建设，建成统一的知识产权上诉法院，实行统一的知识产权案件裁判。

[1] 宋世明，孙彩红．建立知识产权治理的国务院综合协调机制研究［J］．行政管理改革，2016（1）：46－48.

2. 机制层面

提供完备的基础性知识产权信息服务。当前社会组织为企业提供的基础性知识产权信息服务相当有限。应由国家整合现有各类知识产权相关信息，统一向社会公众提供基础性、功能比较完备的知识产权信息服务，以此来满足企业基础性的知识产权信息需求，提升企业自身利用知识产权信息能力，同时倒逼中介服务组织提升能力水平，使其有足够能力为企业提供更加高端、个性化的知识产权信息服务。为此，应统一发布知识产权各相关部门知识产权数据强制共享开放的数据目录，建设统一的数据交换平台，通过部门信息平台与统一数据交换平台的两两连接，间接实现部门信息平台之间的互联与部门间监管信息共享。

3. 基础层面

首先，培育形成一批强大的企业联盟。在我国已有专业行业协会的基础上，发展强大的企业联盟、尤其要建立高新技术产业的企业联盟、切实代表企业解决知识产权纠纷的企业联盟。对内加强知识产权保护和向现实生产力转化，对外一致加强对本国及其企业在外国的知识产权保护。

其次，打造知识产权专业人才队伍。改革并适当放宽知识产权代理人、代理机构准入门槛，运用利用政府监管来规范中介代理行业；加大知识产权专业人才的培养力度，建设适应知识产权强国建设目标的人才队伍；促进政府机构和企事业单位之间人才的双向流动。鼓励知识产权代理人参加司法考试，培养知识产权和法律复合型人才，扩大知识产权领域执业律师队伍。加大对于知识产权从业人员的培训力度，提升行业人员总体业务水平和业务能力，为知识产权强国建设储备必要的人才队伍。

（三）远期改革着力点

中国特色现代化知识产权治理体系建设的远期方案是，到 2030 年，初步建成现代化的国家知识产权治理体系。现代化的国家知识产权治理体系的总体思路如下：一是管理体制健全完善。国家知识产权管理架构健全，职能配置科学，权责统一、运行高效的大部门制初步形成。二是治理主体良性互动。政府、企业和社会组织等三大类治理主体之间彼此协同，良性促进，无缝隙地满足社会对知识产权公共服务的需求。三是治理机制协同增效。国家综合运用政府、市场和社会三种治理机制的功能优势，发挥三种治理权威的协同优势。[1]

[1] 徐嫣，宋世明．协同治理理论在中国的具体适用研究［J］．天津社会科学，2016（2）：74－78.

知识产权领域体制机制改革研究之二*

一、知识产权强国背景下的体制机制问题

（一）知识产权强国的提出

中共十八大明确提出，坚持走中国特色创新道路、实施创新驱动型发展战略。2014 年 7 月，国务院总理李克强在会见世界知识产权组织总干事高锐时，首次提出要“努力建设知识产权强国”。同年 12 月，国务院办公厅转发《深入实施国家知识产权战略行动计划（2014—2020 年）》（以下简称《行动计划》），提出要认真谋划建设知识产权强国的发展路径。《行动计划》这一要求，成为 2008 年颁行《国家知识产权战略纲要》（以下简称《战略纲要》）后期实施中需要认真思考和谋划的重要任务。《战略纲要》提出，到 2020 年要把我国建设成为知识产权创造、运用、保护和管理水平较高的国家。而《行动计划》此间的意图，就是要在 2020 年之后，国家知识产权战略进入升级版，即再经过大约 10 年的时间，至 2030 年，将我国建设成为一个知识产权创造、运用、保护水平强大的国家。❶ 此一思路，即从“知识产权大国”向“知识产权强国”的战略转变中，我国终于迈出了关键性的一步，

---

* 本文基于 2015 年知识产权强国研究报告《知识产权领域体制机制改革研究之二》。指导顾问：雷筱云；课题负责人：易继明；主要执笔人：易继明、蔡元臻、巢玉龙、代辉、侯庆辰、盛星宇、颜晶晶；其他课题组成员：姜伟、邵源渊、康德地。

❶ 《战略纲要》将知识产权战略定位在知识产权之“创造”“运用”“保护”和“管理”四个环节，此后这一“四环节”说法被广泛使用。严格意义上讲，“管理”与“创造”“运用”“保护”三个环节并不是一个层面的用语：后面三环节讲的是知识产权之权利产生、权利运用、权利保护，三环节自成一个逻辑周延的体系，“管理”之意寓于这三环节之中，又是这三环节的下位概念。诚然，2008 年之际，知识产权三环节之管理问题突出，《战略纲要》强调知识产权管理问题，也未尝不可。不过，及至建成知识产权强国之际，知识产权于此三环节之中自为自治，形成治理秩序，也就不必再强调“管理”了。

也成为我国知识产权事业发展的新的历史使命。[1]

（二）体制机制改革的时代背景

从建设知识产权强国的战略目标分析，知识产权问题便从一种私权（民事权利）的授权确权机制，一跃而成为一种行之有效的知识产权治理体系。这种知识产权治理体系，具有三个面向：一是以授权确权为基础；二是利用这种财产性权利为主的私权，促进工商业和对外贸易繁荣与发展；三是将知识产权作为一种国家战略，提升综合国力，并在对外关系、国际秩序构建中发挥作用。这就意味着，我们要从知识产权保护制度中跳出来，重新审视权利保护制度及其所营造的法律环境：对知识产权及其相关领域中的体制和机制进行检讨、反思与改革，以适应知识产权治理体系及其结构性需求，并构建和完善现代知识产权治理体系。

2015 年 3 月 13 日，《中共中央 国务院关于深化体制机制改革加快实施创新驱动发展战略的若干意见》提出，"实行严格的知识产权保护制度"，并且，要让"知识产权制度成为激励创新的基本保障"。这一规范性政策文件，就是要从"创新驱动发展"的角度，深化知识产权领域的体制机制改革。循此，我们可以重新审视既有的知识产权制度在实施创新驱动发展战略中所存在的弊端，重构中国知识产权的内在机制、制度安排及制度环境。

（三）知识产权体制机制存在的主要问题

当前，我国知识产权体制机制存在的主要问题是国家知识产权治理结构失衡：不仅国家知识产权治理三大结构（行政管理、司法保护和公共事务）总体失衡，而且三个结构子系统自身内部结构也失衡。这种结构失衡，有体制形成过程中时空挤压的因素，也存在政府与市场似乎"在场"，但却总存在双重"缺位"的现象，由此导致了目前政策失灵的现象。

1. 知识产权体制形成过程中的时空挤压因素

改革开放以来，知识产权制度的建立和不断完善在宏观层面上并不是被动的，而是主动选择。但不可否认的是，在技术层面上，就知识产权制度本身的变化而言往往是被动的，我国一直处于学习的状态。经历了 30 多年制度的实施和 2008 年以

---

[1] 张志成．知识产权强国建设初探［J］．科技与法律，2015（4）：640－673.

来的战略实施，中国在知识产权领域取得了越来越多的经验。[1] 这种看法，从技术层面强调了向西方学习以及“为我所用”的态度，在宏观战略上立足自我，构建本土化的制度。这既是一种开放的心态，也是时代发展使然。即便如此，知识产权制度形成和完善过程中的内生因素在不断增加，技术水平、经济结构及社会意识也为此奠定了较好的社会基础，但知识产权制度构建中的时空挤压问题，至今依然存在。

2. 政府的“在场”与“缺位”现象

政府主导下的中国知识产权体制的形成，有十分鲜明的特征：没有从知识产权制度整体结构上进行搭建，而是被裹挟在其他体制构建的过程之中，缺乏整体性、自主性和主体性。由于分属各行政机关权限和责任不一，相应的部门行政一体化过程中所分属的各类知识产权行政管理和执法权限也不尽相同，由此也导致各类知识产权管理与执法水平不一致。典型的如商标行政执法与专利行政执法，就有较大的差异。特别重要的是，由于分属的各行政机关职责与理念不同，且均有较强的“中国特色”，导致了知识产权行政管理的价值目标被扭曲。知识产权作为一种私权，也是一种重要的无形财产权，直接体现在产业经济和商品贸易之中。但是，以媒体管制为出发点的新闻出版广电部门、以市场监督为核心的工商行政管理部门、以科技计划为重点的科技行政管理部门，其行政管理的核心价值都不在于促进产业经济与商品贸易的发展，更缺乏实现无形财产价值、构建自由市场的基本精神。同时，从企业和对外交流角度来看，企业就知识产权问题不得不同时应对各个不同的知识产权行政管理部门，知识产权对外交流中也不得不进行部际协调，这些都增加了制度运行的成本。另外，于此缝隙之中，各行政机关“趋利避害”，似乎总是“在场”，而又似乎总是“缺位”：从本位出发，有利则取，有害则避之。因此，从知识产权整体制度构建的角度分析，我们居然可以发现，在无所不在的政府“在场”之际，政府又始终存在“缺位”的现象。

3. 缺乏市场机制支撑的政策失灵现象

在中共中央十八届五中全会对现阶段国民经济与社会发展的基本认识中，有一个重要的判断：“发展不平衡、不协调、不可持续问题仍然突出，主要是发展方式粗放，创新能力不强，部分行业产能过剩严重，企业效益下滑，重大安全事故频

[1] 张志成. 知识产权强国建设初探［J］. 科技与法律，2015（4）：640－673.

发”。[1] 关于经济增长方式从粗放型向集约型转变、依靠科技促进经济效益提升、走新型工业化国家道路等类似的思想，从改革开放之初就被明确提出，但至今未能得以转型与成就，实质问题在于真正的市场机制尚未形成，或者说缺乏成熟的市场机制的支撑。缺乏市场机制的支撑，相应的政策或措施只能是临时性或暂时的，而且政策叠加之后，边际效益递减，最终导致政策失灵的现象。

二、国家知识产权治理现代化理想图景

（一）国家治理现代化中的知识产权体制

1. 国际视野中的知识产权问题

在世界经济一体化的进程中，知识经济的贡献越来越大；而知识产权作为知识经济的主要生产要素，日益成为国家发展的战略性资源，是全球化博弈中重要的政策工具。

自20世纪90年代中期起，《保护工业产权巴黎公约》（以下简称《巴黎公约》）这一制度体系面临着从《与贸易有关的知识产权协议》（TRIPS）到“后TRIPS”时代的演变，即寻求更高标准的知识产权保护规则。随后，《反假冒贸易协定》（ACTA）、《跨太平洋伙伴关系协定》（以下简称“TPP协议”）等多边或复边协议不断涌现。[2] 制度转换和演变的过程，是在各国知识产权体制机制之下不断协调、日益全球化的过程；同时，也体现了发达国家与发展中国家的政治博弈。

2. 比较法视野下的知识产权体制

从单一体制内部即纵向角度分析，知识产权体制应当包含主体及其机构设置、行政管理权限划分、各主体及其机构相互和内部之间的层级关系及其运行机制三个方面。比较法视野下的传统知识产权体制，重点表现为知识产权行政管理体制。[3]

在主体及其机构设置方面，大致可以分成三种模式：一是美国、法国、日本、韩国等多数国家所实行的由一个机构统一管理专利和商标，而由另一个机构主管著

---

[1] 中共中央关于制定国民经济和社会发展第十三个五年规划的建议［M］. 北京：人民出版社，2015.

[2] 张猛. 知识产权国际保护的体制转换及其推进策略：多边体制、双边体制、复边体制［J］. 知识产权，2012（10）：80－89.

[3] 关于各个国家知识产权行政管理体制，参见本文第三部分“构建集中统一的知识产权行政管理体制”。

作权事务，即采取“二合一”体制模式；二是统一由一个机构集中管理专利、著作权、商标等与知识产权相关事务的“三合一”体制模式，这一模式以英国、加拿大、德国、俄罗斯等为代表；三是由不同机构分散管理不同类型知识产权事务的“分散型”体制模式，其各个机构也分别隶属于不同部门，如希腊、阿拉伯联合酋长国及我国等极少数国家。

在行政管理权限划分方面，不局限于某一种体制模式，分有不同的类型。有些国家的主管机构只负责行政管理，并不承担相应的行政执法职责；而有些国家则在管理知识产权行政事务的同时，还负责制定政策、行政执法或参与行政执法等。在更加具体的职能划分方面，各国依情况不同，往往会灵活设定。

在各主体及其机构相互和内部之间的层级关系及其运行机制方面，大部分国家的知识产权主管机构属于政府机构，极个别像法国的国家工业产权局不属于政府机构，而是实行财务独立的公共机构。总体而言，绝大部分实行“二合一”或“三合一”体制模式的国家，更加注重其知识产权机构内部和相互之间的协调合作，相应的权限划分更加合理和明晰，机构设置也相对精简、合理。

3. 知识产权体制演进及现代化愿景

传统知识产权体制现代化过程中，有几个突出的制度演进：一是知识产权行政管理由分散走向统一；二是知识产权体制在司法制度中日益突出，逐渐发展出一套专门的知识产权审判体系；三是知识产权与贸易、经济和对外关系密切结合，成为经济贸易与国际关系的重要组成部分。

当前我国机构改革的问题突出，而运行机制及体制改革的压力将日益增大。当然，有些改革已然启动，如深圳、上海、苏州等外向型经济活跃的地方，知识产权行政管理出现集中化改革，2014 年底北京、上海和广州三家知识产权专门法院试点建设，已经有了一些改革成果。但从现代化愿景来看，如何在市场更加成熟、全球一体化进程加快的背景下，实现知识产权治理结构的结构性转换，理顺政府、社会、市场的关系并发挥好三者的合力，对中国政府及领导人来说，都是一种挑战。

（二）从分散到统一：知识产权治理模式的演进

1. 工业产权与著作权二元模式及其影响

工业产权与著作权都属于知识产权的范畴，但调整二者的法律有所不同。调整工业产权的法律包括商标法、专利法、反不正当竞争法等，而调整著作权的法律主要是著作权法。立法的区别为工业产权与著作权的二元模式奠定了基础。

这种工业产权与著作权的二元模式引发的权利产生、行使、管理的相对分离，也导致了工业产权与著作权冲突的产生。首先，工业产权与著作权的客体很可能重合。商标、外观设计虽然被认为主要是工业产权，但是具有美感的创造性设计又往往被认为构成作品，因此同时涉及著作权。其次，工业产权、著作权受不同的法律规范，由不同的部门管理，在不同的系统进行检索，这些现有的制度设计为客体重叠的工业产权、著作权的冲突埋下伏笔。最后，现有的审查制度往往不足以及时发现在先权利的存在，这让冲突最终暴露在我们面前。❶ 而这些冲突又引起了另外的问题。当工业产权与著作权的纠纷发生之后，往往先经过行政管理机构的复议，再进入法院审理。而法院与知识产权行政管理机构的衔接一直是知识产权司法实践中突出的问题。例如，审查标准不能完全一致、程序复杂耗时长、对知识产权保护不力，后果是对行政和司法资源都造成了浪费，不利于知识产权的保护。

2. 技术、经济与法律一体化对知识产权行政管理的冲击

目前我国的知识产权行政管理似乎还不能很好地应对技术、经济、法律一体化的冲击。一方面，原本多元化、多层级的知识产权行政管理体制存在既有的问题，例如管理机关设置分散、职能繁多。而在技术、经济、法律一体化的新领域中，由哪个部门负责这一领域的知识产权管理便成了当前的难题。另一方面，即便确定了行政管理部门，这一部门是否有能力负担技术、经济、法律一体化的新领域的行政管理和执法工作，尚不能确定。原因在于以下两个方面：一方面，传感技术、物联网技术、云计算、大数据，这些都是推动互联网经济发展的技术，然而对很多行政管理人员而言这些都只是陌生的词汇。另一方面，技术、经济、法律融合所产生的新领域，若只集中由原来的某个行政管理部门进行管辖，似乎是不可能完成的任务。而在法律尚不完备的时候，行政管理和执法需要很大的灵活性以适应实践需要，我们不禁怀疑原有的单一行政管理部门中既有的行政管理人员能否承担知识产权行政管理及执法的责任。

3. 国家战略背景下的知识产权集中统一管理模式

在国家当前的战略背景下，不同于原来的知识产权集中统一管理模式被提了出来。一方面是因为在国际上已有先例。为了适应知识经济时代的发展，新型工业化国家如美国、日本、韩国等，都纷纷推出了自己的知识产权国家战略。现代国家已经意识到知识产权不仅是一种私权，更是一种国家的战略财富和公共政策工具。这

❶ 蒲莉．试论著作权与工业产权的冲突［J］．山西大学学报（哲学社会科学版），2000，23（1）．

样，在加强知识产权保护的同时，不仅需要通过创新产生知识产权，还需要通过知识产权的运用发挥其经济与社会效益，更需要通过运用于实践中的知识产权维持产业经济竞争力和国家综合国力。而集中统一的知识产权管理模式，便于国家知识产权战略及其推进计划的制定与实施。另一方面是因为，我国原有的分散的知识产权管理模式，在过去的运行过程中已经显现出弊端，而面对当前技术、经济、法律一体化的发展趋势，分散的知识产权管理模式将更难满足我国现行国家知识产权战略发展的要求。

4. 知识产权专业法院的兴起

知识产权专业法院成为国际主流，并且得到论证而在中国也开始兴起是有其必然原因的。一是建立知识产权法院，将可以有助于消弭不同区域司法机关所产生的审判结果不统一的问题，使知识产权案件的标准得以统一，让权利人免于司法不统一下受到不公平判决的可能，也使侵权人无法利用这样的缺漏躲避法律的制裁。二是建立知识产权法院，可以通过体制改革提高知识产权案件的审判效率。因为知识产权法院作为专门性法院，其判决的权威性得到加强，所以上诉案件有可能会相对减少。三是设立统一的知识产权法院，就必须厘清行政机关和司法机关在处理知识产权无效和撤销案件上的分工，这也将有利于提高审判效率，节约诉讼时间。

（三）构建国家知识产权公共事务体系

从国家知识产权治理的角度分析，我国知识产权体制存在的最为突出的问题是知识产权治理结构失衡：宏观层面，国家知识产权治理三大结构即行政管理、司法保护和公共事务三个部门总体失衡。例如，相对于行政，司法弱化；相对于政府管理，公共事务弱化。微观层面，三个结构子系统自身内部结构也失衡，因为各类知识产权（专利、著作权、商标等）分属各行政机关权限和责任不一，相应的部门行政一体化过程中所分属的各类知识产权行政管理和执法权限也不尽相同，由此也导致各类知识产权管理与执法水平不一致，典型的如商标行政执法与专利行政执法，就有较大的差异。这种结构失衡，有体制形成过程中时空挤压的因素，也存在政府与市场似乎“在场”，但却总存在双重“缺位”，由此导致了目前政策失灵的现象。时空挤压因素不仅是历史性的，而且是需要不断面对的现实压力。例如美国亚太战略下的 TPP 协议，我们必须有因应之道。那么，如何从技术层面采取开放、学习、“为我所用”的态度，而又能够从宏观战略角度立足自我，并完成本土化制度的现代化构建，是时代给予我们的机遇和挑战。

在依法治国背景下，国家如何推进知识产权治理现代化呢？我们认为，最好的方式是制定相应的法律，通过法律形式将这一治理结构固定下来，促进知识产权事业健康、稳定地发展。特别是，知识产权领域各单行法林立，重私利而偏废公益，缺乏统领全局性的法律支撑，国家战略推进与现代性制度改造也缺乏权威性和连续性。这种情形，不仅让人忧心改革方案推动乏力，运行起来也比较困难，而且又唯恐一时兴起而兴盛，尔后又兴尽而衰落。从这个角度来说，学者讨论或有关部门筹谋中的知识产权基本法，或许能够承载知识产权治理现代化的立法使命。果若如此，所谓“知识产权基本法”，实则可以又名“知识产权现代化法案”也。

我们建议，国家知识产权体制改革的主要目标是，架构并形塑我国知识产权治理结构，增强国家知识产权治理能力，促进国家知识产权治理现代化。国家知识产权体制改革的主要任务是，从行政管理体制、司法体制及公共事务协调机制三个方面着手，遵循私权保护和市场规律，本着现代治理理念和制度创新理念统筹国内和国际两个大局，促进知识产权强国建设，支撑经济增长、综合国力上升和社会长足发展。

三、构建集中统一的知识产权行政管理体制

（一）知识产权行政管理模式及改革的趋势

世界各国知识产权行政管理主要采取“三合一”的集中统一管理模式、“二合一”的相对集中管理模式和分散的“分别管理”模式这三种模式。据统计，目前实行知识产权制度的国家或地区中，半数以上实行集专利和商标为一体但著作权分置于外的“二合一”模式；弱半数实行集专利、商标和著作权为一体的“三合一”模式；而采取“分别管理”模式的，包括中国在内不足10个国家，这其中也有不少国家或地区在向“三合一”或“二合一”模式改革。

从世界范围来看，各国知识产权行政管理出现了从分散走向集中统一的趋势。这一趋势的形成，主要有四个方面的因素：一是工商业的影响。随着工商业发展，著作权领域出现文艺著作权和工业著作权的分化，特别是著作权及其相关产业与市场的推动，世界各主要创新型国家或地区的知识产权行政管理呈现出进一步集中化的趋势。二是实施国家知识产权战略的需要。为了适应知识经济时代的发展，新型工业化国家如美国、日本、韩国等，纷纷推出了自己的知识产权国家战略。三是全

球化的博弈。世界发展总体呈现全球化的态势。四是技术的变迁。实为技术的因素倒逼着人们去克服既有制度的障碍，促使各种权利形态的管理部门寻求其知识产权共性，从分散而向集中统一。

除此之外，还有一些规模或结构性因素。例如，有些小的国家或地区如泰国、新西兰、巴基斯坦、中国台湾和中国香港等，因为其知识产权事务相对较少，行政管理也逐步实行了集中统一的模式，能够起到节约行政成本的作用。

（二）我国知识产权行政管理应采“三合一”模式

我国是当今世界极少数采取“分别管理”模式的国家，由国家新闻出版广电总局（国家版权局）、国家工商行政管理总局所属商标局、国家知识产权局所属专利局、农业部和国家林业局等分别管理著作权、商标、专利、农业植物新品种、林业植物新品种等行政事务；而从知识产权公共事务协调机制出发，涉及知识产权事务的行政主体就更多了。这种高度分散的管理体制，导致名义上的国家知识产权局一直处于“小马拉大车”的状态。由此，国家知识产权战略推动缺乏整合力和执行力，徒增制度磨合成本。

中共十八届五中全会强调：“深化行政管理体制改革，进一步转变政府职能，持续推进简政放权、放管结合、优化服务，提高政府效能，激发市场活力和社会创造力”。我们认为，中国知识产权行政体制改革方向应该是集中统一，实现更宽泛意义上的“三合一”模式。所谓“宽泛意义上”，是指除了专利、商标和著作权之外，植物新品种、地理标志等，都应该集中统一于国家知识产权局管理。主要理由如下：一是实施知识产权强国战略要理顺体制机制问题；二是在全球化博弈中有效地利用知识产权这一政策工具；三是为“大众创业、万众创新”局面的形成优化知识产权制度环境；四是将技术后发优势转化为制度优势；五是通过技术的社会治理能够起到巩固政权基础的作用，发挥中国政权的权力资源配置优势，透过技术的社会治理强化政权的社会基础。

目前，有些地方如深圳、上海、苏州和长沙等已经或正在开展知识产权行政管理体制的改革。这些地方改革，不仅有程序和实体上的合法性，而且符合世界各国知识产权行政管理集中化的趋势，也符合中国当下深化体制改革的方向。中央高层应该尽快决策：配合创新驱动发展战略，尽快结束当下知识产权行政管理过于分散的“分别管理”模式；进而，在大部制改革思路之下采取“三合一”模式。

（三）军民二元体制的融合

我国应该结束知识产权行政管理中的国防与民用二元区隔的行政管理体制，采取“军民一元、国防保密”的集中管理模式。中共十八届五中全会提出：“推动经济建设和国防建设融合发展，坚持发展与安全兼顾、富国与强军统一，实施军民融合发展战略，形成全要素、多领域、高效益的军民深度融合发展格局。”知识产权（特别是专利）作为推动经济发展和富国强军的核心要素，军民应该深度融合；唯涉国防利益和公共安全时，方采取相应的保密制度。这样，将国防专利局职能转移至国家知识产权局，由国家知识产权局统一受理审查国防专利。同时，建立相应的国防专利保密制度，对设密、解密、降密进行审查，并建立相应的泄密惩罚、保密申诉等机制。另外，对于国防专利，健全权利归属与利益分享机制，并在确保国防利益的前提下进行市场化开发与运用，完善相应的补偿机制。

四、建立高效协同的知识产权公共事务协调机制

（一）知识产权部际联席会议制度及改造

我国于2008年10月9日以国函〔2008〕88号文下发了《国务院关于同意建立国家知识产权战略实施工作部际联席会议制度的批复》，成立了名为“国家知识产权战略实施工作部际联席会议”（以下简称“知识产权部际联席会议”）的协调机构，由中央政府所属的28个部门或单位[1]组成，国家知识产权局为牵头单位。

目前，在我国政府管理过程中，在部门关系和体制管理方面存在许多不协调的问题，具体归纳为：（1）牵头部门的话语权弱；（2）协调层次不高，知识产权协调机构缺乏权威性；（3）依然没能有效解决行政成本过高问题；（4）协调机构重复设置，知识产权协调工作缺乏有效统筹；（5）投入不足，知识产权协调工作缺乏有效保障；（6）决策的执行力不足。

---

[1] 国家知识产权战略实施工作部际联席会议由中共中央宣传部、外交部、国家发展和改革委员会、教育部、科学技术部、工业和信息化部、公安部、司法部、财政部、人力资源和社会保障部、环境保护部、农业部、商务部、文化部、卫生部、国务院国有资产监督管理委员会、海关总署、国家质量监督检验检疫总局、国家工商行政管理总局、国家广播电影电视总局、国家版权局、国家林业局、国家知识产权局、国务院法制办公室、中国科学院、最高人民法院、最高人民检察院、中国人民解放军总装备部共28个部门和单位组成，国家知识产权局为牵头单位。

我国现阶段的知识产权部际联席会议制度还存在许多可以改进之处。结合我国现阶段知识产权管理的现状，我国的知识产权部际联席会议制度改革应分为三步走：第一步，对现有知识产权部际联席工作会议进行科学管理和优化。将现有知识产权部际联席会议制度进行科学分层，积极推进行政协调机制的法制化进程，完善知识产权保护统筹协调的制度机制。第二步，成立知识产权工作领导小组。第三步，成立我国知识产权总局。

（二）知识产权产生的科技推动机制

科技是知识产权的前端，只有在取得了科技成果的前提下，才能进行“产权化”；而市场经济表明，“知识产权”是科技成果的“目的”和“归宿”，只有在知识产权制度充分发挥下，才能收回研发成本、激励研发。

1. 科技体制存在的问题：以事业单位为例

我国原有科技体制是在计划经济体制下逐步形成的，其突出特点是政府拥有独立研究机构的技术和资源。随着改革开放的推进和社会主义市场经济体制的逐步建立，原有科技体制弊端日益突出，集中表现为：战略决策和过程管理的职能均由行政管理部门行使，存在行政意图主导科研方向的现象；科研项目多头管理，分散重复，数量多；科研项目立项程序复杂，立项不够透明；预算过细过严，预算调整手续繁琐，结余资金管理一刀切；项目管理制度不相同，项目支出口径不一致。[1] 而这些弊端，在事业单位知识产权问题上表现得十分明显。

一是政府管理权限过大，主管部门多头。在我国，涉及事业单位知识产权转化的部门主要有三类：一是科技部，二是教育部和中国科学院以及一些国立科研机构的行业主管部门，三是财政部。科技部作为政策制定方，教育部、中国科学院和其他国立科研机构的行业主管部门作为政策执行方，财政部作为审批方，三方相互掣肘。

二是自主权相对有限。处置权与收益权是知识产权转化过程中两项关键的权利，如何进行权利分配与资助模式有关：企业资助大学和科研院所产生的科研成果，处置权和收益权可以由资助方和承担方通过合同约定的方式获得解决；而国家资助大学和国有科研机构产生的科研成果，处置权和收益权则不完全由大学和国有科研机构掌握，尤其处置权主要仍在财政部手中，大学和国有科研机构面临无权的

---

[1] 程帅．我国科技体制改革历程及评价［J］．中国集体经济，2011（30）：66.

尴尬境地，严重阻碍了科技成果转化。这是事业单位体制中知识产权处置权与收益权发挥所面临的最大障碍。[1]

三是成果转化率低。2013 年，我国科技成果转化率仅为 10% 左右，其中高校的专利转化率低于 5%，这与发达国家 80% 的水平差距甚远。[2] 事业单位知识产权方面的最大瓶颈是科技成果转化与国有资产处置相冲突的问题。

2. 知识产权产生的科技推动机制改善路径

一是科技成果处置权完全下放：由试点到全面推进。2015 年 9 月 25 日，中共中央办公厅、国务院办公厅发布了《深化科技体制改革实施方案》，提出不涉及国防安全等情况下，推进科技成果处置权、收益权的完全下放。二是建立技术创新的市场导向机制。科技创新的市场导向机制，需要从两方面来着手：第一，建立企业主导的产业技术创新机制；第二，建立加强科技创新服务体系。三是，建立公开统一的国家科技管理体制。可建立科技体制的联席会议制度，由科技行政主管部门牵头，财政、税务、发展改革等相关部门参加并充分发挥作用，形成统筹协调与决策机制；建立统一的国家科技管理平台。[3]

总之，我国的科技体制，目前仍存在诸多问题，需要从更深入的层面进行改革。科研机构体制、人才激励与评价机制、项目决策机制、资金运行机制、成果推广机制等，均存在制约科技生产力的因素，科技研发同知识产权制度之间存在脱节，尤其是科研院所等事业单位、国防机构等研究体系表现得十分突出。

（三）产业发展的知识产权支撑机制

产业政策论将知识产权视为促进技术和经济进步的制度手段，强调国家经济利益和社会综合效果。

1. 知识产权在产业发展中的定位

产业政策，本质是政府介入到产业发展中，引导产业的发展方向，而不是完全交由市场来自发完成。这种介入具有两点重要作用：降低国内产业信息费用和促进技术共享。

产业政策论将知识产权视为促进技术和经济进步的制度手段。第一，知识产权

---

[1] 李政刚．科技成果处置权改革现状及对策建议［J］．管理现代化，2015，35（2）：102－104.

[2] 张青梅．让更多科技成果实现转化［N］．科学导报，2014－03－11（B01）.

[3] 王敏，韩璐，秦宇，等．国家科技体制改革进展及其对科技计划管理的影响［J］．中国公共卫生管理，2015（5）：604－605.

不仅能刺激发明人从事发明创造的积极性，更重要的是鼓励企业在技术开发和实施发明方面踊跃投资，通过鼓励垄断来刺激创新，从而推动社会的技术和经济进步；第二，知识产权制度促使发明人将其最新技术公诸于世，使社会尽快了解新技术、新知识，有利于技术情报的交流与传播，进而促进产业发展；第三，如果对某些关系国计民生的领域授予专利权会造成“权利壁垒”或桎梏本国工业的发展，可以暂时排除对这些领域的发明给予专利保护，待这些领域的科技水平提高后再放宽保护范围。❶

2. 产业发展的知识产权支撑机制

知识产权制度需要同一国的国情、产业现状、产业发展定位相适应，正如英国知识产权委员会所认为的，知识产权“这些特权只是一种目标实现方式，其本身并非是目标”❷。现代经济理论及政府理论，要求市场化改革的方向是建立“小政府－大市场”的社会基本架构。“小政府”意味着政府要尽可能退出市场，将对市场的干预程度降到最低。❸ 但是，“守夜人”式的政府也是不合理的，政府需要利用其信息优势、财税等工具，弥补市场机制的不足，引导一国经济产业走向合理的结构。对于政府而言，其经济调节最终还要采取激励措施进行产业引导。在知识产权越来越成为独立的生产要素情况下，产业激励机制需要同知识产权制度相融合：利用知识产权改造传统产业，发展新兴战略产业。而政府在制定产业技术政策时，则应该“有为”：着重于制度层面的构建，确保人们的创造性才能能够自由发挥，以知识的感知、创造和传播为中心的自发秩序能够形成而不会受到行政权力等外力的干预、强制或破坏；也应该有“不为”：避免行政强制导致的市场扭曲，避免官员决策代替企业家的决策。有所为有所不为，意味着政府在产业技术发展中的作用要做到有“度”。而“度”意味着必须给政府介入产业技术发展划好界限，只有在界限内的“为”才是可以有的。政府的“有所不为”体现在：不应该对特定技术的开发进行直接的行政支持或限制。政府的“有所为”体现在：消除行政许可等管制措施，允许市场中的投资人能够自由对技术的开发进行投资，并能自由利用其投资取得的成果获得经济回报。

---

❶ 张平．论知识产权制度的“产业政策原则”［J］．北京大学学报（哲学社会科学版），2012，49(3)：121－132.

❷ 张勤，朱雪忠．知识产权制度战略化问题研究［M］．北京：北京大学出版社，2010：12.

❸ 我们在这里尤其强调的是政府减少干预，而不是一般认为的，政府应该着重营造“公平的竞争环境”。因为这种理论给政府干预市场制造了借口。我们认为，政府的减少干预，让产权能够在市场中被自由地组合和选择，这是促进经济发展的根本。因此，笔者也对反垄断法等政府干预市场的法律持谨慎态度。

无论是农业政策也好，还是工业政策也好，其背后的核心问题，是科技问题，是知识产权问题。可以将知识产权相关产业政策界定为：有利于知识产权的创造、运用、保护和管理，以增强产业核心竞争力和综合竞争力为目的，促进产业结构和企业组织结构优化、布局合理、技术不断进步等与知识产权有关的政策总和。❶ 对于产业发展而言，知识产权的支撑机制可包括几个方面：（1）技术研发方向的引导机制，通过产权界定、税收优惠、技术投资等方面的政策，引导市场资源向相关产业集聚，具体的产业发展更多交给市场，政府做好产业服务工作，典型的成果案例便是我国的光伏产业；（2）重大技术的公关机制，发挥我国集中力量办大事的制度优势，充分发挥财政投入对技术研发的促进作用，辅助相关技术成果产权界定的完善，对一些重大技术攻关采取国家主导，联合产学研各方的方式，发挥集成作用；（3）知识产权市场预警机制，发挥政府的信息优势，开放行业技术信息，提高产业抵御风险能力。

（四）知识产权与商业活动的融合机制

1. 从知识产权到商业生态：与商业的融合

正是因为知识产权的载体是“商品”，甚至其自身也成为交易的对象，也就决定了知识产权在商业大潮中不断融合。这种融合，突出表现在围绕知识产权构建起来的商业生态：（1）市场主体利用知识产权，从横向与纵向两个方面进行布局。横向上，在全球范围内进行知识产权布局，设置知识产权壁垒；纵向上，将主要精力研发，即获取利润最丰厚的一环上，甚至是将积极推动自身主导的行业标准的建立。（2）利用知识产权控制商业风险。（3）利用知识产权推动变革与创新。

知识产权与商业的融合，要求企业将知识产权的运用作为商业活动的支撑点，建立符合自身的知识产权战略。❷ 要求政府或社会鼓励知识产权的运用，包括市场中有利于我国产业发展的知识产权布局，加强对商业活动中知识产权保护。❸

2. 融合中的限制

知识产权某种程度上是市场利益分配机制，是市场竞争的手段，也就意味着通过不当利用知识产权的“独占性”，可以实现排除和限制竞争等不良后果，自然就成为阻碍某一产业发展的因素。既然知识产权作为市场主体维护竞争优势的重要手

---

❶ 余贵玲．发达国家知识产权相关产业政策借鉴及启示［J］．商业时代，2014（3）：125－127.

❷❸ 郭建军．知识产权战略与商业生态系统［J］．知识产权，2015（7）：80－85.

段，甚至是最重要的手段，也存在阻碍市场的因素。这一方面跟知识产权本身的“垄断”特性有关，另一方面也是由于竞争的自发性所不可避免的。

实践中，知识产权借助合法垄断的力量已经成为竞争的利器，尤其是在高科技领域，优势企业在全球范围内进行专利布局，使得其竞争者难免触碰专利“地雷”。同时知识产权中的禁令制度，“专利蟑螂”等以专利运营为名义的知识产权滥诉现象不断发生，竞争对手之间以知识产权侵权禁令的方式，打击竞争产品的市场销售。这些知识产权的竞争行为，已经超出了市场正常的“容忍”限度，如果不予以限制，不仅增加了市场主体的知识产权应对成本，最终的结果只能是市场秩序的失衡。

（五）知识产权与贸易活动的促进机制

1. 知识产权与经贸机制

知识产权问题从一种私权（民事权利）的授权确权机制成为一种行之有效的知识产权治理体系，利用这种财产性权利为主的私权，促进工商业和对外贸易繁荣与发展，并在对外关系、国际秩序构建中发挥作用。我们习惯性将经济、贸易机制合在一起称为“经贸体制”。从一国内部情况来看，知识产权的作用在于凝结其中的科技文化作为生产力推动经济发展，甚至成为一国消费需求，如当下消费者对智能手机的追捧便是典型例证。由此来看，知识产权与经贸机制的关系表现在两方面：对内，表现为将知识产权作为“工具”，鼓励技术创新，激励投资，以促进生产力的提高，实现经济发展方式的优化；对外，表现为利用知识产权在国际贸易中掌握主动，维护国家利益。TRIPS的生效，使得知识产权从智力创造领域直接进入国际经贸领域。新技术、新知识引发了知识产权扩张的“第二次圈地运动”。于一国而言，知识产权既是授予私人的“经济特权”，更是实现“更大的公共利益”这一政策目标的手段。[1] 基于此，发达国家，致力于运用知识产权制度维护其经济技术优势，保持其国际核心竞争力；发展中国家，则致力于运用适合本国国情的知识产权制度，推进本国工业化、信息化进程。知识产权背后的科技创新，反映的是科技经济一体化，是一种为促进经济发展而进行的新技术运用与商业化的活动。这决定了知识产权制度必须与经贸机制相融合，经贸机制也必须越来越多地以知识产权为依托。

---

[1] 张勤，朱雪忠．知识产权制度战略化问题研究［M］．北京：北京大学出版社，2010：1.

2. 知识产权与贸易机制的融合

经济全球化和国际贸易体制的形成，是20世纪下半叶世界经济发展的主要潮流，在WTO贸易体制下，知识产权既是发展中国家平等地参与国际贸易的先决条件，更是发达国家维护其贸易优势的法律工具。可以看出，知识产权与国际贸易的关系日益密切，其既可以是一种有益的互动关系，也可以是“一把双刃剑”。一方面，知识产权已成为国际贸易中的直接要素，突出了以知识产权为依托而提升一国在国际贸易中的核心竞争力。❶ 另一方面，随着知识产权保护的不断加强，知识产权屡屡成为发达国家设置的一种更为隐蔽的非关税壁垒或不平等的贸易政策。❷ 对于以美国为首的发达国家各种以知识产权为切入口的“动作”——“337调查”、《特别301报告》的黑名单、❸ TPP协议、涉及知识产权的WTO争端等，我国应当积极应对，将知识产权与国际贸易有机结合起来：第一，应当尽快改革我国的知识产权体制机制，构建完善的法律体系；第二，我国应当积极推动全方位的自贸战略，在知识产权领域争取更多的国家联盟，以增大在国际贸易舞台的话语权；第三，加强国际交流、合作，广泛参与相关国际贸易协议的谈判与制定。❹

（六）社会组织在国家知识产权体制中的地位

1. 国家知识产权体制与社会组织

我国从实行改革开放以来，社会组织不断壮大与发展，成为现代中国社会与服务的一支重要的力量。社会组织作为独立的公共服务供给机制，与政府、企业互为补充，三者之间相互博弈，形成动态平衡的公共事业运行机制。

国家知识产权体制中基本的社会结构是“政府－社会组织－企业”。其中，企业是核心，它是知识产权创新的源泉和运用的载体，政府通过知识产权管理和保护提供良好的制度环境，社会组织承担类似于“私营政府”的角色，使其具有一定的公共管理职能，可以自我管理（维权）和保护会员企业知识产权，加强和补充政府在该方面的职能。更为重要的是，社会组织通过协调机制，可以直接了解企业的需要，整合包括政府在内的各方资源，为企业的知识产权创新和运用提供更有针对性

---

❶ 张瑛．国际贸易中的知识产权［N］．光明日报，2012－09－08（6）．

❷ 郑秉秀．国际贸易中的知识产权壁垒［J］．国际贸易问题，2002（5）：26．

❸ 张梦如，朱榕．美国2015年《特别301报告》述评［EB/OL］．（2015－07－08）［2015－09－18］．http：//www.sipo.gov.cn/zlssbgs/zlyj/2015/201507/t20150708_1141675.html．

❹ 刘萍，冯帅．ACTA的“变相”回归及对中国对策研究［J］．时代法学，2013，11（5）：86，96－97．

的指导和帮助。因此，在应然层面上，社会组织具有独立于政府和企业的地位，其优势在于通过多样化的组织形式，在行业自律、知识产权纠纷协调、维护会员利益、保护知识产权、促进联合创新等多个方面为企业提供知识产权服务。

2. 社会组织在我国知识产权体制中的功能

（1）行业协会在我国知识产权体制中的功能

一是协助企业应对国际知识产权纠纷。行业协会的作用主要体现在“事前预防”与“事中联合”两个阶段。事前建立本行业知识产权尤其是专利信息情报及预警网络；事中团结同行企业，建立应诉联盟，形成规模效应；建立应诉费用分摊机制，降低风险和应诉成本；整合知识产权代理机构、律师事务所、技术专家等社会力量，在证据和技术多方面提供智力支持。

二是知识产权维权。行业协会除了诉讼维权之外，协助执法机关打击知识产权侵权，以维护企业权益的作用也比较突出。

三是调解知识产权纠纷。在诉讼案件中通过法院委托调解的方式，促进法院与社会机构的合作，让行业协会灵活地参与到知识产权纠纷的解决中去。特别是对当事人同属于一个行业内的、同类知识产权纠纷的情况，由行业协会或者社会组织的打包和流程化处理，往往能加快调解进度，节约司法成本，提高调解实效。

四是促进行业技术研发和品牌发展。行业协会的会员大多为同行业的企业，通过联合与协商，通过制定行业技术发展标准，促进企业间技术研发与合作，可形成品牌效应，促进品牌发展。从这一意义上说，行业协会在中观层面上实施国家知识产权战略。❶

（2）知识产权协会在我国知识产权体制中的功能

一是知识产权管理和维权。一些专门的知识产权协会具有公共管理的功能，根据管理依据不同，大致可分为两类：一类是以法律和行政法规的规定以及会员的委托为依据，另一类是行政委托授权。二是参与知识产权立法、修法。专门的知识产权协会大都属于全国性社团，且与知识产权行政管理部门联系紧密，因而有更多的机会将知识产权相关产业的意见上传至官方渠道，影响知识产权立法。三是知识产

❶ 在2009年6月3日《国家知识产权战略纲要》实施一周年座谈会上，时任国家知识产权局局长田力普指出：“实施知识产权战略涉及宏观、中观、微观三个层面和工作推进机制的问题。……在中观层面实施知识产权战略，主要的力量为行业协会、中介机构和评估机构等社会中间层主体。在这些中间层主体中，最为关键的又是行业协会。”这就明确将行业协会纳入到了知识产权战略的实施机制中。参见田力普．知识产权战略实施呈现全面推进的良好开端［EB/OL］．（2009－06－05）［2015－06－07］．http：//www. sipo. gov. cn/ztzl/zxhd/qzgyyzn/yznzth/200906/t20090605_463873. html.

权培训等服务。四是对外交流与合作平台。在具体形式上，包括但不限于组织会议、建立信息平台宣传知识产权最新资讯。

3. 社会组织在国家知识产权体制中的地位及思考

社会组织在国家知识产权体制中的地位可以描述为“协调政府与企业的中间平台，以服务于企业知识产权创造、运用和保护为宗旨”。结合目前的实际情况，未来可以考虑：

第一，增强行业协会的知识产权服务意识和能力。由于各个产业的发展情况有所差异，行业协会应根据具体情况提供对应的知识产权服务，行业协会在内部设立相应知识产权部门，并根据企业需要提供知识产权服务。第二，建立行业协会与知识产权行政管理部门的沟通机制。政府提供了知识产权法律和政策的制定、授权及司法与行政保护等最基本的公共服务，行业协会应学会利用政府资源，建立与政府行政管理部门的沟通与合作机制。第三，在法律制度上放松社会组织设立条件。加强法律法规制度建设，加快推进有关行业协会、商会等社会组织的立法工作，在法律制度上放宽行业协会等社会组织的设立条件。第四，强化政府与行业协会等社会组织的有机共同体建设。第五，完善政府综合监督管理体系。制定行业协会等社会组织综合监管办法，健全监督管理机制。

（七）高校在国家知识产权体制中的地位

1. 高校是知识产权创造、转化的重要主体

在推动国家产业升级与技术研发上，高校是一个关键角色。事实上，以笔者对研发服务业的广义理解来看，在某种程度上高校也可算是一种研发服务业，并且是极为重要的研发服务业，对企业可提供强大的加值（value - added）服务。在经济社会中，高校扮演着越来越吃重的角色。高校将不仅是传道授业的学术机构，更将担负协助国家产业发展的重要使命，并为整体国家创新系统（National Systems of Innovation）的一环。

高校不只是知识的创造者，更扮演着产业推动的“火车头”。同时，产业界也不只是被动的知识用户（knowledge user），在科学知识与技术的创新上更直接参与高校的研究。在此新的经济情势下，高校与产业界结合，并配合国家政策，可形成一套完整的国家创新系统，而这正为国家竞争力之关键所在。

2. 高校知识产权存在的问题

1999年以来，教育部、国家经济贸易委员会、科技部、财政部、国家知识产权

局等单独或者联合制定了多部有关高校知识产权管理的政策法规，不少高校也出台了本校的知识产权管理规定，高校知识产权管理制度在我国逐步建立起来。❶ 然而，我国高校知识产权目前仍存在诸多问题。

一是科研成果知识产权化水平不够高。一方面是高校科研人员的知识产权意识薄弱，这也是现行高校职称奖评制度所造成的。另一方面是由高校知识产权归属所造成的。目前，我国的高校在性质上属于公益性的事业单位法人，其资产属于国有资产。

二是知识产权应用转化水平低，大量知识产权处于“沉睡”状态。目前的制度下，高校知识产权的主要归属是学校，由学校进行知识产权的应用转化。而作为科研主要动力的高校，大多数没有知识产权战略，缺乏知识产权的战略体系。并且，高校的知识产权管理体系存在知识产权管理分散、效率低下、机构设置不健全、管理标准不统一、管理不得力、知识产权人才缺乏等诸多问题。这些问题导致高校的知识产权出现了大量“沉睡”的状况。企业的知识产权创造源于市场以及需求，其转化力度相对较高；而高校的知识产权创造则存在一定的局限性，高校的知识产权创造大部分源于高校教师的基础理论的研究。这一现象决定了在高校为数不多的知识产权创造中可转化为生产力和资本的更是寥寥无几。

3. 高校知识产权管理体制的完善

未来高校专利工作应以促进高校科技创新能力的提升、增大高校专利对国家经济增长的贡献率为目标，以提升专利质量为核心，保护与实施并举，以管理制度、服务模式创新为突破口。具体来说可从以下几方面着手。❷

一是完善高校知识产权利益分配制度，优化促进和激励机制。我国应大幅度提升专利实施的奖酬标准。有学者建议对包括专利技术和非专利技术的转化作出贡献的科技人员，推广清华高校的做法，实行“两个50%”的奖酬：从转化的净收入中，提取20%～50%给予货币或股权奖酬；其中给予主要贡献人员不低于奖酬总额的50%，❸ 不失为一个可行的方法。

二是完善高校的奖评制度，将知识产权转化、应用等指标纳入相关考核体系之

❶ 顾海波，姜楠．高校知识产权管理制度变革与完善探析［J］．科技管理研究，2012，32（12）：156.

❷ 徐棣枫，周元，邱奎霖．高校知识产权战略实施的现状、问题与对策：以江苏高校专利工作为视角［J］．科技与经济，2010，23（4）：50－54.

❸ 顾海波，姜楠．高校知识产权管理制度变革与完善探析［J］．科技管理研究，2012，32（12）：156－159.

中。应当改变传统的重论文和报奖而轻专利的观念，变革职称评聘和绩效考核制度，将专利成果放到与论文、专著、科研课题、科研奖励同等重要的位置上，加大专利成果的奖励力度。对符合专利申请条件、又有市场需求或具备潜在的市场应用前景的科技成果，高校应支持完成人及时申请专利保护，然后再去发表研究报告和论文，随后进行鉴定、推广和申报奖项。

三是健全机构人员和基金保障制度，推动高校知识产权制度法制化、规范化。首先，高校知识产权管理应独立于科研管理而设立专门的机构和配备专业人员，这样才能更好地发挥高校知识产权管理平台对国家知识产权战略的推进功能和作用。其次，高校应制定相关制度，设立知识产权专项基金，用于支持补贴知识产权尤其是专利权领域的确权、维持和保护费用。

四是建立面向高校的知识产权管理、服务系统，创新管理和服务。改变高高在上、脱离科研和市场实践的单纯的管理模式。各高校应根据自身特色，借鉴相关经验，构建符合自己情况的知识产权政策。应该对专利的申请决策、保护模式选择、维持的管理、质量评估和控制、后续开发、转让和许可、激励措施等具体内容进行明确规定。运用技术手段，提供全面、高效、及时的服务，成为科研人员从事研发等活动的助手和顾问。

五是改进高校知识产权扶持政策：从数量到质量。高校应改变目前授权前的资助政策，并放弃目前不加区别、一视同仁进行资助的方式。引入评估机制，区别对待，集中资源对具有技术和市场价值的高质量专利，特别是前瞻性、抢占技术高地的开创性发明所获得的基本专利，给予大力支持，以延长这类专利的维持时间。并支持其后续开发及后续专利申请，避免过早因不缴纳年费而放弃，从而进入公有领域，失去申请专利的意义。

（八）互联网时代知识产权服务业的发展

1. 知识产权服务是知识产权强国战略的重要一环

目前，与高速增长的创新投入和知识产权权利获得数量相比，中国高质量的知识产权偏少，创新成果产业化比率偏低，知识产权对国民经济发展的贡献率不够高。出现这些问题的原因复杂多样，但知识产权服务能力不足，没有形成与中国知识产权制度相配合的知识产权服务体系，是不可忽视的重要原因之一。

知识产权服务业最重要的价值并非直接体现在经济贡献上。知识产权服务业自身经济体量有限，其最重要的价值体现为对创新发展驱动的支撑作用。单纯的创新、创作并获取知识产权是不够的，知识产权激励创新功能的实现，必须依赖于强有力的知识产权保护体系和成熟的知识产权服务业，否则就不可能为创新驱动发展提供所需要的创新资源。知识产权服务贯穿于知识产权创造、运用、保护和管理等环节。培育知识产权服务市场，构建服务主体多元化的知识产权服务体系，使各类知识产权主体可低成本地获得基础信息资源，提升知识产权服务水平，能够使得促进知识产权各要素充分涌动，并助力知识产权质量的提高和知识产权运用能力的提升——这些是衡量知识产权“强”否的重要指标。可以说，没有知识产权服务水平的提高，知识产权强国的实现就是一句空话，知识产权就无法真正发挥其在创新驱动发展中的价值与作用。

2. 知识产权服务产业存在的问题

截至 2014 年，中国从事知识产权服务的机构数量达到 3. 1 万家，从业人员约 60 万人。随着简政放权等各项政策落地，每年新增知识产权服务机构数量达到 7000 家。然而，相对于目前知识产权快速增长的趋势，知识产权服务却仍显得有点“力不从心”。

首先，知识产权服务供给未能有效满足需求。知识产权呈现“爆炸”趋势，“万众创新”“人人创新”的推进，对知识产权服务的需求会进一步增加。而现有知识产权从业人员知识结构单一，业务素质同质化，导致机构服务水平和层次较低，不能胜任创新主体日益增加的知识产权服务需求。其次，知识产权服务范围较窄，服务层次较低。就范围而言，停留在专利、商标等传统知识产权领域，对创意服务外包等产业重视不够；就服务水平而言，集中于代理、资格审查等低端环节，价值评估、产权融资、知识产权预警等高水平服务能力不足。最后，知识产权服务涉及法律、技术、管理、外语等多方面知识和能力，不仅需要高水平的专业人员，而且需要完善的基础设施，特别是需要完善的知识产权信息资源共享设施。这对于大多数企业和科研院所而言，特别是中小企业来说，是难以做到的；勉强去做，不但成本高，而且效果未必好。

当下，创新创业活动活跃，新商业模式也层出不穷，创新创意成果丰硕。但是创新创意主体对其成果的知识产权保护情况却并不乐观。一方面，很多创新创业主体缺乏知识产权保护意识；即使具有知识产权保护意识，但是由于传统知识产权运行环节存在一些“痛点”，使得创新创业主体望而却步。另一方面，互联网时代的创新创意快速迭代，传统知识产权保护申请周期过长，保护成本过高，不能满足其保护需求。

3. 推动知识产权服务业升级措施

第一，从政策层面，做好知识产权服务业发展的顶层设计。需要整合此前有关的政策文件，并在此基础上，结合当下的新情况、新形势，对知识产权服务业作出全面的规划，以配套创新驱动发展、知识产权强国、创新创业等战略的实施。建议结合“十三五”规划，专门出台《知识产权服务业发展规划》，从近期、中期、远期做好知识产权服务业的顶层设计。

第二，培育和挖掘知识产权服务的市场需求。培育和挖掘创新主体，尤其是初创公司等中小企业的知识产权服务需求，是发展知识产权服务业的重要内容。可设立中小企业知识产权维权基金、中小企业知识产权实施基金等扶持基金；在推动高校和科研机构科研体制成果配置改革的同时，推动知识产权服务向高校和科研机构全程服务；整合知识产权服务资源，优化中小企业知识产权服务机构配置。

第三，支持、鼓励、引导知识产权服务模式创新。政府可以将公共信息、数据与平台对接，包括将一些可社会化的服务项目下放。既实现简政放权，又可以促进知识产权服务需求，加快知识产权服务模式的转型。知识产权服务新模式，往往在发展前期面临盈利困难等困境，需要给予一定的扶持基金支持、税收优惠政策。以互联网思维创建的新模式，时常面临法律、政策的真空地带，互联网金融、打车软件等新业态的发展均提供了鲜明的例证。政府层面需要在看到有利一面的同时，对相关风险进行引导。

第四，进一步开放知识产权服务市场准入。在 WTO 服务贸易协定基础上，把握服务贸易发展新趋势，探索中国知识产权服务开放的新尺度，有序推进知识产权专业服务的对外开放，鼓励国际知名知识产权服务机构进入，为我国知识产权发展提供高水平服务的同时，加快推进我国知识产权服务的国际化水平。并利用与国内合营等方式，促进国内服务机构竞争力的提高，为优秀企业“走出去”开拓国际市场提供强有力的知识产权国际服务支撑。

第五，实施知识产权人才工程等措施，尤其是加强知识产权高端服务人才的培养和引进。优化创新创业环境，吸引国际知识产权服务人才，鼓励和支持企业以及服务机构培养知识产权服务人才，推进知识产权服务人才评价体系建设。

五、进一步推动知识产权大司法体制的形成

知识产权司法体制改革已经开始试点。除了前期的审判组织模式（如民事、行

政、刑事“三审合一”或“二审合一”等）改革之外，最引人瞩目的是 2014 年 8 月 31 日颁布的《全国人民代表大会常务委员会关于在北京、上海、广州设立知识产权法院的决定》，出台了设立知识产权专门法院的 3 年试点方案。我们认为，试点 3 年后，全国人民代表大会和最高人民法院应该在总结经验、吸取教训的基础上，进一步加强知识产权专门法院建设，推动知识产权大司法体制的形成。

（一）大司法体制基本构想

大致而言，这一大司法体制包括了以下几个方面的基本构想：（1）知识产权法院不仅要受理初审案件，也要受理上诉案件，同时对国家知识产权局专利复审委员会（以下简称“专利复审委”）、国家工商行政管理总局商标评审委员会（以下简称“商评委”）植物新品种复审委员会（以下简称“品种复审委”）等进行司法改造，将其作出的行政裁决视为初审裁判；（2）知识产权专门法院建设应该以中心法院为基础，但同时应该组建全国性的知识产权专门法院，以统一知识产权审判的司法标准；（3）将知识产权刑事案件纳入知识产权专门法院受案范围，在专门法院内实行“三审合一”审判组织模式；（4）知识产权法院在专利、植物新品种、商标等权利有效性问题上，直接进行“化学审”；（5）在知识产权专门法院中设立技术调查室，配备技术调查官，采用技术调查官模式，但不排斥专家咨询模式和当事人模式；（6）在最高人民法院推行案例指导制度的同时，知识产权法院可以生产一批司法案例并发布，探索建立知识产权司法判例制度。

（二）大司法体制形成举措

第一，审级与层级的设置。北上广三家知识产权法院基本采取的是“初审 + 上诉审”。但是，审级与专业法院设置层级上，两个重要问题不容忽视：（1）与专利复审委、商评委、品种复审委之间的衔接；（2）是否有必要建立起一套专业的知识产权法院系统，并从国家级层面设立知识产权高级法院或最高人民法院知识产权巡回法庭。目前，北京知识产权法院的定位相当于所在地北京市高级法院下的派出法院（分院）。如此虽可以建立起专业法院、高级法院和最高人民法院之间的交流和沟通，但无法从体制上建立起全国统一的知识产权审判标准。而且，实践中将仍存在“循环诉讼”的问题。我们认为，应该对专利复审委、商评委和品种复审委进行司法改造，并认定其决定具有司法上的初审效力。同时，筹建国家级的知识产权高级法院或最高人民法院知识产权巡回法庭。经过专利复审委、品种复审委和商评委等准司法化裁定之后，可以上诉至知识产权专门法院裁判。经知识产权专门法院裁判之后，若确有上诉理由，则可以再上诉至国家级的知识产权高级法院或最高人民法院知识产权巡回法庭。这种设计与现有的“小院制”形成对比，是一种典型的知识产权“大院制”构想，不仅能强化知识产权司法保护，亦虑及知识产权行政管理体制与司法体制的结合，消弭改革中的阻力。

第二，建立中心法院。全国建立 13 个左右的跨区域的知识产权中级法院，也是区域性的中心法院。确有必要的地方，也可以设立相应的派出法庭，由此形成“中心法院 +（派出法庭）”模式。目前，在广州知识产权法院建立后，其管辖范围不覆盖深圳市，更遑论试点 3 年之后实行知识产权案件跨省（直辖市）管辖。与此同时，上海知识产权法院与上海市第三中级人民法院、上海铁路运输法院合署办公，并未单独确定知识产权法院主审法官员额和组织机构。上海知识产权法院名义上称其采取的是“审判独立、行政（党务）合署”的模式，但实际上仅是将立案、执行等相关事务“转嫁”给上海市第三中级人民法院，实践中可能会造成更多的体制运行成本。下一步筹建中心法院，需要对此进行检讨，根据市场和现实需求组建。例如，从实证分析的角度来看，2012 年知识产权民事一审案件的受案量显示浙江和江苏知识产权民事案件远远多于上海，“长三角”地区的知识产权法院设置在浙江或江苏更为合适。

第三，采取“三审合一”审理模式。北上广三家试点知识产权法院实行“二审合一”审理模式，但此前最高人民法院推行的知识产权审判改革试点，力主的是“三审合一”审理模式。我们建议实行“三审合一”审理模式。客观上讲，将知识产权刑事案件纳入知识产权法院管辖，并在专门法院中推行“三审合一”审理模式。一方面对刑事司法的统一性构成冲击，另一方面相关的司法实践经验不足。不过，从总体上讲，法院内部知识产权审判机制的改革试点，为试点设立三家知识产权法院实行民事和行政“二审合一”模式积累了经验，同时也为未来知识产权法院推行“三审合一”审理模式，提供了实证研究和制度完善的基础。

第四，实行“化学审”。根据我国《专利法》，专利授权确权的行政裁决属于行政复议，不属于司法审查。专利权人和公众之间的专利确权纠纷，须经过专利复审委的无效宣告及后续的行政诉讼两个程序。专利侵权面临专利无效抗辩时，往往要等到行政诉讼终局之后，才能转入原专利侵权民事诉讼。在专利复审委的行政裁决与法院的诉讼裁判之间亦有可能出现循环往复的现象。这是由于法院不能就专利之有效性与否径行裁判所导致的。在审理法上，这叫做“物理审”还是“化学审”

的诉讼理论的争议问题。在美国法院的专利侵权案件中，法院可以对专利无效抗辩进行一并审理，是典型的“化学审”。德国采取了典型的专利确权和侵权程序职权分离模式，即对专利复审程序进行了完全司法化的改造，并将专利局抗告与无效委员会完全独立出来，以此为基础组建联邦专利法院，专利确权案件均由该院一审。因此，在德国，联邦专利法院实行了彻底而且是“必须”的“化学审”。我们认为，我国应该将专利复审委进行司法改造，纳入知识产权大司法体制，建立起类似于美国专利商标局内部的准司法化审判；与此同时，采取“化学审”，由法院对专利有效性进行直接审理和裁判。

第五，建立技术调查、技术鉴定、专家咨询、专家证人等技术事实查明的综合体系。知识产权法院中设技术调查官一职，已成为最高人民法院及知识产权专门法院尽量推动的一种主流模式。从世界范围内看，技术事实的查明主要有四种并非相互排斥的模式：（1）技术法官模式，德国采用此种模式；（2）技术调查官模式，日本、韩国、中国台湾等采用此种模式；（3）咨询专家模式，日本、俄罗斯等皆采此模式；（4）当事人模式，案件当事人或者利害关系人可以通过专家证人、“法庭之友”等方式，帮助法官认知案件中的技术问题，采用此种模式的典型是美国。我们认为，中国应该建立起技术调查、技术鉴定、专家咨询和专家证人等综合体系，即采取职权主义为主、辅之以当事人主义的诉讼模式，查明案件中的技术事实。另外，还可以因循人民陪审员制度，建立起以专家型陪审员为基础，作为类似技术法官的审判制度。

第六，探索知识产权判例制度。最高人民法院推出了颇具中国特色的案例指导制度，被喻为“中国式判例”制度。“案例指导工作”是我国司法部门（法院、检察院及公安机关等）已经展开，并正在进一步加强的工作。但严格意义上讲，这些检察院、公安机关及其他相应的机构，都只能发布“指导性案例”，不能由此形成“判例”；而能够发布“判例”的，只有法院——生产司法判例是法院之专职。所谓司法判例制度，就是一个国家或地区中涉及司法判例的选编、发布、效力、引用、推翻之规则的总和。司法判例是蕴含了法律原理与规则的法院判决。实践表明，目前中国法院系统推出的案例指导制度存在效力定位紊乱、遴选机制不科学、案例内容不系统、指导作用不足等问题，并未达到统一司法的预期效果。因此，在当前两大法系融合、中国正在全面推进依法治国及司法改革的大背景下，知识产权专门法院完全能够从司法实践中生产一批司法判例，探索建立相应的知识产权判例制度，由此彰显司法功能、树立司法权威、强化法官主体地位和促进法学繁荣。

在上述构想中，法院实行“化学审”是釜底抽薪式的改革内核。外部结构性的改革，应该着眼两个方面：一是搭建“中心法院+全国性法院”模式的知识产权法院建制的基本结构，二是对专利复审委、品种复审委及商评委等进行准司法化的改革。

论知识产权大保护工作格局的构建*

2016年4月9日，国家知识产权局局长申长雨在首届中国知识产权保护高层论坛上，首次提出要"着力构建知识产权大保护工作格局，加快形成知识产权保护的强大合力"。❶ 国务院新近印发的《"十三五"国家知识产权保护和运用规划》也提出要"加快知识产权法律、法规、司法解释的制修订，构建包括司法审判、刑事司法、行政执法、快速维权、仲裁调解、行业自律、社会监督的知识产权保护工作格局。"在建设知识产权强国的新形势下，这一创见深刻把握全球知识产权保护发展趋势，充分立足我国知识产权保护现实国情，明确指明未来知识产权保护工作方向和重点任务，必将更加有利于严格保护知识产权，进一步满足市场主体知识产权保护需求、提升我国知识产权制度竞争力、发挥我国知识产权国际影响力。

一、知识产权大保护工作格局的界定

"十三五"时期是我国全面建成小康社会的决胜阶段，也是实施创新驱动发展战略、推进供给侧结构性改革的关键时期，经济发展方式加快转变，创新引领发展的趋势更加明显，知识产权作为激励创新的基本保障，作用也将更加突出，加强知识产权保护应时应势、势在必行。❷

当下我国加强知识产权保护的重要举措即是构建知识产权大保护工作格局。这一工作格局是指进一步完善知识产权保护的统筹协调机制，加强国家层面和地方层面的知识产权保护联动，加快构建行政和司法两条途径优势互补、有机衔接的保护模式，深化知识产权保护的区域协作和国际合作所形成的协调、顺畅、高效的知识

---

* 作者：王淇、谢小勇、韩秀成；作者单位：国家知识产权局知识产权发展研究中心。

❶ 申长雨. 构建知识产权大保护格局提高知识产权保护效果［J］. 河南科技，2016（4）：5.

❷ 晁毓山. 构建知识产权大保护格局促进创业创新［N］. 中国高新技术产业导报，2016－04－18（1）.

产权保护顶层设计。

从知识产权类型来讲，涉及专利、商标、版权、植物新品种、商业秘密等各个领域，其保护的权利内容、权利边界等都有各自特点；从保护手段上来讲，涉及注册登记、审查授权、行政执法、司法裁判、仲裁调解等多个方面。[1]

在现有的知识产权保护机制基础上构建顶层设计，首先需要进一步完善知识产权保护的统筹协调机制，解决“条块分割”的问题，在“条”上促进中央和地方的知识产权保护联动、实现上下保护的功能分层，在“块”上促进涉及专利、商标、版权、植物新品种、商业秘密等各个知识产权领域管理部门之间的保护协作，提高行政效能。

其次，重点推动注册登记、审查授权、行政执法、司法裁判、仲裁调解等不同保护手段之间的互联互通，严格保护创新创业成果，大力提升我国重点领域产业竞争力，依法严厉打击侵犯知识产权和制假售假行为，形成知识产权保护的强大合力。

最后，积极推进知识产权国内和国际保护的衔接与延伸，发挥我国知识产权保护制度的国际影响力，为我国产业和企业“走出去”保驾护航。深化知识产权保护的区域协作和国际合作。以知识产权为纽带，打造信息互通、资源共享、能力协同、开放合作、互利共赢的新格局。[2]

二、知识产权大保护工作格局的构建意义

在经济全球化日益加深的背景下，知识产权成为创新发展的基本保障和重要支撑。从市场经济角度看，知识产权一头连着创新，一头连着市场，是创新与市场之间的桥梁和纽带，是实现科技强到产业强、经济强必不可少的关键一环。[3] 构建知识产权大保护工作格局，实现知识产权国家治理方式的创新，具有在新形势下落实党中央和国务院重大部署、发挥知识产权制度功能、应对知识产权国际规则变革的重大意义。

---

[1] 沈慧. 国家知识产权局：加快构建知识产权大保护工作格局 [N]. 经济日报，2016-04-10 (3).

[2] 申长雨. 构建知识产权大保护格局 [J]. 河南科技，2016 (6)：5.

[3] 韩秀成. 建设知识产权强国是创新驱动发展的必然选择 [N]. 中国知识产权报，2016-10-12 (1).

（一）知识产权大保护工作格局是实施更严格知识产权保护的顶层设计

近年来，党中央、国务院高度重视知识产权保护工作。党的十八大提出了“加强知识产权保护”的重大命题，2013 年 11 月 12 日，党的十八届三中全会通过《中共中央关于全面深化改革若干重大问题的决定》，其中进一步明确了“加强知识产权运用和保护”的指导方针。2015 年 10 月 29 日，党的十八届五中全会通过《中共中央关于制定国民经济和社会发展第十三个五年规划的建议》明确提出“深化知识产权领域改革，加强知识产权保护”，为以改革的手段推进强化知识产权保护提出了明确方向和任务。

《中华人民共和国国民经济和社会发展第十三个五年规划纲要》作出“强化知识产权司法保护”“实施严格的知识产权保护制度”“加强知识产权保护和反垄断执法，深化执法国际合作”“强化涉外法律服务，建立知识产权跨境维权援助机制”等重要部署，为“十三五”时期的知识产权保护工作进一步指明了重点方向和具体任务。

《国务院关于新形势下加快知识产权强国建设的若干意见》（国发〔2015〕71 号）的总体要求中明确提出“实行更加严格的知识产权保护”“知识产权授权确权和执法保护体系进一步完善”，并提出“加大知识产权侵权行为惩治力度”“加大知识产权犯罪打击力度”“建立健全知识产权保护预警防范机制”“加强新业态新领域创新成果的知识产权保护”“规制知识产权滥用行为”等具体举措。

在这样一个重大历史背景下和中国改革发展的关键时期，一系列大政方针要求强化知识产权保护，形成更高标准的知识产权保护体系，知识产权大保护工作格局正是顺应和落实党中央和国务院在知识产权保护方面的相关部署，为实行更严格知识产权保护在顶层设计上进行更为精细的制度安排和更为务实的制度实践。

（二）知识产权大保护工作格局是破解知识产权保护诸多问题的有效途径

保护知识产权是知识产权战略和知识产权制度的核心问题之一。

从立法上看，知识产权法律法规是我国社会主义法律体系的重要组成部分，虽然我国目前初步建立起中国特色知识产权保护法律体系，但是知识产权立法的体系化程度还远远不能适应知识产权法治的要求，知识产权法律法规存在对共性问题缺乏统一规定、部分单行法之间重复甚至冲突、对新问题缺乏前瞻性等问题。

从执行上看，“十二五”时期，全国知识产权系统共查处专利侵权假冒案件 8.7万件，是“十一五”时期的近 10 倍。当前国家深入实施创新驱动发展战略，知识产权作为激励创新的基本保障，作用日益凸显。虽然我国知识产权保护“司法”和“行政”双轮驱动取得积极进展，但是保护效果与社会期待相比还有一定差距。《2015 年中国知识产权发展状况报告》显示近年来知识产权案件总体数量都保持上涨的趋势。与 2014 年相比分别上涨了约 12 个百分点。2015 年知识产权司法处理的案件与行政执法案件的数量相比，两者保持着 2∶1 的比例。

2015 年，全国地方人民法院共新收和审结知识产权民事一审案件 109386 件和 101324 件。根据中国专利保护协会 2015 年调查显示，2015 年我国知识产权保护满意度的得分为 68.72 分，比 2014 年低 0.71 分，这表明知识产权保护依然是我国当前知识产权工作的薄弱环节。[1] 由于我国知识产权法律制度起步较晚，社会各界的知识产权意识仍然较为薄弱，知识产权保护制度及其实施正处在成长过程中，实践中知识产权保护不力仍是我国一个较为普遍和严重的问题。

从治理上看，知识产权纠纷民事仲裁与民间调解等正处于起步阶段，与真正实现知识产权强国的战略目标仍然存在较大的差距。

在新一轮专利法的修改过程中，知识产权保护的手段再次成为争议的焦点，针对保护知识产权的目的、知识产权行政保护和司法保护的协调、知识产权保护的民事、行政和刑事手段的界限等问题，专家学者和政府部门间开展了广泛的讨论。[2]

构建知识产权大保护工作格局对于立法、司法与行政保护统一规划，对于培育创新创业主体能力与提高社会公众意识一体考量，对于国内保护强化与国际保护延伸进行部署，有利于破解知识产权保护中存在的问题，营造创新创业的良好环境，支撑创新驱动发展，推动知识产权强国建设。

（三）知识产权大保护工作格局是应对知识产权未来发展的治理创新

在全球新一轮科技革命和产业变革中，互联网与各领域融合发展，成为不可阻挡的时代潮流，对于推动技术进步、效率提升和组织变革，提升实体经济创新力和生产力具有积极作用，并且逐渐形成广泛的以互联网为基础设施和创新要素的经济社会发展新业态。加大知识产权保护力度，成为经济发展新业态、新动力的必要支撑。2015 年 7 月国务院发布的《国务院关于积极推进“互联网 +”行动的指导意

[1] 袁于飞．知识产权保护：“司法”和“行政”双轮驱动［N］．光明日报，2016－04－27（5）．

[2] 专家：保护知识产权要协调好行政执法与司法保护［EB/OL］．（2013－08－23）．http：//ip.people.com.cn/n/2013/0823/c179663－22671510.html．

见》（国发〔2015〕40号），明确提出要强化知识产权战略，加快推进专利基础信息资源开放共享，鼓励服务模式创新，提升知识产权服务附加值，促进互联网开源社区与标准规范、知识产权等机构的对接与合作。既要发挥知识产权对“互联网+”新模式的保障作用，又要借助“互联网+”促进知识产权工作模式创新、提质增效。在网络时代大众创业、万众创新的新趋势下，国务院发布《国务院由办公厅关于发展众创空间推进大众创新创业的指导意见》，也将知识产权作为营造良好的创新创业生态环境的重要支持，鼓励为初创企业提供知识产权服务。

此外，社会信息化为知识产权保护带来新挑战。自20世纪90年代以来，信息技术日新月异，信息产业持续发展。尤其是进入21世纪后，信息技术加速发展的势头更加明显，信息化已成为全球经济社会发展的显著特征。互联网作为一个传播高效的媒体平台，是社会信息化的重要推动力。在互联网这个平台上，各种信息化应用正日益丰富我们的生活。电子商务、新兴媒体、网络教育、网络医疗、网络搜索、网络娱乐以及各种数字化产品都在纷纷兴起。然而，网络交往对象的虚拟性、间接性和隐蔽性也使得互联网逐渐成为知识产权侵权的重要场域。这种网络侵权行为不但会损害权利人的创作热情，而且也会严重削弱一个国家的创造力。互联网环境下的不正当竞争已经成为影响产业界探索发展新模式的拦路虎，互联网环境使知识产权保护变得更加困难。

在互联网环境下，智力成果可以极快的速度在全球范围内传播，国与国之间的界限被模糊和淡化，智力成果更容易被不同法律环境中的主体所接受和使用。因此，各国知识产权立法、权利保护期限的差异以及信息流跨国高效率传输等特点，尤其是网络环境知识产权载体的无形性，都给知识产权的确认、有偿使用、侵权监测及实施保护带来困难。网络环境下知识产权保护面临的困境，其实质是计算机网络的全球性与知识产权的地域性之间的冲突，其最终解决有待于国际协调和有关国际协议的达成。

在社会信息化时代，知识产权已经成为国家之间、企业之间重要的竞争武器和博弈工具，其背后越来越涉及经济问题甚至政治问题。时任美国总统奥巴马在一次谈话中提倡，知识产权保护与互联网自由之间要寻找一个平衡点。这也从侧面反映，两者的平衡已经成为当下迫切需要解决的难题。同时，在互联网时代，知识产权保护国际合作变得十分必要。如何针对互联网时代出现的知识产权保护新问题，积极推动互联网环境下知识产权保护相关国际规则的制定，为互联网时代知识产权保护提供更加清晰、完善的国际法框架，在全球范围内形成保护知识产权的法律框架和执法机制，成为世界各国面临的共同课题。

知识产权大保护工作格局有利于转变政府职能，加强新业态、新领域创新成果知识产权保护，推动知识产权国际规则的不断变革，通过知识产权国家治理方式的创新，有利于不断解决既有的问题，同时也有利于妥善处理新形势下遇到的新问题。

三、知识产权大保护工作格局的构建思路

申长雨局长指出："知识产权保护点多线长面广，既要统筹协调，综合施策，又要抓住关键，突出重点，着力解决知识产权保护面临的突出问题，提高保护的效果。"❶ 在构建知识产权大保护格局的过程中，应当把握四大原则、理顺五大关系、确保三大重点。

（一）把握四大原则

构建知识产权大保护工作格局，应把握"统一、协调、衔接和高效"四大原则，谋划顶层设计，找准功能定位，推进治理创新，提供多元化的公共服务，更加严格保护知识产权，支撑知识产权强国建设与创新驱动发展。

"统一"原则是要将知识产权保护作为一个系统工程，涵盖专利、商标、版权、植物新品种、商业秘密等各个领域，突出各自在权利内容、权利范围和保护方式上的特点。

"协调"原则是要将知识产权保护涉及的注册登记、审查授权、行政执法、司法裁判、仲裁调解等多个方面进行体系化设计、全链条管理。

"衔接"原则是要进一步完善知识产权保护的统筹协调机制，加强国家层面和地方层面的知识产权保护联动，加快构建行政和司法两条途径"优势互补、有机衔接"的保护模式。

"高效"原则是要对知识产权及时进行严格保护，优化保护程序，提高保护效能，避免"迟来的正义"。❷

---

❶ 孙迪．积极构建知识产权大保护工作格局［N］．中国知识产权报，2016-04-15（1）．

❷ 我国将着力构建知识产权大保护工作格局［EB/OL］．（2016-04-09）．http：//news.xinhuanet.com/fortune/2016-04/09/c_1118575319.htm.

（二）理顺五大关系

在把握四大原则的基础上，构建知识产权大保护工作格局还应理顺五大关系：

一是理顺国家层面和地方层面的知识产权保护联动的关系。目前知识产权保护存在国家和地方层面柱状结构关系，即中央与地方知识产权保护的事权分界不清晰、上下一般齐、功能划分不明确；而且，各区域之间知识产权保护的协作也需要进一步加强。因此，构建知识产权大保护工作格局，国家层面应当注重知识产权保护统筹协调、知识产权制度完善、知识产权合作开展以及重大知识产权案件的行政执法，地方层面应当着眼知识产权的保护服务、具体案件的执法以及知识产权的区域合作。

二是理顺立法、行政和司法三者互动的关系。知识产权行政执法保护相对司法保护而言，其“存、废”与“强、弱”在理论界一直存在争议，争议的出发点往往是建立在行政执法保护与司法保护二者对立的基础上，往往是从冲突的角度夸大二者之间的关系，但对于良好的互动和配合则难以获得理性认同。这种争议只是站在“二元结构”的角度来理解两者的关系，当然存在一定的局限性。所以，构建知识产权大保护工作格局必须跳出司法与行政保护的“二元结构”，加入立法考量，从“多元架构”角度来正确处理立法体系、司法保护和行政执法三者之间在知识产权大保护工作格局中的关系。

一方面，专利行政执法和司法保护都是执法问题，行政执法中出现的很多问题同样也会在司法过程中出现。因此，我们必须把立法的维度考虑进来，站在顶层设计的角度，厘清法律制定、行政执法与司法保护的“三元架构”，只有实现三者之间的良性互动，才能有效配置资源、促进大保护格局的建立。

另一方面，专利行政执法和司法保护各有所长，应发挥各自的优势，相互配合、协同发展。全国人大常委会专利法执法检查组在浙江座谈的 12 家企业、6 家高校和科研机构中，有 11 家企业、5 家高校和科研机构反映专利保护不力，中小企业反映尤为强烈，认为：专利行政执法力度不足，不能有效制裁和震慑专利侵权行为，不能充分发挥快速解决纠纷、维护市场公平竞争的作用。专利审判队伍建设和专利司法执法能力还有待进一步提高；专利侵权诉讼中确权程序复杂，侵权举证难度大，而判决赔偿额往往无法弥补权利人遭受的损失。[1] 专项调查显示，近年来，

---

[1] 陈竺．全国人民代表大会常务委员会执法检查组关于检查《中华人民共和国专利法》实施情况的报告［EB/OL］．（2014－06－23）．http：//www.npc.gov.cn/npc/xinwen/2014－06/23/content_1867906.htm.

当专利权人面对侵权行为时，43.4%选择行政途径，39.5%选择协商途径，16.3%选择司法途径。2015年，专利行政执法办案总量与司法民事一审案件量基本相当。对此，原广东省知识产权局副局长袁有楼认为，应根据当前我国发展情况，加强专利行政执法力度，构建中国特色专利执法体系。北京市高级人民法院知识产权庭庭长杨柏勇则提出，应当改进裁判方式，提高诉讼效率，解决专利领域的民事侵权程序和授权确权行政程序的交叉问题，促进争议的实质性解决。“应当整合行政和司法资源形成知识产权保护合力。”中南大学知识产权研究院执行院长何炼红认为，要构建知识产权大保护格局，应协调好行政机关和司法机构在处理同一知识产权侵权纠纷时的关系，避免对同一纠纷重复处理或者矛盾处理。同时，应统一知识产权行政机关和司法机关的执法标准和证据要求，实现民事、行政与刑事之间的优势互补、有机衔接。[1]

三是理顺法治与治理的关系。构建知识产权大保护工作格局，除了关注正式的法律制度之外，还应充分重视社会治理的配套推进，注重多元化纠纷解决机制的建立，促进创新创业主体的参与，建立知识产权维权援助体系，建设一批快速响应、快速确权、快速调处的维权援助中心。针对企业知识产权维权现实需求，在全国设立知识产权维权援助中心，为中小微企业维权提供免费的知识产权智力援助，对困难的权利人提供一定的经济支持；在中小微企业聚集的地区设立知识产权快速维权援助中心，方便中小微企业快速维权；加大中西部地区知识产权维权援助建设力度，加大专业市场知识产权保护工作。

四是理顺试点与制度化的关系。在知识产权保护试点方面，深圳市法院系统提出以“三审合一”打造知识产权司法保护高地。为适应国家创新型城市建设需要，2009年9月，深圳市中级人民法院推广南山法院试点经验，调整知识产权审判工作布局，全面实施知识产权“三审合一”改革，原来由不同审判庭审理的知识产权民事、刑事、行政案件全部由知识产权审判庭审理，确保知识产权案件裁判标准的统一，提高知识产权司法保护水平。2010年9月中旬，深圳市正式实行“三审合一”。2010年，深圳市全市法院共受理知识产权民事案件4806件，审结4677件，同比分别增长112.75%和112.98%。随着“三审合一”改革试点的推进，国家根据试点取得的经验统一部署，以亮点保护促进服务大局，以优化保护实现执法统一，以重点保护推动创新务求实效，以和谐保护实现利益平衡，以认同感保护提升

---

[1] 孙迪．积极构建知识产权大保护工作格局［N］．中国知识产权报，2016－04－15（1）．

社会影响力，知识产权司法保护水平取得了长足发展。❶ 构建知识产权大保护工作格局，可能需要突破现有法律制度的框架开展试点工作，在试点中需要注意国家统一部署与地方保护试点相结合，并及时总结经验，将行之有效的做法上升为法律制度。

五是理顺国内保护与国际保护的关系。构建知识产权大保护工作格局，除了着眼于国内知识产权保护体系的完善之外，还应充分考虑区域合作与国际合作中的知识产权保护，例如“一带一路”合作以及产业国际化中的知识产权保护问题。

（三）确保三大重点

德国马克普朗克创新与竞争研究所于2014年发布的《专利保护宣言——TRIPS下的规制主权》指出：作为创新市场的框架性规章，专利制度应当与其为之服务的创新进程以及其赖以运行的竞争环境相适应。该宣言强调：新技术和商业实践正在挑战于工业革命时期形成的传统专利保护的平衡，主权国家应该保持制定与本国技术能力以及社会、文化和经济需求和优先发展方向相匹配的专利制度的自由裁量权。❷

根据我国当前知识产权保护的主要矛盾来看，在建设知识产权强国的新形势下，结合新技术发展的特点和我国的具体国情，知识产权大保护工作格局的构建要确保“三大重点”：

一是重点解决关键领域关键环节的知识产权保护问题，实现承前启后。加强互联网、电子商务、大数据等新业态新领域的知识产权保护，加强医药、食品、环境等民生领域的知识产权保护，切实维护公众的合法权益，要加大海外维权援助力度，帮助我国企业更好地“走出去”等。❸

二是重点解决知识产权市场监督管理的问题，实现行业自律。知识产权保护的总体目标并非仅着眼于为单个权利或者权利束提供救济，而是要进行有效市场监督，维护正常市场秩序，推动行业实现自律，自我管控经济风险，积极创新创业，维护公共利益。开展专业市场知识产权保护专项工作。开展国家级知识产权保护规范化市场培育认定工作，构建专业市场知识产权信息收集体系和专业市场知识产权诚信体系，试点开展专业市场知识产权纠纷调解工作和知识产权保护监督员工作，

---

❶ 吴涛，全安．“三审合一”打造知识产权保护高地［N］．深圳特区报，2011－04－26（A09）．

❷ 张南．合力构建知识产权“大保护”格局［N］．中国知识产权报，2016－07－27（8）．

❸ 沈慧．国家知识产权局：加快构建知识产权大保护工作格局［N］．经济日报，2016－04－10（3）．

逐步健全专业市场知识产权保护工作评价体系，出台专业市场知识产权保护指导性文件。

三是重点解决打击侵权假冒行为问题，实现自我约束。从实践来看，故意侵权乃至重复侵权、群体侵权行为大量存在，专利维权存在“时间长、举证难、成本高、赔偿低”“赢了官司、丢了市场”以及判决执行不到位等状况，挫伤了企业开展技术创新和利用专利制度维护自身合法权益的积极性。因此，培育社会公众的知识产权意识，降低知识产权侵权风险，重点还在于多措并举，形成全社会自我约束、尊重知识产权的文化氛围。

四、知识产权大保护工作格局的构建举措

2016 年，知识产权战略实施工作部际联席会议已正式升格为国务院知识产权战略实施工作部际联席会议。联席会议的主要职责为：加强对国家知识产权战略实施和知识产权强国建设工作的宏观指导；研究深入实施国家知识产权战略和加强知识产权强国建设的重大方针政策，制订国家知识产权战略实施计划；协调解决国家知识产权战略实施和知识产权强国建设中的重大问题。[1] 联席会议由国务院领导担任召集人，31 个部门和单位为联席会议成员。有关专家认为，这将加快推进知识产权保护的统筹协调，加强部门协同配合，形成合力，构建国家宏观层面上的知识产权大保护格局。[2] 在知识产权“大保护”机制中发挥作用的各职能部门需要明确统一的目标并协调合作，这在未来仍有很多具体的工作要做，包括机构之间的统筹协调、执法人员的持续培训与综合素质的不断提升等。[3]

此外，在完善统筹机制建立的基础上，知识产权大保护工作格局的构建，还需要完善知识产权立法体系，健全知识产权保护手段，创新知识产权保护方式，提高知识产权保护意识，从而促进知识产权保护整体效能的发挥。

（一）完善知识产权立法体系

在加快转变经济发展方式、实施创新驱动发展战略的新形势下，在依法治国的

---

[1] 范丽敏，陈璐．国家知识产权局局长申长雨：着力构建知识产权大保护格局［N］．中国贸易报，2016-04-12（6）．

[2] 孙迪．积极构建知识产权大保护工作格局［N］．中国知识产权报，2016-04-15（1）．

[3] 张南．合力构建知识产权“大保护”格局［N］．中国知识产权报，2016-07-27（8）．

旗帜下，只有坚决按照党的十八届四中全会通过的《中共中央关于全面推进依法治国若干重大问题的决定》的要求，完善激励创新的产权制度，完善知识产权保护制度以及完善促进科技成果转化的体制机制，才能有利于依法加强和改善宏观调控、市场监管，反对垄断，促进合理竞争，维护公平竞争的市场秩序。同时，完善知识产权法律制度，也是全面建设中国特色知识产权法治体系，建设知识产权强国的重要任务和光荣使命。

知识产权立法的完善，应健全知识产权立法体系，制定知识产权基本法、修订完善知识产权法律法规，营造优良的知识产权法治环境。

一是要制定知识产权基本法，加强知识产权相关立法的协调性，完善知识产权法律的顶层设计。自 1978 年改革开放以来，我国基本形成了“一知识财产一法律”的知识产权立法体系。这种分散立法体系对于保护知识财产，促进经济发展起到了重大作用。但这种立法体系的弊端也日益显现，那就是人为将知识产权关系进行了条块分割和一般规则的永久缺位。在知识产权领域，知识产权特别法十分发达，但缺乏形式意义上的知识产权法规范，即知识产权基本法。我国正处于向信息社会转型的过程之中，转型社会中的知识产权问题的解决，在根本上依赖于知识产权基本法的建立和完善。以一般的知识产权关系为调整对象的共同规则就是知识产权基本法。如何转变分散立法的观念，制定统一的知识产权基本法，建立真正的知识产权立法体系，可以弥补分散法立法模式的缺漏，对于我国知识产权战略的实施和国家知识产权强国的建设具有重大意义。

二是要推动专利法、商标法、著作权法及配套法规修订工作。完善职务发明制度，健全知识产权审查和注册机制。加强新业态新领域创新成果的知识产权保护，加大知识产权犯罪的打击力度，建立健全知识产权保护预警防范机制。

三是要研究修订反垄断法、反不正当竞争法、知识产权海关保护条例、植物新品种保护条例等法律法规；加快制定急需的知识产权专门法规。

四是要加强地理标志专门保护立法，按照便利申请、统一对外、加强保护的原则，优化地理标志顶层设计。建立专门的地理标志保护制度，适时做好遗传资源、传统知识、民间文艺等方面的立法工作。研究制定防止知识产权滥用的规范性文件。

近几年，我国立法也逐步开始加强对地理标志的保护。2001 年新修订的《商标法》正式将地理标志纳入保护范围。此外《反不正当竞争法》《消费者权益保护法》和《产品质量法》也间接保护了地理标志，行政法规规章也从行政规章层面对地理标志进行了保护。由此可见，目前我国在地理标志保护立法上存在若干内容、保护范围和效力相互冲突的法律法规，为此有必要构架一个完善的符合我国国情的地理标志保护的法律制度。

五是要研究制定商业秘密保护法律制度，明确商业秘密和侵权行为界定，研究制定相应保护措施。制定统一的商业秘密保护法，进一步明确商业秘密的概念、构成要件和保护范围，修改赔偿标准和设立惩罚性赔偿金制度，完善商业秘密侵权救济制度，规定禁令救济制度，增加竞业禁止的规定，对雇员侵害本企业商业秘密应负的法律责任作出明确的规定，增加对向政府主管部门提供的商业秘密保护的规定，完善对网络环境中商业秘密保护的立法，同时要处理好商业秘密保护法与相关法律的关系，建立健全完善的商业秘密保护法律体系。

（二）深化知识产权司法改革

知识产权法院的设置开启了全面深化司法体制改革的篇章，在建设创新型国家的背景下，担负着加强知识产权司法保护、优化知识产权法治环境的重要使命。为此，应当进一步深化知识产权领域的司法体制改革，构建公正高效的知识产权司法保护体系，完善知识产权行政执法和司法保护的衔接机制。

组建国家、省、市三级知识产权法院审判体系建设，设立知识产权高级法院，在省级层面设立知识产权专门法院，在市级层面设立知识产权专门法庭。推进知识产权民事、刑事、行政案件的“三审合一”。探索跨地区知识产权案件异地审理机制，打破对侵权行为的地方保护。完善知识产权诉讼证据制度。建立证据开示制度和举证妨碍制度。完善专家证人证言认定规则，探索赋予律师调查取证权。加大对于知识产权侵权行为的惩治力度，提高知识产权侵权法定赔偿上限，针对情节严重的恶意侵权行为实施惩罚性赔偿并由侵权人承担实际发生的合理开支。严厉打击知识产权犯罪，重点打击链条式、产业化知识产权犯罪网络。加强知识产权司法保护的对外合作，推动我国成为知识产权国际纠纷的重要解决地，构建更有国际竞争力的开放创新环境。

（三）强化知识产权行政执法

完善中国特色的知识产权执法保护体系，促进知识产权执法和司法保护程序的有机衔接，提高知识产权行政执法保护的公平和效率。

建立完善的知识产权综合行政执法体系，明确执法权限，统一执法标准，完善执法程序，建立统一知识产权案件上诉机制，提高执法办案水平与效率。完善知识产权侵权纠纷简易诉讼程序，提高小额诉讼处理效率。建立行政执法决定司法确认制度。探索建立知识产权行政确权执法联合办案工作机制，协同处理知识产权确权纠纷和侵权纠纷。建立专业市场、展会知识产权行政执法快速程序。加强执法力量建设，严格行政执法人员资格管理，健全执法目标责任制，落实执法激励措施，完善执法装备条件，规范开展行政执法。推进知识产权行政执法和刑事司法衔接，加大涉嫌犯罪案件移交的工作力度。进一步推进侵犯知识产权行政处罚案件的信息公开。加强海关知识产权执法保护。完善涉外知识产权执法机制，开展与相关国际组织和境外执法部门的联合执法。

健全重点领域知识产权行政执法快速响应机制、加大人员投入、丰富执法手段，加强大型商业场所、展会知识产权保护，督促电子商务平台企业落实相关责任，督促邮政、快递企业完善并执行收寄验视制度，探索加强跨境贸易电子商务服务的知识产权监管，加强对视听节目、文学、游戏网站和网络交易平台的版权监管，规范网络作品使用，严厉打击网络侵权盗版，优化网络监管技术手段。开展国内自由贸易区知识产权保护状况调查，探索在货物生产、加工、转运中加强知识产权监管，创新并适时推广知识产权海关保护模式，依法加强国内自由贸易区知识产权执法。依法严厉打击进出口货物侵权行为。

加强知识产权行政执法与刑事司法衔接，加大涉嫌犯罪案件移交工作力度。依法加强对侵犯知识产权刑事案件的审判工作，加大罚金刑适用力度，剥夺侵权人再犯罪能力和条件。加强知识产权民事和行政审判工作，营造良好的创新环境。按照关于设立知识产权法院的方案，为知识产权法院的组建与运行提供人、财、物等方面的保障和支持。

（四）推进知识产权社会治理

加大知识产权仲裁，探索在经济比较发达或者各省会城市设立专业化的知识产权仲裁庭；严格限制知识产权仲裁庭仲裁员门槛，尽量聘请兼具法律、科技、艺术类知识的专业人才；裁调结合，建立灵活的仲裁裁决机制，鼓励双方选取对所涉案件和当事人都比较了解的仲裁员。探索以公证的方式保管知识产权证据及相关证明材料，加强对证明知识产权在先使用、侵权等行为的保全证据公证工作。开展知识产权纠纷诉讼与调解对接工作，依法规范知识产权纠纷调解工作，完善知识产权纠纷行业调解机制。

（五）保护新业态创新创业成果

针对“互联网＋”“大数据”等知识产权保护新需求，创新知识产权保护新模式。完善植物新品种、生物遗传资源及其相关传统知识、数据库保护和国防知识产权等相关法律制度。适时做好地理标志立法工作。研究完善商业模式知识产权保护制度和实用艺术品外观设计专利保护制度。加强互联网、电子商务、大数据等领域的知识产权保护规则研究，推动完善相关法律法规。制定众创、众包、众扶、众筹的知识产权保护政策。加强全网络知识产权执法维权工作，严厉打击各种网络侵权盗版假冒行为；在重要电子商务平台设立网络监管站，及时快速响应网络知识产权侵权假冒举报投诉；探索建立专利侵权纠纷投诉处理新机制并协同开展专利行政执法专项行动，构建电子商务等领域专利行政执法工作的长效机制。

（六）优化知识产权保护环境

在法治环境方面，我国可借鉴发达国家的经验，在制定知识产权反垄断法的基础上加强执法，维护公平竞争的竞争秩序，面对跨国公司利用知识产权垄断市场，采取符合市场经济规则的措施来保护消费者和国内企业的利益，利用反垄断法来制约滥用知识产权的非法垄断行为。

在市场环境方面，尝试建立知识产权违法侵权企业档案，纳入企业诚信系统的社会查询，提高侵权的成本和代价。[1] 将故意侵犯知识产权行为情况纳入企业和个人信用记录。开展知识产权保护社会满意度调查。建立收集假冒产品来源地相关信息的工作机制，发布年度中国海关知识产权保护状况报告。加强大型专业化市场知识产权管理和保护工作。发挥行业组织在知识产权保护中的积极作用。运用大数据、云计算、物联网等信息技术，加强在线创意、研发成果的知识产权保护，提升预警防范能力。加大对小微企业知识产权保护援助力度，构建公平竞争、公平监管的创新创业和营商环境。

在文化环境方面，我国应主动地回应社会和企业的服务需求，推广知识产权一站式服务，以多样的形式加大知识产权社会宣传力度，培育和推动“尊重知识、崇尚创新、诚信守法”的知识产权保护文化，为企业发展营造良好的社会“软环境”。

---

[1] 南京检察机关全力打造知识产权保护高地［N］. 新华日报，2011－09－13（A07）.

（七）培养知识产权保护人才

知识产权保护人才培养可分为大众化和专业化培养两种途径。

在大众化培养方面，应面向社会各界开展知识产权法制宣传教育，提供知识产权咨询与培训，发放知识产权知识普及教材与材料，增强社会公众自我维权意识。

在专业化培养方面，应制定知识产权人才培训计划，逐步培养并形成由专业基础人才、骨干人才、高层次人才和高层次引领人才组成的科学完备、结构合理、相互衔接的知识产权保护人才体系。

创新知识产权人才培养模式，运用“云计算”“移动网络”等先进技术，搭建知识产权保护培训平台，实现远程异地培训、交流和考核，从而降低培训成本，提高培训效率；依托高等院校资源优势，建立交流合作基地；加大对高端人才的引进和高层次知识产权保护人才的培养，建立知识产权保护高端人才实践基地，促进人才成长。

完善知识产权专门化办案机制，加强办案人员的专业培训。积极营造人才队伍培养的良好环境，加大知识产权保护国际化人才的培养力度。建设知识产权保护人才智库，邀请国内外知识产权领域的知名专家加入智库，为决策提供支撑。成立知识产权专家咨询委员库，实现研究与实践的互动，促进知识产权司法保护标准不断完善，推动知识产权大保护工作格局的构建。

中国特色专利行政执法保护制度完善研究*

当前，我国专利行政保护面临社会需求量大、执法人员不足、执法手段缺失、新型问题凸显等问题，给现行专利行政执法保护制度带来极大挑战。本文立足于对我国当下专利保护现状的分析，在研究借鉴域外制度经验的基础上，结合我国创新和发展实际需求，对我国专利行政执法保护制度提出若干完善建议。

一、专利行政执法基础理论分析

所谓执法，即法律的执行，是指国家机关依照法定职权和法定程序，行使管理职权、履行职责、贯彻和实施法律的过程。行政执法是指国家行政机关依法行使其职权的活动。

（一）专利行政执法的内涵及特点

1. 专利行政执法的基本内涵

专利行政执法是我国专利保护制度的重要内容。狭义的专利行政执法是指专利行政机关和取得相应行政授权的专业执法组织（我国法律限定为“管理专利工作的部门”，不包括专门执法机构），依据法律规定查处假冒专利、处理专利侵权纠纷以及应当事人请求调解专利纠纷的行为。而广义的专利行政执法，除上述内容以外，还包括专利事务的管理，即专利行政管理机关和取得相应行政授权的组织，依据法律规定管理国家专利相关事务，包括专利授权和专利确权等事项。[1]

2. 专利行政执法的特点

一是专利行政执法具有法定性。首先，执法主体具有法定性。其次，执法程序

---

* 本文基于2016年国家知识产权局软科学研究项目报告《中国特色专利行政执法保护制度完善研究》。课题负责人：来小鹏、雷筱云；主要执笔人：马维野、赵梅生、王志超、于光、关健、安亚磊、何欣、吕磊、郭伟、高淼、唐蕾、郭俞阳、陈一平、干倩、鲍恩宏、刘梦奇。

[1] 李顺德. 健全知识产权执法和管理体制［J］. 中国发明与专利，2008（8）：8－12.

具有法定性。《专利法》《专利法实施细则》以及《专利行政执法办法》都对专利行政执法的程序和措施进行了明确规定。此外，专利行政执法还具有法定的强制力。

二是专利行政执法具有合理性。利益平衡理论是知识产权行政保护的基础理论和基本原则，为了维护权利人合法利益与社会公共利益之间的平衡，理应允许国家公权力的介入。此外，TRIPS 明确承认和规定了知识产权行政保护制度，并允许成员根据其实际情况确定知识产权保护措施。

三是专利行政执法具有必要性。与程式化的司法渠道相比，通过行政渠道解决专利侵权纠纷，可以降低维权成本和社会成本。专利行政保护制度的建立与发展符合我国国情与社会民众的实际需求，且具有保护程序相对简单、依职权主动打击专利违法行为等不可替代的特点。

（二）专利行政执法权的主要类型

专利行政执法权的类型主要体现为以下几种。

1. 专利行政许可权

专利行政许可是一种依申请作出的行政行为——行政主体授予行政相对人独占享有某项专利技术的权利，并颁发专利证书，对该专利技术的范围、方式、期限等予以说明。

2. 专利行政处罚权

专利行政处罚权系指专利行政执法主体依法对违反专利管理法律规范但尚未构成犯罪的行政相对人给予行政制裁的权力。由于该项权力直接涉及当事人的人身及财产权益，因此《行政处罚法》对行政处罚的种类作出了严格限制，具体包括警告、罚款、没收、责令停产停业、暂扣或吊销证照、行政拘留共 6 项，同时规定只有法律和行政法规才有权新设其他种类的行政处罚。

3. 专利行政强制权

专利行政强制权是指专利行政执法主体依法对行政相对人实施行政强制手段的权力，具体包括强制检查权、强制执行权、强制许可权和强制扣留权。其中，强制许可权是指执法主体在法定条件下强制实施专利权人专利的权力，我国《专利法》第 48 条、第 49 条和第 53 条分别规定了专利强制许可 3 种情况。

4. 专利行政确认权

专利行政确认权是指专利行政执法主体对业已存在的，但相对人之间有争议的，或者对其认识不甚明确的专利法律关系加以确认的权力，其主要体现在专利管理机关对专利申请权、专利权的权属纠纷的确权上。

5. 专利行政裁决权

专利行政裁决权是指专利行政执法主体以中间人的身份决断专利纠纷的权力。专利管理机关通常对专利纠纷在以事实为根据、以法律为准绳、查明事实、分清责任的基础上进行调处，并制作调解或处理决定书。对此种裁决不服的，当事人可提起行政诉讼予以救济。

（三）专利行政保护和司法保护的关系

1. 知识产权保护双轨制的合理性

知识产权行政保护模式的产生有其特定的历史背景，它是在我国改革开放之初建立知识产权法律制度时，由于司法救济作为调处社会纠纷的力量不足而采用的。行政保护模式有其独到的制度优势，在我国知识产权保护过程中发挥了积极作用，并得到了相关国际公约的认可。

（1）知识产权和行政权力均具有公共属性

行政权力的特点之一是公共性，现代行政追求的目标是谋求公共利益、维护公共秩序、增进公共福利。知识产权的权利属性复杂，其既具有普通民事权利的特征，又具有公共产品的属性。这就意味着，行政管理机构行使公权力保护知识产权与其维护社会公共利益的目标相一致。

（2）知识产权行政保护适合国情需要

行政机制解决专利纠纷符合国情需要，具体表现在：一是行政手段处理知识产权纠纷是我国知识产权制度发展的历史产物，并在我国知识产权制度发展过程中发挥过积极作用；二是基于保护公共利益的考虑，通过行政机制解决知识产权纠纷符合法理；三是从我国历史传统和社会效果来看，民众对行政机制解决纠纷的权威性和认可度在短期内不可能明显弱化，这种国情因素决定了行政模式解决知识产权纠纷在我国具有较强的生命力。

（3）符合相关国际公约的要求

TRIPS 明确："如行政程序根据案件的是非曲直而裁决采取任何民事救济的，则在此限度内，此类程序应符合与本节所列原则实质相当的原则。"[1] 该规定表明，

---

[1] 《与贸易有关的知识产权协议》（TRIPS）第 49 条。

行政救济程序只有符合 TRIPS 规定的原则，才可以和司法救济程序并用。作为 WTO 成员，我国在《著作权法》《专利法》和《商标法》中，都有对行政机关作出的行政处罚可以提起行政诉讼的规定。

2. 专利行政执法的优势

从 1985 年《专利法》实施以来的实践证明，专利行政保护为及时制止侵犯专利权的行为，切实保障专利权人的合法权益，维护正常的经济社会秩序发挥了重要的作用，有效弥补了司法保护的种种不足，主要具有以下优势。

（1）行政执法具有主动性

依据我国《专利法》相关规定，专利行政执法机关可以依照法定职权主动采取执法措施，根据实际情况深入现场机动灵活地开展执法专项行动，查处假冒专利行为，并针对违法行为采取行政处罚措施。这种主动出击对违法侵权者起到了很大威慑作用，同时能够有效维护创新环境和市场秩序。

（2）行政执法及时便捷且成本低

一般情况下，权利人要获取司法保护往往需要花费较大的时间、人力和物力成本。相反，专利行政执法具有迅速、便捷的优势，专利侵权纠纷行政案件通常能够快速结案，这对于及时遏制专利侵权行为，以及打击恶意侵权、反复侵权、群体侵权等严重专利侵权行为能够起到积极、有效的作用，同时也有助于降低维权成本，以较小的投入获得及时有效的侵权救济。

（3）行政执法人员具有较高的专业素养

专利纠纷往往涉及比较复杂的技术问题，而专利管理机关的执法人员具备相对较高的专业技术水平，能够及时、准确地认定侵权事实。专利纠纷大多涉及技术问题，特别是侵权纠纷中，如何判断被控侵权物是否落入专利权利要求的范围之内，需要对两者进行技术对比，所涉及问题大多属于技术判断的范畴。相对于司法人员而言，专利行政执法人员的专业技术背景要丰富得多，专利行政执法机关的技术优势明显。

3. 正确处理二者关系

我国专利行政机关和司法机关在各自领域各司其职但目标一致，为推进中国特色知识产权制度建设贡献各自力量。二者并不是互相取代的关系，而是协调一致、互相促进的关系。正确处理二者之间的关系，对于处理专利纠纷、提高执法效率、节约社会资源、维护合法权益和激励创新具有深远意义。

（四）专利行政执法的价值及意义

1. 符合我国法治本土资源特色

由于我国几千年以来的政治制度以及文化影响，人们一般对司法权威的认知程度还没有达到应有的水平和高度。专利权的产生依赖于国家行政机关的授予，因此，一旦发生争议，行为人往往更愿意向政府职能部门寻求帮助。加之专利行政管理机关在处理专利纠纷时也灵活地采用了调解和处理两种模式化解矛盾，应该说，专利行政保护途径正好迎合了公众的心理，也符合我国目前的法治本土资源特征。

专利行政执法制度根植的文化传统具有中国特色。我国知识产权保护社会满意度调查显示，专利权人对执法主动性等指标的满意度高于执法效果等各项指标的综合平均得分。[1] 此外，从处理专利纠纷的程序、时间与成本来看，专利行政执法主动、灵活、直接等特点体现出高效、便民、低廉的优势。基于此，专利权人往往更希望能由专利行政部门来处理各类专利纠纷。

专利行政执法制度设计的理念具有中国特色。“双轨制”理念通常认为：普通的专利权纠纷一般通过司法途径予以解决，但当专利权遭到严重侵害危及公共利益时，专利行政部门有必要依法介入，以及时救济权利人的合法权益，维护公平的市场竞争秩序。据此设计的专利行政保护制度，与司法保护制度在专利权保护过程中互为补充，相得益彰。

专利行政执法制度运行的执法机制具有中国特色。在专利行政执法制度的运行过程中，我国实行治标与治本相结合、日常打击与专项治理相结合的方针，实行跨部门、跨地区的联合执法。其中，专项整治行动作为解决集中问题、消除突出矛盾的重要手段，一直是我国专利行政执法的重要工作模式之一，取得了良好效果。

专利行政执法制度发展的路径选择具有中国特色。专利行政执法制度的发展路径，主要是将外来压力逐渐转化为内在动力，由遵守国际规则的外在约束逐渐转变为适应国家经济社会发展的内生需求，在制度建立和健全上设计出符合我国实际需求的路径。

可见，具有中国特色的专利行政执法制度已经成为我国知识产权保护体系的重要组成部分。现阶段，具有中国特色的专利行政保护制度在实践中的不断发展，对

---

[1] 专利行政执法保护的中国特色［EB/OL］.［2016-06-04］. http://www.sipo.gov.cn/ztzl/qtzt/jx-zlxzzf/ipsp/201406/t20140620_968308.html.

维护专利权人合法权益、促进创新、完善社会主义法律体制、规范市场秩序和建立诚信社会仍将发挥不可或缺的巨大作用。

2. 发挥专利行政管理机关的优势

专利管理机关拥有雄厚的技术力量，能够及时、有效地认定纠纷事实。任何纠纷的处理都包含了两个步骤，即认定事实和确定责任。[1] 专利纠纷大部分涉及技术问题，特别是侵权纠纷中，专业技术问题只能依靠专家进行判定。专利管理机关拥有一大批不同专业的技术人员，在技术认定上较之司法人员而言拥有一定优势。

3. 缩短专利纠纷处理周期

专利纠纷处理周期过长是当前专利保护过程中的一个难点。当事人之间发生纠纷后，一般都希望能尽快解决，使争议的权益确定下来。专利管理机关拥有各学科领域的技术人员，并且常年办理与专利有关的事宜，积累了大量的实务经验，相较司法人员更能快速处理专利纠纷。专利管理机关为当事人在司法程序之外，提供了一条便捷、省时的解决途径。

4. 有效弥补司法诉讼资源

司法资源的有限性与当事人纠纷的无限性之间始终存在不可调和的矛盾，甚至有可能会造成案件积压。在这种情形下，由专利行政机关处理一部分专利纠纷，无疑会相对减轻司法机关的审判负担，节约一部分诉讼资源。此外，如果当事人不服行政机关作出的处理决定，仍然可以向人民法院提起诉讼。司法机关也可以从实体和程序两方面来审查专利行政管理机关作出的行政处理是否合理合法。

二、域外专利行政执法比较研究

（一）国际公约有关专利行政执法的规定

1. TRIPS 对专利行政执法的规定

TRIPS 对专利行政执法的规定主要集中在第 48 条和第 49 条中，其第 48 条规定："如果一方当事人所要求的措施已被采取，而该当事人滥用了执行程序，司法部门应有权责令该当事人向受到非法禁止或限制的另一方当事人对由于这样的滥用而造成的损害提供适当的赔偿；对于有关知识产权保护或实施的任何法律的行政管

[1] 李琳. 我国专利权行政的保护法律问题研究［D］. 西安：西北大学，2006.

理来说，缔约方只有在国家行政部门和官员已经在对上述法律进行行政管理的过程中采取或者真诚地打算采取行动的情况下，才能免除他们对采取适当法律救济措施所应承担的责任。”而第49条规定了民事程序及救济对行政程序的准用，即“如行政程序根据案件的是非曲直而裁决采取任何民事救济的，则在此限度内，此类程序应符合本节所列原则实质相当的原则”。

2.《保护工业产权巴黎公约》对专利行政执法的规定

《保护工业产权巴黎公约》第12条明确：

“（一）本同盟各成员国都应专门成立一个工业产权机构和一个中央办事处，向 公众公布发明专利、实用新型、工业品外观设计和商标。

（二）该机构应出版一种正式期刊、定期公布：

（1）专利权所有者姓名及其发明的概要；

（2）注册商标的图样。”

在专利行政执法领域，上述公约基本上没有统一的国际规则可供遵循，而是兼顾各成员国法律制度的差异，避免其额外的执法负担，为成员国留有较大的自由裁量空间，留待各缔约方国内法予以规定。充分尊重各国的国内法规定和执法主权，为各国在执法机构、程序、途径和救济方法上留下了很大的自主性。

（二）美国专利行政执法概况

1. 美国专利行政执法体系

美国专利行政管理体系和行政执法体系截然分开，各司其职，形成了管理与执法分离的态势，使得专利行政执法机构能够起到独立的作用。国会通过对专利法等相关法令的制定和修改对专利进行行政管理。美国专利商标局则承担实行这些法令的职能，对专利进行审查、授予、公开，管理专利事务，保管专利信息，向决策机构提出有关的意见建议。

除行政管理体系之外，美国给一批行政机构授予了专利行政执法职能，建立起分散、全面的专利行政执法体系。美国专利行政执法体系具有各机构分工协作、保护体系多层次一体化的特色。国家知识产权协作中心、知识产权执法委员会办公室、司法部知识产权处、美国贸易代表办公室、美国国际贸易委员会和海关边境保护局分工明确，共同构成了美国的专利行政执法体系。

为了加强知识产权执法的协调，美国于2008年10月13日通过了《知识产权执法法》，之后于2010年6月又由白宫制定发布了《知识产权执法联合战略计划》，设立了由总统直接任命的知识产权执法协调专员，组织了跨联邦机构的“知识产权执法联席小组”，统一协调美国联邦政府机构的知识产权执法。

2. 美国专利行政执法态势

美国自实施知识产权制度以来，建立并不断完善知识产权执法机制。在完善司法保护的同时，政府机构在知识产权执法保护中的作用日益凸显。2008 年，《美国知识产权执法法》在国会获得通过，政府的知识产权执法力度不断加大。《美国知识产权执法法》就美国政府机构如何加强知识产权执法给予了规范，并从财政支持方面提供了相应保障，为政府行政部门近几年持续加强知识产权执法提供了有力支持与充分依据。

3. “337 条款”

美国“337 条款”是美国《1930 年关税法》第 337 节的简称，其前身是《1922 年关税法》的第 316 条，现为《美国法典》第 19 编 1337 节第 2 项。其规定：如果美国国际贸易委员会发现任何人将其拥有或其代理的侵犯美国专利权的产品进口到美国或在美国销售的不公平行为，而且美国境内存在或正在建立与该产品相关的国内产业，那么美国国际贸易委员会有权对此进行处理。

美国“337 条款”的作用，是保护本国产业免遭外来侵权产品尤其是专利侵权产品的不正当竞争，其在美国对外贸易立法中占据着极其重要且无可取代的地位。经过多次修改，“337 调查”的门槛被大幅降低，美国国内企业能够更容易地证明其知识产权遭受进口美国的产品的侵犯。从美国国际贸易委员会目前统计数据来看，很大一部分调查都对“与知识产权有关的不公平贸易”行为展开，特别是对专利侵权行为。因此，我们可以看到专利政策在美国对外贸易中的重要性。“337 条款”已经成为美国重要的贸易保护手段之一。

4. “特别 301 条款”

“特别 301 条款”的规定在《美国法典》第 19 编第 2242 条。它是美国贸易法“301 条款”的一种，以对知识产权重点国家进行确定。与“337 条款”针对进口到美国的产品不同，该条款旨在授予美国贸易代表认定未能充分有效保护美国专利权的外国或拒绝依赖专利权保护的美国人公平进入其市场的外国的名单的权利。通过这一条款，还可以进一步采取相关的贸易制裁措施，改变名单国家在专利保护及其市场准入方面的现状。“未能充分有效保护美国专利权”是指通过“特别 301 条款”的认定对美国专利权的保护未达到标准。“公平进入其市场”是指只有当某一外国的法律、程序、做法或规则既拒绝了美国的专利产品进入其市场，又违反了与美国共同参加的国际法或国际协议，或构成了非关税贸易障碍时，美国贸易代表才能确定该国拒绝“公平进入其市场”。

（三）欧盟专利行政执法概况

1. 欧洲专利一体化

在执法方面，《欧洲专利公约》确立了以司法为主导的专利执法体系，仅在国际贸易中依靠海关进行行政执法。即便是司法执法，大多数也是民事诉讼执法，公诉机关只有在危害公共利益的情况发生时才会提起刑事诉讼。在其他方面，专利行政管理机关主要负责监督、协调，与其他部门合作执法，本身并不具备直接执法的职能。管理机构属于公共机构，而非政府机构，由此奠定了“重服务”的特性。欧盟大力发展可替代性纠纷解决机制（ADR），例如调解、仲裁，民间组织活跃，由此缓解行政和司法部门的压力。

2. 英国

2004 年，英国《专利法》第 13 章新增了第 74 条（A）（B）款，明确规定允许任何人请求英国知识产权局局长在专利有效性或侵权问题上作出一个不具有约束力的意见书。2006 年 4 月起，英国知识产权局正式对外提供调解服务（Mediation Service），将调解作为解决知识产权纠纷的一种有效途径，并适用于专利纠纷或争议解决中，作为司法体制的补充。英国还设有特别的专家审裁机制，适用于特定的知识产权案件。

3. 法国

法国国家工业产权局隶属于经济财政与工业部，非政府机关，是拥有民事资格和财务自主权的公共机构，主要负责申请、监管、管理公报、传播信息。在立法方面，提供国内立法建议，参与制定国际协议。

法国对知识产权进行稽查的机构是法国财政、经济工业部的竞争、消费和反舞弊总司稽查员以及海关、警察、宪兵等专门执法队伍。

4. 德国

德国专利商标局是联邦司法部管辖的独立的联邦高级部门，主要负责在专利和商标保护方面的日常管理和服务。如果在程序中提出不同的专家意见，应法院或公诉机关的请求，德国专利商标局应当就影响专利的问题提供意见。在上诉程序中，若德国专利商标局局长介入则成为一名当事人，而非直接被告。

作为知识产权保护的主要执法部门，德国海关负责查扣涉嫌侵权的进出口商品。这里的查扣是广义上的提法，是海关介入反侵权工作程序并包括多项工作内容的一种综合性表述。查扣地点也不仅仅限于边境口岸，而是扩延至所有海关拥有并实施监管权和核查权的地点，如内地海关、免税港口以及海关巡逻队流动巡查等。

（四）其他国家和地区专利行政执法概况

1. 日本

日本特许厅是日本的专利行政保护机关。主要负责专利申请受理、制定或修改相关法律、国际交流与合作以及专利信息咨询与检索等工作，两者都没有行政执法职能。但是，警视厅成立了“知识产权保护办公室”，专门负责打击假冒知识产权的违法行为。日本强化了海关的行政查处功能，海关有权查处侵权产品，并对侵权企业予以曝光。

近年来，随着日本国家知识产权战略的深入实施，日本政府考虑并推进行政权在知识产权领域的适用性，逐步健全和完善知识产权管理机构，先后设立了日本特许厅执法事务局、国际知识产权交易委员会等机构，以行政行为介入知识产权的保护之中。警察部门也开始参与知识产权的调查与处理。另外，还成立类似美国国际贸易委员会的知识产权侵权判断机构，并通过建立知识产权侵权信息交换机制，加强海关与警视厅之间的信息沟通，有力打击仿制、盗版的侵权行为。

2. 韩国

韩国在专利行政执法方面最具特色的做法就是以韩国知识产权局为主组织的各种联合执法行动。一是建立了国家、地方知识产权局和各民间协会在内的系统完善的知识产权保护体系。二是向检察厅、警察局、海关行政管理局等部门开展行政查处活动提供知识产权侵权的相关信息，并联合其他政府部门共同参与执法。三是分别由最高检察院和国务调整室牵头，组织知识产权局和其他相关部门组成了“侵犯知识产权调查指导会议”“知识产权保护政策协议会”等机构，定期召开知识产权联席会议，互通信息，筹划打击侵权假冒活动。

3. 墨西哥

知识产权的行政保护是墨西哥的特色。《墨西哥工业产权法》开篇明确指出该法事关公共政策，显示国家借此推动技术进步和应用的意图。行政主管部门为墨西哥工业产权局，一个拥有法人地位和独立资产的分设机构。其职权范围有：①纠纷行政处理：就《墨西哥工业产权法》实施过程中可能产生的请求作出裁决，对受指控的行政侵权进行调查、检查，要求提供信息和细节，命令并实施预防措施以防止或制止侵犯工业产权，担任仲裁机构解决损害赔偿争议（需双方明确指定）；②违法行政查处力度很大，不仅有权采取临时措施，还可以采取行政拘留等人身处罚措施；③指定专家，为技术裁决收集必要的证据；④作出技术裁决；⑤提供行政服务。

4. 中国香港

中国香港特别行政区知识产权署负责专利、商标、外观设计注册服务。香港海关是唯一有权对侵犯商标和版权活动作出刑事制裁的部门。[1] 调查侵犯商标、版权的行为和对虚假说明的投诉。其责任不限于边境口岸，及于整个香港地区市场的清理。因知识产权的私权性质，权利人需证明其权利存在，提供足够证据证明其权利受到侵犯，并同意在事后庭审中出庭作证才能启动调查。有正当理由怀疑违法行为成立，海关即可没收、查封货物。其兼具内地公安部门和海关的双重职能，负责涉及商标和版权的刑法的执行。另外还有“特遣队”联同其他执法部门配合行动。

（五）域外专利行政执法评判

1. 概况

知识产权作为私权，在西方国家通常是通过司法途径进行保护，而行政执法主要指海关的边境措施，贸易委员会对他国和地区的版权盗版、专利侵权等行为的打击，以及在双边贸易中的经济制裁等。

（1）知识产权管理机构的一般职能

一般情况下，各国知识产权管理机构主要具有以下职能：知识产权申请受理、审查、登记；知识产权许可、转让合同登记；知识产权法律起草、制定、管理、实施；相关信息发布；对外交流、合作；研究和推动科技创新和知识产权商业化；法律咨询服务；争议调解；知识产权普及、宣传、培训；对效力性质，而非侵权性质的纠纷进行处理。

（2）行政机关的执法职能

当涉及公共利益、国家贸易安全时，许多国家的行政管理机关具有主动执法的职能。例如，海关有权颁布停止侵权的禁令，或有权追踪海关外商品集散地知识产权侵权货物。

许多国家也存在知识产权纠纷中由行政机关为权利人提供保护的方式，但这主

---

[1] 中国社会科学院．中国知识产权保护体系改革研究［M］．北京：知识产权出版社，2008．

要是指海关、警察局等具有行政执法权的机关，应注册的权利人的请求或法院的命令，采取扣押、搜查等临时性执法措施，以协助权利人收集、保存证据或防止侵权后果进一步扩大。这些国家提供的行政救济并非知识产权管理机关亲自去查处侵权案件，让侵权者负行政责任，而仅是司法程序的前奏。

部分国家的行政管理机关还下设了仲裁机构，可以依法对知识产权侵权纠纷进行调处，比如日本文化厅下设的“著作权纠纷调解委员会”、德国司法部指定的“著作权纠纷仲裁委员会”以及英美法系国家依著作权法普遍设立的仲裁庭。[1] 但应注意的是，这些机构是以中立身份对侵权等民事纠纷进行调解、仲裁，而不是以设立它们的行政管理机关的名义处理著作权纠纷，进行“行政执法”。

（3）专利侵权救济方式——以行政制度构架的特点为视角

在西方国家，盗窃、诈骗、侵犯知识产权等行为，没有数额限制，假冒专利、盗版的数量再少也会被认定为犯罪，必须经过司法程序。在英美等普通法系国家，根本没有“行政制裁”这样的概念，当事人不履行行政法上的义务时，由法律规定的刑罚进行制裁，当事人自动履行行政法上的义务是出于对刑罚的恐惧。这种将违反行政义务的行为作为制裁对象的刑罚是由刑事法院判决的，与违反刑法的犯罪不同之处在于数额、情节等方面。[2]

日本等国家将侵犯专利权的行为交由“行政刑法”进行调整，认为“行政刑法”是附属于行政法律中的刑罚罚则，因此将行政处罚称为“行政罚”。“行政罚”程序上适用刑事诉讼程序，用以对违反行政义务的行为实施制裁。[3]

行政准司法机构（Administrative Quasi - Judicial Agencies）是某些具有特殊性质的行政机构，其针对在当事人不服行政机关的决定，或当事人对行政机关、其他当事人侵害其合法权益而产生的纠纷提出相关请求时，按照相关的司法程序而不是行政程序进行审理、裁定。其裁定必须对裁定的理由作出充分说明，通常被认定为一级司法裁定，具有司法意义上的效力，需要设置相应的司法程序由法定的司法机关对其承担相应的司法审查职能。行政准司法机构的行政执法，相当于专业行政执法机关的专业行政执法，具有专业性、公益性。

外国的准司法机构，如美国专利审查与上诉委员会、国际贸易委员会，英国知

---

[1] 吴汉东．西方诸国著作权制度研究［M］．北京：中国政法大学出版社，1998.

[2] 赵梅生．专利侵权救济的国际比较［N］．中国知识产权报，2006 - 04 - 21（11）.

[3] 赵艳．我国知识产权行政处罚研究［D］．济南：山东大学，2008.

识产权局及下属的“纠纷解决办公室”，日本特许厅审判部等，负责的是与国家、社会公共利益密切相关的纠纷。以英国知识产权局为例，英国知识产权局对专利侵权问题有法定的管辖权，可以根据当事人的请求受理专利纠纷，以知识产权局局长的名义作出裁决。❶

（4）民间保护组织

美国律师协会（ABA）知识产权分会、国际知识产权联盟（IIPA）、国际反仿冒阵线（IACC），❷ 日本的国际保护知识产权论坛（IIPPF）等民间组织在保护知识产权方面发挥着重要作用。这些知识产权保护民间组织通过各种形式进行市场损害调查，协调贸易纠纷，向政府反映情况以及为执法部门提供培训，并提供必要的经费帮助行政、司法机构打击侵犯专利权的行为。

2. 值得借鉴的经验与发展趋势

在专利行政执法领域，由于国际公约未制定统一的国际规则，故我国可借鉴的经验主要源自于各国国内的相关制度设计，主要有以下几条：

（1）完善领导与协调机制，加强执法队伍建设

首先，建议知识产权管理机构“三合一”，或者联合执法。设立一个行政级别较高的领导小组统一知识产权行政执法，平时负责各相关部门的沟通协调，在联合执法专项行动中担任组织领导工作。这样既有利于对外交流和国际谈判，也是精简行政的需要。事实上，国内已有相关试点初见成效，如上海自贸区、中新广州知识城等。

其次，明确不同专利行政执法主体的职责范围，减少职权交叉。这既未突破现有行政体制框架，也未扩大行政执法权，只是对行政执法权的配置作出了新的调整。有利于集中利用行政资源、提高行政效能。

最后，相对集中知识产权执法权，建立专业的行政执法队伍。定期对一线执法人员进行技术培训，提高其专业能力，类似于国外的“经济警察”，在警察、海关等队伍中由熟悉相关业务的专业人员组建知识产权执法队伍。

（2）参考墨西哥知识产权行政保护制度

世界范围内，墨西哥对待知识产权行政保护的态度与我国颇为类似，因此我们可以在具体的制度建设方面借鉴墨西哥的经验。

---

❶ 梅术文. 知识产权的执法衔接规则［J］. 国家检察官学院学报，2008（2）：123-128.

❷ 陈志强. 美国知识产权保护组织的运作模式与作用［J］. 学会，2006（7）：52-54.

墨西哥工业产权局拥有专利侵权纠纷处理权限，并可在双方明确指定的情况下解决损害赔偿争议，不必诉诸法院。另外，其违法行为查处力度大，不限于临时措施，甚至包括人身罚。而为了保障上述权力不被滥用，《墨西哥工业产权法》设专章对行政执法程序进行了规定。

相比之下，我国专利行政执法手段比较薄弱：没有主动介入专利侵权纠纷的权限，调查取证时无法查封、扣押证据，对严重的专利侵权行为没有与之相适的处罚权限。因此，我们可以参考墨西哥立法，适当扩大专利行政执法的权限，完善专利行政执法的手段。

（3）扩大权利人的参与

知识产权的私权性质决定了在执法环节需注重权利人的参与，执法机关应当将情况及时通知权利人，并要求其提供相关信息，以提高行政执法的准确性和效率。利用权利人维权的积极性，缓解行政和司法部门的压力。

鼓励培育行业协会等相关民间组织的发展。利用权利人对自己专利的了解，与其联合开发假冒专利检测技术。定期召开行政部门和行业协会的联合会议，了解其执法需求，获得执法反馈。

（4）行政服务商业化

通过将部分行政服务商业化，进一步提高行政服务的效率和质量。例如，将为公众提供信息咨询等服务的部分职能划分出来，重新组合成服务类型的部门，为公众提供信息咨询服务。

（5）大力发展可替代性纠纷解决机制（ADR）

司法改革的周期长，成本大，相比之下，行政保护具有灵活、快速的特点，在发展诉外纠纷解决机制上更具有可操作性。当前无论是在理论方面还是司法实践方面，司法机构亦在探讨诸如知识产权仲裁等制度，以求减少诉讼压力。在这个问题上，专利行政执法部门可先行探索行政保护框架内的调解、仲裁等诉外纠纷解决机制，设立相关制度，完善相关程序。

（6）加强专利的域外保护

我国企业在走向国际化的过程中，也面临着诸如美国“337 条款”这样严峻的专利问题。在这方面，中国企业经验不足，应诉能力不够。因此，我国专利的行政保护应注重海外维权制度的构建，向海外使领馆派驻知识产权专员为本国企业的业务提供服务。

三、我国专利行政执法实证研究

（一）我国专利行政执法的历史演变

1. 执法机构

在我国，国家知识产权局主要负责组织协调全国的知识产权保护工作，开展相关行政执法专项行动。各省、自治区、直辖市人民政府管理专利工作的部门负责本行政区域内的专利管理工作。其中，有些地区的知识产权局属于当地政府的直属机构，而有些地区的知识产权局则属于科技厅管理的事业单位。省级知识产权局一般单独负责专利管理工作，而在市一级设立的知识产权局，存在部分地方科技局和知识产权局“两个牌子一个机构”的情况。在区（县）一级设立的知识产权局大多是将知识产权局内置于科技局。

2. 执法队伍

自2002年全国第一支知识产权稽查队诞生以来，我国专利行政执法队伍呈现出快速发展的趋势。据调查，到2009年12月，全国共有成建制的知识产权执法队13支。2011年，在全国专利执法协作机制的基础上，省内执法协作机制逐步完善，在案件受理、调查取证、案件移交、处理决定方面开展深层次的执法协作，有效加强了知识产权执法的信息交流和协作，提高了办案效率，形成了打击合力。到2014年，继山东、黑龙江、湖北成立专利行政执法总队后，江苏专利行政执法总队已获省编办批准，并增加编制。辽宁、河南、江苏积极推动下辖市局成立专利行政执法支队。南京、济南、石家庄、洛阳、新乡等市成立了专利行政执法支队。

3. 执法权限

《专利法实施细则》第80条明确了管理专利工作的部门的行政执法内容：“国务院专利行政部门应当对管理专利工作的部门处理专利侵权纠纷、查处假冒专利行为、调解专利纠纷进行业务指导。”

（1）处理专利侵权纠纷

《专利法》第60条规定，专利侵权纠纷，当事人协商不成的，可以请求管理专利工作的部门处理。“管理专利工作的部门处理时，认定侵权行为成立的，可以责令侵权人立即停止侵权行为，当事人不服的，可以自收到处理通知之日起十五日内依照《中华人民共和国行政诉讼法》向人民法院起诉；侵权人期满不起诉又不停止侵权行为的，管理专利工作的部门可以申请人民法院强制执行。”此条是行政机关处理专利侵权纠纷的基础性规定。在此之上，2015 年新修改的《专利行政执法办法》和 2016 年新发布的《专利行政执法操作指南（试行）》又根据我国专利行政执法已有经验和实践需求，对执法工作作了进一步完善。

（2）查处假冒专利行为

行政查处是知识产权行政管理部门依职权主动对相关违法行为进行调查并作出带有强制性质的处理决定的一类行为，主要包括行政检查、行政处罚、行政强制。[1]

假冒专利行为相比一般专利侵权纠纷具有自己的特点，即除了同样侵犯专利权人的合法权益之外，还扰乱了国家正常的专利管理和市场秩序，因此属于专利行政保护的当然领域。

（3）调解专利纠纷

我国《专利法》和《专利行政执法办法》均未规定《专利纠纷调解书》的法律效力，导致当事人达成的调解协议不稳定。对专利纠纷进行调解是专利行政执法的重要组成部分，调解协议的效力不明，直接导致行政手段提供给专利权人的只是一种“弱保护”。

4. 执法模式

（1）积极开展专项整治行动

2009 年，“雷雨”“天网”行动和其他各具特色的地方专项执法行动，大大遏制了群体侵权、反复侵权与专利诈骗行为的发生，提高了大型展会等环节知识产权执法与维权工作成效，震慑了违法分子，大大增强了权利人、创新主体和消费者的信心，对营造创新与发展的良好环境发挥了重要作用。

2011 年，知识产权各相关部门加强日常执法，执法力度和效率均有大幅提高。国家知识产权局颁布了《关于加强专利行政执法工作的决定》，制定印发《专利行政执法操作指南（试行）》《专利行政执法文书表格》等文件，有效推进和规范全国执法工作开展。

2013 年，国家知识产权局组织开展“护航”专项行动，大力打击涉及民生、重大项目等领域的专利侵权假冒行为，快速调处专利纠纷，积极维护权利人、市场主体与创新主体的合法权益。

2015 年，全国知识产权系统组织开展了电子商务领域专利执法维权“闪电”

---

[1] 邓建志. WTO 框架下中国知识产权行政保护问题研究［M］. 北京：知识产权出版社，2009.

专项行动，推进各地开展知识产权执法维权“护航”专项行动，展会专利执法维权力度持续加大。

（2）建立执法协作机制

近年来，我国专利行政执法跨区域与跨部门执法协作机制不断完善，建立了知识产权联合执法的多种平台。积极推进行政执法与刑事执法的衔接，对涉嫌刑事犯罪的假冒专利行为和涉及专利的诈骗行为，及时移送公安机关予以整治。推进行政调解与司法调解的衔接，提高解决专利侵权纠纷的效率。另外，专利行政执法部门在全国省际专利行政执法协作机制的基础上建立了跨地区执法协作机制，如长三角地区、泛珠三角区域、环渤海地区跨地区专利行政执法协作机制等。

（3）建立快速调处机制

实践中，现场勘验收集证据是专利侵权调处工作的难点之一，较易出现涉嫌侵权人转移或隐匿证据、暴力抗法等行为，对纠纷的有效解决造成了极大的困难。随着我国知识产权纠纷案件的不断增多，专利行政执法部门凭借其启动简便、程序便捷、应变性和主动性强的特点，极大地缓解了因司法资源不足所带来的权利人维权难的困境。

（二）我国专利行政执法工作取得的主要成效

近年来，全国各级行政执法机关健全完善行政执法体制，推动建立行政执法队伍，强化行政执法监督，不断优化知识产权保护环境。

1. 专利行政执法政策法规不断完善

在我国专利行政执法实践中，相关政策法规得到不断完善，为执法工作提供了重要的法律依据。2008 年《专利法》的第三次修改增加了对专利行政部门在执法过程中所具有的权力和可采用手段的规定。2013 年初，国家知识产权局启动了第四次《专利法》修改调研工作，重点围绕专利权保护进行修改，包括针对专利侵权行为的主动查处、赔偿额判定、行政处罚、调查取证及执法主体范围等内容，用以解决目前我国专利行政执法中遇到的一些问题。

2. 各部门专利行政执法工作有效推进

国家知识产权局加大专利行政执法力度。2012 年到 2015 年全国知识产权系统受理的专利案件达 85572 件，呈逐年上升的趋势。2015 年专利行政执法办案总量突破 3 万件，查处假冒专利案件 21237 件，同比增长 30.6%。电子商务领域和展会的

专利执法办案量分别达到了7644件和2743件，占全部案件总量的1/4以上。❶

海关总署严厉打击侵权商品进出口违法活动，将与消费者健康安全密切相关的侵权药品、食品、汽配等进出口商品列为重点打击对象，对重点航线和重点领域加强风险分析。组织开展知识产权保护“特别行动月”和“冬季行动”，开展为期半年的邮递快件渠道知识产权海关保护重点执法，采取有效措施，有效打击侵权商品进出口违法行为。

3. 完善专利行政执法机制，并不断加强能力建设

近年来，我国政府更加重视专利行政执法长效机制建设，各部门开拓思路，积极推动工作模式改革创新，进一步提升工作能力。2014年，国务院批转《关于依法公开制售假冒伪劣商品和侵犯知识产权行政处罚案件信息的意见（试行）》（国发〔2014〕6号），全国打击侵犯专利权和制售假冒伪劣商品工作领导小组办公室建立了信息公开制度，完善督导检查机制。

国家知识产权局印发《电子商务领域专利执法维权专项行动工作方案》，指导北京、江苏、浙江等地建立电商领域专利执法维权机制，支持电商平台加强专利保护工作，实施专利行政执法能力提升工程，加强专利行政执法队伍建设，完善执法目标责任制和绩效考核指标体系，推动建立专利侵权判定咨询机制、专利纠纷快速调解机制和区域执法办案协作调度机制。

最高人民检察院加强“两法衔接”工作指导，将“完善行政执法和刑事司法衔接机制”写入《最高人民检察院关于深化检察改革的意见（2013—2017年工作规划）》。最高人民检察院、全国打击侵犯知识产权和制售假冒伪劣商品工作领导小组办公室会同有关部门，积极推动各地“两法衔接”信息共享平台建设和运行。

（三）我国专利行政执法保护工作积累的经验

近年来，在国家知识产权局的指导以及全国知识产权系统的全力配合下，我国专利行政执法工作取得了显著的成效，各地知识产权局均积累了较为丰富的经验。

1. 针对重点领域开展专利行政执法保护工作

通过对重点领域、专业市场开展专利行政执法保护工作，可以有针对性地预防问题、发现问题和解决问题，这是近年来在大量的专利行政执法保护工作实践中积

❶ 崔静思，关健.2015年我国专利行政执法办案总量达3.5844万件[EB/OL].[2016-05-04]. http://www.nipso.cn/onews.asp? id=30023.

累总结的宝贵经验。

2. 通过开展专项行动促进专利行政执法

专利行政执法专项行动是我国专利行政执法的重要工作模式之一。自 2003 年全国统一部署保护知识产权专项行动以来，国家知识产权局每年均会在全国范围内部署各种形式的专利行政执法专项行动。在此期间，确定工作重点，解决集中问题，消除突出矛盾，加强执法力量，大力宣传执法工作，取得显著成效，不仅保护了专利权人的合法权利，也有力地震慑了违法人员。

3. 建立跨地区跨部门联合执法的协作机制

根据我国《专利法》第 3 条第 2 款规定，省、自治区、直辖市人民政府管理专利工作的部门负责本行政区域内的专利管理工作。但是由于专利案件的特点往往是范围广，涉及多地区、多部门，侵权方分布在多处，因此，在处理这类案件时，就需要跨区域跨部门联合执法。此外，国家知识产权局以及各地知识产权局与其他多个部门例如工商、海关、版权、公安等建立了跨部门执法协作机制，充分利用各部门执法力量，组成联合执法工作组对重点领域、流通渠道进行监控与管理。可见，近年来专利行政执法跨部门与跨地区执法协作机制不断完善，在其逐渐成为一种重要的专利行政执法方式的同时，积累了丰富的执法经验，提高了执法效率，节约了执法成本。

4. 重视快速维权机制建设

我国专利行政执法保护工作中，被侵权方对于维权的高效快捷和降低维权成本有着越来越高的要求。为此，国家知识产权局总结执法经验，在产业特色突出、创新能力强、知识产权纠纷普遍以及知识产权保护诉求强的区域建立了数家知识产权快速维权中心。各中心通过由地方知识产权局委托执法的方式开展专利纠纷快速调解，并与当地法院建立证据互认、纠纷调解前置机制等协作机制，将专利侵权纠纷案件处理周期由 4 个月缩短为 1 个月，❶ 大幅缩短了专利侵权纠纷案件的结案时间，提升了专利管理水平，极大地降低了企业的维权成本，为企业不断创新和快速发展保驾护航。

5. 不断完善维权援助举报投诉机制

为了适应“互联网 +”与大数据时代需求，国家知识产权局于 2016 年初正式

---

❶ 关健. 我国知识产权快速维权工作成效显著［EB/OL］.［2016 - 06 - 05］. http：//www. sipo. gov. cn/zscqgz/2015/201507/t20150729_1151733. html.

向公众开放中国知识产权维权援助与举报投诉网站（www. 12330. gov. cn），使知识产权维权援助与举报投诉的申请、受理、处理和反馈均可以在网络中进行。同时，各地知识产权局充分发挥“12330”知识产权维权援助举报投诉公益电话的作用，为公众提供法律法规政策的咨询，接受侵犯知识产权违法行为的举报，受理知识产权维权的援助请求，反馈处理情况和结果。

6. 广泛开展知识产权保护培训与宣传

各地知识产权局在执法过程中，不断积累经验，通过当地主要媒体和网站向社会公布执法办案电话和主要活动，及时报道开展专项行动与强化执法办案工作的措施、效果和典型事例。国家知识产权局广泛开展知识产权培训，组织各地知识产权局交流学习，推广工作经验，双管齐下，起到了提升执法质量、震慑违法人员的作用。

总之，我国的专利行政执法保护工作具有鲜明的中国特色，是在我国特定的历史条件下逐步发展成熟的。“双轨制”是适应我国现阶段科技和经济发展水平，符合知识产权领域国际规范和发展趋势的。唯有不断总结行政专利执法保护工作经验，完善行政专利执法保护措施，才能更好地为人民群众服务，保障权利主体合法利益，促进社会的进步。

四、我国专利行政执法制度面临的问题及挑战

专利行政执法的统筹协调机制仍需进一步完善，对知识产权保护的联动仍需从国家与地方两个层面进行建设。

（一）专利行政执法基础理论问题

我国虽然有着丰富的专利行政执法实践和经验，但在专利行政执法理论研究方面仍显研究不够，且相关研究成果明显不足。当前我国涉及专利行政执法的重大理论问题较多，主要包括：我国专利行政执法的地位。我国专利行政执法的发展趋势。我国专利行政执法的效力。我国专利行政执法的权限范围，以及我国专利行政执法体系化研究等。为此，应当在理论上强化专利行政执法对于我国当前专利保护的必要性与重要性，进一步明确专利行政执法在我国专利保护体制中的重要地位。

（二）行政保护与司法保护衔接问题

根据我国的行政司法体制，司法审判与行政执法分属于不同的权力系统，且两

套系统对于法律适用也存在不同的方式。因此，人民法院的司法审判属于适用法律行为，专利行政执法应当界定为采取特定行政手段的实施法律行为。而当前专利行政执法与司法保护在衔接方面仍然存在问题，其中较为突出的是行政处理的结果无法得到法院的充分尊重。例如，《专利行政执法操作指南（试行）》第2.5.7节明确了在先行政处理决定和司法判决对在后专利侵权纠纷的效力，但法律法规并未对行政处理的决定及相关材料对司法判决的影响作出规定。

（三）专利行政执法体制问题

1. 执法主体地位及机构设置问题

我国专利行政管理体制的现实问题，导致专利行政执法主体的类型复杂，地位模糊。同时，由于“管理专利工作的部门”按照《专利法实施细则》的规定仅指“由省、自治区、直辖市人民政府以及专利管理工作量大又有实际处理能力的设区的市人民政府设立的管理专利工作的部门”，因此基层专利行政执法主体存在授权不明的情形。另外，根据《专利法》的规定，国家知识产权局不具有行政执法权，仅具有指导地方专利管理部门处理专利纠纷和查处冒充专利行为的工作职能。这一规定，从现实来看，不利于跨地区、全国性专利行政执法的有效组织和实施。同时，我国专利行政执法存在管理机构设置不统一的问题。地方专利管理机构在机构设置上缺乏统一的法律规定和标准，这是导致地区专利行政执法工作发展不平衡的重要原因，也降低了地方专利行政执法的工作效率。

2. 执法手段问题

目前对于专利行政执法方式的法律授权，根据《专利法》及《专利法实施细则》的授权，除了对假冒专利行为明确具有“没收违法所得”“处以罚款”的行政处罚权和基于对专利假冒行为查处需要而从事询问、调查、检查、查阅、查封或者扣押的行政调查权之外，“管理专利工作的部门”对于专利侵权纠纷和专利纠纷调解并无明确的行政执法权和行政调查权。

3. 执法效力问题

专利行政执法部门对专利侵权纠纷的处理决定和对专利纠纷的调解，在一定程度上存在法律效力缺乏强制性的问题。另外，《专利法》规定，专利管理部门在调处专利侵权纠纷时只能对是否侵权作出判定，而对于关键的侵权赔偿部分却只能应当事人请求进行调解。这一规定使专利行政处理决定对一些专利侵权案件当事人来说并未起到应有效果，致使一些侵权人在接到行政处理决定后认为，专利执法行政机关对他们毫无办法，采取置之不理的态度，造成了“调解容易、执行难”的不利局面。

（四）专利行政执法机制问题

1. 快速维权体系建设问题

近年来，我国有关部门在全国部分地区相继建立的知识产权快速维权中心工作成效显著，这也成为专利权人呼吁在新一轮《专利法》修改中加强专利行政执法的出发点和支撑点之一。但在看到成效的同时，存在的问题也是不容忽视的。一是已成立的知识产权快速维权中心主要集中在经济发达省份；二是快速维权中心的数量不足，涉及的行业领域还不够全面；三是快速维权中心处理专利纠纷的质量须有保障。

2. 中小微企业维权难问题

目前我国中小微企业专利保护面临的问题主要表现在以下几方面：第一，中小微企业专利保护意识不强；第二，中小微企业专利风险预警机制无法应对来自各方面的危机，需要政府利用其优势地位打造整个区域的专利预警机制，形成完善的预警网络体系，为中小微企业创造良好的专利保护外部环境。

（五）专利行政执法重点领域问题

1. 电子商务领域行政执法问题

目前，我国电子商务领域存在的知识产权保护问题主要表现在以下几方面：第一，纠纷受理量较大。以浙江为例，2015 年上半年，全省知识产权系统共调处电子商务领域专利侵权纠纷 1500 余件，占侵权纠纷案件总量的 48.6%。第二，行政监管无法到位。在执法反应速度和执法时效方面，网络知识产权违法行为的发生和隐匿转移速度较快，而行政执法程序需要一定的时间，从而导致执法速度远落后于侵权行为发生的速度。[1] 第三，第三方电子商务平台维权意识差且新环境下维权策略不足。第四，第三方电子商务平台的侵权责任承担规则不明确。

2. 展会涉及的专利行政执法问题

由于展会具有会期短、临时性和流动性等特点，因此其中的专利侵权纠纷问题非常突出。一是会展产业管理部门和权限不清晰。二是存在展会持续时间短与处理侵权程序时间长的矛盾。三是涉及投诉人与被投诉人利益的平衡问题。展会专利行

[1] 李娜，余翔. 互联网电子商务知识产权协同执法机制建构初探［J］. 华北电力大学学报（社会科学版），2015（4）：66－70.

政保护的一个重要特点就是要全面、及时、快速地处理好展会中的各类纠纷，而处理纠纷必然涉及投诉人与被投诉人利益平衡的问题，即如何做到在制度和程序的设计上，在确保行政保护公正的前提下，不断提高行政保护的效率与效用。四是国际展会中存在权利人恶意行使权利的情形。五是我国中小企业境外参展遇到的专利风险较强。

五、完善我国专利行政执法保护制度的建议

针对当前我国专利行政执法制度面临的问题，以下主要从法律层级、执法主体、执法体制机制、应对新型问题等方面提出完善建议。

（一）现有制度完善建议

1. 完善专利行政执法的立法

在《专利法》中适当扩展专利行政执法的规定，有条件地吸收《专利行政执法办法》等现有专利行政执法政策制度中已经较为成熟和规范化的制度内容，通过立法明确专利行政执法的权力配置、基本行政执法程序和主要行政执法措施。

2. 完善专利行政执法管理体制

（1）明确专利行政执法主体的法律地位。专利行政执法制度的关键就是要明确专利行政执法主体的地位，建立符合我国专利保护要求的行政执法队伍，进而按照法律授权依法从事专利行政执法活动。因此，建议在专利行政执法主体的设定方面，回归专利行政管理机关的表述，从行政执法主体合法化、规范化的角度，明确地方管理专利工作部门的行政主体资格，为进一步强化专利行政执法工作提供合法性基础。

（2）明确专利行政执法主体的范围。建议在专利法律制度中取消专利行政执法主体设置的行政层次限制，增加国务院专利行政管理部门对涉及全国性的跨区域专利违法行为和具有国际影响的重大专利侵权纠纷的行政执法权力。同时，赋予基层政府设置的专利行政机关行政执法权。

（3）强化专利行政执法队伍建设。鉴于现有法律规定和行政体制的限制，可以先成立专门的执法处或执法大队，在省一级执法处或执法大队的领导下，在不具备专利行政执法权限的市、县、区设立执法分处或执法分队，暂归知识产权行政部门或者科技行政部门管理，配备相应的执法人员和执法设备。

3. 完善专利行政执法权限及手段

（1）增加执法权限。增加执法机关对恶意专利侵权和危害公共利益的专利违法行为的主动查处权，适当扩大对已经司法审判确认侵权的专利侵权行为的主动查处权。

（2）完善执法手段。执法手段是确保执法权威和执法效果的前提和基础，系统完善专利法律制度中专利行政执法的调查权、强制权和处罚权的规定。建议在《专利法》修改过程中，增加执法机关对于专利侵权纠纷和专利违法行为的调查权，赋予执法机关问询当事人、查阅复制相关资料、现场检查涉嫌侵权活动场所，以及检查相关物品的执法权力，增加执法机关对于假冒专利产品和有明确证据证明构成专利侵权的物品进行查封、扣押等行政强制措施的权力。

（3）加大对违反责令停止侵权决定的惩罚力度。建议在《专利法》修订过程中加强违法责令停止侵权决定的惩罚力度，有效地发挥专利行政执法的效力。

（4）确认专利行政调解的法律效力。将《专利行政执法操作指南（试行）》第4.5.1节“《专利纠纷调解书》由双方当事人签名或者盖章后生效”的规定在更高层级的法律文件中予以确定，或者借鉴司法程序中调解效力的有关规定。

4. 完善行政执法维权机制

（1）完善快速维权机制。一是加强全国重点产业集聚地区知识产权快速维权工作布局，有序推进快速维权中心建设；二是建立快速维权中心绩效考核机制。

（2）畅通中小微企业维权渠道。一是提高中小微企业的专利法律意识，二是依据中小微企业的发展需求制定配套的知识产权政策，三是宣传普及知识产权预警知识。

5. 完善行政执法配套机制

（1）专利行政执法信用体系建设。完善我国行政执法体系配套机制建设，将知识产权信用体系、预警机制、协调机制、评价机制、信息资源共享机制、执法资源共享机制等与专利行政机制相统一。

（2）加强专利行政执法宣传。各地方知识产权局要通过在当地具有较大影响力的报纸、网站等媒体，大力宣传本地专项行动工作方案和各项措施。通过公布典型案例的方式，及时宣传打击电子商务领域专利侵权假冒行为取得的成效，向社会公众做好政策解读工作，对公开的案件信息可能引起的社会关注，要及时做好解释和回应。

（3）加强专项行动执法与联合执法。目前我国专利侵权现象在电子商务领域与各类展会上较为突出，宜将这些领域列入专项行动的打击重点，通过专项行动与联合执法借助公安、质检、工商、海关等多部门的力量，从生产源头、市场监管、进出口环节等多渠道开展联合整治行动。

6. 加强会展业专利行政执法

（1）简化和细化现有的普通行政保护程序。具体可以从以下几个方面来设计：第一，完善对权利人的事先告知程序；第二，建立权利申报备案制度；第三，规范侵权投诉受理程序；第四，展会期间各种权利纠纷的行政处理程序要更加注重“简便、快捷、及时和高效”。[1]

（2）设置展会知识产权行政保护的简易程序。建议在设定简易程序时，应当设定一定的适用条件。例如必须进行知识产权展前公示，规定在展会前的一定时间段内进行申报公示，要求参展方向展会主办方提供其参展项目所有知识产权状态的资料，由展会主办方在招商招展时将这些知识产权资料编印成册发放给所有参展商浏览自查。

（3）建立专利预警机制和维权机制。无论何种情况，一旦产业参展中发生专利纠纷，对我方而言都是急需处理的问题。但究竟应该如何预防纠纷的发生？对于已发生的纠纷如何进行处置？大多数企业实际上并不清楚如何处理，主要原因就在于我国还未建立起行之有效的专利纠纷预警处理和维权机制。

（4）加强行政执法部门与展会方的沟通。知识产权行政执法部门是维护展会秩序的重要力量，执法效率的高低、执法效果的好坏在一定程度上取决于行政执法部门与展会主办方之间的及时高效沟通。

（5）加强政府对境外参展的规范管理。加强政府对境外参展活动的规范管理也是做好境外参展活动、防止专利纠纷发生的重要环节。[2]

（二）创新性对策建议

1. 构建网络环境下专利行政执法统一平台

国家知识产权局发布《关于公开有关专利行政执法案件信息具体事项的通知》，要求依法公开作出行政处罚决定的假冒专利案件信息与作出处理决定的专利侵权纠纷案件信息。及时、完整、准确的执法办案信息报送有利于执法部门调查考核跨区

---

[1] 毛海波. 国际展会知识产权保护研究［D］. 上海：华东政法大学，2012.

[2] 黄少彬. 我国中小企业境外参展中的专利风险及应对措施［J］. 江南大学学报（人文社会科学版），2014，13（6）：33－39.

域经营责任人，为执法工作提供办案依据。案件信息公开工作情况与执法案件信息报送工作也是各地知识产权执法工作的重要绩效考核指标，执法统一平台方便数据的统计与整合，各地执法部门也可以通过平台比较出自己执法工作的优势与劣势，进一步完善本区域专利行政执法工作的不足。

2. 从事实认定标准和证据采信方面落实行政保护与司法保护的对接

一方面，可以通过建立专利保护联席会议机制，来加强行政执法与司法保护的对接。另一方面，加强案件通报和信息共享机制，行政执法部门与司法保护部门应建立有效的案情通报制度，避免行政工作结果在司法程序中遗漏或重复进行。

3. 改善专利纠纷行政调解的相关规定

（1）行政调解主体多元化。可以考虑在专利领域建构起一个程序透明、过程开放、公众参与的公共服务平台，帮助当前面临严重人员短缺的管理专利工作的部门承担调解任务。

（2）调解协议书的效力。可借鉴我国台湾地区的做法，行政机关应在调解协议书作成后 7 日内将其送往管辖法院审核，审核通过的调解协议书具有强制执行力。[1]也就是说，调解协议书的移送主体是行政机关而非当事人，这样可以避免当事人对调解协议书的效力有二次决定权。

4. 创新执法模式并制定专利行政联合执法指导指南

制定国家层面的专利行政联合执法指导指南，统一跨区域、跨部门联合执法操作规范，对加强信息沟通、减少行政资源浪费具有重要作用。

（1）跨区域行政执法。制定跨区域行政执法指导指南，使专利权人或利害关系人欲对发生在其他地区管辖范围内的专利侵权纠纷寻求行政处理时，可以选择向该地区知识产权局提起请求。

（2）跨部门联合执法制定跨部门专利行政执法指导指南，应以统一指挥、分工负责、资源共享为原则。将专项行动的优良经验转化为跨部门专利行政执法指导指南固定下来，对长期稳定提升专利行政执法具有重要意义。

5. 赋予专利行政执法决定应有的法律效力和权威

从立法上对管理专利工作的部门所作行政调解的法律效力作出明确的规定，赋予其应有的法律效力和权威，以便在行政执法过程中形成的决定能够更好地发挥其作用，产生强制力和威慑力，有效地制止侵权行为。

---

[1] 参见我国台湾地区“著作权法”第 82 条规定。

在现代产权制度下构建中国专利运营体系的若干思考*

产权是现代市场经济发展的制度基础。专利作为产权制度规则，不仅是授予发明人的财产性权利，更是形成并确认人们对资产权属的方式。经过长期实践证明，专利制度作为西方工业文明和市场经济的产物，已经成为现代产权制度的重要组成部分，并被视为知识经济时代最重要的产权安排。将专利运营置于产权制度视野下进行考察，可以超越权利用语和法律文本。党的十八届三中全会将“健全现代产权制度，完善产权保护制度”作为坚持和完善基本经济制度的重大改革措施和基本实现路径。加强专利运营已成为我国推进供给侧结构性改革，完善现代产权制度的重要内容。构建专利运营体系必将对坚持和完善基本经济制度、完善社会主义市场经济体制产生重大影响。在现代产权制度的范畴下构建中国专利运营体系，不仅可以理性地思考和认识专利制度的产权本质，并可在更为深刻的层次上考虑如何在经济全球化的浪潮下进行本土化的专利制度建构。

放眼全球，伴随着第四次工业革命浪潮，知识产权正在迎来新的制度变革。在新技术革命和新产业演进过程中，专利运营是知识产权制度变迁的必然产物。知识产权被称为21世纪经济领域的“硬通货”，而专利资产的有效利用不足几乎是一个全球性的难题。近十几年里，随着专利运营商业模式不断演变，专利运营与科技、法律、经济、金融等日趋融合，较好地建立起与产业创新链、价值链的互动关系，逐步发展为成熟的商业实践。目前，专利运营在全世界范围内作为独立的产业形态，呈现出产业结构多元，服务链条完整，市场规模日趋扩大的特点。在发达国家，专利运营已形成一个相对完整的产业链，美国已成为全球最重要的专利运营市场，每年有高达500亿美元的交易量。专利运营不仅可以降低全球技术转移中的交

---

* 本文基于《现代产权制度下的中国专利运营体系构建研究》。作者：李昶；作者单位：国家知识产权局专利管理司。

易费用，而且在无形商品的生产和交换中创造出新的市场价值。通过专业化的资产管理和市场化的资本运作，专利运营正在发挥着配置全世界创新资源的关键作用。

在现代市场体系完善的情况下，发达国家多采取构建以政府主导、服务机构协同的专利运营公共服务体系，如支持本国专利运营机构发展、创立政府背景的知识产权创投基金等方式积极扶持专利运营产业发展。例如，美国国家技术转移中心建立专利供求和分析归类的信息枢纽，通过网络化的服务体系，与联邦实验室密切联系，形成科研机构与产业界的专利转移纽带。英国政府组建英国技术集团，负责对政府公共资助形成的研究成果的商品化，并已发展成为世界上最大的专门从事技术转移的科技中介机构之一。韩国政府投入 2 亿美元设立“知识产权立体伙伴”和“知识探索”等专利运营管理公司，开展专利集中管理和统一运营，在推动专利转移转化的同时，有效帮助本国企业应对外国专利运营公司的威胁。相比之下，由于缺少有效的专利运营公共服务，中国专利运营产业规模小、服务能力弱、交易规则不统一，专利运营的信息形成与传递、价格发现等主要功能受到很大的限制。

尽管我国用30余年的时间，在法律体系建设方面跨越了西方发达国家上百年的历程，已全面建立起具有中国特色的专利制度，在规范创新领域市场经济秩序、促进对外开放和引进知识资源等方面发挥出积极作用，但从总体上看，我国目前的专利制度实施体系还很不完善，专利制度支撑创新驱动发展的体制机制障碍还很突出，专利制度优势还远未释放。其最为突出的问题是缺少有效的市场机制安排，以产权激励的方式配置创新资源的路径无法打通。当前面临的严峻形势是，“十二五”期间，伴随产业规模急速扩张，我国专利申请量与授权量呈高速增长的态势，已连续 4 年位居全球首位，但同期我国专利数量增长并没有明显体现为创新发展和产业竞争的优势，创新效益不明显，绝大多数产业仍处于国际制造业低端这一状况未发生根本性转变。这充分表明，专利作为经济和产业发展的重要制度保障，其作用尚未充分显现，通过专利制度创新助推新经济发展还有很长的路要走。

发展专利运营产业意义重大。从微观角度看，专利运营推动专利权与资本互动，是专利权人实现创新效益、扩展财产权利的主要途径。专利价值能够在市场运动中实现，将有效提高资本的运行效率，有力地吸引资本投资创新，从而实现社会资本的优化配置。从宏观角度看，企业的资本组织形式和法人治理结构影响到产权流动、重组和融合的市场效率。专利运营能够推动企业建立适应市场竞争的企业创新管理体制和运行机制，实现投资主体多元化，提高创新投资效益。可以说，推动专利运营产业发展是我国提升专利发展质量效益，由专利大国向专利强国转变的必然需求。

一、发展中国专利运营产业的内在逻辑

从全球专利运营产业的演进脉络来看，国外专利运营产业的发展已经较为成熟，包括美国高智、谷歌、苹果等公司在内的很多企业通过专利运营取得了巨大的成功。但同时也发现，专利运营产业的发展环境正变得越来越复杂，受到经济全球化的影响，以开放式创新和价值链竞争为典型的创新和竞争模式导致专利运营产业发展面临的挑战越来越艰巨。相较国外，我国专利运营产业的发展起步相对较晚。随着国家对专利运营工作重视程度的不断提升，我国专利运营产业的发展也迎来了重要机遇期。但与此同时，很多国内专利运营从业者对于如何推进专利运营产业的发展存在很多困惑。面对复杂的现实发展环境，专利运营产业对我国经济发展的支撑性作用并没有得到有效体现。在当前形势下，有必要尽快了解我国专利运营产业发展的现实需要、破解影响专利运营产业发展的关键问题，进而理清我国专利运营产业的发展逻辑。

（一）推动技术创新发展

1. 开放式创新需要产权明晰激励

随着世界多极化、经济全球化的进一步发展，开放式创新已经成为我国技术创新发展的主流模式。“相较传统的‘内部研究和创新’的封闭模式，开放式创新注重已有成果的应用和发展，行业界限变得模糊，创新资源得以在企业和企业、企业和相关组织之间快速流动和共享。”❶ 因此，各类创新主体对外部创新成果的需求和依赖程度更加强烈，两种创新模式的具体差异如表1所示。如图1所示，在开放式创新模式下，企业与竞争者、用户、供应商、科研机构等通过协同合作、技术扩散等方式，形成创新网络，创新活动由原来的孤立系统走向开放的、互为关联的、非线性的网络结构。企业的技术资源的流入或流出，都是动态和开放性的，从而形成技术创新发展过程中技术所有权、技术使用权、技术支配权和技术收益权在不同创新主体间不同占有比重的多种组合。在该创新模式下，各创新主体之间是一种更

❶ 刘文涛. 开放式创新环境下技术创新面临的挑战［J］. 科技管理研究，2012（3）：12－14.

为松散的组织关系，通过在技术链、产业链及价值链上的分工协作，形成了一种高效的价值创造机制。

表1　封闭式创新与开放式创新的差异比较❶

项目	封闭式创新	开放式创新
创新来源	本行业里最聪明的员工都为我们工作	并不是所有的聪明人都为我们工作，企业需要和内部、外部的所有聪明的人通力合作
	为了从研发中获利，企业必须自己进行发明创造，开发产品推向市场	外部研发工作创造巨大的价值，内部研发工作需要或有权利分享其中的部分价值
创新的商业化运用	如果企业自己进行研究就能首先把新产品推向市场	企业并非必须自己进行研究才能获利
	最先把新技术转化为产品的企业必将胜利	建立一个更好的企业模式要比把产品争先推向市场更为重要
	如果企业的创意是同行业内最多的，企业一定能在竞争中获胜	如果企业能充分利用内部和外部所有好的创意，那么就一定能成功
	企业应当牢牢控制自身的知识产权，从而使竞争对手无法从其发明中获利	企业应当从别人对其知识产权的使用获利，同时只要是能提升或改进企业绩效的模式，同样应该购买别人的知识产权

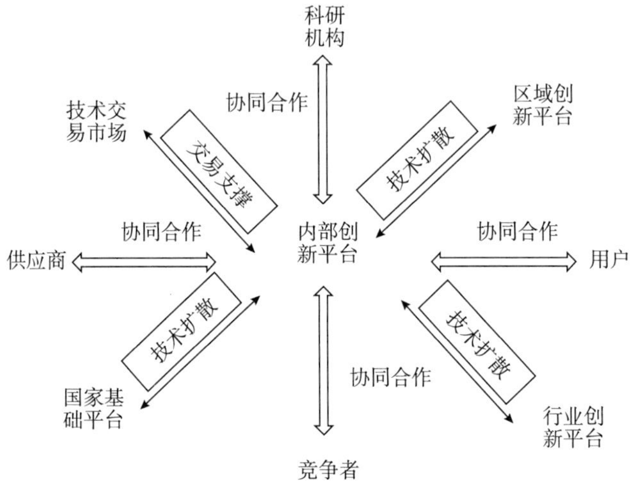

图1　开放式创新下企业外部创新网络❷

❶ CHESBROUGH H. Open innovation: the new imperative for creating and profiting from technology [M]. Boston: Harvard Business School Press, 2003.

❷ 刘文涛. 开放式创新环境下技术创新面临的挑战 [J]. 科技管理研究，2012 (3)：14.

然而，无论是封闭式创新还是开放式创新，经济利益是其共同追求。创新所能带来的收益对创新者的积极主动性有很大影响，而创新的收益又受到成果的产权归属安排及保护状况的影响。因此，从该意义上讲，相较封闭式创新，开放式创新模式对产权明晰的诉求更高。事实也表明，无论是国外英特尔公司的外部资源应用模式还是国内华为公司的开放式创新平台模式，其开放式创新模式之所以能够取得巨大成功，产权明晰是创新过程中的重要前提。一方面，明晰产权有助于明确相关主体的权利和义务，明确相关主体可能要承担的风险和可获得的收益。这既是市场经济运行的基本规律和要求，也是开放式创新主体间合作的基础。另一方面，明晰产权也有助于减少开放式创新过程中的产权争议，从而在很大程度上降低由争议而引起的成本。更重要的是，由于产权处分结果与产权主体自身的利益紧密相关，产权是否清晰将直接影响产权对创新主体的激励效果，进而影响产权效率[1]。当然，开放式创新在中国应用过程中也存在一些阻碍，那就是知识产权保护问题，如果知识产权保护力度不够，即便开放式创新成果的产权足够明晰，也很难保证开放式创新的成功。

与此同时，伴随开放式创新，不同创新主体之间的交互变得更为频繁，相较传统的封闭式创新，创新活动对外部资源的充分利用直接导致了创新效率的提升，因而产生了更多的创新权利，专利运营产业便是在这种背景下产生的。

2. 专利运营对产权明晰激励影响

正如前文所述，技术创新活动的最终目的是追求经济利益的最大化，这也是推动封闭式创新向开放式创新转变的根本动力。当创新权利的产生无法为创新主体带来收益时，产权明晰也难以真正实现创新激励。专利运营作为一种将产权化的创新权利转化为现实生产力的过程，其本质上是将创新投资转化为产权收益的过程，通过专利运营能够实现产权收益，从而有助于平衡创新投入与产出，实现产权激励效应。专利运营以产权明晰为前提，通过不同的专利运营模式，能够有效推动所有权、使用权、用益权等权利在所有者和经营者间有序流动。伴随创新范围、组织和行为的变化对产权的外部性制度需求持续放大，专利运营不仅能够帮助私有产权实现对创新发展的激励作用，在公有产权条件下，通过对产权束的分离和组合，也可以产生不同的专利运营模式，实现有效率的产权制度安排。

---

[1] 任何一项产权，都会有一个效率的问题。产权的效率，指的是将某项财产权用于交易、经营或者其他目的时产生的经济、社会效果。通常，清晰的产权会导致较高的效率，不清晰的产权则导致较低的效率。

（二）加快要素市场化改革

1. 创新资源要素的市场化改革

从 1978 年起，我国的市场化改革已走过 30 多个年头。但目前，我国的市场经济发展中仍然存在不可忽视的制度壁垒。大多数的改革并不彻底，并且导致了行政和市场并行的情况出现。传统体制对创新资源要素配置的影响依然明显。这造成了多元化市场主体的缺乏，反映市场需求的价格的欠缺，以及维持市场竞争秩序的规则的缺位。这些问题严重制约了我国创新资源要素市场的发展速度，阻碍了公平、有序的竞争，严重影响了当前我国产业转型升级的总体进程。当前，随着我国知识产权战略的不断推进，我国科技创新成果的数量已经达到前所未有的规模。然而，我国科技创新能力与社会经济发展水平不相适应，表现为供给与需求的结构性失衡，重大原创性创新成果少，创新主体不活跃，创新投资回报率低，退出渠道窄，创新成果转移转化效率低下等问题。归根结底，是创新资源要素配置出了问题，创新资源并没有按照市场运行规则进行供给，从而导致创新资源配置低效。

为了有效盘活科技创新成果，真正实现创新驱动发展，需要尽快推动以创新资源要素为核心的市场化改革。强化技术创新中的市场导向，根据市场需求选择技术研究方向、路径，充分发挥市场在创新资源配置中的主导作用。处理好国家财政资金与企业特别是与民营企业的关系，加大财政投入、完善政府补贴，鼓励企业将财政资金资助获得的科技成果转化出来。同时，亟须打通科技创新体系中企业、政府、高校和科研机构之间的“阻碍”，实现人才、资本、技术、知识自由流动，不同创新主体之间加强合作、协同创新。人才、知识等创新要素在自由流动中优化重组，将使创新活力竞相迸发，创新价值得到更大体现，创新成果转化和资源配置效率大幅提高。

与此同时，以核心技术为主体或基础的“知识资产”是创新资源要素最重要的一种表现形式，它也是形成创新主体竞争能力所必需的资源。具体到专利而言，作为科技成果产权化的一种表现形式，更是当前创新主体塑造核心竞争力所必需的资源。然而本质上讲，尽管专利制度本身是市场经济的产物，其对科技成果的产权也进行了必要制度安排，但当前专利交易或经营对经济、社会的贡献度并没有得到有效体现，专利创造水平与专利转化水平严重失衡，产权效率低下。究其原因，需要尽快推动以专利为核心的创新资源要素市场化改革进程。

2. 专利运营对产权效率提升的影响

创新资源市场化改革的核心是解决资源配置“公平”和“效率”问题，它是由连通资源供给与需求供给的一系列过程组成。然而，改革本身并不能直接促进产权效率的提升，还需借助专利运营活动将产权化的科技成果转化为产权效益，才能实现创新对经济、社会发展的支撑效应，进而促进产权效率的提升。与此同时，专利运营活动本身包括了高校、科研院所、服务机构、专业组织以及制造和金融类企业在内的各类主体，在多元化主体的参与下，专利运营活动集聚了包括人力、物力和财力在内的各类创新资源要素。依托专利运营活动，不仅有助于推进创新资源要素的市场化改革，解决创新资源要素配置的“公平”问题，还有助于平衡创新的投入与产出，实现创新资源要素配置的“效率”问题。

（三）强化产业国际竞争力

1. 产业价值链攀升对产权动力的需求

伴随经济全球化的日益深化，产业分工的范围也扩展至全球。这种新的国际化生产过程将产业国际竞争的重点聚焦到了全球产业价值链。是否能够在价值链上占据更高更有利的位置成为保持国际竞争优势的关键所在。然而，自改革开放以来，尽管中国通过参与全球价值链分工使得经济得到迅速发展，但我国仍处于工业化进程中，与先进国家相比还有较大差距。当前，我国产业发展普遍存在信息化水平不高，国际化程度不够和全球化经营能力不足等问题，很多产业结构仍处于全球价值链的分工中的低端位置。尤其是制造业，中国 2009 年起制造业规模超过美国成为全球第一制造大国，优势集中在制造环节的产业格局，使得中国制造业在全球化发展中融入的是“被俘获”型的全球价值链治理结构，研发和营销两端的积弱，形成了中国制造业以价格竞争为主的低端生产能力过剩格局。即中国戴着全球第一制造大国的桂冠，同时面临处于全球价值链分工体系的中低端的尴尬。

根据 Humphrey 和 Schmitz[1] 的观点，从低利润的制造环节向利润丰厚的设计和营销等环节跨越，或从原有价值链借助技术突破进行新的价值链，即进入新的产业领域，正是产业升级中的功能升级和跨领域升级阶段。从国外学者的研究来看，在全球价值链中，知识产权能够为企业带来主导优势。全球价值链嵌入对产业升级的

---

[1] HUMPHREY J, SCHMITZ H. Local enterprises in the global economy: issues of governance and upgrading [M]. Cheltenham: Elgar, 2004: 1-19.

影响主要通过作用于企业的创新能力、制造能力和营销能力得以实现，这些能力的构建都离不开知识产权的强化。而现实中，强化知识产权保护与控制也成为发达国家巩固加强其在国际竞争中占据优势地位的主要手段。伴随我国产业转型升级的不断深入，为了提升在国际产业价值链中的位置，我国政府相继出台了一系列的政策。包括《中共中央 国务院关于深化体制机制改革加快实施创新驱动发展战略的若干意见》《中国制造 2025》《关于新形势下加快知识产权强国建设的若干意见》等在内的政策文件均明确了知识产权对于我国产业转型升级以及国际产业价值链攀升中的重要作用，并从重点产业领域的知识产权储备、布局、运用等方面提出了重点任务。当前，我国的产业仍然以劳动密集型和资金密集型为主，并且同时面临产业升级和国际分工地位提升的双重困境。要破解这一困境，需要强化对全球价值链中知识产权的占有与控制，凸显产权在产业价值链攀升过程中的重要促进性作用。

2. 专利运营对产权动力的影响

无论是开放式创新对产权明晰的内在要求，还是资源要素市场化改革对产权效率的推动性影响，专利运营都为其最终发挥作用提供了重要的载体，即依托专利运营，推动具备“明晰”和“效率”特性的产权实现产权效益。通过专利运营，有助于实现产权激励，提升我国在国际产业价值链中的位置，发挥产权的动力效应。基于其权利独占性而带来的市场价值的实现，是专利制度激励作用有效发挥的重要途径。一项专利技术通常需要经历发明、生产和商用三个阶段，才能够实现其经济价值的回报。而专利运营作为产权交易的重要手段，能够运用专利制度提供的专利保护手段及专利信息，通过不断的明晰产权与创新要素市场化改革，谋求最佳的经济回报，推动国际产业价值链攀升。

当前，中国专利运营产业面临复杂的发展环境，挑战和机遇并存。包括知识产权保护力度、市场化改革深度、知识产权运用水平在内的诸多因素都对专利运营产业的发展构成了极大的挑战。而纵观专利运营产业发展的逻辑进程可知，产权制度安排自始至终在其中发挥着重要作用。中国现实环境下专利运营产业发展，迫切需要基于产权制度构建符合我国实际的专利运营体系发展框架。

二、构建中国专利运营体系的基本思路

（一）基于产权制度的改革思路

在中国，科技体制机制改革始终是改革的重点和难点。由于我国科技体制是仿

照苏联的科技发展体制建立起来的，具有浓重的计划经济色彩，对迅速提高国家整体科技水平起了关键的作用。但随着科技人员队伍日益庞大，科研投入逐年增长，行政干预过多的弊端逐渐显现，我国科技体制表现出创新活力不足、资源配置效率低下、市场效益不突出等诸多缺陷。将科技体制机制作为改革的重点，其核心目标就是要以市场机制激发创新活力，提升创新效率，优化资源配置。而推动科技成果转化被认为是推进科技与经济结合，解决科技经济两张皮的基本路径，也被视为科技体制机制改革的落脚点之一。

经济学上认为在产权界定清楚的情况下，不同的产权制度决定着不同的资源配置效率。产权制度是公认最有效率的市场机制。因此，在科技领域完善产权制度一直是我国科技体制机制改革的方向。[1] 早在1985年，中共中央发布《中共中央关于科学技术体制改革的决定》（中发〔1985〕6号），提出了“开拓技术市场，疏通技术成果流向生产的渠道，改变单纯采用行政手段无偿转让成果的做法”“要注重解决技术成果的配套、商品化生产和经济效益等方面的问题，以提供适用技术市场需要的技术商品”“要制订有关的法规和制度，保证买、卖、中介三方的合法权益”等一系列改革举措。这不仅标志着我国科技体制改革全面启动，也对其后改革思路影响深远。改革伊始，我们就将科技成果产权改革作为改革的主线，围绕科技成果产权制度改革进行了大量的制度设计和政策创新。改革的思路从最初的改革科研经费管理到科技人员权益激励，从建设技术市场到推动产学研结合，从提高研发投入强度到科技机构管理体制改革，但收效甚微，科技成果转化难仍然是制约中国创新驱动发展的桎梏。30多年过去，我们似乎穷尽了各种改革路径[2]，问题依然存在，从未有真正意义上的实质性突破，甚至问题、情况更为错综复杂，利益更加纠葛多元。

那么，问题究竟出在哪呢？

问题一，如何界定科技成果的产权边界？毫无疑问，市场机制是解决“科技成果转化难”问题的根本出路。长期以来，我国科技成果大多是在政府财政性资金支持下由国有科研单位获得，国家是科技成果的所有者、控制者和监督者。[3] 尽管每

---

[1] 《中共中央关于全面深化改革若干重大问题的决定》提出：“完善激励创新的产权制度、知识产权保护制度和促进科技成果转化的体制机制”“深化科技体制改革，健全技术创新市场导向机制，发挥市场对技术研发方向、路线选择、要素价格、各类创新要素配置的导向作用”，为破除制约科技成果转化的制度性障碍指明了方向。但在实际中，科技体制机制改革却举步维艰，踌躇不前。

[2] 王天骄．中国科技体制改革、科技资源配置与创新效率［J］．经济问题，2014（2）：33－39．

[3] 本节讨论的科技成果转化均针对国有科研单位在国家财政性资助下获得的科技成果。

一次科技成果产权制度改革都试图在科技成果的权益分配上有制度性突破，却一直忽略了一个最基本也是最重要的问题——科技成果的产权边界在哪里？众所周知，科技成果属于经济学上的资源范畴，虽然在法律可主张财产权利，但属于非市场化的产权形式，其产权并不清晰。科技成果的产权不清晰表现在多个方面：一是所有权模糊。国家享有占有、使用、支配科技成果的一切权利，并由国家指定的政府部门代行权利。近年来国家逐步放开对科技成果产权的管控，国家授权科研单位自主行使科技成果处置权和收益分配权，转由科研单位代替所有者行使所有者权利。二是行为权不明晰，即国家、科研单位和科技人员分别作为行为主体，权责利关系不明确，均不享有完整的权利，导致信息成本、组织成本和代理成本高昂，抑制了科研单位和科技人员参与科技成果转化的积极性和创造性。科技成果的产权不清晰，在国家、科研单位与科技人员之间就始终无法建立起有效率的产权安排。

问题二，如何提高科技成果转化的产权效率？假定科技成果的产权边界清晰，但按照谁出资谁享有权利的原则，国家作为科技成果的产权所有者，理所应当对科技成果履行管理职责和收益权责。国家所有意味着将产权所有者的权力赋予各职能部门。一方面，科技等部门负责项目资金的分配和科技成果的认定。另一方面，财政等部门负责对科技成果的转化进行审批和科技成果的收益监管。在这种条块分割的制度设计下，其产权交易的市场效率可想而知。尽管公有产权和私有产权都是市场经济中有效的产权形式，但在同等的市场条件下，通常认为私有产权的资源配置效率相较于公有产权更有优势。因此，科技成果转化的路径事实上始终沿着公有产权向私有产权转化的方向推进。在科技体制机制改革初期，在不改变科技成果权属的前提下，国家根据科技成果转化的收益对科技人员予以奖励，将收益权予以部分让渡。（主席令〔1996〕68 号）之后再进一步放开管制，允许科技成果承担单位依法处置，前提是经财政部门的行政审批，进一步将处置权下放。（主席令〔2007〕82 号、国办发〔2002〕30 号）而历经在中关村国家自主创新示范区等一系列试点后，科技成果处置权、收益权管理开始突破公有产权的界限，政府部门不再对科技成果的处置权和收益分配权进行审批或备案，科技成果收益留归承担单位，其中一部分可归科技人员。近期，部分地区开始探索科技成果所有权改革，鼓励高校院所与发明人以股份等方式，对职务科技成果分割确权。[1] 因此，科技成果产权改革必

[1] 《促进国内外高校院所科技成果在蓉转移转化若干政策措施》（成委办〔2014〕29 号，简称“成都十条”）。

须考虑在科研单位与科技人员之间划分合理的产权关系，才能更多地以私有产权的形式提高产权效率。

问题三，如何确定科技成果的产权结构？新制度经济学家认为，产权是以所有权为核心的“一束权利”。任何完整的产权的权能结构都包括所有权、支配权、使用权和处置权四项权能。在一定条件下，产权的权能是可以分离和组合的。所有权是产权主体，即产权所有者的独占权；而支配权即为主体对科技成果的控制权，主体可以为国家、科研单位，也可以是科技人员。国家作为所有者，在满足一定条件下，可以将处置权和使用权赋予相应的单位和个人。科技成果的各项权能并非由单个权利主体单独享有，因此必须进一步把握科技成果的权能结构演变过程，准确地认定科技成果产权的权能结构，界定国家、科研单位和科技人员各自享有的权能界限。因此，在产权主体不变的情况下，将科技成果以产权形式合理地分离和组合权能，使其具有更好的利用价值，降低交易费用，鼓励在市场上的产权交易。

归结起来，科技成果转化难的核心症结就在于明晰产权。正如科斯在其著名论文《社会成本问题》中指出，“没有产权的初始界定，就不存在权利转让和重新组合的市场交易”。[1] 科技成果的产权关系不明晰，交易风险大，市场交易就不可能活跃。同时，科技成果的非市场化产权形式，亦导致其权责不明确，产权激励和约束不足，产权自然就难以顺畅流动。

诺斯指出，“一个有效率的产权制度是经济长期增长的关键”。产权是现代市场经济制度的核心。只有扭住了产权问题，就抓住从根本上打破部门的利益藩篱，释放出充沛的市场活力。30 余年的实践证明，产权制度改革是中国科技体制改革的主线和实质。只有通过产权制度改革，建立市场激励机制，才能优化配置创新的要素结构，提高创新效率。专利制度是界定创新成果产权的根本性制度。换而言之，因此，基于专利制度的产权制度，对科技成果进行产权界定、配置、经营和保护，才能从根本上解决科技成果转化难的问题。事实上，以专利运营促进科技成果转化的关键作用已为全球发达经济体所证实。下面就如何构建中国专利运营体系，建立推动科技成果转化的新型市场机制提出系统的发展思路。

需要明确指出的是，专利运营在概念内涵和运作模式上完全区别于科技成果转化，更谈不上是科技成果转化的延伸或演变。就市场的行为性而言，专利运营与科

---

[1] 罗纳德·科斯. 社会成本问题［M］//财产权与制度变迁. 上海：三联书店上海分店，上海人民出版社，1994.

技成果转化具有对象的高度相关性和逻辑上的一致性。尽管两者具有类同的市场导向，却遵循不同的市场交易逻辑。科技成果是具有学术或经济价值的知识产品，而专利是创新成果制度性保护的产权载体。对发明创造进行新颖性、创造性和实用性的“三性”审查，实质上是清晰界定创新成果产权边界的过程。授予专利权，是法律承认创新成果私有产权并赋予其产权保护的结果。科技成果转化是科技成果经济价值量化的商品交换活动，而专利运营是实现创新成果市场价值的产权交易活动。专利运营具有不同的产权表现形式和多样性的产权交易方式。在专利运营过程中，可以在不破坏原有的产权结构的情况下，以市场化的方式对专利权权能的分离和组合，即“政府的归政府，市场的归市场”。专利运营的效益将与科技人员的收益密切相关，矫正科技人员因科技成果公有产权化而导致的各种异化行为，例如不愿意将财政资助获得的创新成果按照职务发明申报专利，或私下与人合作转让相关成果，或采取个人或其他途径申请专利等行为规避管制等，以强化产权激励的方式从根本上提高专利创造质量。

在专利运营中，权利的转移和交易是实现价值增值的根本。当权利界定模糊，专利运营利益相关者无法确定权利能够给自己带来的效用大小，不能满足参与主体对效用的期待，这将严重影响相关主体开展专利运营的积极性。此外，根据新制度经济学理论，产权明晰是降低交易成本的有效途径。专利权界定不足或模糊，会导致运营中各方利益相关者缺少可遵守的明确的规则和权限边界，增加各方的交易成本，从而减弱相关主体的积极性。因此，明晰产权的举措包括：一是要提高专利审查授权质量，合理确定专利权的保护范围，清楚地界定创新成果的产权边界，保证市场交易中产权的稳定性。二是建立国家财政资助专利的标识制度，确认专利权的产权归属。在不改变所有权的前提下，以此推动专利经营权和管理权的私有化。三是改革职务发明制度，划定专利权的产权结构，提高发明人的积极性。四是建立国家财政资助专利权限期转化机制，明确专利运营的管理职责、组织形式和约束条件等，形成产权交易的竞争机制，避免科技成果闲置。

信息不对称、市场不规范使专利运营具有很大的不确定性，均是导致交易费用高昂的主要原因。这无疑会阻碍专利运营的产权分配效率，阻碍专利资产的利用和流转，进而影响社会的总体福利。因此，降低交易费用的举措包括：一是建立专利运营交易的信息平台和信息披露机制，规范专利运营的产权流转程序，以充分、准确的信息消除交易中的不确定性。二是必须针对专利运营的各类市场活动特点，面向专利权人、企业、科研机构、服务机构等各类专利运营市场主体实施正向激励的财税激励政策，进一步发挥产权激励的效应。三是加强产权保护，维护市场秩序，确保专利运营的市场主体能够正当行使产权的各项权利，权益不受到侵犯，或在侵权行为发生时，能够得到充分及时的法律救济。四是加强专利信息利用，加强专利运营与产业发展市场需求的融合。

（二）基于产权特性的治理模式

专利运营体系是包括产权制度、市场结构、运营主体和管制规则在内的复杂性系统。对治理主体的价值选择，是实现专利运营可持续发展和有效治理的前提条件。价值取向是确立专利运营治理模式不可或缺的约束条件。在专利运营的市场化进程中加强价值取向引导，不仅能够避免政策制定的价值取向偏差，还可以理性引导市场行为。

如前所述，专利权是经济学上重要的产权概念，通常被理解为资源稀缺条件下人们使用和控制技术资源的权利。同时，专利权又是民事权利体系的重要组成部分，是专利权人依法享有的利益范围，包括人身权和财产权。在权利受到侵犯时，权利主体得请求国家机关予以救济。不仅如此，在实施专利权时，须区别于有形财产，考虑无形财产权的特性。

在市场经济条件下，市场主体对产权进行使用和处分的主要目的就是获取更加高额的经济收益。这就说明，效率问题是每项产权都无法回避的问题。专利运营作为基于专利权流转、以权利价值增值为追求的商业活动，同样涉及效率问题。同时，作为创新资源有效使用和合理配置的先决条件，专利运营是优化创新资源配置、实现产权效率的重要途径。根据新制度经济学理论，产权效率与交易费用有关。而专利运营的交易成本主要涉及专利权界定、流转和保护等环节中产生的成本。因此，构建专利运营体系的治理模式，要按照产权的思路，有必要放弃一些传统的建立在有形财产基础之上的观念，构建契合于无形财产特点和规律的权利归属和利益分配关系，梳理可能涉及的各种利益主体和利益关系，对各种权利构造作出明确的制度安排并建立相应的激励机制，尽可能降低交易费用，提高市场运行效率，促进实现共同的治理目标。

专利运营治理是专利行政管理部门和社会机构、市场主体共同管理专利运营公共事务的总和，是协调各类利益的联合行动。中国的专利运营治理是以政府权威作为前提条件，以社会整体利益为出发点，任何运营活动都是在政府市场监管下得以实施的。其参与者不仅包括政府部门，也可以是社会组织和市场主体。因此，多元协同治理是符合专利运营产业现实发展要求的治理模式。专利行政管理部门是实施专利运营治理活动的主要行为主体。虽然行业协会和运营平台也参与治理活动，但受到政府治理制约，更多地是为政府治理服务，弥补其治理不足。作为治理主体，专利行政管理部门要在多元治理结构中承担统筹协调不同利益方的责任和义务，形成政府、社会和市场的良性互动，构建起政府主导、社会协同、共建共享的治理格局。

加强专利运营治理，并不完全取决于专利行政管理部门的公权力及权威，关键还在于能否采取新的治理方式和技术路径。要采用多元主体治理的合作主义模式，一方面要明确专利行政管理部门与不同政府部门间的权力依赖关系；另一方面要推动市场主体间形成有效治理网络。要关注专利运营市场条件的变化和商业模式的创新，强调治理效率和依法治理，对专利运营治理模式进行及时调整，以全国性的专利运营交易平台为依托建立新型的政府管理方式和社会管理模式。要把市场机制和私人管理手段引入专利运营治理中，降低治理成本，用最小化成本获取最大化的收益，有效指导、控制和监督市场运行。要采取信息披露机制，促进专利运营治理的方式公开化、规范化、制度化。

专利运营的主体复杂性、行为动态性和模式多变性使得单一的治理模式无法有效解决问题。专利运营的治理实质上是政府治理、社会治理、市场治理三者的混合。三种治理模式之间既有相融互补的特点，也存在对立冲突的一面。其中，政府治理立足监管，强调公平和公正；市场治理立足竞争，强调效率和效益；社会治理立足协商，强调合作和整合。由于不同的利益取向，治理各方很难达成一致的治理目标。需要新的制度安排来消除不同的治理模式之间的对立冲突。

诺斯认为，制度包括正式、非正式两种。其中，正式制度大多由国家提供。国家可以说是最大的制度供给者。在当前我国专利市场尚不健全、相关产权制度亟待完善的情况下，市场机制并不能够有效发挥其对专利运营行为的调节作用，因而，我们更应深入思考如何为专利运营实现其价值发现，即挖掘专利价值最大化的功能，以及为增加交易透明度、规避专利权流转经办人可能面临的责任和风险提供有利的制度供给。只有在配套的政策法规与健全的市场运营机制的保障下，专利运营才能顺畅地开展起来，专利才能够通过市场转化更好地为国家的创新发展提供支持。因此，应当充分发挥国家作为最大制度供给者的作用，严格知识产权保护，强化产权激励，满足专利运营产业发展需求。

在为专利权流转提供制度基础时，国家的作用主要表现在：一是界定和明晰产权；二是降低产权界定和流转中的交易费用。同时，国家在供给制度时必须考虑以下三个问题：第一，制度的性质问题。制度的性质和质量，不仅决定何种经济活动是可行的、会盈利的，还将决定公司和组织的内部结构转变的效率。第二，制度的数量问题。国家在提供制度时会出现制度的供给与制度的需求基本相等、制度供给不足、制度供给过剩三种情况。第三，制度的效率问题。制度的性质对其效率有很大的影响。由政府实施强制性的制度创新，使制度的供给达到最优水平。

专利是一种具有稀缺性的资源。这种稀缺性要求我们必须对其进行合理配置。资源流动是实现资源利用最大化的重要方式。从专利本身来看，专利权的流动重组是实现专利价值最大化的必经之路。从投资人的角度来说，专利权的稀缺性为其实现资本增值带来了新的可能，因此，他们对参与专利权的流转也有很强的积极性。现实中，无论是专利的所有者还是投资人，他们都有对专利权流转的潜在需求。专利运营正是实现专利权流转，为利益相关方带来价值的有效路径。随着开放式创新和国际价值链分工的发展，专利权的流转已经形成一个完整的系统，包括从权利界定、流转方式的选择、中介服务、寻找权利转让方、价格竞争、完成转让等系列环节，是一个系统工程。因此，围绕专利权的流转系统来思考和设计市场交易的规则、加强业务协作是实现社会治理和市场治理的关键环节。

专利运营作为功能再造式的治理实践，将会成为驱动创新发展、实现创新效益的强大动力。产权理论、制度变迁是理解专利运营治理模式的核心要素。提升专利运营体系的治理功能，重点是加强专利运营的产权制度供给，进一步规范专利运营的行政行为、市场行为和社会行为。

一是要完善明晰产权归属的制度供给。产权归属清晰是专利得以流转、能够成功运营的基本前提。作为最大的制度供给者，国家的首要行动目标就是在竞争和合作的基础上，订立社会活动中界定、形成产权结构的契约安排。因此，无论是从经济活动顺利开展的要求来看，还是从国家追求利益的自身需求来看，完善明晰专利权归属的制度供给，是政府首先应当做的。完善明晰产权归属的制度供给，重点从专利管理政策体系入手。

二是要完善降低交易成本的制度供给。当交易成本过高时，人们进行产权交易的意愿就会降低，直接制约专利运营的开展。降低交易成本，是激励专利运营的有效途径。在产权明晰的前提下，采取措施降低交易成本，促进社会福利最大化是国家的行动目标之一。从产权制度的角度来看，国家在促进专利运营中能够且必须发挥的作用之一，就是通过完善制度供给，降低交易成本。降低交易成本的制度供给主要包括财税激励、产业扶持等政策制度。

三是要完善激发产权活力的制度供给。产权的价值需要在流转中才能够充分显现出来。专利运营的发展目标也正是通过权利的流转来释放产权价值，实现权利效益最大化。国家在支持引导专利运营产业发展的过程中，有必要通过完善以明晰产权为核心的产权制度改革、培育专利运营市场主体、建立健全专利市场交易机制等方面的制度供给，刺激社会组织参与专利运营的积极性，推进产权合理流转，从而充分激发专利运营市场活力。

四是要完善严格产权保护的制度供给。在没有国家的情况下，人们生活在霍布斯式的丛林里，更多的时间不是用来生产财富，而是相互去争夺。同样地，在专利权得不到有效保护的情况下，人们可以肆意侵犯他人权利而不需要付出任何代价，专利运营更是无从谈起。曼瑟·奥尔森（Mancur Olson）认为，一个社会要想长期保持繁荣，取决于两个条件：一是个人权利清晰、明确而且有所保障；二是不存在任何形式的巧取豪夺。可见，权利保护的重要性。按照新制度经济学的分析，国家在产权界定、保护等方面有天然优势，与私人保护产权相比，国家的存在可以大大降低产权保护的成本。因此，在明晰产权归属和降低交易成本的情况下，国家还应重视完善专利权保护的制度供给。国家严格专利保护的制度安排应重点关注以保护体系构建、维权机制建设，以及信用体系完善等为核心的专利保护政策。

中国专利运营政策体系的治理模式既不是科技成果转移转化政策的简单延续，也不是发达国家专利运营政策理论的照搬照抄，而是结合中国实施创新驱动发展战略的现实国情和需要综合创新的制度安排。中国专利运营体系的内在逻辑是在国家创新体系下，遵循专利制度框架下修正和完善市场配置创新资源的产权制度安排。将专利运营纳入政府主导的产权制度治理框架之中，明确专利运营治理的主导价值，主动关切历史惯性下的特殊现实国情，正确回应现代市场体系的专利运营观念，正是专利运营治理的关键所在。治理模式示意如图2所示。

三、构建中国专利运营体系的基本路径

专利运营体系的本质功能是以市场化方式实现创新资源优化配置。换言之，必须建立高度市场化、专业化的产权市场，才能实现专利权的有序流转和创新投资回报。结合中国专利运营发展的实际需求，应从完善产权保护制度出发，着重在供给侧发力，加强顶层设计和规则设计，突出产权与市场互动的机理，加强专利运营的制度供给、信息供给和服务供给。构建中国专利运营体系可遵循如下建设路径。

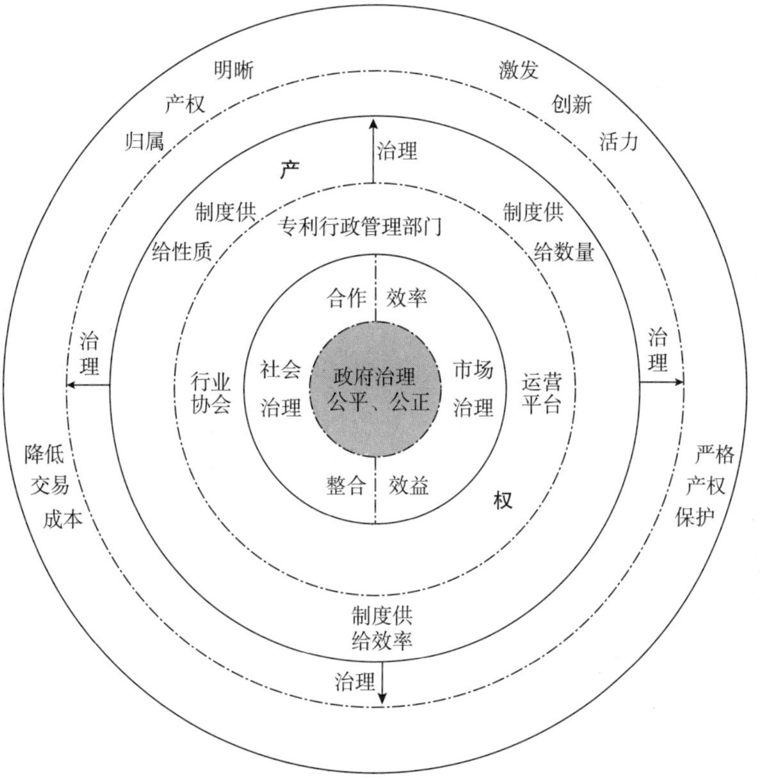

图2　中国专利运营体系治理模式示意图

（一）形成政府和市场双轮驱动机制

在完全竞争的市场结构中，市场在资源配置中起到决定性作用。但现实中，完全竞争只是理论上的假设。在垄断、外部性、信息不对称的情况下或在公共物品领域，仅仅依靠市场难以解决资源配置的效率问题，必须通过政府干预配置资源。尽管专利运营是完全意义上的市场机制，但是要使它真正发挥作用，同样有赖于政府的积极干预，才能解决市场失灵的问题。在专利运营的过程中，政府和市场的作用不是对立而是互补。

在这一点上，中国的情况不同于国外。甚至一定意义上，政府的作用恰恰是我们最突出的创新发展优势，或者说是中国专利运营体系的最大特点。建立中国专利运营体系离不开市场和政府双轮驱动。一方面，让市场在资源配置起到决定性作用，充分发挥企业作为创新主体的作用；另一方面，要发挥政府的积极作用，克服市场的短期行为。政策、信息和公共服务是支撑专利运营发展的三大供给要素。政府对专利运营的干预不是具体参与到微观的资源配置中，而是要通过构建专利运营制度、信息和公共服务的供给体系。要用好政府有形的手，必须根据不同的阶段确定发挥作用的重点和方式。

中国目前最主要的、质量最高的专利资产来源于过去20年国家财政投入产出的专利。但由于受国家财政资助，这些产权均归属国家所有，导致发明人的积极性受到抑制。甚至出于“经济人的理性”，接受财政资助的发明人不愿意申请专利或者以其他途径转移创新，高质量的专利资产很难进入市场交易，在后续研究开发的合作中也困难重重。由于缺少相应的政策支持保障，政府至今搞不清楚每年国家财政资助项目究竟产出多少数量的专利，其中又有多少专利是通过何种途径实现多大的价值？在这样的背景下，怎么可能实现产权的有序流转和资源的有效配置。

因此，构建中国专利运营体系第一步要在政策层面解决的问题是清晰界定创新成果的产权边界和产权归属。同时要建立必要的约束机制，对国家财政资助的创新成果权利取得和权益分配作出明确的规定，并通过专利标识的方式建立可溯及的产权登记系统，建立规范的市场交易方式和信息披露制度，彻底摒弃对国家财政资助专利转让须经行政审批的管理方式。在建设中国专利运营体系中，很重要的一点考虑是要加强政策的系统性和体系化，使得政策之间能够环环相扣、互为支撑，防止碎片化。

同时，在专利运营中，无论是明晰产权关系，或是建立激励和竞争机制，最重要的是要解决信息不对称。从权利类型上看，专利权属于信息产权。专利运营的定价机制依赖于专利权的主体、客体、法律、经济及技术特征的信息。这些信息均掌握在政府的手中。因此，信息的披露对专利运营至关重要。信息披露的渠道、方式、时机都决定了信息的有效性。建立信息集中发布、内容全面、获取便利的信息平台对于专利运营是非常必要的。

而对于一个尚在发展中的产权交易市场雏形，很难短时间内形成有效的市场流动性。投资行为是否活跃取决于市场中产权保护的力度和信息公开的程度。政府通过资金扶持鼓励资本开展专利运营对于激活市场、增加市场的吸引力和流动性发挥着重要的引导作用。由政府出资，吸纳社会资本共同成立专利运营基金的方式在各国发展专利运营产业过程中起到了重要的作用。要推动设立国家主权专利基金，依托平台开展业务，以信息服务集聚资本。

自2014年以来，国家知识产权局同财政部以市场化方式开展知识产权运营服务试点，初步形成了“1+2+20+n”的运营服务体系。其中，“1”是指北京的全国知识产权运营公共服务平台；“2”是指西安的国家知识产权运营军民融合特色试点平台和珠海的国家知识产权运营横琴金融与国际特色试点平台；“20”和“n”都是指依托全国知识产权运营公共服务平台提供专利运营服务的服务机构。以市场化方式推进专利运营主要立足创新全链条活动配置金融资本、专业化服务、多元化服务产品模式等市场要素。中国专利运营服务体系将以全国知识产权运营公共服务平台和两个特色试点平台为核心，以若干地方产业化专利运营平台为基础，建设结构合理、层次鲜明、可持续发展的知识产权运营服务网络。同时，将推动国防领域专利解密和市场化应用、国家财政资助专利标识制度、国家财政资助专利入场交易、专利运营财税优惠等重大政策依托平台落地。

（二）构建系统完备、衔接配套的政策体系

现代产权理论认为，财产权的价值取向已经完成从“以财产的支配为重心”到“以财产的利用为重心”的根本转变，社会经济生活的财产关系也实现了归属与利用的普遍分离。如何促进财产的有效利用，实现效益的最大化，已经成为现代产权制度设计的根本所在。在市场经济条件下，发明创造的财产属性毋庸置疑。因此，从现代产权制度的基本理念出发，中国专利运营政策体系设计，不应将其支撑点仅仅架构于保护发明创造的静态归属上，而是要在确认权利归属的同时，对这一权利体系中的诸项权利予以积极的制度安排，最大限度地促进专利的价值实现。

成熟市场经济国家专利运营政策为构建我国专利运营体系的政策框架提供了很好的参考。概括起来，国外专利运营体系相关政策主要包括三个方面，即促进产权明晰的政策、加强产权保护的政策和扶持产权流转的政策。其中，促进产权明晰的政策，如美国的《拜杜法案》、日本的《产业活力再生特别措施法》，以及德国的《雇员发明法》等，对创新成果在政府、科研机构、发明人等相关主体间的权益归属问题作出了明确规定，从而激励了创新产出，但由于忽略了配套性的对权益归属、管理原则和利益分配三者等内容的规范，导致技术成果或专利权的商业化并不理想。在加强产权保护方面，以美国为代表的西方国家对专利的态度，经历了由“反专利”到“亲专利”的转变。亲专利政策通过加强对创新者利益的保护，进一步激励了创新产出，促进了西方国家的科技优势向竞争优势的转化。“专利盒”政策是西方国家为扶持产权流转而制定的代表性政策。包括法国、英国、比利时等10多个国家都制定了类似的政策。“专利盒”政策的实施鼓励了专利权人的专利商业化行为，对企业创造高附加值产品和提供高附加值工作起到了推动作用。

明确我国专利运营体系治理的价值取向、制度安排及实现路径是科学合理地构

建我国专利运营体系政策框架的基础。产权制度相关理论为我们探讨专利运营治理提供了有益的思路。专利运营治理的主体不仅包括专利行政管理部门，也包括社会组织和市场主体。因此，多元协同治理是符合专利运营产业现实发展要求的治理模式。按照产权的思路，引入市场机制和私人管理手段，尽可能地降低交易费用，以专利权的明晰、流转和保护为重点，提高市场运行效率，促进实现共同的治理目标。专利运营的治理实质上是政府治理、社会治理、市场治理三者的混合。其中，政府治理的主要意义在于，通过围绕专利权的流转系统来思考和设计市场交易的规则、加强业务协作，以满足专利运营产业发展需求，从而实现产权激励。在专利运营治理中，政府部门需发挥国家作为最大制度供给者的作用，从明晰产权归属、降低交易成本、激发产权活力，以及严格产权保护四个方面为专利运营提供有效率的制度供给。

基于专利运营发展需求，专利运营政策的概念性框架应包括若干核心政策内容：一是面向市场主体，激发专利运营的市场主体活力，增强专利运营服务能力；二是面向产业层面，鼓励产业专利运营活动，提升专利运营水平和层次；三是面向基础设施，为专利运营活动提供支撑服务和法治环境。具体而言，构建我国专利运营政策体系需要立足明晰产权归属、降低交易成本、释放产权活力、严格产权保护的政策维度，分别建立以财政资助专利标识制度、企业专利资产管理制度为核心的创新管理政策体系、以激活专利运营服务、扶持专利运营机构发展为核心的财税激励政策体系、以专利导航产业发展机制、以市场化方式开展专利运营试点、产业知识产权运营基金为核心的产业发展政策。

构建完整的专利运营政策体系对于建设创新生态系统具有重大意义。政府作为构建中国专利运营体系的主导力量，决定了公共政策必将在专利运营体系中扮演关键角色。政府要通过政策引导和调控，有效扶持专利运营发展，形成有利于专利运营产业发展的政策环境，引导和规范专利运营市场行为。目前，中国尚没有真正意义上的专利运营政策，仅仅是隐含在科技政策与经济政策中的零星内容，如科技成果三权改革试点、高新技术企业税收优惠等政策。要充分吸收借鉴以往的实践成果和政策理论，积极开展相关的理论研究与政策分析，系统化、体系化地设计专利运营政策，避免单纯依靠市场机制的弊端，防止政策制定的碎片化和片面性，进一步加强政策间的互补性和协同性。

（三）以信息化基础设施创新市场组织形态

专利运营的政策实施、信息公开和资本运作，均需要信息化基础设施的支撑。

在以往的国家创新体系建设中，较多地考虑要素的投入和配置，却没有关注相应的基础性设施，导致政策实施缺少必要的载体和手段，各部门决策信息不畅通、政策难以协调，管控措施无法落地，创新资源融合不够。而在其他国家的专利运营实践中，很难由政府主导建立大型的专利运营信息化基础设施。完全依靠市场自我发展和自我调节，事实上恰恰是国外专利运营所面临的困境和瓶颈。

构建专利运营体系是我国激励创新主体、引导创新投资的客观需要，也可成为推进加速创新要素市场化改革的主要突破口。以市场化的方式推动专利运营的本质在于理顺政府和市场的关系。从这一角度出发，专利运营一端面向市场运行，一端面向政府职能。在多元协同的社会治理环境下，政府部门要想做好专利运营市场的顶层设计和公共服务，不仅要有把握宏观全局、履行管理职能的视角，更需要依靠一个基于互联网与大数据技术的专利运营交易和服务平台，为创新成果市场转化提供全方位、系统化的支撑，才能有望形成以网络化互动为特征、大数据专利运营服务为支撑、纵横协调、多元统一的知识产权治理新模式。因此，将全国性的知识产权运营交易和服务平台作为深化专利运营市场化改革的抓手更具突破性和操作性。

以全国性中心平台为核心载体构建专利运营市场体系，不仅是专利市场形态的创新，也是专利运营模式的创新。基于上述考虑，我们要紧紧围绕产权制度，从技术、经济和社会的角度全面讨论中国专利运营体系的构建方式，将建设全国性的专利运营交易和公共服务平台作为核心基础设施，并将其嵌合在国家创新体系中。全国性中心平台要以产权为核心聚合信息、人才、资本等要素组合，通过专利运营合理配置创新资源，有效激发创新活力，实现创新投资回报。要进一步整合专利运营市场资源，以制度供给明晰产权，以信息服务降低交易成本，以服务供给促进产权流转，充分吸引社会资本开展创新投资。

中心平台可按照“政府引导、市场运作、利益共享、风险共担”原则，以特许经营的方式指定建设运营主体完成设计、建设、运营，更好地向社会提供优质高效的专利运营公共服务和产品，有效解决平台有效率的市场运作和可持续发展。根据专利运营公共服务的性质和特点，中心平台的治理需要建立责权分明、层次清晰、制度完备、相互制衡的企业化治理模式和组织架构。在专利运营体系中，可由中心平台负责为市场主体提供免费或廉价的公共产品，满足其专利运营的一般性基础需求。为维护市场秩序，促进市场的合理竞争和适度扶持，可在中心平台上建立市场准入制度，采取会员代理进场交易的模式。同时，鉴于做市商制度能够增强市场的流动性，具有价格发现、推动专利池的达成以及稳定市场价格等特点和作用，亦可在中心平台采取集中竞价和做市商相结合的综合运行模式，克服传统专利运营交易模式的缺陷，进一步提升市场运行效率。全国性中心平台的建设对于专利的产权流动和资产的保值增值将起到重要的促进作用，必将成为对接资本市场的重要市场化平台。设计建设好全国性中心平台，对于加快产权市场体系建设和功能完善，促进产权市场的发展具有重要的现实意义。

在全国性中心平台建设运营过程中，要充分汲取国内外知识产权竞争实践经验，契合中国现实需要和发展需求，全面利用体制优势和资源优势，高度融合互联网创新思维，逐步构建以平台为核心的创新生态系统。一是要采取开源、多维、立体协作的方式，采用先进的大数据和云服务技术，将专利运营相关信息资源高度汇聚在互联网平台，做到专利运营信息公开化、透明化、便利化，建立基于大数据分析的专利运营引导机制，消除专利运营供方和需方之间的信息壁垒，缩短技术与服务供应链，打通产业链和资本链，支持产业专利布局和互联网知识产权金融发展。二是要运用互联网思维，全面审视创新未来发展趋势，结合知识产权制度特点和产业发展特点，重新定义创新行为与知识产权的价值联系，通过信息社会的知识产权治理模式和新型社会服务模式，为创新创业提供富集并充满活力的核心要素，以专利运营为核心构建开放、多元、共生的创新生态系统。三是要直接服务高校和科研院所、科技企业、公共平台、中介机构等创新主体，催生新的创新服务业态，涌现更多促进创新的服务产品和服务模式，用产权为纽带连接起所有的创新者和各类创新投资主体，提高创新资源的配置效率，推动创新成果产权化，知识产权产业化，形成适于创新资源配置和产权流动的体制机制。全国性中心平台的建成、运营和发展，会催生新的服务业态，吸引更多的创新投资，聚合更多的创新资源，从而激活专利运营市场，带动创新生态的重塑，形成统一、开放、竞争、有序的专利运营市场体系。

可以预见，中国专利运营体系将在世界经济全球化和中国经济市场化的背景下实现快速发展。结合全球专利运营的特点及趋势，通过确立中国专利运营体系的发展理念、核心目标，以产权为动力机制，充分发挥政府的引导推动作用，加强专利运营的基础设施建设，不断完善相关的政策扶持措施，必将形成更加有效率的市场安排，更好地保护知识产权，全面释放创新的活力，并对中国乃至世界的知识产权制度创新和创新竞争格局产生深远影响。

世界一流专利审查机构建设基本问题研究*

改革开放，成就中国经济大国地位；战略实施，促成中国跻身知识产权大国行列。转变发展方式，打造中国经济升级版；创新驱动发展，引领中国实现知识产权强国梦。2015 年 12 月 22 日，《国务院关于新形势下加快知识产权强国建设的若干意见》（国发〔2015〕71 号）（以下简称《若干意见》）发布，对知识产权强国建设作出全面部署，系统安排知识产权强国建设各项战略任务，全面开启了我国知识产权强国建设的新时代。其中明确提出，完善知识产权审查和注册机制，加快建设世界一流专利审查机构。可以说，建设世界一流专利审查机构已经成为加快建设知识产权强国背景下专利审查工作的总体愿景与战略谋划。

一、我国专利审查能力建设的发展历程

纵观我国专利审查综合能力的提升过程，大体经历了探索阶段、初创阶段、发展阶段、缓解积压阶段、全面提升阶段，目前进入重点突破阶段。

一是探索阶段（1949～1978 年）。这一阶段我国对建立知识产权制度有所考虑，思考了专利审查机构的建设问题。1950 年，我国颁布了知识产权法律法规和政策文件，尤其是颁布了《保障发明权与专利权暂行条例》和《发明审查委员会规程》。其中，《发明审查委员会规程》重在筹建发明专利审查机构。[1] 然而，随着公有制计划经济体制改造完成，知识产权制度失去适宜生存的土壤，《保障发明权与专利权暂行条例》无疾而终。

二是初创阶段（1978～1997 年）。1978 年 7 月，中共中央在批示一份报告中提

* 本文作者：张鹏；作者单位：国家知识产权局办公室。

[1] 宋世明，张鹏，葛富斌．中国知识产权体制演进与改革方向研究［J］．中国行政管理，2016（9）：34－44.

出“我国应当建立专利制度”[1]，国家科学技术委员会开始筹建专利局。1980年1月，中国专利局经国务院批准正式成立，其是由国家科学技术委员会代管的、副部级规格的国务院直属局。1982年转为国家经济委员会代管的局级部门。随着1980年中国专利局正式对外办公，《专利法（草案）》对三种专利的审查方式和授权条件的确定，中国专利局的重头义务——专利审查工作开始走上了正轨。[2]《专利法》颁布后，中国专利局一共设立了12个部门单位，其中包括专利审查处和法律政策处等。1982年中国专利局成立学术委员会。1983年，中国专利局增设计划组织办公室。可见，中国专利局成立之初就注重兼顾审查业务和业务管理，注重学术研究和业务研讨。尤其是在1996年前后，中国专利局即提出树立专利工作“大管理”思想，明确“专利工作中，凡是应当由市场调节的活动，都应当放开放活，以激发专利工作的活力”[3]。

三是发展阶段（1998～2000年）。1998年3月29日，国务院将中国专利局更名为国家知识产权局，并作为国务院直属机构，列入政府行政序列，主管专利工作和统筹协调涉外知识产权事宜。专利局成为国家知识产权局直属事业单位，受国家知识产权局委托承担原中国专利局依法受理审批专利申请、审理、复审、撤销以及其他国家知识产权局委托的行政管理职能。“九五”期间，我国受理的专利申请量比“八五”同期增长81%，年均增长15.7%。专利审查结案率明显提高，外观设计和实用新型专利审查周期缩短，达到进出平衡；复审和无效宣告请求案件的审查，于2000年实现当年出大于进；2000年发明专利审查平均结案周期已由“八五”末期的68个月缩短至46个月。初步实现了专利审查流程管理、专利文献检索和信息传播网络化。形成了包括专利管理、审查、研究、教育、执法、中介服务以及专利信息服务等组织机构在内的全国专利工作体系和运行机制。

四是缓解积压阶段（2001～2008年）。这一阶段的典型特点是全面提升专利审查能力，不断提高审查效率，有效缓解发明专利的审查积压状况。国内专利受理量自2000年开始显著增长。从发明专利申请的受理量来看，2003年国内发明专利申

---

[1] 张海志，崔静思，刘阳子，等. 创业维艰：国家知识产权局（中国专利局）创建史话［M］. 北京：知识产权出版社，2016：6.

[2] 张海志，崔静思，刘阳子，等. 创业维艰：国家知识产权局（中国专利局）创建史话［M］. 北京：知识产权出版社，2016：57－59.

[3] 高卢麟. 高举邓小平理论伟大旗帜为把更加完善的现代化的专利制度推向二十一世纪而努力奋斗：中国专利局局长高卢麟在全国专利工作会议上的工作报告［R］// 中国专利局办公室政策研究处. 优秀专利调查研究报告集：1997年. 北京：专利文献出版社，1997：1－11.

请受理量首次超过国外发明专利申请受理量，达到5.7万件。2006年国内发明专利申请受理量突破10万件，达到12.2万件。“十五”期间，三种专利的授权总量为83.3万件，其中发明专利授权总量达到17.7万件，分别是“九五”期间的2.3倍和5.6倍。从平均审查周期来看，2005年，发明专利申请的平均实质审查结案周期达到24个月，比2001年缩短了29个月。实用新型和外观设计专利申请的审查工作基本实现了进出平衡，平均审查周期分别达到11个月和8个月。复审与无效宣告请求案件的年结案量稳步增加，平均审理周期已达到12个月。自2001年施行集成电路布图设计保护制度以来，集成电路布图设计申请的登记工作基本保持进出平衡。

五是全面提升阶段（2008～2014年）。这一阶段，我国审查周期得到明显控制，逐步提升审查质量，不断加强审查服务。尤其是随着2008年《国家知识产权战略纲要》（以下简称《纲要》）的颁布实施，从战略层面提升专利审查实效。“十二五”期间，在专利申请量快速增长的情况下，三种专利的审查周期稳中有降，发明专利实质审查周期稳定在24个月左右，实用新型专利结案周期和外观设计专利结案周期分别由“十一五”初期的9个月和6个月缩减至4个月左右和3个月左右。同时，专利审查质量管理体系日臻完善，审查质量明显改进，社会满意度逐步提升。

发展至今，我国专利审查能力建设可以用两个方面加以概括。一是我国专利审查综合实力较强。2016年，我国共受理三种专利346.5万件。其中，发明专利申请受理量为133.9万件，连续6年居于世界首位，审结发明专利申请67.5万件；我国共受理实用新型专利申请147.6万件、外观设计专利申请65.0万件，分别审结109.9万件、53.6万件，受理《专利合作条约》（PCT）国际专利申请超过4万件；审结复审案件17623件，无效宣告请求案件4100件。二是我国专利审查发展潜力较强。我国专利审查队伍不断壮大，在京外成立了6个审查协作中心，审查员人数已经超过1万人。同时，以提高三种专利审查水平为核心目标，审查质量保障体系和业务指导体系持续完善，“敬畏法律、注重责任、把握实质、执行一致”的审查文化深入人心，“道德支撑、法律支撑和技能支撑”的能力建设不断加强。

在看到30余年以来我国专利审查工作取得的显著成绩的同时，我们必须清醒地认识到，我国专利审查工作距离世界一流专利审查机构存在一定差距。一是专利审查质量有待提升。我国具有较高技术含量和市场价值的专利少，形成有效布局的专利少。例如，我国有效发明专利中，国内专利平均维持年限为6年，而国外来华专利平均维持年限为9.4年；我国企业在美国、日本和欧盟同时申请的专利数量仅为美国的1/8和日本的1/9。从发明专利授权量占专利授权总量的比例来看，国内外差距明显。从图1可以看到，2000年后国外来华发明专利授权总量占其专利授权总量的比例达到70%以上。由此可见，国外来华授权专利主要以发明专利为主；2004年之后我国发明专利授权总量占其专利授权总量的比例有所上升，但是总体来看在10%左右徘徊，占比较低，与国外相比仍有显著的差距。二是专利布局有待优化。我国专利转化率长期较低。这很大程度上说明我国专利布局存在一定问题，导致专利效益尚未充分发挥。三是专利审查服务需要进一步加强。近些年，社会公众对专利审查质量、效率的需求日益提高，当前专利审查机制的便利性、快捷性、易用性存在不足，专利审查政策缺乏与产业政策的有效衔接，专利审查与产业发展之间的响应机制尚未建立，国内创新主体尤其是具有技术创新优势的企业对多样化的专利审查制度和多轨制的专利审查方式需求愈发强烈。同时，企业在“走出去”时，遇到不了解目的国专利制度、获权难、费用高等突出问题。

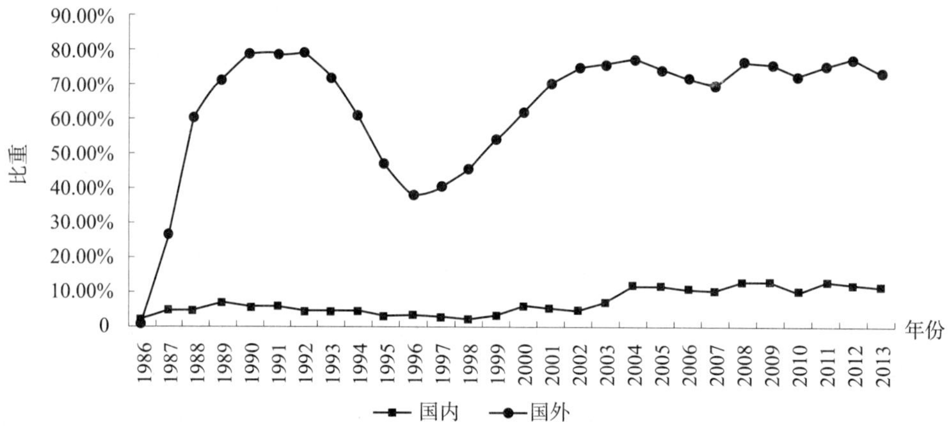

图1　国内外发明专利授权量与占授权总量的比重

二、建设世界一流专利审查机构的重要意义

改革开放30多年来，我国专利审查水平加速提高。尤其是，2008年6月5日，国务院颁布《纲要》，从国家战略层面部署包括专利审查工作在内的知识产权工作，明确提出“完善专利审查程序，提高审查质量”，有力地促进了我国专利审查质量和效率的全面提升。2014年12月，国务院办公厅转发的《深入实施国家知识产权

战略行动计划（2014—2020年）》提出了“审查能力达到国际先进水平”的目标，部署“完善审查制度、加强审查管理、优化审查方式，提高知识产权审查质量和效率”的重点任务。在此基础上，《若干意见》提出加快建设世界一流专利审查机构，这是在深刻总结我国30多年来专利审查工作取得的质效的基础上，认真探索国际变革大势下知识产权强国建设对专利审查工作提出的新要求的基础上得出的。建设世界一流专利审查机构已经成为我国专利审查事业科学发展的总体方向，具有深远的历史意义和重大的现实意义。

从历史维度看，世界一流专利审查机构是知识产权强局的认识升华。“十一五”时期，国家知识产权局提出了“实施知识产权战略”“建设知识产权强局”两大历史任务。随着形势的发展和我国知识产权综合实力的提升，“实施知识产权战略”这一历史任务逐渐提升为“深入实施知识产权战略”❶，而后升华为“加快建设知识产权强国”❷。可以说，实施知识产权战略和建设知识产权强国具有深刻的内在逻辑，建设知识产权强国是在实施知识产权战略具有一定的历史积累和具备可行的现实条件的基础上作出的战略部署。同样，随着形势的发展和我国专利审查综合能力的提升，尤其是随着创新驱动发展战略的深入实施，“建知识产权强局”这一历史任务逐渐升华为“建设世界一流专利审查机构”。可以说，世界一流专利审查机构与知识产权强局一脉相承，是在我国审查数量达到世界第一、审查质量不断取得新突破的历史背景下作出的战略谋划。

从现实维度看，世界一流专利审查机构是知识产权强国的重要基石。实现中华民族伟大复兴是中华民族近代以来最伟大的梦想，中华民族伟大复兴中国梦，是国家富强、民族振兴和人民幸福的梦，是历史的、现实的和未来的梦，是实际的、真切的发展愿景，需要在各个领域、各个部分加以支撑和落实。提升知识产权综合实力、运用知识产权构筑我国核心竞争力，是中华民族伟大复兴中国梦的重要要求。专利审查工作和知识产权宏观管理工作如鸟之两翼、车之两轮，二者相互支撑、相互促进。专利审查质效提升是建设中国特色、世界水平的知识产权强国的基石。推动专利审查事业发展，打造世界一流专利审查机构，促进实现知识产权强国梦，是中华民族伟大复兴中国梦的组成部分和具体落实。目前，我国初步建立了符合国际

---

❶ 参见：国务院办公厅转发的《深入实施国家知识产权战略行动计划（2014—2020年）》。

❷ 参见：《国务院关于新形势下加快知识产权强国建设的若干意见》。

规则的专利审查法律法规体系，形成了运行高效、顺畅的专利审查公共政策体系。❶形成了一批核心专利，促进形成了一批可以与世界知名跨国公司同台竞技的专利密集型企业，专利审查工作对经济科技和社会发展的促进作用日益凸显。同时，随着创新驱动发展战略的深入实施和供给侧结构性改革的推进，对专利审查工作提出了新的更高要求，迫切需要我们加快建设世界一流专利审查机构。

从国际角度看，世界一流专利审查能力成为引领知识产权国际格局和制度变化的关键基础。“世界未来的竞争就是知识产权的竞争”。在国际竞争中，经济和科技是核心，知识产权是体现经济和科技实力的主要载体，也是经济和科技实力形成的重要保障和动力。知识产权强国，就国际比较而言，是具有强大知识产权硬实力和软实力的国家，是知识产权国际格局和制度变化的支配性力量。❷ 然而，支配知识产权国际格局和制度变化的关键基础在于强大的专利审查综合能力。因此，世界主要知识产权强国均把提升专利审查综合能力作为核心举措。例如，欧洲专利局、美国专利商标局、日本特许厅、韩国知识产权局等都在不断推出各种有利于促进企业创新的知识产权审查机制。美国自 2011 年以来在底特律等创新和创造中心建立多个卫星局，帮助和培育保护美国在全球市场的创新，减少企业不必要的行政手续。再如，各个局之间还建立起了多双边的“专利审查高速路”国际合作网络，截至 2015 年 10 月，国家知识产权局已与 20 个国家和地区的专利行政机构签署了专利审查高速路试点项目合作协议，其中 19 项试点已启动。

从国内角度看，提高专利审查能力成为实现创新发展的重要要求。改革开放以来，我国经济科技实力迅速提升。2010 年，我国超过美国，成为全球最大的制造业产出国；取代了日本，成为世界第二大经济体。同时，我国经济发展日益受到环境、资源等制约，劳动力低廉的旧人口红利日益变弱，迫切需要从效率驱动型向创新驱动型转变。同时，新一轮科技革命与世界经济结构调整为我们提供了难得的重大历史机遇，知识财产成为财产存在和价值流转的主要形态。这一过程中，迫切需要专利审查工作发挥更加积极、有效的作用，促进专利价值链的价值含量全面提升，支撑从创新链到价值链、从价值链到产业链的正向驱动。❸

---

❶ 张鹏. 知识产权公共政策体系的理论框架、构成要素和建设方向研究［J］. 知识产权，2014（12）：69 – 71.

❷ 张鹏，刘洋，张志成. 抓住机遇加快知识产权强国建设：《知识产权强国建设——战略环境、目标路径与任务举措》报告摘编［N］. 中国知识产权报，2016 – 02 – 19.

❸ 宋世明，张鹏，葛富斌. 中国知识产权体制演进与改革方向研究［J］. 中国行政管理，2016（9）：34 – 44.

三、世界一流专利审查机构的基本内涵

目前，创新是经济发展的基本现象，专利制度是创新发展的基本保障❶，专利审查是专利制度运行的关键前提。世界一流专利审查机构，是指拥有强大的专利审查综合能力的审查机构，其在技术创新、经济增长和法治建设的协调体制中起中枢作用，对专利审查国际规则的制定与演进具有主导者和引领者的地位。世界一流专利审查机构拥有优越的法治环境、市场环境和文化环境，拥有充足的审查资源，拥有突出的审查绩效，拥有高效的管理机制。世界一流专利审查机构的核心是在技术创新、经济增长和法治建设的协调体制中起中枢作用，世界一流专利审查机构是技术创新的助燃剂、经济增长的加速器、法治建设的助推器。在专利审查国际合作中，世界一流专利审查机构是专利审查国际格局和规则变化的支配性力量之一，其凭借强大的专利审查综合能力，在专利审查国际合作中选择适合的外交政策和目标，积极主导和参与专利审查国际规则的制度建设。

（一）世界一流专利审查机构的基础

世界一流专利审查机构的基础是自身足够强大，也就是拥有强大的专利审查综合能力。专利审查综合能力体现在环境优越、资源充足、绩效突出和管理科学四个方面。

一是世界一流专利审查机构拥有优越的法治环境、市场环境和文化环境。首先，世界一流专利审查机构拥有适应产业升级需要和企业发展需求的专利审查制度，该专利审查制度获得创新主体、专利服务主体和社会各界的广泛认同，具有良好的法治环境。其次，世界一流专利审查机构拥有良好的市场环境。专利成为企业竞争的核心资源和企业创新发展的关键要素，市场在创新资源配置中起到决定性作用，政府在创新资源的宏观调控、市场监管、公共服务等方面的作用得到更好的发挥。最后，世界一流专利审查机构具有良好的审查文化，该审查文化传承了该机构专利审查业务的历史积淀，适应该机构现实发展的客观需求，与该机构所在国家的知识产权文化相容相通。

---

❶ 吴汉东．建设知识产权强国是国家现代化发展的方略［M］//吴汉东，曹新明，彭学龙．中国知识产权蓝皮书：2014～2015．北京：知识产权出版社，2016：1－10．

二是世界一流专利审查机构拥有充足的审查资源。首先，世界一流专利审查机构具有充足的人力资源。专利审查工作是一项智力密集型的高强度工作，专利审查人员的能力和素质是专利审查综合能力的基础和关键。审查人力资源包括审查人员基本数量、审查人员总体结构、审查人员能力状况以及审查人员与管理人员比例等。其次，世界一流专利审查机构拥有充足的财力资源。世界一流专利审查机构应当具有高效的财务机制、科学的核算方式、稳定的资金渠道。最后，世界一流专利审查机构具有充足的信息资源。世界一流专利审查机构具有高效的硬件设备和软件资源，具有较高的电子申请比率和较强的电子审批能力，具有充足丰富的专利工作文献。

三是世界一流专利审查机构具有突出的绩效。首先，世界一流专利审查机构具有较高的经济绩效。世界一流专利审查机构采取较为适宜的审查政策和审查标准，有力促进专利密集型产业发展，使得专利密集型产业成为产业转型升级的核心动力；有力促进专利密集型商品流转，使得专利密集型商品贸易成为商品贸易的主要构成。其次，世界一流专利审查机构具有较高的科技绩效。世界一流专利审查机构采取较为适宜的审查政策和审查标准，引导创新主体的研发投入高效运转，促进创新技术及时转化为科学的专利布局，润滑科技与现实生产力之间的流转管道。最后，世界一流专利审查机构具有较高的可持续发展绩效。世界一流专利审查机构采取较为适宜的审查政策和审查标准，引导创新主体将高能耗、高污染的专利布局转化到高效率、高产出的专利布局，促进环境友好型技术、战略性新兴技术等快速发展。

四是世界一流专利审查机构管理科学。首先，世界一流专利审查机构具有科学的审查政策，科学分布审查资源，加强专利审查政策与产业政策、科技政策、贸易政策、金融财税政策等的联动协调。其次，世界一流专利审查机构具有科学的审查标准，既符合国内企业发展的现实需要，还能够起到引领产业结构调整的未来实效。最后，世界一流专利审查机构具有科学的管理工具。世界一流专利审查机构具有人性化、多样化、系统化的科学管理工具，让专利审查人员获得普遍尊重，让专利审查工作切实体现价值。

（二）世界一流专利审查机构的核心

在世界未来的竞争中经济和科技是核心，知识产权是体现经济和科技实力的主要载体，也是经济和科技实力形成的重要保障和动力。世界一流专利审查机构的核心是在技术创新、经济增长和法治建设的协调体制中起中枢作用。也就是说，世界一流专利审查机构的核心是，运用其强大的专利审查综合能力，发挥技术创新的引导作用、经济增长的促进作用和法治建设的支撑作用，充分协调技术创新、经济增长和法治建设的发展。

首先，世界一流专利审查机构是技术创新的助燃剂。20 世纪初，熊彼特教授提出“创新理论”，亦即创新是在生产体系中引入生产要素和生产条件的新组合，包括引进新产品、采用新技术、开辟新市场、控制原材料新供应来源和实现新企业组织。❶ 也就是说，将创新作为经济发展理论的核心，作为经济发展的基本现象。Kline 和 Rosenberg 提出的链式模型，强调创新各个环节的反馈机制，以及研究开发活动和知识基础与企业创新活动的互动，如图 2 所示。链式模型认为企业的技术创新过程始于潜在的市场需求，企业根据潜在市场需求开展投资以及生产性分析设计，并开展细节设计与测试、再设计与生产、分销和市场活动等，从而完成企业主要的技术创新活动链。企业的技术创新过程充满了反馈，这其中包含专利审查的信息反馈。包含专利审查信息在内的后一阶段信息及时反馈到前一阶段，才能促进企业修正创新活动，确保企业技术创新的成功。其中，专利审查过程中反映出来的知识存量，与外部研究开发活动和企业技术创新活动存在互动与交流。

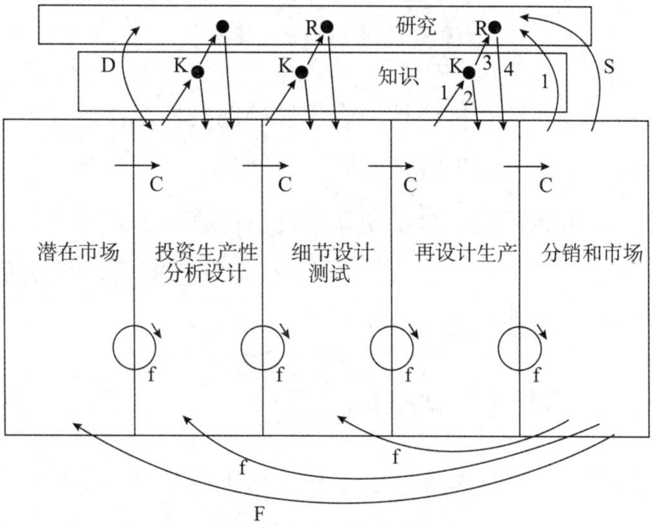

图 2　技术创新过程的链式模型❷

注：f 为反馈路径；F 为最重要的反馈路径；D 为开发；K 为知识；R 为研究；C 为核心创新链。

---

❶ 熊彼特．经济发展理论［M］．郭武军，吕阳，译．北京：华夏出版社，2015：17－18.

❷ KLINE S J，ROSENBERG N. An overview of innovation ［M］ //LANDAU R，ROSENBERG N. The positive sum strategy：Harnessing technology for economic growth. Washington：National Academy Press，1986：275－306.

其次，世界一流专利审查机构是经济增长的加速器。经济增长的关键是企业创业活动。学术界提出的创业生态系统模型如图3所示，其中将政府政策与规程、经济社会条件、创业和商业技能、金融支持和非金融支持等区域要素嵌入创业活动全过程。该模型较为全面地分析了区域嵌入的影响，并作为优化创业生态系统的分析框架。从该框架可以看出，创业能力和创业倾向成为促进新企业产生和经济持续健康发展的基础，而创业通常以创新的有效保护作为基础。专利审查在知识产权大保护工作格局❶中居于基础性的地位，专利审查综合能力的提升是促进创业能力提升和创业倾向增长的关键性举措。

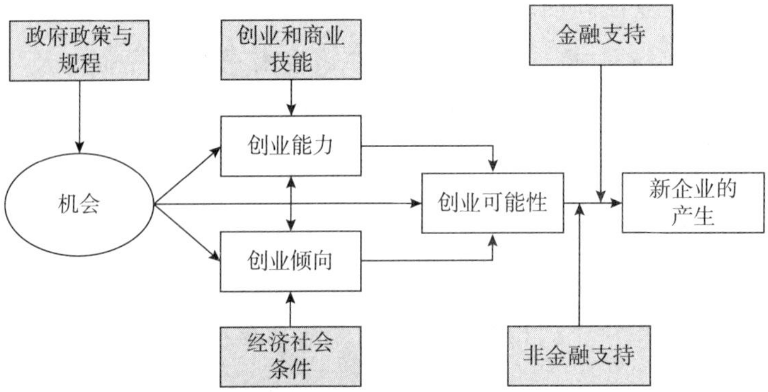

图3　创业生态系统模型❷

最后，世界一流专利审查机构是法治建设的助推器。法治建设要求涤清市场环境，保护创新创业，营造有利于激励创新、促进创业的法治环境。其中，专利审查是专利保护的源头和组成部分，给予创新、创造适宜的保护范围是激发创新创业热情、有效规制专利滥用的关键。因此，提升专利审查能力，是法治建设的必然要义，是政府职能转变的关键举措。

（三）世界一流专利审查机构的外在表现

在专利审查国际合作中，世界一流专利审查机构是专利审查国际格局和规则变化的支配性力量之一。世界一流专利审查机构凭借强大的专利审查综合能力，在专利审查国际合作中选择适合的外交政策和目标，积极主导专利审查国际规则的制度

❶ 参见：申长雨在首届中国知识产权保护高层论坛上的致辞［EB/OL］. http：//www. sipo. gov. cn/twzb/zgzscqbhgclt.

❷ JOHANSSON A，GUILLEMETTE Y，MURTIN F，et al. Long－term growth scenarios［J］. OECD Economics Department Working Papers，2013.

建设，保护本国特定产业的国家利益，承担对全球的政治责任。因此，世界一流专利审查机构的外在表现是对专利审查国际规则的制定与演进具有主导者和引领者的地位。

首先，世界一流专利审查机构具有强大的国际审查规则影响力。世界一流专利审查机构的审查制度与国际规则衔接紧密，既能引领和体现国际专利审查制度变化的潮流，又有能体现国内市场主体需求的灵活性。当前，知识产权国际规则的变革经历了巴黎联盟和伯尔尼联盟时期（知识产权国际保护制度的形成）、世界知识产权组织时期（知识产权国际保护制度的发展）、世界贸易组织时期（知识产权国际保护制度的强化），目前已经进入知识产权全球治理新结构初步形成的时期，亦即世界知识产权组织、世界贸易组织、"超 TRIPS"（又被称为 TRIPS +、TRIPS - plus）复边、多边和双边机制共存，也被称为后 TRIPS 时代。后 TRIPS 时代，世界经济开始复苏，经济全球化趋势、区域融合逐渐加深，国际贸易再度活跃。在这一背景下，知识产权国际规则的变革正在进入活跃期和多元化推进阶段，知识产权全球治理体系呈现新结构。与之呼应，专利审查规则同样在积极发展，从《巴黎公约》确立国民待遇原则、优先权原则和专利独立性原则[1]以来，《专利合作条约》建立了专利国际申请的工作体系和审查程序的基本框架，世界贸易组织 TRIPS 进一步确立国民待遇原则和最惠国待遇原则，《专利法条约》在程序法方面进行了一系列的规范和统一，但是在实体专利审查制度的国际协调方面目前尚未取得实质性突破。世界一流专利审查机构应当在未来专利审查程序性规则的优化和实体性规则的构建方面发挥积极作用。

其次，世界一流专利审查机构具有强大的国际用户吸引力。世界一流专利审查机构能够促进企业形成竞争优势，能够对全球主要贸易国家施加重要影响，实现对新兴产业专利布局的引领。世界一流专利审查机构所在地通常聚集了众多跨国公司总部和研发中心等。通常而言，世界一流专利审查机构所审理的专利申请具有良好的结构关系，来自国外创新主体的专利申请和来自创新主体的专利申请具有适宜的比例，跨国公司在选择国际专利申请受理地、国际专利申请检索和初步审查地等方面，对世界一流专利审查机构的审查质量和审查效率具有明确预期。

最后，世界一流专利审查机构能够为本国企业提供优质服务。世界一流专利审

---

[1] 《巴黎公约》首倡的优先权原则已经成为主要国家和地区专利审查普遍采用的规定，专利权独立原则也已经为主要国家和地区专利审查普遍尊重。

查机构能够有效利用国际专利审查制度规则，构建有利于产业发展的保护机制，形成服务本国企业成长的促进机制，维护国家经济利益和产业安全。

四、建设世界一流专利审查机构的基本路径

世界一流专利审查机构采取了不同的建设模式：以欧洲专利局为代表的审查质量优先模式，具有强大的专利审查质量，获得国际同行和广大创新主体的信赖；以日本特许厅和韩国知识产权局为代表的审查效率多样化模式，大幅提高审查效率，采取多轨制专利审查方式，满足创新主体多样化需求。例如，日本特许厅采取的超早期审查方式仅用 17 天授予一项发明专利[1]。我国需要根据我国专利审查综合能力的基本状况，结合知识产权强国建设的现实需要，探索我国建设世界一流专利审查机构的基本模式。立足我国专利审查工作的未来发展，建议我国建设世界一流专利审查机构采取中国特色的突出审查质量与社会服务的建设模式。

（一）世界一流专利审查机构的基本建设模式

笔者认为，我国建设世界一流专利审查机构应当采取中国特色的突出审查质量与社会服务的建设模式。也就是说，在建设世界一流专利审查机构的过程中，要以提高专利审查质量为重点，打造中国专利品牌。要在不断提高专利审查综合能力的同时，全面加强基于专利审查资源的社会服务。

一是正确处理中国特色与世界一流的关系。在世界一流专利审查机构建设过程中，要坚持“中国特色、世界一流”的基本理念，正确处理中国特色与世界一流的关系。一方面，“中国特色”是立足点和出发点，要形成中国特色专利审查理论，指导中国特色专利审查制度，探索中国特色专利审查综合能力提升的道路，在中国特色专利审查实践中加以统一。另一方面，“世界一流”是切入点和检验点，要探索我国专利审查综合能力与国际的比较情况，找准自身发展定位，明确主要差距所在。

二是正确处理审查工作与社会服务的关系。在世界一流专利审查机构建设过程中，要坚持“审查为本、服务为重”的基本理念，正确处理审查工作与社会服务的

---

[1] 张鹏，庞谦. 我国创新主体在日本、韩国的专利申请与保护：以日韩专利制度的特点为视角［J］. 电子知识产权，2010（7）：29－34.

关系。一方面，审查质量、审查效率的不断提升，是专利审查工作的根本。另一方面，不断加强基于审查资源的公共服务，切实提高专利审查公共服务效果，是未来世界一流专利审查机构建设的重点。

三是正确处理国内部署与全球视野的关系。在世界一流专利审查机构建设过程中，要坚持“国内统筹、全球谋划”的基本理念，正确处理国内部署与全球视野的关系。一方面，统筹国内力量，加强专利审查资源配置，促进专利审查工作与经济科技和社会发展高度融合。另一方面，全球谋划专利审查工作定位，积极推进专利审查一体化建设，以“一带一路”协同审查支撑开放战略。

（二）我国建设世界一流专利审查机构的方向

我国建设世界一流专利审查机构的总体方向可以概括为“五大转变”，即审查资源从增量驱动向存量提效转变，审查控制从业务管理向综合治理转变，审查产出从均衡产出向突出重点转变，审查绩效从量质齐升向质量优先转变，审查国际合作从接受者、学习者向参与者、引领者转变。

审查资源从增量驱动向存量提效转变，就是专利审查所需要的人力资源、财力资源和信息资源从按照专利申请量配置资源增量的方式，转变为不断提高资源存量实效的方式。审查控制从业务管理向综合治理转变，就是审查业务的质量控制、周期控制和任务控制改变单一方向的业务管理模式，积极吸纳审查员、创新主体参与其中，实现多方利益主体的协同治理。审查产出从均衡产出向突出重点转变，就是按照不同行业、不同领域特点产出不同专利审查服务，实现专利审查服务与行业领域特点的高度耦合。审查绩效从量质齐升向质量优先转变，就是从审查质量和审查数量同步提升向审查质量优先提升转变。审查国际合作从接受者、学习者向参与者、引领者转变，就是加强专利审查国际合作的战略谋划，在积极学习国际专利审查规则的同时，引导专利审查国际规则朝向更加公平、更加互惠、更加平衡、更加有效的方向发展。

五、我国建设世界一流专利审查机构的战略任务

笔者对建设世界一流专利审查机构建议开展如下战略任务：建设专利审查宏观调控体系、建立审查制度动态调整体系、优化专利审查质量引领体系、完善专利审查业务指导体系、形成专利审查资源流转体系、打造专利审查周期控制体系、探索

专利审查国际合作体系。同时，加强我国建设世界一流专利审查机构的保障条件建设。

（一）建设专利审查宏观调控体系

建设专利审查宏观调控体系，改变专利审查资源根据专利申请量的变化被动配置的现状，改变专利申请数量粗放式被动型增长的情况，通过专利审查标准、专利审查制度、专利审查方式等多种手段实现对专利申请数量和结构的宏观调控。首先，根据我国研发投入情况和经济产业数据，规划我国专利申请量的合理增长区间，运用专利审查政策手段引导并确保我国专利申请数量处于合理增长区间之内：在专利申请数量增长过快的情况下，采取稳健的调控政策加以疏解；在专利申请数量增长过慢的情况下，采取积极的调控政策加以催动。其次，根据我国企业形态比例（大中小型企业比例）和行业生命周期情况，规划我国发明专利申请、实用新型专利申请的比例关系，运用专利审查政策手段引导我国两类专利申请数量的比例处于合理增长区间之内。最后，根据我国产业发展规划和分行业专利布局分析情况，规划我国不同技术领域专利申请数量的分布关系，运用专利审查政策手段引导我国不同技术领域专利申请数量分布处于合理增长区间之内。

（二）建立审查制度动态调整体系

建立审查制度动态调整体系，改变专利审查制度建设滞后于专利审查实践和社会发展需要的现状，通过精细化的专利审查制度促进专利审查综合能力的全面提升。首先，放宽专利保护客体，探索对商业方法、商业模式采取特定权利内容的客体保护形式。其次，建立多轨制专利审查方式，采取合议审查、公众评议等方式提高专利审查质量，采取加快审查、延迟审查等方式实现审查周期的精细化管理，采取巡回审查等方式加强专利审查的社会服务。最后，建立专利审查制度的动态反馈与调整的联动机制，加强我国创新主体对专利审查制度调整的参与程度，建立便捷的专利审查制度修改程序。

（三）优化专利审查质量引领体系

在现有专利审查质量保障体系的基础上，优化形成专利审查质量引领体系，不断引导专利审查质量提升，促进专利审查质量达到世界一流水平。首先，树立质量优先的基本理念，建立专利审查质量综合治理体系，形成专利审查员、创新主体和专利代理机构共同构成的专利审查质量综合治理工作机制，加强专利审查质量的综合治理。其次，建立专利审查质量政策与产业政策、科技政策、贸易政策和金融财税政策的衔接。最后，研究开展外观设计专利分领域实质审查制度，优先建设成为世界一流外观设计专利审查机构。

（四）完善专利审查业务指导体系

在现有的专利审查业务指导体系基础上，加强后审对前审部门的业务指导，加强审查标准管理对审查工作的业务指导。首先，建立专利审查案例指导制度。研究形成我国专利审查案例库，指导我国未来专利审查实践。其次，建立“专利局－审查协作中心”的业务指导工作机制，探索形成疑难案件的答复制度和审查标准解释机制。最后，建立“专利局－代办处”的业务指导工作机制，探索由代办处承担专利初步审查基本业务。

（五）形成专利审查资源流转体系

建立专利审查资源流转体系，实现对未来专利审查资源需求的精准预测和适当调配。首先，根据专利审查宏观调控体系的调控，建立各领域专利审查资源配置的动态预测工作机制。其次，加强不同专利审查协作中心之间的审查资源流转，促进各专利审查协作中心形成与当地产业结构类似的优势审查资源。最后，结合审查任务管理引导专利审查人员提高多样化审查适应能力。

（六）打造专利审查周期控制体系

打造专利审查周期控制体系，实现按需审查的审查周期精细化管理模式。首先，建立依请求超快速审查、加快审查、一般审查、延迟审查等共同构成的多轨制审查方式，实现专利审查周期的定制化管理。其次，根据国家产业发展规划和重大科技专项的安排，建立依职权超快速审查、加快审查、一般审查、延迟审查等共同构成的多轨制审查方式，实现专利审查周期与产业政策的动态衔接。最后，提升专利审查周期控制精度，根据不同技术领域的产品生命周期特点，采取不同的专利审查周期控制措施。

（七）探索专利审查国际合作体系

积极加强专利审查国际合作体系建设，提升专利审查国际合作的影响力。首先，运用审查效率优势对外输出我国审查标准，推动建立“一带一路”沿线国家专利审查一体化工作机制，积极参与亚洲专利审查标准一体化和国际专利一体化规则制定。其次，向发达国家推广互审互信，协助新兴市场国家建设专利审查制度和专利审查标准，向其他国家和地区提供审查业务承包服务。最后，大力培养国际水平的专利审查员队伍。

（八）加强我国建设世界一流专利审查机构的保障条件建设

一是建立专利审查职业发展体系。建议借鉴法官、检察官职业发展体系，优化等级审查员评定标准，将等级审查员与研究员、副研究员、助理研究员等专业研究序列对接，在《中华人民共和国职业分类大典》中细化专利审查人员职业分类。二是建立专利审查经费保障机制。改变按照专利审查案件数量确定专利审查经费的工作机制，积极协调建立专利申请费用返还机制。三是形成专利审查编制预估方案，根据专利审查宏观调控体系的运行情况，对专利审查编制提前预估，形成协调反馈机制。四是加快建设现代专利审查文化，提升专利审查职业的荣誉感、使命感与职业感。

参考文献

[1] 习近平. 习近平谈治国理政 [M]. 北京：外文出版社，2014：35.
[2] 张鹏. 知识产权强国建设基本问题初探 [J]. 科技与法律，2016 (1)：4－17.

文化领域知识产权工作政策与重点问题研究*

前　言

近年来，中国经济超越日本成为全球第二大经济体，呈现新的发展态势，面临新的发展形势，习近平主席将之总结为“经济新常态”，并在2014年APEC工商领导人峰会期间阐述了“经济新常态”下中国经济不同于过去30年的三个特征，其中之一为：从要素驱动、投资驱动转向创新驱动。2015年4月，《中共中央 国务院关于深化体制机制改革加快实施创新驱动发展战略的若干意见》发布，提出要加快实施创新驱动发展战略，使市场在资源配置中起决定性作用和更好地发挥政府作用，破除一切制约创新的思想障碍和制度藩篱，激发全社会创新活力和创造潜能，提升劳动、信息、知识、技术、管理、资本的效率和效益，强化科技同经济对接、创新成果同产业对接、创新项目同现实生产力对接、研发人员创新劳动同其利益收入对接，增强科技进步对经济发展的贡献度，营造大众创业、万众创新的政策环境和制度环境。

创新驱动战略的实施，与法治社会的建设密不可分。2014年10月，中共中央十八届四中全会审议通过《中共中央关于全面推进依法治国若干重大问题的决定》，从国家战略高度对依法治国提出了更高要求。作为法治体系的重要组成部分，知识产权制度对于科技创新、文化创新的重要性日益凸显。2014年12月，国务院办公厅转发国家知识产权局等单位《深入实施国家知识产权战略行动计划（2014—2020年）》，要求各部门认真贯彻执行。

就文化领域而言，近年来，知识产权制度支撑文化产业和文化事业双向发展。

---

* 本文基于2016年知识产权“十三五”规划专题研究报告《文化领域知识产权工作政策与重点问题研究》。课题负责人：彭翊；课题组成员：李方丽、宋洋洋、李丽、张浩、俞彦超、费萱。

文化产业方面，“十二五”期间，文化产业取得长足发展，文化产业法人增加值由2010年的11052亿元增至2013年的20081亿元，增长81.7%；文化产业法人增加值占GDP的比重由2010年的2.75%增至2013年的3.53%。❶

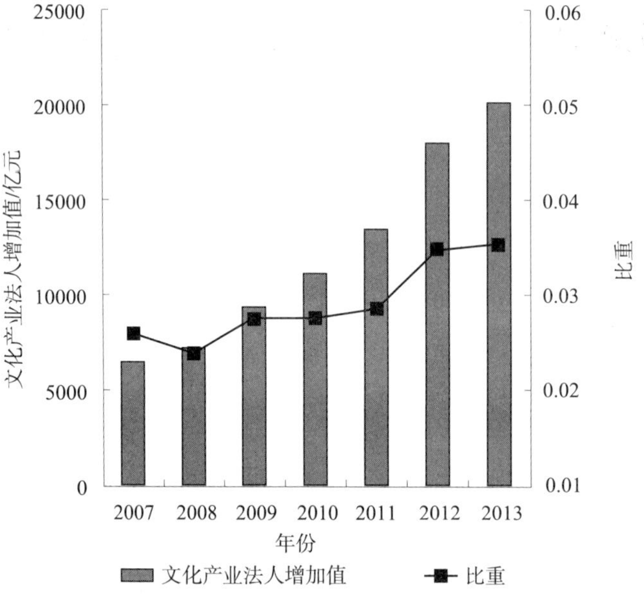

图1　2007～2013年我国文化产业法人增加值及其占比情况❷

从细分行业看，我国在出版、电视剧制作、广播、动漫等方面均已成为世界级的生产大国。以2014年为例，全国共出版图书44.8万种、期刊9966种、报纸1912种，出版、印刷和发行服务实现营业收入19967.1亿元，利润总额1563.7亿元；生产各类电影758部，票房296.39亿元，同比增长36.15%；全国制作完成的国产电视动画片共138579分钟，动漫产业总产值突破1000亿元；全国游戏市场用户数量约达到5.17亿人，游戏市场（包括网络游戏市场、移动游戏市场、单机游戏市场等）实际销售收入达到1144.8亿元。

文化公共服务事业方面，“十二五”期间，全国文化建设稳步推进。国家公共文化服务体系示范区（项目）创建取得阶段性成果，以图书馆、博物馆、文化馆（站）为核心的公共文化服务机构建设得到加强，群众文化活动开展顺利。截至2013年底，全国共有公共图书馆3112个，群众文化机构44260个；全国文化信息资源共享工程建成2843个市县中心、29555个乡镇（街道）基层服务店，60.2万

---

❶❷　数据来源：国家统计局网站。此处统计的是文化产业法人增加值，口径小于文化产业增加值。

个村（社区）基层服务点，资源总量达200.29TB；公共电子阅览室已建成28639个，数字图书馆工程在全国33家省级馆、374家市级馆全面实施；全国免费开放的博物馆达2780个；文化部共认定1219项国家级非物质文化遗产和1986名国家级非物质文化遗产项目代表传承人；全国共有非物质文化遗产保护机构2525个，从业人员18128人。

文化产业和文化事业的发展，离不开创造性智力成果的创造、保护、运用和管理。知识产权制度是专门用于保护智力成果的一项法律制度，其对文化产业和文化事业保驾护航和提质增效的作用在“经济新常态”下尤为明显。文化领域的知识产权包括著作权和邻接权、专利权、商标权、商业秘密权、地理标志权、商誉权等，是文化相关单位获取经济效益和社会效益的宝贵无形资源。加强知识产权工作，将对推动文化产业发展、文化事业繁荣及建设社会主义文化强国提供有力支撑。

一、文化领域知识产权发展现状

近年来，我国文化领域知识产权事业获得全面发展，知识产权法律制度不断完善，知识产权数量持续增长，知识产权保护力度不断加大，知识产权管理意识明显增强，知识产权国际合作不断深化，文化市场知识产权环境得到较大改善。但也存在知识产权侵权严重、原创文学艺术精品不足、知识产权运营效率不高、对外文化贸易逆差等问题。

（一）文化领域知识产权工作成绩与经验

1. 知识产权法律制度逐步完善

我国近几年涉及文化系统的法律、法规、部门规章的立法与修订工作持续推进，知识产权法律制度逐步得到完善。

《著作权法》第三次修订工作全面启动。与文化艺术作品创作密切相关的《著作权法》于2011年启动第三次修订工作，向社会公开征求意见。2014年6月6日，国务院法制办公室公布《著作权法（修订草案送审稿）》。修改草案送审稿在权利客体、权利内容、权利归属、权利期限等方面进行了修改。权利内容方面，通过新设美术作品追续权、延长摄影作品保护期限、增设表演者出租权及表演者对视听作品享有的获酬权等具体条文丰富著作权人权项；授权机制方面，修改现行《著作权法》法定许可中使用者不承担报酬支付责任的缺陷，设立著作权集体管理制度，以保障因缺乏维权意识和能力而权益受损的著作权人，同时为集体著作权人作品的使用者提供合理的授权机制和交易模式；权利保护方面，通过新增行政执法措施进一步完善著作权管理和保护机制。鼓励智力创新、保护智力成果的立法思想为文化作品的创作提供动力，也为文化产业的发展构建了良好的市场环境。《全国人大常委会2015年立法工作计划》将《著作权法》的修改列入预备项目。

著作权相关行政法规完成修订。《著作权法实施条例》于2013年完成第二次修订，将第36条为《著作权法》第48条所列侵权行为设定的罚款制度予以调整，可计算非法经营额时的罚款标准由统一“非法经营额3倍以下”改为“非法经营额5万元以下”的根据情节轻重“可处25万元以下的罚款”，“非法经营额5万元以上”的处非法经营额“1倍以上5倍以下的罚款”；难以计算非法经营额的罚款标准由“可以处10万元以下的罚款”改为根据情节轻重“可处25万元以下的罚款”。

与《著作权法实施条例》同时完成修订的还有《信息网络传播权保护条例》，将第18条、第19条的统一“可处以10万元以下的罚款”改为“非法经营额5万元以上的，可处非法经营额1倍以上5倍以下的罚款；没有非法经营额或者非法经营额5万元以下的，根据情节轻重，可处25万元以下的罚款”。两项条例的修订内容一致，在增设“非法经营额5万元”罚款额度分界的同时提高罚款幅度和上限，使惩罚力度与侵权程度相适应，总体上加重侵权行为的惩罚力度，有利于规制文化作品侵权行为、保障权利人著作权。

《民间文学艺术作品著作权保护条例（征求意见稿）》完成。2014年9月2日，国家版权局公布《民间文学艺术作品著作权保护条例（征集意见稿）》，并公开征求意见。该条例共计21条，第2条至第20条为实体性条文，可划分为概念界定、权利规制、权利保护三大部分。条例定义“民间文学艺术作品”时结合内涵与外延，在概括描述其本质属性的同时，采取非穷尽罗列的方式进行分类；权利规制涉及条例适用范围、行政主管部门、权利归属、权利内容；权利保护就保护期限、权利授权机制、权利转让和负担、利益与分配、限制与例外、侵权问题等作出规定。条例的制定将改变中国非物质文化遗产知识产权保护空白的法律状态，落实民间文学艺术作品的知识产权法制建设，为传统文化提供法律保障，促进文化及相关产业健康快速发展。

《商标法》完成修订。《商标法》于2013年完成修订，部分修改内容对企业文化的发展具有重要意义。加大对已使用未注册商标的保护力度，进一步遏止商标抢注现象，彰显对凝聚企业文化的商标的权益保障；增加声音商标，使商标文化的表现形式更加丰富；设置“一标多类”制度，鼓励经营种类多的企业一次申请多类商品的商标注册，避免因相异类别商品的商标权利人不同引起企业文化混淆，误导消费者的文化认同；“驰名商标”法律化，禁止企业使用“驰名商标”进行宣传，从而导致消费者商品认知错误；通过增加惩罚性赔偿、提高侵权赔偿额以加大商标权保护力度，为企业文化营造健康、积极的市场环境。

《专利法》修改草案公开征求意见。2015 年 4 月 1 日，国家知识产权局就《专利法修改草案（征求意见稿）》公开征求意见。该修改草案征求意见稿涉及 30 条规定的实质性修改，修订内容包括强化产品外观设计保护制度、明确外观设计专利的市场监督管理职责、建设专利信息公共服务体系、重新划分职务发明创造的权利归属、完善行政执法等内容，旨在加大专利保护力度，促进专利的实践运用，完善专利代理和审查制度，建设服务型政府。《专利法》对文化系统的作用主要表现在工具优化上，《专利法》的修订鼓励创造发明，为我国创新文化提供法律支持，便于创造发明转化为文化产品进军市场，有助于创新文化产业的发展和繁荣。

2. 知识产权执法力度不断加大

（1）“双打”行动有力打击文化市场知识产权侵权行为

2010 年 10 月 27 日，国务院办公厅印发《打击侵犯知识产权和制售假冒伪劣商品专项行动方案》，要求文化部与新闻出版（版权）、广电等部门在专项行动中协作配合，加强对图书、软件、音像制品的印刷复制源头治理和市场巡查，严厉打击侵权盗版行为；加强网络知识产权保护，重点打击对影视剧作品的互联网侵权盗版行为；加强娱乐、网络游戏、网络音乐及动漫市场监管，依法查处各类违法文化产品。

2010 年 11 月，文化部制定下发《全国文化市场知识产权保护专项执法行动方案》，以规范网络文化市场为重点，切实加大打击整治力度。专项行动期间，全国文化市场共出动执法人员 696 万余人次，检查经营单位 472 万余家次。查处涉及知识产权案件 5416 件，涉案金额 2816. 67 万元；移送司法机关 163 件，捣毁侵权制假窝点 930 个，罚没物品 917 万余件。

2014 年 4 月，文化部印发《文化市场领域制售假冒伪劣商品和侵犯知识产权行政处罚案件信息公开实施办法（试行）》，要求自 2014 年 6 月 1 日起，各级文化行政部门和文化市场综合执法机构办理文化市场案件，应当通过全国文化市场技术监管与服务平台或与其对接的综合执法办公系统、电子政务系统办理；适用一般程序查办的文化市场领域制售假冒伪劣商品和侵犯知识产权行政处罚案件信息，原则上应当依法全部、主动、及时对社会公众公开。侵犯知识产权行政处罚案件信息的公开，是执法监管方式的改革创新，有利于保障人民群众的监督权和知情权，可以惩戒违法者、保护消费者、约束执法者，对保护知识产权、推动社会信用体系建设等具有重要意义。

（2）“剑网行动”有效规范网络文化市场知识产权环境

国家版权局、国家互联网信息办公室、工业和信息化部与公安部联合开展的打击网络侵权盗版专项治理“剑网行动”，重点加强对互联网传播影视作品、文字作品和音乐作品的监管，对规范网络文化市场知识产权环境起到积极作用。以2014年“剑网行动”为例，各地版权行政执法部门共查处案件440起，移送司法机关66起，罚款人民币352万余元，关闭网站750家。其中上海“射手网”侵犯影视作品著作权案、一点网聚公司非法转载文字作品案、“建工之家”网侵犯软件著作权案、黑龙江刘某等侵犯“逐鹿中原”网络游戏著作权案、江苏“高清影视下载网”侵犯影视作品著作权案、安徽“999宝藏网”侵犯软件著作权案、山东刘某某等涉嫌通过网络销售盗版音像制品案、湖北多家网站涉嫌侵犯《知音漫客》杂志著作权系列案、湖南谭某某等涉嫌通过网络销售盗版软件案、广东“3·24”网络批销盗版图书案等10起案件被列为“剑网2014”专项行动十大案件。“剑网行动”的实施，有力地打击了互联网领域的著作权侵权行为，净化了网络文化市场知识产权环境。

2015年，“剑网行动”在网络视频监管取得明显成效的基础上，将监管重点转向音乐和文字两类作品的互联网传播平台，于7月8日下发《关于责令网络音乐服务商停止未经授权传播音乐作品的通知》，责令各网络音乐服务商停止未经授权传播音乐作品，并于2015年7月31日前将未经授权传播的音乐作品全部下线。此举大大净化了网络音乐市场，有效推动了网络音乐的正版化和原创音乐的发展。

3. 知识产权创造能力有效提升

（1）著作权登记数量情况

2011~2014年，我国作品自愿登记总量由461363件增长到997350件，年均增速为29.43%（如图2所示）。其中，摄影作品从2011年的297056件增长到2014年的424449件，平均增长率为14.79%；美术作品从2011年的67474件增长到

2014 年的 187408 件，平均增长率为 54. 15%；音乐作品从 2011 年的 2339 件增长到 2014 年的 6094 件，平均增长率为 66. 1%；曲艺、舞蹈、杂技类型的作品登记数量从 2011 年的 81 件增长到 2013 年的 118 件，平均增长率为 38. 89%。

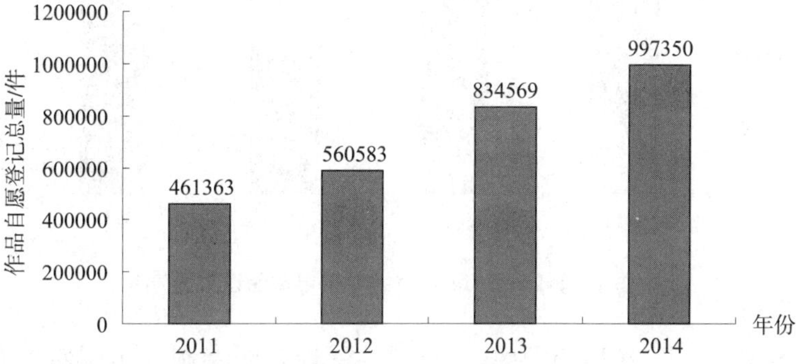

图 2 2011 ~ 2014 年我国作品自愿登记总量

从作品类型构成看，以 2014 年为例，登记数量排名前三位的分别是：摄影作品 424449 件，占比 42. 56%；文字作品 349885 件，占比 35. 08%；美术作品 187408 件，占比 18. 79%（如图 3 所示）。

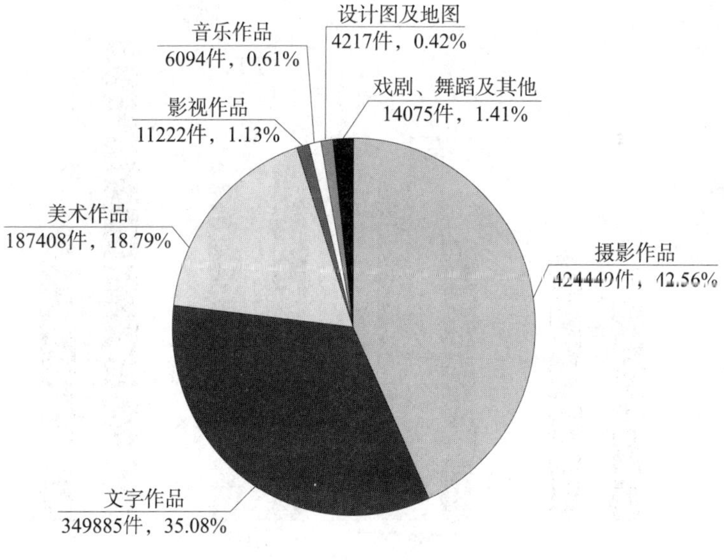

图 3 2014 年我国作品自愿登记类型构成

（2）专利申请受理情况

我国专利申请受理数量在“十二五”期间保持了较好的增长趋势（如图 4 所示）。2013 年，专利申请受理总数首次突破了 200 万件，达 2234560 件。2014 年，申请受理数量达到 2361000 件，年平均增长率为 16. 53%。

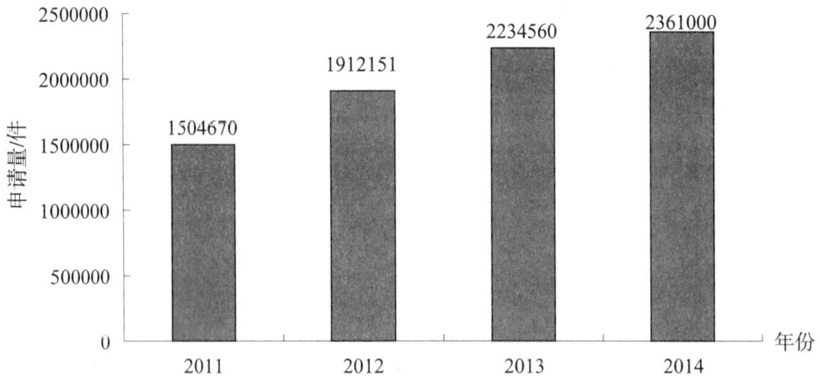

图4　2011～2014年我国专利申请受理数量

从专利类型看，以2014年为例，我国共受理发明专利、实用新型专利和外观设计专利申请236.1万件。其中发明专利申请数量为92.8万件，同比增长12.5%，申请量连续4年居世界首位；共授权发明专利23.3万件，每万人发明专利拥有量达到4.9件。实用新型专利申请数量为86.7万件，外观设计专利为56.5万件，相比2013年有小幅下降，表明专利申请中类型结构有所调整（如图5所示）。

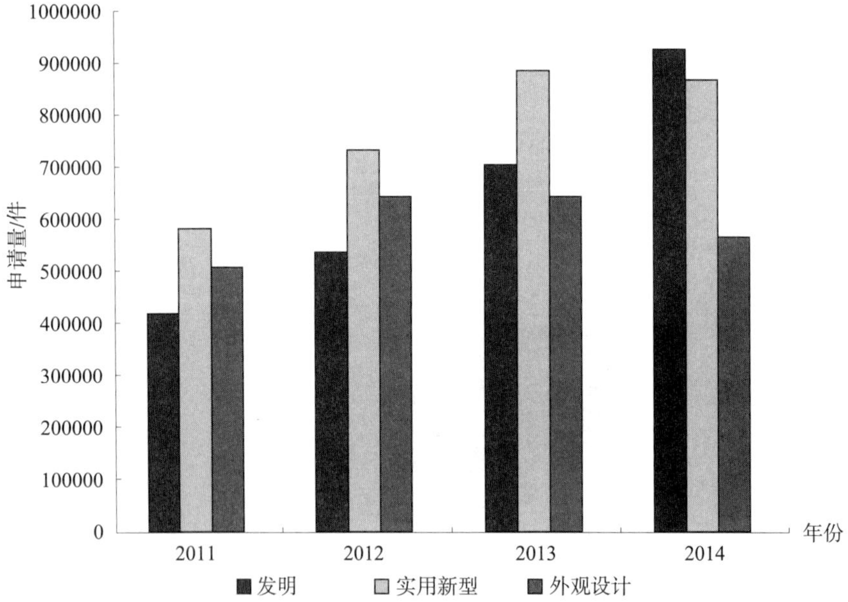

图5　2011～2014年我国专利申请构成情况

文化企事业单位对专利的重视也日益增强，以代表新兴媒体的互联网企业为例，近年来在搜索引擎、互联网支付、即时通信等领域确立了各自的领先地位。其中，与文化产业紧密相关的网络游戏领域，专利拥有量排名前3位的互联网企业分别是腾讯公司、华为公司和科乐美（KONAMI）。[1] 此外，纯公益性文化机构也开始申请专利，如国家图书馆在古籍修复、电子图书领域有10余项专利，故宫博物院和全国公共文化发展中心均拥有专利。

（3）商标注册申请受理情况

近年来我国商标注册申请受理数量不断增长（如图6所示）。2014年，我国共受理商标申请228.5万件，首次突破200万件大关，再创历史新高，同比2013年188.2万件增长了21.46%；商标有效注册量达723.8万件，同比2013年634.3万件增长了14.12%。

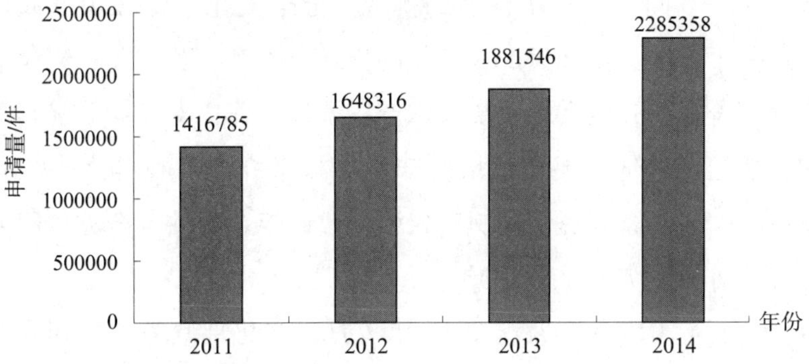

图6　2011～2014年我国注册商标申请数量

截至2014年底，我国累计商标注册申请量已达1552.67万件，连续13年位居世界第一；累计商标注册量达1002.75万件，商标有效注册量839万件，保持世界第一地位。

在文化领域，注册商标以塑造自身品牌、确保经营特权，同时通过商标的许可使用获取经济收益已引起文化企事业单位的高度重视。如国家博物馆（19个元素，涉及300多件商品和服务）、故宫博物院（拥有7件商标，“故宫”和“紫禁城”字样的商标早在1996年就已经注册，并成为中国驰名商标）、国家图书馆（11件文字商标）等以保护和传承优秀历史文化、提供公共文化服务的机构均申请注册商标，以确保优秀文化资源不被抢注和滥用。

4. 知识产权服务意识明显增强

（1）文化政策强调知识产权内容

2014年2月26日，《国务院关于推进文化创意和设计服务与相关产业融合发展

---

[1] 我国互联网企业知识产权意识不断增强［EB/OL］.（2014－12－10）. http：//www.sipo.gov.cn/mtjj/2014/201412/t20141210_1044136.html.

的若干意见》印发，要求深入实施知识产权战略，加强知识产权运用和保护，健全创新、创意和设计激励机制，以增强创新动力。2014 年 3 月 3 日，《国务院关于加快发展对外文化贸易的意见》印发，提出要“打造一批具有国际影响力的文化品牌……使核心文化产品和服务贸易逆差状况得以扭转”，要求鼓励和引导文化企业加大内容创新力度。

2015 年 5 月 19 日，文化部在北京召开全国文化法治工作会议，文化部党组书记、部长雒树刚出席会议并发表讲话。雒树刚在谈及文化知识产权工作时指出，文化知识产权工作仍存在不足，要建立适应文化工作规律和发展要求的知识产权法律制度，有效应对互联网等新技术发展的挑战，健全文化系统知识产权侵权查处机制；尽快制定关于加强文化知识产权工作的指导意见和工作指南，对文化知识产权工作进行全面部署；要开展文化系统知识产权统计工作，对文化资源的知识产权状况进行确权、登记、评估；要积极培育知识产权中介服务机构，为文化系统的院团、企事业单位、艺术家等提供知识产权咨询、确权、评估等全方位服务。

（2）日常工作强化知识产权引导

2014 年 10 月至 2015 年 3 月与 2015 年 7 月，文化部政策法规司先后两次组织文化领域知识产权情况调研，赴北京、上海、江苏、湖北、广东等地区，实地调研了国家博物馆、故宫博物院、国家图书馆、国家话剧院、恭王府、全国公共文化发展中心、民族民间文艺发展中心等直属单位，中国人民大学、中南财经政法大学 2 家高校，以及腾讯公司、中青宝网络公司等 10 余家文化企业，召开有地方文化行政部门参加的座谈会，了解相关单位知识产权工作情况和需求，听取对各级文化行政部门的意见建议。并在听取有关单位的意见和建议后，形成调研报告《文化系统知识产权工作的问题与对策研究》，分析了文化系统知识产权工作的现状与问题，提出要加快完善知识产权法律体系、加强知识产权工作指导、提高知识产权服务能力、强化知识产权人才队伍等几项工作措施。

2015 年 4 月，文化部就《关于加强文化知识产权工作的指导意见（征求意见稿）》向系统内征求意见。该指导意见提出总体目标：到 2020 年，知识产权法治环境、市场环境、文化环境更加完善，文化系统创造、运用、保护和管理知识产权的能力显著增强，知识产权意识深入人心，知识产权制度对经济发展、文化繁荣和社会建设的促进作用充分显现。同时提出提升文化领域知识产权质量、提高文化领域知识产权运用效益、建立文化领域知识产权保护长效机制与强化文化部门知识产权管理能力四个方面的主要任务。该指导意见正式出台后，将引导文化系统提升知识产权管理能力。

（3）文化执法加强综合能力培训

2010 年 11 月 23 日，文化部印发《全国文化市场综合执法队伍培训规划（2011—2015 年）》，通过建立四级培训网络、组建师资队伍、编撰培训教材、建立培训基地、建立对口交流培训机制、搭建远程教学平台等工作，加强文化市场综合执法队伍建设和人才培养，为加强文化领域知识产权保护工作提供人力支撑。

（4）公共决策借助知识产权外脑

2014 年 12 月 21 日，文化部同意建设的文化知识产权研究中心落户中南财经政法大学。该研究中心将整合国内研究资源，加强对文化知识产权、文化法治以及影响和制约文化改革发展的其他重大问题的研究，形成研究成果，为文化部战略规划、重要决策、政策制定、文化立法、重要文件起草等提供咨询和智力支持。

5. 知识产权国际交流不断深化

"十二五"期间，我国秉承开放态度，与世界各国、各地区在知识产权领域深入开展全方位、多层次的合作，取得积极成效。

（1）举办世界知识产权组织保护音像表演外交会议

2012 年 6 月，由世界知识产权组织（WIPO）主办、国家版权局与北京市政府共同承办的保护音像表演外交会议在北京召开，文化部作为组委会成员积极开展相关组织工作。外交会议是联合国及其所属机构签订国际条约（公约）的专门形式，也是最重要的会议之一。此次保护音像表演外交会议通过以保护表演者的著作权合法权益为宗旨的《视听表演北京条约》，规定表演者对视听录制品中的表演享有表明身份权、禁止歪曲权、复制权、发行权和提供权（这一权利在我国称为信息网络传播权），缔约方还可视情况规定针对视听录制品中表演的出租权、广播和以其他方式进行传播的权利，将对表演者的保护延伸至视听录制品中的表演，为表演者提供全面保护。2014 年 4 月 24 日，第十二届全国人大常委会第八次会议表决通过了关于批准《视听表演北京条约》的决定，批准了这一条约。

（2）参与《马拉喀什条约》制定

2013 年 6 月，世界知识产权组织在摩洛哥马拉喀什召开"关于缔结一项为视力障碍者和印刷品阅读障碍者获取已出版的作品提供便利的条约的外交会议"，成功缔结《关于为盲人、视障者和其他印刷品阅读障碍者获得已出版作品提供便利的马拉喀什条约》（以下简称《马拉喀什条约》）。该条约为阅读障碍者设立著作权限制与例外，要求成员国允许阅读障碍者及其监护人、被授权实体无需著作权人授权即有权将普通格式版本的作品转换为可供阅读障碍者学习使用的无障碍格式版，此例外适用于文字作品、视听作品的复制、发行，缔约方可视情况规定其他不损害著作权人合法权益的限制与例外适用权项。条约的通过丰富了阅读障碍者的文化环境，使之享有更多的知识获取来源，大大满足弱势群体的文化需求，有利于丰富公共文化服务内容，提升公共文化服务水平。

2014 年 12 月 12 日，国家版权局与世界知识产权组织在北京举办《马拉喀什条约》研讨会，就我国《著作权法》与该条约之间的关系、我国加入或批准国际条约的具体审查程序、世界知识产权组织在推进《马拉喀什条约》生效方面所作的工作等议题进行了深入探讨和交流，显示了我国积极参与国际条约制定的决心。

（3）世界知识产权组织中国办事处设立

2014 年 7 月 10 日，世界知识产权组织中国办事处在北京举行揭幕暨启用仪式。这是继美国、日本、新加坡、巴西之后，世界知识产权组织设立的第五个驻外办事处。世界知识产权组织总干事弗朗西斯·高锐在启动仪式的致辞中表示，世界知识产权组织中国办事处的设立，将进一步加深中国各相关知识产权部门与世界知识产权组织业已深厚的合作关系。

世界知识产权组织中国办事处成立后，举办了系列知识产权产权交流培训活动，如 2014 年 12 月与上海市人民政府举办上海知识产权国际论坛，2015 年 7 月先后在苏州和北京举办商标国际注册与保护研讨班与中国媒体研修班，为中国企业及相关机构提高知识产权意识和能力提供平台和机会。

（二）文化领域知识产权工作问题与不足

我国文化领域知识产权工作在取得长足进步与成绩的同时，也存在知识产权侵权现象严重、原创文化艺术精品不足、知识产权运营效率不高、版权贸易存在长期逆差等问题。

1. 知识产权侵权现象严重

由于文学艺术作品具有复制容易、传播快速的特点，尤其是在互联网环境下，海量作品被数字化传播，现行知识产权法律制度框架下有效的授权模式尚未建立，文学艺术作品知识产权侵权现象严重。

从案件总量看，最高人民法院公布的数据显示，2010～2014 年，我国知识产权纠纷案件数量呈直线上升趋势，其中与文学艺术作品密切相关的著作权侵权纠纷占据所有知识产权纠纷案件半壁江山（如图 7 所示）。

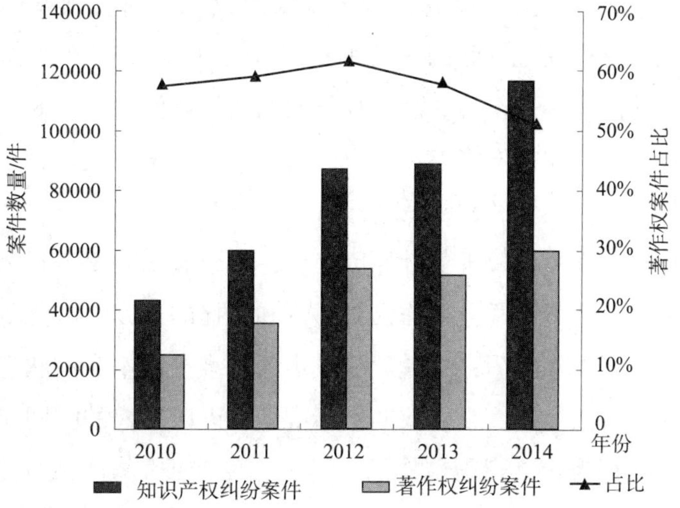

图 7　2010～2014 年我国知识产权纠纷案件情况

从案件影响力看，在最高人民法院连续公布的 50 件典型案件中，涉及文化系统的案件[1]，2010～2014 年每年案件数量均在 10 件以上，最高年份达到 19 件（如图 8 所示）。其中，2014 年影响较大的案件有：苹果公司与麦家侵害信息网络传播权纠纷上诉案，华盖创意（北京）图像技术有限公司与哈尔滨正林软件开发有限责任公司侵害著作权纠纷提审案，北京永旭良辰文化发展有限公司与北京泽西年代影业有限公司，北京星河联盟影视传媒有限公司及泽西年代公司反诉永旭良辰公司不正当竞争纠纷案，滚石国际音乐股份有限公司与武汉滚石娱乐有限公司不正当竞争纠纷上诉案。

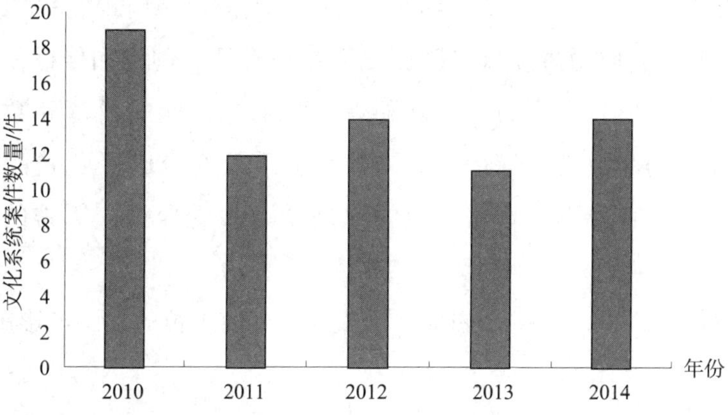

图 8　2010～2014 年 50 件典型案件中涉及文化系统的案件分布情况

[1] 计算范围包括：所有著作权案件和涉及文化系统的商标案件和不正当案件。

从案件发生领域看，互联网成为知识产权侵权案件高发领域。以音乐行业为例，据北京知识产权法院立案庭的法官助理张天浩在2015年音乐作品版权保护国际研讨会上介绍，涉及音乐作品的著作权侵权的七类案件中，除KTV播放音乐MV外，网站下载音乐作品和在网络上在线播放音乐作品的案件最多，这三类案件占所有音乐作品著作权侵权案件的90%以上。[1]

文化领域存在大规模侵权现象的原因很多，综合起来主要表现为以下几类：一是数字技术与网络环境下文学艺术作品被复制和传播的难度大大降低，为大规模侵权和反复侵权扫除了技术障碍；二是侵权成本低、维权成本高的状态持续存在，根据现行知识产权产权法律制度，侵权赔偿标准低，诉讼维权的时间成本和经济成本高，一方面对侵权行为起不到震慑作用，另一方面严重影响权利人维权的积极性；三是由于我国知识产权制度建立的时间较晚，国有文化单位中，有很多过去形成的职务作品和委托作品，未能约定清楚知识产权归属，导致现在对作品的使用和开发利用存在一定的知识产权风险，容易引发知识产权纠纷；四是社会整体知识产权意识不强，社会公众对盗版作品和侵权假冒产品的容忍度较高，容易成为滋生侵权盗版作品的温床。

2. 原创文学艺术精品不足

从国家统计的知识产权数量看，我国近年来知识产权创造数量不断攀高，但从市场经营效果看，能兼顾社会效益和经济效益的原创文学艺术精品却略显不足，文化领域存在较为严重的千篇一律、抄袭模仿现象，原创能力明显不够。

从音乐电视节目看，浙江卫视《中国好声音》和湖南卫视《我是歌手》等音乐类节目火爆荧屏，但是在节目带来高收视率、参赛歌手获得高关注度以外，并未因为音乐电视节目的成功激发更多原创优秀音乐作品的创作和传播，而只是让曾经的经典作品重新焕发生命力。尤其随着传统唱片行业的没落和数字音乐的兴起，音乐行业新的商业模式尚待建立，数字音乐已经变成“免费的空气”供网民任意下载，在此背景下，音乐行业的原创动力大受挫折，优秀的原创音乐作品严重缺乏。

从动漫市场看，2014年中国内地票房收入排名前十位的动画电影中，国产影片仅占50%（如表1所示）。

---

[1] 信息来源：音乐作品版权保护国际研讨会。

表 1　2014 年中国内地票房收入排名前十位的动画电影❶

片名	票房	类型
《驯龙高手 2》	4 亿元	进口
《神偷奶爸 2》	3.23 亿元	进口
《冰雪奇缘》	2.99 亿元	进口
《熊出没之夺宝熊兵》	2.47 亿元	国产
《里约大冒险 2》	2.43 亿元	进口
《天才眼镜狗》	1.21 亿元	进口
《喜羊羊与灰太狼之飞马奇遇记》	8715 万元	国产
《赛尔号大电影 4：圣魔之战》	6231 万元	国产
《神秘世界历险记 2》	6153 万元	国产
《秦时明月大电影之龙腾万里》	5971 万元	国产

（注：以上数据截止到 2014 年 9 月 9 日）

从游戏市场看，中国游戏市场近年一直保持高速增长态势，2014 年全行业产值达到 1144.8 亿元（约合 184.2 亿美元），已经超越美国成为全球第一大游戏市场。❷但据市场调查机构 Super Data 公布的数据显示，2013 年全球收入最高的十大网络游戏作品，其开发公司无一来自中国（如表 2 所示）。

表 2　2013 年全球收入最高的十大网络游戏作品

排名	游戏	运营/开发	国家	收入/美元
1	穿越火线	腾讯/Smile Gate	中国/韩国	957
2	英雄联盟	腾讯/Riot Games	中国/美国	624
3	地下城与勇士	Nexon	韩国	426
4	坦克世界	Wargaming. net	美国	372
5	冒险岛	Nexon	韩国	326
6	天堂	NCsoft	韩国	257
7	魔兽世界	Activision/Blizzard	美国	213
8	星球大战：旧共和国	Electronic Arts	美国	139
9	军团要塞 2	Valve（威乐）	美国	139
10	反恐精英	Valve/Nexon	韩国/美国	121

❶ 数据来源：http：//j. news. 163. com/docs/2/2014091018/A5Q8032J00032DGD. html.

❷ 中国成全球第一大游戏市场：仍存四大问题［EB/OL］.（2014－12－30）. http：//news. 17173. com/content/2014－12－30/20141230094821753. shtml.

3. 知识产权运营效率不高

对文化企业来说，知识产权是其赖以生存和发展的基础资源与核心要素，通过知识产权的运营，能够提升文化企业核心竞争力。近年来，广播电台、电视台、出版社也逐步探索建立知识产权管理部门和队伍，制定和实施知识产权管理制度，开发知识产权管理系统工具，加强知识产权的运营和管理，以提高知识产权运营效率，但总体而言，我国文化企业知识产权运营效率不高。

从电影行业看，根据艺恩咨询发布的《2012—2013 年中国电影产业研究报告》显示，2012 年我国电影产业总收入达 209.6 亿元，其中票房收入 170.73 亿元，占总收入的 81.46%，非票房收入 29 亿元，占总收入的 13.84%。[1] 而美国电影产业通过知识产权运营，获得的非票房收入占到 85% 以上。

从动漫行业看，当文化产业发达国家文化企业通过知识产权授权实现收益最大化时，我国动漫产业还在饱受知识产权侵权危害中寻求国家支持。国外通过知识产权运营获得巨大成功的典型企业是华特·迪士尼公司，它涉及的产业包括广播、动画、电影和娱乐活动等。产品涵盖电影、电视、音乐、主题公园、传媒网络、电子游戏、玩具、儿童书籍等。2010 年，迪士尼消费品部以 286 亿美元零售额继续成为全球最大的授权方。

从互联网行业看，视频网站与数字运营平台近年来均投入大量资金进行版权和内容的竞争，但由于受国内网络消费习惯和企业商业模式的限制，要通过视频和数字音乐版权的运营实现视频网站和数字运营平台全面盈利，尚需时日。

从公共文化服务领域看，大量优秀的历史文化资源还处于“沉睡”状态，尚未得到有效的开发利用。近年来，即使有部分公共文化服务机构如国家博物馆、故宫博物院等对馆藏资源进行了影像化和数字化，并开发了部分衍生产品，但这种利用尚处于比较基础和简单的状态，未能实现精品化、高端化和国际化，未能获得经济效益和社会效益的双丰收。另外，由于知识产权制度的不完善及体制机制的限制，举全国之力收集整理的大量民族民间文艺资源未能得到充分有效的利用，几乎完全属于“沉默”资源。

---

[1] 票房收入占电影产业比例超八成［EB/OL］. http://www.bjbusiness.com.cn/site1/bjsb/html/2013-03/15/content_207416.htm?div=-1.

二、文化领域知识产权工作新形势

当前，随着知识经济时代的到来和全球化的深入发展，包含知识产权在内的无形资产日益成为各国发展经济的核心要素，知识产权成为推动经济转型升级和提升国际竞争力的战略性资源，知识产权工作面临新的机遇和挑战。

（一）知识产权工作国际新形势

1. 各国知识产权工作得到加强

金融危机后，世界主要国家或地区更加注重创新的力量，美国、欧洲、日本、韩国等都通过实施知识产权战略推动本国或本地区经济发展，一些过去不重视知识产权工作的发展中国家也开始高度关注知识产权工作。

立法方面，美国参议院通过《创新设计保护和预防盗版法案》，拟使版权保护的范围扩展至时装设计领域；西班牙通过新的知识产权法修正草案《拉萨尔法案》，规定大规模侵犯著作权的网站将面临高达 30 万欧元的罚款，并附有移除付款处理器和广告商的责任；俄罗斯通过《反网络盗版法案》；日本决定将著作权保护期从权利人死后 50 年延长至 70 年；英国决定将音乐作品的版权及录音制品中的表演者权利从原来的 50 年延长至 70 年。

司法方面，新西兰“三振出局”法案开始执行，对一名音乐盗版者判处 616.57 美元的罚款；美国联邦最高法院在“Kirtsaengv. John Wiley & Son”一案中将首次销售原则的适用范围扩展至全球；德国联邦最高法院确认云托管提供商必须监管网络内容并限制匿名用户。

执法方面，英国伦敦警察局成立专门打击知识产权犯罪的部门，即知识产权犯罪专管单位，主要打击对象为利用盗版牟利的犯罪分子；美国版权信息中心推出版权警告系统，重点打击非法下载以及网上侵权盗版行为。

2. 知识产权经济价值日受重视

从发达国家的经济发展情况看，知识产权在近 20 年的时间里逐步成为拉动国民经济增长的重要引擎。发达国家将知识产权等无形资产纳入国民经济核算体系，通过政府政策充分肯定了知识产权的经济价值，以增强国家的经济能力。

知识产权的经济价值首先反映在科技创新对国内生产总值（GDP）的贡献。在科技创新型国家，科技创新对 GDP 的贡献率高达 70%，美国和德国甚至高达 80%，中国则为45%。[1] 其次反映在版权产业对GDP的贡献。以美国为例，2010年美国全部版权产业的行业增加值为16269亿美元，占GDP的比重为11.1%，再次反映出知识产权对国际贸易的影响。就知识经济最发达的美国而言，2010年知识产权集中产业对美国对外贸易的贡献很大，占全美商品出口总额的60.7%，服务出口总额的19%。

由于知识产权在国民经济的影响日益加大，各主要国家纷纷将知识产权等无形资产纳入国民经济统计体系。2012年6月19日，英国知识产权局和伦敦帝国理工学院公布了英国版权行业一份新的投资估算，当统计到国民经济核算中时，这些投资会为国民经济额外贡献30多亿英镑。2013年7月底，美国经济分析局公布第14次对国民收入和产品账户（NIPAs）综合调查的初步结果，并调整GDP统计方式，首次把企业技术研发、娱乐文化等知识产权相关指标并入政府统计数据中。有关专家指出，这意味着美国已经开始将知识产权产品作为资产加以管理并纳入经济核算体系。这一调整无论是对发展中国家还是创新型国家，都将产生重要影响。

（二）知识产权工作国内新形势

1. 经济新常态对知识产权工作提出新要求

2014年12月召开的中央经济工作会议提出："我国经济正在向形态更高级、分工更复杂、结构更合理的阶段演化，经济发展进入新常态，正从高速增长转向中高速增长，经济发展方式正从规模速度型粗放增长转向质量效益型集约增长，经济结构正从增量扩能为主转向调整存量、做优增量并存的深度调整，经济发展动力正从传统增长点转向新的增长点。"习近平主席在2014年APEC工商领导人峰会期间曾总结过经济新常态的三个主要特征，其中一个为：从要素驱动、投资驱动转向创新驱动。经济新常态下实施创新驱动发展战略，将对知识产权工作提出新要求。

首先，要求知识产权创造能力进一步加强。创新驱动发展战略的实施，必然要求各级政府、高校、科研院所、企事业单位进一步加大研发投入，创造更多优秀文学艺术和科学作品、发明专利、外观设计，培育更多知名文化品牌，以量变促成质变，实现知识产权大国向知识产权强国的转变。

其次，要求知识产权保护力度进一步加大。创新驱动发展战略的实施，必然要求立法部门、司法部门、执法部门进一步完善知识产权保护制度，积极应对新技

[1] 吴汉东．设计未来：中国发展与知识产权［J］．法律科学，2011，29（4）：196－200.

术、新模式对知识产权工作带来的冲击，加大力度，创新方式，为日益增多的知识产权成果提供全方位保护。

最后，要求知识产权运用效益进一步提高。创新驱动战略的实施，必然要求相关主管部门加强知识产权管理能力，要求高校和科研院所加快科研成果转化，要求企事业单位加强知识产权运营，促使知识产权商品化、产业化、市场化，提升知识产权运用效益。

2. 知识产权大国向知识产权强国转变任重道远

2014 年 12 月 16 日，世界知识产权组织在日内瓦发布的《2014 世界知识产权指数》报告显示，2013 年全世界专利申请量和商标申请数量，中国均为第一。从专利申请来看，2013 年全世界共提交了约 257 万件专利申请，其中中国 82 万多件，占世界总量的 32.1%；美国 57 万多件，占 22.3%。日本约 32.8 万件，而欧洲专利局在全世界的份额降至 5.8%。从商标申请量看，中国位居第一，为 188 万件；其次是美国，为 48 万件；欧盟为 32 万件。❶

从知识产权数量看，我国已经成为名副其实的知识产权大国，但从知识产权结构和质量看，距知识产权强国的目标还很远。从专利构成看，2011～2014 年，代表更高技术含量与创新能力的发明专利比重虽然在不断上升，但最高值仅为 39.3%，而发达国家这一比重基本在 85% 以上。❷ 从代表企业创新能力的企业职务发明数量看，2013 年我国企业获得发明专利授权 7.9 万件，占国内总量的 54.9%。❸ 这与国外发达国家 95%❹的企业职务发明相比，仍然存在一定差距。从专利市场转化实施效果看，科技部火炬中心技术市场发展咨询专家林耕认为，专利转让实施率是 0.41%。❺ 知识产权数量持续增长，质量和结构却有待改善的状况仍将继续存在，在此背景下，要实现从知识产权大国向知识产权强国转变的目标任重道远。

---

❶ 数据来源报告显示 2013 年全球知识产权申请量中国占三分之一 [EB/OL]. (2014－12－17). http://gb.cri.cn/42071/2014/12/17/5931s4806958.htm.

❷ 吴汉东. 设计未来：中国发展与知识产权 [J]. 法律科学，2011，29 (4)：196－200.

❸ 数据来源：2013 年我国发明专利授权及有关情况新闻发布会 [EB/OL]. (2014－02－20). http://www.sipo.gov.cn/twzb/2013nwgfmzlphqk/.

❹ 中国成全球第一大游戏市场：仍有四大问题 [EB/OL]. (2014－12－30). http://news.17173.com/content/2014－12－30/20141230094821753.shtml.

❺ 中国专利数量全球第一背后 [EB/OL]. (2014－01－03). http://news.hexun.com/2014－01－03/161125592.html.

三、文化领域知识产权工作未来发展总体思路

未来一段时期是我国经济由规模速度型向质量效益型转变的关键时期，是我国实施依法治国战略的起步阶段，也是建设社会主义文化强国和创新型国家的重要时期。制定文化领域知识产权工作未来发展的规划意义重大，其总体思路如下。

（一）指导思想与基本原则

以邓小平理论、“三个代表”重要思想和科学发展观为指导，深入贯彻党的十八大和十八届三中、四中全会精神，实施依法治国战略、创新驱动发展战略和知识产权战略，按照激励创造、有效运用、依法保护和科学管理的方针，着力提升文化领域知识产权的创造、运用、保护和管理水平，激发全社会文化创新活力，为文化产业和文化事业发展提供有力支撑，促进社会主义文化大繁荣和大发展。

文化领域知识产权工作应遵循如下原则：

——坚持以激发文化创新活力为主要方向。以建设社会主义文化强国为目标，加强知识产权的保护和管理，鼓励优秀作品的创造、传播与运用，激发全社会文化创新活力。

——坚持以促进文化繁荣发展为根本目标。以创新驱动发展战略为导向，实施版权战略以促进文化精品创造，实施专利战略以推动文化科技融合，实施商标战略以提升文化品牌国际竞争力，促进文化产业和文化事业繁荣发展，推动经济发展方式由规模速度型向质量效益型转变。

——坚持以加强知识产权保护为重点任务。完善知识产权法制体系，充分运用司法与执法双重保护机制，加强文化市场领域知识产权综合执法与联合执法，有力打击知识产权侵权行为，加大知识产权保护力度，净化文化市场知识产权环境。

——坚持以提升知识产权意识为基础工程。加大知识产权宣传教育力度，创新知识产权宣传教育方式，推动文化行政管理部门、文化企事业单位、社会公众全面提升知识产权意识。

——坚持以提升公共服务能力为关键路径。完善知识产权扶持政策体系，搭建知识产权公共服务平台，培育知识产权中介服务机构，创新知识产权服务模式，有效提升文化领域知识产权公共服务能力。

（二）主要目标

到2020年，文化领域知识产权法治体系更加完善，知识产权市场环境逐步改善，知识产权创造与运用能力有效提升，知识产权服务水平明显增强，知识产权文化逐渐形成。在知识产权制度的支撑下，文化精品不断涌现，文化产业快速发展，文化公共服务水平大幅提高，文化信息资源共享工程有序推进，知识产权对经济发展、文化繁荣和社会建设的促进作用充分显现。

——文化领域知识产权法治体系更加完善。知识产权法律制度研究与文化领域知识产权法治状况调研工作逐步加强，文化管理部门与知识产权立法部门、司法部门有效衔接，兼顾文化创造权利保障与文化服务公平的知识产权法治体系建立并不断完善。

——文化领域知识产权市场环境逐步改善。文化市场知识产权执法监管力度加大，文化管理部门与公安、电信、版权、商标、专利等有关部门联合执法的工作机制逐步建立，侵权盗版行为受到严厉打击与有效遏制，文化市场知识产权环境逐步改善。

——文化领域知识产权创造与运用能力有效提升。新作品、新专利、新商标实现数量与质量同步提升，文化精品、核心专利、知名商标的商品化、产业化、资本化运用能力显著增强，文化品牌的国际竞争力大幅提升。

——文化领域知识产权服务水平明显增强。文化领域知识产权扶持政策不断强化，知识产权服务平台与队伍逐步建立，知识产权社会中介服务组织积极涌现，知识产权确权、评估、运营和投融资等服务水平明显增强。

——文化领域知识产权文化逐步形成。知识产权宣传教育力度不断加大、方式不断创新，文化领域知识产权意识明显加强，社会公众尊重文化、尊重知识、尊重创新的知识产权文化逐步形成。

（三）重点任务

1. 完善文化领域知识产权法律法规

推动《著作权法》《专利法》及相关法规的修订，有效应对互联网等新技术发展的挑战，加大著作权侵权处罚力度，适当放宽对图书馆、文化馆和博物馆等公共文化服务机构合理使用文化知识产权的限制，促进知识产权权利人利益保障与公共文化利益的平衡；深入研究民间文学艺术作品的特点，推动《民间文学艺术作品著作权保护条例》向有利于保护和运用民间文艺资源的方向制定与实施；鼓励各地根据知识产权法律法规，结合文化系统自身特征和地方特色，有针对性地制定文化系统知识产权地方性法规和规章。

2. 激发文化领域知识产权创造活力

将知识产权数量和质量作为政府资助项目的重要参考指标，引导和扶持文化企事业单位创造文化精品、核心专利和知名商标；开展优秀版权作品评选工作，鼓励音乐、舞蹈、戏剧、曲艺、杂技、创意设计、动漫、游戏作品的创作；设立文化科技发展专项资金，扶持文化领域前沿技术、关键技术的研究攻关，解决一批具有前瞻性、全局性和引领性的重大科技问题，支持文化科技融合发展；建立并不断完善文化品牌评估体系，定期认定和发布文化企业品牌、文化产品品牌、文化地域品牌和文化人才品牌排行榜，引导文化企事业单位提升品牌塑造能力，培育具有国际竞争力的知名文化品牌；加大对博物馆、图书馆、美术馆、档案馆和文化馆藏品衍生品的开发力度，注重对衍生品知名商标的培育，提升衍生品的知识产权市场价值。

3. 加强文化领域知识产权保护能力

加强文化系统知识产权执法队伍建设，积极参与全国打击侵犯知识产权和制售假冒伪劣商品重点工作，打击针对文学、音乐、影视、游戏、动漫、软件等重点领域的侵权盗版行为，加强以手机、平板电脑等为载体的网络文化产品监管，加强互联网知识产权治理工作，全面提升文化领域知识产权保护水平；加强知识产权执法信息宣传，定期公布知识产权行政处罚案件和刑罚案件，对知识产权侵权者形成震慑作用，并增强社会公众的知识产权意识；探索建立文化领域知识产权纠纷多元化解决机制，充分发挥文化行政管理部门、相关行业协会和社会服务机构的作用，有效解决文化领域知识产权纠纷，充分保护权利人权益。

4. 提高文化领域知识产权运用效益

加强文化领域知识产权政策引导与工作指导，推动文化企事业单位实施知识产权战略，提升知识产权运用水平；鼓励文化企事业单位建立知识产权管理制度与管理系统，设立知识产权管理部门，加强对自主知识产权的管理与运用；制定并落实文化领域涉及知识产权交易、评估、质押融资和资本化运营的优惠政策，引导资金、人才、项目向知识产权优势企业转移；加强文化创意、设计服务与相关产业的融合，引导企业将文化创意、设计服务成果产权化、市场化和产业化；推动文化与旅游的深度融合，鼓励创作具有地域特色和民族风情的演出艺术作品和工艺美术品，促进旅游消费；依托社会服务机构组建文化知识产权服务中心，为艺术院团、企事业单位、艺术家提供知识产权咨询、确权、维权、交易、评估、运营等全方位服务，激活传统文化资源和现代文化创意的市场价值；支持有条件的企业实施“走出去”战略，进行知识产权国际化运营，大力培育国际知名文化品牌。

5. 提升文化领域知识产权管理水平

加强文化领域知识产权研究与规划工作，明确主要方向和重点领域，实施重点项目，开展文化行政管理部门知识产权工作绩效评价工作；研究建立文化领域知识产权统计指标体系，加强文化领域知识产权统计调查工作，梳理文化领域知识产权文化资源，加强对存量知识产权的管理和运用，促进增量知识产权产权的创造与开发；研究制定文化领域知识产权工作指导意见和工作指南，加强对艺术院团、图书馆、博物馆等文化企事业单位知识产权工作的指导；加大文化系统知识产权宣传教育力度，提升文化系统知识产权保护意识，营造尊重知识、崇尚创新、诚信守法的文化市场环境；加强国际交流与合作，扶持有条件的文化企事业单位通过知识产权贸易实现文学艺术作品和文化产品“走出去”。

6. 加强文化领域知识产权人才培养

全面实施文化领域知识产权人才工程，吸引海内外知识产权人才进入文化领域工作；实施文化领域知识产权人才培养计划，根据各文化企事业单位实际业务需要，开展知识产权任职培训、岗位培训、业务培训、技能培训，建立多渠道知识产权人才培养机制；加强文化领域知识产权执法队伍的法律知识培训和执法技能培训，提高文化领域知识产权执法效力；建立文化领域知识产权管理人才库，推动产学研用复合型人才队伍建设。

（四）保障措施

1. 加强组织协调

各级文化行政管理部门要切实加强对知识产权工作的领导，制定并实施文化领域知识产权发展规划，健全文化领域知识产权重点联系单位制度，立足部门间协作、地区间协作，建立密切协作、运转顺畅的工作机制，逐步实现文化领域知识产权资源的整合和共享；文化企事业单位要将知识产权工作纳入重点工作，保障知识产权工作有效开展。

2. 加大人力投入

依托文化市场综合执法力量，加大知识产权执法人力投入，重点突出文化领域知识产权执法；加强文化与版权、专利、商标、公安、电信等有关部门的协调，充分调动有关部门的人力资源，加强文化领域知识产权执法；鼓励相关行业协会、社会服务组织发挥各自优势，加强知识产权保护与管理工作。

3. 加强资金支持

设立文化领域知识产权专项经费，扶持文化知识产权相关工作，对开展知识产权工作成果突出的单位和地区给予补贴和奖励；设立文化领域知识产权公共基金，用于保护、开发与运用传统历史文化资源，使之在全社会得到广泛运用；鼓励文化企事业单位多渠道筹措资金，鼓励和引导各类金融机构及社会资本进入文化领域知识产权的创造、运用、转化和服务领域。

4. 加强督促检查

各级文化行政管理部门要定期评估知识产权工作实施情况，对各项任务落实情况组织开展监督检查，协助解决面临的重大问题。要建立健全文化领域知识产权工作绩效评价体系，及时总结和推广知识产权运用和保护的经验。

四、文化领域知识产权工作政策建议

为适应文化发展新形势，鼓励文化创新，促进文化事业与文化产业发展，塑造知名文化品牌，提升国家文化软实力，建设社会主义文化强国，建议国家加强对文化领域知识产权工作的支持力度，充分发挥知识产权在推动文化繁荣发展方面的重要作用。

（一）加大文化领域知识产权保护力度

文化领域知识产权侵权现象长期大量存在，严重挫伤原创文学艺术精品创作者的积极性。建议在立法和执法两个层面加大文化领域知识产权保护力度。

一是完成《著作权法》的修订与颁布实施。使修订后的《著作权法》更加适应当前文化、经济和社会发展形势；通过立法提高知识产权侵权赔偿额度，增加针对反复侵权、恶意侵权的惩罚性赔偿机制，提高侵权成本，加强对违法侵权行为的震慑力；适当扩大作品的合理使用范围，推动公共文化服务体系建设；建立互联网版权研究机构，深入研究互联网环境下的版权问题，为《著作权法》的修订与实施开展理论研究，以有效应对互联网等新技术发展对知识产权制度的挑战。

二是探索建立民族民间文学艺术作品的法律保护体系，颁布实施《民间文学艺术作品著作权保护条例》。加快推进对民间文学艺术作品法律制度的调研，探索建立民间文学艺术作品的法律保护体系；广泛征集社会各界关于《民间文学艺术作品著作权保护条例（征求意见稿）》的意见，推动该条例向有利于保护民族民间传统文化资源和文学艺术作品保护的方向制定。

三是进一步完善司法保护和行政保护双轨并行的知识产权保护机制，加大文化领域知识产权保护力度。继续深入实施打击侵犯知识产权和制售假冒伪劣商品专项行动，加大对文化领域知识产权侵权行为的打击力度；继续深入实施打击侵权盗版网络治理“剑网行动”，有效规范互联网领域文字、音乐、影视等作品的传播秩序。

（二）实施文化领域知识产权重大工程

实施文化领域知识产权重大工程，制定并落实文化领域涉及知识产权创造、转让、许可、评估、质押融资和资本化运营的优惠政策，引导资金、人才、项目向知识产权优势企事业单位转移。

一是实施文化精品工程，扶持文化精品的创造。鼓励广大文艺工作者和社会公众参与文字、音乐、影视、动漫、游戏、设计等文学艺术作品的创作，建立优秀作品评选机制，对文化精品进行物质和精神鼓励，以推动文化精品的创造与运用。

二是实施文化品牌行动计划，扶持文化品牌的提升。建设文化品牌实验室，建立文化品牌价值评估模型与文化品牌经营模拟决策系统，为文化品牌的塑造与提升提供专业服务，为优秀文化品牌提供优惠政策，进行扶持。

三是继续深入实施文化信息资源共享工程，扶持文化信息资源的传播。适当放宽对公共文化服务机构在知识产权合理使用方面的限制，加大对文化工程知识产权授权方面的投入，促进优秀传统文化资源与现代文艺作品在少数民族地区、贫困落后地区等特殊地域及视力或听力障碍等特殊人群的传播，促进文化信息资源的共享与社会公平。

四是对接文化科技创新工程，扶持文化领域重大科技成果的转化应用。设立文化科技发展专项资金，扶持文化领域前沿技术、关键技术的研究攻关，解决一批具有前瞻性、全局性和引领性的重大科技问题，支持文化科技融合发展。

（三）提升文化领域知识产权管理能力

一是建立文化知识产权服务中心。为文化企事业单位提供知识产权确权、维权、调解、评估、交易、运营、投融资等各方面的专业服务，以盘活遗传资源、传统知识和民族民间文艺资源，同时激活现代文化创意的市场价值。

二是加强文化领域知识产权工作指导。研究制定《文化知识产权工作指导意见》与相关工作指南，指导艺术院团、图书馆、博物馆等文化企事业单位实施知识产权战略，加强识产权运用与管理。

三是加强文化领域知识产权管理人才培养。组织开展文化管理部门系统内和文化企事业单位知识产权管理培训，培养文化领域知识产权技术人才、管理人才和法律人才，提高文化领域知识产权管理水平。

知识产权国际规则变革的应对*

知识产权日益成为维护国家竞争优势的重要战略性资源。特别是国际金融危机爆发以后，发达国家纷纷加快调整包括知识产权在内的宏观经济政策，知识产权国际规则进入新的变革时期。

一、知识产权国际规则变革立场的历史演进与发展展望

回顾我国知识产权制度的演进历程，我国对知识产权国际规则的变革，历经了“被动性接受”阶段、“调整性适用和参与”阶段，目前正在向“主动性安排”阶段和“积极影响”阶段过渡，并为未来10～15年过渡到自主性设计、全局引领阶段打下坚实基础。

一是知识产权制度的“被动性接受”阶段。这一阶段为清朝末年到民国政府时期的50年间。自19世纪末叶以来，从清朝政府实行新政向西方学习到北洋政府、民国政府取材外国法进行移植，知识产权法律无一不是被动立法的结果。

二是知识产权制度的“调整性适用和参与”阶段。这一阶段为从新中国成立到中国加入世界贸易组织（WTO）前的50年间。这一时期，我国知识产权制度处于“法律本土化”的摸索阶段：前30年在计划经济体制下，知识产权制度强化管理功能，主要依赖一些行政规章保护知识产权；后20年在市场经济体制下，知识产权立法工作得以“拨乱反正”，建立健全了知识产权法律体系，并积极参与世界知识产权组织（WIPO）、WTO下的各项知识产权国际规则讨论，向知识产权国际规则靠拢。

三是知识产权制度的“主动性安排”阶段。这一阶段从中国加入WTO到现在。

---

* 本文基于2014年国家知识产权局软科学研究报告《知识产权国际规则变革的应对》。课题负责人：韩秀成；课题组长：谢小勇；报告统稿人：王淇；主要执笔人：王淇、武伟、陈泽欣、张鹏、瞿昊晖、郭谦、徐晓雁。

10年来，中国站在战略全局的高度，致力于知识产权制度建设，并通过制定和实施国家知识产权战略，有效利用知识产权制度，以此作为缩小与发达国家的差距、实现跨越式发展的政策抉择。

四是知识产权制度的“积极影响”阶段。随着我国成为世界第二大经济体，贸易额跃居世界第一，我国知识产权制度未来将进入“积极影响”阶段。我国作为发展中国家的代表，积极影响发展中国家的基本立场与制度选择，与发达国家展开知识产权国际规则方面的积极交流与合作，全面影响知识产权国际规则的走向。未来10～15年将是我国建设知识产权强国的攻坚期，要求我们对知识产权国际规则能够起到全局引领作用，根据我国发展需要自主性设计知识产权国际规则，提出知识产权国际规则的总体方向，并引领知识产权国际规则朝向对我国有利的方向发展。

总结我国知识产权制度的演进规律，可以得出：首先，权利保护是中国知识产权制度发展的本质特征，推动创新是中国知识产权制度发展的根本要求。中国政府十分重视知识产权的保护工作，在近30年的知识产权法制发展过程中，权利保护是重中之重。知识产权保护极大地激发了人们的创造热情，知识产权制度在推动创新、提高国家竞争力方面已经发挥重要作用。其次，改革开放是中国知识产权制度发展的不竭动力，与时俱进、促进发展是中国知识产权制度发展的高贵品格。纵观我国知识产权30年的发展历史，我们可以看出，每次改革开放政策都给我国知识产权法制发展注入了活力和生机，与时俱进、促进发展成为中国知识产权法制建设的品格特征。

二、我国对知识产权国际规则变革的总体需求

为了维护国家利益，保持负责任的大国形象，从当前我国国情以及国际形势来看，我国对知识产权国际规则变革的总体需求是实现加强保护与促进发展的平衡，为建设知识产权强国提供有力支撑。

（一）加强保护

党的十八届三中全会通过的《中共中央关于全面深化改革若干重大问题的决定》明确要求，要构建开放型经济新体制，要促进国际国内要素有序自由流动、资源高效配置、市场深度融合，加快培育参与和引领国际经济合作竞争新优势。习近平总书记在亚太经济合作组织工商领导人峰会开幕式的演讲中指出，既要深化对内

开放，让劳动、知识、技术、管理、资本的活力竞相迸发，也要扩大对外开放，把成员多样化、差异性转化为发展潜力和动力。可见，努力构建开放型经济新体制，促进对内对外开放，需要充分发挥知识产权在市场决定创新资源配置、促进创新活力迸发中的根本作用。提高知识产权保护力度，加强知识产权保护是我国对知识产权国际规则变革的需求之一。

（二）促进发展

目前，我国知识产权数量迅速增长，知识产权贸易规模保持较高增幅，但是知识产权贸易国际竞争力仍然非常有限，知识产权制度对我国贸易转型升级、促进经济发展的作用尚未充分发挥。我国对知识产权国际规则变革存在促进发展的强烈需求，需要充分发挥知识产权制度促进贸易转型升级、推动经济发展的重要作用。

三、我国对知识产权国际规则变革的战略选择

我国对知识产权国际规则变革的战略选择包括：推动建立以“保护权利”和“促进发展”为核心的知识产权全球治理新结构；抵制以知识产权为核心的知识霸权，促进知识产权发展多样性；抵制垂直论坛转移，总结推广知识产权发展的“中国模式”，提出知识产权国际战略。

（一）一个方向：推动建立知识产权全球治理新结构

我国应当坚持发展中国家的地位与立场，同时树立大国信心，团结和联合广大发展中国家积极应对论坛垂直转移。在世界知识产权事务中，作为发展中国家的巴西、印度等一直是发展中国家对抗发达国家知识产权“侵袭”的排头兵，在 TRIPS 等一系列谈判中努力维护本国知识产权立场，印度等国家同时在实施专利国内强制许可制度等方面与本国知识产权立场相呼应。作为最大的发展中国家，我国应当改变知识产权国际规则参与的被动局面，团结和联合发展中国家，积极主动提出立场主张。建议我国立场主张的总体方向是，提倡“包容、互惠、平衡”的知识产权理念，推动建立以“保护权利”和“促进发展”为核心的知识产权全球治理新结构。在加强权利保护的同时加强惠益分享，研究建立知识产权实施的滥用规制与限制例外制度。强调实施的限制和例外，能有效阻止损害消费者利益和对市场竞争产生的不利影响，让发展议题融入知识产权国际规则的变革之中。

（二）两个重点：打击以知识产权为核心的知识霸权、促进知识产权发展的多样性

一方面，《反假冒贸易协议》（ACTA）、《跨太平洋伙伴关系协议》（TPP）、《跨大西洋贸易与投资伙伴协议》（TTIP）等开创了极其恶劣的国际知识产权立法实践：主要发达国家绕开WTO和WIPO，自行制定知识产权国际规则，剥夺和限制发展中国家在知识产权国际规则方面的话语权，这是以知识产权为核心的知识霸权的重要体现。我国作为新兴市场国家，应当旗帜鲜明地反对以知识产权为核心的知识霸权。

另一方面，支持发展中国家知识产权发展的多样性。ACTA、TPP、TTIP等充分体现出，发达国家正在推进知识产权保护标准和实施措施的统一。我国应当旗帜鲜明地表明，地域性和最低保护标准是知识产权国际规则的基础，每个国家或地区应当允许通过有利于其特殊情况和社会约束的方式适应国际条约的义务，尤其是知识产权实施是典型的地域性问题，应当允许不同的发展中国家采取不同的救济程序和救济措施。

（三）三个关键：抵制垂直论坛转移、总结推广知识产权发展的“中国模式”、提出知识产权国际战略

一是抵制垂直论坛转移。在WIPO谈判中，发展中国家阻止了TRIPS-plus——《实质性专利法协议》（Substantive Patent Law Treaty）的实现，而公共健康问题便开始在WTO谈判中得到重视，美国等知识产权强国意识到再难以通过WIPO、WTO实现其目标，便进行“垂直论坛转移”，通过双边的（双边贸易协定、双边投资协定、欧洲伙伴关系协议）、区域性的（如自由贸易协定）以及复边的（ACTA和TPP）协议方式来寻求超出TRIPS的知识产权保护标准。无论何种类型的协议，在知识产权保护上都追求范围更广、力度更强，从而在很大程度上抵消了TRIPS允许的法律制度弹性。通过签署这些协议，美国在WTO制定的条件基础上，为对方提供了更优惠的市场准入（WTO-plus），从而换取对方接受TRIPS-plus的条件，其内容通常包括：数据独占条款、禁止平行进口、药物注册和专利保护的关系、强制许可的苛刻条件、专利保护期延长等。这些协议制定的知识产权标准之高，不仅超出了TRIPS（甚至TRIPS-plus），还高于美国知识产权法自身的保护标准。在TRIPS未作出明确要求（允许成员自由制定有关内容）的方面，美国也通过

双边协议的形式，成功地向贸易伙伴国家“出口”了其知识产权强保护的观念和制度。但双边协议仅仅是第一步，美国的最终目标是通过复边协议将双边协议中的知识产权强保护标准扩大到全球范围。

美国主导的 TRIPS - plus 复边机制始于 ACTA。2007 年 9 月 28 日，WIPO 第 43 届成员国大会通过了“WIPO 发展议程”（Development Agenda for WIPO），该议程“旨在将世界各国的需要和利益都考虑进来”。随后，美国、欧盟各成员国、日本便宣称与一些国家（其中很多国家都与美国签署了自由贸易协定）进行谈判。[1] 在美国的主导之下，（ACTA）谈判未采纳 WTO 的更加开放、透明的谈判模式，而是以秘密的方式进行。ACTA 在欧洲议会主持的首轮投票中就被否决了，从而其他投票程序也随之中止。

尽管 ACTA 的形式被发达国家逐渐放弃，但美国等国家却通过 TPP 等复边协议推行其欲在 ACTA 中实现的知识产权强保护。与 ACTA 相同，TPP 谈判同样以高度机密的形式进行，任何成员在谈判结束 4 年之内不得将谈判草案公布。2010 年 11 月，网络上流出了由美国起草的 TPP 泄露版本（以下简称“美国草案”）。从内容上看，美国草案中的知识产权章节主要吸收了 ACTA 和美国《禁止网络盗版法案》（Stop Online Piracy Act）的主要内容，其保护水平也超越了美国知识产权法自身，是迄今为止所有自由贸易协定中知识产权保护力度最强的。例如，美国草案要求各缔约国有义务保证作者、表演者和录音录像制作者可授权或禁止对其作品、表演和录音录像制品的暂时复制（包括技术形式的临时复制）行为。这种复制行为的规定并未包含任何有关例外与限制的内容，即《保护文学和艺术作品伯尔尼公约》（以下简称《伯尔尼公约》）第 9 条第 2 款所规定的，各缔约国有义务在以下情况下对复制权进行限制：当临时复制只是为了接触作品时，或者复制只是基于瞬间或顺带的属性，或者已获得授权或法律允许。同时，这也超越了美国著作权法的规定。根据 2006 年的美国著作权法第 101 条，“复制”须为“有形的”，只有“持续存在超过瞬间的”复制才足以受到著作权保护。TRIPS 第 27 条已经明确将动植物、对人类或动物的疾病诊断治疗和外科手术方法排除在专利授权范围之外，马来西亚、越南等 TPP 成员国的国内法也作了相同的规定。对于专利权客体的范围，TPP 将对人

---

[1] 2007 年 10 月，时任美国贸易代表的 Susan Schwab 声称，美国和重要贸易伙伴将“寻求一个新的、更高的知识产权实施标准”，并强调“ACTA 不属于现在任何一个国际组织”。ACTA 的成员包括美国、日本、韩国、欧盟各国、瑞士、澳大利亚、新西兰、墨西哥、新加坡和摩洛哥，其目标是为最终建立一个全球化协议奠定基础。

类或动物的诊断方法、治疗方法、手术方法纳入专利法的保护范围，从实质上重新定义成员国的“实用性”标准。该规定也是迫使承认美国草案第8条第1款规定的药物“使用”专利的迂回手段。尽管美国草案第8条第3款作了适用例外的规定，但存在很大的局限性。因为动植物品种和诊断方法、治疗方法、手术方法本身就带有强烈的公共秩序、公序良俗等公共利益性质。而且，即使先前不具有明显的公共利益色彩而赋予了专利保护，也无法保证在专利的商业化过程中始终不会对公共利益构成威胁。从TPP等复边协议的内容可知，美国等国家试图通过在发达国家之内推行超出TRIPS的知识产权保护标准的相关协定，从而迫使发展中国家接受垂直论坛转移行为。中国的立场应当是坚决反对，其原因并不是这些协定所涉及的知识产权保护高标准，而是它们的谈判过程和内容的不公开，并且试图将其施加到广大未曾参加公平、合理谈判的国家和地区头上。我国应该倡导一个公开、公平以及公正的国际知识产权谈判和磋商方式，而不是暗箱操作式的运作手段。

二是总结推广知识产权发展的“中国模式”。我国知识产权战略实施对经济、科技和社会发展起到了巨大促进作用，发展中国家和欠发达国家对我国知识产权战略的制定和实施非常感兴趣，多数国家对我国战略实施进行了研究和学习。建议全面总结我国知识产权战略实施的经验，提取国际通用的战略制定与实施要素，立足系统论、过程论和控制论的基本原理，形成我国建议的知识产权战略制定总体过程和基本工具，分析知识产权战略实施的控制手段，形成可供发展中国家和欠发达国家借鉴的战略制定与实施的“中国模式”。

三是研究制定我国的知识产权国际战略。我国《国家知识产权战略纲要》主要在知识产权创造、运用、保护与管理等方面部署任务措施，旨在到2020年将我国建设成为知识产权创造、运用、保护与管理水平较高的国家。目前，国务院常务会议已经提出了“建设知识产权强国”的任务目标，这尤其需要在部署国内任务措施的同时考虑我国国际方面的工作举措，研究制定知识产权国际战略。从当前知识产权国际规则的发展态势来看，应将知识产权国际化纳入国家战略。只有从战略的高度认识知识产权国际化的重要性，明确战略目标，设计有效的战略举措，才能使我国的知识产权利益“长治久安”，才能从根本上维护国家利益。因此，从国际而言，我国需要加强与发展中国家的沟通协调，构建发展中国家知识产权沟通协调机制，以抗衡ACTA等发达国家主导的知识产权协议框架，力争在WTO与WIPO多边体制下解决国际知识产权争端。从国内而言，知识产权国际规则重构涉及国家长远利益与当前利益、总体利益与局部利益的取舍，涉及国内产业整体发展前景，需要取

得产业界与公共部门的共识，需要各政府主管部门之间的协调。此外，应成立更高级别的工作机制，统筹协调对外谈判工作，逐步建立起一套跨部门、跨国界的高效完善的谈判机制，解决目前一直困扰国内知识产权规则制定中的“先修订法律，还是先签订国际条约”的难题。

四、应对知识产权国际规则变革的总体策略

（一）国内层面：搭建产业磋商机制、发展知识产权政策咨询体系、完善涉外知识产权工作体制、加强专门人才培养

一是搭建国内知识产权相关产业磋商机制。成熟的产业磋商和政策咨询体系，对于完成接近现实的成本利益分析和保障良好的谈判决策非常关键。在知识产权国际谈判中，发展中国家一直比较被动。除了缺乏强有力的谈判杠杆之外，缺乏确定体现本国利益的知识产权具体谈判立场的能力也是发展中国家的软肋。提高知识产权保护标准并不总是有益的，必须进行经济与非经济方面成本与收益的具体分析。在未来的知识产权国际谈判中，我国首先要确定自身拥有进攻性利益的政策领域（例如对生物多样性和传统知识的保护）；在谈判新协定之前，应仔细评估强化知识产权标准将带来的经济和社会影响；在作出评估时，必须与政府各部门、私营部门、消费者团体和其他利害关系方协商。例如，为了确保美国贸易政策与贸易谈判目标能够充分反映美国的商业和经济利益，美国建立了分级咨询体系，由贸易政策与谈判咨询委员会、政策咨询委员会、分部门职能咨询委员会以及私人组成，负责向总统、国会、美国贸易代表办公室和其他政府部门提供咨询意见。其中，成立于1974年的贸易政策与谈判咨询委员会处于咨询体系的顶端，其成员部分来自美国最资深的大企业集团，与贸易代表办公室有直接联系，负有就贸易政策向国会报告的义务，并就美国贸易谈判目标提供咨询意见，确保谈判结果充分反映产业利益。美国政界、商界的有效协作是美国在知识产权国际谈判无往而不利的重要原因。

二是发展知识产权政策咨询体系。我国应加快完善从总体利益出发、超越局部利益的知识产权谈判第三方评估和决策咨询机制，加大政府、企业和社会的投入力度，加强彼此信息交流，支持智库进行全局性、战略性研究，提出“中国议题”和“中国方案”，为对外谈判决策提供智力保障；积极参与这些关注可持续发展的国际组织和智库的活动，与其他发展中国家协调彼此在知识产权议题上的谈判立场，

一在国际谈判中的行动。同时，加大知识产权领域专业人才的培养力度，培育更多精通外语、精通国际规则和国外法律、熟悉国际经营战略和技术发展的复合型人才。

三是完善涉外知识产权工作体制。我国驻外机构中并未设置与知识产权相关的专职部门，对驻在国的知识产权发展趋势、法规变化没有第一手的资料与分析，驻在国中方企业在知识产权领域产生纠纷时缺乏专业的指导与帮助，影响着我国的知识产权国际化进程以及企业海外维权力度。因此，建议在驻外机构中增设与知识产权相关的专职部门，加强知识产权情报信息收集分析能力，建立知识产权保护服务热线和监控体系，对企业海外知识产权注册和海外知识产权纠纷法律服务提供支持，建立评估、选择、跟踪和监管体系，帮助企业提高对贸易伙伴所在国法律和国际规则的运用能力。

四是加强知识产权专门人才培养。设立知识产权法与国际法的交叉学科，培养熟悉国际规则的知识产权专门人才，通过谈判实战培训、谈判经验积累等方式提高在不同国际论坛下谈判人员对知识产权规则的熟悉程度。

（二）国际层面：建立知识产权发展同盟、加强知识产权多双边协定内容和谈判模式的研究

一是建立知识产权发展同盟。美欧知识产权谈判是立体网络推进模式，即同时借助多个谈判场所推进在同一贸易政策上的立场。区域贸易协定谈判的分散性使得美国和欧盟在知识产权标准的制定中居于支配地位，区域贸易协定理所当然地成为优先的谈判场所。除区域贸易协定之外，发达国家还不遗余力地通过其他国际组织或峰会活动，提高知识产权保护标准。在此背景下，建立知识产权发展同盟，选择关注发展目标的多边场合，使未来知识产权国际保护机制的发展在特定产业利益和公共利益中间取得平衡，是发展中国家在知识产权谈判中应予以特别考虑的路径。对于发达国家的联盟，发展中国家只有结成发展联盟，协调彼此立场，强化集体谈判地位，才能拥有与前者相抗衡的谈判力量，在相关场合影响谈判结果，促进知识产权国际体制的有效和民主决策。为获得相对平衡的谈判力量，我国还应充分利用WTO和WIPO等多边谈判场所，在发展中国家拥有广泛利益的公共健康、传统知识、遗传资源等重要议题上寻求共识。

二是加强知识产权多双边协定内容和谈判模式的研究。目前我国对外签署的自由贸易区协定（FTA）和双边投资协定中与知识产权相关的条款都相对简单，但从

未来的发展趋势看，区域自由贸易协定与双边投资协定中知识产权条款都将向更严苛的标准看齐。如在2013年7月初的第五轮中美战略经济对话上，中美已达成共识，中方将以准入前国民待遇和制订外资准入“负面清单”为基础，与美方展开双边投资协定的实质性谈判。美方具体谈判所参照的是美国《2012年双边投资协定谈判范本》(2012 U.S. Model Bilateral Investment Treaty)，该范本对投资的定义中就包括了“知识产权”和“根据国内法授予的批准、授权、许可和类似权利”，并要求双方在国民待遇、最惠国待遇、业绩要求、高级管理人员等四个方面作出具体承诺。因此，我国对于知识产权多边贸易协定的研究，应当着眼于两个方面：协议内容以及谈判手段。

对于知识产权多边协定的内容，政府相关部门应根据不同谈判对象，制定与知识产权相关的贸易协定与投资协定的谈判预案，在谈判小组中增加知识产权领域的专家，争取在区域与双边层面最大限度地维护自身利益。同时应加强对TPP、TTIP、区域全面经济伙伴关系协定（RCEP）等区域经济协定以及双边投资协定的研究，为我国参与这些区域经济协定及开展双边投资协定谈判做好充足准备。

对于知识产权多边协定的谈判手段。从TRIPS的谈判过程来看，单边措施的使用、各种联盟的建立等谈判技巧的应用使谈判的进程瞬息万变。因此，应充分研究已有的谈判案例，利用谈判议程的设置设法对抗他国的单边措施，或利用发达国家选民群体之间的分歧，使发达国家难以建立有效的谈判议题和牢固联盟。在谈判力量分配不均的情况下，审时度势地适当运用谈判技巧，在一定程度上限制甚至改变不公平的谈判结果。

五、应对知识产权国际规则变革的具体策略

（一）关于加强知识产权保护国际议题的应对策略：加强保护与促进发展的平衡

从知识产权保护的程度而言，当前知识产权国际规则的趋势表现为，知识产权国内执法规则国际化。以欧盟为例，欧盟成员国内的知识产权执法措施和程序的标准越来越高，也越来越严格。2013年6月12日，《关于知识产权海关执法及废除2003年第1383号条例的条例》（以下简称《2013年条例》）获得欧洲议会和理事会通过，并于2014年1月1日生效实施。在海关执法环节方面，《2013年条例》规定：如果有合理的侵权怀疑，海关可以对任何海关状态的货物进行执法检查；当认

为构成知识产权侵权时无须考虑海关截获货物的海关状态。只要货物在欧盟关境内，它们应当处在海关监管之下，海关有权随时执法。《2013 年条例》执法范围包括货物跨越欧盟外部边境的所有情形，不论货物是否放行自由流通、处于保税制度或是在自由区和自由仓库之中。《2013 年条例》保护的知识产权客体有所增加，新增对商号、集成电路布图设计、实用新型的保护。目标是保持欧盟外部边境保护客体范围与欧盟知识产权执法指令中内部市场知识产权保护客体范围一致。《2013 年条例》对海关执法保护客体、侵权种类的扩张适用于自由区和过境货物的知识产权执法。海关执法保护客体显著增加，超越 TRIPS 所保护的知识产权客体类型，而且海关执法中认定侵权类型的增加也超越 TRIPS 和 ACTA 边境措施的规定。

由于在 WTO 框架，执法问题不属于 TRIPS 理事会的管辖范围。美国和欧盟各国开始从发达国家转向其他多边场所，比如世界海关组织、万国邮政联盟、世界卫生组织等。为适应新的形势要求和知识产权边境保护的新特点，世界海关组织修改 1995 年制定的《赋予海关权利执行 TRIPS 的国家法律范本》为《公正有效执行 TRIPS 边境措施的国内立法示范条款》。该示范条款在边境知识产权执法方面具有明显的超 TRIPS 特征。例如，其第 1 条将 TRIPS 规定的“进口”扩大至“进口、出口和转运货物”；对于申请是否被批准，TRIPS 只要求在“合理期限内”，该示范条款第 4 条则要求不超过 30 个工作日，并且对于紧急申请，要求不超过 3 个工作日；对于通知事项，该示范条款第 6 条将通知进口人和申请人的义务扩展到通知“进口人、出口人、收货人、发货人和申请人”，并要求说明中止或扣留的原因。在美国草案中，即表现出超出 TRIPS 的执法标准。例如，在禁令和边境措施上，TRIPS 中禁令和边境措施的适用范围很有限，要求仅为“阻止侵犯知识产权的商品进入市场”颁发禁令，要求海关仅没收“进口商品，并且有明显证据证明这些商品是‘假冒或盗版商品’”。ACTA 从以下方面扩充了 TRIPS 的内容：建议禁令适用范围应扩大至包括“阻止商品进口”；将“专利产品”从边境措施章节中剔除，并且使专利的禁令措施是可选择的，而非强制的。美国草案重申了 ACTA 草案中最具争议的许多内容，包括：禁令条款扩展至包括“出口”；边境措施标准扩张至出口和中转；边境措施也同样不包括“专利产品”，且扩张至包括“混淆的相似商标”。事实上，易于混淆的相似标识并不等同于侵权标识，因此不可能轻易通过视觉上的比对而作出侵权与否的判断。例如，美国法院运用多个因素来判断是否消费者混淆了有问题的标识，视觉上的判断并非单一判断。

美国和欧盟在内部持续性地不断强化知识产权执法力度，一方面有利于解决内部市场的假冒盗版问题，另一方面也为其双边和多边方式奠定了基础。以自由贸易协定、投资协定和知识产权协定为主的双边方式能满足美国、欧盟以及其他发达国家和地区的策略目标。因为在具体的双边协定中，发达国家和地区可按自己的需要以及对方签署国的市场特征签署略有区别的条款。特别是由于发展中国家在政治、军事、经济、贸易等方面的实力与发达国家之间存在巨大的悬殊，双边协定涉及的国家少，具有易操作、时间短、见效快和约束力强的特点；而多边协定成员多，需平衡各方利益，博弈所需要的时间成本大，获得的利益却不一定多。因此，双边协定采取的“各个击破”的策略，可以分化和瓦解发展中国家在多边贸易谈判中为加强自身的讨价还价能力而建立的联盟。面对国际知识产权执法标准进一步提高的必然趋势，我国应积极应对有关知识产权执法内容，明晰在国际规则制定中的定位，以在知识产权这一战略高地争夺国际规则制定的主动权。一方面，中国加入 WTO 已有 10 余年，已经成功地从规则的遵守者演进为规则的利用者，应积极利用当前规则，维护 TRIPS 执法规则中的弹性空间；利用 WTO 争端解决机制，避免被动成为应诉者；利用发展中国家在传统文化、遗传资源及公共健康等问题中的话语权，在国际知识产权执法标准提高的过程中，为发展中国家的知识产权谋求利益。另一方面，更应努力成为规则制定的主导者，争夺国际规则制定的主动权。这就需要收集面向我国产业的相关数据和资料，了解我国知识产权执法现状与需求，以及国际知识产权执法高标准可能对我国企业产生的冲击，同时思考发展中国家对于知识产权的执法需求，由此提出一个既能满足我国知识产权保护需求，又符合我国知识产权执法水平的知识产权保护方案，为政府决策提供重要支持。

通过 ACTA、TPP、TTIP 等与我国现行法律规则以及司法实践的比较，可以看出，我国可以在知识产权禁令和损害赔偿方面进一步加大知识产权保护力度，提振知识产权权利人信心。这符合我国当前发展阶段的战略需要，也符合知识产权国际规则的发展趋势。

（二）关于自由贸易协定中知识产权议题的应对策略：坚持 TRIPS 标准、强化与发展中国家合作

一是明确自由贸易协定中知识产权谈判的利益诉求，在谈判中坚持 TRIPS 标准。首先，必须明确自由贸易协定中知识产权谈判的利益和诉求。知识产权保护的范围非常广泛，我国在自由贸易协定中谈判中应全方位评估知识产权利益，明确区分进攻利益和防守利益。在进攻利益方面，我国可以在自由贸易协定知识产权谈判

中重点考虑增加有关保护传统知识、民间文艺、生物多样性以及技术转让的规定。以发达国家为主导的知识产权国际保护体系，忽视了传统知识、民间文艺以及生物多样性的保护，我国可以在谈判中将代表我方利益的对传统知识、遗传资源与民间文艺的保护作为让步的前提。在防守利益方面，则应重点注意保留知识产权保护的各种弹性条款和例外规定，合理利用弹性空间。我国在知识产权立法方面已经严格履行了现有国际法义务，但仍然可以在 TRIPS 的例外条款下进行合法的规避。如 TRIPS 第 30 条关于授予专利权的限制与例外、TRIPS 第 31 条强制许可规定以及多哈回合《关于 TRIPS 与公共健康宣言》强调的“弹性”原则，都为我国的知识产权保护提供了弹性空间，可以适当限制发达国家成员知识产权的权利滥用。

其次，力求以我国现有立法为基准进行知识产权谈判，并留有余地。以我国立法为基准开展双边或区域 FTA 谈判，可以保持 FTA 中的承诺与我国国内立法及在多边体制中承诺的一致性，从而降低修改法律、法规的成本，减少造成法律冲突的风险。但与此同时，我们要注意在 FTA 承诺中给未来对国内立法进行调整预留一定的政策空间，防止出现锁死效应。目前我国已经加入的国际条约有：《专利合作条约》《日内瓦公约》《世界知识产权组织版权条约》和《世界知识产权组织表演与录音制品条约》等，对这些条约的遵守使得我国在知识产权保护领域已经包含了若干超出 TRIPS 的规定。为此，我国在 FTA 谈判中，可以考虑在对等的基础上，要求缔约对方承诺加入相同的公约、条约，以求保持各方权利义务的对等性。另外，我国也不宜采取对知识产权保护进行全面、详细规定的美国模式，而应在现有模式的基础上，以多边知识产权条约为主导，以知识产权交流合作为主要内容，建立对话、技术援助、人员培训、专家交流和信息交换等多重灵活机制。

最后，对于自由贸易协定中的“超 TRIPS”规则予以主动回击，可通过将其引入 WTO 多边机制中进行考察，考核其是否可能与 TRIPS 存在冲突。如前所述，TRIPS 第 1 条第 1 款规定，成员有权提供比 TRIPS 更高水平的保护，但要求此类保护不得违背 TRIPS 的条款。这其中所说的“不得违背”至少应该可以被解释为：WTO 成员所采纳的“超 TRIPS”标准不应与 TRIPS 中的强制性义务相冲突。因此，可以将相关 FTA 中“超 TRIPS”规则与 TRIPS 中的强制性义务条款进行对比，分析是否存在冲突。

二是制定适当的 FTA 知识产权保护战略，为谈判提供依据。首先，了解发达国家的惯用策略，分别分析各国的利益需求，及其可能提出的谈判要求，进行有针对性的专门分析。例如，欧盟特别关注地理标志与外观设计的问题，而美国则在限制实施专利强制许可方面更为关注。发达国家，尤其是美国素来喜欢用“胡萝卜加大棒”政策迫使发展中国家进入包括知识产权保护内容的双边自由贸易谈判。比如，通过降低关税以及非关税壁垒、给予发展中国家以特殊和优惠待遇、增加对发展中国家的直接投资、给予发展中国家技术援助的方式，诱导发展中国家接受包括较高知识产权保护条款的双边或区域 FTA。

其次，充分研究并预先规划符合我国经济发展战略的可行性方案。近年来，发达国家主导的知识产权谈判基本上是被合并在 FTA 谈判之中的，发展中国家接受此类 FTA 就意味着它们在贸易、外资、竞争、知识产权、劳工、环境等多方面也要承担更多的国际义务。因此，参加此类谈判之前，我国需要全面规划全国性的经济社会发展战略，进行包括各行业以及知识产权、环保、外资和劳工等各专题在内的全面设计。

最后，对提高知识产权保护标准进行经济与非经济方面具体的成本与收益分析。我国可以考虑建立良好的专业咨询机制，兼顾法律和经济两个视角专门分析知识产权与贸易的关系及不同规则安排带来的经济影响，以量化的方式衡量，便于我国在相关谈判中有更好的依据。同时可以将可能达成的 FTA 放到上述全国性经济社会发展战略规划的框架内进行得失评估，综合计算我国在知识产权利益和投资、竞争、劳工、环保以及货物、服务市场准入等方面的得失。

三是加强与其他发展中国家以及一些非政府组织的知识产权合作，增强谈判实力。发达国家采取“分而治之”的策略，将国际知识产权谈判场所转移至双边谈判框架下，南北国家之间谈判实力不均衡的局面更加明显，这是造成发展中国家在双边知识产权谈判中过分让步的最重要原因。在国际经济立法由发达国家把持和操纵的现实情况下，只有参与集体行动才会赢得公平、公正、合理的成果。作为发展中国家的一员，我国应联合其他发展中国家，积极支持同情发展中国家的非政府组织的活动，形成维护发展中国家诉求的联盟，同时也在实践中积累一定的知识产权谈判经验。

首先，应尽快加强区域内的知识产权合作与协调。这就使得同一区域内的发展中国家能够就敏感的知识产权保护问题，尤其是 TRIPS 中的弹性条款问题形成共识甚至是共同的约束性规则。该区域内的发展中国家在单独与发达国家进行 FTA 谈判时，至少可以具有更强的讨价还价的勇气和必要的集体后盾，从而才有可能保住 TRIPS 预留给发展中国家的政策空间，顶住发达国家施加的强大压力。

其次，增强中国与他国各自优势领域内知识产权国际保护的交流与合作。我国与他国可以结成自然资源与文化遗产保护联盟，在联盟框架下讨论各国国内的相应政策，对相似问题达成一致解决方案，抗衡某些发达国家对仅有一国实施某种方案时的责难，并以此促使发达国家重视发展中国家保护国内独特知识产权资源的决心。同时还要增进对各国知识产权政策的了解，加强各国知识产权领域的共识，为双方间的知识产权贸易创造机会，促进发展中国家的共同发展。

最后，支持一些同情发展中国家的非政府组织的活动。为了给非政府组织有效参与创造有利条件，在尽快协助其建立区域性网络的同时，也需要特别注意确保FTA知识产权谈判的透明度。这样，不但发展中国家的区域性知识产权合作与协调进程将得到非政府组织的推动，而且，非政府组织还可以充分参与到同一区域的发展中国家与发达国家之间的知识产权谈判进程中，从而进一步增强发展中国家的谈判实力。

（三）复边知识产权协议的应对策略：研究禁令和损害赔偿相关规则、坚决抵制边境措施和刑事犯罪相关内容

如前文所述，复边知识产权协议是以美国为首的发达国家所采取的垂直论坛转移手段。尽管ACTA从形式上不再继续，但是其实质仍然存在，即转化为TPP以及TIPP等协议的形式表现出来。以美国所倡导的TPP为例，其有如下重大变化。

第一，著作权方面。首先，著作权保护期延长。《伯尔尼公约》第7条给予著作权保护的期限为作者终生及其死后50年；对于摄影作品及作为艺术品加以保护的实用美术作品，保护期限不应少于自该作品完成时算起25年。该做法已成为国际惯例，为包括中国在内的许多国家所遵循。早在1996年，美国就在WIPO的“互联网协议”中提出了一项“数字议程”（Digital Agenda），其中一项重要内容就是延长《伯尔尼公约》第9（1）条规定的著作权保护期，但该议程未被采纳。深受1998年《索尼伯纳版权期限延长法案》（Sonny Bono Copyright Term Extension Act）的影响，美国著作权法规定著作权的保护期限是直到作者死后70年，假如作品是集体创作或是1978年1月1日以前发表的，那么其著作权保持75~95年。与《伯尔尼公约》相比较，TPP的规定多了20年，但却反映了美国著作权法和“数字议程”的内容。然而，不同的是，美国著作权法是将死后70年作为上限，而在美国草案中却被作为下限。其次，关于禁止平行进口。由于缺乏国际穷竭机制，权利人将市场进行分割并分别定价。许多国家由此受损，尤其是当消费者市场不充分而无法吸引产品以低价进入该国市场时。美国著作权法并未明确规定著作权人有权禁

止他人从第三国平行进口其作品到美国的行为，因此美国的消费者可通过平行进口获得价格比国内便宜的商品。根据该条，某权利在第一次销售后即穷竭，国家可允许从他国“平行进口”受保护的产品。这一规定明显与国际知识产权条约相冲突。根据《世界知识产权组织版权条约》第6条第2款的主要多边规则，当著作权和其他知识产权“穷竭”时，缔约国有权制定相关的国内法；TRIPS第6条也作出了类似的规定。

第二，专利权方面。首先，保护范围扩大。其次，强制专利保护期延长制度。专利保护期延长制度主要存在于医药和医疗器械领域。医药专利往往在新药开发的早期就被授予，远远早于药品被批准上市的时间，上市后独占市场的时间可能少于通常规定的20年，从而影响制造商的成本收回和利润获取。为了补偿专利行政审查期限，美国、日本、欧盟和中国台湾等国家或地区纷纷建立了专利保护期延长制度。在美国与秘鲁的FTA中也规定了该制度，但规定保护期延长并非强制的。然而，在美国草案中却规定专利保护期延长是强制性的，未给予自由选择是否制定的弹性，表现出对医药专利的强保护态度。

第三，商标和地理标志方面。美国草案极大地扩张了商标注册范围，不再局限于可视性要求，仅由声音或者气味组成的标识也可申请注册商标；地理标志享有与商标同等的保护程度，并允许原产地外的产品或服务注册并使用原产地的地理标志；商标通用名称的使用不应阻碍商标权的实现。在驰名商标的保护方面得到扩大：缔约方不得以一个驰名商标未在境内注册、未列入驰名商标名单或是缺少对该商标的认知度而拒绝对其采取救济措施；驰名商标的判定不得要求该商标在注册领域外被公众认知的声誉；驰名商标的保护范围从《巴黎公约》第2条之二的规定扩大到不相同或不近似的商品或服务。

第四，知识产权执法方面。关于损害赔偿，美国草案的规定要求高于“实际赔偿”水平进行赔偿，包括要求法定赔偿（pre – established damages）“应高得足以阻却将来侵权”，表现出了鲜明的惩罚性色彩，明显属于TRIPS – plus规定。该规定甚至比同样是旨在阻却将来侵权的惩罚性赔偿更加严苛。美国草案第12条第4款不仅不要求损害人证明任何损害的发生，也未对行为人的主观过错作任何要求，由此可理解为无论故意还是过失，都可以适用该规定。惩罚性赔偿的适用前提是实际损害存在，并且最关键的要件是行为人须有“故意”。例如，TRIPS第45条第1款只适用于“明知或有合理理由知道侵权存在”的情形。美国专利法为“故意”（willful）侵权提供3倍赔偿，甚至ACTA第9条第1款的赔偿规定也同样仅适用于

“明知或应知的侵权人”。此外，美国草案要求法定赔偿“应高达足以阻却将来侵权的程度”。而美国专利法的法定赔偿并未作如此要求。美国草案的该规定不具有任何弹性，所有的缔约方都必须遵守。TRIPS 第 44 条第 2 款规定成员可以（但不被要求）建立利润剥夺或法定赔偿制度。ACTA 第 9 条第 3 款也不对法定赔偿作强制要求，允许缔约国可在法定赔偿、假定赔偿额、附加赔偿额之间进行选择。

第五，刑事处罚方面。中国仅将侵权产品达到一定数量的情形适用刑事处罚。美国则认为中国的这一数量门槛过高，排除了一些具有商业目的但未达到该数量的行为。在中美 WTO 争端中，专家组在解释 TRIPS 第 61 条时拒绝采纳美国的观点，认为国家有权将刑事处罚的适用局限于“有关给定市场的给定产品的典型或通常的商业行为”的侵权行为，“商业规模”明显“旨在将特定的前提行为与其他的营利性但未达到典型的市场基准的行为区分开”。美国草案中继续坚持其观点，要求缔约方将所有的“具有经济性目的的”故意侵犯著作权的行为犯罪化，而不考虑其规模如何。表面上看，只有满足一定条件的假冒商标或盗版行为才应受刑事处罚，而事实上几乎所有盗版行为都会被视为犯罪。美国草案的要求同样高于其国内法的内容。美国司法部在解释美国著作权法第 506 条（a）款时指出，“国会制定该条的目的在于‘将仅仅为私人使用目的而故意侵犯版权的个人’排除出刑事责任范围”。然而，这一特征在美国草案中并未得到体现。在法院判决中，“重大”这一数量定义被界定为 180 天内生产至少价值 1000 美元的物品，而这点在美国草案中也未得到反映。

从以 TPP 为代表的复边贸易协定中有关知识产权的内容可知，我国采取的态度应当如前文所述，对于符合我国知识产权保护现状以及企业需求的内容，可以考虑采纳。对于远高于我国以及当前国际保护标准的内容，如果其也不符合我国企业的需要，应当予以拒绝。从应对措施而言，我国应当联合发展中国家，并且利用当前 WTO 争端解决机制等现有国际知识产权法律立法及纠纷解决机制，对复边贸易协定中的内容予以积极的反对，而非消极的抗议，避免美国等国利用其优势的政治经济地位，通过各个击破的手段，将上述严苛的知识产权保护标准施加给发展中国家。

就具体内容的谈判而言，可以考虑接受禁令的适用与例外、损害赔偿数额计算的相关规则，抵制边境措施、刑事犯罪构成要件的相关条款内容，适时考虑以观察国身份参与 ACTA、TPP 等的谈判。通过 ACTA、TPP、TTIP 等与我国现行法律规则以及司法实践的比较，可以看出，我国可以在知识产权禁令和损害赔偿方面进一步加大知识产权保护力度，提振知识产权权利人信心，这符合我国当前发展阶段的战略需要，也符合知识产权国际规则的发展趋势。另一方面，由于ACTA、TPP、TTIP等中的边境措施、刑事犯罪构成要件的相关条款内容与我国现行规则及实践差距较大，建议在谈判中作为抵制内容。同时，如果需要将边境措施作为谈判筹码，那么建议尽快研究建立我国进口贸易的知识产权境内保护制度，落实《对外贸易法》第29条的规定，借鉴美国“337调查”的制度设计经验，制定与对外贸易有关的知识产权保护规则。

（四）WIPO框架下知识产权国际规则的应对策略：积极开展工作共享和信息化项目

WIPO体制内，由于巴西和阿根廷在2004年10月的WIPO大会上提议建立“WIPO发展议程”，2007年10月WIPO成员国通过了“WIPO发展议程”有关提案临时委员会（PCDA）提出的45项建议。其中第45条建议指出，根据TRIPS第7条的规定，从更广泛的社会利益以及与发展有关的问题入手，处理知识产权执法问题，以便“知识产权的保护和执法应有助于促进技术创新和技术的转让与推广，使技术知识的生产者和使用者共同受益，有利于社会和经济福利，并有助于权利和义务的平衡”。2009年11月，WIPO执法咨询委员会（ACE）考虑在“WIPO发展议程”45项建议的基础上审查权利人在执法中的贡献和损失。这些都显示了WIPO“亲发展”的趋势，面对此种趋势，发达国家逐步丧失了在WIPO内讨论提高知识产权执法标准的兴趣。从而转向前述的复边贸易协定以及自由贸易协定，以谋求更高的知识产权保护标准。不过由于WIPO本身的知识产权立法机构的特点，以及“WIPO发展议程”所具备的极强的伸缩性、广泛性等特点，WIPO在国际知识产权立法领域仍然是最为重要的机构。《视听表演北京条约》的签订就是一例。然而，WIPO在民间文学艺术保护上的失败却值得我国在提出国际知识产权议题时给予注意。对于涉及传统文化表现形式的WIPO/GRTKF/IC/7/3文件的内容分析，可知其有如下不足。

首先，自身定位为特殊知识产权保护模式，但条文中存在诸多超越、违背知识产权法的规定。WIPO/GRTKF/IC/7/3明确承袭1982年保护民间文学艺术表达防止不法使用和其他侵害行为之国内法示范条款（以下简称“1982年示范条款”）的立法模式，自身定位为特殊知识产权法，但其却作出了诸多超越甚至违背知识产权法的规定。例如，政策目标中的14项规定、核心原则中总指导原则的7项规定等都不属于知识产权法的规定，甚至不具有私法规定的属性。此外，WIPO/GRTKF/IC/713 附件一草案摘要 B.1 中保护客体中包含物质表现形式的规定，也违背了知识产权法只保护非物质表现形式的基本立场。

其次，沿用二分法式概念导致客体的模糊。WIPO/GRTKF/IC/7/3 沿用 1982 年示范条款民间文学艺术表现形式的概念和客体的规定，并增设传统文化表现形式概念，同时声明把二者作为可以互换的同义语。这样就导致由于无法界定传统文化的内容与形式的界限，因此客体的边界模糊不清，公有领域的界限也无从划定，权利与自由之间的平衡机制无法建立。

再次，对客体的界定既不符合知识产权法的规定，也不符合客观实际及其自身定义的范围。WIPO/GRTKF/IC/7/3 附件一草案摘要 B.1 第 4 项客体的规定全盘接受 1982 年示范条款保护的客体的规定，涵盖了物质性的民间文学艺术表现形式。这样的规定违反了知识产权法只保护非物质形态客体的基本原理，颠覆了知识产权法的法理根基。尽管其定义界定的客体范围是传统文化遗产和传统艺术，但是，其后的相关规定中却出现了传统标志名称符号及秘密等内容。然而，这几类无形财产是分别由著作权法、商标法、反不正当竞争法进行调整的。WIPO/GRTKF/IC/7/3 忽略了这些类别的差异，未作区分性的规定，这显然是不合适的。

最后，对权益的规定也偏离了私法的轨道。注意在权益规定方面，该文件B.4 权利管理的规定本末倒置，均着重规定主管单位的职责公权力的规范和公权力的责任，而对社群的权利权能范围等核心问题避而不谈，其实质上是国家公权力对利益的管理，而不是对私权行使的保障。

从传统文化形式表现上国际公约的失败以及《视听表演北京条约》的成功来看，我国在提出知识产权国际议题时，应当注意议题的内容应明确议案的精神以及目标。如果提出一项赋权的议题，那么应当贴合“知识产权为私权”这一主题，在条文的精神、条文的内容上，以私权为尺度，对权利的主体、客体予以明确的界定，从而便于议案为各国所接受。

可见，由于发达国家和发展中国家对于知识产权制度的需求不同，预计未来 5 年左右的时间内 WIPO 在国际专利制度协调等方面仍不会取得实质性进展。根据 WIPO 总干事高锐的专访“制定国际知识产权法律”可以看出，WIPO 也认识到这一点，并将更多地关注法律和规则制定之外的国际合作，主要是工作共享和信息化项目。由于工作共享和信息化项目对发达国家和发展中国家都能带来收益，仍将是未来一段时期内国际合作的主题。“工作共享”虽然被认为是“蹩脚的协调”[1]，但由于对发达国家和发展中国家都能带来收益，仍将是未来一段时期内国际合作的主题。同时，专利政策、体量和需求类似的专利局间的局部合作仍将是国际合作的主要平台，WIPO 对于这些合作也保持了一种开放和支持的态度，寄希望通过局部合作产生的成果来推动 WIPO 框架下的相关业务发展。因此，未来一段时间可以在 WIPO 框架中积极开展工作共享和信息化项目，加强五局合作等，适时提供对发展中国家和欠发达国家的知识产权工作援助。

（五）WTO 框架下知识产权国际规则的应对策略：继续推动生物多样性等相关谈判并提出权利限制与例外的相关议题

发展中国家在将国际知识产权造法场所从 WTO 转移到人权、公共健康、生物多样性等国际体制的同时，并没有忘记它们进行垂直论坛转移的真正目的。在 WTO 多哈部长会议召开前，它们就提出了为协调 WTO 知识产权制度与其他体制知识产权规范的关系而修订 TRIPS 的建议。这些建议被 2001 年 11 月在卡塔尔首都多哈举行的 WTO 第四届部长级会议所采纳，会议通过的多哈部长宣言将 TRIPS 与公共健康的关系，TRIPS 与生物多样性公约、传统知识和民间文学艺术保护的关系、地理标志的保护等列为 WTO 多哈回合谈判和审议范围。

TRIPS 与公共健康的关系也是 WTO 多哈回合谈判迄今唯一取得实质性成果的议题。从 2001 年 11 月《TRIPS 与公共健康的多哈宣言》，到 2003 年 8 月《关于实施 TRIPS 与公共健康多哈宣言第 6 段的决议》，再到 2005 年 12 月关于修正 TRIPS 有关公共健康条款的决定，WTO 通过澄清和修改 TRIPS 相关条款，为缓解发展中国家，特别是最不发达国家的公共健康危机提供了法律便利。

不过在其他议题上，进展却没有如此顺利，TRIPS 与遗传资源及传统知识保护的关系一直是 TRIPS 理事会讨论的焦点议题。围绕着是否需要修改 TRIPS，增加有关遗传资源及传统知识的来源披露要求这一核心问题，美欧的立场存在很大分歧：欧盟各国及瑞士、挪威等国家和地区同意对专利申请人公开遗传资源及其相关传统知识来源的问题加以审视，并主张建立有国际约束力的机制；但美国、日本、韩国、加拿大、澳大利亚、新西兰等国则反对在 TRIPS 框架内建立遗传资源和传统知识保护的国际规则，主张在国家的层面上以合同法的途径解决遗传资源和传统知识

---

[1] 引自 WIPO 副总干事普利在 2013 年 11 月举行的“在发展中国家创新和平衡知识产权”会议中的发言。

保护的问题。此外，发展中国家虽然普遍要求在 TRIPS 中增加有关遗传资源及传统知识来源披露要求，但围绕着生命形式的专利保护问题，它们之间也有不同意见：非洲、加勒比和太平洋地区（以下简称“非加太集团”）国家集团要求全面禁止对任何生命形式（包括动物、植物和微生物）的专利保护，其他国家则持不赞同态度。正因为这样，TRIPS 理事会对遗传资源和传统知识保护的审议，至今也没有取得任何具有实质意义的成果。

在地理标志保护的问题上，美欧之间的矛盾早在关税及贸易总协定乌拉圭回合关于 TRIPS 的谈判中就已表现出来。核心分歧包括：第一，地理标志多边体系涵盖的产品范围。欧盟、瑞士、巴西、中国、印度、土耳其、非加太集团都支持应涵盖所有的地理标志产品，而以美国为首的联合提案方仍坚持该体系只能包括葡萄酒和烈酒的地理标志。这一点是最核心的分歧。在这一问题上，如果地理标志多边体系的法律效力满足了欧盟和瑞士的要求，欧盟和瑞士为了保住谈判成果，很可能会同意地理标志多边体系的覆盖产品范围仅限于葡萄酒和烈酒，但中国、印度、非加太集团等发展中成员因酒类地理标志较少，会坚持要求地理标志多边体系与地理标志扩大议题挂钩，要求多边注册体系涵盖所有的地理标志产品。第二，注册的地理标志的法律效力。欧盟和瑞士认为应作为满足 TRIPS 第 22 条第 1 款地理标志定义而且在来源国获得保护的初步证据，且在没有证据时，不得质疑该地理标志已经沦为“通用名称”，同时，在此多边体系中注册的地理标志应对所有 WTO 成员都产生法律效力。事实上，上述法律效力与欧盟和瑞士在谈判初期的提案中要求的法律效力相比已经有了弱化。美国等防守阵营的成员则仍然主张该体系应该仅仅是一个数据库，鼓励各成员在自愿的基础上参与并进行检索。这一分歧也是根本性的，涉及推动阵营和防守阵营的重大利益，预计在其他多哈谈判议题解决前很难出现突破。第三，发展中成员的特殊和差别待遇问题。巴西、印度和我国等发展中成员要求获得 10 年的过渡期，最不发达成员要求获得 20 年的过渡期，过渡期中不用承担该多边体系的任何义务。同时，发展中成员和最不发达成员要求豁免把其地理标志在该多边体系中进行注册的费用，且要求 WTO 秘书处在地理标志翻译成 WTO 官方语言时提供帮助。而美国等联合提案方则不同意在该多边体系的法律效力等核心问题解决之前就给予发展中成员和最不发达成员明确的特殊和差别待遇。

与地理标志以及遗传资源的协定相比，TRIPS 得以澄清和修改公共健康议题，原因是多方面的。但从国际关系的角度看，主要有以下三点：第一，发展中成员和最不发达成员总结和吸取了关税及贸易总协定乌拉圭回合知识产权问题谈判的教训，紧密团结，立场一致，并且利用其他政府间和非政府间组织对公共健康危机的高度关切，积极地开展外交努力，形成强大的国际舆论，迫使发达成员改变其在知识产权保护问题上的强硬政策，从而表现了“南南联合自强”的力量与作用。第二，通过磋商与对话，找到了南北对抗利益的中间交汇点，即对药品专利实行“差别保护”，从而最大限度地满足了发达成员与发展中成员的不同利益要求。“差别保护”与“一体保护”不同，它将专利区分为一般商业用途的专利和与健康安全有关的药品专利两类，仅对后者给予免除 TRIPS 第 31 条（f）项规定义务的特殊待遇。采用这种模式协调专利权与健康权的冲突，既可以满足发展中成员解决国内公共健康危机的需要，又可以实现发达成员维持 TRIPS 对知识产权高水平保护的目的，而且还可以避免将 TRIPS 专利制度推倒重来的不利后果，促使谈判尽快取得成效。因此，在南北对抗中，只要找出兼顾各方利益的协调模式，就可以在一定程度上达成南北合作，实现南北共赢；而且，考虑到“构造国际机制的困难，尽可能地调整现有机制，而不是推倒重来，才是真正的理性行为”。

因此，在 WTO 框架下，推行符合我国利益的知识产权议题，所应当秉持的态度仍然是基于我国利益，联合发展中成员，对抗美欧等发达成员的高标准知识产权保护议题，并且推行符合发展中成员对知识产权的惠益共享机制的议题。同时，鉴于当前知识产权保护强度的提高成为欧美发达成员所欲实现的目标，我国可以考虑在适当时候，提出一个较为中肯的知识产权保护强度的提案，从而在 WTO 的机制运作中占得先机。建议在 WTO 中继续推动生物多样性等相关谈判并提出权利限制与例外的相关议题。发达成员与发展中成员在 WTO 框架下具有相对平衡的力量，建议我国团结以新兴市场成员。同时，利用 WTO 与 WIPO 在互联网知识产权保护国际规则主导权方面的激烈博弈，专门提出互联网知识产权权利限制与例外的相关议题。

（六）其他国际场合下知识产权国际规则的应对策略：推动促进发展的相关议题

WIPO 和 WTO 是管理国际知识产权制度的主要组织，但是两者并不具备在多边层面对知识产权规范的共同垄断（或者双头垄断），相当众多的其他多边组织扮演着一种管理者的角色，这种状况引发了所有这些法律体系如何彼此保持“一致性”的诸多议题。[1] 因此，我国可以在其他国际场合主动提出发挥知识产权在促进发展

[1] 阿伯特，科蒂尔，高锐．世界经济一体化进程中的国际知识产权法［M］．王清，译．北京：商务印书馆，2014：47.

方面重要作用的议题。

一是在世界卫生组织框架下推动知识产权与公共健康权保护的讨论，积极推动发挥专利制度在促进药品研发与应用方面的重要作用。二是在《生物多样性公约》缔约方大会、联合国粮农组织框架下推动知识产权与生物多样性、粮食安全等议题的讨论，积极推动遗传资源运用过程中的惠益分享。三是在联合国贸易和发展会议框架下推动知识产权与发展的讨论，推动知识产权制度发挥技术援助的作用；在世界银行框架下推动使用银行资金购买药品专利促进公共健康、运用知识产权促进气候变化技术转移等议题。在联合国开发计划署、联合国环境规划署、联合国教科文组织框架下提出运用知识产权促进发展、保护文化多样性等议题。四是推动 WIPO、WTO 与世界卫生组织、《生物多样性公约》缔约方大会、联合国粮农组织等的合作。